OS TRIBUNAIS DE CONTAS E A SUSTENTABILIDADE

GOVERNANÇA E CONTROLE NO ENFRENTAMENTO DAS MUDANÇAS CLIMÁTICAS

Instituto
Rui Barbosa
A Casa do Conhecimento dos Tribunais de Contas

Instituto Rui Barbosa
A Casa do Conhecimento dos Tribunais de Contas

EDILBERTO CARLOS PONTES LIMA
Coordenador

Prefácio
Júlio Pinheiro

OS TRIBUNAIS DE CONTAS E A SUSTENTABILIDADE

GOVERNANÇA E CONTROLE NO ENFRENTAMENTO DAS MUDANÇAS CLIMÁTICAS

6

Tomo 2

Belo Horizonte
FORUM
CONHECIMENTO JURÍDICO
2025

Instituto Rui Barbosa
A Casa do Conhecimento dos Tribunais de Contas

FÓRUM
CONHECIMENTO JURÍDICO

Luís Cláudio Rodrigues Ferreira
Presidente e Editor

Coordenação editorial: Leonardo Eustáquio Siqueira Araújo
Thaynara Faleiro Malta
Revisão: Gabriela Sbeghen
Capa, projeto gráfico e diagramação: Walter Santos

Rua Paulo Ribeiro Bastos, 211 – Jardim Atlântico – CEP 31710-430
Belo Horizonte – Minas Gerais – Tel.: (31) 99412.0131
www.editoraforum.com.br – editoraforum@editoraforum.com.br

Técnica. Empenho. Zelo. Esses foram alguns dos cuidados aplicados na edição desta obra. No entanto, podem ocorrer erros de impressão, digitação ou mesmo restar alguma dúvida conceitual. Caso se constate algo assim, solicitamos a gentileza de nos comunicar através do *e-mail* editorial@editoraforum.com.br para que possamos esclarecer, no que couber. A sua contribuição é muito importante para mantermos a excelência editorial. A Editora Fórum agradece a sua contribuição.

T822 Os Tribunais de Contas e a sustentabilidade: governança e controle no enfrentamento das mudanças climáticas / Edilberto Carlos Pontes Lima (coord.). Belo Horizonte: Fórum, 2025. (Coleção Fórum IRB, v. 6). t. 2.

443 p. 17x24cm
2 t.
(Coleção Fórum IRB, v. 6)
ISBN da Coleção 978-65-5518-600-0

ISBN impresso 978-65-5518-670-3
ISBN digital 978-65-5518-996-4

1. Políticas públicas. 2. Sustentabilidade. 3. Mudanças climáticas. 4. Governança. 5. Controle externo. 6. Administração Pública. 7. Gestão pública. I. Lima, Edilberto Carlos Pontes. II. Título. III. Série.

CDD: 350
CDU: 35

Ficha catalográfica elaborada por Lissandra Ruas Lima – CRB/6 – 2851

Informação bibliográfica deste livro, conforme a NBR 6023:2018 da Associação Brasileira de Normas Técnicas (ABNT):

LIMA, Edilberto Carlos Pontes (coord.). *Os Tribunais de Contas e a sustentabilidade*: governança e controle no enfrentamento das mudanças climáticas. Belo Horizonte: Fórum, 2025. 443 p. ISBN 978-65-5518-670-3. (Coleção Fórum IRB, v. 6). t. 2.

SUMÁRIO

PREFÁCIO

Em um mundo cada vez mais consciente dos limites naturais do nosso planeta, a discussão sobre o controle ambiental e o desenvolvimento sustentável nunca foi tão urgente. Esta obra coletiva, *Os Tribunais de Contas e a sustentabilidade: governança e controle no enfrentamento das mudanças climáticas*, surge como uma resposta à necessidade de compreendermos, de forma clara e profunda, os desafios e as oportunidades que se apresentam no caminho para um futuro equilibrado.

O livro se inspira em experiências e práticas inovadoras dos Tribunais de Contas do Brasil, destacando a experiência do controle preventivo, focado no risco e não no dano instalado. O TCE/AM, como um dos pioneiros da causa, vem desenvolvendo, desde 2009, várias auditorias operacionais, incorporando medidas de controle ambiental em sua atuação, demonstrando que a fiscalização preventiva é essencial para a preservação dos nossos biomas.

A preocupação ambiental ganhou força no cenário internacional com a Conferência de Estocolmo (1972) e consolidou-se na Conferência das Nações Unidas para o Meio Ambiente e Desenvolvimento (Rio-92), tornando a sustentabilidade uma diretriz global, refletida na Agenda 2030 e nos dezessete Objetivos de Desenvolvimento Sustentável (ODS). No Brasil, apesar do crescimento econômico desde a década de 1950, os impactos ambientais negativos geraram conflitos sociais e vulnerabilidades. Nesse contexto, os Tribunais de Contas assumiram um papel crucial no controle preventivo, garantindo a preservação dos recursos naturais para as presentes e futuras gerações.

O art. 225 da Constituição Federal é o grande referencial que assegura o direito de todos a um meio ambiente ecologicamente equilibrado, impondo-se ao poder público e à coletividade o dever de defendê-lo e preservá-lo. Já o art. 70 da Constituição estabelece a competência dos Tribunais de Contas para fiscalizações contábil, financeira, orçamentária, operacional e patrimonial, incluindo a proteção de patrimônios naturais, como a Floresta Amazônica, a Mata Atlântica, o Pantanal Mato-Grossense, a Serra do Mar e a Zona Costeira. Tais biomas são essenciais não apenas para a vida no Brasil, mas para o equilíbrio ecológico global. É importante destacar que o rol do art. 225, §4º, não é restritivo a estes biomas, mas que o Cerrado, a Caatinga e o Pampa também fazem parte deste contexto.

Os Tribunais de Contas precisam ser referência em ações concretas, conduzindo auditorias ambientais preventivas em diversas frentes, como licenciamento ambiental, manejo florestal, gestão de resíduos sólidos, abastecimento de água, combate ao desmatamento e queimadas e prevenção de enchentes e secas extremas, dentre outros.

A adoção de notas técnicas por órgãos como o IRB e a Atricon, relacionadas a desastres naturais, saneamento, desmatamento e queimadas, fortalece essas iniciativas, evitando o que se conhece como "ponto de não retorno" na degradação ambiental. Exemplos práticos mostram o impacto dessa atuação, como a implementação da Política Nacional de Resíduos Sólidos (Lei nº 12.305/2010), na qual os Tribunais de Contas do

Brasil identificaram problemas graves que geraram ações efetivas de controle e emissão de recomendações para correção das falhas existentes.

Desde 2012, os Tribunais, em auditorias coordenadas, vêm fiscalizando unidades de conservação, assegurando que os recursos públicos destinados à proteção ambiental sejam aplicados de maneira eficiente e transparente. A preservação das florestas, fontes hídricas e biodiversidade não é tarefa fácil, considerando as dimensões territoriais do Brasil, perpassando não só uma questão ambiental, mas uma necessidade econômica e social, essencial para a qualidade de vida da população. Neste contexto, os Tribunais de Contas atuam de maneira preventiva ou antecipatória, destacando-se pela competência da ação de ofício, diferentemente do Poder Judiciário, que só age quando provocado.

Este livro não se limita a apresentar teorias ou conceitos abstratos. Ele apresenta exemplos práticos de como o controle ambiental pode ser fortalecido por ações preventivas, auditorias operacionais, iniciativas voltadas à governança climática e adoção de políticas públicas que venham a minimizar os efeitos das práticas criminosas dos danos ambientais atualmente constatados. A experiência do TCE/AM demonstra que é possível conciliar desenvolvimento econômico com preservação ambiental, desde que haja um compromisso firme com a sustentabilidade e atuação proativa dos órgãos de controle.

Os desafios são imensos, mas as soluções estão ao nosso alcance. Educação ambiental, gestão adequada de resíduos, recuperação de áreas degradadas e melhorias na saúde pública são metas viáveis, desde que haja cooperação entre os diversos setores da sociedade. Os Tribunais de Contas, como guardiões do patrimônio natural, desempenham um papel fundamental para garantir que políticas públicas sejam implementadas com eficiência e transparência.

A COP-30 será um grande desafio para consolidar a atuação dos órgãos de controle como protagonistas no processo de fiscalização ambiental. Para isso, é essencial que essas instituições se posicionem de forma ativa e comprometida.

Este livro é, portanto, um convite ao diálogo, à reflexão e, acima de tudo, à ação. Que ele sirva de guia e fonte de inspiração para aqueles que desejam contribuir para um mundo mais justo, equilibrado e sustentável.

Boa leitura!

Júlio Pinheiro

Conselheiro do Tribunal de Contas do Estado do Amazonas. Presidente da Corte de Contas no biênio 2010-2011. No TCE/AM ocupou, ainda, os cargos de Corregedor, Ouvidor e Diretor da Escola de Contas Públicas. Graduado em Direito pela Fundação Universidade do Amazonas. Exerceu a advocacia, militando nas áreas de Direito Penal, Direito Civil, Direito Administrativo, Direito Comercial e Direito de Família.

A EFETIVIDADE DA POLÍTICA NACIONAL DE RESÍDUOS SÓLIDOS NOS MUNICÍPIOS BRASILEIROS SOB A ÓTICA DO CONTROLE EXTERNO: DESAFIOS E PERSPECTIVAS NA ATUAÇÃO DOS TRIBUNAIS DE CONTAS

HILLANA MARTINA LOPES MOUSINHO NEIVA DOURADO

1 Introdução

A situação dos resíduos sólidos tem sido pauta primordial na agenda das políticas públicas ambientais, sociais, econômicas e de saúde pública. A disposição final dos resíduos sólidos de forma inapropriada e displicente é uma das principais causas do problema, sobretudo nos países em desenvolvimento. São necessárias alternativas para melhoria da gestão, aumentando sua eficiência, reduzindo custos e contribuindo à preservação do meio ambiente (BARROS, 2012).

Diante desse cenário, analisaremos a implementação da Política Nacional de Resíduos Sólidos sob a perspectiva do controle das finanças públicas, com especial ênfase no papel do Tribunal de Contas como órgão de controle externo na fiscalização e indução de boas práticas na gestão de resíduos sólidos. A análise contempla os aspectos financeiros e orçamentários que impactam a efetividade da política pública, bem como os mecanismos de controle disponíveis para garantir a adequada aplicação dos recursos públicos nesta área.

Em busca de mecanismos legais que pudessem induzir o poder público a adotar uma gestão adequada dos resíduos sólidos, o governo federal sancionou em 2010 a Política Nacional dos Resíduos Sólidos – PNRS, por meio da Lei nº 12.305. Tal política estabelece princípios, objetivos e instrumentos, bem como dispõe sobre as diretrizes relativas à gestão integrada e ao gerenciamento de resíduos sólidos, às responsabilidades dos geradores e do poder público e aos instrumentos econômicos aplicáveis.

Todavia, apesar de seus mais de 14 (catorze) anos de existência, a Lei Federal nº 12.305/2010 ainda apresenta diferentes desafios para sua efetiva aplicação, entre os quais se destacam a baixa disponibilidade orçamentária e a fraca capacidade institucional e de gerenciamento de muitos municípios brasileiros, especialmente os de pequeno porte (HEBER; SILVA, 2014). Neste contexto, emerge a seguinte questão: como vem sendo a atuação dos municípios na gestão dos serviços de limpeza urbana e manejo de resíduos sólidos, e qual o papel dos órgãos de controle externo na fiscalização e orientação dessa implementação?

Os impactos ambientais decorrentes da gestão inadequada dos resíduos sólidos são múltiplos e complexos. O chorume, principal subproduto da decomposição do lixo, quando não tratado adequadamente, causa graves danos ao solo e aos recursos hídricos, podendo contaminar lençóis freáticos e mananciais (GOUVEIA, 2012). Além disso, a decomposição anaeróbica da matéria orgânica produz gases de efeito estufa, especialmente o metano (CH4), contribuindo para o aquecimento global. A queima inadequada de resíduos em terrenos baldios e a ocupação urbana desordenada, com disposição irregular de resíduos em áreas impróprias, agravam ainda mais este cenário.

A complexidade desses impactos ambientais e suas consequências exigem não apenas soluções técnicas adequadas, mas também um rigoroso controle dos recursos públicos investidos na gestão de resíduos sólidos. Neste contexto, o papel fiscalizador do Tribunal de Contas torna-se fundamental para garantir a efetividade dos investimentos e a adequada aplicação dos recursos públicos destinados a esta política.

O processo de institucionalização da PNRS envolve não apenas a existência do marco legal, mas sua efetiva incorporação às práticas organizacionais. Neste sentido, o papel dos órgãos de controle externo transcende a mera fiscalização contábil, assumindo uma função indutora de boas práticas de gestão e governança. A efetividade da política depende, portanto, não apenas de sua formulação adequada, mas também de mecanismos eficientes de controle e monitoramento dos recursos públicos envolvidos.

Embora os Tribunais de Contas disponham de mecanismos de controle e monitoramento dos recursos públicos, o exercício desse controle deve considerar os desafios concretos enfrentados pelos municípios na efetivação da Política Nacional de Resíduos Sólidos (PNRS). Nesse contexto, mais do que um controle meramente punitivo e sancionador, deve-se priorizar um controle pedagógico, pautado na busca por soluções conjuntas entre as diversas instituições envolvidas. O objetivo é viabilizar a implementação dessa política pública sem comprometer a prestação de outros serviços essenciais, que já operam sob condições precárias e com recursos limitados.

Diante deste cenário complexo que envolve a gestão de resíduos sólidos, este trabalho se estrutura em três eixos principais de análise. Primeiramente, aborda-se o marco regulatório da Política Nacional de Resíduos Sólidos, com ênfase nos aspectos financeiros e econômicos estabelecidos pela Lei nº 12.305/2010. Em seguida, analisam-se os desafios enfrentados pelos municípios na implementação da política, especialmente no que tange à capacidade orçamentária e institucional. Por fim, examina-se o papel fundamental do Tribunal de Contas no controle e fiscalização dos recursos públicos destinados à gestão de resíduos sólidos, bem como sua atuação como indutor de boas práticas na administração pública. Esta análise busca contribuir para a compreensão dos mecanismos de controle das finanças públicas no âmbito da política de resíduos sólidos e sua efetividade na promoção de uma gestão ambientalmente adequada e financeiramente sustentável.

2 O marco regulatório da Política Nacional de Resíduos Sólidos

2.1 Contextualização e panorama atual

A gestão de resíduos sólidos representa um dos mais complexos desafios da administração pública contemporânea, especialmente no contexto brasileiro, em que as disparidades regionais e as limitações técnico-financeiras dos entes federativos impõem obstáculos significativos à implementação de políticas públicas ambientais. A Política Nacional de Resíduos Sólidos (PNRS), instituída pela Lei nº 12.305/2010, emergiu como resposta normativa a esta problemática, estabelecendo um marco regulatório abrangente e inovador no ordenamento jurídico brasileiro.

Como destaca Machado (2022), a PNRS inaugurou um novo paradigma na gestão ambiental brasileira, fundamentado nos princípios da responsabilidade compartilhada e da gestão integrada dos resíduos sólidos. Contudo, transcorrida mais de uma década de sua promulgação, observa-se um cenário de implementação heterogênea e aquém das expectativas iniciais, evidenciando a necessidade de uma análise crítica dos instrumentos de controle e dos mecanismos de efetivação da política pública. A título de exemplo, estamos no ano de 2025 e, extrapolados todos os prazos legais, ainda existe uma série de municípios brasileiros que utiliza lixões para o descarte de resíduos sólidos.

O panorama atual da gestão de resíduos sólidos no Brasil revela uma realidade preocupante. Segundo dados da Abrema (2023), cada brasileiro gera em média 1,04 kg de Resíduos Sólidos Urbanos (RSU) por dia, resultando em uma produção anual de aproximadamente 77,1 milhões de toneladas. Este volume expressivo, conforme analisam Guerra e Parente (2023), demanda uma estrutura de gestão complexa e articulada, que frequentemente ultrapassa a capacidade técnica e financeira dos municípios.

As assimetrias regionais na gestão dos RSU evidenciam um quadro de desigualdade estrutural que transcende a questão ambiental. Enquanto as regiões Sul, Sudeste e Centro-Oeste apresentam índices de coleta superiores à média nacional (97,0%, 98,6% e 94,9% respectivamente), as regiões Norte e Nordeste registram índices significativamente inferiores, coletando apenas cerca de 83% dos RSU gerados. Esta disparidade, segundo Cardoso *et al.* (2024), reflete não apenas diferenças econômicas, mas também desigualdades históricas no acesso a serviços públicos essenciais.

A PNRS estabelece um arcabouço normativo fundamentado em princípios ambientais consolidados internacionalmente. Sarlet e Fensterseifer (2023) destacam que a lei incorpora princípios fundamentais do direito ambiental, como o desenvolvimento sustentável, o poluidor-pagador e a responsabilidade compartilhada, articulando-os em uma estrutura normativa coesa e orientada à efetividade.

A efetividade dessa política nacional, nesse sentido, está intrinsecamente relacionada à sua integração com outros marcos regulatórios ambientais e administrativos. Yoshida (2024) identifica outros marcos regulatórios como: a Lei de Saneamento Básico (Lei nº 11.445/2007), a Política Nacional de Meio Ambiente (Lei nº 6.938/81), o Novo Marco Legal do Saneamento (Lei nº 14.026/2020) e a Lei de Consórcios Públicos (Lei nº 11.107/2005).

Esta integração normativa, segundo a autora, demanda uma interpretação sistêmica que considere as especificidades de cada setor regulado, bem como as interações entre diferentes esferas da administração pública.

Assim, diante dessa perspectiva é que demonstramos que os desafios para implementação da Política Nacional dos Resíduos Sólidos nos municípios envolvem aspectos financeiros e orçamentários, técnicos e operacionais.

2.2 Desafios financeiros e orçamentários

Um dos aspectos mais críticos na implementação da PNRS relaciona-se à capacidade financeira dos municípios. Após 14 anos de vigência da lei e mesmo com o advento do Novo Marco Legal do Saneamento, os dados do Panorama Abrema 2023 indicam avanços modestos, vez que apenas 61,1% dos RSU coletados são enviados para aterros sanitários; existem ainda mais de 3.000 lixões ativos no país e aproximadamente 33,3 milhões de toneladas de resíduos tiveram destinação ambientalmente inadequada em 2022.

A questão financeira constitui um dos principais obstáculos à efetivação da PNRS. Estudos recentes do Ipea (2024) identificam três categorias principais de dificuldades enfrentadas pelos municípios: 1. Insuficiência de recursos próprios para investimentos em infraestrutura; 2. Complexidade no acesso a linhas de financiamento específicas; e 3. Limitada capacidade de gestão financeira e orçamentária.

Os instrumentos econômicos previstos na PNRS, embora bem concebidos teoricamente, enfrentam obstáculos práticos em sua implementação, especialmente no que tange à operacionalização de incentivos fiscais e creditícios.

2.3 Desafios técnicos e operacionais

A implementação da PNRS nos municípios também enfrenta desafios técnicos significativos. Araújo e Juras (2024) identificam como principais obstáculos: a carência de pessoal qualificado, deficiências na infraestrutura operacional, dificuldades na elaboração e execução de projetos e limitações nos sistemas de informação e monitoramento.

Araújo e Juras (2024) destacam que a complexidade dos desafios na implementação efetiva da PNRS transcende aspectos meramente técnicos ou operacionais, abrangendo dimensões sociais, culturais e econômicas que se entrelaçam na realidade municipal brasileira.

A carência de pessoal qualificado emerge como um dos principais obstáculos à efetivação da PNRS. Segundo Santos e Oliveira (2023, p. 45), "a ausência de corpo técnico especializado compromete desde o planejamento até a execução das políticas de gestão de resíduos". Esta deficiência manifesta-se particularmente na elaboração e gestão de projetos, bem como no monitoramento e fiscalização das ações implementadas.

Estudos recentes conduzidos pelo Instituto de Pesquisa Econômica Aplicada (IPEA, 2024) indicam que apenas 23% dos municípios brasileiros possuem equipe técnica adequadamente dimensionada para a gestão de resíduos sólidos. Este déficit, conforme analisam Carvalho *et al.* (2024), impacta diretamente a capacidade de planejamento e execução das políticas públicas ambientais.

As deficiências infraestruturais constituem outro aspecto crítico na implementação da PNRS. De acordo com o diagnóstico apresentado por Silva e Costa (2024), aproximadamente 45% dos municípios brasileiros ainda carecem de infraestrutura básica para a gestão adequada de resíduos sólidos. Este cenário é agravado, segundo os autores, pela ausência ou precariedade de aterros sanitários, pela insuficiência de sistemas de coleta seletiva, equipamentos inadequados ou obsoletos e limitações nos sistemas de transporte.

A mudança de hábitos e padrões culturais também representa um desafio significativo na implementação da PNRS. Conforme argumenta Ferreira (2024, p. 78), "a efetividade das políticas de gestão de resíduos está intrinsecamente ligada à capacidade de promover transformações comportamentais na população".

Neste contexto, a educação ambiental assume papel fundamental. Lima e Santos (2024) destacam que programas continuados de educação ambiental são essenciais para a conscientização sobre a importância da separação de resíduos, a compreensão dos impactos ambientais do descarte inadequado, o desenvolvimento de uma cultura de sustentabilidade e o engajamento comunitário nas políticas ambientais

Um aspecto particularmente sensível na implementação da PNRS refere-se à inclusão social dos catadores de materiais recicláveis. Rodrigues e Mendes (2024) identificam esta questão como um desafio que intersecciona aspectos sociais, econômicos e ambientais da política pública. A formalização do trabalho dos catadores envolve uma série de obstáculos, especialmente, a vulnerabilidade socioeconômica dos trabalhadores, a precariedade das relações laborais, a resistência à organização em cooperativas e a flutuação dos preços dos materiais recicláveis.

A análise dos desafios técnicos e sociais na implementação da PNRS revela a complexidade e interdependência dos obstáculos enfrentados pelos municípios brasileiros. A superação destes desafios demanda uma abordagem sistêmica que considere tanto os aspectos operacionais quanto as dimensões socioculturais envolvidas.

O sucesso na implementação desta política pública depende fundamentalmente da capacidade de articulação entre diferentes atores sociais e da construção de soluções que contemplem as especificidades locais e regionais. É essencial, portanto, o desenvolvimento de estratégias integradas que promovam tanto o aprimoramento técnico quanto a transformação cultural necessária para a efetivação da PNRS. Mais à frente exploraremos melhor esse desafio.

2.4 Instrumentos de gestão e controle

A Política Nacional de Resíduos Sólidos (PNRS) estabeleceu como condição para o acesso aos recursos da União a elaboração dos Planos Municipais de Gestão Integrada de Resíduos Sólidos. Esse mecanismo visa assegurar o planejamento adequado e a aplicação eficiente dos recursos públicos. Contudo, a efetividade dessa política depende de uma articulação mais ampla entre os diferentes atores envolvidos – governo, sociedade e empresas – considerando os interesses econômicos, sociais e ambientais.

Além disso, a PNRS instituiu um conjunto de instrumentos econômicos e mecanismos de controle que visam viabilizar a gestão adequada dos resíduos sólidos no Brasil. Sua estrutura normativa contempla não apenas aspectos ambientais, mas também estabelece um arcabouço econômico-financeiro fundamental para sua implementação efetiva. Os instrumentos econômicos previstos na legislação são ferramentas essenciais para a viabilização das políticas públicas de gestão de resíduos sólidos. Conforme destacam Jacobi e Besen (2011), esses instrumentos foram concebidos para proporcionar sustentabilidade financeira aos sistemas de gestão, incluindo incentivos fiscais, financeiros e creditícios, que podem ser acessados tanto pelo poder público quanto pela iniciativa privada. A estruturação desses mecanismos econômicos reflete a compreensão de que a gestão adequada de resíduos sólidos demanda não apenas regulamentação, mas também suporte financeiro consistente.

No âmbito das responsabilidades federativas, a PNRS estabeleceu um sistema de competências compartilhadas, mas com atribuições específicas para cada ente federativo. À União cabe, além da elaboração do Plano Nacional de Resíduos Sólidos, o estabelecimento de normas gerais e a disponibilização de recursos financeiros para estados e municípios. Segundo Pereira e Goes (2016), essa estrutura hierárquica de planejamento visa garantir a coerência entre as ações nos diferentes níveis de governo, embora na prática existam significativas dificuldades de coordenação.

Os estados assumem um papel fundamental na regionalização da gestão de resíduos, devendo promover a integração das ações entre municípios e fornecer suporte técnico para a implementação dos sistemas de gestão. Como apontam Maiello *et al.* (2018), a atuação dos estados é crucial para superar as limitações de escala e recursos que caracterizam grande parte dos municípios brasileiros, especialmente por meio do fomento aos consórcios intermunicipais.

Aos municípios, como titulares dos serviços de limpeza urbana e manejo de resíduos sólidos, compete a elaboração dos Planos Municipais de Gestão Integrada e a implementação efetiva dos sistemas de gestão. Contudo, conforme argumentam Heber e Silva (2014), a maioria dos municípios enfrenta severas restrições orçamentárias e técnicas que comprometem sua capacidade de atender às exigências da PNRS.

O sistema de controle estabelecido pela PNRS opera em múltiplas dimensões, envolvendo diferentes atores e instrumentos. Milaré (2024) destaca a importância da articulação entre as diferentes modalidades de controle: o controle administrativo, o controle social e o controle externo.

O controle administrativo, exercido principalmente pelos órgãos ambientais, fundamenta-se em instrumentos como o licenciamento ambiental, o monitoramento de metas e indicadores, a fiscalização direta e a aplicação de sanções administrativas. A participação social, por sua vez, como elemento fundamental da PNRS, materializa-se por meio de conselhos de meio ambiente, audiências públicas, acesso à informação ambiental e participação na formulação e execução de políticas públicas.

Por fim, o controle externo, exercido principalmente pelos Tribunais de Contas e pelo Ministério Público, assume papel crucial na fiscalização da implementação da PNRS, atuando na verificação da regularidade dos gastos públicos, na avaliação da efetividade das políticas implementadas e na promoção de medidas corretivas e sancionatórias.

3 Gestão de resíduos sólidos nos municípios: desafios e caminhos para a efetividade dessa política pública

A Política Nacional de Resíduos Sólidos (PNRS), estabelecida pela Lei nº 12.305/2010, visa promover a gestão adequada dos resíduos sólidos no Brasil. No entanto, os municípios de pequeno porte enfrentam desafios significativos para sua efetiva implementação. Os principais desafios incluem a falta de recursos financeiros e técnicos, a presença de lixões, a baixa conscientização e participação da população, dificuldades na elaboração e execução de planos municipais, desinformação sobre parcerias e cooperação, além dos desafios políticos e institucionais. Analisaremos cada um desses desafios.

3.1 Falta de recursos financeiros e técnicos

Os municípios pequenos frequentemente carecem de recursos financeiros adequados para implementar as diretrizes da PNRS. A limitação orçamentária impede a realização de investimentos necessários em infraestrutura, como a construção de aterros sanitários e sistemas de coleta seletiva. Além disso, a escassez de pessoal qualificado para a gestão e execução das políticas ambientais agrava o problema.

Ademais, nos municípios de pequeno porte, a arrecadação de recursos pelo governo municipal é inexpressiva, levando-os a depender principalmente dos repasses financeiros de fontes externas. De acordo com Canzian (2019), aproximadamente 70% dos municípios brasileiros dependiam em mais de 80% de verbas que vem de fontes externas à sua arrecadação, no ano de 2019.

Brandão e Silva (2011) destacam que apenas 14% dos municípios brasileiros teriam condições financeiras de manter aterros sanitários individuais, o que evidencia a necessidade de soluções colaborativas.

A falta de aporte financeiro impossibilita a aquisição de recursos tecnológicos necessários para a implantação e melhoria de soluções de gestão e gerenciamento, assim como a contratação de profissionais qualificados e capacitação dos profissionais existentes nos quadros técnicos dos municípios. Dessa forma, percebe-se que essas deficiências são também a causa de muitos outros problemas que limitam as ações dos municípios e dificultam a adequação destes à Lei nº 12.305/2010.

De acordo com dados da Associação Brasileira de Empresas de Limpeza Pública e Resíduos Especiais (2021), no ano de 2020 foram gerados aproximadamente 82,5 milhões de toneladas de resíduos, o que equivale a 225.965 toneladas diárias. Desse total, 76,1 milhões de toneladas foram coletadas, representando uma cobertura de 92,2%. No entanto, apenas 60% dos resíduos foram destinados adequadamente a aterros sanitários, evidenciando os desafios persistentes na gestão de resíduos sólidos.

As últimas estatísticas sobre a implementação da Política Nacional de Resíduos Sólidos (PNRS) nos municípios brasileiros revelam que, em 2023, mais de 40% dos resíduos urbanos tiveram destinação inadequada. Apenas 58,5% dos resíduos sólidos urbanos foram encaminhados para destinação ambientalmente adequada, enquanto 41,5% foram descartados de forma inadequada, incluindo em lixões que receberam 35,5% dos resíduos gerados no país.

A PNRS, instituída pela Lei nº 12.305/2010, estabeleceu prazos para o encerramento dos lixões, com o último prazo sendo agosto de 2024 para municípios com menos de 50.000 habitantes. No entanto, dados do IBGE mostram que 31,9% dos municípios brasileiros ainda utilizam lixões como unidade de disposição final de resíduos. Além disso, 60,5% dos municípios com algum serviço de manejo de resíduos sólidos implementaram coleta seletiva.

O relatório do Panorama dos Resíduos Sólidos no Brasil 2024 destaca um avanço pequeno, mas positivo no gerenciamento de resíduos sólidos urbanos, com um aumento na fração de resíduos encaminhados para processos e disposição final ambientalmente adequada em comparação com 2022.

3.2 A presença de lixões

A erradicação dos lixões é um dos principais objetivos da Política Nacional de Resíduos Sólidos (PNRS), instituída pela Lei nº 12.305/2010. No entanto, muitos municípios de pequeno porte ainda dependem dessas formas inadequadas de disposição final dos resíduos, seja por limitações financeiras, técnicas ou mesmo institucionais. A dificuldade na desativação dos lixões e a ausência de alternativas viáveis para a gestão de resíduos consolidam a permanência desse passivo ambiental e social.

A PNRS determinou o encerramento dos lixões e dos aterros controlados, impondo a necessidade de destinação final dos rejeitos exclusivamente em aterros sanitários licenciados. Contudo, a implantação e a operação de um aterro sanitário demandam altos custos, o que representa um dos principais entraves para a adequação dos municípios menores, que correspondem à maioria no Brasil. Para contornar essa dificuldade, os consórcios intermunicipais têm sido apontados como uma solução viável, viabilizando a gestão compartilhada dos resíduos e a implementação de infraestruturas adequadas para atender a múltiplos municípios de forma regionalizada.

A disposição de resíduos em desacordo com a legislação configura crime ambiental, exigindo que os lixões sejam desativados, isolados e suas áreas adjacentes recuperadas. Para isso, a PNRS estabelece que apenas os rejeitos devem ser encaminhados para aterros sanitários, enquanto materiais recicláveis e orgânicos devem ser previamente separados para reaproveitamento. A implementação efetiva dessa diretriz exige não apenas mudanças estruturais na gestão municipal, mas também o desenvolvimento de programas de educação ambiental e logística reversa, de modo a reduzir a quantidade de resíduos destinados aos aterros.

Historicamente, a deposição de resíduos no solo tem sido a forma predominante de destinação final no Brasil. Embora os aterros sanitários sejam a opção mais adotada, seu impacto ambiental não é desprezível, e sua viabilidade depende da implementação de medidas rigorosas de controle e monitoramento. Outras tecnologias, como a incineração e a biodigestão anaeróbia, são alternativas viáveis, mas ainda pouco exploradas no país devido aos custos elevados e à falta de infraestrutura para sua implementação.

Diante dessas questões, torna-se essencial a escolha de um modelo de gestão que leve em consideração as particularidades locais e regionais. O modelo ideal de gerenciamento de resíduos não é único, mas deve priorizar estratégias que reduzam o volume de rejeitos enviados para a disposição final. No contexto brasileiro, em que os aterros sanitários predominam, um modelo eficiente deve contemplar a segregação de materiais recicláveis e orgânicos, promovendo a reciclagem e a compostagem para minimizar o impacto ambiental e prolongar a vida útil dos aterros.

O alto custo de implantação e manutenção de um aterro sanitário representa um dos principais desafios para os municípios menores. Estima-se que a implementação de uma unidade de pequeno porte, com capacidade para até 100 toneladas/dia e vida útil de 20 anos, tenha um custo aproximado de R$ 74 milhões (FGV PROJETOS, 2009). Esse valor se refere às diferentes fases do aterro sanitário, que incluem pré-implantação, implantação, operação, encerramento e pós-encerramento. Conforme o estudo da

Fundação Getúlio Vargas (2009), o período total de investimento em um aterro sanitário é de 42 anos, sendo os dois primeiros anos destinados à implantação, os 20 anos seguintes à operação e os últimos 20 anos à fase de encerramento e monitoramento ambiental pós-fechamento.

Além dos desafios financeiros, há um problema estrutural relacionado ao planejamento orçamentário do setor público. Muitas vezes, os gastos com as etapas finais do ciclo de vida do aterro, especialmente o encerramento e o monitoramento pós-encerramento, são subestimados ou sequer incluídos no planejamento financeiro municipal. Como resultado, o encerramento adequado dos aterros sanitários se torna inviável, comprometendo a sustentabilidade ambiental da política de resíduos sólidos.

Do ponto de vista econômico, a sustentabilidade financeira da gestão de resíduos sólidos urbanos (RSU) nos municípios brasileiros também apresenta desafios consideráveis. Segundo o Sistema Nacional de Informações sobre Saneamento (SNIS, 2014), a receita arrecadada pelos municípios para custear os serviços de manejo de resíduos não cobre sequer 50% dos custos totais da operação. A cobrança pelo serviço de coleta e disposição dos resíduos ocorre predominantemente via carnê de IPTU, seguido pela inclusão na conta de abastecimento de água. Contudo, essa forma de cobrança, desvinculada do volume real de resíduos gerado por cada domicílio, dificulta a adoção de políticas mais eficazes de tarifação proporcional, que poderiam incentivar a redução da geração de resíduos na fonte.

Em suma, a presença de lixões nos municípios brasileiros reflete um desafio estrutural na implementação da PNRS. O alto custo de implantação e operação dos aterros sanitários, aliado à fragilidade da arrecadação municipal e ao subdimensionamento das despesas de encerramento, compromete a eficácia da política pública. Diante desse cenário, é fundamental que os órgãos de controle, em especial os Tribunais de Contas, exerçam um papel ativo na fiscalização da gestão de resíduos, garantindo não apenas o cumprimento da legislação, mas também a viabilidade técnica e financeira das soluções adotadas.

3.3 Baixa conscientização e participação da população

A conscientização da população sobre a importância da separação e destinação correta dos resíduos é insuficiente. A falta de educação ambiental impede que os cidadãos participem ativamente dos processos de coleta seletiva e reciclagem, dificultando a implementação das políticas. Este desafio se manifesta em diversas dimensões, que incluem a falta de informação, a cultura do descarte inadequado e a ausência de engajamento comunitário.

A ausência de programas de educação ambiental adequados impede que a população compreenda a importância da gestão correta dos resíduos. Muitas pessoas não estão cientes das consequências do descarte inadequado, como a poluição do solo e da água, e os impactos negativos à saúde pública. A educação ambiental deve ser uma prioridade, com iniciativas que incluam: inclusão nas escolas incorporando o tema da gestão de resíduos na grade curricular, que pode sensibilizar as crianças desde cedo sobre a importância do consumo consciente e do descarte correto; realização de campanhas informativas que expliquem como separar os resíduos e sobre a importância da reciclagem. Essas campanhas podem ser promovidas por órgãos governamentais e ONGs, utilizando mídias sociais e outras plataformas para alcançar um público mais amplo.

Em muitos municípios pequenos, ainda persiste uma cultura de descaso em relação ao lixo. O hábito de descartar resíduos em locais inadequados, como ruas e terrenos baldios, é comum. Essa prática é frequentemente alimentada pela falta de infraestrutura adequada para coleta seletiva e destinação correta dos resíduos. Para combater essa cultura, algumas estratégias incluem projetos que envolvam a comunidade na limpeza e manutenção do ambiente, que podem ajudar a mudar comportamentos. Por exemplo, ações lúdicas que incentivem o descarte correto podem aumentar o engajamento da população. Mostrar casos de sucesso em outras comunidades pode inspirar mudanças locais. O programa Recicla Santos, por exemplo, aumentou significativamente a taxa de reciclagem ao envolver a comunidade em ações educativas e práticas.

A participação ativa da população nas iniciativas de gestão de resíduos é crucial para o sucesso da PNRS. No entanto, muitos cidadãos não se sentem motivados ou capacitados para participar. Para aumentar o engajamento, torna-se importante criar grupos comunitários focados na gestão de resíduos que podem promover um senso de pertencimento e responsabilidade entre os moradores. Torna-se importante, também, estabelecer canais de comunicação entre os cidadãos e as autoridades locais, permitindo que a população expresse suas preocupações e sugestões sobre a gestão dos resíduos, promovendo um ambiente colaborativo.

Além das barreiras culturais e educacionais, os desafios institucionais também contribuem para a baixa participação da população. A falta de políticas públicas claras e bem estruturadas pode dificultar iniciativas locais. Portanto, é essencial que os municípios desenvolvam planos eficazes, que devem incluir estratégias específicas para mobilizar a população, além de capacitar líderes comunitários e educadores ambientais para fortalecer as ações educativas e aumentar a conscientização.

3.4 Dificuldades na elaboração e execução de planos municipais

A Política Nacional de Resíduos Sólidos (PNRS) estabelece que todos os municípios brasileiros devem elaborar e implementar seus Planos Municipais de Gestão Integrada de Resíduos Sólidos (PMGIRS). Esses planos são instrumentos essenciais para a organização e operacionalização da gestão de resíduos, pois definem diretrizes, metas e ações para o manejo ambientalmente adequado dos resíduos sólidos urbanos. No entanto, muitos municípios, especialmente os de pequeno e médio porte, enfrentam dificuldades significativas na elaboração e execução dos PMGIRS.

Entre os principais entraves na elaboração dos PMGIRS, destacam-se a falta de capacitação técnica, já que a formulação do plano requer conhecimento especializado em áreas como engenharia ambiental, saneamento, logística reversa e economia circular. Outro obstáculo significativo é o baixo envolvimento da sociedade e dos setores produtivos, sendo que a participação social é um dos pilares da PNRS e fundamental para garantir a transparência e a adesão da população às ações do plano.

A dificuldade no acesso a dados confiáveis também representa um entrave significativo, pois a construção de um plano eficiente depende da existência de dados atualizados sobre a geração, composição e destinação dos resíduos sólidos. Soma-se a isso a falta de recursos financeiros, uma vez que a elaboração de um PMGIRS envolve custos com estudos técnicos, diagnósticos socioeconômicos, consultorias especializadas e audiências públicas.

Mesmo quando o município consegue elaborar um PMGIRS, a implementação das diretrizes e ações planejadas enfrenta diversas barreiras estruturais, como a falta de integração com outras políticas públicas municipais. Essa desconexão prejudica a execução das ações e dificulta a obtenção de financiamento para projetos estruturantes.

A deficiência na capacidade operacional dos municípios constitui outro obstáculo significativo, pois a implementação de um PMGIRS exige infraestrutura adequada, como cooperativas de reciclagem, pontos de entrega voluntária, unidades de compostagem e aterros sanitários licenciados. A execução dos planos também depende da arrecadação municipal para financiar os serviços, sendo que a maioria dos municípios arrecada menos de 50% dos custos necessários para o manejo adequado dos resíduos sólidos urbanos.

Uma alternativa para reduzir os custos e viabilizar a implementação dos PMGIRS em pequenos municípios é a gestão compartilhada por meio de consórcios intermunicipais. No entanto, a burocracia para a formalização desses consórcios, aliada à resistência política de algumas administrações locais, tem dificultado a consolidação dessa estratégia no país.

Diante dessas dificuldades, os Tribunais de Contas têm um papel fundamental na fiscalização da elaboração e execução dos Planos Municipais de Gestão Integrada de Resíduos Sólidos. A ausência de um PMGIRS ou sua não implementação pode ser caracterizada como falha na gestão orçamentária e administrativa, sujeita a sanções por parte dos órgãos de controle externo.

A implementação eficaz da PNRS depende diretamente da qualidade dos Planos Municipais de Gestão Integrada de Resíduos Sólidos. A superação dos entraves existentes exige investimentos em capacitação técnica, fortalecimento da participação social, aprimoramento da arrecadação e integração entre municípios vizinhos. O papel dos Tribunais de Contas na fiscalização e no acompanhamento da implementação dos PMGIRS é essencial para garantir a efetividade dessa política pública e a adequação dos municípios às exigências ambientais e legais.

3.5 Desinformação sobre parcerias e cooperação, além dos desafios políticos

A gestão de resíduos sólidos no Brasil exige a adoção de estratégias eficientes e economicamente viáveis, especialmente para municípios de pequeno porte, que enfrentam dificuldades financeiras e estruturais. Uma alternativa essencial para superar essas limitações é o estabelecimento de parcerias intermunicipais e cooperação com entidades federativas, permitindo a gestão compartilhada dos serviços. A Política Nacional de Resíduos Sólidos (PNRS) incentiva a formação de consórcios intermunicipais como solução para a viabilização de aterros sanitários, centrais de triagem e compostagem, e outras infraestruturas essenciais.

Existem linhas de financiamento e incentivos governamentais que poderiam auxiliar os municípios na estruturação de projetos de gestão integrada de resíduos. Programas federais, estaduais e até parcerias público-privadas (PPPs) oferecem suporte para a implementação de infraestrutura adequada, mas a burocracia e a falta de conhecimento sobre os processos de captação de recursos dificultam o acesso a esses mecanismos. Para reverter esse cenário, é fundamental que os órgãos de controle, como Tribunais de Contas, atuem na divulgação de informações, capacitação técnica e incentivo à cooperação intermunicipal.

A implementação da PNRS não depende apenas de aspectos técnicos e financeiros, mas também de fatores políticos e institucionais, que muitas vezes dificultam a efetivação das diretrizes da política pública. Em muitos casos, a gestão inadequada dos resíduos sólidos está enraizada em práticas políticas locais, em que a destinação de resíduos é tratada de forma clientelista, sem um planejamento sustentável de longo prazo. Prefeitos e gestores podem resistir à implementação de medidas estruturais, como a cobrança específica pela coleta e tratamento de resíduos, por temerem impopularidade entre os eleitores.

A fragilidade institucional presente em grande parte dos municípios brasileiros representa outro desafio significativo. Muitos não possuem órgãos ou departamentos especializados na gestão de resíduos, tampouco contam com corpos técnicos qualificados para estruturar políticas públicas eficazes. A rotatividade de gestores, a falta de continuidade administrativa e a insuficiência de recursos humanos dificultam ainda mais a construção de modelos eficientes e sustentáveis para o gerenciamento de resíduos.

A superação desses desafios exige maior articulação entre os entes federativos, fortalecendo o papel dos estados e da União no suporte aos municípios. Além disso, a atuação de órgãos como os Tribunais de Contas, Ministérios Públicos e Defensorias Públicas pode ser decisiva para garantir a responsabilização de gestores públicos que negligenciam o cumprimento da PNRS. A criação de incentivos institucionais e premiações para boas práticas na gestão de resíduos também pode ser uma estratégia eficaz para estimular os municípios a adotarem modelos inovadores e ambientalmente responsáveis.

Diante desse cenário, a implementação plena da PNRS exige um esforço conjunto entre os diferentes níveis de governo, a sociedade civil e os órgãos de controle, garantindo que a política de resíduos seja conduzida de forma técnica, sustentável e transparente.

4 O papel dos Tribunais de Contas na efetivação da Política Nacional de Resíduos Sólidos

Os Tribunais de Contas, como órgãos de controle externo previstos constitucionalmente, desempenham um papel essencial na fiscalização e no aprimoramento da gestão pública. Embora possuam natureza administrativa, distinta dos tribunais do Poder Judiciário, essas instituições vêm ampliando sua atuação para além da mera fiscalização financeira, tornando-se agentes impulsionadores da efetividade das políticas públicas.

No contexto da Política Nacional de Resíduos Sólidos (PNRS), os Tribunais de Contas assumem uma função estratégica ao garantir que os municípios implementem essa política de forma eficiente e em conformidade com os princípios da legalidade, economicidade e sustentabilidade. Mais do que um controle punitivo e sancionador, o papel dessas Cortes deve se orientar para um controle pedagógico e orientador, auxiliando os gestores públicos na adoção de boas práticas e na superação dos desafios financeiros e estruturais que dificultam a execução da PNRS.

A crescente relevância dos Tribunais de Contas na governança pública reflete-se na sua legitimidade como atores fundamentais no fortalecimento da democracia. Além de sua atuação tradicional na fiscalização da execução orçamentária e financeira, essas instituições têm aprimorado mecanismos de monitoramento das políticas públicas, garantindo que os recursos destinados à gestão dos resíduos sólidos sejam aplicados de forma eficiente e sustentável. O acompanhamento contínuo da execução da PNRS permite que os Tribunais de Contas não apenas identifiquem falhas e irregularidades, mas também proponham soluções e incentivem a adoção de modelos de gestão mais eficazes.

Rodrigues (2014) destaca que a atuação dos Tribunais de Contas não se limita ao controle da legalidade, mas também envolve a verificação da legitimidade e da economicidade dos gastos públicos, atribuindo uma dimensão mais profunda ao seu papel fiscalizador. Esse modelo de controle é essencial para o fortalecimento do diálogo democrático, pois combate a corrupção e a ineficiência, fomenta o controle social e assegura que as políticas públicas atinjam seus objetivos. No caso da PNRS, essa atuação se torna ainda mais relevante diante dos desafios enfrentados pelos municípios, como a escassez de recursos, a necessidade de infraestrutura adequada e a capacitação técnica para a gestão de resíduos.

Willeman (2020) reforça que o debate sobre a fiscalização das políticas públicas pelos Tribunais de Contas deve se concentrar na busca por ferramentas e parâmetros que, alinhados aos princípios democráticos, favoreçam a concretização dos direitos fundamentais. Assim, a atuação dessas Cortes na PNRS não se restringe à responsabilização dos gestores, mas também ao incentivo de políticas inovadoras e sustentáveis, promovendo a eficiência na destinação e no tratamento dos resíduos sólidos.

No cenário jurídico, a ampliação do papel do Tribunal de Contas da União (TCU) e de seus congêneres estaduais e municipais reflete uma tendência de fortalecimento das instâncias de controle no Brasil. O art. 75 da Constituição Federal assegura que os Tribunais de Contas dos estados e municípios sigam os mesmos princípios e normas do TCU, o que permite uma atuação coordenada no monitoramento da gestão pública. No que se refere à PNRS, essa atuação integrada é essencial para garantir que os municípios cumpram suas obrigações legais sem comprometer outros serviços públicos fundamentais.

Pascoal (2016) reforça uma atuação integrada dessas instâncias de controle, mas destaca a importância de órgãos capazes de atuar, de per si, com alto padrão de desempenho, celeridade e qualidade. Segundo ele, para conferir maior efetividade à atuação dessas instâncias de controle, com o propósito de evitar a má governança nos negócios públicos e de combater a corrupção, é fundamental uma atuação colaborativa e integrada.

Pascoal (2016) destaca, assim, que a efetividade da atuação dos Tribunais de Contas depende de sua capacidade de adaptação às novas demandas de controle e governança. Segundo o autor, a eficiência desses órgãos está diretamente relacionada à sua agilidade na identificação de problemas e na proposição de soluções viáveis para a administração pública. No contexto da PNRS, essa abordagem dinâmica permite que os Tribunais de Contas atuem como facilitadores da implementação de políticas ambientais sustentáveis, promovendo a modernização da gestão de resíduos e o cumprimento das metas estabelecidas na legislação.

Fernandes, Gustavo e Grin (2023) trazem alguns aspectos da atuação das cortes de contas no ciclo de políticas públicas e mostra que ações governamentais vêm crescendo de forma acentuada na administração pública brasileira. Para além de sua função precípua de analisar as contas públicas, estes órgãos de controle têm também intensificado suas atividades de avaliação. Segundo eles:

> é importante definir qual tipo de efetividade a ser avaliada cabe nas atribuições dos tribunais de auditoria externa pública: trata-se da efetividade da governança pública, medida não só pelos seus resultados finalísticos, mas também pela qualidade da estrutura institucional dos governos estaduais relacionada ao seu processo de accountability. (FERNANDES; GUSTAVO; GRIN, 2023, p. 473)

Dessa forma, os Tribunais de Contas desempenham um papel central na concretização da Política Nacional de Resíduos Sólidos, não apenas garantindo a correta aplicação dos recursos, mas também estimulando a adoção de práticas inovadoras e sustentáveis na administração pública. No entanto, essa missão não está isenta de desafios. Barreiras normativas, institucionais e operacionais ainda precisam ser superadas para que o controle externo possa, de fato, contribuir para uma gestão de resíduos eficiente e alinhada aos interesses coletivos.

Assim, a atuação dos Tribunais de Contas na efetivação da PNRS deve ser compreendida como um instrumento de fortalecimento da governança ambiental e da democracia, assegurando que as políticas públicas voltadas à sustentabilidade sejam implementadas com transparência, eficiência e responsabilidade.

4.1 A efetividade da PNRS no contexto do controle externo

Neste contexto de complexidade na gestão dos resíduos sólidos, o papel do controle externo, exercido pelos Tribunais de Contas, assume relevância fundamental para garantir a efetividade e a regularidade na aplicação dos recursos públicos. Como observa Guerra (2018), a atuação das Cortes de Contas transcende a mera verificação contábil, assumindo um caráter orientador e indutor de boas práticas na administração pública.

O controle externo exercido pelos Tribunais de Contas na fiscalização da PNRS se materializa em três dimensões principais: a preventiva, a concomitante e a posterior. Na dimensão preventiva, destaca-se a análise dos planos municipais de gestão integrada de resíduos sólidos, requisito fundamental para o acesso a recursos federais. Segundo Torres (2014), esta análise prévia é instrumental para evitar a aprovação de projetos tecnicamente inviáveis ou financeiramente insustentáveis.

Na fiscalização concomitante, os Tribunais de Contas têm desenvolvido metodologias específicas para o acompanhamento da execução dos contratos e convênios relacionados à gestão de resíduos sólidos. Conforme aponta Lima (2018), este monitoramento permite a identificação tempestiva de irregularidades e a proposição de medidas corretivas antes que os prejuízos se consolidem.

Um aspecto particularmente relevante da atuação dos Tribunais de Contas refere-se à avaliação da economicidade e eficiência dos gastos públicos em gestão de resíduos sólidos. De acordo com Moraes (2016), as auditorias operacionais realizadas pelas Cortes de Contas têm revelado disparidades significativas nos custos dos serviços entre municípios com características similares, permitindo a identificação de práticas mais eficientes e econômicas.

O papel indutor dos Tribunais de Contas também se manifesta na promoção da transparência e do controle social. Como destaca a Abes (2019), as determinações e recomendações emitidas pelos órgãos de controle têm estimulado os municípios a adotarem práticas mais transparentes na gestão dos recursos destinados aos resíduos sólidos, incluindo a disponibilização de informações detalhadas sobre custos e resultados.

No âmbito da gestão consorciada de resíduos sólidos, os Tribunais de Contas têm exercido papel fundamental na fiscalização dos arranjos intermunicipais. Estudos realizados por Jacobi e Besen (2011) indicam que a atuação das Cortes de Contas tem contribuído para o aperfeiçoamento dos instrumentos de governança dos consórcios públicos, especialmente no que se refere à gestão financeira e à prestação de contas.

A dimensão pedagógica da atuação dos Tribunais de Contas também merece destaque. Por meio da emissão de manuais e cartilhas e da realização de eventos de capacitação, as Cortes de Contas têm contribuído para a disseminação de conhecimentos técnicos e jurídicos essenciais para a adequada gestão dos resíduos sólidos. Como observa Araújo (2013), esta atuação preventiva e orientadora tem se mostrado mais efetiva que a mera aplicação de sanções.

Não obstante os avanços alcançados, persistem desafios significativos no controle externo da política de resíduos sólidos. A complexidade técnica do setor, a diversidade de arranjos institucionais e a escassez de indicadores padronizados são alguns dos obstáculos enfrentados pelos Tribunais de Contas em sua missão fiscalizadora. Como aponta Lima (2018), é necessário o constante aperfeiçoamento das metodologias de auditoria e a intensificação da cooperação entre os órgãos de controle para fazer frente a estes desafios.

A efetividade do controle externo na política de resíduos sólidos também depende da articulação com outros órgãos e instâncias de controle. Neste sentido, Guerra (2018) destaca a importância das parcerias entre Tribunais de Contas, Ministério Público e órgãos ambientais para uma fiscalização mais abrangente e efetiva da implementação da PNRS.

O papel dos Tribunais de Contas, portanto, envolve a fiscalização das políticas públicas, por meio da exigência de que os municípios implementem planos adequados para gestão de resíduos sólidos, conforme as diretrizes do novo marco legal do saneamento básico (Lei nº 14.026/2020). E aqui é importante salientar o que seja esse "plano adequado", pois não basta aprovar um plano, se ele não reflete a realidade do município. Nesse sentido é que um estudo recente revelou que 89% dos municípios fiscalizados não tinham planos adequados.

Os Tribunais também colaboram com órgãos ambientais e o Ministério Público para garantir que as políticas públicas sejam seguidas corretamente e que as práticas inadequadas sejam corrigidas.

A participação da sociedade civil também é incentivada como uma forma de controle social sobre a gestão pública. O Tribunal de Contas da União (TCU) tem promovido iniciativas para envolver cidadãos na fiscalização das ações municipais.

A atuação dos Tribunais de Contas é essencial para assegurar uma gestão eficiente e responsável dos recursos públicos, especialmente na área crítica da gestão de resíduos sólidos, em que falhas podem ter consequências graves para o meio ambiente e para a saúde da população.

4.2 Desafios enfrentados pelos Tribunais de Contas na fiscalização ambiental

Os Tribunais de Contas enfrentam diversos desafios estruturais na fiscalização da Política Nacional de Resíduos Sólidos (PNRS), que precisam ser compreendidos e abordados de forma sistemática para garantir a efetividade do controle externo. Conforme apontado por Souza *et al.* (2020), um dos principais entraves é a escassez de recursos financeiros e humanos, que compromete significativamente a capacidade de realização de auditorias eficientes, especialmente em municípios menores e regiões de difícil acesso.

O caso da auditoria operacional realizada pelo TCU (TC 041.321/2021-9), que resultou no Acórdão nº 389/2023-TCU-Plenário, evidencia a complexidade dos desafios enfrentados. Os dados revelam que, mesmo após 12 anos da edição da Lei nº 12.305/2010, aproximadamente 2.600 lixões e aterros controlados ainda operam no país, demonstrando a necessidade de uma atuação mais orientativa por parte dos órgãos de controle, em vez de meramente punitiva.

Silva e Almeida (2019) destacam que a fragmentação da gestão ambiental no Brasil e a sobreposição de competências entre os entes federativos criam um cenário de complexidade institucional que dificulta a efetividade das ações de controle. Neste contexto, é fundamental que os Tribunais de Contas adotem uma postura mais pedagógica, focada na orientação e no desenvolvimento de capacidades dos gestores municipais, evitando que o receio de sanções leve à paralisia decisória.

A auditoria do TCU identificou que apenas 33,2% dos municípios implementaram algum tipo de cobrança pelo serviço de gestão de resíduos sólidos, e somente 49,4% possuem planos de gestão. Estes números evidenciam que, mais do que punir, é necessário que os Tribunais de Contas atuem na capacitação e orientação dos gestores públicos, auxiliando na compreensão dos mecanismos de implementação da política pública e na identificação de soluções viáveis para cada contexto local.

Gomes (2021) ressalta que a complexidade da legislação ambiental e sua constante atualização exigem dos Tribunais de Contas uma abordagem mais colaborativa. A função pedagógica do controle externo torna-se ainda mais relevante quando se considera que muitos gestores municipais não possuem conhecimento técnico suficiente para interpretar e aplicar adequadamente as normas ambientais. Neste sentido, é crucial que os Tribunais desenvolvam programas de capacitação e orientação técnica, facilitando o entendimento e a implementação das diretrizes da PNRS.

A modernização tecnológica dos instrumentos de fiscalização é outro aspecto fundamental. Os Tribunais de Contas precisam investir em ferramentas como imagens de satélite e inteligência artificial não apenas para fiscalizar, mas principalmente para auxiliar os municípios no monitoramento e gestão de seus resíduos sólidos.

Esta abordagem tecnológica deve ser acompanhada de programas de capacitação que permitam aos gestores municipais compreender e utilizar adequadamente essas ferramentas.

O caso da auditoria do TCU na PNRS demonstra a importância de equilibrar as funções fiscalizadora e orientadora dos Tribunais de Contas. As determinações e recomendações emitidas pelo TCU, como o desenvolvimento de um plano de ação para identificação e recuperação de áreas órfãs contaminadas e o aprimoramento do Plano Nacional de Resíduos Sólidos, exemplificam como é possível exercer o controle de forma construtiva, sem recorrer primariamente a medidas punitivas.

A experiência tem demonstrado que a abordagem puramente punitiva pode gerar efeitos contraproducentes, levando os gestores a adotarem posturas excessivamente conservadoras ou até mesmo a paralisarem ações necessárias por medo de sanções. É fundamental que os Tribunais de Contas desenvolvam metodologias de controle que privilegiem o diálogo, a orientação e a construção conjunta de soluções, reservando as punições para casos de má-fé ou descumprimento deliberado das normas.

Para isso, as pesquisas sugerem que os Tribunais de Contas invistam no desenvolvimento de manuais orientativos, na realização de seminários e *workshops* de capacitação, e na criação de canais de comunicação direta com os gestores municipais. Estas iniciativas podem contribuir para a construção de um ambiente mais colaborativo, em que o controle externo atue como parceiro no aprimoramento da gestão pública, e não apenas como órgão sancionador.

Ademais, é importante que os Tribunais de Contas incentivem o compartilhamento de experiências bem-sucedidas, contribuindo para a disseminação de boas práticas na gestão de resíduos sólidos. Esta atuação pedagógica e orientativa pode ser mais efetiva na promoção de mudanças positivas do que a mera aplicação de sanções, especialmente considerando as limitações técnicas e financeiras enfrentadas pelos municípios brasileiros.

5 Conclusão

A presente análise evidencia que a efetividade da Política Nacional de Resíduos Sólidos (PNRS) está intrinsecamente vinculada à qualidade do controle externo exercido pelos Tribunais de Contas, em uma relação que demanda uma abordagem predominantemente orientativa e pedagógica, conforme demonstrado por Pascoal (2016). Após mais de uma década de sua promulgação, a implementação da PNRS ainda encontra obstáculos estruturais significativos, que se manifestam de forma ainda mais acentuada nos municípios de pequeno porte, exigindo uma atuação diferenciada dos órgãos de controle.

O que se pode perceber é que os municípios enfrentam uma conjugação complexa de desafios que comprometem a efetiva implementação da PNRS. No âmbito financeiro-orçamentário, como evidenciado pelo Acórdão nº 389/2023-TCU-Plenário, destaca-se não apenas a insuficiência de recursos, mas também a fragilidade dos mecanismos de arrecadação, com apenas 33,2% dos municípios implementando algum tipo de cobrança pelos serviços de manejo de resíduos. Esta limitação financeira, segundo Torres (2008), impacta diretamente a capacidade de investimento em infraestrutura adequada e na manutenção de serviços essenciais.

Na dimensão técnico-operacional, como apontado por Lima (2019), os municípios enfrentam carências significativas de pessoal qualificado e infraestrutura básica. A persistência de aproximadamente 2.600 lixões demonstra que muitas administrações municipais ainda não conseguiram superar o modelo mais básico e inadequado de disposição final de resíduos. Conforme destaca Machado (2020), os baixos níveis de reciclagem, inferiores a 4%, e a existência de apenas 138 consórcios intermunicipais evidenciam tanto a fragilidade técnica quanto a dificuldade de estabelecer cooperações intermunicipais efetivas.

A questão da gestão compartilhada e do planejamento integrado, como analisa Guerra (2012), representa um desafio adicional significativo. Muitos municípios carecem de planos de gestão adequados e, quando existentes, frequentemente não refletem a realidade local ou carecem de viabilidade técnica-financeira. Araújo (2011) destaca que a baixa adesão aos consórcios públicos, apesar de seu potencial para gerar economias de escala, revela tanto obstáculos políticos quanto institucionais para a cooperação intermunicipal.

Neste cenário desafiador, como ressalta Fernandes (2016), o papel dos Tribunais de Contas transcende a mera verificação de conformidade legal, assumindo uma função estratégica na indução de boas práticas e no aprimoramento da gestão pública municipal. A atuação destes órgãos, seguindo a perspectiva de Zymler (2015), deve priorizar uma abordagem preventiva e orientativa, evitando que o receio de sanções resulte em paralisia decisória dos gestores municipais.

Nesse sentido, conclui-se que a efetividade da PNRS depende fundamentalmente da capacidade dos municípios em superar seus desafios estruturais, apoiados por um controle externo qualificado, sistemático e pedagogicamente orientado. Este controle deve ser capaz não apenas de identificar irregularidades, mas principalmente de compreender as limitações municipais e propor soluções viáveis, considerando as diferentes realidades locais e regionais.

Por fim, verifica-se que o fortalecimento institucional dos Tribunais de Contas e o aprimoramento de suas metodologias de fiscalização são elementos indispensáveis para auxiliar os municípios na superação de seus desafios e na plena realização dos objetivos da PNRS. A atuação dos órgãos de controle deve ser tecnicamente qualificada, preventivamente orientada e sensível às limitações municipais, buscando assegurar uma gestão de resíduos sólidos que seja ambientalmente adequada, economicamente viável e socialmente justa, mesmo diante das significativas disparidades existentes entre os municípios brasileiros.

Referências

ABRELPE. *Panorama dos resíduos sólidos no Brasil*. São Paulo, 2021.

ALMEIDA, L.; GOMES, R. Perspectivas teóricas para a análise de políticas públicas: como lidam com a complexidade? *Administração Pública e Gestão Social*, v. 11, n. 1, p. 16-27, 2019.

ARAÚJO, S. M. V. G. *O desafio da aplicação da lei dos resíduos sólidos*. Estudo Técnico. Brasília: Câmara dos Deputados; Consultoria Legislativa, 2013.

ARAÚJO, S. M. V. G.; JURAS, I. A. G. M. Desafios e perspectivas da gestão municipal de resíduos sólidos. *Revista de Direito Ambiental*, v. 98, p. 15-42, 2024.

BRANDÃO, A. O.; SILVA, G. N. Impactos econômicos da implantação de aterros sanitários individuais nos municípios brasileiros. *Holos*, v. 3, 2011.

BRASIL. *Lei nº 12.305, de 2 de agosto de 2010*. Institui a Política Nacional de Resíduos Sólidos. Brasília, 2010.

CANZIAN, F. 70% dos municípios dependem em mais de 80% de verbas externas. *Folha de São Paulo*, 2019.

COSTA, M. C.; SILVA, R. B. Implementação da PNRS: obstáculos e avanços. *Revista de Administração Pública*, v. 58, n. 2, p. 267-288, 2024.

FERNANDES, Gustavo; GRIN, Eduardo; TEIXEIRA, Marco Antonio; REHNER, Marcos. Tribunais de contas estaduais: controle ou avaliação de políticas públicas? *In*: PALOTTI, Pedro *et al*. (Org.). *E os Estados?* Federalismo, relações intergovernamentais e políticas públicas no Brasil contemporâneo. Rio de Janeiro: Ipea, 2023. DOI: 10.38116/9786556350509cap16.

FERNANDES, Jorge Ulisses Jacoby. *Tribunais de Contas do Brasil*: jurisdição e competência. 4. ed. rev., atual. e ampl. Belo Horizonte: Fórum, 2016.

FERREIRA, C. F. A.; JUCÁ, J. F. T. Metodologia para avaliação dos consórcios de resíduos sólidos urbanos em Minas Gerais. *Engenharia Sanitária e Ambiental*, v. 22, n. 3, 2017.

GOUVEIA, N. Resíduos sólidos urbanos: impactos socioambientais e perspectiva de manejo sustentável com inclusão social. *Ciência & Saúde Coletiva*, v. 17, p. 1503-1510, 2012. DOI: https://doi.org/10.1590/S1413-81232012000600014.

GUERRA, E. M. *Os controles externo e interno da administração pública e os Tribunais de Contas*. Belo Horizonte: Fórum, 2018.

IOCKEN, Sabrina Nunes. *Políticas públicas*: o controle pelo Tribunal de Contas. Florianópolis: Conceito Editorial, 2014.

IPEA – INSTITUTO DE PESQUISA ECONÔMICA APLICADA. *Diagnóstico dos resíduos sólidos urbanos*. Brasília: Ipea, 2012.

JACOBI, P. R.; BESEN, G. R. Gestão de resíduos sólidos em São Paulo: desafios da sustentabilidade. *Estudos Avançados*, v. 25, n. 71, p. 135-158, 2011.

LIMA, J. B.; SANTOS, M. R. Educação ambiental e gestão de resíduos. *Revista Brasileira de Educação Ambiental*, v. 19, n. 2, p. 123-142, 2024.

LIMA, Luiz Henrique. *Controle externo*: teoria e jurisprudência para os Tribunais de Contas. 7. ed. Rio de Janeiro: Método, 2017.

MARTINS, L. C. *Capacitação técnica na gestão ambiental municipal*. São Paulo: Saraiva, 2024.

MENDES, J. S.; BECK, C. G. Desafios das administrações municipais na implementação da Política Nacional dos Resíduos Sólidos. *Divulgação Científica e Tecnológica do IFPB*, n. 37, 2017.

MILANEZ, Bruno *et al*. *Diagnóstico dos resíduos sólidos urbanos relatório de pesquisa*. Brasília: Ipea, 2012.

MORAES, J. L. Os Tribunais de Contas e o controle de políticas públicas: o caso da Política Nacional de Resíduos Sólidos. *Revista do TCU*, v. 135, p. 46-55, 2016.

MORAN, M.; REIN, M.; GOODIN, R. Visão geral da política pública: o público e suas políticas. *In*: GOODIN, R. (Ed.) *The Oxford Handbook de Ciência Política*. Oxford: Oxford University Press, 2008.

OLIVEIRA, T. R. Catadores de materiais recicláveis: inclusão social e sustentabilidade. *Revista Trabalho e Sociedade*, v. 25, n. 1, p. 45-62, 2024.

PASCOAL, V. F. O aprimoramento do controle externo brasileiro: a experiência de implantação do Marco de Medição de Desempenho dos Tribunais de Contas – MMD-TC. *Revista Técnica dos Tribunais de Contas – RTTC*, Belo Horizonte, ano 3, n. 1, p. 255-271, dez. 2016.

RAMOS, Ricardo Affonso. O direito sancionatório no âmbito dos Tribunais de Contas. *Revista da Associação dos Antigos Alunos de Direito da Universidade Federal do Rio de Janeiro*, v. 1, n. 2, jul./dez. 2020.

RODRIGUES, M. A.; MENDES, C. F. Desafios socioambientais da PNRS. *Revista de Gestão Ambiental*, v. 12, n. 3, p. 178-195, 2024.

RODRIGUES, Ricardo Schneider. *Os Tribunais de Contas e o controle de política pública*. Maceió: Viva Editora, 2014.

SANTOS, P. R.; OLIVEIRA, M. S. Gestão de resíduos sólidos: aspectos técnicos e operacionais. *Revista de Engenharia Ambiental*, v. 28, n. 1, p. 45-62, 2023.

SARLET, Ingo Wolfgang; FENSTERSEIFER, Tiago. *Curso de direito ambiental*. Rio de Janeiro: Forense, 2023.

TORRES, R. L. A Legitimidade democrática e o Tribunal de Contas. *Revista de Direito Administrativo*, v. 194, p. 31-45, 1993. DOI: https://doi.org/10.12660/rda.v194.1993.45894.

TORRES, R. L. O Tribunal de Contas e o controle da legalidade, economicidade e legitimidade. *Revista de Informação Legislativa*, v. 31, n. 121, p. 265-271, 2014.

VALLE, Jair do; BRAZ, Eliane Marta Quiñones; SANTOS, Carlos Lopes dos. Resíduos sólidos urbanos. *Revista Ceciliana*, Santos, v. 5, n. 2, p. 1-4, dez. 2013.

VIEIRA, Germano. *In*: BECHARA, Erika (Org.). *Aspectos relevantes da política nacional dos resíduos sólidos Lei 12.305/2010*. São Paulo: Atlas, 2013. p. 106-127.

WILLEMAN, Marianna Montebello. *Accountabilitty democrática e o desenho institucional dos Tribunais de Contas no Brasil*. Belo Horizonte: Fórum, 2020.

Informação bibliográfica deste texto, conforme a NBR 6023:2018 da Associação Brasileira de Normas Técnicas (ABNT):

DOURADO, Hillana Martina Lopes Mousinho Neiva. A efetividade da Política Nacional de Resíduos Sólidos nos municípios brasileiros sob a ótica do controle externo: desafios e perspectivas na atuação dos Tribunais de Contas. *In*: LIMA, Edilberto Carlos Pontes (coord.). *Os Tribunais de Contas e a sustentabilidade*: governança e controle no enfrentamento das mudanças climáticas. Belo Horizonte: Fórum, 2025. p. 17-36. ISBN 978-65-5518-670-3. (Coleção Fórum IRB, v. 6). t. 2.

A AGENDA TRANSVERSAL AMBIENTAL DO PPA 2024-2027: RISCOS FISCAIS, ATUAÇÃO GOVERNAMENTAL E CONTROLE EXTERNO

IGOR PEREIRA OLIVEIRA

I Introdução

A Lei de Responsabilidade Fiscal (LRF) foi protagonista no Brasil em 2000 ao incluir a obrigação legal,[1] da perspectiva de *accountability* democrática, de produção do anexo de riscos fiscais (ARF) na Lei de Diretrizes Orçamentárias (LDO).

Os riscos fiscais representam eventos capazes de afetar as contas públicas que não podem ser controlados pelo governo, podendo comprometer o alcance dos resultados fiscais estabelecidos como metas e objetivos.

Os riscos fiscais específicos, não incorporados na análise macroeconômica, relacionam-se a eventos que ocorrem de maneira irregular e podem afetar projeções de resultados primário e nominal e da dívida. Busca-se identificar a materialização do risco no curto prazo, bem como mensurar seu custo.

Concessões em geral compõem a lista de passivos contingentes e outros riscos da LDO 2024, capazes de afetar as contas públicas. O Fundo Monetário Internacional (FMI) destacou o risco de as concessões no Brasil resultarem em passivos contingentes implícitos (e perdas de receita significativas) para o governo, com a possibilidade de que ocorram intervenções em caso de fracasso das concessionárias privadas, obrigando-o a fornecer o serviço de forma temporária ou permanente:

> A experiência em muitos países e também no Brasil mostra que pode haver riscos fiscais significativos associados aos contratos de concessões e às PPP. Projetos fracassados ou paralisados podem ter consequências orçamentárias diretas em termos de i) aumento dos gastos públicos necessários para fazer face a problemas de viabilidade imprevistos; ii) a

[1] §3º, art. 4º, Lei Complementar nº 101/2000.

possibilidade de insuficiência no pagamento de concessões ao governo em comparação com o que pode ter sido presumido e iii) exposições financeiras diretas e indiretas por meio de empréstimos do setor público a projetos afetados (quer existam garantias explícitas ou não). [...]. (FMI, 2018)

Concessões florestais e em infraestrutura hídrica são temas da agenda transversal ambiental do Plano Plurianual (PPA) 2024-2027 (Lei nº 14.802/2024). Sete dimensões da agenda possuem elevado grau de interconexão e transversalidade:[2] prevenção e controle do desmatamento e combate a incêndios; conservação, proteção e recuperação da biodiversidade, de ecossistemas e biomas; gestão e conservação dos recursos hídricos; gestão e conservação dos recursos marinhos e zona costeira; bioeconomia; qualidade ambiental em áreas urbanas e rurais; e enfrentamento da emergência climática.

Além disso, existe a possibilidade de viabilizar recursos federais via créditos extraordinários quando ocorrem desastres naturais, sem perder de vista a previsão orçamentária de recursos no programa de gestão de riscos de desastres.[3]

Os passivos contingentes de desastres podem ser explícitos, com uma previsão legal para o pagamento associado à ocorrência de seus riscos, ou implícitos, decorrentes de expectativa moral da sociedade de que o governo atue, por pressões políticas ou tentativas de acelerar a recuperação econômica da localidade afetada (LDO 2024).

Diante da definição dos riscos fiscais específicos na LDO, os ministérios das áreas finalísticas devem gerenciá-los. Por exemplo, embora o Ministério do Planejamento e Orçamento (MPO) seja responsável por coordenar e gerir o sistema de planejamento e de orçamento federal, o Ministério do Meio Ambiente e Mudança do Clima (MMA) é responsável pela Política Nacional sobre Mudança do Clima e o Ministério da Integração e do Desenvolvimento Regional (MIDR) deve promover ações pela proteção e defesa civil e pela gestão de riscos e desastres (Lei nº 14.600/2023).

Contudo, departamentos e analistas responsáveis por setores específicos podem dar mais peso aos impactos nesse setor do que em outros setores (OCDE, 2021). Assim, o MIDR ou o MMA podem não tomar providências necessárias e suficientes para mitigar riscos fiscais específicos identificados nas leis de diretrizes orçamentárias.

Dessa perspectiva, este artigo busca avaliar como os instrumentos legais de planejamento e orçamento, a atuação governamental e a rede de controle operam e interagem para maximizar as sinergias, considerando o que será aqui denominado de nexo orçamento-governo-controle.

O termo orçamento-governo-controle foi construído em analogia à abordagem utilizada usualmente para avaliar a relação água-energia-produção de alimentos, que considera o impacto de um setor nos demais e a avaliação de diferentes sinergias: "There are large opportunities to be realized if the nexus is addressed coherently across all scales, through multi-level governance with differentiated (but clearly defined) responsibilities of institutions" (HOFF, 2011).

---

[2] Mais detalhes sobre todas essas informações podem ser encontrados na Agenda Transversal Ambiental do PPA 2024-2027 (Disponível em: https://www.gov.br/planejamento/pt-br/assuntos/noticias/2024/fevereiro/relatorio-sintetiza-a-importancia-e-o-grau-de-transversalidade-da-agenda-ambiental-no-ppa-2024-2027/agente-transversal-meio-ambiente.pdf).

[3] Inserido originalmente no PPA 2012-2015.

O orçamento pode ser visto pelos instrumentos de planejamento e orçamento, PPA, LDO e Lei Orçamentária Anual (LOA), e pelos órgãos responsáveis por sua confecção. O governo, pela atuação de órgãos e entidades das áreas finalísticas, dos representantes de centro de governo e demais instituições responsáveis pela execução das políticas públicas. O controle, pelo controle externo e pelos sistemas de controle interno.

São muitas as inter-relações entre orçamento, governo e controle. Em Ipea (2022), cita-se a relevância das sustentabilidades fiscal, política, institucional e social, com questões político-ideológicas e ciclos econômicos influenciando comportamentos.

Neste estudo, parte-se da premissa de que controle exercido pelos Tribunais de Contas contribui (ou deve contribuir) para fomentar a atuação ministerial na mitigação dos riscos fiscais específicos, inclusive os relacionados à agenda transversal ambiental. Por isso, o foco na atuação do Tribunal de Contas da União (TCU), um dos protagonistas para a boa governança orçamentária, em processos sobre concessões em parques e florestas e em infraestrutura hídrica e relacionados com proteção e defesa civil.

II Método de pesquisa

A pesquisa teve como base 3 pilares: levantamento de deliberações do Plenário do TCU (delimitação do sujeito), pesquisa bibliográfica e análise documental. A pesquisa bibliográfica também observou percepções de organismos multilaterais como a Organização para a Cooperação e Desenvolvimento Econômico (OCDE), o FMI, o Banco Mundial e o Banco Interamericano de Desenvolvimento (BID).

Figura 1 – Unidades especializadas na arquitetura organizacional do TCU

Fonte: Disponível no *site* do TCU, acessado em 4.4.2024.

Em cada deliberação do Tribunal, foram considerados os respectivos e extensos relatórios e votos. Embora seu endereço eletrônico[4] forneça aos cidadãos o acesso às deliberações, enfrentou-se o desafio de fazer um levantamento em mais de 450 mil decisões disponíveis, sem perder de vista a atual arquitetura organizacional e suas secretarias da figura acima, especificamente a SecexContas (controle externo de contas públicas), a SecexDesenvolvimento (controle externo de desenvolvimento sustentável) e a SecexInfra (controle externo da infraestrutura).

[4] Disponível em: https://pesquisa.apps.tcu.gov.br/.

O recorte contemplou decisões que citam "desastres naturais" ou "riscos fiscais" ou concessões em parques, florestas e infraestrutura hídrica, o que resultou em aproximadamente 230 deliberações (acórdãos) – suficientes para a análise qualitativa.

Em seguida, o recorte material permitiu a exclusão de acórdãos que apenas citavam os temas, sem uma análise aprofundada, ou que não eram relevantes para o nexo orçamento-governo-controle sob a ótica dos riscos fiscais específicos. Também foram excluídos acórdãos com análises similares a deliberação já utilizada na pesquisa.

Após a exclusão, foi utilizada uma amostra de aproximadamente 40 acórdãos do Plenário, e respectivos relatórios e votos, 80% deles emitidos a partir de 2021, o que permitiu explorar as inter-relações mais recentes entre riscos fiscais da pauta ambiental, atuação governamental em diferentes setores e exigências do controle externo exercido pelo TCU para aprimoramento da Administração Pública federal.

As próximas seções destacarão o fomento à adequada gestão de riscos fiscais específicos de alta materialidade (não necessariamente da pauta ambiental), os estímulos à integração interministerial, ou até mesmo entre órgãos/entidades de um mesmo ministério, os esforços para uma adequada modelagem econômico-financeira de concessões em áreas protegidas e os desafios contemporâneos de integração intergovernamental, com foco na política de proteção e defesa civil.

III Controle externo das contas públicas

A OCDE tem recomendado a ampliação da estrutura de gestão de risco fiscal para garantir que os ministérios supervisores os mitiguem:

> [...] os relatórios de risco fiscal não identificam impactos orçamentários em potencial ou respostas se surgir um risco. Além disso, a estrutura de risco fiscal não requer que os ministérios em exercício tenham uma estrutura de gestão de risco fiscal a fim de ajudar a garantir que as medidas de mitigação de risco possam ser gerenciadas pelos ministérios. (OCDE, 2022b)

No âmbito de um levantamento, o TCU exigiu que o antigo Ministério da Economia, os órgãos centrais de contabilidade e de orçamento da União e a Advocacia-Geral da União (AGU) promovessem estudos para classificar e evidenciar os riscos fiscais referentes às ações ajuizadas pelos entes federados contra a União, considerando maior transparência às características e às particularidades das demandas judiciais decorrentes de conflito federativo e múltiplos mecanismos de contágio (Acórdão nº 2.591/2021).[5]

A efetividade da defesa da União e da mitigação dos riscos fiscais depende, especialmente, da qualidade da interação entre os órgãos envolvidos (Acórdão nº 2.103/2022). E esse tema atrai a visão de centro de governo para maximizar as sinergias:

[5] Os acórdãos do TCU podem ser do Plenário ou de uma das duas Câmaras. Tendo em vista que todos os acórdãos utilizados neste artigo são do Plenário, o colegiado não será citado.

> [...] the CoG's role in both interministerial coordination and performance management can be important for delivering synergies, minimizing duplication, delivering on the resources being invested, and setting the tone to modernize government. [...] In this regard, stronger complementarities and partnerships with the ministries responsible for planning and budget/finance and other MDAs need to be established. (BID, 2023b)

A promoção de sinergias e a tomada de decisões estratégicas de ordem orçamentária por parte do centro de governo foram valorizadas no acompanhamento da proposta do PPA 2024-2027 (Acórdão nº 2.516/2023).

Em auditoria operacional (Acórdão nº 2.937/2018), o Tribunal também destacou que o governo federal deve incluir no ARF as providências a serem adotadas na hipótese de concretização dos passivos contingentes e outros riscos informados. Este ponto foi reiterado em relatórios de acompanhamento (acórdãos nºs 2.688/2021, 2.183/2022, 2.230/2023 e 47/2024). A solução exige integração interministerial.

Auditorias operacionais são um exame baseado nas dimensões de desempenho (economicidade, eficiência, eficácia e efetividade), com maior flexibilidade na escolha de temas, objetos de auditoria, métodos de trabalho e forma de comunicar as conclusões.

A auditoria de 2018 destacou:

> [...] os riscos relacionados a recursos naturais e ambientais não são analisados no ARF LDO 2019 e que, embora valores para fazer frente aos impactos dos desastres naturais tenham constado nas recentes leis orçamentárias anuais, associadas ao programa Gestão de Riscos e de Desastres (programa 2040), as dotações iniciais não têm sido suficientes para cobrir as despesas. (Acórdão nº 2.937/2018)

Além disso, os necessários esforços coordenados foram exigidos no monitoramento de riscos fiscais judiciais, especialmente entre Ministério da Fazenda e AGU. As ações judiciais classificadas como de risco possível alcançaram o valor de R$2.741,8 bilhões em 2022, apresentando acréscimo nominal de R$1.481,4 bilhões (117,5%) em relação ao observado em 2021.[6]

Os processos devem conter os órgãos da Administração Pública federal responsáveis pelo pagamento das obrigações em sentenças judiciais. Os estudos foram conduzidos em auditoria financeira integrada com conformidade (Acórdão nº 1.057/2024).

O aprimoramento[7] das auditorias financeiras com base nos padrões internacionais foi viabilizado após um relatório em 2009 do programa internacional *Public Expenditure and Financial Accountability* (PEFA) apoiado pelo Banco Mundial e pelo FMI:

> [...] the TCU does not issue an audit opinion on the consolidated financial statements of the Government to say whether the financial statements present a true and fair view of financial events in the period under review. To render such an opinion, the TCU would need to go beyond the current practice of a legalistic examination of the statements and

---

6 Conforme Nota Técnica Conjunta nº 2/2023 da Consultoria Legislativa do Congresso Nacional (Disponível em: https://www12.senado.leg.br/orcamento/documentos/estudos/tipos-de-estudos/notas-tecnicas-e-informativos/pldo-2024_notatecnica.pdf/view).

7 Ver detalhes nos acórdãos nºs 3.608/2014 e 325/2019.

> reports (and a summary of documents that support those statements), and shift to a focus on the reliability of the systems and management controls underlying the statements and reports. (PEFA, 2009)

Em 2013, um acordo firmado entre o TCU e o Banco Mundial forneceu estudos para o fortalecimento desta modalidade de auditoria. Em um dos produtos (KEANEY, 2013), destacou-se que os auditores financeiros precisam estar cientes dos riscos fiscais existentes durante o planejamento da auditoria.[8]

Na prática, a SecexContas, responsável pelo controle externo das contas públicas, tem priorizado a realização de estudos aprofundados em temas de altíssima materialidade.

As próximas seções evidenciarão providências relevantes de outras secretarias do Tribunal que não estão direta e formalmente conectadas ao controle externo exercido pela SecexContas, mas que têm enfrentado os desafios relacionados com riscos fiscais específicos da agenda transversal ambiental do PPA 2024-2027.

IV Articulação e cooperação interinstitucional

Uma das diretrizes da governança pública é articular instituições e coordenar processos para melhorar a integração entre os diferentes níveis do setor público, com foco na entrega de valor público. Além disso, deve-se realizar uma análise crítica de riscos que podem impactar a implementação da estratégia e a consecução dos objetivos da organização no cumprimento da missão institucional (Decreto nº 9.203/2017).

A regulamentação do PPA 2024-2027 ressaltou a necessidade de articulação e cooperação interinstitucional para a consecução dos objetivos de cada programa finalístico, incluídas as agendas transversais (Decreto nº 12.066/2024).

Por isso, o controle externo deve fomentar a articulação interministerial, da perspectiva de centro de governo, e a coordenação entre órgãos/entidades em um mesmo ministério, atribuição da alta administração, com uma avaliação de possíveis fragmentações, sobreposições ou duplicações nos programas governamentais.

Fragmentações (mais de um órgão envolvido na mesma área), sobreposições (órgãos com estratégias semelhantes) ou duplicações (órgãos com as mesmas atividades) de esforços nos programas governamentais e eventuais lacunas na intervenção de determinado problema devem ser observadas (GAO, 2015), na mesma linha das avaliações recentes da proposta do PPA 2024-2027 (Acórdão nº 2.516/2023).

Em 2021, por exemplo, constatou-se a falta de coordenação interministerial entre as áreas de meio ambiente e turismo, com sobreposição normativa de competências e fragmentação da atuação, diante da inexistência de uma estratégia nacional para o uso público nas unidades de conservação (Acórdão nº 1.383/2021).[9]

Estímulos à integração governamental também foram dados no Acórdão nº 1.549/2023 (manejo florestal no estado do Amazonas), com exigência ao Serviço Florestal Brasileiro (SFB) que, em articulação com o Instituto Brasileiro do Meio Ambiente e dos

---

[8] A partir de 2016, o Tribunal passa a ter um manual de auditoria financeira.

[9] O Acórdão de relação nº 596/2024 sinaliza a falta de avanços significativos ao considerar não implementadas recomendações do Acórdão nº 1.383/2021.

Recursos Naturais Renováveis (Ibama) e o Instituto Chico Mendes de Conservação da Biodiversidade (ICMBio), realizasse estudos, a serem adotados em próximos projetos de concessão, para atualização e definição das estimativas do potencial produtivo de áreas de concessão de manejo florestal.

O cálculo do potencial produtivo influencia o preço mínimo do edital (PME), o valor da garantia prevista e o valor mínimo anual a ser pago. A falta de estudos mais recentes, em conjunto com normas antigas, emitidas de 2006 a 2011, prejudicaria a obtenção de parâmetros próximos da realidade, tanto do ponto de vista da capacidade de a floresta se regenerar, quanto da viabilidade econômico-financeira do contrato.

Nesse caso, ressalte-se, foi incentivada a integração entre um órgão específico (SFB) e duas entidades vinculadas (Ibama e ICMBio), no âmbito do MMA.

As auditorias foram realizadas pela SecexDesenvolvimento.

O Tribunal também identificou lacunas na normatização interna dos fluxos de trabalho relativos à estruturação de projetos em infraestrutura hídrica, incentivando o MIDR e três de seus órgãos vinculados (Codevasf, ANA e DNOCS) a se integrarem para enfrentá-las e incorporar boas práticas de seleção de projetos (Acórdão nº 1.462/2022).

Na mesma linha de incentivos, recomendou à Casa Civil, em parceria com MIDR e outros órgãos envolvidos, que acelerasse a conclusão dos estudos para demonstrar a viabilidade ou não da desestatização do Projeto de Integração do Rio São Francisco (Pisf), que busca solucionar a deficiência hídrica em regiões do Nordeste.

O recente Acórdão nº 1.112/2024 expôs a falta de equipamentos de medição de vazões em diversos pontos do empreendimento. Assim, custos fixos e variáveis que deveriam ser rateados com os estados na mesma proporção das vazões disponibilizadas e entregues estão sendo assumidos pelo União.

O desenvolvimento do Vale do São Francisco também inclui os perímetros públicos de irrigação, concessões de direito real de uso compostas por obras hídricas para alavancar o desenvolvimento socioeconômico regional. Tendo em vista a ausência de formalização de um dos dez instrumentos da Política Nacional da Irrigação – o Conselho Nacional de Irrigação (CNI) –, o Acórdão nº 1.345/2022 determinou à Casa Civil e a ministérios supervisores a sua instituição.

A lacuna *supra* chama a atenção devido à previsão legal de criação do CNI desde 2013 (Lei nº 12.787/2013). No Projeto de Lei nº 6.381/2005, da Câmara dos Deputados, uma comissão incluiu o CNI como fórum permanente para "analisar e propor ao Poder Executivo a regulamentação e alterações na legislação" e "discussão e encaminhamento dos anseios e problemas inerentes à agricultura irrigada em nosso País".[10]

O controle sobre infraestrutura hídrica é de responsabilidade da SecexInfra.

Aqui, sem prejuízo de considerar adequados os encaminhamentos do Tribunal para a Casa Civil da Presidência da República, vale ressaltar que o centro de governo deve concentrar seus esforços em prioridades de alto nível:

> The CoG should assume a direct policy role only in exceptional circumstances. Diverting efforts into policymaking and execution can limit the CoG's role as a galvanizing actor that builds a culture of delivery with a whole-of-government approach with the capacity

[10] Pareceres com modificações do projeto de lei podem ser obtidos em https://www.camara.leg.br/proposicoesWeb/prop_pareceres_substitutivos_votos?idProposicao=309981.

> to coordinate the efforts of sectoral ministries and agencies that possess the staff, resources and mandates to deliver. However, too often the CoGs of the region are burdened with purely sectoral offices not focused on high-level priorities. (BID, 2023b)

Ademais, em Ipea (2022), expõe-se que cultivar a capacidade de fazer escolhas e definir prioridades não se aplica somente ao centro de governo, pois os múltiplos centros de decisão que impactam a programação orçamentária precisam ser considerados.

Por isso, o desestímulo contínuo do TCU à omissão ou à ação intempestiva dos ministérios responsáveis pelas áreas finalísticas se trata de relevante contribuição para a boa governança orçamentária, já que considera os múltiplos centros de decisão.

V Modelagem de concessões em parques e florestas

A exposição de motivos[11] do Projeto de Lei nº 202/91, que resultou na Lei de Concessões (Lei nº 8.987/1995), citou o redirecionamento estratégico de recursos públicos com o advento das concessões no Brasil: "a outorga de concessões de serviço, pelo poder público, a particulares, coloca-se como um meio eficaz de redirecionamento da aplicação de recursos públicos".

Diante de incertezas inerentes à sua concepção, a viabilidade de uma concessão deve passar pela modelagem econômico-financeira, com a utilização de premissas adequadas, necessárias e suficientes, para projeção de receitas, despesas e investimentos.

Ministérios e seus respectivos órgãos e entidades devem ser capazes de identificar riscos, especialmente no início do ciclo de vida do projeto:

> Government should have the capacity and framework in place to monitor and manage different risks accruing from individual projects, and to identify the correlation among these risks and among projects within the overall investment portfolio. Both are relevant from a fiscal risk management perspective and should be dealt with in an integrated and consistent way. Special attention should be given to infrastructure risks that originate early in the project cycle because of government action or inaction [...]. (FMI, 2020)

Neste contexto, o TCU, entidade fiscalizadora superior (EFS), tem avaliado os projetos previamente à assinatura dos contratos, com base em sua Instrução Normativa nº 81/2018. São mais de 800 acórdãos do Plenário na tipologia processual denominada "desestatização", em diversos setores. Recentemente foi publicado um referencial[12] para contribuir preventivamente com o desempenho e os resultados das políticas públicas.

Tendo em vista que a política pública (inc. IV, art. 6º, Lei nº 13.334/2016) exige a articulação com os órgãos e autoridades de controle, existe uma etapa de avaliação dos projetos pelo Tribunal. Em junho de 2024, existiam 23 projetos em andamento para investimentos em florestas para manejo e em parques e florestas para visitação.

---

11 Disponível em: https://www.camara.leg.br/proposicoesWeb/fichadetramitacao?idProposicao=173076.

12 Disponível em: https://portal.tcu.gov.br/publicacoes-institucionais/cartilha-manual-ou-tutorial/referencial-de-controle-externo-de-concessoes-e-parcerias-publico-privadas.

Gráfico 1 – Etapa de 23 projetos em andamento em parques e florestas

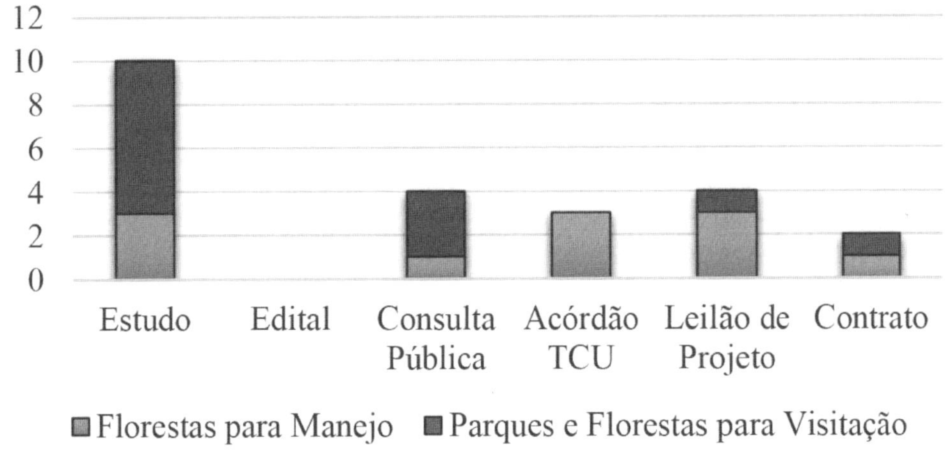

Fonte: Confecção própria. Dados disponíveis em: https://www.ppi.gov.br/projetos/. Acesso em: 8 jun. 2024.

O processo referente às concessões de serviços de visitação pública em parques nacionais (unidade de proteção integral) é conduzido pelo ICMBio (Lei nº 11.516/2007). As concessões em florestas nacionais (unidade de uso sustentável) para manejo pelo SFB (Lei nº 11.284/2006). O tema é de responsabilidade da SecexDesenvolvimento.

No Acórdão nº 2.472/2020 (Parques Nacionais de Aparados da Serra e Serra Geral), determinou-se ao ICMBio a atualização do estudo de demanda, incorporando a base histórica de dados de visitação a partir de maio de 2017 na fundamentação da projeção e das possíveis influências da pandemia do coronavírus sobre o cenário prospectivo. Em estudo posterior – Acórdão nº 2.804/2021 (Parque Nacional do Iguaçu) – a nova concessão considerou os impactos da pandemia na curva de demanda.

Na verdade, o debate sobre a arrecadação e os preços cobrados dos visitantes gera a preocupação (natural) do Estado no que diz respeito ao aprimoramento dos instrumentos de gestão dos contratos, especialmente no quesito "equilíbrio econômico-financeiro" (RODRIGUES; ABRUCIO, 2019), com contribuições do TCU nesse sentido.

Em manejo florestal no Estado do Amazonas (Acórdão nº 1.052/2021), constatou-se que o PME não era proveniente dos fluxos de caixa descontados[13] a valor presente líquido (VPL), pois representava a média de preços de compra das madeireiras do entorno da Flona de Humaitá. O TCU exigiu a atualização dos estudos, de modo que o cálculo do PME assegurasse a sustentabilidade das concessões – confirmada no Acórdão nº 600/2022.

A definição de um valor de referência a ser pago à concessionária deve refletir o montante de Capex (montante despendido na aquisição de bens de capital para determinada empresa ou na introdução de melhorias) e Opex (montante que deverá

[13] A metodologia de cálculo geralmente utilizada em concessões tem como base o custo incremental médio durante um longo período, representado pelo Fluxo de Caixa Descontado.

ser despendido para manter em operação os bens de capital de determinada empresa, nomeadamente os equipamentos e as instalações) estimados para o projeto (BID, 2023a).

Além disso, o Acórdão nº 1.549/2023 (manejo nas florestas de Jatuarana, Pau Rosa e Gleba Castanho, todas no Amazonas) explicitou que a definição do PME considerou as contribuições da Corte de Contas federal expostas no Acórdão nº 1.052/2021.

Outra questão relevante diz respeito ao *Weighted Average Cost of Capital* (WACC) estimado. A premissa típica[14] da equação econômico-financeira utilizada para a formação de preços de licitação de concessões no Brasil é a igualdade entre a Taxa Interna de Retorno (TIR) do projeto, ponto de equilíbrio do VPL, e o Custo Médio Ponderado de Capital (CMPC) ou WACC estimado.

Dessa perspectiva, o Acórdão nº 252/2023 (manejo florestal nos estados de Santa Catarina e Paraná) recomendou ao SFB que utilizasse séries históricas adequadas nas modelagens. A recomendação foi implementada (Acórdão nº 1.971/2023).

Em relação a investimentos obrigatórios na área de concessão, o Acórdão nº 2.147/2022 (Parque Nacional da Chapada dos Guimarães) recomendou ao ICMBio um ajuste no caderno de encargos de forma a prever prazos máximos de execução dos investimentos. No mesmo sentido, o Acórdão nº 2.534/2022 (Parque Nacional de Jericoacoara) constatou inconsistências entre a modelagem e o caderno.

Do ponto de vista jurídico, o caderno de encargos é o documento contratual que vincula a concessionária ao cumprimento de todos os aspectos da prestação dos serviços ali descritos, conforme requisitos dos investimentos e as especificidades (BID, 2023a).

Na essência, o Tribunal tem reforçado a maturidade dos investimentos[15] previstos no início do ciclo de vida do projeto, em uma etapa fundamental no Programa de Parcerias de Investimentos (PPI), sem perder de vista que o próprio SFB[16] destacou a relevância da atuação do controle externo para aprimorar as concessões florestais.

VI Política Nacional de Proteção e Defesa Civil

A novel Lei nº 14.904/2024, que estabeleceu diretrizes sobre adaptação à mudança do clima, destaca a necessidade de articulação com as três esferas da Federação e os setores socioeconômicos, garantida a participação social dos mais vulneráveis aos efeitos adversos dessa mudança e dos representantes do setor privado.

Do mesmo modo, a exposição de motivos[17] da Política Nacional de Proteção e Defesa Civil (PNPDEC, Lei nº 12.608/2012): "A efetivação dessa abordagem integrada da gestão de riscos exige a atuação articulada dos três níveis de governo, na esfera de suas competências e a definição de medidas claras".

[14] Essa premissa pressupõe uma licitação competitiva, em que o licitante vencedor será capaz de oferecer uma TIR igual ou maior ao seu WACC por contar com eficiências técnicas, operacionais ou de investimento, ou por ter custo de capital mais baixo que seus concorrentes.

[15] Os acórdãos nºs 379/2023 e 1.653/2021 são exemplos de avaliações do TCU em infraestrutura hídrica nos mesmos moldes dos estímulos à maturidade de investimentos em concessões florestais.

[16] Ver no Plano Anual de Outorga Florestal 2023 (Disponível em: https://www.gov.br/florestal/pt-br/assuntos/concessoes-e-monitoramento/plano-anual-de-outorga-florestal/plano-anual-de-outorga-florestal-publicacoes/plano-anual-de-outorga-florestal-publicacoes).

[17] Disponível em: https://www.planalto.gov.br/ccivil_03/_ato2011-2014/2011/Mpv/547.htm.

A SecexInfra, responsável pelo controle externo das ações governamentais relacionadas a desastres naturais, estava verificando em 2024 a integração da PNPDEC com a Política Nacional sobre Mudança do Clima e as medidas de adaptação às mudanças climáticas para reduzir o risco de desastres (Processo 006.390/2024-2) e avaliando as ações de prevenção no âmbito da PNPDEC (Processo 008.979/2024-3).

Em 2009 (Acórdão nº 2.354), antes da Lei nº 12.608/2012, o TCU já apontava a necessidade do fortalecimento dos sistemas de alerta e prevenção de desastres, de modo a prevenir as catástrofes relacionadas com eventos naturais.

O Acórdão nº 729, por sua vez, evidenciou em 2010 a ausência de critérios técnicos adequados para justificar a alocação dos recursos federais aos entes locais, especialmente para financiar ações de prevenção. Cinco anos depois, essa questão ainda estava pendente de implementação (Acórdão nº 2.810/2015).

Segundo a OCDE e o Banco Mundial (2019), devem-se estabelecer mecanismos de partilha de custos entre diferentes níveis de governo, com limites para a União.

O gráfico a seguir mostra o número[18] de acórdãos com citações sobre a temática.

Gráfico 2 – Número de acórdãos do TCU que citam desastres naturais, por ano

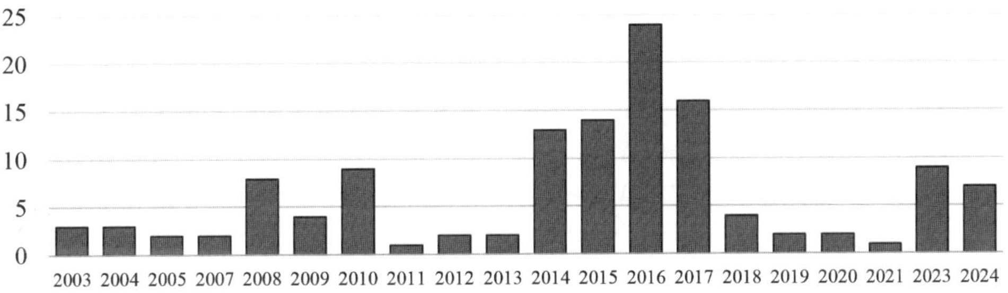

Fonte: Confecção própria, com dados da pesquisa integrada do TCU, acessados em 8.6.2024.

Há um destaque para 2016, em partes devido a várias tomadas de contas especiais[19] decorrentes dos estudos do Acórdão nº 1.104/2013. Isso porque em 2011 a catástrofe climática no Estado do Rio de Janeiro, com inundações e deslizamentos, provocou vários danos em escolas públicas e exigiu o emprego dos recursos federais, mas havia evidências de que serviços pagos não foram executados.

Trata-se de um desafio no âmbito do federalismo fiscal brasileiro, dependente de transferências intergovernamentais para entes locais que possuem autonomia administrativa sem recursos financeiros suficientes.

[18] A quantidade de acórdãos não significa que o TCU fez estudos aprofundados no tema em todos eles. Por exemplo, o Acórdão nº 860/2024 trata de infraestruturas críticas e apenas cita que sua recomendação pode incrementar a capacidade do país para responder à ocorrência de desastres naturais e se recuperar dela.

[19] Tomadas de contas especiais incluem apuração dos fatos, identificação dos responsáveis e quantificação do dano ao erário.

Há sempre a obrigação de prestar contas à sociedade, independentemente da origem dos recursos públicos. Por outro lado, nas ações de resposta e recuperação, há um "excesso de burocracia do modelo estabelecido para a solicitação de recursos federais imediatamente após a ocorrência de desastres", além de problemas na transparência sobre o que pode ser solicitado à União (Acórdão nº 546/2023).

O excesso de burocracia poderia ser enfrentado com a técnica "anti *sludge*" adaptada às necessidades do Brasil, uma avaliação comportamental estruturada de um serviço ou processo para identificar, prevenir e reduzir atritos desnecessários e custos psicológicos que afetam a acessibilidade aos serviços:

> While most definitions of sludge focus on services delivered to the public, they can equally apply to internal government processes in which the primary direct beneficiary of the service is within a public administration. This innovative perspective complements existing approaches to improving service design and delivery, building on them by focusing on the experience of people accessing the service and a broader definition of the costs that are required to access a service. (OCDE, 2024b)

Aqui, ressalte-se, historicamente o controle externo federal parece perseguir um ponto ideal de equilíbrio entre o estímulo à liberação célere de recursos federais, com o fortalecimento dos sistemas de alerta e prevenção de desastres e a adoção de critérios técnicos adequados, e a obrigação de prestar contas à sociedade.

Ainda sobre o Rio de Janeiro, no Acórdão nº 1.936/2021, evidenciou-se que o insucesso das ações de remoção de moradias e reassentamento de famílias se mostrou fator de grande impacto negativo na consecução dos projetos. Um dos motivos seria a indisponibilidade de áreas para a totalidade dos assentamentos. E quando existem áreas disponíveis, os moradores não concordam em abandonar suas casas para residir em locais distantes, muitos deles sem infraestrutura adequada.

Tendo em vista que compete aos municípios promover a fiscalização das áreas de risco de desastre e vedar novas ocupações nessas áreas (inc. V, art. 8º, Lei nº 12.608/2012), o TCU deu ciência ao Município de Itabuna/BA sobre falhas em planos e protocolos municipais (Acórdão nº 2.168/2023) e ao Município de Santana do Ipanema/AL por permitir antigos moradores na área de risco atingida pela enchente (Acórdão nº 758/2024).

Na prática, barreiras políticas e comportamentais são mais evidentes que barreiras tecnológicas e econômicas nos esforços referentes às mudanças climáticas (AGARWALA *et al.*, 2021). A propósito, segundo a OCDE e o Banco Mundial (2019), o nível do apoio às famílias pode desencorajá-las a se preocuparem com medidas preventivas:

> Government support for the damages suffered by individual households can influence the degree to which households invest in disaster prevention measures, creating a potential moral hazard. A wide-ranging commitment to support households after a disaster may discourage individual households from investing in preventative action, while clear guidelines for and better communication about possible post-disaster assistance could increase households' preventative contributions. [...]
>
> The design of ex post government assistance for households and businesses should include incentives to invest in physical risk reduction measures. Rewards can be given to those households and businesses that adhered to existing rules on disaster risk prevention or for those that adapted voluntary protection measures, such as disaster insurance.

Portanto, a integração no âmbito da governança climática multinível, dependente de ações políticas e de mudanças comportamentais, é um dos principais desafios para enfrentar eventos que ocorrem de maneira irregular, envolvendo atores de diferentes setores e as relações inerentes ao federalismo fiscal brasileiro.

VII Considerações finais

O combate a crises multidimensionais exige uma capacidade de antecipação de riscos com reforço de outros atores, inclusive com o protagonismo das EFS (OCDE, 2024a), explicitado neste artigo com o olhar para a atuação do TCU e valorizado em BID (2023b), que destaca:

> [...] Due to increased requirements for political, budgetary, and legal accountability, departments in the public sector have even greater incentives to adopt a siloed mindset than other organizations. [...] As a consequence, there is frequently a mismatch between the siloed features of the governments' structures and the cross-cutting nature of the public problems they seek to address (notably in the case of climate change, social inequality, economic recovery, etc.), especially in a world of heightened complexity with deeply ingrained "wicked" problems.

Neste contexto, o estímulo contínuo à integração entre ministérios responsáveis pelas áreas finalísticas, em múltiplos centros de decisão, o protagonismo no aprimoramento de concessões previamente à assinatura dos contratos e a busca pelo ponto ideal de equilíbrio, no âmbito de uma governança multinível, entre o estímulo à liberação célere de recursos nas ações de resposta a desastres naturais e a obrigação de prestar contas, são algumas das contribuições do Tribunal em problemas complexos de políticas públicas que necessitam de uma abordagem multidimensional e integrada.

A atuação abrangente do TCU minimiza as chances de uma verificação superficial do conteúdo do ARF, afastando ainda mais a prática cerimonial de entes federados de publicação do documento sem um conteúdo adequado – alerta de Azevedo *et al.* (2019) em relação à atuação dos Tribunais de Contas brasileiros, com foco nos municípios.

Por outro lado, o FMI (2020) destacou a dificuldade de quantificar riscos fiscais em infraestruturas com informações limitadas e imprecisas: "Data on construction costs and cost overruns are typically scarce, and even when information is available, governments do not necessarily have the skills to put it to good use".

Obviamente, os avanços no detalhamento do ARF, a inovação do PPA 2024-2027 ao incluir o meio ambiente na agenda transversal, o planejamento orçamentário, as melhorias contínuas nas modelagens econômico-financeiras das concessões em parques e florestas e o aumento da interação entre União, estados, DF e municípios na PNPDEC evidenciam um contínuo aprimoramento governamental para maximizar sinergias.

Na verdade, os mesmos incentivos de integração na Administração Pública também servem para aprimorar a atuação das próprias EFS. Por exemplo, a adoção de providências após a concretização de riscos fiscais em temas da agenda ambiental pode ser o escopo de uma auditoria mais aprofundada que o Acórdão nº 2.937/2018, com a participação da SecexContas, da SecexDesenvolvimento e da SecexInfra, em sintonia com os esforços[20] recentes para reduzir a fragmentação da arquitetura do TCU.

A auditoria poderia contribuir para que riscos fiscais específicos, não incorporados na análise macroeconômica, estivessem refletidos nas leis orçamentárias anuais, inclusive na reserva de contingência (inc. III, art. 5º, LRF).[21]

Uma avaliação mais ampla sobre riscos, potenciais e concretos, e eventuais melhorias capazes de afetar a sustentabilidade do gasto público, a partir de fiscalizações que integrassem as abordagens financeira e operacional (IPEA, 2022) no enfrentamento de desafiadoras barreiras políticas e comportamentais, considerando "os obstáculos e as dificuldades reais do gestor e as exigências das políticas públicas a seu cargo".[22]

Além disso, embora o TCU tenha reiterado[23] desde 2018 que o governo federal deve incluir no ARF as providências a serem adotadas na hipótese de concretização dos riscos, pode haver inércia governamental nos mesmos moldes da demora para viabilizar um cadastro nacional unificado de obras paralisadas, um tema com intensa atuação do controle externo federal, conforme informações de (OLIVEIRA; BRANDÃO, 2023).

Essas pendências, relacionadas ao detalhamento do ARF e ao cadastro unificado, sinalizam que a atuação do controle em temas estratégicos pode ser insuficiente para o aprimoramento célere e tempestivo da Administração Pública federal.

A persistência do Tribunal deve, portanto, ser acompanhada de contínua publicidade da demora de atuação do governo, empoderando o controle social no desafiador contexto exposto pela OCDE (2022a): "[...] countries urgently need to invest in re-establishing trust to tackle the policy challenges ahead".

Em relação às limitações, este artigo busca considerar na governança orçamentária o que denominou de nexo orçamento-governo-controle, limitando-se a temas da agenda transversal ambiental do PPA 2024-2027 que também compõem o ARF da LDO 2024, sob a ótica do controle exercido pela Corte de Contas federal.

Pesquisas futuras concernentes ao desenvolvimento e ao aperfeiçoamento do processo orçamentário federal podem ampliar os estudos sobre as interconectividades para maximizar sinergias, tanto em relação à atuação da rede de controle, quanto da perspectiva do governo ou dos legisladores, até porque não se está a propor interferência do TCU sobre o mérito de proposta político-jurídica que vise adequar as regras de elaboração do orçamento às necessidades públicas de natureza contingente, em sintonia com o voto do Acórdão nº 1.250/2022.

---

[20] Conforme premissa da Resolução TCU nº 347/2022, que definiu a atual arquitetura organizacional.

[21] Ver ponderações do Acórdão nº 521/2024 sobre a reserva de contingência.

[22] Art. 22 da Lei de Introdução às Normas do Direito Brasileiro.

[23] O Acórdão nº 47/2024 expôs que "o PLDO 2024 não apresentava informações sobre as providências a serem tomadas na hipótese de concretização daqueles passivos e outros riscos" e que essa questão deve "ser mais uma vez examinada por ocasião do próximo acompanhamento, referente ao PLDO 2025".

Referências[24]

AGARWALA, Matthew; BURKE, Matt; KLUSAK, Patrycja; MOHADDES, Kamiar; VOLZ, Ulrich; ZENGHELIS, Dimitri. Climate change and fiscal sustainability: risks and opportunities. *National Institute Economic Review*, v. 258, p. 28-46, 2021. Disponível em: https://doi.org/10.1017/nie.2021.37.

AZEVEDO, Ricardo Rocha de *et al*. A precariedade do conteúdo informacional dos anexos de riscos fiscais de municípios brasileiros. *ASAA Journal*, v. 12, n. 2, p. 4-22, 2019. Disponível em: https://doi.org/10.14392/ASAA.2019120201.

BID (BANCO INTERAMERICANO DE DESENVOLVIMENTO). *Concessão de serviços de manejo de resíduos sólidos urbanos*: guia prático de estruturação. Brasil, 2023a. Disponível em: http://dx.doi.org/10.18235/0004835.

BID (BANCO INTERAMERICANO DE DESENVOLVIMENTO). *The Center of Government revisited*: a decade of global reforms. Washington, DC, 2023b. Disponível em: http://dx.doi.org/10.18235/0004994.

FMI (FUNDO MONETÁRIO INTERNACIONAL). *Avaliação da gestão do investimento público*. Relatório de assistência técnica: Brasil. Washington, DC, 2018. Disponível em: https://www.gov.br/tesouronacional/pt-br/importacao-arquivos/Relat-C3-B3rio-20PIMA.pdf.

FMI (FUNDO MONETÁRIO INTERNACIONAL). *Well Spent*: How Strong Infrastructure Governance Can End Waste in Public Investment. Washington, DC, 2020. Disponível em: https://doi.org/10.5089/9781513511818.071.

GAO (U.S. GOVERNMENT ACCOUNTABILITY OFFICE). Fragmentation, Overlap, and Duplication: Evaluation and Management Guide. *GAO-15-49SP*, 2015. Disponível em: https://www.gao.gov/products/gao-15-49sp.

HOFF, H. Understanding the Nexus. Background Paper for the Bonn 2011 Conference: The Water, Energy and Food Security Nexus. *Stockholm Environment Institute*, 2011. Disponível em: https://www.sei.org/publications/understanding-the-nexus/.

IPEA (INSTITUTO DE PESQUISA ECONÔMICA APLICADA). *Governança orçamentária no Brasil*. Brasília, 2022. Disponível em: http://dx.doi.org/10.38116/978-65-5635-043-1.

KEANEY, David John. *Relatório elaborado com o objetivo de elaborar uma estratégia e um plano de ação para redução de lacunas entre a auditoria realizada pelo TCU sobre o Balanço Geral da União e boas práticas internacionais*: Produto 2. Brasil, 2013. Disponível em: https://portal.tcu.gov.br/contas-e-fiscalizacao/controle-e-fiscalizacao/auditoria/normas-de-fiscalizacao/auditoria-financeira.htm.

OCDE (ORGANIZAÇÃO PARA A COOPERAÇÃO E DESENVOLVIMENTO ECONÔMICO). *Steering from the Centre of Government in Times of Complexity. Compendium of Practices*. Paris: OECD Publishing, 2024a. Disponível em: https://doi.org/10.1787/69b1f129-en.

OCDE (ORGANIZAÇÃO PARA A COOPERAÇÃO E DESENVOLVIMENTO ECONÔMICO). Fixing frictions: 'sludge audits' around the world: How governments are using behavioural science to reduce psychological burdens in public services. *OECD Public Governance Policy Papers*, Paris, n. 48, 2024b. Disponível em: https://doi.org/10.1787/5e9bb35c-en.

OCDE (ORGANIZAÇÃO PARA A COOPERAÇÃO E DESENVOLVIMENTO ECONÔMICO). *Building Trust to Reinforce Democracy*: Main Findings from the 2021 OECD Survey on Drivers of Trust in Public Institutions. Building Trust in Public Institutions. Paris: OECD Publishing, 2022a. Disponível em: https://doi.org/10.1787/b407f99c-en.

OCDE (ORGANIZAÇÃO PARA A COOPERAÇÃO E DESENVOLVIMENTO ECONÔMICO). *Revisão do Centro de Governo do Brasil*: Rumo a um Centro de Governo Integrado e Estruturado. Paris: OECD Publishing, 2022b. Disponível em: https://doi.org/10.1787/1c2cc7cd-pt.

OCDE (ORGANIZAÇÃO PARA A COOPERAÇÃO E DESENVOLVIMENTO ECONÔMICO). *Behavioural Insights and Regulatory Governance*: Opportunities and Challenges. Paris: OECD Publishing, 2021. Disponível em: https://dx.doi.org/10.1787/ee46b4af-en.

OCDE; BANCO MUNDIAL. *Fiscal Resilience to Natural Disasters*: Lessons from Country Experiences. Paris: OECD Publishing, 2019. Disponível em: https://doi.org/10.1787/27a4198a-en.

[24] Todos os *links* das referências foram acessados em 2.7.2024.

OLIVEIRA, Igor Pereira; BRANDÃO, Rommel Dias Marques Ribas. A persistência do controle externo federal para aumentar a participação cidadã no acompanhamento dos investimentos em infraestrutura. *In:* LIMA, Amanda Faria *et al.* (Org.). *Controle de infraestrutura pelos Tribunais de Contas do Brasil.* [s.l.]: Transparência Internacional, 2023. p. 86-99. Disponível em: https://transparenciainternacional.org.br/publicacoes/controle-de-infraestrutura-pelos-tribunais-de-contas-do-brasil/.

PEFA (PUBLIC EXPENDITURE AND FINANCIAL ACCONTABILITY). *Federal Public Financial Management Performance.* Based on the PEFA Methodology. Brasil, 2009. Disponível em: https://www.pefa.org/sites/pefa/files/assessments/reports/BR-Dec09-PFMPR-Public.pdf.

RODRIGUES, C. G. O.; ABRUCIO, F. L. Parcerias e concessões para o desenvolvimento do turismo nos parques brasileiros: possibilidades e limitações de um novo modelo de governança. *Revista Brasileira de Pesquisa em Turismo,* São Paulo, v. 13, n. 3, p. 105-120, set./dez. 2019. Disponível em: http://dx.doi.org/10.7784/rbtur.v13i3.1575.

Informação bibliográfica deste texto, conforme a NBR 6023:2018 da Associação Brasileira de Normas Técnicas (ABNT):

OLIVEIRA, Igor Pereira. A agenda transversal ambiental do PPA 2024-2027: riscos fiscais, atuação governamental e controle externo. *In*: LIMA, Edilberto Carlos Pontes (coord.). *Os Tribunais de Contas e a sustentabilidade*: governança e controle no enfrentamento das mudanças climáticas. Belo Horizonte: Fórum, 2025. p. 37-52. ISBN 978-65-5518-670-3. (Coleção Fórum IRB, v. 6). t. 2.

OS TRIBUNAIS DE CONTAS E A SUSTENTABILIDADE: GOVERNANÇA E CONTROLE NO ENFRENTAMENTO DAS MUDANÇAS CLIMÁTICAS

INALDO DA PAIXÃO SANTOS ARAÚJO

ELISA DIAS LUCAS

1 Introdução

De acordo com a Organização das Nações Unidas (OMS), as mudanças climáticas são alterações significativas e de longo prazo nos padrões climáticos globais. Essas mudanças podem incluir variações na temperatura, nas precipitações, nos ventos, no aumento do nível do mar e em outros fatores climáticos. Tais mudanças são, em grande parte, atribuídas à atividade humana, como a queima de combustíveis fósseis, os desmatamentos que aumentam a concentração de gases de efeito estufa na atmosfera e os aterros para lixo que são uma das principais fontes de emissão de metano.

As mudanças climáticas têm diversas repercussões significativas na atuação da administração pública, exigindo adaptações em políticas, planejamento e gestão de recursos. No que diz respeito às políticas ambientais, cabe à administração pública formular e implementar meios para mitigar os efeitos negativos dessas mudanças, incluindo leis e regulamentos sobre emissões de carbono, incentivos para energias renováveis e práticas sustentáveis. Além das políticas ambientais, a administração pública deve lançar mão de ferramentas utilizadas no manejo de políticas sustentáveis que promovam o desenvolvimento e garantam as necessidades do presente, sem comprometer a capacidade das futuras gerações de atender às suas próprias necessidades, buscando equilibrar o crescimento econômico, a proteção ambiental e o bem-estar social, com enfoque nos seguintes indicadores:

1. *Planejamento urbano*: as mudanças climáticas exigem que o planejamento urbano considere o aumento do nível do mar, o advento de tempestades intensas e outros fenômenos climáticos extremos. A adaptação das infraestruturas é essencial para reduzir os riscos dessas mudanças.

2. *Gestão de recursos*: a administração pública deve gerir de forma eficaz recursos como água, energia e alimentos, que, provavelmente, serão afetados pelas mudanças climáticas, implicando estratégias para evitar escassez e promover o uso sustentável desses insumos.
3. *Resposta a desastres*: o aumento de eventos climáticos extremos, como inundações, secas e incêndios florestais exige que os órgãos públicos incrementem sua capacidade de resposta à desastres e adaptem seus planos de contingência.
4. *Saúde pública*: as mudanças climáticas podem afetar a saúde da população, aumentando a incidência de doenças transmitidas por vetores e a incidência de problemas respiratórios devido à poluição do ar. Políticas de saúde pública devem ser adaptadas para lidar com esses desafios.
5. *Desigualdade social*: os impactos das mudanças climáticas podem exacerbar as desigualdades sociais, afetando mais gravemente as populações vulneráveis. A administração pública precisa adotar medidas para proteger essas comunidades e garantir uma distribuição equitativa dos recursos de adaptação.
6. *Educação e conscientização*: campanhas de educação e conscientização sobre as mudanças climáticas são fundamentais para engajar a sociedade na adaptação aos efeitos dessas mudanças em médio e longo prazos.

2 Fundamentação

2.1 Os Tribunais de Contas e as auditorias ante as mudanças climáticas

De fato, as mudanças climáticas representam um dos maiores desafios globais, exigindo esforços coordenados entre governos, sociedade civil e instituições de controle. A administração pública desempenha um papel crucial na coordenação e implementação de estratégias para enfrentar os desafios impostos por tais mudanças, promovendo a sustentabilidade e a adaptação da sociedade.

A governança pública sustentável envolve a integração de princípios ambientais, sociais e econômicos na gestão pública, exigindo que as instituições incorporem tais princípios em suas práticas de gestão. Os Tribunais de Contas, como agentes de controle externo, promovem a boa governança e desempenham papel essencial ao fiscalizar a conformidade das políticas públicas com tais diretrizes. Além disso, assumem papel estratégico na promoção da transparência, da efetividade e eficiência e da sustentabilidade no uso de recursos públicos, contribuindo para o enfrentamento das mudanças climáticas por meio de auditorias operacionais, monitoramento de políticas públicas e recomendações de boas práticas de governança.

Os Tribunais de Contas do Brasil, ao atuarem na fiscalização de políticas públicas que promovem a sustentabilidade, estão alinhados com os Objetivos de Desenvolvimento Sustentável (ODS) da ONU. Os Objetivos de Desenvolvimento Sustentável são um apelo global à ação para erradicar a pobreza, proteger o meio ambiente das variações climáticas e garantir que as pessoas acessem meios para desfrutar das políticas de bem-estar social

Por meio de auditorias operacionais e de conformidade, os Tribunais de Contas podem avaliar a implementação e os resultados de políticas voltadas para áreas críticas como erradicação da pobreza, educação de qualidade, energia limpa e acessível e ações contra as mudanças globais do clima. Ao garantir que os recursos públicos sejam utilizados de forma eficiente e que as políticas estejam em conformidade com as metas de sustentabilidade, os Tribunais de Contas contribuem diretamente para o progresso nacional em direção ao quanto preconizado pelos Objetivos de Desenvolvimento Sustentável (ODS) da ONU.

Os 17 ODS da ONU servem como um norte no intuito de alinhar políticas públicas aos desafios ambientais e sociais contemporâneos. No Brasil, os Tribunais de Contas têm promovido auditorias temáticas voltadas para os ODS, avaliando, por exemplo, os avanços em energia limpa e acessível (ODS 7), ações contra as mudanças globais do clima (ODS 13) e desenvolvimento de cidades e comunidades sustentáveis (ODS 11).

Além da conformidade, os Tribunais de Contas realizam auditorias operacionais para verificar a eficiência dos projetos climáticos. Um exemplo é o monitoramento de projetos de energia solar e eólica, que avalia se os investimentos alcançam as metas estabelecidas em termos de redução de emissões e inclusão social, implementado sistemas para identificar e mitigar riscos climáticos relacionados às obras públicas. Nesse diapasão, a análise de vulnerabilidades, como enchentes e deslizamentos em áreas urbanas, é essencial para evitar danos ambientais e sociais de grande monta.

A Lei Federal nº 13.303, de 30.6.2016, conhecida como a Lei das Estatais, reforça a necessidade de práticas de governança sustentável. Os Tribunais de Contas utilizam esse arcabouço legal para auditar contratos, avaliar impactos ambientais de grandes projetos e garantir que as políticas públicas estejam alinhadas às metas climáticas nacionais e internacionais.

A supramencionada lei reforça a responsabilidade de órgãos públicos e estatais em adotar práticas de gestão eficiente, incluindo o incentivo à adoção de ações sustentáveis e promovendo a responsabilidade ambiental e social das estatais em suas operações. Ao estabelecer essas responsabilidades, a legislação fortalece a cultura de eficiência, controle e responsabilidade nas estatais, alinhando sua gestão aos princípios da administração pública e contribuindo para a melhoria dos serviços prestados à sociedade.

Além disso, a fiscalização ambiental pelos órgãos de controle abrange a verificação do cumprimento de metas ambientais, como a redução de emissões de gases de efeito estufa, a proteção de biomas e a implementação de programas de energia renovável. As auditorias de sustentabilidade são ferramentas cruciais para identificar oportunidades de melhoria nas práticas que visam à sustentabilidade.

As auditorias realizadas pelos Tribunais de Contas do Brasil observam o arcabouço normativo recomendado pelo Instituto Rui Barbosa denominado de Normas Brasileiras de Auditoria do Setor Público (NBASP). Essas normas seguem o modelo dos pronunciamentos profissionais estabelecidos pela Organization of Supreme Audit Institutions (Intosai). A GUID-5202, intitulada "Desenvolvimento sustentável: o papel das entidades fiscalizadoras", reconhece a importância das Entidades Fiscalizadoras Superiores (EFS) no monitoramento e na promoção do desenvolvimento sustentável, enfatizando o papel crucial dessas entidades no monitoramento do desenvolvimento sustentável, especialmente no contexto do setor público.

A GUID-5202 sugere que as EFS devem avaliar políticas e programas governamentais para garantir que estejam alinhados com os objetivos de desenvolvimento sustentável (ODS); promover a transparência e a prestação de contas nas ações governamentais, responsabilizando os gestores públicos pelo não cumprimento das metas de sustentabilidade; apoiar a tomada de decisão informada, fornecendo informações baseadas em auditorias e avaliações que ajudem os tomadores de decisão a ajustar políticas direcionadas ao alcance dos ODS; monitorar indicadores de sustentabilidade, verificando o progresso e identificando áreas que necessitem de melhorias e, ainda, promover o engajamento com partes interessadas, colaborando com outros órgãos públicos, com a sociedade civil e com o setor privado para uma abordagem integrada ao desenvolvimento sustentável.

Apesar de essa norma ainda não ter sido formalmente incorporada à estrutura das NBASP, a GUID-5202 posiciona as EFS como fundamentais para garantir que o setor público avance em direção aos ODS, oferecendo diretrizes específicas para a realização de auditorias ambientais no setor público. A adoção integral dessa norma, prevista para 2025, possibilitará um mapeamento mais detalhado dos impactos ambientais de obras e serviços.

2.2 A fiscalização dos Tribunais de Contas e os ODS

A fiscalização ambiental exercida pelos Tribunais de Contas é realizada, também, por meio do acompanhamento de acordos internacionais que atuam na promoção da sustentabilidade e na gestão das mudanças climáticas. A exemplo dos tratados internacionais, o Acordo de Paris, adotado em dezembro de 2015 durante a 21ª Conferência das Partes (COP21) da Convenção-Quadro das Nações Unidas sobre a Mudança do Clima (UNFCCC), teve como principal objetivo combater os efeitos negativos das mudanças climáticas, promovendo ações globais para limitar o aquecimento global. Os principais objetivos do Acordo de Paris foram:

1. *Limitação do aquecimento global*: o principal objetivo foi manter o aumento da temperatura média global bem abaixo de 2ºC acima dos níveis pré-industriais, com esforços para limitar esse aumento a 1,5ºC.
2. *Mitigação de emissões de gases de efeito estufa*: os países signatários se comprometeram a reduzir suas emissões de gases de efeito estufa (GEE) por intermédio de planos nacionais chamados contribuições nacionalmente determinadas (NDCs).
3. *Adaptação às mudanças climáticas*: o acordo reconheceu a necessidade de adaptação aos impactos das mudanças climáticas e procurou promover o fortalecimento da resiliência e a redução da vulnerabilidade social.
4. *Financiamento climático*: o acordo previu que os países desenvolvidos forneceriam recursos financeiros para apoiar os países em desenvolvimento na implementação de ações de mitigação e adaptação às mudanças climáticas.
5. *Revisão e transparência*: o Acordo de Paris inclui um mecanismo de transparência e revisão para monitorar o progresso dos países em relação às suas NDCs, com revisões a cada cinco anos para aumentar a ambição climática.

O Acordo de Paris é visto como um marco histórico na luta contra as mudanças climáticas, estabelecendo uma estrutura global para ações coletivas e colaborativas. Foi o primeiro acordo climático abrangente que envolveu quase todos os países do mundo, com metas comuns e adaptadas às circunstâncias de cada país, sinalizando ao setor privado e aos mercados financeiros acerca da necessidade da transição para uma economia de baixo carbono e servindo como um referencial para a elaboração de políticas nacionais de sustentabilidade.

Os Tribunais de Contas contribuem significativamente para os objetivos dos acordos internacionais, a exemplo do Acordo de Paris, atuando como fiscalizadores das políticas públicas que visam à mitigação das mudanças climáticas e à adaptação a seus efeitos, verificando o cumprimento dos compromissos assumidos pelos governos, avaliando a eficiência na aplicação de recursos destinados a projetos ambientais e assegurando que sejam direcionados de forma efetiva.

Não é de hoje que esses órgãos estão engajados na fiscalização das políticas ambientais. Nesta linha, a Comissão Técnica Especial de Meio Ambiente (Comtema) unidade da *Organiozación Latinoamericana y del Caribe de Entidades Fiscalizadoras Superiores* (OLACEFS), presidida pelo TCU (2018-2020), objetivou colaborar com o desenvolvimento de auditorias ambientais, possibilitando o controle na gestão ambiental para o desenvolvimento sustentável. Tal comissão promoveu auditorias coordenadas levando em consideração a priorização dos seguintes temas: mudança climática, recursos hídricos, áreas protegidas, biodiversidade, compras públicas sustentáveis, contas ambientais, passivos ambientais e os ODS.

Essa fiscalização ganhou reconhecimento da Organização das Nações Unidas (ONU) e foi publicada na Plataforma de Conhecimento para o Desenvolvimento Sustentável, que é uma iniciativa do Departamento de Assuntos Econômicos e Sociais das Nações Unidas (Undesa), tendo por objetivo compartilhar boas práticas, experiências e lições aprendidas entre as partes interessadas na implementação dos ODS.

Vale destacar que essa auditoria coordenada foi o primeiro trabalho sobre os ODS desenvolvido pela OLACEFS e teve apoio da Cooperação Alemã, por meio da *Deutsche Gesellschaft für Internationale Zusammenarbeit* (GIZ), com o objetivo de fortalecer o controle externo do meio ambiente e do desenvolvimento sustentável.

2.3 O papel da Intosai

Uma outra importante entidade que atua no desenvolvimento das iniciativas voltadas à sustentabilidade no setor público é a Organização Internacional de Entidades Fiscalizadoras Superiores (Intosai). Entre as iniciativas, destacam-se as diretrizes para auditorias ambientais e o incentivo à adoção de práticas de governança sustentável. No Brasil, essas orientações complementam as ações dos Tribunais de Contas e reforçam a importância da cooperação internacional. As principais iniciativas desenvolvidas pela Intosai incluem:

1. *Normas e diretrizes*

- *Intosai WGEA (Grupo de Trabalho sobre Auditoria Ambiental)*: este grupo elabora diretrizes e documentos técnicos para ajudar as Entidades Fiscalizadoras Superiores (EFS) a conduzir auditorias ambientais. Os guias fornecem metodologias para auditar a implementação de políticas de desenvolvimento sustentável e a gestão de recursos naturais.
- *Normas ISSAI*: as Normas Internacionais de Entidades Fiscalizadoras Superiores (ISSAIs) incluem orientações específicas sobre auditorias ambientais, ajudando as EFS a integrar a sustentabilidade em suas auditorias.

2. *Capacitação e treinamento*
- *Programas de capacitação*: oferecendo programas de treinamento e capacitação para auditores das EFS, tendo como temas a sustentabilidade e a auditoria ambiental. Esses programas buscam fortalecer a capacidade das EFS para auditar e monitorar políticas relacionadas ao desenvolvimento sustentável.
- *Workshops e seminários*: realizando *workshops* e seminários internacionais para compartilhar melhores práticas e experiências sobre auditoria de sustentabilidade.

3. *Cooperação internacional*
- *Parcerias e colaborações*: colaborando com organizações internacionais, como a ONU e o Banco Mundial, para alinhar seus esforços com os Objetivos de Desenvolvimento Sustentável (ODS), incluindo a criação de plataformas para troca de conhecimentos e experiências entre diferentes países.
- *Declarações conjuntas*: participando de declarações conjuntas que reforçam o compromisso das EFS em contribuir para a implementação dos ODS por meio de suas atividades de auditoria.

4. *Publicações e estudos*
- *Relatórios e publicações*: publicando relatórios que analisam como as EFS podem contribuir para a sustentabilidade, incluindo estudos de caso e análises sobre a eficácia das políticas públicas de desenvolvimento sustentável.
- *Ferramentas de auditoria*: desenvolvendo ferramentas e *frameworks* específicos para apoiar as EFS na realização de auditorias de sustentabilidade.

5. *Foco nos ODS*
- *Auditoria dos ODS*: a Intosai tem um foco especial na auditoria dos Objetivos de Desenvolvimento Sustentável, incentivando as EFS a monitorar e avaliar o progresso dos governos na implementação desses objetivos.
- *Desenvolvimento de indicadores*: ajudando a desenvolver indicadores que possam ser usados pelas EFS para avaliar o desempenho dos governos em relação aos ODS.

Atualmente, o WGEA é composto por 86 EFS, sendo o maior grupo de trabalho sob a supervisão da Organização Internacional de Instituições Superiores de Auditoria (Intosai). Além disso, seis regiões da Intosai; a Afrosai, a Arabosai, a Asosai, a Eurosai, a OLACEFS e a Pasai, estabeleceram um Grupo de Trabalho Regional sobre Auditoria Ambiental (RWGEA).

Os principais polos temáticos do WGEA para a Agenda 2023-2025 têm como objetivos aumentar globalmente a experiência em auditoria ambiental e contribuir para a visibilidade da governança ambiental de alta qualidade.

Figura 1 – *Thematic Hubs and Projects for 2023-2025*

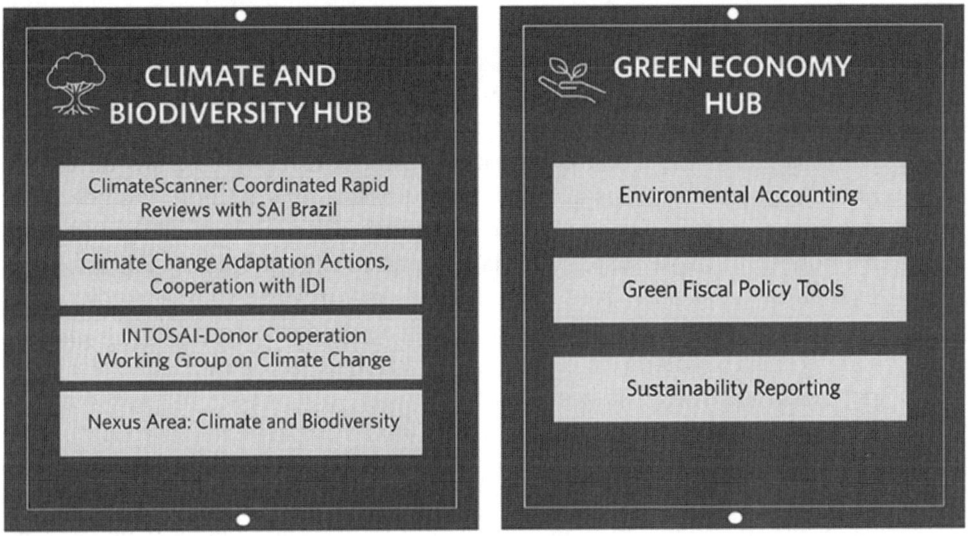

Fonte: www.environmental.auditing.org/about.

Essas iniciativas da Intosai buscam, também, o fortalecimento da capacidade das Entidades Fiscalizadoras Superiores na promoção da transparência, da responsabilidade e da boa governança no setor público, especialmente em questões relacionadas ao meio ambiente e à sustentabilidade. A transparência é fundamental para engajar a sociedade no fortalecimento da governança ambiental. Nesse sentido, os Tribunais de Contas podem implementar sistemas de monitoramento de riscos climáticos e divulgar informações sobre a alocação de recursos, além dos resultados das políticas públicas ambientais. A transparência é um instrumento poderoso para os tribunais, uma vez que possibilita:

1. *O acesso à informação*

- *Publicação de relatórios*: os Tribunais de Contas publicam relatórios de auditoria e fiscalização que incluem análises sobre políticas e programas relacionados à sustentabilidade. Esses relatórios estão disponíveis ao público, promovendo o acesso à informação sobre a gestão de recursos naturais e o impacto ambiental das políticas públicas.
- *Dados abertos*: os Tribunais de Contas podem adotar políticas de dados abertos,[1] permitindo que cidadãos, pesquisadores e organizações acessem informações detalhadas sobre auditorias e avaliações de projetos sustentáveis.

[1] O Tribunal de Contas do Estado da Bahia (TCE/BA) disponibiliza em dados abertos as informações relacionadas a despesas, procedimentos licitatórios e contratos, funcionalidades de filtros de pesquisa, gravação de relatórios e acesso automatizado. Tal funcionalidade possibilita ao usuário processar e analisar grandes quantidades de dados, mesmo quando estes apresentam alta granularidade. Além disso, todos os relatórios gerados ou disponibilizados são gravados em formatos não proprietários.

2. *A prestação de contas*

- *Responsabilização dos gestores públicos*: a transparência facilita a responsabilização dos gestores públicos por suas ações e decisões relacionadas ao desenvolvimento sustentável. Os Tribunais de Contas expõem irregularidades, má gestão ou ineficiência, contribuindo para a correção de práticas inadequadas.

3. *O engajamento cidadão*

- *Participação pública*: a transparência nos processos dos Tribunais de Contas permite que os cidadãos acompanhem e participem do monitoramento das políticas públicas, criando um ambiente no qual a sociedade civil pode exigir melhores práticas de sustentabilidade e maior responsabilidade dos governos.
- *Plataformas de comunicação*: os Tribunais de Contas, por meio do desenvolvimento de plataformas digitais, divulgam informações e interagem com o público, fortalecendo o diálogo e a cooperação entre o governo e a sociedade na busca por desenvolvimento sustentável.

4. *O incentivo à boa governança*

- *Melhoria de processos*: a transparência incentiva os gestores públicos a adotarem práticas mais responsáveis e sustentáveis, sabendo que suas ações serão auditadas e divulgadas, resultando em melhores práticas de governança e maior alinhamento com as metas de sustentabilidade.
- *Redução da corrupção*: ao tornar os processos e decisões mais transparentes, os Tribunais de Contas ajudam a reduzir a corrupção, o que é crucial para garantir que os recursos destinados ao desenvolvimento sustentável sejam bem utilizados.

5. *O fomento à inovação*

- *Adoção de tecnologias sustentáveis*: a divulgação de informações sobre iniciativas bem-sucedidas em sustentabilidade tende a inspirar outras entidades públicas a adotarem tecnologias e práticas inovadoras.
- *Benchmarking*: a transparência permite a comparação de desempenho entre diferentes regiões e países, incentivando a adoção de melhores práticas e políticas públicas eficazes para a sustentabilidade.

2.4 As orientações da Atricon e a Agenda 2030

Nesta mesma disposição, a Associação dos Membros dos Tribunais de Contas (Atricon) instruiu, por meio da Resolução Atricon nº 06/2018, as diretrizes relacionadas à temática "Controle externo na gestão de recursos hídricos", e da Resolução Atricon nº 7/2018, as diretrizes "Controle externo na gestão de resíduos sólidos", orientando a fiscalização ambiental.

A Atricon organizou o *site* https://ods.atricon.org.br, no qual compartilha experiências bem-sucedidas dos 33 Tribunais de Contas do Brasil, relacionadas aos Objetivos de Desenvolvimento Sustentável e à Agenda 2030 da Organização das Nações Unidas.

Em 2015, os 193 Estados-Membros da ONU adotaram um plano global para fazer avanços mais rápidos e de maior alcance para garantir os direitos e o bem-estar das pessoas em um planeta saudável e próspero, garantindo uma vida digna para todas as pessoas. A Agenda 2030 é um plano de ação para as pessoas, para o planeta e para a prosperidade que busca fortalecer a paz universal com mais liberdade e reconhece que a erradicação da pobreza em todas as suas formas e dimensões, incluindo a pobreza extrema, é o maior desafio global e um requisito indispensável para o desenvolvimento sustentável. Segundo o preâmbulo da Agenda 2030 para o desenvolvimento sustentável:

> Todos os países e todas as partes interessadas, atuando em parceria colaborativa, implementarão este plano. Estamos decididos a libertar a raça humana da tirania da pobreza e da penúria e a curar e proteger o nosso planeta. Estamos determinados a tomar as medidas ousadas e transformadoras que são urgentemente necessárias para direcionar o mundo para um caminho sustentável e resiliente. Ao embarcarmos nesta jornada coletiva, comprometemo-nos que ninguém seja deixado para trás. [...]
>
> Os Objetivos e metas estimularão a ação para os próximos 15 anos em áreas de importância crucial para a humanidade e para o planeta:
>
> *Pessoas*
>
> Estamos determinados a acabar com a pobreza e a fome, em todas as suas formas e dimensões, e garantir que todos os seres humanos possam realizar o seu potencial em dignidade e igualdade, em um ambiente saudável.
>
> *Planeta*
>
> Estamos determinados a proteger o planeta da degradação, sobretudo por meio do consumo e da produção sustentáveis, da gestão sustentável dos seus recursos naturais e tomando medidas urgentes sobre a mudança climática, para que ele possa suportar as necessidades das gerações presentes e futuras.
>
> *Prosperidade*
>
> Estamos determinados a assegurar que todos os seres humanos possam desfrutar de uma vida próspera e de plena realização pessoal, e que o progresso econômico, social e tecnológico ocorra em harmonia com a natureza.
>
> *Paz*
>
> Estamos determinados a promover sociedades pacíficas, justas e inclusivas que estão livres do medo e da violência. Não pode haver desenvolvimento sustentável sem paz e não há paz sem desenvolvimento sustentável.
>
> *Parceria*
>
> Estamos determinados a mobilizar os meios necessários para implementar esta Agenda por meio de uma Parceria Global para o Desenvolvimento Sustentável revitalizada, com base num espírito de solidariedade global reforçada, concentrada em especial nas necessidades dos mais pobres e mais vulneráveis e com a participação de todos os países, todas as partes interessadas e todas as pessoas.
>
> Os vínculos e a natureza integrada dos Objetivos de Desenvolvimento Sustentável são de importância crucial para assegurar que o propósito da nova Agenda seja realizado. Se realizarmos as nossas ambições em toda a extensão da Agenda, a vida de todos será profundamente melhorada e nosso mundo será transformado para melhor.

2.5 Alguns exemplos práticos da atuação dos Tribunais de Contas

Dentre essas experiências que objetivam o desenvolvimento sustentável de acordo com a Agenda 2030 da ONU, podemos citar o Programa de Sustentabilidade dos Tribunais de Contas da Bahia (TCeco), que é fruto da parceria entre o Tribunal de Contas do Estado da Bahia (TCE/BA) e o Tribunal de Contas dos Municípios do Estado da Bahia

(TCM/BA), com o objetivo da adoção de práticas de preservação e sustentabilidade do meio ambiente na administração pública.

Com a criação da Comissão de Desenvolvimento e Sustentabilidade dos Tribunais de Contas da Bahia, foi implementada uma série de ações, como:

- Redução no consumo de energia (agosto de 2019): menor consumo dos últimos 10 anos, representando uma redução de 25% em comparação à média histórica desse período.
- Substituição de 2.810 lâmpadas fluorescentes por LED, fruto de parceria com a companhia de energia Coelba, sem custo para os tribunais.
- Redução no consumo de copos descartáveis para água (agosto de 2019): diminuição de 72% no consumo comparado ao mesmo período de 2018.
- Redução no consumo de copos descartáveis para café (agosto de 2019): diminuição de 23% no consumo comparado ao mesmo período de 2018.
- Redução no consumo de papel formato A4 (resma): diminuição de 28% no consumo comparado ao mesmo período de 2018.

Em razão da pandemia de Covid-19, as atividades presenciais no edifício-sede do TCE/TCM foram suspensas em 2020, e, apesar das dificuldades enfrentadas durante o período pandêmico (2020/2021), o TCE/BA obteve a certificação, pelo Ministério do Meio Ambiente (MMA), do selo A3P pela segunda vez consecutiva. Em 18.12.2021, o TCE/BA firmou o Termo de Adesão à Rede Nacional de Sustentabilidade no Legislativo, para intercâmbio de práticas e desenvolvimento de ações voltadas à gestão sustentável do Legislativo em âmbito nacional, conforme acordo de cooperação técnica celebrado entre o TCU, o Senado Federal e a Câmara dos Deputados, publicado no *Diário Oficial da União* de 3.12.2021.

Ainda com o objetivo de avaliar as ações do governo da Bahia voltadas à implementação dos 17 Objetivos de Desenvolvimento Sustentável, o TCE/BA realizou, em 2018, auditoria operacional no âmbito da administração estadual para avaliar as ações governamentais voltadas à implementação dos ODS. Essa auditoria identificou uma baixa institucionalização da Agenda 2030 no Estado da Bahia, com deficiência no planejamento para atender às diretrizes e metas relacionadas à implementação dos ODS. Nesse sentido, os auditores estabeleceram sete recomendações à Casa Civil e à Secretaria de Planejamento do Estado da Bahia, como o estabelecimento dos mecanismos de articulação para a implementação dos ODS e a criação de observatórios públicos para disponibilizar dados e diagnósticos sobre a situação dos municípios e do estado, relativos ao alcance das metas e das boas práticas implantadas.

Em 2023, com a finalização da auditoria de monitoramento, o TCE/BA constatou que as recomendações foram parcialmente implementadas pelos órgãos do estado, razão pela qual a Corte de Contas segue acompanhando a implementação das referidas recomendações.

Em paralelo ao monitoramento das ações do Estado em relação aos ODS, o TCE/BA vem realizando auditorias específicas a partir dos temas estabelecidos na Agenda 2030. No ano de 2021, a Auditoria Coordenada em Passivos Ambientais de Mineração (PAM) verificou o grau de implementação e acompanhamento estadual de metas relacionadas aos Objetivos de Desenvolvimento Sustentável 12 (Consumo e Produção Responsáveis) e 15 (Vida Terrestre).

Em 20.12.2024, foi publicada decisão do Plenário do TCE/BA demandando da Secretaria de Meio Ambiente (Sema) melhorias no processo de gestão florestal. Entre outras irregularidades, a auditoria criticou a estrutura de governança da política, a exemplo da ausência dos planos estaduais de meio ambiente, de unidades de conservação, de prevenção e combate a incêndios florestais e de 28 planos de manejo das 45 unidades de conservação.

Também foram apontados problemas relacionados ao financiamento da política, em virtude da não elaboração dos instrumentos de pagamentos por serviços ambientais, o que levou ao não recebimento de um montante superior a R$84,5 milhões oriundos da iniciativa privada para aplicação em projetos ambientais. Um dos efeitos causados pelas fragilidades apontadas é a crescente supressão vegetal na Bahia (englobando supressões autorizadas e o desmatamento ilegal), inclusive em áreas protegidas, o que coloca o Estado da Bahia entre os quatro maiores neste quesito em 2022 e 2023, conforme levantamento do MAPBIOMAS.

Os conselheiros do TCE/BA decidiram pela apresentação, em 180 dias, de um plano de ação elaborado pelos órgãos ambientais contendo as medidas de saneamento das irregularidades apontadas, definindo as atividades/ações necessárias, os responsáveis pela execução e os prazos de implementação. Decidiram, também, no sentido de que sejam apresentadas as propostas para ações de fiscalização ambiental a serem realizadas durante cada exercício, inclusive aquelas de caráter preventivo, de forma que a fiscalização atue em todas as unidades de conservação de domínio estadual.

Já o Processo nº TCE/006222/2021, que trata de auditoria operacional ambiental, tendo por objeto a análise da estrutura de governança do estado para gestão integral de Passivos Ambientais de Mineração (PAM), os auditores concluíram que o Estado da Bahia não possui uma estrutura efetiva de governança, capaz de gerir adequada e integralmente os PAM e assegurar a sustentabilidade ambiental dessa crescente atividade no estado, com inerente potencial degradador, assim como a existência de um marco regulatório e de planejamento estadual, de médio e longo prazos, que estabeleça diretrizes para essa gestão. Outrossim, a auditoria identificou a ausência, na legislação brasileira, federal e estadual, de conceito de gestão integral de passivos ambientais de mineração e de ordenamento jurídico estadual específico para a atividade minerária, comprometendo o estabelecimento e a implementação de estratégias e ações para a gestão integral de passivos ambientais de mineração.

O julgamento do Processo nº TCE/006222/2021, realizado em 10.12.2024, por intermédio da Resolução nº 000110/2024, apresentou como resultado a ausência de planejamento estadual voltado ao cumprimento dos objetivos 12 e 15, no âmbito da gestão integral de passivos ambientais de mineração, e, como recomendações ao Governo do Estado da Bahia e à Secretaria do Meio Ambiente (Sema), propôs o estabelecimento de mecanismos de articulação e coordenação entre a Sema e demais secretarias e órgãos do estado (SDE, Sesab, Inema, CBPM) para gestão preventiva e corretiva dos passivos.

A detecção e a correção de irregularidades são essenciais para garantir que projetos ambientais cumpram seus objetivos. As entidades fiscalizadoras desempenham um papel relevante ao identificar desvios de recursos, superfaturamentos e atrasos na execução de projetos voltados à sustentabilidade. Tendo como base o resultado das suas auditorias, as Cortes de Contas fornecem recomendações para aprimorar a governança ambiental, como a implementação de indicadores de desempenho, mecanismos de controle interno e estratégias de integração intersetorial. Auditorias recentes realizadas pelas cortes de Contas em todo o Brasil identificaram áreas críticas, como a subutilização de recursos destinados à proteção de biomas e a falta de integração entre políticas estaduais e municipais.

Sob a relatoria do Ministro Vital do Rêgo, o TCU, por intermédio do Acórdão nº 2.201/2024-Plenário (Processo nº TC 032.255/2023-3, julgado na sessão de 16.10.2024), realizou auditoria entre agosto de 2023 e junho de 2024 sobre governança federal no enfrentamento da crise climática. O relatório apontou falta de transparência nos recursos financeiros destinados à agenda climática, incluindo os fundos internacionais. A auditoria alertou para a necessidade de uma coordenação mais eficiente entre governo federal, estados e sociedade civil.

A fiscalização do TCU destacou, ainda, que não há continuidade de instrumentos de planejamento, como o Plano Clima, de 2008, e o Plano Nacional de Adaptação à Mudança do Clima (PNA), de 2016. Ambos foram abandonados ao longo dos anos, o que prejudicou a capacidade do país de implementar medidas efetivas contra o aquecimento global. Além disso, a Política Nacional sobre Mudança do Clima (PNMC), instituída em 2009, foi considerada desatualizada diante de compromissos internacionais assumidos posteriormente pelo país, a exemplo do Acordo de Paris.

2.5.1 Recursos financeiros e falta de transparência

Outro ponto sensível abordado pela auditoria foi a gestão dos recursos financeiros para a agenda climática. O TCU detectou que as despesas não são amplamente identificadas no Orçamento-Geral da União (OGU).

Segundo relatório, o programa de enfrentamento da emergência climática do Plano Plurianual (PPA) prevê o montante de R$45,7 bilhões para o período de 2024 a 2027. Já as contribuições disponibilizadas ao país por meio dos fundos internacionais alcançaram o total de US$1,847 bilhão no biênio 2018-2019.

2.5.2 Comparativo de recursos para enfrentamento da emergência climática no Brasil

- *Montante do plano plurianual (PPA) 2024-2027*
  Total destinado: R$45,7 bilhões
  Período: 2024 a 2027
- *Contribuições internacionais 2018-2019*
  Total disponibilizado: US$1,847 bilhão
  Período: biênio 2018-2019

2.5.3 Falta de centralização das decisões e falha de articulação

A auditoria constatou que é necessário ter coordenação mais eficiente entre governo federal, estados e sociedade civil. No decorrer da fiscalização, o TCU realizou pesquisa eletrônica com representantes de entes subnacionais. Segundo revela o relatório da unidade técnica, a mobilização do governo federal para tratar da agenda climática tem melhorado nos últimos anos, mas ainda carece de efetividade.

O ministro-relator acrescentou em se voto que, depois de a fase de execução da auditoria ter sido concluída, houve a publicação do Decreto nº 12.040/2024, que atualizou a estrutura do Comitê Interministerial sobre Mudança do Clima. Esse comitê passou a contar com três novas câmaras: Câmara de Participação Social, Câmara de Articulação Interfederativa e Câmara de Assessoramento Científico.

2.5.4 Recomendações e próximos passos

Diante dos resultados apresentados, os ministros do TCU recomendaram ações estratégicas voltadas para o aprimoramento das políticas de mudança climática no Brasil. Ao Comitê Interministerial sobre Mudança do Clima (CIM) foi recomendado que:

- *Institua um novo Plano Nacional de Mudança do Clima* por meio de um instrumento normativo adequado para garantir a efetiva atribuição de responsabilidades aos órgãos e entidades envolvidas na implementação do plano.
- *Estabeleça uma sistemática de monitoramento, avaliação e revisão* do novo Plano Clima.
- *Submeta à Casa Civil uma proposta de atualização da Política Nacional sobre Mudança do Clima (PNMC).*
- *Articule a integração entre governo federal, estados, Distrito Federal e municípios* por meio da Câmara de Articulação Interfederativa.
- *Avalie a estrutura e o funcionamento do Fórum Brasileiro de Mudança do Clima (FBMC).*

Além disso, o Tribunal recomendou ao Ministério do Meio Ambiente e Mudança do Clima (MMA) que tome ciência do desequilíbrio na paridade entre representantes do setor público e da sociedade civil no Fórum Brasileiro de Mudança do Clima (FBMC). O Tribunal também fez recomendações ao Ministério do Planejamento e Orçamento (MPO).

Ao Ministério da Fazenda, foi recomendada a criação de um mecanismo de divulgação dos financiamentos disponíveis por meio do Fundo Verde para o Clima, Fundo Global para o Meio Ambiente e Fundo de Investimento Climático.

Além do resultado das suas auditorias, o TCU implementou o *ClimateScanner*, que permitirá a construção de um panorama global sobre o nível de desenvolvimento de mecanismos governamentais para enfrentar a mudança do clima. A ferramenta é uma iniciativa global, coordenada pelo TCU, com o apoio de um grupo executivo composto por 18 instituições superiores de controle (ISC), no âmbito da Intosai. O projeto busca avaliar as ações governamentais relacionadas à mudança climática, focando em três eixos: financiamento, governança e políticas públicas de adaptação e mitigação. Em 2023, o Brasil participou do teste-piloto, cujos resultados preliminares revelaram fragilidades na atuação do governo federal, o que ajudou a definir o escopo das auditorias atuais e futuras.

As informações trazidas pela auditoria comporão os dados referentes ao Brasil na plataforma *ClimateScanner*, que apresentará dados do clima de todos os países que aderiram à ferramenta, um total de 141 países, cujos dados serão de suma importância para a COP 30.

A COP 30 será a 30ª Conferência das Partes da Convenção-Quadro das Nações Unidas sobre a Mudança do Clima (UNFCCC). As COPs são reuniões anuais nas quais líderes mundiais, negociadores, cientistas, ativistas e outras partes interessadas se reúnem para discutir e negociar ações globais para enfrentamento das mudanças climáticas. A realização da COP 30 no Brasil representa uma oportunidade para os Tribunais de Contas demonstrarem seu compromisso com o enfrentamento dessas mudanças climáticas. A participação ativa dessas instituições pode contribuir para monitorar compromissos assumidos pelo Brasil, avaliar a implementação de políticas públicas relacionadas à agenda climática e promover debates sobre o fortalecimento da governança sustentável.

A atuação dos Tribunais de Contas na COP 30 será um marco para consolidar seu papel na agenda climática global. Nesse cenário, os Tribunais de Contas emergem como protagonistas no controle e monitoramento das ações públicas voltadas à sustentabilidade. Essas instituições terão, cada vez mais, a responsabilidade de garantir que recursos públicos sejam aplicados de forma eficiente, eficaz e transparente, especialmente em projetos e políticas ambientais.

Durante a realização da COP 30, os Tribunais de Contas devem apresentar auditorias sobre a implementação dos compromissos assumidos pelo Brasil no Acordo de Paris e deverão incluir propostas para fortalecer a transparência das políticas climáticas, destacando o uso de tecnologias como *blockchain* para rastrear e verificar ações ambientais, investindo em capacitação técnica para auditores ambientais, com foco em tecnologias de monitoramento remoto e análise de dados climáticos.

Uma governança climática eficiente exige a colaboração entre os Tribunais de Contas, o Ministério do Meio Ambiente e outras entidades públicas e privadas, fomentando a participação social e utilizando plataformas digitais para divulgar relatórios e promover debates sobre políticas climáticas.

Governança sustentável refere-se à incorporação de princípios ambientais, sociais e econômicos na formulação e implementação de políticas públicas. A governança eficaz diante das mudanças climáticas exige transparência, *accountability*, participação social e integração intersetorial.

3 Conclusão

Independentemente das nossas preferências políticas, principalmente em tempos tão polarizados, é forçoso reconhecer que a sustentabilidade do nosso planeta é o maior desafio já enfrentado pela humanidade, representando um impacto definitivo nas gerações vindouras.

Essa preocupação não é nova. Há muito, o conselheiro aposentado do Tribunal de Contas de Santa Catarina, ex-presidente da Associação dos Membros dos Tribunais de Contas (Atricon) e do Instituto Rui Barbosa (IRB), Salomão Ribas, já afirmava que a geração do presente tem um compromisso ético e moral de deixar um legado sustentável para as próximas gerações.

Esse pensar corrobora o entendimento manifestado pela Comissão Brundtland da Organização das Nações Unidas (ONU), ao estabelecer como objetivo do desenvolvimento sustentável: "Satisfazer as necessidades do presente sem comprometer a capacidade de as gerações futuras satisfazerem as suas próprias necessidades" (Comissão Mundial sobre Meio Ambiente e Desenvolvimento, em 1987).

Assim, cabe aos setores públicos e privados informarem à sociedade, de forma transparente e tempestiva, o impacto de suas ações (de forma positiva e/ou negativa) no desenvolvimento sustentável por intermédio dos denominados "Relatórios de Sustentabilidade".

É forçoso registrar que, apesar de obrigatório para empresas estatais desde 2016, como um dos requisitos de transparência (conforme o art. 8º da Lei Federal nº 13.303/2016), a elaboração de "Relatório de Sustentabilidade" para as demais instituições do setor público ainda não é, infelizmente, uma preocupação.

No setor privado brasileiro, o ESG (que é a sigla, em inglês, para *Environmental, Social and Governance*)[2] surgiu pela primeira vez em um relatório de 2004, da Organização das Nações Unidas (ONU), chamado *Who Cares Wins* (Ganha quem se importa) e pretende demonstrar o quanto se está buscando maneiras de minimizar os seus impactos no meio ambiente, construindo um mundo mais sustentável por meio dos processos de administração das empresas.

Atentas às questões propostas pelo ESG, muitas companhias estão divulgando os seus relatórios de sustentabilidade, cuja forma e modelo estão por ser regulamentados pela Comissão de Valores Mobiliários e pelo Conselho Federal de Contabilidade (de acordo com a Resolução CVM nº 193, de 20.10.2023 e Resolução CFC nº 1.710, de 25.10.2023).

Mas tão importante quanto a elaboração e a divulgação de relatórios de sustentabilidade no setor público é a asseguração dessas informações pelos Tribunais de Contas brasileiros. Sim, entre quem informa e o destinatário final (o cidadão) dessas informações, é preciso uma voz independente, que ateste que esses dados são suficientes e adequados.

Não por outra razão, a International Development Initiative (IDI) da International Organization of Supreme Audit Institutions (Intosai), em parceria com a ACCA (Association of Chartered Certified Accountants) e com a IFAC (International Federation of Accountants), divulgou o sumário executivo denominado "Preparando para a Divulgação e para a Asseguração de Relatórios de Sustentabilidade",[3] que apresenta as primeiras ações necessárias para essa nova responsabilidade para o controle externo. E afirma:

> [...] qualquer que seja o papel específico de uma entidade do setor público, o valor social é uma preocupação primária em todas as atividades porque, fundamentalmente, cada organização do setor público deve agir de acordo com o interesse público para fornecer governança ou serviços e, portanto, tem um impacto na sociedade e no meio ambiente.

Também é necessário informar que a Estrutura de Pronunciamentos Profissionais da Intosai inclui o GUID 5202 –[4] Desenvolvimento Sustentável: O Papel das Instituições Superiores de Controle. Esse documento foi aprovado pela Intosai em 2004 e, com a instituição da Estrutura de Pronunciamentos Profissionais da Intosai (IFPP, na sigla

---

[2] Ambiental, Social e Governança.

[3] Disponível em: https://www.idi.no/our-resources/professional-sais.

[4] Disponível em: https://www.issai.org/wp-content/uploads/2019/08/GUID-5202-Desarrollo-Sostenible-El-Papel-de-las-Entidades-Fiscalizadoras-Superiores.pdf. Acesso em: 29 jan. 2025.

em inglês), foi renomeado e considerado como GUID 5202, com alterações editoriais em 2019. Assim, o citado Guia muito pode servir de orientação para iniciar o processo de divulgação e asseguração de "relatórios de sustentabilidade" nos países em desenvolvimento.

O Instituto Rui Barbosa (IRB), por meio do seu Comitê de Auditoria, em parceria com outros atores interessados, acompanhará essas ações e disponibilizará em português os avanços materializados nessa nova fronteira da auditoria pública, em especial as normas de auditoria sobre como assegurar os relatórios de sustentabilidade e implementará os necessários programas de capacitação.

No Brasil, a governança climática está alinhada a instrumentos normativos como a Política Nacional sobre Mudança do Clima (PNMC) e o Marco Legal do Saneamento Básico, que reforçam a necessidade de ações estruturantes e investimentos em infraestrutura sustentável.

Contudo, apesar de todos os avanços em direção ao incremento das práticas sustentáveis e do aperfeiçoamento das ferramentas de controle, o presidente dos Estados Unidos, Donald Trump, anunciou, em 20.1.2025, a retirada do país do Acordo Climático de Paris.

A saída dos EUA, no entanto, não deve interferir completamente nas metas globais, como avalia Claudio Ângelo, coordenador de política internacional do Observatório do Clima, rede de entidades ambientais da sociedade civil brasileira. Como assevera Ângelo, "nunca foi a vontade dos Estados Unidos estar nesses processos. Esta é a segunda vez que o país deixa o acordo. A primeira retirada aconteceu em 2017, no primeiro governo de Donald Trump".

O anúncio da saída do acordo, publicado no *site* oficial da Casa Branca, faz parte da lista das prioridades do governo Trump, que promete também investir na exploração de petróleo, mais um passo na contramão das medidas de minimização da crise climática.

A decisão veio poucos dias depois da confirmação da Organização Meteorológica Mundial (OMM) de que 2024 foi o ano mais quente já registado. O recorde de temperatura reforça a urgência das estratégias de redução de emissão gases poluentes, causadores do aquecimento global, como o dióxido de carbono (CO2).

No ano de 2022, os Estados Unidos foram o segundo maior emissor global de CO2. No entanto, entre os dez maiores emissores do mundo, o país apresenta os níveis mais altos de emissões por habitante. A taxa de emissões *per capita* do país é o dobro da chinesa e oito vezes maior que a da Índia, de acordo com dados do instituto de pesquisa World Resources Institute (WRI).

Apesar da saída dos EUA, o Acordo de Paris continua sendo essencial. As negociações da ONU sobre mudanças climáticas são a única plataforma em que todas as nações têm voz ativa no combate a um dos maiores desafios do nosso tempo.

Assinado por 196 países, o Acordo de Paris completa dez anos em 2025. Desde a assinatura, os Estados Unidos são o único país a se retirar do compromisso.

Em meio às incertezas, o Brasil desponta como exemplo de redução de emissões de CO2, já que o país apresentou uma queda no desmatamento no último ano. O ritmo do desmatamento na Amazônia diminuiu 22,3% de agosto de 2023 a julho de 2024 em relação ao mesmo período entre 2022 e 2023, mostra análise do Projeto de Monitoramento do Desmatamento na Amazônia Legal por Satélite (Prodes).

A COP30, que deve congregar os principais líderes mundiais no Brasil, reúne, em paralelo, mais de 400 movimentos populares e organizações da sociedade civil na formação da Cúpula dos Povos, com o objetivo de denunciar falhas no combate à crise climática e apresentar pautas de reivindicações populares.

Fazemos coro com o diretor para a América Latina e Caribe da Campanha Global pela Justiça Climática (DCJ), Eduardo Giesen, ao convocar a sociedade civil, os movimentos e as organizações globais a se unirem à Cúpula dos Povos rumo à COP30:

> Queremos convidar todos a aderirem a este amplo processo de convergência social, que envolverá todas as regiões do mundo e todos os setores sociais, não apenas as organizações socioambientais e de justiça climática, as mulheres, as diversidades, as crianças, os jovens, os indígenas, os povos, os trabalhadores, os camponeses, os movimentos urbanos, para se juntarem à Cúpula dos Povos rumo à COP 30.

"Esperançamos" que o Brasil, no seu protagonismo, convoque os países a seguirem e aumentarem suas ambições para alcançarmos os nossos objetivos de mitigação e adaptação às mudanças climáticas na 30ª Conferência das Nações Unidas sobre Mudança do Clima (COP30), que será realizada em novembro, em Belém (PA).

Referências

ASSOCIAÇÃO DOS MEMBROS DOS TRIBUNAIS DE CONTAS DO BRASIL. Asseguração dos relatórios de sustentabilidade: a nova fronteira da auditoria pública. *Atricon*, 4 out. 2023. Disponível em: https://atricon.org.br/asseguracao-dos-relatorios-de-sustentabilidade-a-nova-fronteira-da-auditoria-publica/. Acesso em: 25 jan. 2025.

ASSOCIAÇÃO DOS MEMBROS DOS TRIBUNAIS DE CONTAS DO BRASIL. *Resolução Atricon* nº 06/2018 – Controle externo na gestão de recursos hídricos. Disponível em: https://atricon.org.br. Acesso em: 25 jan. 2025.

ASSOCIAÇÃO DOS MEMBROS DOS TRIBUNAIS DE CONTAS DO BRASIL. *Resolução Atricon* nº 07/2018 – Controle externo na gestão de resíduos sólidos. Disponível em: https://atricon.org.br. Acesso em: 25 jan. 2025.

BAHIA. Tribunal de Contas do Estado. *Representantes do controle abordam transparência e preocupação ambiental*. Disponível em: https://www.tce.ba.gov.br/noticias/representantes-do-controle-abordam-transparencia-e-preocupacao-ambiental. Acesso em: 20 jan. 2025.

BAHIA. Tribunal de Contas do Estado. *TCE-BA emite orientação à Secretaria de Meio Ambiente para melhoria da gestão florestal estadual*. Disponível em: https://www.tce.ba.gov.br/noticias/tce-ba-emite-orientacao-a-secretaria-de-meio-ambiente-para-melhoria-da-gestao-florestal-estadual. Acesso em: 29 jan. 2025.

BRASIL. *Lei Federal nº 13.303, de 30 de junho de 2016*. Dispõe sobre o estatuto jurídico da empresa pública, da sociedade de economia mista e de suas subsidiárias, no âmbito da União, dos Estados, do Distrito Federal e dos Municípios. Disponível em: www.planalto.gov.br. Acesso em: 29 jan. 2025.

BRASIL. Ministério do Meio Ambiente e Mudança do Clima (MMA). Agenda Ambiental na Administração Pública (A3P). *MMA*, [s.d.]. Disponível em: https://www.gov.br/mma/pt-br/composicao/secex/dea/programas-e-projetos/a3p. Acesso em: 29 jan. 2025.

BRASIL. Tribunal de Contas da União. Auditoria do TCU aponta falhas na governança climática e propõe atualizações em políticas ambientais. *TCU*, 10 ago. 2023. Disponível em: https://portal.tcu.gov.br/imprensa/noticias/auditoria-do-tcu-aponta-falhas-na-governanca-climatica-e-propoe-atualizacoes-em-politicas-ambientais. Acesso em: 27 jan. 2025.

INSTITUTO RUI BARBOSA. Orientação específica sobre grandes temas NBASP – O 5000-5999. *NBASP*, [s.d.]. Disponível em: https://nbasp.irbcontas.org.br/grupo/orientacao-especifica-sobre-grandes-temas-nbasp-o-5000-5999. Acesso em: 13 jan. 2025.

INTOSAI DEVELOPMENT INITIATIVE (IDI). Our operational plan. *IDI*, [s.d.]. Disponível em: https://idi.no/who-we-are-about/idi-strategic-plan-and-implementation/our-operational-plan. Acesso em: 3 jan. 2025.

INTOSAI. Professional pronouncements – 5000-5999. *ISSAI*, [s.d.]. Disponível em: https://www.issai.org/professional-pronouncements/?n=5000-5999. Acesso em: 29 dez. 2024.

ORGANIZAÇÃO DAS NAÇÕES UNIDAS (ONU) BRASIL. Agenda 2030 para o desenvolvimento sustentável. *ONU Brasil*, 2020. Disponível em: https://brasil.un.org/sites/default/files/2020-09/agenda2030-pt-br.pdf. Acesso em: 20 jan. 2025.

ORGANIZAÇÃO DAS NAÇÕES UNIDAS (ONU) BRASIL. O que é a Agenda 2030. *ONU Brasil*, 4 out. 2023. Disponível em: https://brasil.un.org/pt-br/268337-o-que-é-agenda-2030. Acesso em: 20 jan. 2025.

ORGANIZAÇÃO DAS NAÇÕES UNIDAS (ONU) BRASIL. Objetivos de Desenvolvimento Sustentável (ODS). *ONU Brasil*, [s.d.]. Disponível em: https://brasil.un.org/pt-br/sdgs. Acesso em: 29 jan. 2025.

SÃO PAULO. Tribunal de Contas do Estado. *Caminhos para a Gestão Sustentável do Lixo*. Disponível em: https://www.tce.sp.gov.br/observatorio/caminhos-para-gestao-sustentavel-lixo. Acesso em: 29 jan. 2025.

Informação bibliográfica deste texto, conforme a NBR 6023:2018 da Associação Brasileira de Normas Técnicas (ABNT):

ARAÚJO, Inaldo da Paixão Santos; LUCAS, Elisa Dias. Os Tribunais de Contas e a sustentabilidade: governança e controle no enfrentamento das mudanças climáticas. *In*: LIMA, Edilberto Carlos Pontes (coord.). *Os Tribunais de Contas e a sustentabilidade*: governança e controle no enfrentamento das mudanças climáticas. Belo Horizonte: Fórum, 2025. p. 53-70. ISBN 978-65-5518-670-3. (Coleção Fórum IRB, v. 6). t. 2.

O PAPEL DOS TRIBUNAIS DE CONTAS NO ENFRENTAMENTO DAS MUDANÇAS CLIMÁTICAS: CONTROLE E GESTÃO DOS RESÍDUOS SÓLIDOS

IRACEMA DE LOURDES TEIXEIRA VIEIRA

IRANILDO FERREIRA PEREIRA

JÉSSICA FERREIRA PEREIRA

LETÍCIA DOS SANTOS COUTO LANDIN

LUCAS LEVINO ALVES VIEIRA

MAYK ORIS GUERREIRO

1 Introdução

A preocupação com as mudanças climáticas tem se intensificado nas últimas décadas, impulsionada por uma série de evidências científicas que apontam para alterações significativas no clima da Terra. O Intergovernmental Panel on Climate Change (IPCC), órgão criado em 1988 pelo Programa das Nações Unidas para o Meio Ambiente (PNUMA) e pela Organização Meteorológica Mundial (OMM), define o termo "mudanças climáticas", como "mudanças de longo prazo nos padrões climáticos globais e regionais, incluindo o aumento das temperaturas médias globais, a elevação do nível do mar e a intensificação de eventos climáticos extremos" (IPCC, 2021).

Entretanto, o uso do termo não é recente, já que em 1896 Svante Arrhenius foi um dos primeiros cientistas a alertar sobre as mudanças climáticas ao estudar o efeito dos gases de efeito estufa na temperatura da Terra (ARRHENIUS, 1896). Arrhenius propôs um modelo prevendo que o aumento da concentração de dióxido de carbono e vapor de água na atmosfera resultaria em um aquecimento do planeta (STANNARD, 2018).

No entanto, é consenso que as atividades humanas desempenham um papel central na crise climática, sendo a queima de combustíveis fósseis, o desmatamento e a gestão inadequada de resíduos sólidos algumas das principais causas. Segundo o

PNUMA (2024), a geração de resíduos sólidos municipais deve crescer 3,8 bilhões de toneladas até 2050, e isso impactará significativamente as emissões de gases de efeito estufa (GEE), contribuindo para o aquecimento global e outros problemas ambientais.

Pichtel (2005) define o termo "resíduos sólidos" como um material sólido com valores econômicos negativos, que tornam o descarte mais barato do que seu uso. Esta definição não se alinha aos parâmetros econômicos atribuídos aos resíduos pela Lei nº 12.305/2010, que instituiu a Política Nacional de Resíduos Sólidos (PNRS), a qual, no art. 3º, inc. XVI, define detalhadamente o que considera resíduos sólidos (BRASIL, 2010).

Desse modo, a gestão de resíduos sólidos, sobretudo nas cidades, que é o *locus* onde cerca de 84% da população reside (ARTAXO, 2022), é crucial para promover a sustentabilidade e enfrentar os desafios das mudanças climáticas. No Brasil, a PNRS estabelece diretrizes para a gestão e o gerenciamento adequado de resíduos sólidos, com ênfase na prevenção e redução da geração de resíduos, bem como no tratamento e destinação final ambientalmente adequada (BRASIL, 2010). Além disso, a Lei nº 12.187/2009, que instituiu a Política Nacional sobre Mudança do Clima (PNMC), destaca a importância de ações integradas para mitigar os efeitos das mudanças climáticas, incluindo a gestão de resíduos sólidos (BRASIL, 2009).

Assim, o gerenciamento adequado dos resíduos sólidos não só reduz a poluição ambiental, mas também contribui para a conservação dos recursos naturais e a melhoria da saúde da população. Como ressalta Dallari (2022), a Constituição de 1988 trata a questão dos resíduos sólidos como um problema de saúde pública.

Nesse contexto, os Tribunais de Contas desempenham um papel essencial ao monitorar e avaliar a eficiência das políticas públicas de gestão de resíduos sólidos, bem como incentivar práticas sustentáveis. Afinal, cabe aos Tribunais de Contas "não apenas verificar se a despesa é legal e está de acordo com regras e princípios orçamentários e contábeis, mas também se o gasto público traz algum impacto de melhoria real na qualidade de vida dos cidadãos" (LEITÃO *et al.*, 2023). Somando-se às ideias dos autores, os Tribunais de Contas podem contribuir para além da sua função fiscalizadora, ou seja, podem estimular as funções indutora, articuladora, colaborativa e orientadora, como mencionado na Iniciativa Estratégica 3.2 do Objetivo Estratégico nº 3 da Associação dos Tribunais de Contas (Atricon), para a gestão 2024/2025 (ATRICON, 2024).

Nessa perspectiva, este artigo tem como objetivo geral analisar o papel dos Tribunais de Contas na promoção da sustentabilidade, visando minimizar os impactos das mudanças climáticas por meio de melhorias no controle e na gestão de resíduos sólidos. E para alcançar essa meta propõem-se os seguintes objetivos específicos, quais são: i) avaliar o impacto das práticas de gestão de resíduos sólidos na mitigação dos efeitos das mudanças climáticas, ii) investigar as deficiências na política de resíduos sólidos nos municípios paraenses, e iii) propor recomendações para fortalecer a governança sustentável e a atuação dos Tribunais de Contas na fiscalização ambiental.

Trata-se de uma pesquisa exploratória. Para desenvolvê-la, empregou-se o método dedutivo e as técnicas metodológicas da revisão bibliográfica e documental, que foram necessárias para analisar a literatura sobre governança sustentável, gestão de resíduos sólidos e mudanças climáticas; e também para o estudo de legislações e normativos relacionados ao controle externo, às políticas de saneamento básico, de resíduos sólidos e de mudanças climáticas. Utilizou-se também a técnica de estudo de caso para detalhar a fiscalização na modalidade "levantamento", que tratou do saneamento básico nos municípios paraenses, realizado em 2024. Quanto à interpretação e análise dos dados coletados, a pesquisa configura-se como quantiqualitativa.

Dessa forma, este estudo visa contribuir para uma compreensão mais aprofundada do papel estratégico dos Tribunais de Contas na promoção de políticas públicas sustentáveis, destacando a importância de uma gestão de resíduos sólidos eficiente e integrada às ações de combate às mudanças climáticas.

2 Práticas de gestão de resíduos sólidos para mitigar os efeitos das mudanças climáticas

O estilo de vida da sociedade aliado à alta capacidade de produção e comercialização de todo tipo de produto, ao tempo que propicia muitas facilidades ao dia a dia das pessoas, proporciona também a geração de grande quantidade de resíduos, causando impactos sobre o meio ambiente. Não obstante, pessoas, empresas e governos não dedicaram nem dedicam igual esforço em soluções para tratar os resíduos gerados por suas atividades, agravando sobremaneira o impacto ambiental.

Desse modo, as práticas de gestão de resíduos sólidos desempenham um papel crucial na mitigação das mudanças climáticas. A forma como os resíduos são gerenciados influencia diretamente as emissões de GEE e, consequentemente, o aquecimento global. Segundo Pires *et al.* (2011), a gestão inadequada de resíduos sólidos contribui significativamente para as emissões de GEE, especialmente de metano. Os resíduos orgânicos, em particular, são uma das principais fontes de metano (CH_4), um GEE com potencial de aquecimento global 28 vezes maior que o dióxido de carbono (CO_2) em um horizonte de 100 anos (IPCC, 2014). Quando depositados em aterros sanitários, os resíduos orgânicos passam por um processo de decomposição anaeróbica, que resulta na liberação de metano.

A sociedade consumerista contemporânea é caracterizada pelo consumo excessivo de bens e produtos, incentivado por uma cultura de descartabilidade e pela busca incessante por novidades. Esse comportamento resulta na produção massiva de resíduos sólidos, pois a obsolescência programada e o descarte precoce de produtos aumentam significativamente a quantidade de lixo gerado. Muitos desses resíduos, que poderiam ser reciclados ou reutilizados, acabam sendo destinados aos aterros sanitários, contribuindo para a superlotação desses locais, redução de sua vida útil e para a liberação de GEE, como o metano, durante a decomposição de resíduos orgânicos. A gestão ineficaz dos resíduos em aterros também pode levar à contaminação do solo e das águas subterrâneas, agravando ainda mais os impactos ambientais negativos associados ao consumismo descontrolado.

Desse modo, diversas práticas de gestão de resíduos podem ser implementadas para minimizar as emissões de GEE. Entretanto, segundo a Associação Brasileira de Empresas de Limpeza Pública e Resíduos Especiais (Abrelpe),[1] uma gestão eficiente dos resíduos exige o conhecimento de sua composição, ou seja, a identificação dos materiais que fazem parte da "composição gravimétrica" – a categorização dos tipos de materiais

[1] Atual Associação Brasileira de Resíduos e Meio Ambiente (Abrema).

descartados pela população. Tal ação permite o adequado planejamento do setor por meio de estratégias, políticas públicas e processos específicos que assegurem a destinação ambientalmente adequada, conforme estabelecido pela PNRS (ABRELPE, 2021). Assim, o Panorama dos Resíduos Sólidos no Brasil, elaborado com dados de 2020, apresenta estudo realizado em 186 municípios brasileiros, que identificou a categorização mínima dos resíduos, conforme Figura 1 a seguir:

Figura 1 – Composição gravimétrica dos resíduos sólidos urbanos

Fonte: Elaborado pelos autores, adaptado do Panorama dos Resíduos Sólidos no Brasil (ABRELPE, 2020).

Nesse processo de identificação dos tipos de resíduos, a reciclagem, por meio da coleta seletiva, reduz significativamente a quantidade de materiais destinados aos aterros sanitários, diminuindo, assim, a emissão de GEE, como o metano, liberado durante a decomposição de resíduos orgânicos em condições anaeróbicas (INSTITUTO VENTURI PARA ESTUDOS AMBIENTAIS, 2022). Além disso, a reciclagem economiza energia e recursos naturais, contribuindo para a sustentabilidade ambiental (INSTITUTO VENTURI PARA ESTUDOS AMBIENTAIS, 2022).

Desse modo, a coleta seletiva realizada por catadores e catadoras de resíduos sólidos também desempenha um papel crucial na redução dos impactos ambientais. A PNRS (Lei nº 12.305/2010) reconhece a importância desses trabalhadores na cadeia produtiva da reciclagem, promovendo a inclusão social e econômica (BRASIL, 2010).

Além disso, a referida lei incentiva a formalização e a organização dos catadores e catadoras, prevendo a criação de cooperativas e associações para melhorar suas condições de trabalho e renda. A separação eficiente de materiais recicláveis dos resíduos comuns permite que esses materiais sejam reaproveitados, reduzindo a necessidade de extração de matérias-primas virgens e diminuindo a emissão de gases de efeito estufa (INSTITUTO VENTURI PARA ESTUDOS AMBIENTAIS, 2022).

É importante ressaltar que as legislações ambientais nacionais, como a PNMC (Lei nº 12.187/2009) e a PNRS (Lei nº 12.305/2010), possuem interconexões importantes na tentativa de alcançar a justiça climática. Essas normas visam fortalecer o gerenciamento de resíduos sólidos e a inclusão social de catadores e catadoras de materiais recicláveis, contribuindo para a mitigação dos efeitos das mudanças do clima nas cidades brasileiras.

A compostagem de resíduos orgânicos é outra prática de gestão de resíduos que evita a geração de metano nos aterros e produz um material rico em nutrientes, que pode ser usado na agricultura, reduzindo a necessidade de fertilizantes químicos (NAIR *et al.*, 2014). Tecnologias como a digestão anaeróbica podem capturar o metano gerado pela decomposição de resíduos orgânicos, convertendo-o em biogás, uma fonte de energia renovável (APPELS *et al.*, 2008).

No entanto, uma das práticas mais rentáveis e ambientalmente eficazes na gestão de resíduos sólidos é a produção de gás metano a partir de aterros sanitários, utilizado como fonte de energia renovável. Essa solução não apenas mitiga os impactos ambientais, mas também promove a sustentabilidade ao transformar resíduos em um recurso energético viável. Além disso, Barros e Previero (2025) destacam que a implementação de sistemas de captação de biogás pode gerar receitas adicionais para os municípios, possibilitando investimentos em infraestrutura e serviços públicos. A utilização do gás metano como fonte de energia também pode criar empregos e estimular o desenvolvimento econômico regional, contribuindo para a melhoria da qualidade de vida da população.

Segundo Candiani (2020), a captação e utilização do biogás gerado nos aterros sanitários contribui para a redução das emissões de gases de efeito estufa, além de proporcionar ganhos econômicos aos municípios por meio da venda de energia. Essa prática não só auxilia na diminuição da dependência de combustíveis fósseis, mas também fomenta a transição para fontes de energia mais limpas e sustentáveis.

Em aterros sanitários, o biogás é gerado a partir da decomposição da fração orgânica dos resíduos. Em unidades estruturadas para o aproveitamento de biometano, o biogás é captado por meio de uma rede de dutos instalados e, em seguida, é direcionado para o sistema de purificação. O processo de purificação do biogás consiste na remoção de umidade, gás carbônico e outras impurezas (ABREMA, 2024). Na Figura 2, apresenta-se a cadeia de produção, transporte e consumo do biometano, oriundo de resíduos sólidos urbanos.

Figura 2 – Cadeia de produção, transporte e consumo do biometano de RSU

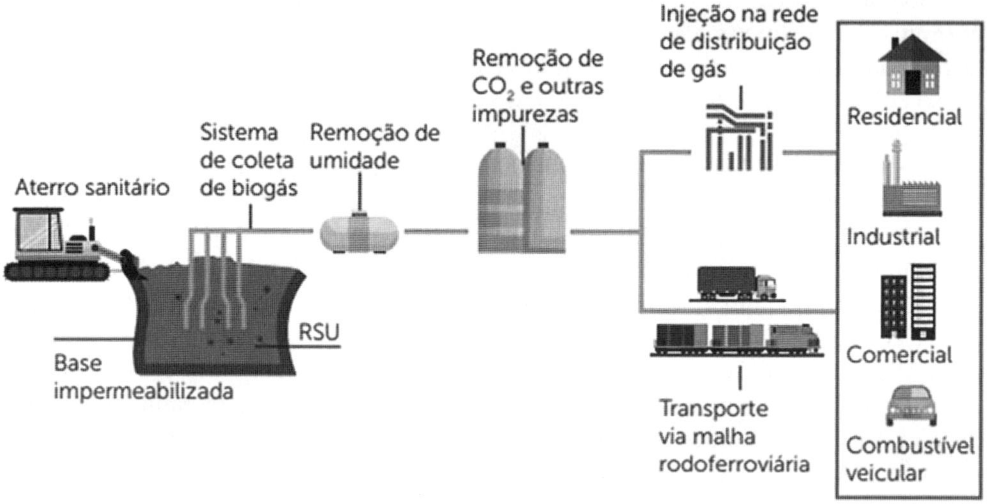

Fonte: Panorama dos Resíduos Sólidos no Brasil 2024 (ABREMA, 2024).

Com o aumento das preocupações ambientais, várias cidades têm adotado alternativas sustentáveis para lidar com esses gases e minimizar seus impactos climáticos, a exemplo da cidade de Caucaia, localizada no estado do Ceará, que tem se destacado pela implementação de um sistema inovador de captura e utilização do biogás gerado em seus aterros sanitários (SATO, 2022).

Esta iniciativa não só contribui para a redução das emissões de metano, mas também transforma um passivo ambiental em uma solução energética (FERREIRA; ANTUNES; SOUZA, 2023). O gás metano capturado é tratado e utilizado como fonte de energia, proporcionando benefícios ambientais e socioeconômicos para a região (SATO, 2022). A experiência de Caucaia serve como um exemplo promissor de como práticas de gestão de resíduos podem ser alinhadas às metas de sustentabilidade e desenvolvimento econômico.

Além da mitigação dos impactos ambientais, a utilização do biogás na cidade gera ganhos sociais e econômicos. Como destaca Sato (2022), o metano possui um potencial de aquecimento global 25 vezes maior que o dióxido de carbono, tornando sua captação essencial para reduzir os efeitos das mudanças climáticas. Além disso, o aproveitamento do biogás como fonte de energia renovável pode gerar empregos e fomentar o desenvolvimento econômico local, melhorando a qualidade de vida da população (SATO, 2022).

No entanto, apesar dos benefícios, a utilização do gás metano advindo de aterros sanitários também apresenta desafios e possíveis impactos negativos. Estudos indicam que a captura e tratamento inadequados do biogás podem levar a vazamentos de metano, contribuindo para a poluição atmosférica e agravamento do efeito estufa (FERREIRA, 2021). Além disso, a infraestrutura necessária para a coleta e uso do biogás pode ser cara, demandando investimentos significativos e manutenção constante para assegurar a eficiência e segurança do sistema (SOUZA, 2022).

Certamente, a gestão de resíduos sólidos é um desafio significativo para as cidades modernas, especialmente diante do crescente volume de lixo gerado pelas populações urbanas, o que requer vontade política, parcerias institucionais, investimentos financeiros e educação ambiental.

3 Deficiências na Política de Resíduos Sólidos nos municípios paraenses

A PNRS (Lei nº 12.305/2010) estabelece diretrizes fundamentais para a gestão ambientalmente adequada dos resíduos sólidos no Brasil. Seu objetivo principal é promover a sustentabilidade no manejo dos resíduos, abrangendo desde a geração até a disposição final. Entre suas principais diretrizes estão a responsabilidade compartilhada pelo ciclo de vida dos produtos, a logística reversa, a valorização da coleta seletiva e a inclusão social de catadores de materiais recicláveis. Para que essas estratégias sejam eficazes e economicamente viáveis, a PNRS determina a articulação entre poder público, setor privado e sociedade civil (BRASIL, 2010).

A gestão de resíduos sólidos está intrinsecamente relacionada à Política Nacional de Saneamento Básico (PNSB), instituída pela Lei nº 11.445/2007, que estabelece diretrizes gerais para o setor e define os serviços de limpeza urbana e manejo de resíduos sólidos como componentes do saneamento básico. Com o Novo Marco Legal do Saneamento (Lei nº 14.026/2020), essa legislação foi aprimorada, reforçando a necessidade de prestação eficiente dos serviços, a sustentabilidade econômico-financeira das operações e a universalização do acesso (BRASIL, 2007). Além disso, exige que os municípios elaborem um Plano Municipal de Saneamento Básico (PMSB), instrumento essencial para o planejamento da política pública. Esse plano deve contemplar não apenas a gestão da água e esgoto, mas também a drenagem urbana e o manejo de resíduos sólidos, garantindo a integração das políticas públicas e a melhoria das condições ambientais e sanitárias.

De acordo com Viana (2021), a PNRS alinha-se aos princípios da economia circular, ao priorizar ações de redução, reutilização e reciclagem, buscando não apenas diminuir a produção de rejeitos, mas também minimizar os impactos ambientais por meio de uma disposição final adequada. Nesse sentido, a gestão dos resíduos passa a ser tratada como uma etapa essencial para o equilíbrio entre desenvolvimento econômico e preservação ambiental.

Para garantir a implementação dessas diretrizes, a PNRS determina, em seu art. 18, que todos os municípios elaborem um Plano Municipal de Gestão Integrada de Resíduos Sólidos (PMGIRS) como condição para acessar recursos da União destinados a investimentos no setor. Esse plano deve conter o diagnóstico da situação dos resíduos sólidos no município, metas para redução e aproveitamento dos resíduos, estratégias para a inclusão social de catadores e a definição dos meios de financiamento das ações (BRASIL, 2010). Sem esse planejamento, os municípios enfrentam dificuldades para obter apoio financeiro federal, dificultando investimentos em infraestrutura e soluções sustentáveis.

No âmbito municipal, a PMRS deve estar alinhada às diretrizes nacionais, regulamentando a gestão dos resíduos sólidos no território local. Essa política deve prever mecanismos de fiscalização, cobrança pela prestação dos serviços e incentivos para práticas sustentáveis, além de definir a estrutura de governança e os responsáveis pela execução das ações (BRASIL, 2010). No entanto, diversos municípios enfrentam desafios na implementação dessas políticas, como a falta de planejamento, insuficiência de recursos financeiros e dificuldades técnicas para a operacionalização dos serviços.

Além do PMGIRS, outros instrumentos fundamentais da política municipal definidos no art. 19 incluem programas de educação ambiental, sistemas de monitoramento e controle da destinação de resíduos, identificação das possibilidades de implantação de soluções consorciadas e indicadores de desempenho operacional e ambiental (BRASIL, 2010). A eficácia dessas medidas depende da governança municipal, da alocação adequada de recursos e da participação ativa da sociedade na construção de soluções inovadoras e sustentáveis.

Ao integrar a política municipal à PNRS e às diretrizes da Política Nacional de Saneamento Básico, busca-se garantir a efetividade da gestão dos resíduos sólidos, promovendo melhorias na qualidade ambiental e na saúde pública, além de assegurar o cumprimento das normas legais e a viabilidade de acesso a recursos governamentais. Entretanto, como se observa em dados oficiais de alcance nacional,[2] pode-se dizer que, no Brasil, o desejo dos legisladores e a efetividade dessa política pública, tão necessária à sociedade, ainda estão muito distantes de ser atendidos, especialmente na Região Norte do país, que, historicamente, segue negligenciando a importância de tal política, como evidenciado no Levantamento do Saneamentos Básico, realizado pelo TCM/PA, nos 144 nos municípios do Estado do Pará, cujo resultado será apresentado a seguir.

3.1 Diagnóstico da gestão de resíduos sólidos nos municípios paraenses

A gestão de resíduos sólidos nos municípios paraenses apresenta graves deficiências estruturais, conforme apontado pelo levantamento realizado pelo Tribunal de Contas dos Municípios do Estado do Pará (TCM/PA), em 2024.[3] A pesquisa analisou diversos aspectos da gestão pública dos resíduos sólidos, incluindo a existência de regulação e fiscalização, a formulação de políticas e planos municipais, a adoção de soluções consorciadas, a cobrança pelos serviços e a destinação final dos resíduos. Os dados revelam que a maior parte dos municípios paraenses não cumpre integralmente as diretrizes estabelecidas pela Política Nacional de Resíduos Sólidos, mesmo após 14 anos de vigência da lei.

---

[2] Sistema Nacional sobre a Gestão dos Resíduos Sólidos (SINIR) (Disponível em: https://sinir.gov.br/).

[3] Processo nº 1.014000.2024.2.0017, aprovado por meio do Acórdão nº 46.435, de 16.1.2025 (Disponível em: https://www.tcmpa.tc.br/publicacoes/relatorio-levantamento-do-diagnostico-do-saneamento-basico-nos-144-municipios-do-estado-do-para/).

3.1.1 Ausência de política municipal e planejamento para o saneamento básico

A Política Nacional de Saneamento Básico (Lei nº 11.445/2007) e o Novo Marco Legal do Saneamento (Lei nº 14.026/2020) estabelecem que os municípios devem formular suas próprias políticas municipais de saneamento básico, bem como elaborar um Plano Municipal de Saneamento Básico (PMSB) para garantir a organização e a viabilidade dos serviços prestados (BRASIL, 2007). Esses instrumentos são essenciais para estruturar ações de abastecimento de água, esgotamento sanitário, manejo de resíduos sólidos e drenagem urbana, além de viabilizar o acesso a recursos federais.

No entanto, os dados levantados revelam uma situação preocupante no estado do Pará. Dos 144 municípios analisados, 78 (54%) não possuem uma Política Municipal de Saneamento Básico e 93 (64%) ainda não elaboraram um Plano Municipal de Saneamento Básico (PMSB) (PARÁ, 2025). A ausência desses instrumentos compromete o planejamento e a implementação de medidas para a universalização dos serviços de saneamento, impactando diretamente a qualidade de vida da população e a preservação ambiental.

3.1.2 Fragilidade na formulação e implementação dos planos municipais

Um dos principais entraves para a gestão eficiente dos resíduos sólidos no Pará é a elaboração do Plano Municipal de Gestão Integrada de Resíduos Sólidos (PMGIRS), instrumento essencial para a organização e planejamento das ações municipais no setor. Segundo a PNRS, a elaboração desse plano é obrigatória para que os municípios consigam acessar recursos federais destinados à gestão de resíduos sólidos.

Entretanto, 103 dos 144 municípios paraenses (71,5%) não possuem PMGIRS. Desses, 39 informaram estar em fase de elaboração, o que evidencia um avanço lento na implementação da política pública. Apenas 41 municípios (28,47%) declararam possuir um PMGIRS, sendo que 25 optaram por incluí-lo no Plano Municipal de Saneamento Básico, possibilidade permitida pela legislação desde que sejam respeitados os conteúdos mínimos exigidos (PARÁ, 2025).

A falta de planejamento estruturado impacta diretamente a eficiência dos serviços de limpeza urbana e manejo de resíduos sólidos, dificultando o cumprimento das metas de redução, reciclagem e destinação final adequada. Além disso, a inexistência de um plano integrado compromete a captação de investimentos e a busca por soluções na gestão dos resíduos.

3.1.3 Baixa regulamentação e fiscalização dos serviços

Outro dado preocupante identificado no levantamento refere-se à ausência de órgãos reguladores municipais. Segundo o levantamento, apenas 9 municípios (6,25%) possuem agências reguladoras infranacionais devidamente comprovadas (PARÁ, 2025). Esse cenário demonstra, portanto, falta de estrutura regulatória, e inviabiliza o atendimento de seu objetivo, estabelecido pela Lei nº 11.445/2007, qual seja o estabelecimento de padrões e normas para a garantia da qualidade, quantidade e regularidade dos serviços prestados aos usuários dos serviços públicos de manejo de resíduos sólidos urbanos (BRASIL, 2007).

A ausência de regulação eficaz impede a adoção de padrões técnicos e operacionais, dificulta a cobrança pelos serviços e a implementação de modelos sustentáveis de gestão de resíduos. Ademais, a falta de fiscalização contribui para a manutenção de práticas inadequadas, como o despejo irregular de resíduos e o funcionamento de lixões.

3.1.4 Baixa adoção de soluções consorciadas

A cooperação intermunicipal é uma alternativa viável para otimizar a gestão dos resíduos sólidos, especialmente em municípios de pequeno porte, que muitas vezes não possuem capacidade técnica e financeira para implementar soluções individualmente. Contudo, o levantamento do TCM/PA revelou que apenas 5 municípios declararam fazer parte de algum consórcio, enquanto 6 municípios informaram estar em processo de constituição de consórcios públicos (PARÁ, 2025). A baixa adesão a soluções consorciadas implica altos custos operacionais aos municípios e dificulta a implementação de políticas públicas mais eficientes e sustentáveis.

3.1.5 Falhas na cobrança pelos serviços de manejo de resíduos

A sustentabilidade econômico-financeira dos serviços de limpeza urbana e manejo de resíduos sólidos é um dos pilares da PNRS e do Novo Marco Legal do Saneamento Básico (Lei nº 14.026/2020). A legislação determina que os serviços devem ser financiados por meio de taxas, tarifas ou preços públicos, garantindo sua continuidade e eficiência.

No entanto, a pesquisa identificou que 123 municípios paraenses (85,42%) não realizam a cobrança pelos serviços de gestão de resíduos sólidos. Apenas 21 municípios (14,58%) implementaram algum mecanismo de arrecadação (PARÁ, 2025). Essa situação compromete a viabilidade dos serviços, tornando os municípios dependentes de repasses estaduais e federais, que muitas vezes são insuficientes ou instáveis.

Além disso, a não instituição da cobrança configura hipótese de renúncia de receita, sujeitando os gestores municipais às penalidades da Lei de Responsabilidade Fiscal (Lei Complementar nº 101/2000) (BRASIL, 2007).

3.1.6 Baixa prioridade para a coleta seletiva

A coleta seletiva é um dos principais instrumentos para redução e destinação ambientalmente adequada dos resíduos sólidos. A PNRS exige que os municípios estabeleçam metas de coleta seletiva, reciclagem e reutilização, promovendo a inclusão de cooperativas de catadores e reduzindo a quantidade de rejeitos encaminhados para aterros (BRASIL, 2010).

Apesar disso, o levantamento do estudo de caso em questão revelou que apenas 32 municípios (22,22%) realizam coleta seletiva e, entre estes, somente 18 possuem parcerias formais com cooperativas de catadores, evidenciando ainda mais fragilidades na estruturação do serviço (PARÁ, 2025).

3.1.7 Destinação final dos resíduos: predominância de lixões

Um dos problemas mais graves identificados pelo levantamento é a destinação final inadequada dos resíduos sólidos. A PNRS estabelece que apenas aterros sanitários são permitidos para disposição final de rejeitos, sendo proibido o uso de lixões e aterros controlados (BRASIL, 2010).

Entretanto, a pesquisa mostrou que 138 municípios paraenses ainda utilizam lixões ou aterros controlados para descarte de resíduos, o que representa um grave risco ambiental e sanitário, e apenas 6 municípios dispõem seus resíduos em aterros sanitários (PARÁ, 2025).

A permanência dos lixões é um desafio crítico para o estado, uma vez que o prazo final para o encerramento dessas unidades expirou em 2.8.2024 para todos os municípios, conforme o Plano Nacional de Resíduos Sólidos (Planares) (BRASIL, 2010).

A partir do estudo de caso apresentado, percebe-se que os municípios enfrentam diversas deficiências na implementação da Política Municipal de Saneamento Básico e Gestão de Resíduos Sólidos, comprometendo a eficiência dos serviços prestados e a sustentabilidade ambiental. Um dos principais desafios é a falta de uma gestão integrada das ações, o que resulta na desarticulação entre os diferentes setores responsáveis pela coleta e disposição final de resíduos. A ausência de um planejamento estruturado, evidenciada pelo número significativo de municípios que não possuem uma Política Municipal, um Plano Municipal de Saneamento Básico (PMSB) ou ainda um Plano Municipal de Gestão Integrada de Resíduos Sólidos, impacta diretamente a execução de projetos e o acesso a recursos financeiros destinados ao setor.

Ademais, a baixa adoção de soluções consorciadas entre municípios agrava essa situação, pois impede a otimização de recursos e a implementação conjunta de aterros sanitários e sistemas de tratamento de resíduos, especialmente em cidades menores com dificuldades financeiras e técnicas.

Outro obstáculo relevante está na disponibilidade de dados e indicadores para o monitoramento das ações. A tomada de decisões eficaz exige informações atualizadas sobre a geração de resíduos, a qualidade dos serviços prestados e os impactos ambientais gerados. No entanto, muitos municípios carecem de sistemas de monitoramento estruturados, dificultando a avaliação dos avanços e a identificação de problemas críticos. Além disso, a ausência de controle sobre a destinação final dos resíduos agrava a situação, visto que grande parte das cidades ainda utiliza lixões ou aterros controlados, contrariando as diretrizes da Política Nacional de Resíduos Sólidos.

A falta de recursos financeiros e de corpo técnico especializado também representa um grande entrave para a efetivação das políticas públicas no setor. Muitos municípios, especialmente os de menor porte, não possuem estrutura administrativa e profissionais capacitados para elaborar e executar os planos exigidos pela legislação. Além disso, a ausência de um mecanismo próprio de arrecadação para custear os serviços de manejo de resíduos gera uma dependência de convênios com o governo estadual ou federal, os quais nem sempre são viabilizados. Sem investimentos adequados, a implementação de soluções sustentáveis, como a ampliação da coleta seletiva e a construção de aterros sanitários, torna-se inviável, perpetuando problemas ambientais e sociais.

4 Recomendações para fortalecer a governança sustentável

A melhoria dos indicadores relacionados à gestão dos resíduos sólidos para os municípios brasileiros passa por dois caminhos: investimento e conscientização dos gestores públicos. Em primeiro lugar, o investimento, pois a atividade de gerenciamento correto dos resíduos sólidos urbanos (RSU) é cara, complexa e árdua, exigindo muitas vezes o esforço conjunto entre atores públicos e privados para a superação do problema.

A gestão de resíduos sólidos é uma atividade precipuamente municipal, conforme determinado pelo próprio texto constitucional e também pela Política Nacional de Resíduos Sólidos (BRASIL, 1988; 2010; RIBEIRO *et al.*, 2021). Tendo sido essa atividade atribuída a esses entes, que via de regra possuem deficiências arrecadatórias de receitas públicas, a gestão de RSU precisa buscar outras alternativas além do orçamento municipal (VITAL *et al.*, 2014; FREITAS *et al.*, 2024).

Existem diversas alternativas para investimento na questão da gestão de resíduos sólidos passíveis de serem utilizadas pelos municípios. Em razão do alto custo de investimento, a formação de consórcios públicos intermunicipais, para compartilhar tanto a questão financeira como a responsabilidade pela gestão, tem sido uma opção adotada por diversos municípios em todas as regiões brasileiras (NASCIMENTO NETO; MOREIRA, 2012). Tal solução também possui prioridade no acesso a recursos e incentivos federais (BRASIL, 2010), o que torna os consórcios públicos intermunicipais uma interessante escolha para a gestão municipal (ZAGO; BARROS, 2019).

Exemplos de sucesso podem ser mencionados na Região Sul, com o consórcio Cigres (LISBINSKI *et al.*, 2020); na Região Sudeste, com os consórcios Cimasas, Ecotres, CPGRS e Coresab (FERREIRA; JUCÁ, 2017); e na Região Nordeste, com os consórcios CGRIS-RMS e Comares-UC (ARAÚJO, 2020). Na Região Norte, no entanto, as iniciativas de consórcios públicos intermunicipais para gestão de resíduos sólidos ainda são incipientes. Conforme aponta o Observatório Municipalista de Consórcios Públicos da Confederação Nacional dos Municípios (CNM), há apenas dois consórcios constituídos, porém ainda não em operação: o Consórcio Unidos do Araguaia, que congrega os municípios de Brejo Grande do Araguaia, Piçarra, São Domingos do Araguaia e São João do Araguaia e o Consórcio Intermunicipal sobre a Gestão Integrada de Resíduos Sólidos, constituído pelos municípios de Castanhal, Inhangapi, Santa Maria do Pará, São Francisco do Pará e Santa Izabel do Pará (CNM, 2024).

Um problema na origem, que pode ser atribuído à ausência de consórcios públicos na Região Norte é a falta de instituição tanto da Política quanto do Plano Municipal de Saneamento Básico, cuja implementação ainda é muito baixa, conforme constatado no levantamento feito pelo TCM/PA,[4] abordado no item anterior.

No entanto, a elaboração desses instrumentos de gestão é condição para que os municípios tenham acesso a recursos da União para financiar empreendimentos e serviços relacionados à limpeza urbana e ao manejo correto dos resíduos sólidos (BRASIL, 2010). Todavia, considerando o cenário de que a grande maioria dos municípios paraenses não possui nem Política nem Plano Municipal de Saneamento Básico, o acesso a recursos federais torna-se extremamente dificultado.

---

[4] Processo nº 1.014000.2024.2.0017, aprovado por meio do Acórdão nº 46.435, de 16.1.2025 (Disponível em: https://www.tcmpa.tc.br/e_julgamento/pauta_eletronica/).

Outra possibilidade passível de ser adotada pelos municípios para a resolução da problemática de resíduos sólidos é a delegação dos serviços públicos atinentes a esta temática, por meio da formação de parcerias-público privadas (PPPs). Instituído pela Lei nº 11.079/2004, o instituto das PPPs configura uma modalidade de contrato de concessão na qual os riscos são repartidos entre as partes, delegando ao parceiro privado, que possui expertise e domínio sobre o objeto da parceria, a gestão e a execução de determinado serviço, com vistas a maximizar a eficiência e melhorar a qualidade do serviço público prestado à população (BRASIL, 2004; BRITO; SILVEIRA, 2005; THAMER; LAZZARINI, 2015).

Em levantamento realizado em 2022 pelo instituto Radar PPP, existem atualmente 49 iniciativas de concessões em matéria de resíduos sólidos no Brasil, das quais 32 são contratos de PPPs (ABRELPE, 2021). A maior parte se concentra nas regiões Sul e Sudeste, sendo Belém, capital do estado do Pará, o único município da Região Norte a possuir ocorrência. Em que pese a plataforma Radar PPP indicar que o município de Itupiranga possui iniciativa em concessão e PPP, o município, atualmente, realiza os serviços por meio de contrato administrativo oriundo de concorrência pública comum (Concorrência Pública nº 3.2023-002).[5]

O art. 10 da Lei nº 14.026/2020 (Novo Marco Legal do Saneamento Básico) estabelece que a prestação dos serviços públicos de saneamento básico por entidade que não integre a administração do titular depende da celebração de contrato de concessão, sendo vedada a utilização de outros instrumentos. Ou seja, atualmente, caso o município decida prestar os serviços de gestão de resíduos sólidos, um dos eixos do saneamento básico, por meio de delegação a um particular, o faça imprescindivelmente por meio de concessão pública.

No entanto, o que se observa é que os entes federados continuam realizando processos licitatórios para contratação dos serviços de gestão de resíduos sólidos por meio de contratos administrativos ordinários, isto é, realizados por meio de licitação comum, geralmente por meio de pregão eletrônico ou de concorrência pública (ARAÚJO; GUIMARÃES, 2024). No estado do Pará, o cenário não é diferente: dos 22 municípios que prestam o serviço por meio de empresas privadas, apenas um – Belém – o fez por meio de contrato de concessão.

É imperioso que os municípios que optem pela prestação dos serviços de gestão de resíduos sólidos por meio de entidades que não integrem a administração pública se adequem aos novos ditames da Lei nº 14.026/2020, conformando os próximos contratos dessa seara com as regras atuais, haja vista ser motivo de nulidade do contrato administrativo a falta de observância das cláusulas essenciais previstas no art. 23 da Lei nº 8.987/1995, que trata da Lei Geral das Concessões, além de outras disposições previstas no próprio art. 10-A da citada lei.

Nesse contexto, independentemente da estratégia a ser adotada (que pode incluir outras além dos exemplos citados), a sensibilização do gestor público, na figura do chefe do Poder Executivo municipal, quanto às questões ambientais concernentes aos RSU, é fundamental, pois ele é o detentor do poder decisório e responsável por tomar as decisões que envolvem o meio ambiente na esfera local.

---

[5] Ver o processo no Mural de Licitações do TCM/PA (sugestão para busca no filtro de pesquisa: 3.2023-002) (Disponível em: https://www.tcmpa.tc.br/portalsc/LISTAGEM_GRID/. Acesso em: 18 jan. 2025).

Inicialmente focado em tratar apenas do julgamento das contas dos gestores públicos de órgãos ambientais, o campo de atuação dos Tribunais de Contas vem ampliando-se, buscando atuar na melhoria da gestão pública ambiental por meio de auditorias operacionais, podendo, assim, influenciar positivamente uma melhoria da gestão do meio ambiente (GONÇALVES, 1995; LIMA, 2016). Com essa mudança, não há uma tentativa de substituir o gestor público enquanto executor de políticas públicas, mas sim colaborar para o aperfeiçoamento destas, orientando os caminhos possíveis de serem seguidos para a consecução dos objetivos de preservação do meio ambiente (MENDONÇA; CASTRO, 2008).

Desse modo, para fortalecer a governança sustentável e a atuação dos Tribunais de Contas em busca de ações protetivas ao meio ambiente, é imprescindível que se vá além da função fiscalizadora. É necessário que se adote uma abordagem integrada e colaborativa, alinhada aos Objetivos de Desenvolvimento Sustentável (ODS), reforçando o ODS 17, que busca fortalecer os meios de implementação e revitalizar a parceria global para o desenvolvimento sustentável. Nesse sentido, os Tribunais de Contas podem desempenhar um papel crucial ao fomentar a coerência das políticas públicas e promover parcerias eficazes. Segundo Calonga (2025, p. 15), "a governança pública como mecanismo estratégico é essencial para alcançar os ODS, promovendo a integração e a coerência das políticas públicas".

Assim, é essencial também incentivar e promover parcerias eficazes entre os diferentes setores, conforme previsto na meta 17.17. Nesse sentido, os Tribunais de Contas podem desempenhar um papel fundamental ao facilitar a cooperação entre órgãos públicos, setor privado, organizações não governamentais e a sociedade civil, promovendo a troca de conhecimentos e recursos.

Nessa perspectiva, as Cortes de Contas podem, por exemplo, fomentar ações coordenadas entre governos de todas as esferas, organizações da sociedade civil e setor privado, visando à criação de programas estratégicos direcionados a erradicar os "lixões a céu aberto" no estado, como: unir prefeituras, câmaras de vereadores, ministério público estadual; Ministério Público Federal, defensoria pública estadual; secretarias estaduais e municipais de meio ambiente; Ministério de Meio Ambiente, Ministério das Cidades, instituições superiores de ensino, entre outras instituições, para mobilizar recursos financeiros e técnicos de maneira mais eficiente e eficaz. Segundo Silva (2021), "a cooperação entre diferentes setores é essencial para alcançar soluções sustentáveis e eficazes".

A proposição da união e de ações coordenadas nos estados, principalmente da Região Norte, justifica-se diante o cenário atual, que é bastante desfavorável. Segundo o Panorama dos Resíduos Sólidos no Brasil de 2024, 62% dos resíduos sólidos urbanos na Região Norte ainda são destinados de forma inadequada (ABREMA, 2024), cenário que também foi constatado no levantamento realizado pelo TCM/PA, como apresentado anteriormente.

Por fim, ressalta-se, o papel indutor, articulador, colaborador e orientador de políticas públicas deve ser fortalecido na atuação dos Tribunais de Contas. Essas funções são molas impulsionadoras que podem garantir que gestores públicos tomem decisões mais acertadas e sigam diretrizes sustentáveis e efetivas na gestão de resíduos sólidos, contribuindo para a diminuição dos impactos ambientais e climáticos.

5 Conclusão

A gestão de resíduos sólidos nos municípios brasileiros representa um desafio significativo, mas também uma oportunidade crucial para a mitigação dos impactos das mudanças climáticas. Assim, o objetivo geral deste artigo foi analisar o papel dos Tribunais de Contas na promoção da sustentabilidade, visando minimizar os impactos das mudanças climáticas por meio de melhorias no controle e na gestão de resíduos sólidos, uma vez que o saneamento básico é uma política que requer esforços, não apenas das municipalidades, que são entes com menores dotações financeiras e com grandes responsabilidades orçamentárias, mas de todos os entes, pois é uma política intrinsecamente ligada ao meio ambiente.

Deste modo, em resposta à questão principal proposta, observou-se que os Tribunais de Contas podem contribuir para melhoria da gestão de resíduos sólidos nos municípios brasileiros, pois são instituições que podem ir além da sua função principal que é fiscalizar. Podem também orientar, induzir, articular e ainda conduzir ações que possam assegurar que práticas sustentáveis sejam implementadas e seguidas de maneira eficaz.

A análise das deficiências na política de resíduos sólidos nos municípios paraenses revelou a necessidade urgente de melhorias estruturais e operacionais. As falhas identificadas, como a ausência de política municipal e planejamento para o saneamento básico, a fragilidade na formulação e implementação dos planos municipais, a baixa regulamentação e fiscalização dos serviços, a baixa adoção de soluções consorciadas, as falhas na cobrança pelos serviços de manejo de resíduos, a baixa prioridade para a coleta seletiva e os problemas na destinação final dos resíduos, ou seja, a predominância de lixões, indicam que há um longo caminho a ser percorrido. Contudo, essas deficiências também fornecem uma base para o desenvolvimento de estratégias mais robustas e integradas, que possam ser acompanhadas de perto pelo TCM/PA.

As recomendações apresentadas neste artigo enfatizam a importância da coerência das políticas públicas e das parcerias eficazes entre diversos setores. O TCM/PA tem a capacidade de fomentar uma governança sustentável ao facilitar a cooperação entre órgãos públicos, setor privado, ONGs e a sociedade civil. Além disso, ações coordenadas entre esses atores são essenciais para erradicar os lixões a céu aberto e promover uma gestão de resíduos mais responsável e sustentável em todo o Estado do Pará.

Em suma, os Tribunais de Contas não apenas têm a responsabilidade, mas também a oportunidade de liderar a transformação na gestão de resíduos sólidos. Por meio da promoção de parcerias estratégicas, os Tribunais podem contribuir significativamente para a mitigação dos efeitos das mudanças climáticas e para a promoção de um ambiente mais saudável e sustentável para as futuras gerações.

Referências

APPELS, L. *et al.* Anaerobic digestion in global bio-energy production: Potential and research challenges. *Renewable and Sustainable Energy Reviews*, v. 12, n. 4, p. 729-741, 2008. Disponível em: https://doi.org/10.1016/j.rser.2011.07.121. Acesso em: 28 jan. 2025

ARAÚJO, A. J. B; GUIMARÃES, B. S. Serviços de limpeza, manejo de resíduos sólidos e aterro por regime de concessão. *Consultor Jurídico*, São Paulo, 1º ago. 2024. Disponível em: https://www.conjur.com.br/2024-ago-01/servicos-de-limpeza-manejo-de-residuos-solidos-e-at erro-por-regime-de-concessao/. Acesso em: 24 jan. 2025.

ARRHENIUS, S. On the Influence of Carbonic Acid in the Air upon the Temperature of the Ground. *Philosophical Magazine*, v. 41, p. 237-276, 1896. Disponível em: https://doi.org/10.1080/14786449608620846. Acesso em: 27 jan. 2025.

ARTAXO, P. Mudanças climáticas: caminhos para o Brasil A construção de uma sociedade minimamente sustentável requer esforços da sociedade com colaboração entre a ciência e os formuladores de políticas públicas. *Ciência e Cultura*, 2022. Opinião. Disponível em: http://cienciaecultura.bvs.br/pdf/cic/v74n4/v74n4a13.pdf. Acesso em: 17 jan. 2025.

ASSOCIAÇÃO BRASILEIRA DE EMPRESAS DE LIMPEZA PÚBLICA E RESÍDUOS ESPECIAIS (ABRELPE). *Universalização da limpeza urbana*: concessões, PPPs e sustentabilidade financeira dos serviços: a hora e a vez de prefeitas e prefeitos (2021-2024). Brasília: Abrelpe, 2021. Disponível em: https://www.abrema.org.br/universalizacao-da-limpeza-urbana-concessoes-ppps-e-sustentabili dade-financeira-dos-servicos-2/. Acesso em: 23 jan. 2025.

ASSOCIAÇÃO BRASILEIRA DE EMPRESAS DE LIMPEZA PÚBLICA E RESÍDUOS ESPECIAIS (ABRELPE). *Panorama dos Resíduos Sólidos no Brasil 2020*. Brasília: Abrelpe, 2020. Disponível em: https://www.abrema.org.br/panorama/. Acesso em: 27 jan. 2025.

ASSOCIAÇÃO BRASILEIRA DE RESÍDUOS E MEIO AMBIENTE (ABREMA). *Panorama dos Resíduos Sólidos no Brasil 2024*. Brasília: Abrema, 2024. Disponível em: https://www.abrema.org.br/panorama/. Acesso em: 27 jan. 2025.

ASSOCIAÇÃO DOS TRIBUNAIS DE CONTAS (ATRICON). Direcionadores estratégicos, projetos e atividades: gestão 2024-2025. *ATRICON*, 2024. Disponível em: https://atricon.org.br/wp-content/uploads/2024/07/Direcionadores-estrategicos-Atricon-Gesta o-2024-2025-versao-2.0-de-07.05.pdf. Acesso em: 18 jan. 2025.

BARROS, Luzia Selena Soares; PREVIERO, Conceição Aparecida. Gestão de resíduos sólidos: a importância das legislações ambientais no contexto dos aterros sanitários. *Revista Sociedade Científica*, v. 8, n. 1, p. 204-225, 2025. Disponível em: https://doi.org/10.61411/rsc202593518. Acesso em: 28 jan. 2025.

BRASIL. *Constituição da República Federativa do Brasil de 1988*. Presidência da República, Brasília, DF, 1988. Disponível em: https://www.planalto.gov.br/ccivil_03/constituicao/constituicaocompilado.htm. Acesso em: 15 jan. 2025.

BRASIL. *Lei nº 11.079, de 30 de dezembro de 2004*. Institui normas gerais para licitação e contratação de parceria público-privada no âmbito da administração pública. Brasília, 2004. Disponível em: https://www.planalto.gov.br/ccivil_03/_ato2004-2006/2004/lei/L11079compilado.htm. Acesso em: 17 jan. 2025.

BRASIL. *Lei nº 11.445 de 5 de janeiro de 2007*. Estabelece as diretrizes nacionais para o saneamento básico. Brasília, 2007. Disponível em: https://www.planalto.gov.br/ccivil_03/_ato2007-2010/2007/lei/l11445.htm. Acesso em: 20 jan. 2025.

BRASIL. *Lei nº 12.187 de 29 de dezembro de 2009*. Institui a Política Nacional sobre Mudança do Clima e dá outras providências. Brasília, 2009. Disponível em: https://www.planalto.gov.br/ccivil_03/_ato2007-2010/2009/lei/l12187.htm. Acesso em: 15 jan. 2025.

BRASIL. *Lei nº 12.305 de 2 de agosto de 2010*. Institui a Política Nacional de Resíduos Sólidos e dá outras providências. Brasília, 2010. Disponível em: https://www.planalto.gov.br/ccivil_03/_ato2007-2010/2010/lei/l12305.htm. Acesso em: 15 jan. 2025.

BRASIL. *Lei nº 14.026 de 15 de julho de 2020*. Atualiza o marco legal do saneamento básico. Brasília, 2020. Disponível em: https://www.planalto.gov.br/ccivil_03/_ato2019-2022/2020/lei/l14026.htm. Acesso em: 20 jan. 2025.

BRITO, B. M. B.; SILVEIRA, A. H. P. Parceria público-privada: compreendendo o modelo brasileiro. *Revista do Serviço Público*, v. 56, n. 1, p. 7-21, 2005. Disponível em: https://revista.enap.gov.br/index.php/RSP/article/view/214/219.

CALONGA, A. G. S. A governança pública como mecanismo estratégico para alcançar os Objetivos do Desenvolvimento Sustentável. *Even3 Publicações*, 2025. Disponível em: https://www.even3.com.br/anais/iii-sppal-480472/988019-a-governanca-publica-como-mecanismo-estrategico-para-alcancar-os-objetivos-do-desenvolvimento-sustentavel. Acesso em: 30 jan. 2025.

CANDIANI, Giovano. Emissões fugitivas de gás metano em aterro sanitário. *Editora Inovar*, 2020. Disponível em: https://editorainovar.com.br/omp/index.php/inovar/catalog/book/75. Acesso em: 28 jan. 2025

CONFEDERAÇÃO NACIONAL DE MUNICÍPIOS (CNM). *Observatório de Consórcios Públicos*. Disponível em: https://consorcios.cnm.org.br/. Acesso em: 17 jan. 2025.

DALLARI, A. A. Lixo urbano: evolução no tratamento do problema. *In*: GUIMARÃES, Fernando Vernalha (Coord.). *O novo direito do saneamento básico*: estudo sobre o novo marco legal do saneamento básico no Brasil (de acordo com a Lei nº 14.026/2020 e respectiva regulamentação). Belo Horizonte: Fórum, 2022.

FERREIRA, C. F. A.; JUCÁ, J. F. T. Metodologia para avaliação dos consórcios de resíduos sólidos urbanos em Minas Gerais. *Engenharia Sanitária e Ambiental*, v. 22, n. 3, p. 513-521, 2017. Disponível em: https://www.scielo.br/j/esa/a/vZgjCDJfyLhfvZtSBgnsSbL/.

FERREIRA, G. L; ANTUNES, S. R; SOUZA, E. C. F. Biogás: análise dos pontos positivos e negativos e sua contribuição para atingir os Objetivos do Desenvolvimento Sustentável. (ODS). *Revista Brasileira de Energia*, v. 29, n. 4, 2023. Disponível em: https://doi.org/10.47168/rbe.v29i4.832. Acesso em: 27 jan. 2025.

FREITAS, M. F.; PIRES, M. M.; BENINCÁ, D. Fragilidades e potencialidades na gestão dos resíduos sólidos urbanos no Brasil. *Revista Brasileira de Gestão Urbana*, v. 16, p. 1-15, 2024. Disponível em: https://www.scielo.br/j/urbe/a/VphbjGPyh6QDYKDc4X6tK4m/.

GONÇALVES, F. *Papel e responsabilidade do Tribunal de Contas da União na Auditoria do Meio Ambiente*. [s.l.]: [s.n.], 1995.

INSTITUTO VENTURI PARA ESTUDOS AMBIENTAIS. Influência dos resíduos sólidos nas mudanças climáticas. *Instituto Venturi Para Estudos Ambientais*, 2021. Disponível em: https://institutoventuri.org.br/web/index.php/influencia-dos-residuos-solidos-nas-mudancas-climaticas. Acesso em: 27 jan. 2025.

INTERGOVERNAMENTAL PANEL ON CLIMATE CHANGE (IPCC). Climate Change 2014: Mitigation of Climate Change. *In*: PICHS-MADRUGA, O. R. (Org.). *Contribution of Working Group III to the Fifth Assessment Report of the Intergovernmental Panel on Climate Change*. Cambridge; Nova York: Cambridge University Press, 2014. Disponível em: https://www.ipcc.ch/site/assets/uploads/2018/02/ipcc_wg3_ar5_full.pdf. Acesso em: 27 jan. 2025.

INTERGOVERNAMENTAL PANEL ON CLIMATE CHANGE (IPCC). Technical Summary. *In*: MASSON-DELMOTTE, V. *et al.* (Org.). *Mudanças climáticas 2021*: a base da ciência física. Contribuição do grupo de trabalho para o sexto relatório de avaliação do Painel Intergovernamental sobre Mudanças Climáticas. Cambridge; Nova York: Cambridge University Press, 2021. p. 33-144. Disponível em: https://www.ipcc.ch/report/ar6/wg1/chapter/technical-summary/. Acesso em: 15 jan. 2025.

LEITÃO, M. P.; PASCALE, M. L.; BRANDO, F. da R.; DALL'OLIO, L.; DEMANGE, L. H.; LEMOS P. F. I.; GALLARDO, S. M. A. G.; MALHEIROS, T. F.; GOMES, T. M. Capacitação para gestão de resíduos sólidos: desafios e experiências obtidas com a parceria entre TCE-SP, CETESB E USP. *In*: LIMA, Edilberto Carlos Pontes (Coord.). *Os Tribunais de Contas e as políticas públicas*. Belo Horizonte: Fórum, 2023. Coleção Fórum IRB. v. 5.

LIMA, L. H. Atuação do tribunal de contas da união no controle externo da gestão ambiental. *In:* MOURA, A. M. M. *Governança ambiental no Brasil:* instituições, atores e políticas públicas. Brasília: Ipea, 2016. p. 45-58.

LISBINSKI, F. C.; FLORES, C. E. B.; SILVA, D. M.; BISOGNIN, R. P.; BOHRER, R. E. G. A importância dos consórcios públicos na gestão dos resíduos sólidos urbanos: uma análise do consórcio intermunicipal Cigres. *Revista Gestão & Sustentabilidade Ambiental*, v. 9, n. 2, p. 3-36, 2020. Disponível em: https://encurtador.com.br/6BdRL.

MENDONÇA, E. B. C. F.; CASTRO, M. C. A. A possibilidade de controle das políticas públicas do meio ambiente pelo tribunal de contas. *In:* ENCONTRO PREPARATÓRIO PARA O CONGRESSO NACIONAL DO CONPED, 17., Salvador. *Anais...* Salvador: UFBA, 2008. p. 4148-4164.

NAIR, J. *et al.* Effect of different types of compost on soil organic carbon. *Waste Management & Research*, v. 32, n. 4, p. 431-439, 2014.

NASCIMENTO NETO, P.; MOREIRA, T. A. Consórcio intermunicipal como instrumento de gestão de resíduos sólidos urbanos em regiões metropolitanas: reflexões teórico-conceituais. *Revista Brasileira de Gestão e Desenvolvimento Regional*, v. 8, n. 3, p. 239-282, 2012. Disponível em: https://www.rbgdr.net/revista/index.php/rbgdr/article/view/790.

PARÁ. Tribunal de Contas dos Municípios do Estado (TCM/PA). *Levantamento*: diagnóstico do saneamento básico nos 144 municípios do estado do Pará. Belém: TCMPA, 2025. Disponível em: https://www.tcmpa.tc.br/publicacoes/relatorio-levantamento-do-diagnostico-do-saneamento-basico-nos-144-municipios-do-estado-do-para/. Acesso em: 15 jan. 2025.

PICHTEL, J. *Waste management practices*: municipal, hazardous, and industrial. Boca Raton: Taylor & Francis, 2005. 649 p.

PIRES, A. *et al.* Solid waste management in European countries: A review of systems analysis techniques. *Journal of Environmental Management*, v. 92, n. 4, p. 1033-1050, 2011.

PIRES, A. *et al.* Solid waste management in European countries: A review of systems analysis techniques. *Journal of Environmental Management*, v. 92, n. 4, p. 1033-1050, 2011.

PROGRAMA DAS NAÇÕES UNIDAS PARA O MEIO AMBIENTE (PNUMA). *Perspectivas globais de gestão de resíduos 2024*: Além de uma idade de resíduos. Transformando lixo em recurso. Nairobi, 2024. Disponível em: https://www.unep.org/resources/global-waste-management-outlook-2024. Acesso em: 15 jan. 2025.

RIBEIRO, R. R. M.; SILVA, G.; BORGES, I. M. T.; MATTIELLO, K.; PAVÃO, J. A. Gestão dos resíduos sólidos: um estudo da evidenciação no Portal da Transparência do Município de Maringá. *Revista de Empreendedorismo e Gestão*, v. 6, n. 1, p. 118-141, 2021. Disponível em: https://revistas.editoraenterprising.net/index.php/regmpe/article/view/314.

SATO, Minailli Harumi Neves. *O papel das energias renováveis no desenvolvimento econômico sustentável.* 2022. Trabalho de Conclusão de Curso (Bacharelado em Engenharia de Energia) – Faculdade de Engenharia, Universidade Federal da Grande Dourados, Dourados, 2022.

SILVA, R. *Cooperação e sustentabilidade*: um caminho para o futuro. [s.l.]: Editora Planeta, 2021.

SOUZA, J. de. Os desafios do setor do biogás e a sua importância para o meio ambiente, a economia e a sociedade. *In*: PACHECO, Clecia Simone Gonçalves Rosa; SANTOS, Reinaldo Pacheco (Org.). *Sociedade, tecnologia e meio ambiente*: avanços, retrocessos e novas perspectivas. [s.l.]: Editora Científica, 2022. v. 2. Disponível em: https://www.editoracientifica.com.br/artigos/os-desafios-do-setor-do-biogas-e-a-sua-importancia-para-o-meio-ambiente-a-economia-e-a-sociedade. Acesso em: 29 jan. 2025.

THAMER, R.; LAZZARINI, S. G. Projetos de parceria público-privada: fatores que influenciam o avanço dessas iniciativas. *Revista de Administração Pública*, v. 49, n. 4, p. 819-846, 2015. Disponível em: https://www.scielo.br/j/rap/a/rGxPYhmkdNpxMTvD7ZQymcG/?lang=pt.

VIANA, F. L. E. Economia circular e gestão de resíduos sólidos: perspectivas para o Brasil e o Nordeste. *Revista Econômica do Nordeste*, v. 52, n. 1, p. 9-25, 2021. Disponível em: https://doi.org/10.61673/ren.2021.1329. Acesso em: 26 jan. 2025.

VITAL, M. H. F.; INGOUVILLE, M.; PINTO, M. A. C. Estimativa de investimentos em aterros sanitários para atendimento de metas estabelecidas pela Política Nacional de Resíduos Sólidos entre 2015 e 2019. *BNDES Setorial*, v. 40, p. 43-92, 2014. Disponível em: https://web.bndes.gov.br/bib/jspui/handle/1408/3041.

ZAGO, V. C. P.; BARROS, R. T. V. Gestão dos resíduos sólidos orgânicos urbanos no Brasil: do ordenamento jurídico à realidade. *Engenharia Sanitária e Ambiental*, v. 24, n. 2, p. 219-228, 2019. Disponível em: https://www.scielo.br/j/esa/a/MY53xbTzPxYhz783xdmKc8F/.

Informação bibliográfica deste texto, conforme a NBR 6023:2018 da Associação Brasileira de Normas Técnicas (ABNT):

VIEIRA, Iracema de Lourdes Teixeira; PEREIRA, Iranildo Ferreira; PEREIRA, Jéssica Ferreira; LANDIN, Letícia dos Santos Couto; VIEIRA, Lucas Levino Alves; GUERREIRO, Mayk Oris. O papel dos Tribunais de Contas no enfrentamento das mudanças climáticas: controle e gestão dos resíduos sólidos. *In*: LIMA, Edilberto Carlos Pontes (coord.). *Os Tribunais de Contas e a sustentabilidade*: governança e controle no enfrentamento das mudanças climáticas. Belo Horizonte: Fórum, 2025. p. 71-88. ISBN 978-65-5518-670-3. (Coleção Fórum IRB, v. 6). t. 2.

COMO OS TRIBUNAIS DE CONTAS E A TRANSPARÊNCIA PÚBLICA PODEM ADIAR O FIM DO MUNDO

JOSÉ PAULO GUEDES BRITO

MARCO ANTONIO AUGUSTO CHAGAS

> *A floresta está viva. Só vai morrer se os brancos insistirem em destruí-la. Se conseguirem, os rios vão desaparecer debaixo da terra, o chão vai se desfazer, as árvores vão murchar e as pedras vão rachar no calor. A terra ressecada ficará vazia e silenciosa. Os espíritos xapiri, que descem das montanhas para brincar na floresta em seus espelhos, fugirão para muito longe. Seus pais, os xamãs, não poderão mais chamá-los e fazê-los dançar para nos proteger. Não serão capazes de espantar as fumaças de epidemia que nos devoram. Não conseguirão mais conter os seres maléficos, que transformarão a floresta num caos. Então morreremos, um atrás do outro, tanto os brancos quanto nós. Todos os xamãs vão acabar morrendo. Quando não houver mais nenhum deles vivo para sustentar o céu, ele vai desabar.*
>
> (Davi Kopenawa, 2015)

1 O fim do mundo e o nome da montanha (e do rio)

Em 1947, a organização não governamental *Bulletin of the Atomic Scientists* criou o Relógio do Juízo Final com a intenção de marcar, de forma simbólica, quão próxima a humanidade está da autodestruição. Desde 2023, o relógio indica que estamos há apenas 90 segundos do fim do mundo. Nunca estivemos tão perto, nem mesmo perante as ameaças nucleares da Guerra Fria.

O alarme não é à toa. Em 6.7.2023, a Terra vivenciou o dia mais quente já registrado, com temperatura média de 17,08ºC. O recorde foi superado apenas um ano depois, em 21.7.2024, com a média global de 17,09ºC. O relatório da agência Copernicus da União Europeia confirmou que o ano de 2024 foi o mais quente da história e o primeiro a exceder 1,5ºC de aquecimento acima do nível pré-industrial (COPERNICUS, 2024). E os cientistas alertam: os anos seguintes serão mais quentes. Estudos também apontam que, se nada for feito, a Amazônia atingirá o ponto de não retorno em 2050 (FLORES *et al.*, 2024; LOVEJOY; NOBRE, 2018). Em maio de 2024, o Rio Grande do Sul viveu a sua maior tragédia ambiental; em outubro foi a vez da Espanha, também assolada por inundações; e em janeiro de 2025, Los Angeles encontra-se devastada por incêndios. Enquanto isto, populações amazônicas vivenciam a seca de grandes rios e consequentes riscos e inseguranças das mudanças climáticas.

Para além do cataclismo ambiental, há outros modos de o mundo acabar. O escritor indígena Ailton Krenak (2019) reflete sobre o fim do mundo sofrido pelos povos originários com a chegada do colonizador europeu. Quantas cosmovisões foram erradicadas com o etnocídio e o genocídio?[1] Para ele, há um grande equívoco em se pensar em *uma* humanidade, no singular, sob pena de se elevar um único modo de vida – o ocidental europeu – ao patamar de humano, relegando-se à categoria de sub-humanidade todos aqueles fora deste perfil.

Para Ailton Krenak (2019), a ideia de humanidade homogênea apaga outros povos, outras histórias, outros lugares. E esta humanidade una separa-se da natureza, como se o homem não pertencesse ao cosmos. Esta alienação faz com que o mundo à volta se torne objeto, coisa a ser manuseada, manipulada, vendida e consumida. E as cosmovisões que pensam o mundo à volta como sujeito? A montanha, o rio, a floresta, a pedra, que têm nome e espírito, tornam-se meras fontes de matéria-prima, sem histórias para contar ou ensinamentos para compartilhar.

Daí que o autor instiga: para adiar o fim do mundo talvez devamos sempre contar mais uma história. Toda vez que o relógio avançar, devemos iniciar mais um conto. Se a sociedade homogênea ocidental só tem uma história para contar, a da exploração, precisamos reconhecer diversidades, pluriversos, novas ecologias de saberes. Nas palavras de Ailton Krenak (2019, p. 23-27):

> O que é feito de nossos rios, nossas florestas, nossas paisagens? Nós ficamos tão perturbados com o desarranjo regional que vivemos, ficamos tão fora do sério com a falta de perspectiva política, que não conseguimos erguer e respirar, *ver o que importa para as pessoas*, os coletivos, e as comunidade em suas ecologias. [...] O tipo de humanidade zumbi que estamos sendo convocados a integrar não tolera tanto prazer, tanta fruição de vida. Então, pregam o fim do mundo [...]. E minha provocação sobre adiar o fim do mundo é exatamente sempre poder contar mais uma história. Se pudermos fazer isso, estaremos adiando o fim. (Grifos nossos)

O mundo caminha para o fim, mas ainda não estamos lá. Se podemos adiá-lo, temos algum papel a cumprir. Daí a provocação deste artigo: o que os Tribunais de Contas

---

[1] Grondin e Viezzer (2019) estimam que 70 milhões de indígenas foram mortos nas Américas entre os anos 1492 e 1900.

(TCs), órgãos titulares de tão relevantes competências, detentores de excelência técnica e recursos, podem fazer para também ajudar a empurrar o fim do mundo para mais longe? Esta questão arrasta consigo outras de igual relevância: os TCs estão abertos à ecologia dos saberes? Eles conhecem o nome da montanha e, no caso da Amazônia, o nome do rio? Quem tem voz nos tribunais? Que tipo de informação nós estamos produzindo e estamos disponibilizando (estamos vendo o que importa para as pessoas)? Em seus afazeres cotidianos, o cidadão comum encontra nos TCs algum ponto de interesse?

Se a transparência pública tem um importante papel a cumprir na governança ambiental, os Tribunais de Contas têm o dever-poder[2] de atuar, guiando pelo exemplo (NBASP 12, princípio 7/53). Sem pretensão de alcançar respostas, dedicaremos as próximas linhas a refletir sobre este tema.

2 O homem que sabia javanês quem sabe também lia o diário oficial

No famoso conto de Lima Barreto (2010), *O homem que sabia javanês*, um homem à míngua de emprego aceita o encargo de tradutor de javanês, mesmo sem falar uma só palavra do idioma, e, inclusive, galga algumas honrarias. Afinal de contas, quem por estas bandas, em início do século XX, falaria uma só palavra de javanês para desmenti-lo? Em *E se Obama fosse africano?*, Mia Couto (2011, p. 11) faz referência ao momento em que um dos personagens, para apaziguar as insuportáveis dores, pede para que a história seja narrada numa língua desconhecida. Estas histórias nos vêm à mente sobre os improváveis cidadãos que leem o diário oficial. Complementamos os contos de Lima Barreto e Mia Couto imaginando que o homem que falava javanês e clama por uma língua desconhecida quem sabe fosse um assíduo leitor de diários oficiais.

Nem precisamos imaginar tanto. Em *O guia do mochileiro das galáxias*, de Douglas Adams (2007), Artur Dent, um típico britânico, tem o chá da manhã interrompido por empreiteiros com a ordem de demolir sua casa, para dar lugar a um uma rodovia interestadual. Quando questiona a legalidade da ordem, os agentes municipais o comunicam que uma audiência pública, noticiada no quadro de avisos no subsolo da prefeitura, oportunizara a todos uma franca oposição. Mas agora já era tarde...

As histórias, um tanto absurdas, encontram infelizes ecos em nossa realidade. A transparência pública como norma e valor, amplamente grafados na Constituição Federal em vários dispositivos (para citar alguns: art. 37, *caput*, art. 5º, XIV, LX) e na Lei de Acesso à Informação (LAI – Lei nº 12.527/2011), é sem dúvida um dever das instituições públicas brasileiras. No caso dos TCs, que detêm a obrigação de liderar pelo exemplo, a obrigação é sem dúvida maior. No entanto, conforme veremos à frente, o sistema de controle externo brasileiro possui um grave déficit de transparência.

Para além da juridicidade, a transparência é entendida pelo Nobel de Economia Amartya Sen como uma das garantias do desenvolvimento. De acordo com Sen (2010), o desenvolvimento é muito mais do que o produto nacional bruto, a renda *per capita* ou o poder de consumo das pessoas. Para ele, o desenvolvimento significa liberdade: liberdade de ação das pessoas e as pessoas só conseguem agir se são livres para bem alimentar-se, para não morrer precocemente, para educarem-se, para manifestarem seu

---

[2] A terminologia *dever-poder* é de Mello (2016).

pensamento. Assim, países que, muito embora tenham uma renda financeira elevada, mas que falham no fortalecimento de garantias de liberdade, não podem ser considerados desenvolvidos.

Segundo a tese de Sen, a liberdade é tanto um objetivo quanto um instrumento. Enquanto objetivo, a liberdade materializa-se como elemento de fruição das pessoas. Na forma de instrumento, a liberdade é meio para se alcançar o desenvolvimento. Nesta forma de ver, a transparência molda-se como uma das liberdades instrumentais que permitem justamente que as pessoas exijam de seus governos aquilo que elas querem e precisam. Para usar a frase de Krenak (2019) (grifada acima), "ver o que importa para as pessoas" só é possível se o governo está aberto para elas.

No caso da governança ambiental, nosso passado recente vivenciou momento em que o governo federal enfraqueceu o Instituto Nacional de Pesquisas Espaciais (Inpe), quando o então Presidente da República Jair Bolsonaro transferiu o monitoramento dos dados sobre queimadas e incêndios no Brasil para o Instituto Nacional de Meteorologia (Inmet), subordinado ao Ministério da Agricultura (OLIVEIRA, 2021), na tentativa de refrear as informações de destruição dos biomas nacionais, fortemente estimulada por aquela gestão. Um negacionismo ambiental como ensaio sobre a cegueira em tempos de caos, metaforicamente aplicável a uma sociedade de risco pelas relações de poder e de dominação praticadas pelo Estado (BECK, 2011; SARAMAGO, 2020).

O exemplo demonstra a pertinência da transparência na proteção do meio ambiente e que, sem esta garantia, as pessoas perdem uma importante ferramenta de ação e de reflexividade. Não à toa, o Objetivo de Desenvolvimento Sustentável 16 da Organização das Nações Unidas (ONU) apregoa o fortalecimento das instituições, tornando-as mais transparentes. A transparência ambiental também é formalmente reconhecida como ferramenta de governança ambiental por meio da Lei de Transparência Ambiental (Lei nº 10.650/2003). A lei, no entanto, satisfaz-se com a divulgação em diários oficiais:

> Art. 4º Deverão ser publicados em *Diário Oficial* e ficar disponíveis, no respectivo órgão, em local de fácil acesso ao público, listagens e relações contendo os dados referentes aos seguintes assuntos:
>
> I – pedidos de licenciamento, sua renovação e a respectiva concessão;
>
> II – pedidos e licenças para supressão de vegetação;
>
> III – autos de infrações e respectivas penalidades impostas pelos órgãos ambientais;
>
> IV – lavratura de termos de compromisso de ajustamento de conduta;
>
> V – reincidências em infrações ambientais;
>
> VI – recursos interpostos em processo administrativo ambiental e respectivas decisões;
>
> VII – registro de apresentação de estudos de impacto ambiental e sua aprovação ou rejeição. (Grifos nossos)

É sem dúvida questionável a determinação de disponibilidade "no respectivo órgão, em local de fácil acesso ao público", afinal, em tempos digitais, a disponibilidade local de informações soa como a situação de Artur Dent[3] e o aviso no subsolo da

[3] Conforme dito anteriormente, Artur Dent, personagem do livro *O guia do mochileiro das galáxias* (ADAMS, 2007), tem a casa demolida porque não viu o aviso publicado no quadro de avisos no subsolo da prefeitura.

prefeitura. Ademais, sabe-se que as repartições públicas não são tão acessíveis assim, seja pela simples dificuldade de encontrar o endereço delas, seja pelas barreiras impostas ao público, como a exigência de determinados trajes.[4]

O uso dos diários oficiais como principal meio de informação é ainda presente nos Tribunais de Contas. À guisa de exemplo, dentre os 33 TCs brasileiros, 7 (21,21%) deles ainda divulgam suas decisões, pareceres e demais atos de pertinência exclusivamente por meio do *Diário Oficial*.[5] Anote-se que a própria Lei de Responsabilidade Fiscal (LRF) exige que uma versão simplificada do parecer prévio sobre as contas do governador seja disponibilizada à população.

Outro exemplo pode ser citado: apenas 10 TCs (30,3%) permitem o acesso efetivo aos autos processuais. Por acesso efetivo entendemos a possibilidade de localização dos autos por palavras-chave e o franco acesso às peças processuais. Isto significa que 23 Tribunais de Contas no Brasil (69,7%) não permitem o efetivo acompanhamento dos processos de prestação de contas e demais processos relativos à gestão pública. Brito e Assunção (2018) investigaram o modelo de "publicidade restrita" adotado e defendido pelo Tribunal de Contas da União (TCU) e descobriram que a maior Corte de Contas do país entende que os processos de controle externo contêm um "interesse público especial", e por conta disto eles não podem ser amplamente publicizados. Os autores questionam o argumento nos seguintes termos:

> A tese é problemática, pois cria *tertium genus* que serve como justificativa para um processo extraordinário, que escapa das alças da Constituição. Aceitando a natureza administrativa dos processos de contas, temos o art. 15 do NCPC incidindo sobre as normas processuais do TCU, haja vista que citado artigo prescreve a aplicação subsidiária e supletiva das suas disposições nos processos administrativo, trabalhista e eleitoral. Consequência imediata é que a norma regimental da publicidade restrita encontrará óbices na lei adjetiva civil. (BRITO; ASSUNÇÃO, 2018, p. 819-820)

Os autores parecem ter razão, haja vista que soa contraditório que a execução da despesa estatal seja pública, com acesso totalmente franqueado, mas o processo que a julga seja restrito. Ademais, a ideia de interesse público é um tanto vaga. E vale também o alerta: o interesse público, enquanto palavras no papel, suporta praticamente tudo. Em *Guerra e paz*, Tolstói, narrando o fracasso do governador de Moscou, Conde Rostoptchin, em evacuar a cidade durante a invasão do exército de Napoleão, disse que "muitas outras vítimas pereceram e vão perecer em nome do bem público" (TOLSTÓI, 2011, p. 1845). Talvez pela vagueza da definição, Mello (2016, p. 102) adverte: "[...] os sujeitos da Administração Pública têm que buscar o atendimento do interesse alheio, qual seja, o da coletividade, e não o interesse de seu próprio organismo [...] e muito menos o dos agentes estatais".

O fato contrasta com o nível de transparência dos Tribunais de Contas divulgado pelo Radar Brasil de Transparência. Enquanto a média nacional é de 63,94% em 2024, a dos

---

4 Em 2020, a sede do Instituto Nacional de Colonização e Reforma Agrária (Incra), situada em Rio Branco, Acre, proibiu a entrada de pessoas vestindo calção, *shorts*, bermuda, camiseta regata, minissaia, roupas transparentes ou com "decote acentuado". A medida foi questionada pelo Ministério Público Federal (*G1-AC*, 2020).

5 Os dados referentes à publicação dos TCs foram levantados pelos autores em dezembro de 2024.

TCs é de 92,12%. Sem dúvida, os critérios do Radar precisam ser ajustados, considerando que, embora considerados transparentes, os TCs, em sua maioria, não disponibilizam o franco acompanhamento dos atos processuais relativos à gestão pública.

O que vimos até aqui evidencia que a própria ideia de transparência pública patina quanto aos critérios e que, se os TCs desejam guiar pelo exemplo, precisam buscar critérios mais condizentes com as expectativas das pessoas no século XXI. No tópico seguinte vamos em busca de um horizonte conceitual.

3 O governo aberto na porta da lei

Ao pesquisar sobre a transparência pública no Amapá, estado que recorrentemente ocupa os últimos lugares no Radar Brasil de Transparência (último lugar em 2022, e penúltimo em 2023 e 2024), Brito (2024) buscou primeiro entender os critérios que balizam este *ranking* de transparência. Suas descobertas indicam que o Radar utiliza sobremaneira critérios de ordem legal, o que é esperado, dada a filiação institucional dos TCs, órgãos responsáveis pelo levantamento. Ocorre que, segundo o autor, os critérios legais acomodam-se em um patamar aquém de modelos supralegais, que demandam maior abertura do Estado:

> As informações listadas no art. 8º da Lei de Acesso à Informação permitem a realização de um controle posterior, ou seja, um controle após a realização do ato, refletindo preocupações de uma *accountability* horizontal (transparência entre instituições). O caráter corporativo das informações como de obrigatória disponibilização na internet espelha em grande medida os valores defendidos pelos atores que participaram do processo de elaboração dos projetos de lei que redundaram na Lei nº 12.527/2011. (BRITO, 2024, p. 64)

Assim, a transparência pública demandada pela legislação atual mais das vezes contenta-se com a publicação dos atos após a sua realização, motivo que leva o autor a dizer que a LAI prioriza o controle posterior. Já a fase de confecção da política pública, momento que o gestor decide *como* o dinheiro público será aplicado, passa ao largo do homem comum. Quando um edital de licitação é publicado significa que o objeto já foi definido; quando um contrato é disponibilizado, a sua execução está inclusive em andamento. O que pode ser feito a partir daí, senão análise de conformidade e aferição dos resultados de acordo com as metas já estabelecidas?

A questão é: existe um modelo que propicie a efetiva participação popular nas principais escolhas estatais? Existe. A Parceria para Governo Aberto (*Open Government Partnership* – OGP) foi proposta pela ONU, com a filiação de mais de 70 países, inclusive o Brasil, que aderiu ao pacto em 2011. O OGP propõe a abertura estatal, com uma transparência que dê acesso às informações mais relevantes aos cidadãos, tornando possível que eles *participem* e *colaborem* com a gestão pública. Brito (2024, p. 31) sintetiza bem os objetivos da Carta OGP:

> Na Carta do OGP (2011), os países aderentes declararam:
>
> a) aumentar a disponibilidade de informações sobre as atividades governamentais, atuando de maneira proativa (sem esperar demandas por informação, o que no Brasil a

> doutrina jurídica apelidou de transparência ativa), fomentando *formatos de fácil acesso e de compreensão, inclusive mediante normas transparentes*. O compromisso também envolve a oitiva da população para saber quais informações lhe são mais valiosas;
>
> b) apoiar a *participação cívica* suscitando a participação popular, sem discriminação de qualquer gênero, na formulação de políticas públicas. Para isso, os países se comprometeram a tornar os processos de concepção de políticas públicas mais transparentes;
>
> c) implementar os mais *altos padrões de integridade profissional* por todas as administrações dos países declarantes. Por meio desse compromisso os governos declararam combater a corrupção e adotar práticas de transparência capazes de fomentar a prestação de contas, evitar os subornos e proteger os denunciantes;
>
> d) *ampliar o acesso a novas tecnologias* para fins de abertura e prestação de contas. As tecnologias foram reconhecidas como aparatos eficientes a promover a crescente demanda por informações, sem, no entanto, tornarem-se um fim em si mesmo. (Grifos nossos)

Para que a transparência *comunique* uma mensagem, ela precisa ser simples. E as pessoas precisam *entender* para poderem se posicionar adequadamente. Por exemplo: pode uma prefeitura municipal, com orçamento de algumas dezenas de milhões de reais, patrocinar *shows* praticamente milionários, enquanto há escassez na educação, saúde e assistência social? A resposta não é simples, até porque a cultura também é um direito fundamental. No entanto, a população envolvida só poderá *participar* e *colaborar* adequadamente se conhecer e entender o contexto das escolhas municipais.

Amartya Sen (2010; 2018) lembra-nos que não há juízos absolutos e que toda escolha social depende das bases informacionais disponíveis. Mesmo assim, ele defende que até esquemas incompletos são úteis, desde que haja transparência nas fontes de informação. Se a população souber o que será feito e o que *deixará* de ser feito, terá maiores condições de decidir ou participar da decisão.

Os principais veículos de comunicação do país, inclusive, têm adotado a postura de simplificar a mensagem. À guisa de exemplo, os jornais têm utilizado a voz ativa, resumos, infográficos, vídeos curtos, matérias publicadas em tópicos, muitas vezes no estilo "perguntas e respostas" (*vide* exemplos nas figuras 1 e 2). Assim, contextos de guerras, revoluções, tramas golpistas, descobertas científicas, naufrágios, procedimentos médicos e tantos outros assuntos de alta complexidade acabam por encontrar um grau de simplificação capaz de comunicar o essencial a um grande grupo de pessoas.

Figura 1 – Trecho de infográfico publicado pelo *G1* para explicar a profundidade do Titanic, em decorrência do naufrágio do submarino Titan em 2023

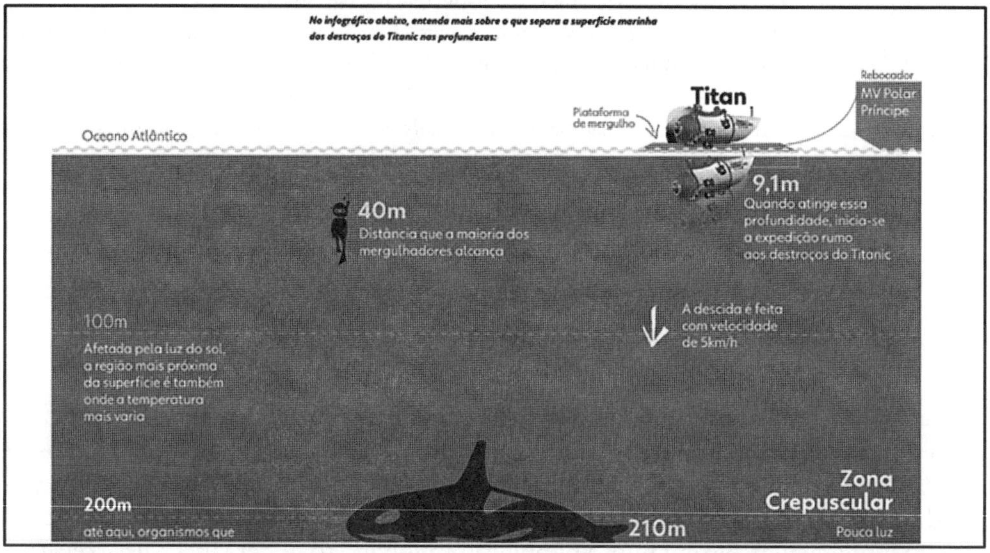

Fonte: Viggiano (2023).

Figura 2 – Trecho da matéria publicada pelo *G1*, no esquema "perguntas e respostas"

Qual era o objetivo do passeio?

Fazer uma expedição pelos destroços do Titanic, navio que naufragou em 1912.

Qual é o modelo do submarino?

A embarcação, que tem 6,5 metros de comprimento por 3 metros de largura, chama-se Titan. Este tipo de submarino pode levar até cinco passageiros.

Quando aconteceu?

No domingo (18), o submarino começou a descer ao fundo do mar, mas desapareceu pouco depois. O trajeto até o fundo do mar deveria levar duas horas, e a embarcação parou de se comunicar depois de uma hora e 45 minutos de descida.

Fonte: Viggiano (2023).

As entidades não governamentais entenderam os desafios comunicacionais de nosso tempo e já atuam para suportá-los. E como está a gestão pública? No âmbito do Poder Judiciário, o Conselho Nacional de Justiça (CNJ) lançou o Pacto Nacional do Judiciário pela Linguagem Simples "com o objetivo de adotar linguagem simples, direta e compreensível a todas as pessoas na produção das decisões judiciais e na comunicação geral com a sociedade" (CNJ, 2023, p. 2). Como resultado, em 2024 alguns tribunais iniciaram a elaboração das primeiras sentenças em linguagem simples, como o Tribunal de Justiça do Ceará (TJ/CE) (ver Figura 3).

Figura 3 – Trecho da decisão em linguagem simples do TJ/CE[6]

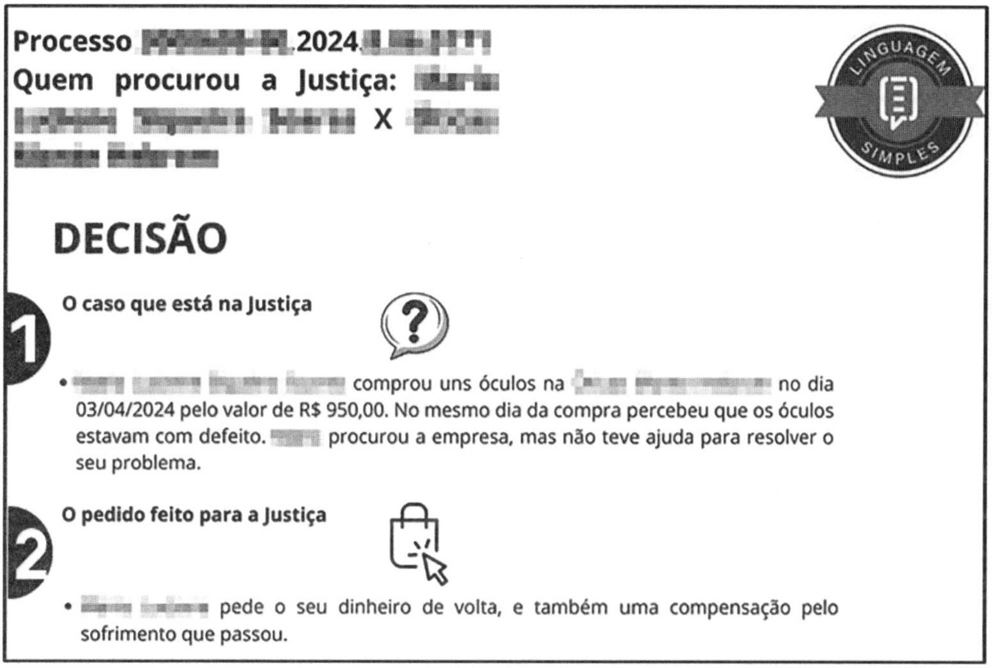

Fonte: TJ/CE (2024).

No âmbito do controle externo, a Associação dos Membros dos Tribunais de Contas do Brasil (Atricon) expediu a Nota Recomendatória nº 04/2023, recomendando a adoção da linguagem simples pelos TCs. É interessante notar que, enquanto o CNJ aplicou a linguagem simples para recomendar o seu uso, publicando o Pacto no formato de uma cartilha, a Atricon publicou um documento jurídico no sentido estrito do termo, com dez "considerandos".

No Amapá, no que condiz à governança ambiental, publicou-se a Nota Recomendatória nº 01/2024-TCE/AP, ordenando que a Secretaria de Estado do Meio Ambiente

[6] Disponível em: https://portal.tjce.jus.br/uploads/2024/07/Sentenca-em-Linguagem-Simples.pdf. Acesso em: 17 dez. 2024.

disponibilize em seu *site* informações que permitam a participação e o controle social, adotando-se critérios de linguagem simples. Porém, a nota, também em formato estritamente jurídico, encontra-se disponibilizada apenas no *Diário Oficial*. Na área ambiental, o dilema pedagógico entre o estudo de impacto ambiental (EIA) e seu fiel companheiro, o relatório de impacto ambiental (Rima), exemplifica o quanto se está distante da "linguagem simples".

A questão nos traz à memória um conto de Franz Kafka, *Diante da lei*, no qual um homem busca a justiça, mas há uma porta da lei protegida por um segurança enorme. Ao tentar entrar, o vigilante impede o homem, dizendo-lhe que nem valia a pena tentar passar, pois depois daquela porta existiam muitas outras, com porteiros ainda maiores e mais ferozes. Muitos anos depois, quando a velhice já consumia as forças do homem, sem, no entanto, afetar o porteiro, inexorável, o demandante pergunta por que, além dele, ninguém mais tentou passar. E o segurança lhe responde que aquela porta da lei era só dele, e de ninguém mais. Kafka estaria falando do direito personalíssimo, que só poderia ser reivindicado pelo seu exclusivo titular? O porteiro seria a burocracia e toda a dificuldade que assola o direito? Quem sabe. Mas o conto nos revela: o direito muitas vezes é uma barreira.

O OGP, embora pactuado pelo Brasil há mais de uma década, encontra-se tímido. A transparência pública ainda é medida e exigida (em grande parte) segundo os estritos ditames legais. Os TCs, para não agirem como os porteiros de Kafka, estão dispostos a superar o modelo dos diários oficiais? À guisa de exemplo, o Tribunal de Contas do Estado do Ceará (TCE/CE) já deu os primeiros passos, com uma página específica para publicação de auditorias e inspeções com uso da linguagem simples (Figura 4).

Figura 4 – Página do TCE/CE em linguagem simples

Fonte: TCE/CE (2024).

4 A queda do céu

Dados institucionais, publicados pelo Governo do Estado do Amapá (NASCIMENTO, 2023), indicam que o Amapá possui o "maior percentual de áreas protegidas do país", com 73% do seu território delimitado por áreas protegidas, ocupando em torno de 9,3 milhões de hectares. É no Amapá que se localiza o Parque Nacional Montanhas do Tumucumaque, uma das maiores unidades de conservação do Brasil em área de floresta tropical (ICMBIO, 2023). Estas informações, sem dúvida, colocam a região em patamar qualificado de indicadores ambientais. Por outro lado, notícia de fevereiro de 2024 dá conta de que garimpos ilegais cresceram na taxa de 304% em apenas um ano dentro do Parque Montanhas do Tumucumaque. Já, de acordo com o Fórum Brasileiro de Segurança Pública de 2023 (FBSP, 2023), em 2022, o Amapá pontuou como o estado mais violento do país, com taxa de morte violenta intencional de 50,6 por 100 mil habitantes.

Dados do censo de 2022, divulgados em 2024 pelo Instituto Brasileiro de Geografia e Estatística (IBGE), revelam que 8,1% da população brasileira vive em favelas. Em Macapá, capital do Amapá, são 29%; e em Santana, a segunda maior cidade do estado, o índice é de 30%. Estes municípios posicionam-se entre os mais violentos do Brasil. Comentando sobre Santana – AP, o pesquisador Thiago Alan Guedes Sabino (*apud* ALEIXO, 2024) relaciona a violência com a precariedade de vida pela ausência do Estado:

> A cidade possui conexões através de palafitas, onde falta política pública como habitação e saneamento, potencializando a violência. A gente percebe que é uma área da cidade onde tem, de certa forma, omissão do estado em políticas públicas de direitos constitucionais. A região é uma rota do narcotráfico internacional de drogas e armas, que tem como origem o Suriname e destino final a Venezuela, passando pelo Pará.

O ponto que se revela é o seguinte: os Tribunais de Contas estão atentos às interconexões entre estes eventos (temos fiscalizações avaliando a relação entre estes temas)? É interessante notar que até a indagação de quais fiscalizações estão sendo feitas demonstra a dificuldade em se acessar os resultados das auditorias. De acordo com levantamento realizado pelos autores deste artigo em dezembro de 2024, dos 33 TCs brasileiros, apenas 9 (27,27%) disponibilizam seus relatórios de auditoria. Verificamos que é comum a publicação de alguns relatórios, seja por conta do tema envolvido, seja por conta da realização de algum evento. No entanto, infelizmente, é incomum a publicação de todos eles.

Retomando os temas das auditorias, a Carta do Amapá – aprovada no III Congresso Ambiental dos Tribunais de Contas, sob o tema "Amazônia: Realidade, Desafios e Oportunidades", ocorrido em agosto de 2024 na cidade de Macapá – inclui entre seus objetivos a atuação firme dos TCs na promoção dos direitos das comunidades tradicionais. Ademais, a Norma Brasileira de Auditória do Setor Público (NBASP 12) adota como mandamento a necessidade de os Tribunais de Contas manterem-se sensíveis aos temas de interesse coletivo. Como se vê, há pactos e mandamentos normativos a sustentar a abordagem que aqui se discute.

Para além do objeto de auditoria, pensamos que os TCs também precisam se atentar para o critério de análise aplicado. Sabe-se que, nas auditorias operacionais, modalidade de fiscalização que tende a observar mais o desempenho do que a conformidade, os auditores são incentivados a dialogar com vários atores sociais e instituições (NBASP 300). Porém, *até que pontos os TCs estão prontos para dialogar e aprender com comunidades tradicionais*? Na citada Carta do Amapá, estas pessoas são consideradas sujeitos de direito, que merecem proteção:

> 2.2 Incentivar ações estratégicas que promovam a preservação e o desenvolvimento de comunidades tradicionais, território quilombolas e comunidades indígenas localizados no Bioma Amazônia. [...]
>
> Populações Tradicionais
>
> As populações tradicionais, incluindo comunidades indígenas, quilombolas e ribeirinhas, desempenham um papel central na conservação da Amazônia. É imprescindível que os governos garantam a proteção de seus direitos e promovam a inclusão dessas comunidades nas decisões que afetam seus territórios. Os Tribunais de Contas devem monitorar a implementação de políticas que assegurem a participação efetiva dessas populações nos processos de desenvolvimento.

Mas até que ponto as pessoas comuns são também enxergadas como agentes? A tese de Sen (2010) considera que o desenvolvimento só é possível e só tem sentido se as pessoas puderem agir. Se forem apenas objeto de políticas públicas, podem receber o que não precisam ou o que não querem.

Tudo o que foi dito até aqui não pretende ofertar respostas diretas e imediatas. Todavia, vale atentar para os alarmes soados por David Kopenawa (KOPENAWA; ALBERT, 2015), xamã yanomami, que nos anuncia um fim de mundo único, que afeta brancos e indígenas: o céu é único, se ele desabar, afetará todos nós. Para o líder indígena, a morte dos xamãs, sábios que aprenderam o canto dos espíritos, significa o fim do mundo. Isto pode nos parecer mítico. No entanto, o céu está ou não desabando? Os TCs estão preparados para acolher outras histórias, outras lógicas de vida? Mais importante: estão dispostos a dar visibilidade e voz a elas?

Referências

ADAMS, Douglas. *O guia do mochileiro das galáxias*. São Paulo: Arqueiro, 2007.

ALEIXO, Rafael. Amapá tem maior taxa de violência da Amazônia, aponta estudo; pior cidade vive expansão de garimpo ilegal. *G1 Amapá*, 11 dez. 2024. Disponível em: https://g1.globo.com/ap/amapa/noticia/2024/12/11/amapa-tem-maior-taxa-de-violencia-da-amazonia-aponta-estudo-pior-cidade-vive-expansao-de-garimpo-ilegal.ghtml. Acesso em: 6 jan. 2025.

ALEIXO, Rafael. Garimpos ilegais crescem 304% em um ano dentro do Parque Nacional Montanhas do Tumucumaque. *G1 Amapá*, 19 fev. 2024. Disponível em: https://g1.globo.com/ap/amapa/noticia/2024/02/19/garimpos-ilegais-crescem-304percent-em-um-ano-dentro-do-parque-nacional-montanhas-do-tumucumaque.ghtml. Acesso em: 18 dez. 2024.

ATRICON. Carta do Amapá: A Amazônia que Queremos. *III CATC*, 23 ago. 2024. Disponível em: https://atricon.org.br/carta-do-amapa-a-amazonia-que-queremos-e-aprovada-ao-fim-do-iii-catc/. Acesso em: 6 jan. 2025.

ATRICON. *Nota recomendatória nº 04, de 8 de novembro de 2023*. Recomendação aos Tribunais de Contas brasileiros para que adotem a linguagem simples e o direito visual, com o uso de elementos que facilitem a compreensão da informação, a fim de ampliar o acesso da sociedade a serviços públicos e a informações capazes de estimular o exercício da cidadania e o controle social. 2023. Disponível em: https://atricon.org.br/wp-content/uploads/2023/10/Nota-Recomendatoria-Atricon-n%C2%B0-04_2023.docx-1.pdf. Acesso em: 28 dez. 2023.

ATRICON. *Radar Brasil de Transparência*. Cuiabá: Tribunal de Contas do Estado de Mato Grosso, 2024. Disponível em: https://radar.tce.mt.gov.br/extensions/radar-da-transparencia-publica/panel.html. Acesso em: 6 jan. 2025.

BARRETO, Lima. O homem que sabia javanês. *In*: SCHWARZS, Lilia (Org.). *Contos completos de Lima Barreto*. Companhia das Letras: São Paulo, 2010.

BECK, Ulrich. *Sociedade de risco*: rumo a uma outra modernidade. São Paulo: Editora 34, 2011.

BRASIL. *Constituição da República Federativa do Brasil*. Brasília: Presidência da República, [1988]. Disponível em: https://www.planalto.gov.br/ccivil_03/constitui-cao/constituicao.htm. Acesso em: 5 fev. 2023.

BRASIL. *Lei complementar nº 101, de 4 de maio de 2000*. Estabelece normas de finanças públicas voltadas para a responsabilidade na gestão fiscal e dá outras providências. Brasília: Presidência da República, [2000]. Disponível em: https://www.planalto.gov.br/ccivil_03/leis/lcp/lcp101.htm. Acesso em: 27 dez. 2023.

BRASIL. *Lei nº 10.650, de 16 de abril de 2003*. Dispõe sobre o acesso público aos dados e informações existentes nos órgãos e entidades integrantes do Sisnama. Disponível em: https://www.planalto.gov.br/ccivil_03/leis/2003/l10.650.htm. Acesso em: 6 jan. 2025.

BRASIL. *Lei nº 12.527, de 18 de novembro de 2011*. Regula o acesso a informações previsto no inciso XXXIII do art. 5º, no inciso II do §3º do art. 37 e no §2º do art. 216 da Constituição Federal; altera a Lei nº 8.112, de 11 de dezembro de 1990; revoga a Lei nº 11.111, de 5 de maio de 2005, e dispositivos da Lei nº 8.159, de 8 de janeiro de 1991; e dá outras providências. Brasília: Presidência da República, [2011]. Disponível em: https://www.planalto.gov.br/ccivil_03/_ato2011-2014/2011/lei/l12527.htm. Acesso em: 2 jan. 2023.

BRITO, José Paulo Guedes. *Olhando além do diamante*: uma análise da transparência pública no Amapá sob a ótica do desenvolvimento como liberdade. 2024. Dissertação (Mestrado em Desenvolvimento da Amazônia Sustentável) – Universidade Federal do Amapá, Macapá, 2024.

BRITO, José Paulo Guedes; ASSUNÇÃO, Linara O. A inconstitucionalidade da publicidade restrita dos processos no Tribunal de Contas da União. *REI – Revista Estudos Institucionais*, v. 4, n. 2, p. 797-845, 2018. DOI: 10.21783/rei.v4i2.231. Disponível em: https://www.estudosinstitucionais.com/REI/article/view/231. Acesso em: 16 dez. 2024.

CONSELHO NACIONAL DE JUSTIÇA (CNJ). *Pacto Nacional do Judiciário Pela Linguagem Simples*. [2023]. Disponível em: https://www.cnj.jus.br/wp-content/uploads/2023/11/pacto-nacional-do-judiciario-pela-linguagem-simples.pdf. Acesso em: 17 dez. 2024.

COUTO, Mia. *E se Obama fosse africano?* São Paulo: Companhia das Letras, 2011.

FLORES, Bernardo; MONTOYA, Encarni; SAKSCHEWSKI, Boris; NASCIMENTO, Nathália; STAAL, Arie; BETTS, Richard A.; LEVIS, Carolina; LAPOLA, David M.; ESQUÍVEL-MUELBERT, Adriane; JAKOVAC, Catarina; NOBRE, Carlos A.; OLIVEIRA, Rafael S.; BORMA, Laura S.; NIAN, Da; BOERS, Niklas; HECHT, Susanna B.; TER STEEGE, Hans; ARIEIRA, Julia; LUCAS, Isabella L.; BERENGUER, Erika; MARENGO, José A.; GATTI, Luciana V.; MATTOS, Caio R. C.; HIROTA, Marina. Critical transitions in the Amazon forest system. *Nature*, v. 626, p. 555-564, 2024. Disponível em: https://www.nature.com/articles/s41586-023-06970-0. Acesso em: 12 dez. 2024.

FÓRUM BRASILEIRO DE SEGURANÇA PÚBLICA. *Anuário Brasileiro de Segurança Pública 2023*. São Paulo: FBSP, 2023. Ano 17.

GLOBAL CLIMATE HIGHLIGHTS 2024. *Copernicus*. Disponível em: https://climate.copernicus.eu/global-climate-highlights-2024. Acesso em: 14 jan. 2025.

GRONDIN, Marcelo; VIEZZER, Moema. *O maior genocídio da história da humanidade*: mais de 70 milhões de vítimas entre os povos originários das Américas, resistência e sobrevivência. Toledo: GFM Gráfica e Editora, 2019.

INCRA proíbe entrada de pessoas com minissaia, bermuda e decote em sede no AC e MPF pede explicações. *G1 Acre*, 12 set. 2020. Disponível em: https://g1.globo.com/ac/acre/noticia/2020/09/12/incra-proibe-entrada-de-pessoas-com-minissaia-bermuda-e-decote-em-sede-no-ac-e-mpf-pede-explicacoes.ghtml. Acesso em: 20 jan. 2025.

INSTITUTO BRASILEIRO DE GEOGRAFIA E ESTATÍSTICA (IBGE). *Favelas e comunidades urbanas*. [2022]. Disponível em: https://www.ibge.gov.br/geociencias/organizacao-do-territorio/tipologias-do-territorio/15788-favelas-e-comunidades-urbanas.html. Acesso em: 6 jan. 2025.

INSTITUTO CHICO MENDES DE CONSERVAÇÃO DA BIODIVERSIDADE (ICMBIO). *Parque Nacional Montanhas do Tumucumaque sinaliza trilhas e instala novo mirante.* [2023]. Disponível em: https://www.gov.br/icmbio/pt-br/assuntos/noticias/ultimas-noticias/parque-nacional-montanhas-do-tumucumaque-sinaliza-trilhas-e-instala-novo-mirante. Acesso em: 18 dez. 2024.

INSTITUTO RUI BARBOSA (IRB). *Normas brasileiras de auditoria do setor público NBASP*: nível 1 – princípios basilares e pré-requisitos para o funcionamento dos Tribunais de Contas brasileiros. Belo Horizonte: IRB, 2015.

INSTITUTO RUI BARBOSA (IRB). *Normas brasileiras de auditoria do setor público NBASP*: NBASP 300 – Princípios de Auditoria Operacional. Belo Horizonte: IRB, [s.d.].

KAFKA, Franz. Diante da lei. *In*: KAFKA, Franz. *Um médico rural*: pequenas narrativas. São Paulo: Companhia das Letras, 1999.

KOPENAWA, Davi; BRUCE, Albert. *A queda do céu*: palavras de um xamã yanomami. São Paulo: Companhia das Letras, 2015.

KRENAK, Ailton. *Ideias para adiar o fim do mundo.* São Paulo: Companhias das Letras, 2019.

LOVEJOY, Thomas E.; NOBRE, Carlos. Amazon Tipping Point. *Science Advances*, v. 4, n. 2, fev. 2018.

MELLO, Celso. *Curso de direito administrativo.* São Paulo: Malheiros, 2016.

NASCIMENTO, Cristiane. Amapá abriga maior percentual de áreas protegidas do país. *Governo do Estado do Amapá*, 18 jul. 2023. Disponível em: https://www.portal.ap.gov.br/noticia/1807/amapa-abriga-maior-percentual-de-areas-protegidas-do-pais. Acesso em: 18 dez. 2024.

OLIVEIRA, Joana. Governo Bolsonaro enfraquece o INPE e retira do órgão divulgação sobre dados de queimadas. *El País Brasil*, 13 jul. 2021. Disponível em: https://brasil.elpais.com/brasil/2021-07-13/governo-bolsonaro-enfraquece-o-inpe-e-retira-do-orgao-divulgacao-sobre-dados-de-queimadas.html. Acesso em: 6 jan. 2025.

SANTOS, Boaventura de Sousa. *A gramática do tempo*: para uma nova cultura política. São Paulo: Cortez, 2008.

SARAMAGO, José. *Ensaio sobre a cegueira.* São Paulo: Companhia das Letras, 2020.

SEN, Amartya. *Desenvolvimento como liberdade.* São Paulo: Companhia das Letras, 2010.

SEN, Amartya. *Escolha coletiva e bem-estar social.* Coimbra: Almedina, 2018.

TOLSTÓI, Liev. *Guerra e paz.* São Paulo: Cosac Naify, 2011.

TRIBUNAL DE CONTAS DO ESTADO DO AMAPÁ. Decisão Normativa nº 026/2024. Aprova a Nota Recomendatória 001/2024-TCEAP sobre a necessidade de assegurar a transparência ativa dos dados ambientais gerados pela Secretaria de Estado do Meio Ambiente do Amapá. *DOE*, n. 1787, 2024. Disponível em: https://app.tce.ap.gov.br/storage/portal/diario/1787/Di%C3%A1rio-Oficial-Eletr%C3%B4nico-do-TCE-AP-1787.pdf. Acesso em: 6 jan. 2025.

TRIBUNAL DE CONTAS DO ESTADO DO CEARÁ. *Controle em ação.* Disponível em: https://sites.google.com/tce.ce.gov.br/controleemacao/p%C3%A1gina-inicial. Acesso em: 17 dez. 2024.

TRIBUNAL DE JUSTIÇA DO CEARÁ. *Justiça cearense apresenta primeiras sentenças utilizando linguagem simples.* [2024]. Disponível em: https://www.tjce.jus.br/noticias/justica-cearense-apresenta-primeiras-sentencas-utilizando-linguagem-simples/. Acesso em: 17 dez. 2024.

VIGGIANO, Giuliana. Infográfico: saiba qual é a profundidade onde está o Titanic; ambiente hostil dificulta buscas por submarino desaparecido. *G1*, 22 jun. 2023. Disponível em: https://g1.globo.com/mundo/noticia/2023/06/22/infografico-saiba-qual-e-a-profundidade-onde-esta-o-titanic-ambiente-hostil-dificulta-buscas-por-submarino-desaparecido.ghtml. Acesso em: 17 dez. 2024.

Informação bibliográfica deste texto, conforme a NBR 6023:2018 da Associação Brasileira de Normas Técnicas (ABNT):

BRITO, José Paulo Guedes; CHAGAS, Marco Antonio Augusto. Como os Tribunais de Contas e a transparência pública podem adiar o fim do mundo. *In*: LIMA, Edilberto Carlos Pontes (coord.). *Os Tribunais de Contas e a sustentabilidade*: governança e controle no enfrentamento das mudanças climáticas. Belo Horizonte: Fórum, 2025. p. 89-102. ISBN 978-65-5518-670-3. (Coleção Fórum IRB, v. 6). t. 2.

CRITÉRIOS ESG NO DIREITO FINANCEIRO E A SUSTENTABILIDADE DOS FUNDOS DE EQUALIZAÇÃO DE RECEITAS: A REFORMA TRIBUTÁRIA E A BUSCA PELA ESTABILIDADE FISCAL DOS FUNDOS SOBERANOS SUBNACIONAIS

KARINE TOMAZ VEIGA

ESTEVÃO HORVATH

1 Introdução

Os Fundos Soberanos de Riqueza (*Sovereign Wealth Funds* – SWFs) são fundos estatais criados para gerir excedentes de receitas, geralmente provenientes de recursos finitos, com o objetivo de garantir estabilidade econômica no longo prazo.

Já os critérios ESG (Ambiental, Social e de Governança), relacionados à gestão responsável de sistemas financeiros, remetem à prática de processos de sustentabilidade fiscal em contratos de investimentos, com o potencial de reduzir riscos associados a desastres ambientais, problemas sociais e falta de transparência. E este é o cenário no qual estão inseridos os Fundos de Equalização de Receitas (FER).

Todavia, por existirem Fundos em diferentes formatos, por vezes com a mesma denominação, é importante compreender a natureza, estrutura e finalidade de cada modelo de operacionalização, a fim de classificá-los, quanto às aplicações possíveis, para reconhecer como esses instrumentos podem interferir nas relações federativas.

A multiplicidade de desenhos adotados no Brasil demonstra diferenças de modelos e de objetivos definidos para o uso dos recursos. O que se observa é uma ausência de legislação que trate de todas as tipificações, muito embora o §9º, inc. II, do art. 165 da Constituição Federal (CRFB) estabeleça a necessidade de a lei complementar definir norma que verse sobre a gestão financeira e patrimonial da administração direta e indireta, bem como condições para a instituição e funcionamento de Fundos.

Ademais, apesar de o Fundo Soberano do Brasil (FSB) ter sido criado pela Lei nº 11.887/2008 com a finalidade de promover investimentos em ativos no Brasil e no exterior, formar poupança pública, mitigar efeitos dos ciclos econômicos e fomentar projetos de interesse estratégico do país localizados no exterior, diversos percalços apontados pelo Tribunal de Contas de Contas da União (TCU) justificam o porquê da sua extinção em 2019, pela Lei nº 13.874.

Nesse contexto, Fundos Soberanos Subnacionais (FSS) podem ser enquadrados na esfera dos Fundos Especiais (art. 71 da Lei nº 4.320/1964), exercendo o papel de instrumento financeiro de gestão autônoma criados por lei para aplicação de recursos em uma ou mais finalidades também estabelecidas em lei. Em contraponto, os Fundos de Equalização da Reforma Tributária, como o Fundo Nacional de Desenvolvimento Regional; o Fundo de Desenvolvimento Sustentável dos Estados da Amazônia Ocidental e do Amapá (FDS – Amazônia Ocidental e Amapá) e o Fundo de Sustentabilidade e Diversificação Econômica do Amazonas (FUNDSAM) também são exemplos de Fundos Especiais, mas com características únicas.

A relevância dos FSS se destaca pelo volume dos recursos envolvidos. Segundo dados da Prefeitura de Niterói[1] e do *Sovereign Wealth Fund Institute* (SWFI30), cerca de US$8,2 trilhões estariam concentrados em mais de 90 Fundos Soberanos de Riqueza espalhados em 50 países. No Brasil, são membros do Fórum de Fundos Soberanos Brasileiros[2] os seguintes entes federativos: Niterói/RJ, Maricá/RJ, Espírito Santo/ES e Ilhabela/SP.

Isso considerado, este estudo propõe investigar como os Fundos de Equalização de Receitas (tributárias e patrimoniais, especialmente *royalties*) podem contribuir para a estabilidade fiscal de estados e municípios por meio da adoção de práticas sustentáveis. Nesse sentido, o objetivo geral é identificar e analisar os tipos de Fundos de Equalização de Receitas, considerando a incorporação dos critérios ESG (Ambiental, Social e de Governança) no contexto da Reforma Tributária e da nova concepção de Fundos Soberanos Subnacionais, tomando como estudo de caso os Fundos de Niterói e Maricá.

Para tanto, pretende: i) apresentar os critérios ESG, no contexto do desenvolvimento de um sistema financeiro mais estável e sustentável; ii) diferenciar os FER tributários e patrimoniais provenientes de *royalties*; iii) contextualizar os FER no âmbito da Reforma Tributária; iv) demonstrar a operacionalização e representatividade dos Fundos de Niterói e de Maricá, perante o orçamento anual; e v) identificar desafios e oportunidades para a incorporação de práticas sustentáveis capazes de promover a equidade intergeracional.

A relevância da pesquisa reside na análise dos critérios ESG e da sua relação com os Fundos de Niterói e Maricá, bem como com os FER previstos na Reforma Tributária, considerando o potencial estratégico para a promoção de práticas sustentáveis que assegurem não apenas o retorno financeiro, mas também provoquem impactos positivos nos âmbitos ambiental e social, fortalecendo a sustentabilidade fiscal e intergeracional dos entes envolvidos, além de garantir direitos custeados por estes Fundos Públicos. Ao promover a incorporação de práticas sustentáveis, o direito financeiro contribui diretamente para a adoção de critérios ESG na gestão de FER.

---

1 Disponível em: https://niteroi.rj.gov.br/niteroi-tera-metas-de-rentabilidade-para-a-poupanca-dos-royalties/.

2 Disponível em: https://fundos-soberanos.org.br/.

2 Critérios ESG e a relação com o direito financeiro

Relacionados com os Objetivos de Desenvolvimento Sustentáveis (ODS), a sigla inglesa ESG (*Environmental, Social and Governance*) trouxe princípios de investimento responsável, para cumprimento voluntário por empresas que desejarem se comprometer com a sustentabilidade ambiental, responsabilidade social e governança ética.

Apesar de não obrigatórios, ao adotá-los, empresas contribuintes podem ser beneficiadas, em termos econômicos e fiscais, em especial, em relação à credibilidade e reputação adquirida e à redução de impostos por iniciativas verdes, elevando o grau de competitividade no mercado. Ainda, a depender da área de atuação e da sua vinculação à Bolsa de Valores, para cumprir o Índice de Sustentabilidade Empresarial (ISE), é preciso cumprir tais critérios.

Para Bifano (2022), a busca pela tributação consciente e colaborativa sobre a riqueza gerada pela atividade empresarial remete a regras de governança e processos que surgem para adequar o sistema tributário brasileiro às exigências internacionais e às necessidades locais:

> Tais exigências nascem a partir de provocação de investidores e entidades interessados em verificar os impactos que a empresa, como atividade produtiva, causa ou pode vir a causar no meio ambiente, na sociedade e na própria governança corporativa. Quem investe seus recursos busca a certeza de que, no futuro, não arcará com o custo de ter se omitido na preservação do mundo e da sociedade, no desenvolvimento de seus negócios e na sua sustentabilidade.

No âmbito do direito financeiro, práticas relacionadas à manutenção da equidade intergeracional e da capacidade de arrecadação e pagamento por entes e contribuintes merecem atenção. Considerando o impacto de infraestruturas utilizadas na exploração de recursos naturais (SCAFF, 2014), iniciativas de preservação ambiental são fomentadas a partir de benefícios fiscais e sociais, aumentando, por consequência, outros indicadores de transparência e responsabilidade fiscal. Nesse sentido, o conceito de ESG/Tributação ou TAX/ESG detalha critérios gerais de ESG, a partir de práticas, políticas e estratégias tributárias.

Desde 1987, o Relatório Brundtland apresentou o desenvolvimento sustentável[3] como uma preocupação global associada às necessidades das pessoas e às limitações ambientais. A partir de princípios postulados pelo Programa das Nações Unidas para o Desenvolvimento (PNUD, 1990), observa-se que a ideia de desenvolvimento sustentável deve ser "para as pessoas", "das pessoas" e "pelas pessoas", logo, não é apenas sobre o tamanho da população que deve e precisa ser atendida, mas também sobre como ocorre a distribuição dos recursos arrecadados por meio dela.

> O desenvolvimento supõe uma transformação progressiva da economia e da sociedade. Caso uma via de desenvolvimento se sustente em sentido físico, teoricamente ela pode ser tentada mesmo num contexto social e político rígido. Mas só se pode ter certeza da sustentabilidade física se as políticas de desenvolvimento considerarem a possibilidade de mudanças quanto ao acesso aos recursos e quanto à distribuição de custos e benefícios.

---

[3] Conhecido como o documento "Nosso Futuro Comum".

> Mesmo na noção mais estreita de sustentabilidade física está implícita uma preocupação com a equidade social entre gerações, que deve, evidentemente, ser extensiva à equidade em cada geração. (CMMAD, 1991, p. 46)

Talvez por esse motivo (ou com esse propósito), os critérios ESG possuam uma relação tão próxima com o direito financeiro. Por abrangerem quase todos os ODS, terminam por fortalecer o papel das empresas enquanto agentes ativos de um novo modelo tributário que equilibra crescimento econômico, proteção ambiental e bem-estar social. Essa relação ocorre em várias dimensões, desde a arrecadação de recursos públicos até a contribuição do setor privado para a resolução de problemas sociais e complexos. Sobre a urgência na adoção desses critérios, assevera Dal Pozzo (2021):

> Mais do que uma utopia, fruto de uma racionalidade imaginada, elas já deveriam estar concretizadas há muito tempo em nosso meio social. O caminho inevitável para garantir a intergeracionalidade não tem como se esquivar da orientação ESG. A comunidade global, mais do que nunca, deve encampar tais diretivas para que elas se apresentem em seu núcleo, deslocando os investimentos para uma postura qualificada, que compreenda, além dos benefícios econômicos típicos, os benefícios sustentáveis, sociais e éticos.

Na sequência, observa-se como o relatório *Who Cares Win* (2004), liderado pelo Pacto Global[4] da ONU em parceria com o Banco Mundial, esclarece quais são as práticas corporativas sustentáveis.

2.1 Critérios ambientais

No contexto tributário, questões ambientais estão cada vez mais vinculadas a incentivos fiscais, como isenções, deduções ou créditos fiscais, destinados a estimular práticas sustentáveis. Por exemplo, benefícios são gerados quando comprovam a redução da emissão de gases de efeito estufa (GEE) ou aumentam o uso de energias renováveis.[5] Ainda, já é possível compensar a emissão de gases por meio da compra de créditos de carbono,[6] correspondente a uma unidade de emissão evitada, reduzida ou sequestrada, geralmente equivalente a uma tonelada métrica de dióxido de carbono (CO_2).

Os benefícios, no entanto, não se restringem apenas ao setor privado. No Estado de São Paulo, a Lei nº 17.348/2021 instituiu o ICMS Ecológico, também conhecido como ICMS Ambiental, que estabelece uma série de critérios ambientais para o repasse de parte do imposto para municípios que promovem a preservação e recuperação ambiental por meio de unidades de conservação estaduais. Essa iniciativa demonstra como políticas fiscais podem incentivar a conservação ambiental, ao mesmo tempo em que recompensam municípios comprometidos com a sustentabilidade.

---

[4] O Pacto é um plano de ação de 2015 a 2030, para o alinhamento das iniciativas e operações aos 10 Princípios Universais de Direitos Humanos, Trabalho, Meio Ambiente e Anticorrupção. Além disso, as corporações que fazem parte da aliança assumem o compromisso de contribuir com os 17 Objetivos de Desenvolvimento Sustentável (ODS).

[5] Como exemplo, no Brasil, há isenção de impostos para a compra de equipamentos de geração de energia renovável e créditos fiscais para a produção de energia limpa. Algumas leis estaduais, inclusive, oferecem isenções de ICMS para a aquisição de painéis solares e equipamentos de energia eólica.

[6] Disponível em: https://www.bndes.gov.br/wps/portal/site/home/mercado-de-capitais/creditos-de-carbono.

Em contraponto, medidas para desestimular práticas poluidoras são igualmente necessárias. A Taxa de Controle e Fiscalização Ambiental (TCFA), prevista no art. 17-B da Lei Federal nº 6.938/1981 (Política Nacional de Meio Ambiente), é definida a partir do potencial poluidor e porte econômico do empreendimento, para definir os valores que serão cobrados, reforçando o princípio do poluidor-pagador.

Nesse sentido, a responsabilidade corporativa, pública ou privada, deve levar em consideração práticas de preservação ambiental previstas nos ODS. Ao integrar esses objetivos em suas operações, empresas e governos não apenas minimizam impactos ambientais, mas também promovem benefícios socioeconômicos de longo prazo.

2.2 Critérios sociais

Critérios sociais no âmbito ESG buscam fortalecer a contribuição de empresas e governos para questões sociais fundamentais, promovendo práticas alinhadas aos ODS. Entre as ações mais relevantes, destacam-se: i) contribuição para programas de redução da pobreza e inclusão econômica (ODS 1 – erradicação da pobreza); ii) práticas empresariais de saúde ocupacional e acesso à saúde (ODS 3 – saúde e bem-estar); iii) capacitação e treinamento de colaboradores e comunidades (ODS 4 – educação de qualidade); iv) fomento à inclusão de mulheres em posições de liderança e igualdade salarial (ODS 5 – igualdade de gênero); v) estímulo a condições dignas de trabalho, crescimento econômico sustentável e geração de empregos (ODS 8 – trabalho decente e crescimento econômico); e vi) redução de desigualdades dentro das empresas e nas comunidades onde operam (ODS 10 – redução das desigualdades).

A inclusão de critérios sociais nas políticas corporativas também fortalece a reputação empresarial, garantindo um maior engajamento de investidores e consumidores. Assim, o setor privado ainda pode desempenhar um papel central na promoção de soluções para problemas sociais complexos.

2.3 Critérios de governança

Os critérios de governança no ESG focam na ética, transparência e boas práticas, para a construção de sistemas corporativos e públicos eficientes. Essas práticas incluem aumentar a transparência fiscal, o combate à corrupção e fortalecer mecanismos de governança corporativa (ODS 16 – paz, justiça e instituições eficazes), além de estimular a cooperação entre empresas, governos e sociedade para o atingimento de metas sustentáveis (ODS 17 – parcerias e meios de implementação).

Desafios como deficiências regulatórias dificultam a implementação de práticas de governança no Brasil. Contudo, à medida que empresas e governos avançam na adoção de critérios ESG, observa-se um impacto positivo na confiança pública e no fortalecimento das instituições.

3 A polêmica natureza dos Fundos

Diferentes são os modelos de Fundos Públicos presentes no ordenamento jurídico brasileiro, em especial, quanto aos aspectos de operacionalização, vinculação, estrutura, gestão e mecanismos de avaliação pelos conselhos gestores. Apesar da dificuldade de controle, como observa o Tribunal de Contas da União (TCU – Acórdão nº 1.494/2021), as informações sobre Fundos Públicos federais são fragmentadas, disponibilizadas de forma pontual por órgãos específicos, sem uma sistematização abrangente. Em 2019, o órgão levantou 271 fundos públicos infraconstitucionais, com um superávit financeiro aproximado de R$266.533.450.510,00:

> Apesar da notoriedade e relevância dos fundos como instrumentos de execução de políticas públicas, existe uma lacuna normativa, doutrinária e regulamentar sobre o tema. Também é limitada a literatura técnica e acadêmica. Constatou-se, ainda, a inexistência de informações consolidadas e sistematizadas sobre o universo de fundos públicos federais, embora existam informações pontuais, apresentadas isoladamente por cada órgão vinculador em portais específicos ou no portal da transparência pública. (Acórdão nº 1494/2021) (TCU, 2021)

Diante da diversidade de modelos, Costa (2017) propõe uma taxonomia que classifica os Fundos em públicos e privados, subdividindo-os conforme sua funcionalidade e estrutura. Assim, diante da diversidade de modelos e a partir de uma visão transdisciplinar, é possível que sejam despersonalizados (Fundos) ou com personalidade jurídica (Entidade).[7] Sendo públicos, podem ser: i) fundos de transferência; ii) fundos programáticos (de custeio); iii) fundos de financiamento; iv) fundos garantidores; ou v) fundos de formação de poupança pública (aqui inseridos os fundos soberanos). Sendo privados, seriam: i) fundos de financiamento; ii) fundos garantidores; iii) fundos de poupança compulsória; ou iv) fundos de investimento. Na sua visão:

> Considerando as formas predominantes na LOA, os Fundos Públicos poderão aparecer como UO, Fonte ou Ação. As operações com os Fundos Privados se mostram sempre como Ação. Na classificação proposta não estão incluídos: (i) os fundos extraorçamentários, tais como os fundos de incentivos fiscais (FINAM, FINOR e FISET), que podem figurar apenas como informações complementares da LOA; (ii) os fundos de previdência; e (iii) os fundos internacionais dos quais o Brasil faz parte, pois todos têm características atípicas em relação ao arcabouço analisado; e (iv) os fundos da Eletrobrás: CDE (Conta de Desenvolvimento Energético) e RGR (Reserva Global de Reversão), que têm natureza de contas bancárias vinculadas. (COSTA, 2017, p. 18)

Para Heleno Taveira Torres (2014, p. 41), Fundos Públicos são essenciais em um modelo de constitucionalismo financeiro cooperativo, promovendo justiça na redistribuição de rendas entre estados por meio de transferências diretas, indiretas ou de redistribuições tributárias. Essa visão está intimamente ligada ao federalismo fiscal e à integração da Constituição financeira, tributária e orçamentária como partes indissociáveis da atividade financeira estatal. Dessa forma, a partir de competências tributárias preservadas, os Fundos Públicos ganham destaque no cenário de transferências interestatais.

---

[7] O Fundo Nacional de Desenvolvimento da Educação (FNDE), por exemplo, é denominado fundo, está no orçamento federal sob a classificação de Unidade Orçamentária (UO 26298), mas não é fundo especial, pois possui personalidade jurídica. Criado pela Lei nº 5.537/1968, é autarquia especial vinculada ao Ministério da Educação e tem como objetivo transferir recursos financeiros e prestar assistência técnica.

> Na Constituição financeira, esse federalismo cooperativo não se pode aplicar (Direito Positivo) ou descrever (Ciência do Direito) de modo isolado da Constituição tributária ou do orçamento e todos os demais aspectos que evidenciam a atividade financeira do Estado. (TORRES, 2014, p. 44)

No âmbito das transferências, Piancastelli, Boueri e Lima (2006, p. 40) classificam as modalidades como: i) condicionais abertas (são abertas pelo fato de não haver limite superior estabelecido e vinculadas a determinadas aplicações, com a possibilidade de requerer contrapartida); ii) condicionais fechadas (vinculadas especificamente a determinadas aplicações e o seu valor é previamente definido); iii) incondicionais (não dependem de contrapartidas, visto que os recursos são livres); e iv) voluntárias (realizadas de forma discricionária e sem imposição legal). Como mecanismos de equalização, os autores ainda categorizam enquanto transferências constitucionais, legais e diretas de renda a pessoas.

Ou seja, o que a complexidade do uso dos Fundos Públicos quer dizer? Essas tipologias reforçam como esses mecanismos podem assumir diferentes papéis no orçamento, incluindo financiamento de ações governamentais, transferência de recursos e promoção da equidade intergeracional. A depender da lente que se usa no orçamento público é possível identificar Fundos Públicos enquanto: i) unidade orçamentária (classificação institucional); ii) fonte de recursos (classificação quanto à origem da receita que custeará a despesa); iii) ação governamental (classificação programática); iv) modalidade de aplicação, por exemplo, por meio da transferência fundo a fundo (quanto à natureza da despesa); e, ainda, v) podem ser mencionados em outros campos descritivos da peça orçamentária (como partes do objetivo, finalidade, meta ou indicador de resultados). No âmbito deste estudo, Fundos Públicos são instrumentos orçamentários, contábeis ou financeiros utilizados para organizar, financiar e monitorar políticas públicas.

Nesse cenário, destacam-se os Fundos Soberanos e os Fundos de Equalização da Receita, termos por vezes utilizados como sinônimos. A confusão reside em suas naturezas jurídicas e finalidades distintas. Os Fundos Soberanos, originados na década de 1950, têm como objetivo principal a formação de poupança de longo prazo, utilizando receitas de recursos naturais (geralmente finitos) para investimentos futuros. Esse é o dilema "positivo" que surge com a entrada de recursos compensatórios de atividades petrolíferas, tendo em vista que "receitas auferidas são chances de maior autonomia para desenhar institucionalidades voltadas ao desenvolvimento sustentável e inclusivo de estados e municípios" (TEIXEIRA; FEIJÓ; FEIL, 2022, p. 2). Outra questão que surge é: "como gastar no presente e ao mesmo tempo 'poupar' recursos finitos para as próximas gerações?".

Já os FER, como os previstos na Reforma Tributária, buscam estabilizar fluxos de receitas, promovendo equilíbrio fiscal e sustentabilidade. Na visão de Scaff (2014, p. 200), "o Brasil não adota o sistema de Fundo de Equalização para o amplo rateio das verbas federativas – usa-se o sistema de Fundos de Participação". Assim, diferentemente do modelo de Fundos de Participação, que distribui recursos da União aos entes subnacionais, os FER visam corrigir desequilíbrios regionais causados por variações na arrecadação de receitas próprias.

Embora o Brasil não possua um sistema amplo de equalização fiscal, como apontado por Scaff (2014), na perspectiva setorial, o Fundo de Manutenção e Desenvolvimento da Educação Básica e de Valorização dos Profissionais da Educação (Fundeb) é um exemplo de FER, tendo em vista que redistribui 20% da arrecadação[8] de tributos estaduais e municipais conforme o número de alunos matriculados, com a União complementando os valores quando o mínimo nacional não é atingido.

A efetividade dos FER depende, portanto, de múltiplos fatores, como a capacidade fiscal dos entes beneficiados e as necessidades específicas de cada região. Nesse contexto, Scaff (2014, p. 199) levanta questões importantes para o desenho desses fundos:

> a) A equalização deve alcançar as necessidades de receita ou também as de gastos de cada unidade subnacional?
>
> b) Deve-se equalizar de acordo com um padrão absoluto ou relativo?
>
> c) O mecanismo financeiro de equalização deve envolver transferências verticais ou também horizontais?
>
> d) Deve ser estabelecido um teto para essas transferências?
>
> e) Que tipo de receitas devem ser incluídas? Todas as transferidas?
>
> Também os *royalties*? (SCAFF, 2014, p. 199)

Esses questionamentos demonstram a complexidade da estruturação dos FER e a necessidade de critérios claros para garantir sua efetividade na redução das desigualdades fiscais entre os entes subnacionais.

Noutra perspectiva, de acordo com a Lei Federal nº 4.320/1964, os Fundos Especiais são caracterizados pela vinculação de suas receitas, devendo destiná-las, tão somente, para as finalidades estabelecidas em lei.[9]

Mas, então, Fundos Soberanos são Fundos Especiais? Apesar da discussão internacional não ser recente[10] e focar majoritariamente em questões econômicas e regulatórias, lacunas relacionadas a formatos, operacionalização e modo de prestação de contas ainda são presentes. Isso é o que se observa na consulta formulada pelo Município de Niterói ao Tribunal de Contas do Estado do Rio de Janeiro (Processo TCE/RJ nº 219.586-5/2022), a partir do questionamento acerca da natureza do FER municipal.

Para tanto, a fim de verificar se o seu perfil normativo possuía características previstas no art. 71 e seguintes da Lei Federal nº 4.320/64, indagou sobre o enquadramento da sua moldura jurídica e se a sua prestação de contas deveria observar o mesmo rito

---

[8] A composição financeira do Fundeb resulta da arrecadação de uma cesta integrada de impostos em que os Fundos, no âmbito de cada estado e do Distrito Federal, são compostos por 20% das seguintes fontes de receita: i. Fundo de Participação dos Estados (FPE); ii. Fundo de Participação dos Municípios (FPM); iii. Imposto sobre Circulação de Mercadorias e sobre prestação de Serviços (ICMS); iv. Imposto sobre Produtos Industrializados, proporcional às exportações (IPIexp); v. Imposto sobre Transmissão Causa Mortis e Doação (ITCMD); vi. Imposto sobre a Propriedade de Veículos Automotores (IPVA); vii. Imposto sobre a Propriedade Territorial Rural (cota-parte dos municípios) (ITRm); viii. Arrecadação de imposto que a União eventualmente instituir no exercício de sua competência (cotas-partes dos estados, Distrito Federal e municípios); e ix. Receita da dívida ativa tributária, multas e juros relativos aos impostos acima relacionados.

[9] "Art. 71. Constitui fundo especial o produto de receitas especificadas que por lei se vinculam à realização de determinados objetivos ou serviços, facultada a adoção de normas peculiares de aplicação".

[10] *Vide* a plataforma global de dados dos Fundos Soberanos (*Sovereign Wealth Funds* – SWF) (Disponível em: https://globalswf.com/).

conferido à "fundação, autarquia e Fundo". Na circunstância, considerou que o FER não corresponderia a qualquer política pública que ensejasse atos de ordenação de despesa, tendo como finalidade acumular, aplicar e investir os seus próprios recursos. Assim enfatizou, no primeiro momento, o corpo instrutivo da Corte de Contas fluminense, equiparando Fundo de Equalização da Receita a Fundo Soberano:

> Os recursos que ingressam na conta do Fundo Soberano não correspondem a qualquer política pública que enseje atos de ordenar despesa; ao contrário, é um fundo que visa à acumulação, à aplicação e ao investimento dos mesmos. Ainda que os valores transferidos ao Fundo Soberano possam ser utilizados para custear despesas especifica e excepcionalmente previstas em lei, tais como, exemplificativamente, educação, dívidas com a União, gastos excepcionais com covid-19, o que ocorre é uma transferência de recursos entre unidades gestoras, cabendo a execução da despesa ao ordenador da unidade gestora recebedora dos mesmos (a exemplo, o ordenador de despesa do Fundo de Educação, de Saúde). Tanto que não é incomum que não tenha havido ato formal de designação de ordenador de despesa para os Fundos Soberanos, o que reforça a tese aqui elaborada. Assim, tendo em vista a peculiaridade acima, nos parece que *a fiscalização executada por esta Corte sobre tais fundos deverá ocorrer não por meio da prestação de contas do ordenador de despesa, mas sobre a receita dos royalties transferida ao Fundo Soberano e as decisões tomadas visando à aplicação e ao investimento de tais recursos*. Neste sentido, dentre os diversos instrumentos fiscalizatórios disponíveis, destacamos a realização de auditorias, pedidos de informação, esclarecimentos e documentos em outras espécies processuais, bem como o acompanhamento dos valores recebidos a título de *royalties* nas prestações de contas de governo. (Processo TCE-RJ nº 219.586-5/2022) (Grifos nossos)

Apesar da lógica inicial, diante da incerteza quanto à natureza do respectivo Fundo, em especial porque em algum momento essas receitas arrecadadas seriam realizadas, quer seja via unidade orçamentária responsável, quer seja via descentralização entre unidades gestoras, esclareceu:

> [...] os chamados *fundos soberanos possuem natureza jurídica de fundos especiais*, nos termos da Lei nº 4.320/64, acrescentando-se que: (i) cabe à lei de criação de cada fundo soberano definir seu objetivo, além de especificar quais as fontes de receita e destinação dos recursos vinculados, alertando-se que o controle da gestão dos recursos deve ser integralmente público; e (ii) os fundos soberanos não são dotados de personalidade jurídica própria e distinta do ente instituidor. [...] (i) o gestor responsável pelo fundo soberano deve ser formalmente designado e está sujeito à prestação de contas a este Tribunal de Contas, nos termos do art. 122 da Constituição do Estado do Rio de Janeiro c/c arts. 6º e 7º da Lei Complementar nº 63/90; (ii) a prestação de contas do responsável pela gestão dos fundos soberanos pode ser na forma de prestação de contas de governo, caso o responsável seja diretamente o Chefe do Poder Executivo [...] ou, nos demais casos designados, inclusive quando se tratar de Secretários Municipais, como prestação de contas anual de gestão (PCA). (Processo TCE-RJ nº 219.586-5/2022)

Assim, diante da incerteza, para o TCE/RJ, FER possuem a natureza de Fundos Especiais e devem ter sua finalidade, fontes de receita e destinação dos recursos definidas por lei. Além disso, por não possuírem personalidade jurídica própria, sua gestão deve ser integralmente pública. Logo, o gestor responsável deve ser formalmente designado, bem como deve prestar contas ao Tribunal de Contas, podendo fazê-lo como parte das contas de governo (quando o responsável for o Chefe do Executivo) ou por meio da Prestação de Contas Anual de Gestão (PCA), nos demais casos.

A criação recente dos FER no contexto da Reforma Tributária – como o Fundo Nacional de Desenvolvimento Regional, o Fundo de Desenvolvimento Sustentável dos Estados da Amazônia Ocidental e do Amapá e o Fundo de Sustentabilidade e Diversificação Econômica do Amazonas – amplia a relevância do tema. Esses, diferentemente dos Fundos Soberanos Subnacionais, buscam estabilizar receitas e garantir a execução de políticas públicas em regiões vulneráveis, enquanto os soberanos priorizam tão somente a receita, com foco na formação de poupança.

Logo, dado o volume de recursos e sua importância para a sustentabilidade fiscal, é importante aprofundar a análise sobre os Fundos Públicos, diferenciando-os em termos de operacionalização, regulamentação e impacto. Nessa perspectiva, a questão central que permanece é: como equilibrar o uso atual de receitas com a necessidade de poupar para gerações futuras, manter a equidade subnacional e intergeracional? Apesar de não trazer respostas, percebe-se que a discussão reforça o papel estratégico dos Fundos Especiais e a sua contribuição para o desenvolvimento sustentável local e regional.

4 Fundos de Equalização de Receitas Tributárias

A PEC nº 132/2023 trouxe mudanças significativas no sistema tributário brasileiro, com o objetivo de simplificar a arrecadação de impostos e promover o desenvolvimento econômico. Entre as principais mudanças, destacam-se a substituição de tributos por um Imposto sobre Bens e Serviços (IBS) e uma Contribuição sobre Bens e Serviços (CBS), além da criação de três novos Fundos Públicos capazes de promover o desenvolvimento regional e compensar possíveis perdas de arrecadação. Por esse motivo, são classificados como Fundos de Equalização da Receita.

Para Vieira (2020, p. 57), o jogo democrático pode ser visto como um jogo de interesses contrapostos, cabendo à minoria se impor para resguardar seus direitos. E isso também vale para entes públicos, que em situação desfavorável podem pleitear por um tratamento equânime na distribuição de receitas disponíveis. "O federalismo é uma ideia que, necessariamente, depende da noção de governo de minoria do ente estatal periférico, tendo em vista que a governança descentralizada permite a promoção da escolha da competição, da experimentação e da difusão do poder".

Nessa ótica, um sistema de equalização proporciona equilíbrio socioeconômico entre estados e municípios, ao possibilitar "capacidade fiscal e financeira aos governos para uma oferta de serviços públicos adequada às necessidades de seus cidadãos" (MENDES, 2021, p. 49), considerado que a capacidade tributária, em regra, é consequência de critérios econômicos e populacionais. Nesse sentido, destaca:

> Um mecanismo de equalização fiscal contribui para a solução de dois tipos de distorções: vertical e horizontal. A primeira advém do desequilíbrio nas receitas próprias ou disponíveis entre diferentes níveis de governo. A segunda provém do desequilíbrio nas mesmas receitas entre os mesmos níveis de governo. A adoção de uma simetria legal reflete uma visão homogênea de oferta e demanda públicas, de *capacidades fiscais "semelhantes" aos diferentes e entre os mesmos níveis de governo* na provisão de serviços públicos (homogêneos) ao atendimento de necessidades (homogêneas) dos seus cidadãos. (MENDES, 2021, p. 50) (Grifos nossos)

De fato, o cidadão não pode ser refém da sua localização. A convergência das capacidades fiscais deve ser consequência de um padrão fiscal arrecadatório médio, para todos os níveis de governo, ainda mais quando há risco de queda na arrecadação de receitas correntes tributárias.

4.1 Fundo Nacional de Desenvolvimento Regional (FNDR)

Nesse novo modelo de equalização de receitas tributárias, surge o Fundo Nacional de Desenvolvimento Regional (FNDR), com o objetivo de reduzir desigualdades regionais e sociais. Para tanto, a União assumiu o papel de coordenação e governança desses recursos, devendo transferi-los a estados e Distrito Federal para a realização de estudos, projetos e obras de infraestrutura; para o fomento de atividades produtivas com elevado potencial de geração de emprego e renda, incluindo a concessão de subvenções econômicas e financeiras; e para a promoção de ações com vistas ao desenvolvimento científico e tecnológico e à inovação (art. 159-A da CRFB/88).

A aplicação desses recursos deve priorizar projetos voltados à sustentabilidade ambiental e à redução das emissões de carbono (§2º do art. 159-A), em conformidade com um dos princípios[11] da Política Nacional de Desenvolvimento Regional, estabelecida pelo Decreto nº 11.969/2024.

Os coeficientes individuais de participação serão calculados pelo Tribunal de Contas da União, a partir de indicadores objetivos e de pesos específicos, na forma prevista pelo §4º do art. 159-A mencionado.[12]

O montante que a União deverá repassar para os estados e o Distrito Federal está previsto no art. 13 da PEC nº 132/2023, devendo iniciar com R$8 bilhões, em 2029, e chegar até R$60 bilhões, em 2043. Observa-se, entretanto, que os valores serão custeados pela União, mas não com recursos próprios federais, visto que há previsão expressa no art. 14 para posterior ressarcimento pelo Comitê Gestor do Imposto sobre Bens e Serviços, pelo menos para as despesas necessárias à instalação do FNDR.

Entre as principais contribuições do FNDR, destacam-se a concessão de subvenções econômicas e financeiras, "o que permite, com transparência e efetividade, o estabelecimento de metas individualizadas como condicionante a transferência de valores" (BATISTA; BATISTA JUNIOR, 2024, p. 146), além da prioridade para a ações de sustentabilidade ambiental; e a autonomia para estados e Distrito Federal, considerando a impossibilidade de concessão de benefícios fiscais do IBS com renúncias de receitas. Conforme ensinam Batista e Batista Júnior (2024, p. 145):

---

[11] "Art. 2º São princípios da PNDR: I – transparência e participação social; II – solidariedade regional e cooperação federativa; III – planejamento integrado e transversalidade; IV – atuação em nível multiescalar no território nacional; V – desenvolvimento sustentável; VI – reconhecimento e valorização da diversidade ambiental, social, cultural e econômica das regiões; e VII – competitividade e equidade no desenvolvimento produtivo".

[12] "§4º Os recursos de que trata o caput serão entregues aos Estados e ao Distrito Federal de acordo com coeficientes individuais de participação, calculados com base nos seguintes indicadores e com os seguintes pesos: I – população do Estado ou do Distrito Federal, com peso de 30% (trinta por cento); II – coeficiente individual de participação do Estado ou do Distrito Federal nos recursos de que trata o art. 159, I, 'a', da Constituição Federal, com peso de 70% (setenta por cento)".

O FNDR adquire importância cabal na redução de desigualdades sociais e regionais, nos termos do art. 3º, da CRFB/1988, na medida em que com a implementação do "princípio de destino" e a "vedação à concessão de benefícios tributários do IBS", salvo nos casos excepcionais expressamente previstos na CRFB/1988, os entes federados subnacionais perderam seu instrumento de atração de investimentos.

Ressalte-se ser proibida a retenção ou restrição dos recursos transferidos ao FNDR.

4.2 Fundo de Desenvolvimento Sustentável dos Estados da Amazônia Ocidental e do Amapá (FDS – Amazônia Ocidental e Amapá)

A PEC nº 132/2023 possibilitou, ainda, a criação de Fundo de Desenvolvimento Sustentável dos Estados da Amazônia Ocidental e do Amapá, conforme dispõe o §6º do art. 92-B do ADCT/CRFB/1988:

> Art. 92-B. As leis instituidoras dos tributos previstos nos arts. 156-A e 195, V, da Constituição Federal estabelecerão os mecanismos necessários, com ou sem contrapartidas, para manter, em caráter geral, o diferencial competitivo assegurado à Zona Franca de Manaus pelos arts. 40 e 92-A e às áreas de livre comércio existentes em 31 de maio de 2023, nos níveis estabelecidos pela legislação relativa aos tributos extintos a que se referem os arts. 126 a 129, todos deste Ato das Disposições Constitucionais Transitórias. [...]
>
> §6º *Lei complementar instituirá Fundo de Desenvolvimento Sustentável dos Estados da Amazônia Ocidental e do Amapá*, que será *constituído com recursos da União e por ela gerido*, com a efetiva participação desses Estados na definição das políticas, com o objetivo de fomentar o desenvolvimento e a diversificação de suas atividades econômicas.
>
> §7º O Fundo de que trata o §6º será integrado pelos Estados onde estão localizadas as áreas de livre comércio de que trata o caput e observará, no que couber, o disposto no §3º, I e II, sendo, quanto a este inciso, considerados os respectivos Estados, e no §4º. (Grifos nossos)

Nesse sentido, a Proposta de Lei Complementar nº 47/2024, atualmente[13] em trâmite na Câmara dos Deputados, traz elementos referentes à constituição do Fundo Público, com destaque para a gestão dos recursos a partir de um Conselho Gestor do Fundo (CGF) composto por representantes do governo, setor privado, academia e sociedade civil. Compete, portanto, ao CGF definir as diretrizes e as políticas de investimento que serão custeadas pelo Fundo, a partir de um Plano de Aplicação Anual (PAA), mediante detalhamento das ações a serem desenvolvidas, metas a serem alcançadas e indicadores de desempenho monitorados (art. 2º do PLP nº 47/2024). A esse respeito, observa-se que, em comparação a outros Fundos Públicos, o que a normativa proposta denomina como Plano de Aplicação, em regra, deveria ser Plano de Ação, considerando a exigência de metas e indicadores, além de critérios de monitoramento. Diversamente, esclarece-se, o Plano de Aplicação Financeira traz os valores autorizados para a execução de cada ação, por exercício, em respeito ao princípio da anualidade orçamentária.

O FDS – Amazônia Ocidental e Amapá prepara, portanto, as regiões para um futuro econômico diversificado e sustentável, promovendo incentivos à tecnologia, biotecnologia, energias renováveis e turismo sustentável. De acordo com o art. 4º, tem

[13] Em janeiro de 2025, aguarda parecer do(a) relator(a) na Comissão da Amazônia e dos Povos Originários e Tradicionais (CPOVOS) (Disponível em: https://www.camara.leg.br/proposições).

como objetivo o fomento ao desenvolvimento e à diversificação de suas atividades econômicas, industrial, comercial e de serviços, sendo integrado pelos estados onde estão localizadas as áreas de livre comércio (Amazonas, Roraima, Acre, Rondônia e Amapá).

4.3 Fundo de Sustentabilidade e Diversificação Econômica do Amazonas (FUNDSAM)

No mesmo sentido, a PEC nº 132/2023 previu a criação do Fundo de Sustentabilidade e Diversificação Econômica do Estado do Amazonas, a partir do art. 92-B do ADCT/CRFB/1988:

> §2º Lei complementar instituirá *Fundo de Sustentabilidade e Diversificação Econômica do Estado do Amazonas, que será constituído com recursos da União e por ela gerido, com a efetiva participação do Estado do Amazonas na definição das políticas*, com o objetivo de fomentar o desenvolvimento e a diversificação das atividades econômicas no Estado.
>
> §3º A lei complementar de que trata o §2º:
>
> I – estabelecerá o *montante mínimo de aporte anual de recursos* ao Fundo, bem como os *critérios para sua correção;*
>
> II – preverá a *possibilidade de utilização dos recursos do Fundo para compensar eventual perda de receita do Estado do Amazonas* em função das alterações no sistema tributário decorrentes da instituição dos tributos previstos nos arts. 156-A e 195, V, da Constituição Federal.
>
> §4º A União, mediante acordo com o Estado do Amazonas, poderá reduzir o alcance dos instrumentos previstos no §1º, condicionado ao aporte de recursos adicionais ao Fundo de que trata o §2º, asseguradas a diversificação das atividades econômicas e a antecedência mínima de 3 (três) anos.
>
> §5º Não se aplica aos mecanismos previstos no caput o disposto nos incisos III e IV do caput do art. 149-B da Constituição Federal. (Grifos nossos)

Dessa forma, a economia do Estado do Amazonas receberá incentivos, a fim de minimizar a dependência da Zona Franca de Manaus e compensar eventuais perdas com a unificação dos tributos, por meio de instituições financeiras federais e a partir da execução de programas de financiamento aos setores produtivos, em consonância com os respectivos planos regionais de desenvolvimento (art. 3º).

De acordo com o PLP nº 47/2024, o FUNDSAM terá sua própria estrutura administrativa, composta por uma equipe especializada em gestão financeira e patrimonial, bem como em planejamento econômico e ambiental. Os recursos para equalização virão de dotações orçamentárias da União, doações e parcerias, além de outras possíveis receitas, com um aporte mínimo anual de R$25 bilhões, corrigido anualmente, com base na receita corrente líquida ou no crescimento do PIB somado à inflação dos últimos 12 meses.

Com foco na transformação econômica regional de setores como tecnologia, biotecnologia e infraestrutura, o FUNDSAM possibilitará desenvolver a região, a partir do crescimento econômico sustentável e da preservação ambiental. Entre as principais políticas de fomento, de acordo com o art. 8º do PLP nº 47/2024,[14] destacam-se: a concessão

[14] "Art. 8º As políticas do Fundo de Sustentabilidade e Diversificação Econômica do Estado do Amazonas FUNDSAM, serão orientadas para apoiar projetos e iniciativas que busquem a diversificação econômica e a

de subsídios financeiros para novas atividades econômicas; o incentivo à pesquisa e inovação; programas de capacitação profissional, benefícios fiscais e creditícios para empresas locais; investimentos em infraestrutura e logística; apoio à gestão ambiental responsável e o estímulo à participação popular nos projetos financiados.

Noutro sentido, há previsão de que União compense perdas fiscais do Estado do Amazonas, em relação à Reforma Tributária. Isso quer dizer que, se o estado apurar perda na arrecadação superior a 5% (cinco por cento), a União poderá deduzir essas perdas das parcelas que o estado deve pagar em contratos de dívida administrados pela Secretaria do Tesouro Nacional. Com a medida, promove-se um ajuste financeiro que mantém a capacidade arrecadatória, buscando estimular a sustentabilidade fiscal no âmbito subnacional (art. 11 do PLP nº 47/2024).

Ainda, para compensar as perdas na arrecadação, é preciso definir quais serão os critérios de verificação, devendo ser objetivos e transparentes, a partir de um modelo de governança fundamentado na clareza procedimental e na *accountability* interestatal, como forma de garantir que os repasses sejam rigorosamente adequados às perdas mensuradas.

5 Fundos de Equalização de Receitas de *Royalties*

A compensação financeira dos *royalties* se justifica em razão do impacto causado pela sua exploração. De acordo com a Agência Nacional do Petróleo, Gás Natural e Biocombustíveis (ANP), a sociedade é beneficiária dessa remuneração. A legislação que trata da arrecadação dessas receitas correntes patrimoniais está contida nas leis nº 7.990/89, nº 9.478/97, nº 12.351/10, nº 12.734/12 e nº 12.858/13, além do Decreto nº 2.705/98 e da Resolução nº 454/18 da ANP.

Na prática, os *royalties* são calculados com base no valor da produção do campo e devem ser pagos mensalmente pelas empresas concessionárias à Secretaria do Tesouro Nacional (STN), com vencimento até o último dia do mês subsequente à produção. Segundo Fernandes (2016, p. 176), as receitas arrecadadas são divididas entre União, estados e municípios, especialmente para aqueles em que ocorrem atividades extrativas. O sistema de partilha é estruturado em três modalidades: i) distribuição dos *royalties* dos contratos de concessão e de cessão onerosa, para produções *onshore* e *offshore*; ii) distribuição das participações especiais nos contratos de concessão; e iii) distribuição dos *royalties* dos contratos de partilha da produção, tanto *onshore* quanto *offshore*.

Acrescenta Fernandes (2016, p. 178) que a estrutura de repartição leva em conta a localização da produção. Para a produção *onshore*, os entes subnacionais recebem uma parcela maior, considerando os impactos diretos no território. Já na produção *offshore*, a distribuição prioriza estados e municípios confrontantes, além de órgãos federais.

---

sustentabilidade ambiental e social. As principais políticas do FUNDSAM, incluem: I – Fornecimento de subsídios financeiros a empresas e cooperativas que se dedicam ao desenvolvimento de novas atividades econômicas; II – Estímulo à pesquisa e desenvolvimento técnico e científico relacionados às atividades econômicas locais; III – Implementação de programas de capacitação profissional e educacional voltados para os trabalhadores envolvidos nas atividades econômicas locais; IV – Apresentação de incentivos fiscais e creditícios para empresas que se dediquem à produção de bens e serviços locais; V – Desenvolvimento de infraestrutura básica e logística para facilitar a operação das atividades econômicas locais; VI – Apoio à implantação de sistemas de gestão ambientalmente responsável nos processos produtivos locais; VII – Promoção da participação popular na elaboração e execução dos projetos e iniciativas financiadas pelo FUNDSAM".

> Primeiramente, verifica-se que, exceto com relação às participações especiais, os beneficiários e os critérios de repartição dos *royalties* diferem em virtude de a produção ocorrer em terra, lagos, rios, ilhas fluviais ou lacustres (*onshore*), ou na plataforma continental (*offshore*), assegurando-se sempre uma participação maior aos entes subnacionais caso a produção ocorra em terra, do que quando for desenvolvida na plataforma continental marítima, devido aos maiores impactos, potenciais ou efetivos, que sofrem em seu território.

Na visão da autora, apesar das tentativas de reformulação da partilha, com a redução da participação dos estados e municípios confrontantes (*offshore*), a Lei nº 12.734/2012 teve seus efeitos suspensos pelo STF (ADIN nº 4.917). Sobre esse aspecto, Fernandes (2016) chama atenção para as opiniões contrárias à descentralização dos *royalties*, por favorecer a concentração geográfica de recursos, aumentando desigualdades regionais e a incapacidade dos governos locais de lidar com a volatilidade dos preços do petróleo. Governos centrais, por sua maior capacidade técnica, orçamentária e política, estariam mais aptos a implementar políticas anticíclicas.

Pamplona e Cacciamali (2018) também abordam "a maldição dos recursos naturais", na tentativa de sistematizar e interpretar os principais argumentos acerca da arrecadação proveniente de recursos naturais. Questionamentos sobre por que alguns países ricos conseguiram se desenvolver a partir dessas receitas e outros não se relacionam com a ideia do "paradoxo da abundância", "no qual a generosidade da natureza representada pela profusão de recursos naturais origina, entre outros efeitos deletérios, baixo crescimento econômico no longo prazo" (PAMPLONA; CACCIAMALI, 2018, p. 130).

Assim, a discussão sobre FER patrimoniais provenientes de *royalties*, para municípios como Niterói e Maricá, torna-se pertinente, tendo em vista o risco de dependência econômica ou de endividamento no médio ou longo prazo, a partir da criação de despesas obrigatórias de caráter continuado custeadas por esta fonte de recursos. A criação de mecanismos de governança, transparência e *accountability* garante uma melhor evidenciação sobre o investimento sustentável desses recursos. Nesse contexto, os Fundos poderiam servir como ferramenta de planejamento, a fim de promover justiça redistributiva e fortalecer capacidades fiscais de toda a região.

5.1 Fundo de Equalização de Receitas de Niterói

Criado em 2019, por meio do art. 149-A da sua Lei Orgânica, e regulamentado pelo Decreto nº 13.215/2019 e pela Lei nº 3.633, de 15.9.2021, o FER de Niterói surgiu com o objetivo de promover a estabilização fiscal e formar poupança para que gerações futuras possam ser beneficiadas com os recursos oriundos da exploração do petróleo.

Quanto à sua operacionalização, trimestralmente, quando ocorre o ingresso de Participação Especial (PE) nos cofres públicos, a prefeitura direciona 10% de cada ingresso para o Fundo, adotando como parâmetro a Resolução nº 3.922/2010 do Conselho Monetário Nacional, utilizada para regular fundos de previdência pública.

Quanto à materialidade, em 2023, o montante de receitas orçamentárias provenientes de aportes ordinários e extraordinários foi de R$237.181.700,40, além dos rendimentos de aplicação financeira. Destes, R$130.092.646,43 corresponderam aos aportes de 10% de PE recebidas, enquanto que R$107.089.053,97 corresponderam a rendimentos auferidos pelas aplicações do Fundo, sendo 69,09% maior do que o rendimento do ano anterior (R$63,33 milhões). Em 18.10.2024, o Fundo[15] possuía o saldo de R$1.181.522.444,53, ou seja, sozinho, era equivalente a 21,92% da LOA de 2024 – R$5.390.111.070,82. Em janeiro de 2025, o total do Fundo já era superior a R$1,242 bilhão.

Ademais, o FER não pode aplicar, direta ou indiretamente, mais do que 20% (vinte por cento) de seu patrimônio em cotas de um mesmo fundo de investimento, com exceção da aplicação em fundos exclusivos. Outra regra de segurança condiciona que o total aplicado em cotas de um mesmo fundo de investimento não ultrapasse mais do que 15% (quinze por centro) do seu patrimônio líquido. Isto é, a participação do FER em fundos não exclusivos não pode exceder este percentual. Os limites de concentração não se aplicam aos fundos que apliquem seus recursos exclusivamente em títulos do Tesouro Nacional ou em compromissadas lastreadas nesses títulos.

Quanto à execução orçamentária, o Fundo, em 2023, não realizou despesas. Em 2024, a Unidade Orçamentária 2110 – Fundo de Equalização da Receita programou R$213.180.228 em despesas, classificadas no programa 0900 – Operações Especiais, na Ação 8019 – Fundo de Equalização da Receita (FER), enquanto Reserva de Contingência, na Função de Governo 28 – Encargos Especiais e Subfunção 846 – Outros Encargos Especiais, permanecendo vinculada à Secretaria Municipal de Fazenda. Como atribuição, a LOA de 2024 definiu que o FER seria destinado ao propósito de cobrir as despesas, caso houvesse redução da receita de *royalties* ou de PE para o ano fiscal corrente. Não houve gastos registrados.

Acerca do Conselho Gestor do Fundo, a Lei nº 3.633/2021 dispõe que lhe compete formular políticas de aplicação e expedir normas e diretrizes para a gestão dos recursos do Tesouro Municipal. Composto por 6 (seis) membros, sua estrutura é formada pelo Secretário Municipal de Fazenda (presidente e ordenador primário); pelo Secretário de Planejamento, Orçamento e Modernização da Gestão; pelo Subsecretário de Finanças da Secretaria Municipal de Fazenda; pelo Subsecretário de Orçamento da Secretaria de Planejamento, Orçamento e Modernização da Gestão; e por 1 (um) servidor a ser designado pelo Chefe do Poder Executivo e 1 (um) membro da Controladoria-Geral do Município.

Como regra da política de investimentos, o art. 15 estabelece que o Conselho deverá estipular a meta anual para no mínimo 100% CDI junto a, tão somente, fundos registrados pela Associação Brasileira das Entidades dos Mercados Financeiro e de Capitais (Anbima). Também é competência do Comitê de Investimentos do Fundo: i) avaliar opções de investimentos; ii) analisar riscos; iii) preparar relatórios para tomada de decisão do Conselho Gestor; iv) preparar material para dar transparência e publicidade ao processo; v) providenciar a aplicação dos recursos financeiros recebidos; vi) monitorar o fluxo de arrecadação de receitas; vii) informar ao Presidente do Conselho Gestor o valor possível de ser utilizado em caso de frustração de receitas; e outras atribuições definidas pelo Poder Executivo por meio de decreto.

Assim, o FER, ao vincular suas políticas de investimento a critérios técnicos mais rigorosos e metas financeiras, demonstra alinhamento com práticas de governança sustentável e evidencia prudência fiscal e responsabilidade intergeracional com os seus recursos.

[15] Disponível em: https://www.niteroidofuturo.niteroi.rj.gov.br/.

5.2 Fundo de Equalização de Receitas de Maricá

Nos mesmos moldes do FER de Niterói, o Município de Maricá instituiu o Fundo Soberano de Maricá (FSM), por meio da Lei Municipal nº 2.785, em 2017, alterada pelas leis nº 2.902/2019, nº 2.961/2020, nº 3.042/2021 e nº 3.341/2023, que estabeleceram a estrutura das fontes de recursos do Fundo e de suas aplicações.[16] Entre os seus objetivos estão: fortalecer e impulsionar o desenvolvimento regional, fortalecer o sistema financeiro do município, formar poupança pública e mitigar a volatilidade dos fluxos de arrecadação provenientes dos *royalties*.

Quanto à arrecadação das suas receitas, devem ser destinados: i) percentual de 1% a 15% da participação nos resultados da exploração de petróleo, gás natural, recursos hídricos e minerais ou compensações financeiras relacionadas; ii) o superávit financeiro das receitas de exploração mencionadas apurado em exercícios anteriores; iii) transferências de outros fundos; iv) rendimentos de depósitos bancários, investimentos e aplicações financeiras; v) recursos de operações de crédito internas e externas; vi) bens imóveis municipais avaliados e transferidos ao fundo; e vii) outras receitas de financiamentos e ações de fomento econômico, como tarifas e encargos financeiros.

No que diz respeito à execução orçamentária, o Fundo realizou R$20.000.000 em despesas, em 2023. Em 2024, a Unidade Orçamentária 9201 – Fundo Soberano de Maricá apresentou um orçamento estimado de R$20.000.000 de dotação para a natureza de despesa 3.3.90.66 – Concessão de Empréstimos, na Função de Governo 23 – Comércio e Serviços e Subfunção 694 – Serviços Financeiros. Manteve ainda junto à Secretaria de Educação a Unidade Orçamentária 1703 – Fundo Soberano da Educação Pública de Maricá, com R$10.000,00.

No que se refere à regulamentação da gestão, cabe ao Conselho Diretor definir os limites mínimos e máximos de arrecadação por exercício, na Lei Orçamentária Anual, considerando a flutuação dos recursos. Ao final de cada exercício financeiro, o Conselho, junto à Secretaria da Fazenda, pode deliberar sobre o repasse total ou parcial do superávit das receitas. Nesse sentido, compete ao Conselho, de acordo com o art. 13 da Lei nº 3.341/2023: i) elaborar as políticas de investimento e aplicação dos recursos; ii) aprovar a forma, o prazo e a natureza dos investimentos; iii) definir os critérios e níveis de rentabilidade e de risco; iv) definir questões operacionais da gestão administrativa e financeira; v) estabelecer regras de supervisão prudencial do Fundo; vi) administrar, gerir, ordenar empenhos e pagamentos das despesas do Fundo; vii) gerir a contabilidade e tesouraria do Fundo; viii) representar o Fundo perante as instituições financeiras; ix) representar o Fundo perante os órgãos de controle interno e externo; x) realizar outras atividades indispensáveis à gestão do Fundo; xi) estabelecer as políticas de financiamento, crédito e utilização dos recursos.

[16] "Art. 2º São objetivos do Fundo: I – promover a diversificação da matriz econômica municipal e reduzir a dependência econômica de recursos naturais; II – formar poupança pública e garantir a sustentabilidade fiscal; III – mitigar a volatilidade dos fluxos de arrecadação provenientes de indenizações pela exploração de petróleo e gás natural; IV – estimular, ampliar e fortalecer a criação de novas fontes de receita municipal e criar mecanismos de autonomia financeira municipal; V – fomentar e financiar projetos de interesse estratégico que visem fortalecer e impulsionar o desenvolvimento regional; VI – criar infraestrutura econômica e estimular o desenvolvimento de um ambiente propício à atração de cadeias de investimentos, de forma a intensificar o crescimento econômico regional; VII – criar programa de estímulos financeiros para a atração de empreendimentos empresariais com o intuito de ampliar a oferta de emprego e renda; VIII – patrocinar projetos de pesquisa e inovação tecnológica".

Por fim, relevante apontar que as políticas de financiamento, crédito e utilização dos recursos aprovadas pelo Conselho devem prever prazos máximos de amortização e carência, limites de financiamento, juros e outros encargos diferenciados ou favorecidos, a fim promover a geração em empregos e o incremento da arrecadação tributária, principalmente em razão dos aspectos sociais, econômicos, tecnológicos e espaciais dos empreendimentos.

De acordo com o município,[17] em outubro de 2024, o Fundo possuía um saldo de R$1,880 bilhão, ou seja, 26,51% da LOA de 2024 – R$7.090.965.119,25.

6 Considerações finais, desafios e oportunidades

A sustentabilidade da equidade intergeracional nos FER enfrenta desafios complexos, mas também proporciona oportunidades estratégicas. A principal dificuldade está presente na fragilidade das estruturas de governança, com problemas frequentes de transparência, *accountability* e regulamentação. Sem sistemas claros de controle e prestação de contas, os Fundos podem ser suscetíveis de práticas de má gestão e ter os seus recursos usados de forma indevida, comprometendo a tão pretendida estabilização fiscal e o desenvolvimento regional.

Auditorias realizadas pelo TCU sobre Fundos Públicos revelaram problemas estruturais capazes de comprometer a gestão desses recursos. O Acórdão TCU nº 1.494/2021 destacou a necessidade de ajustes periódicos para adequação da alocação às mudanças socioeconômicas e identificou fragmentação na gestão, além de ausência na regulamentação, o que dificultou o próprio controle e supervisão dos dados.

Outro ponto crítico é a governança. Os Acórdãos TCU nº 1.954/2022 (acerca do Fundo Soberano do Brasil) e nº 4.113/2023 (Fundo de Defesa dos Direitos Difusos) apontaram falta de clareza nos mecanismos de gestão e nas diretrizes. Isso inclui problemas relacionados à divergência de valores, à prestação de contas insuficiente, à falta de alinhamento com os princípios internacionais de governança, como os Princípios de Santiago, e a utilização de valores acumulados em superávits financeiros.

A dependência de receitas voláteis, como os *royalties* de petróleo, também foi identificada como um risco estrutural. A auditoria do Fundo Social do Pré-Sal (Acórdão TCU nº 678/2024) revelou uma lacuna regulatória significativa, que compromete a capacidade de operar de acordo com os objetivos originais, além de evidenciar desvios operacionais e uso inadequado de recursos para amortização da dívida pública. Como consequência da Emenda Constitucional nº 109/2021 c/c Portaria ME/STN nº 759/2021, aproximadamente R$64 bilhões foram utilizados, entre os anos de 2021 e 2022. Além disso, o TCU chamou atenção para o impacto do desequilíbrio na distribuição de receitas entre estados e municípios, reforçando a necessidade de critérios mais objetivos, equitativos e transparentes. Os ajustes na regulamentação e a criação de mecanismos de contingência são medidas para mitigar os riscos de alocação e a dependência de fontes instáveis de receita.

Diante do exposto, resta evidente a necessidade de políticas claras de governança e a adoção de práticas alinhadas aos critérios ESG. Instrumentos como Conselhos Gestores

---

[17] Disponível em: https://fundosoberano.marica.rj.gov.br/.

de Fundos fortalecidos e auditorias periódicas possibilitam que os Fundos estejam alinhados às metas de desenvolvimento sustentável e inclusão social.

Em contrapartida, os FER oferecem, no curto e no longo prazo, uma plataforma para fomentar o desenvolvimento econômico e sustentável em regiões mais vulneráveis. A partir dos critérios ESG, podem direcionar recursos para investimentos em tecnologias limpas, infraestrutura necessária e projetos que promovam a inclusão social. Para os Fundos de Niterói e de Marica há regulamentação para esses fins.

Outro ponto de oportunidade remete à participação de conselhos compostos por representantes do governo, do setor privado, da academia e da sociedade civil, o que favorece decisões mais equilibradas e baseadas em evidências. Como melhoria, a participação social pode ser ampliada, com a elaboração adequada de Planos de Ação e de Aplicação Financeira dos Fundos, a partir do devido detalhamento de receitas, despesas, saldos apurados em superávit financeiro, metas e indicadores.

Adicionalmente, a questão federativa-fiscal brasileira precisa ser observada, a partir das desigualdades inter-regionais e intra-regionais. Sistemas de equalização bem projetados, além de reduzir desigualdades, podem melhorar a oferta de serviços públicos. No Brasil, são necessárias revisões nos critérios de distribuição para garantir que os Fundos da Reforma Tributária se adaptem às mudanças e atendam às necessidades de forma equitativa. Faltam diretrizes para a operacionalização das receitas. Considerando a dependência da União na aprovação do seu orçamento para estes Fundos e das destinações autorizadas por exercício, percebe-se ainda outro risco associado, o político.

Por fim, a integração dos Fundos às metas fiscais estabelecidas na Lei de Responsabilidade Fiscal pode criar uma relação mais harmônica entre os objetivos orçamentários e de desenvolvimento sustentáveis. A boa gestão dos recursos com finalidade definida precisa ser assegurada, em especial se estes se destinam à manutenção da igualdade de acesso entre os desiguais. Para tanto, é preciso um compromisso mútuo. Ao proporcionar compensações financeiras para estados mais afetados pela reforma, fundos de equalização podem ser, de fato, ferramentas úteis para fomentar o desenvolvimento regional. Resta ajustar o "como fazer isso".

Referências

BATISTA, Daniela Cristina Floriano Alves; BATISTA JÚNIOR, Onofre Alves. Um breve resumo da "Reforma Tributária do Consumo" aprovada pela PEC 132/2023. *In*: SCAFF, Fernando Facury; DERZI, Misabel de Abreu Machado; BATISTA JÚNIOR, Onofre Alves; TORRES, Heleno Taveira. *Reforma tributária do consumo no Brasil*: entre críticos e apoiadores. Belo Horizonte: Letramento, 2024. p. 74-206.

BIFANO, Elidie Palma. A reforma tributária deveria considerar os princípios do ESG/Tributação? *Consultor Jurídico*, 27 abr. 2022. Disponível em: https://www.conjur.com.br/2022-abr-27/consultor-tributario-reforma-tributaria-deveria-considerar-principios-esg-tributacao/. Acesso em: 14 out. 2024.

BRASIL. *Constituição Federal de 1988*. Brasília: Congresso Nacional, 1988.

CÂMARA DOS DEPUTADOS. *Projeto de Lei Complementar nº 47/2024*. Dispõe sobre o Fundo de Sustentabilidade e Diversificação Econômica do Estado do Amazonas (FUNDSAM) e do Fundo de Desenvolvimento Sustentável dos Estados da Amazônia Ocidental e do Amapá. Disponível em: https://www.camara.leg.br/proposicoes. Acesso em: 14 out. 2024.

CMMAD – COMISSÃO MUNDIAL SOBRE MEIO AMBIENTE E DESENVOLVIMENTO. *Nosso futuro comum*. Rio de Janeiro: Editora da Fundação Getulio Vargas, 1991.

CONTI, José Maurício; MASCARENHAS, Caio Gama. O debate da reforma tributária leva o direito financeiro a sério? *Migalhas*, 24 jan. 2024. Disponível em: https://www.migalhas.com.br/depeso/400788/o-debate-da-reforma-tributaria-leva-o-direito-financeiro-a-serio. Acesso em: 24 maio 2024.

COSTA, Leonardo da Silva Guimarães Martins da. Fundos Federais: abordagem transdisciplinar diante do Projeto da Lei de Finanças Públicas. *Texto para Discussão*, n. 29, 2017. Tesouro Nacional. Disponível em: https://repositorio.enap.gov.br/handle/1/4541. Acesso em: 14 out. 2024.

DAL POZZO, Augusto. Para uma nova ordem global: o poder de transformar o mundo e os investimentos ESG em infraestrutura. *Migalhas*, 25 fev. 2021. Disponível em: https://www.migalhas.com.br/depeso/340787/poder-de-transformar-omundo-e-os-investimentos-esg-em-infraestrutura. Acesso em: 24 nov. 2024.

FERNANDES, Andressa Guimarães Torquato. *Royalties do petróleo e orçamento público*: uma nova teoria. São Paulo: Bucher, 2016. Livro eletrônico.

FUNDS – INTERNATIONAL FORUM OF SOVEREIGN WEALTH. *Santiago Principles*. Disponível em: http://www.ifswf.org/santiago-principles-landing/santiago-principles. Acesso em: 14 out. 2024.

MENDES, Constantino Cronemberger. Equalização Fiscal no Brasil: distorções e proposta para o caso dos Estados. *Boletim de Análise Político-Institucional*, n. 30, nov. 2021. Disponível em: https://repositorio.ipea.gov.br/handle/11058/10935. Acesso em: 2 jun. 2023.

PAMPLONA, João Batista; CACCIAMALI, Maria Cristina. *A maldição dos recursos naturais*: atualizando, organizando e interpretando o debate. 2018. Disponível em: https://www.scielo.br/j/ecos/a/X6bNKwWQjB3HD8HMFTZcWTR/. Acesso em: 28 nov. 2024.

PIANCASTELLI, Marcelo; BOUERI, Rogério; LIMA, Edilberto Pontes. Descentralização fiscal, harmonização tributária e relações intergovernamentais: como distintas federações reagem aos desafios da globalização. *In*: REZENDE, Fernando (Coord.). *Desafios do federalismo fiscal*. Rio de Janeiro: FGV, 2006. p. 25-82.

SCAFF, Fernando Facury. Federalismo fiscal patrimonial e fundos de estabilização: o rateio dos royalties do petróleo no Brasil. *In*: HORVATH, Estevão; CONTI, José Maurício; SCAFF, Fernando Facury (Org.). *Direito financeiro, econômico e tributário*: estudos em homenagem a Regis Fernandes de Oliveira. São Paulo: Quartier Latin, 2014. p. 179-205.

TEIXEIRA, Fernando; FEIJO, Carmem; FEIL, Fernanda. Fundos soberanos subnacionais: como combinar a inovação financeira e a estratégia de desenvolvimento local para garantir a prosperidade das gerações futuras. *In*: ENCONTRO INTERNACIONAL DA ASSOCIAÇÃO KEYNESIANA BRASILEIRA, XV. *Anais*... Belo Horizonte: Face-UFMG, 2022. Disponível em: https://www.even3.com.br/anais/. Acesso em: 14 out 2024.

TORRES, Heleno Taveira. Constituição financeira e o federalismo financeiro cooperativo equilibrado brasileiro. R. *Fórum Direito Financeiro e Econômico – RFDFE*, Belo Horizonte, ano 3, n. 5, p. 25-54, mar./ago. 2014.

TRIBUNAL DE CONTAS DA UNIÃO. *Acórdãos nº 1494/2021, nº 1954/2022, nº 4113/2023 e nº 678/2024*. Disponível em: https://pesquisa.apps.tcu.gov.br/pesquisa. Acesso em: 14 out 2024.

TRIBUNAL DE CONTAS DO ESTADO DO RIO DE JANEIRO. *Processo TCERJ 219.586-5/2022*. Disponível em: https://www.tcerj.tc.br/consulta. Acesso em: 14 out 2024.

VIEIRA, Barbara Maria Galvão; MEYER, Emílio Peluso Neder. Poder Judiciário e o princípio federativo no Brasil. *In*: DERZI, Misabel de Abreu Machado; BATISTA JÚNIOR, Onofre Alves; BUSTAMANTE, Thomas Rosa de; MEYER, Emílio Peluso Neder. *Repensando o federalismo no Brasil*. Belo Horizonte: Letramento, 2020. p. 42-63.

Informação bibliográfica deste texto, conforme a NBR 6023:2018 da Associação Brasileira de Normas Técnicas (ABNT):

VEIGA, Karine Tomaz; HORVATH, Estevão. Critérios ESG no direito financeiro e a sustentabilidade dos Fundos de Equalização de Receitas: a reforma tributária e a busca pela estabilidade fiscal dos Fundos Soberanos Subnacionais. *In*: LIMA, Edilberto Carlos Pontes (coord.). *Os Tribunais de Contas e a sustentabilidade*: governança e controle no enfrentamento das mudanças climáticas. Belo Horizonte: Fórum, 2025. p. 103-122. ISBN 978-65-5518-670-3. (Coleção Fórum IRB, v. 6). t. 2.

GUIA PRÁTICO DE AUDITORIA PARA TRANSIÇÃO ENERGÉTICA

KATRINA NARGUIS

ALEXANDRE FIGUEIREDO

GUILHERME PEREIRA SOUTO

JONATAS CARVALHO

1 Introdução e contexto

A crise climática global é uma das questões mais prementes e sensíveis da atualidade. O impacto das mudanças climáticas é vasto e profundo, afetando ecossistemas, economias e comunidades em todo o mundo. Fenômenos climáticos extremos, como inundações, secas, incêndios florestais e furacões, têm se tornado mais frequentes e intensos, ameaçando a sobrevivência de diversas espécies.

A relevância desta questão reside no fato de que os efeitos das mudanças climáticas não respeitam fronteiras geográficas ou políticas, exigindo uma resposta global coordenada. É especialmente preocupante que as populações mais vulneráveis, geralmente as menos responsáveis pelas emissões de gases de efeito estufa, sejam as mais afetadas, o que traz à tona questões de justiça social e equidade.

Em 2023, o Painel Intergovernamental sobre Mudanças Climáticas (IPCC) da ONU publicou um relatório de síntese do conhecimento científico atualizado (IPCC, 2023), que destacou conclusões alarmantes. Para o IPCC, é inequívoca a influência antrópica no aquecimento da atmosfera, oceanos e terra, dado o aumento da emissão dos gases de efeito estufa, resultando em mudanças climáticas de escala sem precedentes. A mitigação profunda, rápida e sustentada e a implementação acelerada de ações de adaptação nesta década reduziriam as perdas e os danos projetados para os seres humanos e ecossistemas e proporcionariam muitos cobenefícios, como a melhoria da qualidade do ar e da saúde pública. Ações de curto prazo envolvem altos investimentos iniciais e mudanças potencialmente perturbadoras que podem ser atenuadas por uma série de políticas facilitadoras.

A urgência de uma ação imediata não pode ser subestimada: cada fração de grau a mais na temperatura global aumenta exponencialmente os riscos e os custos associados. É crucial que governos, empresas e indivíduos tomem medidas para reduzir drasticamente as emissões de carbono e adotar soluções de adaptação e mitigação com celeridade.

Entre essas medidas, a redução do uso de combustíveis fósseis se destaca como essencial. Estes combustíveis, como o carvão, petróleo e gás natural, são os maiores responsáveis pela emissão de dióxido de carbono (CO2), um dos principais gases de efeito estufa. A queima de combustíveis fósseis para geração de energia, transporte e processos industriais não só contribui para o aquecimento global, mas também para a poluição atmosférica e seus impactos na saúde pública.

Nesse contexto, a transição energética assume um papel crucial no combate à crise climática. Esta transição envolve a mudança de uma matriz energética baseada em combustíveis fósseis para uma baseada em fontes de energia renovável, como a solar, eólica, hidroelétrica e biomassa. A adoção de tecnologias limpas e eficientes, a promoção da eficiência energética e a implementação de políticas de incentivo às energias renováveis são passos fundamentais neste processo.

Além dos benefícios ambientais, a transição para energias renováveis também oferece vantagens econômicas e sociais. A criação de empregos verdes, a redução da dependência de importação de combustíveis fósseis e o fortalecimento da resiliência energética são exemplos dos ganhos associados a esta mudança. Investir em energia limpa é não apenas uma resposta à urgência climática, mas também uma oportunidade de promover um futuro mais sustentável, equitativo e próspero.

Neste cenário, as instituições de controle, em especial as de controle externo, desempenham um papel crucial na avaliação e no monitoramento das políticas públicas voltadas para o combate à crise climática, e, para efeito do presente artigo, as políticas voltadas às transições energéticas. Por meio de auditorias rigorosas, monitoramento contínuo e promoção da transparência e da responsabilidade, essas instituições buscam garantir que os recursos sejam bem utilizados e que as políticas públicas alcancem seus objetivos, contribuindo para a construção de um futuro mais sustentável e resiliente.

O Tribunal de Contas da União (TCU), ciente de sua responsabilidade neste cenário desafiador, realizou diversas fiscalizações relacionadas à temática da transição energética. Entre os temas auditados estão: fontes renováveis, usinas termelétricas, gás natural, pesquisa e desenvolvimento do setor elétrico, Política Nacional de Biocombustíveis, crise hidroenergética de 2021, modernização do setor elétrico brasileiro, planejamento da Operação Eletroenergética do Setor Elétrico, riscos de desabastecimento de combustíveis, estratégias de investimento da Petrobras na transição energética e eficiência energética.

Merece destaque, todavia, a auditoria operacional realizada em 2023/2024, que analisou transversalmente as políticas públicas para a transição da matriz energética brasileira (TCU, 2024a). A auditoria abordou quatro eixos principais:

a) Preparação das estruturas de governança e gestão do Governo Federal para a implementação da transição energética.
b) Alinhamento entre as necessidades de investimento da transição energética brasileira e os sistemas de financiamento existentes ou planejados.
c) Avaliação dos valores de justiça e inclusão nas propostas de transição energética.
d) Maturidade das ações governamentais em setores específicos da transição energética: i) participação de fontes renováveis (solar, eólica, térmica a biomassa

e hidrelétrica) no sistema elétrico brasileiro e a inserção de novas tecnologias; ii) eficiência energética; iii) captura, utilização e armazenamento de carbono (CCUS); iv) exploração de minerais críticos; v) utilização de hidrogênio de baixa emissão; vi) eletrificação da mobilidade; vii) biocombustíveis; viii) mercado de carbono; ix) gás natural; x) energia nuclear.

O Acórdão nº 2.470/2024, apreciado pelo Plenário da Corte em novembro de 2024, ressaltou a necessidade de uma transição energética que equilibre custos e benefícios, promova inovação e assegure equidade. No voto condutor, o Ministro-Relator Walton Alencar destacou:

> a boa condução da transição da matriz energética exigirá uma ponderação de riscos, que valorize competição e a inovação, balanceando custos e benefícios, inserindo externalidades na equação energética (produção de biocombustíveis, impactos da atividade de mineração e o descarte de resíduos), para todos os países envolvidos, sem ignorar, ademais, que a mudança da matriz energética não deve ter, como resultado, a elitização das novas tecnologias, em prejuízo do valor de equidade energética.

Paralelamente, importante mencionar que, em 2023, no âmbito do *Steering Committee* do *Working Group on Audit of Extractive Industries* (WGEI) – Grupo de Trabalho de Auditoria de Indústrias Extrativas da Organização Internacional de Instituições Superiores (Intosai) –, o Tribunal propôs uma pesquisa sobre o papel das Instituições Superiores de Controle (ISCs) na transição energética. Em 2024, o relatório da pesquisa (TCU, 2024d), com a contribuição de 25 ISCs, revelou como desafios comuns para a auditoria no tema: falta de diretrizes claras, carência de capacitação técnica e dispersão de dados. O estudo também evidenciou um consenso: 92% das ISCs manifestaram interesse em desenvolver um *framework* unificado para auditorias em transição energética, reforçando a demanda por cooperação global.

Foi nesse contexto que o TCU elaborou o Guia Prático de Auditoria para a Transição Energética (TCU, 2024c), consolidando a expertise adquirida na auditoria nacional e incorporando contribuições de outras ISCs. O Guia representa um marco na governança climática ao articular três dimensões essenciais:

- *Estrutura metodológica adaptável*, com diretrizes para avaliar a maturidade das políticas públicas, a justiça social, a alocação de recursos e a efetividade das ações governamentais.
- *Foco na colaboração internacional*, promovendo a padronização de boas práticas e a troca de soluções contextualizadas.
- *Conexão com agendas globais*, como os ODS e o Acordo de Paris, assegurando que as auditorias fortaleçam compromissos climáticos.

O Guia atua como uma ponte entre a urgência climática e a ação concreta das ISCs. Ao oferecer ferramentas para auditar a preparação dos governos, a equidade das políticas e a eficácia do financiamento, transforma o controle externo em um catalisador de mudanças, contribuindo para que a transição energética seja rápida, justa e alinhada às necessidades locais. Sua construção colaborativa – incorporando estudos de caso de diversos países – reforça sua relevância como um instrumento global capaz de harmonizar padrões sem desconsiderar as particularidades nacionais.

Ao sintetizar lições aprendidas e inovações metodológicas, o Guia não apenas responde aos desafios identificados nas auditorias do TCU, mas também estabelece um novo paradigma: a *accountability* climática depende da integração entre rigor técnico, inclusão social e cooperação transnacional. Assim, posiciona-se não apenas como um produto institucional, mas como um legado para a governança energética do século XXI.

2 Guia Prático de Auditoria para a Transição Energética

O legado do TCU se materializa no desenvolvimento do Guia Prático de Auditoria para a Transição Energética,[1] que foi elaborado em resposta à crescente demanda por mais conhecimento e troca de experiências sobre auditorias relacionadas à transição energética. Este Guia visa apoiar outras Instituições Superiores de Controle (ISCs) na fiscalização de políticas públicas e ações governamentais voltadas à transição para fontes de energia mais limpas e eficientes, com foco especial na promoção de uma transição justa e inclusiva. Mais do que orientar auditorias, o Guia busca fomentar uma colaboração global entre as ISCs, fortalecendo as capacidades locais de controle e assegurando uma transição energética bem-sucedida em uma escala mundial.

O Guia reflete a experiência adquirida pelo TCU ao conduzir uma auditoria pioneira sobre a preparação do governo brasileiro para a transição energética. Sua estrutura foi construída com base na matriz de planejamento da auditoria do TCU, pesquisas bibliográficas, dados de repositórios de organizações relevantes e um *benchmarking* internacional (TCU, 2024b) realizado em cooperação com o Programa das Nações Unidas (PNUD). A utilização desses insumos garantiu que o Guia adaptasse a experiência do TCU a um contexto global, considerando os aspectos econômicos, sociais e ambientais que envolvem a transição energética.

Além de fornecer uma estrutura robusta para auditorias, o Guia aborda aspectos essenciais para garantir o sucesso da transição energética. Entre os principais pontos analisados, destacam-se: a avaliação da preparação do governo para a transição, que inclui políticas, regulamentações e capacidades institucionais; a verificação da justiça e inclusão nas políticas, assegurando que todos os segmentos da sociedade, especialmente os mais vulneráveis, sejam beneficiados; a análise do financiamento da transição energética, garantindo recursos suficientes, transparentes e eficazes; e a maturidade das políticas públicas, com foco em áreas como energia solar, eólica, armazenamento de energia, créditos de carbono, redes inteligentes, entre outras.

Organizado em três tópicos – *Seleção do Escopo, Execução e Análise* e *Apresentação de Resultados* –, o Guia oferece uma abordagem adaptável que pode ser aplicada conforme os contextos nacionais e os desafios específicos de cada país. Além disso, ele se configura como uma ferramenta estratégica para fortalecer a colaboração entre as instituições, promovendo o aprimoramento contínuo das capacidades locais de auditoria. Ao orientar a avaliação das políticas públicas relacionadas à transição energética, o Guia permite que as ISCs verifiquem a preparação de seus governos, a inclusão social das políticas, a adequação do financiamento e a maturidade das ações governamentais. Dessa forma, não

---

[1] Disponível em: https://sites.tcu.gov.br/transicao-energetica/media/Guia_de_Auditoria_em_Transi%C3%A7%C3%A3o_Energ%C3%A9tica.pdf.

só fortalece a fiscalização nacional, mas também se alinha às metas globais da transição energética, contribuindo para uma governança climática mais robusta e integrada com compromissos internacionais.

2.1 Seleção do Escopo

Toda grande auditoria começa com uma pergunta essencial: como definir as prioridades em meio à complexidade das políticas públicas? A etapa de Seleção do Escopo, detalhada no Guia Prático, responde a essa questão ao fornecer uma abordagem estruturada e eficiente para as instituições superiores de controle. Essa etapa é a base do processo de auditoria, transformando informações dispersas em objetivos claros e ações bem direcionadas.

A definição do escopo da auditoria é um dos passos mais estratégicos para garantir que a fiscalização seja eficiente e responda aos desafios específicos da transição energética. O Guia orienta as ISCs a iniciarem esse processo com uma análise detalhada do objeto da auditoria – as ações e estruturas governamentais relacionadas à transição energética. Para tanto, recomenda-se o uso de ferramentas como o Canvas de Auditoria,[2] que organiza informações provenientes de legislações, estudos acadêmicos, relatórios anteriores e entrevistas com especialistas.

Com o Canvas finalizado, o Guia demonstra como mapear os principais riscos associados ao tema, utilizando a ferramenta Matriz SWOT.[3] Essa etapa combina percepções internas e externas, reunindo contribuições de gestores, especialistas e *stakeholders* para identificar forças, fraquezas, oportunidades e ameaças. Essas informações são fundamentais para a criação de um inventário de riscos detalhado, que orientará a *priorização dos temas relevantes* para a auditoria. A transição energética traz desafios interligados, como garantir justiça social, alinhar políticas de governança e mobilizar recursos financeiros. Por isso, identificar os principais riscos e focos críticos é crucial para o trabalho da auditoria.

Ferramentas como o Canvas de Auditoria e a Matriz SWOT trazem inovação ao processo de seleção de escopo, permitindo uma organização mais eficiente dos dados dispersos e identificando riscos interligados com maior clareza. Essa abordagem estruturada é essencial para temas tão amplos e desafiadores como a transição energética.

Reconhecendo que o mapeamento de riscos pode ser dificultado por lacunas de informação e responsabilidades fragmentadas, o Guia orienta que sejam utilizadas estratégias práticas, como entrevistas direcionadas e solicitações formais, garantindo uma análise consistente e bem fundamentada. Além disso, sugere adaptar o escopo conforme o contexto nacional e os recursos disponíveis, levando em conta que cada país enfrenta desafios próprios, o que exige uma abordagem flexível e alinhada às realidades. Ao aplicar essas ferramentas, as ISCs não apenas ganham maior clareza sobre os riscos e oportunidades da transição energética, mas também garantem que nenhum aspecto importante seja deixado de lado.

---

[2] Modelo disponível em: https://sites.tcu.gov.br/transicao-energetica/media/Canvas%20de%20Auditoria.xlsx.

[3] Modelos disponíveis em https://sites.tcu.gov.br/transicao-energetica/media/Matriz%20e%20An%C3%A1lise%20SWOT.docx e https://sites.tcu.gov.br/transicao-energetica/media/Matriz%20e%20An%C3%A1lise%20SWOT%20Excel.xlsx.

Devido à quantidade de riscos identificada na auditoria realizada pelo TCU, optou-se por um escopo mais amplo, ao invés de aprofundar o trabalho em cada risco específico. A partir do mapeamento de riscos, foram definidos os *quatro eixos principais*, que oferecem uma estrutura lógica e integrada para guiar a auditoria, abordando desde aspectos de governança até questões específicas da transição energética. O Guia apresenta as ferramentas práticas que ajudam a organizar informações, mapear vulnerabilidades e estruturar um plano de ação com base nos seguintes eixos:

1. Governança
2. Transição energética justa e inclusiva
3. Financiamento
4. Temas da transição energética

O eixo Temas da Transição Energética foi concebido para garantir uma análise abrangente das diversas políticas públicas relacionadas à agenda energética. Embora esses temas sejam fundamentais, isoladamente não definem a transição energética, mas oferecem uma visão detalhada dos aspectos específicos que a compõem. Na auditoria conduzida pelo TCU, foram identificados 11[4] temas distintos, e o Guia explica como a abordagem proposta deve ser aplicada para cada um deles. Essa metodologia permite que, caso existam múltiplas políticas ou ações governamentais associadas a um mesmo tema, elas também sejam analisadas separadamente. Contudo, como mencionado, a seleção e identificação dessas políticas podem ser desafiadoras devido à dispersão de informações e à indefinição de responsabilidades governamentais. Nesse contexto, destaca-se a importância de estratégias como entrevistas direcionadas e solicitações formais a órgãos competentes, que fortalecem a base da auditoria e asseguram a inclusão de temas relevantes e alinhados às particularidades locais.

Considerando os eixos escolhidos pelo Brasil, o Guia apresenta a metodologia utilizada pelo TCU para responder às seguintes questões de auditoria:

1. Quão preparadas estão as estruturas de *governança* pública, para implementar a transição energética?
2. As ações governamentais estão direcionadas para promover a transição energética *justa e inclusiva*?
3. Os recursos de *financiamento* disponíveis ou planejados pelo Governo Federal são suficientes para atender às necessidades de investimentos da transição energética?
4. Quão avançada é a ação estatal nos seguintes *temas da agenda da transição energética*?

A etapa de Seleção do Escopo foi projetada para ser flexível, permitindo que outras ISCs ajustem o foco da auditoria conforme as capacidades institucionais e contexto local, sem perder a profundidade necessária para lidar com a complexidade da transição energética. A Seleção do Escopo, mais do que uma das etapas fundamentais da auditoria, define o tom e o direcionamento do trabalho, assegurando que os esforços estejam voltados para os aspectos mais relevantes e estratégicos.

---

[4] Renováveis no Setor Elétrico, Novas tecnologias no Setor Elétrico, Eficiência Energética, Captura, Utilização e Armazenamento de Carbono, Minerais Críticos, Hidrogênio de Baixa Emissão, Eletrificação da Mobilidade, Biocombustíveis, Precificação de Carbono, Gás Natural na Matriz Energética e Energia Nuclear.

Com um escopo bem definido, as ISCs estarão preparadas para avançar para a próxima etapa: Execução da Auditoria, em que as diretrizes se transformam em ação.

2.2 Execução da Auditoria

Definidas as questões de auditoria e o escopo, o Guia propõe uma metodologia de execução que busca dividir grandes temas em blocos menores, facilitando sua avaliação de forma objetiva. Para isso, cada eixo, ou, no caso do eixo Temas da Transição Energética, cada tema, é divido em *componentes*, e cada componente é subdividido em *itens*.[5] Cada item conterá uma análise específica a ser desenvolvida pela ISCs, a qual, ao final, contribuirá para uma análise mais completa dos componentes e dos próprios eixos ou temas. Ao apresentar os componentes, o Guia sugere também quais informações devem ser coletadas pelas ISCs, em geral, relacionadas aos itens propostos para aquele componente, além de indicar os resultados esperados daquela análise.

O Guia não detalha os procedimentos específicos de auditoria que devem ser aplicados em cada item/componente, pois entende que cada ISC possui discricionariedade para escolher aqueles que entender mais oportunos e eficazes, a depender da realidade que vivencia. No entanto, o Guia oferece algumas sugestões, com base na experiência prática da auditoria encabeçada pelo TCU, que podem facilitar outros trabalhos.

A metodologia do Guia propõe uma lista de itens e componentes para os quatro eixos da auditoria realizada pelo TCU, mas aponta que existe flexibilidade para que cada ISC siga a metodologia sugerida, adaptando-a conforme itens e componentes próprios, mais alinhados às questões definidas na etapa de Seleção do Escopo.

Para a auditoria do TCU, os componentes e itens de cada eixo ou tema são apresentados nos tópicos seguintes.

2.2.1 Governança

Para o eixo Governança, foram definidos seis componentes: *Arcabouço Legal e Normativo, Estrutura Governamental, Planejamento, Gestão de riscos, Coordenação e Monitoramento* e *Transparência.*[6]

O componente Arcabouço Legal subdivide-se em três itens: *Existência de Arcabouço Legal, Existência de Arcabouço Legal Setorial* e *Integração.* A análise desses itens busca identificar se existem leis e regulamentos que regem a transição para fontes de energia renováveis e sustentáveis, incluindo normas específicas para setores como energia, transporte e indústria, além de legislações transversais multissetoriais. A análise também busca avaliar a integração entre as diversas políticas setoriais.

O componente Estrutura Governamental, por sua vez, subdivide-se em dois itens: *Existência de estrutura governamental* e *Responsabilidades bem definidas.* Esses itens destinam-se a avaliar se estão estabelecidas e operantes as instituições responsáveis por gerenciar

---

5 Para facilitar a aplicação da metodologia, o Guia apresenta os itens somente no tópico seguinte, de "Análise e apresentação de resultados", mas a lógica é a mesma indicada neste artigo.

6 Disponível em: https://sites.tcu.gov.br/transicao-energetica/media/Guia_de_Auditoria_em_Transi%C3%A7%C3%A3o_Energ%C3%A9tica.pdf. p. 36-41; 59-62.

e implementar políticas de transição energética, bem como se suas responsabilidades de liderança, direção e coordenação estão claramente definidas.

Já o componente Planejamento possui quatro itens: *Custo-efetividade, Estratégia de longo prazo, Alinhamento com a NDC* e *Sinergia com os ODS.* O primeiro, Custo-efetividade, busca avaliar se a seleção das ações governamentais considerou sua relação custo-efetividade e analisou alternativas viáveis de intervenção. Os outros três, por seu turno, objetivam verificar se foi estabelecida uma estratégia de longo prazo para a transição energética e se esta estratégia está alinhada com as Contribuições Nacionalmente Determinadas (NDC) para o Brasil e com os Objetivos de Desenvolvimento Sustentável (ODS), em especial o ODS 7, que trata do acesso confiável, sustentável, moderno e a preço acessível à energia para todas e todos.

O componente Gestão de riscos possui três itens: *Mapeamento de riscos, Evidenciação dos riscos* e *Riscos nos principais instrumentos de planejamento e nas políticas setoriais.* Os dois primeiros buscam identificar se existe um mapeamento dos riscos que envolvem as metas e ações voltadas para a transição energética, assim como se esses riscos foram levantados com base em evidências robustas. Já o último item quer saber se esses riscos mapeados foram devidamente endereçados nos principais instrumentos de planejamento e políticas setoriais relacionados à transição energética, com ações de mitigação pertinentes.

O componente Coordenação, por sua vez, possui três itens: *Mecanismos de coordenação horizontal, Mecanismos de coordenação vertical* e *Dinâmica de interação.* Os dois primeiros buscam verificar se existem mecanismos institucionais, como comissões, conselhos, comitês, sistemas, processos ou protocolos que permitam a coordenação intra (dentro do mesmo ente federado) e intergovernamental (entre entes federados diferentes), respectivamente. O último procura descobrir se foi estabelecida uma dinâmica oficial que permite a interação regular dos membros, no caso da coordenação intragovernamental.

Por fim, o componente Monitoramento e transparência possui três itens: *Monitoramento, Regularidade* e *Transparência.* Esses itens destinam-se a identificar se existem mecanismos confiáveis estabelecidos para monitoramento e transparência das ações relacionadas à transição energética, e se esses mecanismos são regularmente aplicados/executados.

2.2.2 Transição energética justa e inclusiva

O eixo de Transição energética justa e inclusiva foi dividido em três componentes: *Inclusão, Combate à pobreza energética* e *Desenvolvimento socioeconômico.*[7]

O componente Inclusão foi subdividido em três itens: *Identificação de grupos mais vulneráveis, Inclusão na tomada de decisão* e *Perspectiva equitativa.* Os dois primeiros itens buscam verificar se foram implementados para identificar grupos vulneráveis às mudanças impostas pela transição energética e se esses grupos foram incluídos no processo de tomada de decisão sobre estratégias, políticas e planos. É importante que essa inclusão ocorra desde o momento da elaboração das políticas, para que a ação dos grupos vulneráveis seja ativa e relevante, e não somente em pontos isolados do

---

[7] Disponível em: https://sites.tcu.gov.br/transicao-energetica/media/Guia_de_Auditoria_em_Transi%C3%A7%C3%A3o_Energ%C3%A9tica.pdf. p. 42-45; 63-64.

processo. O último item visa identificar a existência de medidas e disposições para garantir benefícios equitativos e minimizar danos às comunidades mais vulneráveis.

O componente Combate à pobreza energética possui também três itens: *Acesso à energia limpa, Acesso primário a combustíveis limpos* e *Preços acessíveis.* Esses itens visam verificar se as políticas de transição energética incluem ações para garantir o acesso das comunidades mais vulneráveis à energia elétrica e combustíveis limpos a preços acessíveis. Esse tipo de ação é essencial para melhorar a qualidade de vida dos grupos em estado de vulnerabilidade e combater a pobreza energética, de maneira alinhada aos objetivos do ODS 7.

Por fim, o componente Desenvolvimento socioeconômico contém três itens: *Preocupação com trabalhadores e comunidades que dependem de combustíveis fósseis, Geração de emprego e renda* e *Diminuição das desigualdades regionais.* O primeiro item parte do pressuposto de que famílias e comunidades que sobrevivem hoje de atividades dependentes de combustíveis fósseis, que tendem a reduzir com o avanço da transição energética, não devem ser esquecidas. É necessário, portanto, verificar se foram criados planos e alternativas para esses grupos. Os dois últimos itens, por seu turno, buscam avaliar se as políticas de transição energética promovem a geração de emprego e renda e a redução das desigualdades regionais, aspectos relevantes para o desenvolvimento social com um todo.

2.2.3 Financiamento

O eixo Financiamento divide-se em três componentes: *Levantamento de necessidades, Acompanhamento* e *Transparência.*[8]

Para o componente Levantamento de necessidades, foram definidos dois itens: *Avaliação de necessidades* e *Mapeamento de fontes.* Esses itens destinam-se a verificar se os entes responsáveis pelas políticas de transição energética identificaram corretamente as necessidades de financiamento e se mapearam fontes adequadas de recursos para atingir os objetivos da transição.

Os componentes Acompanhamento e Transparência possuem apenas um item cada: *Mecanismos de acompanhamento* e *Mecanismos de transparência.* Os objetivos desses itens são verificar a existência e implementação de mecanismos acessíveis para o acompanhamento dos sistemas de financiamento, e se tais mecanismos são transparentes à população em geral.

2.2.4 Temas da transição energética

Conforme esclarecido no tópico Seleção do Escopo, o eixo Temas da transição energética foi criado para abranger diversas políticas ou ações que, embora componham a transição energética, por si só não a representam completamente. São exemplos desses temas a criação de mercado de carbono, as energias renováveis, a geração distribuída, o hidrogênio verde, entre outros. Assim, a estrutura proposta para o eixo é composta

---

[8] Disponível em: https://sites.tcu.gov.br/transicao-energetica/media/Guia_de_Auditoria_em_Transi%C3%A7%C3%A3o_Energ%C3%A9tica.pdf. p. 46-48; 65-66.

por quatro componentes e seus respectivos itens, que devem ser aplicados na análise de cada política ou ação individualmente, dentro de cada tema.

Os itens propostos pelo Guia estão alinhados ao ciclo teórico de elaboração de políticas públicas, que percorre as etapas de identificação do problema, formação da agenda e implementação e finalizam com o monitoramento e avaliação dos resultados. Assim, foram definidos os seguintes itens: *Formação de agenda pública, Institucionalização, Implementação* e *Avaliação e transparência.*[9]

O componente Formação de agenda pública subdivide-se em dois itens: *Existe formação de agenda pública* e *O processo de formulação e escolha da política ou ação foi participativo.* Esses itens referem-se às questões prioritárias nas discussões políticas e como elas são selecionadas pelos governos para compor a agenda pública. Destinam-se a verificar se há efetivamente a formação de agenda pública relativa ao tema da transição energética sob análise, e se a sua formulação contou com um processo participativo.

Já o componente Institucionalização foi subdividido em três itens: *A política pública ou a ação está oficializada em ato normativo, A política ou a ação tem objetivos e metas de alcance de resultado* e *A política ou a ação tem objetivos mensuráveis, apropriados e realistas com estimativa de tempo de implantação e produção de efeitos.* O objetivo desses itens é verificar se as bases formais do tema sob análise foram adequadamente estabelecidas, por meio da oficialização da política ou ação em ato normativo institucional, com a especificação de objetivos e metas bem definidos, que sejam mensuráveis, realistas e alinhados com o tempo estimado para a execução até as respectivas mensurações.

O componente Implementação, por sua vez, contém três itens: *As responsabilidades de implementação estão bem definidas, Os principais riscos de implementação foram identificados e tratados* e *Os objetivos e os resultados a curto prazo da política pública ou da ação estão sendo alcançados.* Esses itens buscam avaliar se foram estabelecidas as bases da implementação da política ou ação, mediante a clara definição de responsabilidades e o levantamento dos principais riscos com a indicação das devidas ações de mitigação. Buscam também identificar se a política ou ação foi de fato implementada, mediante a verificação dos primeiros resultados esperados.

Finalmente, o componente Avaliação e transparência contém também três itens: *Os indicadores da política ou da ação são mensurados e acompanhados, A política pública ou a ação tem surtido o efeito esperado* e *As informações sobre o desempenho da política ou da ação são publicadas em formato acessível.* Os itens do último componente prestam-se a apontar se a política ou ação tem sido devidamente avaliada, ao aferirem se seus indicadores são mensurados e acompanhados. Além disso, buscam analisar se a política tem surtido seu efeito esperado.

Entendida a lógica dos componentes e de sua subdivisão em itens, assim como qual o conteúdo central cada item busca analisar, resta às ISCs entenderem a metodologia de *Análise e Apresentação dos resultados* proposta pelo Guia.

---

[9] Disponível em: https://sites.tcu.gov.br/transicao-energetica/media/Guia_de_Auditoria_em_Transi%C3%A7%C3%A3o_Energ%C3%A9tica.pdf. p. 49-53; 67-68.

2.3 Análise e apresentação de resultados

O objetivo de transformar as questões de auditoria, ou eixos, em componentes e itens é tornar a análise mais objetiva. Contudo, é perceptível que a avaliação de vários conceitos sugeridos para os itens envolve um grau significativo de subjetividade. Com isso em mente, o Guia propõe uma metodologia de análise e apresentação de resultados que visa transformar análises subjetivas em avaliações quantitativas, por meio da atribuição de notas a cada item.

Para isso, a ISC deve executar os procedimentos de auditoria que considerar necessários para a fiscalização de cada item – como requisição de informações, consulta a *sites* e documentos oficiais, inspeção em campo etc. –, coletar evidências que embasem sua análise e, com base no observado e no julgamento profissional do auditor responsável, atribuir uma nota àquele item, registrando, em forma de relato, as justificativas para a nota concedida.

O Guia propõe que as notas atribuídas sejam números inteiros de zero a três, com cada número associado a uma cor preestabelecida, conforme demonstrado no Quadro 1, a seguir:

Quadro 1 – Notas e cores da análise em função do estágio de implementação do item[10]

Itens			
Nota	**Estágio de implementação**	**Cor**	**Descrição do estágio**
0	Não implementado	Vermelho	Nenhuma ação estatal
1	Baixa implementação	Laranja	Apenas etapas iniciais do ciclo de políticas públicas implementadas
2	Implementação parcial	Amarelo	Várias etapas do ciclo de políticas públicas implementadas
3	Alta implementação	Verde	Maioria das etapas do ciclo implementadas

As cores têm a função de facilitar a visualização dos resultados, quando apresentados item a item ou de maneira agregada. Uma vez que todos os itens de um componente recebam suas notas, pode-se calcular uma nota para aquele componente, o mesmo ocorre quando calculadas as notas para os componentes de um eixo.

Para os três primeiros eixos (Governança, Transição Justa e Inclusiva e Financiamento), a nota de cada componente será a média simples das notas dos itens. Já a nota do eixo será calculada pela média simples das notas dos componentes daquele eixo. As notas calculadas devem ser arredondadas para uma casa decimal, e cores intermediárias entre as cores dos números inteiros serão atribuídas para representar visualmente os resultados. Por exemplo, uma nota 2,2 deve estar entre o verde e o amarelo, mas mais

[10] Disponível em: https://sites.tcu.gov.br/transicao-energetica/media/Guia_de_Auditoria_em_Transi%C3%A7%C3%A3o_Energ%C3%A9tica.pdf. p. 69, com acréscimo da coluna "Descrição do estágio".

próxima do amarelo, enquanto a nota 2,8 também deve estar entre o verde e o amarelo, mas mais próxima do verde. Esse efeito pode ser facilmente obtido por meio de ferramentas computacionais que utilizam classificação condicionada de cores.

O Quadro 2 apresenta um exemplo de avaliação fictícia para o eixo de Governança, com a finalidade de demonstrar claramente a aplicação da metodologia proposta pelo Guia.

Quadro 2 – Avaliação fictícia para o eixo Governança[11]

Componente	Item	Nota	Nota do componente[12]
G1. Arcabouço legal e normativo	G1.1 Existência de arcabouço legal	3	2,7
	G1.2 Existência de arcabouço legal setorial	3	
	G1.3 Integração	2	
G2. Estrutura governamental	G2.1 Existência de estrutura governamental	3	2
	G2.2 Responsabilidades bem definidas	2	
	G2.3 Liderança	1	
G3. Planejamento	G3.1 Custo-Efetividade	0	0,8
	G3.2 Estratégia a longo prazo	1	
	G3.3 Alinhamento com a NDC	1	
	G3.4 Sinergias com os ODS	1	
G4. Gestão de riscos	G4.1 Mapeamento de riscos	2	1,3
	G4.2 Evidenciação dos riscos	1	
	G4.3 Riscos nos principais instrumentos de planejamento e nas políticas setoriais	1	
G5. Coordenação	G5.1 Mecanismos de coordenação horizontal	3	1,7
	G5.2 Dinâmica de interação	2	
	G5.3 Mecanismos de coordenação vertical	0	
G6. Monitoramento e transparência	G6.1 Monitoramento	3	2,3
	G6.2 Regularidade	2	
	G6.3 Transparência	2	
Agregado do eixo Governança			1,8

---

[11] Disponível em: https://sites.tcu.gov.br/transicao-energetica/media/Guia_de_Auditoria_em_Transi%C3%A7%C3%A3o_Energ%C3%A9tica.pdf. p. 71-72.

[12] O Guia apresenta esta coluna como Nota agregada do Componente, mas entendeu-se oportuno renomear somente para nota do componente, de modo a melhor diferenciar os três primeiros eixos do eixo de Temas da Transição Energética, em que a nota agregada do componente é calculada de maneira diferente.

As cores e suas gradações ajudam a identificar rapidamente quais componentes (ou áreas) do eixo avaliado estão em melhor ou pior situação de implementação. O Guia sugere também a confecção de gráficos que, ao contrário da avaliação completa apresentada anteriormente, servem para destacar resultados agregados, sem sobrecarregar a apresentação com informações excessivas. O Gráfico 1, disposto a seguir, exemplifica a apresentação dos resultados da mesma avaliação fictícia para o eixo de Governança.

Gráfico 1 – Resultados da avaliação fictícia para o eixo de Governança[13]

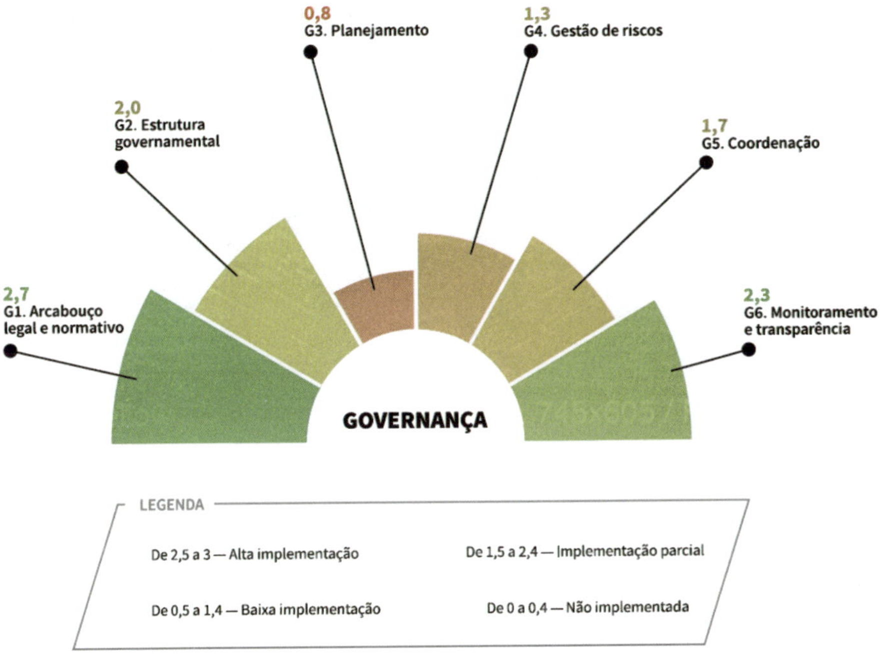

Perceba-se que o gráfico estende a classificação de "não implementada" à "alta implementação" para faixas dos possíveis valores obtidos no cálculo das notas dos componentes, conforme indicado na legenda.

O eixo Temas da Transição Energética apresenta peculiaridades, pois as notas serão conferidas aos itens de cada componente de cada ação/política dentro de cada tema selecionado. Assim, se forem selecionados três temas e cada tema possuir três políticas/ações, os itens de cada componente serão avaliados individualmente nove vezes, para cada ação/política. Esse formato torna possível o cálculo de notas agregadas por item, por componente e por ação política, dentro do mesmo tema, e a nota agregada do próprio tema, consoante exposto a seguir:

13 Disponível em: https://sites.tcu.gov.br/transicao-energetica/media/Guia_de_Auditoria_em_Transi%C3%A7%C3%A3o_Energ%C3%A9tica.pdf. p. 73.

a) para calcular a *nota agregada por item* de um respectivo tema, deve-se calcular a média simples das notas desse item, dentro de todas as ações/políticas pertencentes ao mesmo tema;
b) para calcular a *nota agregada por componente* de um respectivo tema, deve-se calcular a média simples das *notas agregadas por item* daquele componente, dentro do mesmo tema;
c) para calcular *a nota agregada por ação/política* de um respectivo tema, deve-se calcular a média simples das notas de todos os itens dentro da ação/política; e
d) para calcular a *nota agregada* do próprio tema, deve-se calcular a média simples das *notas agregadas de todas as ações/políticas* que compõem o tema.

As notas calculadas seguem o mesmo formato do proposto para os eixos anteriores, devendo ser arredondadas até uma casa decimal e receber cores intermediárias. O Quadro 3 apresenta exemplo de avaliação fictícia para o tema Energias Renováveis, contendo seis ações/políticas distintas.

Quadro 3 – Avaliação fictícia do tema Energias Renováveis, com seis ações ou políticas distintas, dentro do eixo Temas da Transição Energética[14]

Componente	Item	Leilões de energia	Microgeração e minigeração distribuída	Eólica *offshore*	Incentivo a fontes renováveis	Desconto sobre tarifa de transmissão	Imposto de importação	Agregado por item	Agregado por componente
1. Formação da agenda pública	1.1 Existe formação de agenda pública.	3	3	3	3	3	3	3	2,3
	1.2 O processo de formulação e escolha da política ou da ação foi participativo.	1	1	2	1	2	2	1,5	
2. Institucionalização	2.1 A política pública ou a ação está oficializada em ato normativo.	3	3	1	3	2	3	2,5	2,1
	2.2 A política ou a ação tem objetivos e metas de alcance de resultado.	3	2	2	2	2	3	2,3	
	2.3 A política ou a ação tem objetivos mensuráveis, apropriados e realistas com estimativa de tempo de implantação e produção de efeitos.	3	2	0	3	1	0	1,5	
3. Implementação	3.1 As responsabilidades de implementação estão bem definidas.	3	3	0	3	2	3	2,3	1,9
	3.2 Os principais riscos de implementação foram identificados e tratados.	3	3	0	0	1	2	1,5	
	3.3 Os objetivos e os resultados a curto prazo da política pública ou da ação estão sendo alcançados.	3	2	0	3	1	2	1,8	
4. Avaliação e transparência	4.1 Os indicadores da política ou da ação são mensurados e acompanhados.	2	0	0	1	2	1	1	1,1
	4.2 A política pública ou a ação tem surtido o efeito esperado.	1	0	0	2	2	0	0,8	
	4.3 As informações sobre o desempenho da política ou da ação são publicadas em formato acessível.	3	2	1	0	0	3	1,5	
Agregado por política ou ação/ Agregado do tema		2,6	2,1	0,8	2,5	2,1	2,1	2,1	

[14] Disponível em: https://sites.tcu.gov.br/transicao-energetica/media/Guia_de_Auditoria_em_Transi%C3%A7%C3%A3o_Energ%C3%A9tica.pdf. p. 74-75.

Essa avaliação também possibilita a construção de gráficos que destaquem o desempenho dos componentes ou das ações/políticas do tema avaliado. Isso é útil porque os componentes foram elaborados a partir do ciclo teórico das políticas públicas. Com isso, a visualização das notas agregadas facilita a identificação das políticas públicas e dos estágios que necessitam de maior atenção e desenvolvimento. O Gráfico 2 apresenta a avaliação exposta no quadro anterior, destacando, nessa ordem, os resultados por políticas e por componentes do tema.

Gráfico 2 – Avaliação fictícia do tema Energias Renováveis com destaque aos resultados por política/ação e por componentes, nessa ordem[15]

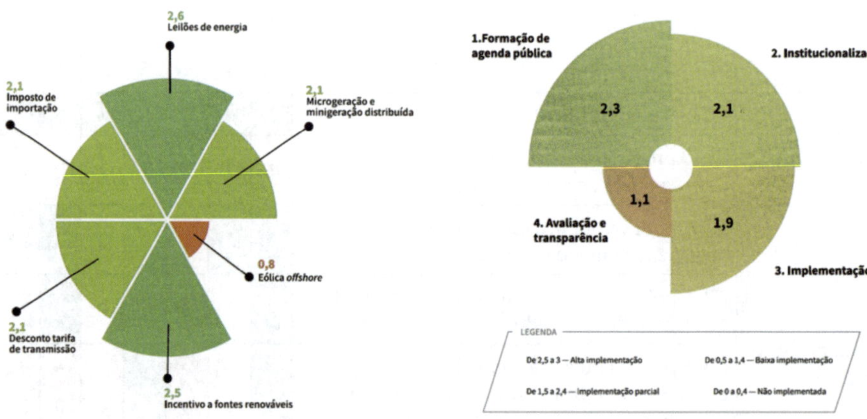

2.4 Boas práticas e lições aprendidas na elaboração do Guia de Auditoria de Transição Energética

A troca de experiências entre as ISCs é essencial para fortalecer a governança em todas as áreas de atuação do controle externo. No contexto da governança climática, essa colaboração se torna ainda mais relevante, pois permite adaptar as estratégias globais de combate às mudanças climáticas aos desafios e especificidades de cada país.

O Guia de Auditoria para Transição Energética destaca que a fiscalização deve ser encarada como um processo dinâmico e contínuo, que exige adaptações ao longo do planejamento e da execução para refletir as condições reais observadas. O Guia recomenda que a flexibilidade no planejamento das auditorias seja priorizada, permitindo lidar com limitações e desafios inesperados, e assegurando que as ações permaneçam eficazes e alinhadas aos objetivos estabelecidos.

As boas práticas e lições aprendidas apresentadas no Guia são fruto das contribuições do TCU, de outras ISCs e de *stakeholders* envolvidos.

---

[15] Disponível em: https://sites.tcu.gov.br/transicao-energetica/media/Guia_de_Auditoria_em_Transi%C3%A7%C3%A3o_Energ%C3%A9tica.pdf. p. 77-78 agregados.

A experiência do TCU evidencia que a fiscalização deve ser percebida como um processo dinâmico, flexível e contínuo, capaz de se adaptar às complexidades e limitações que surgem durante sua execução. Essa adaptabilidade permite que as auditorias mantenham seu rigor técnico e garantam a relevância de suas conclusões, mesmo diante de cenários desafiadores. Os aprendizados demonstram como o trabalho de auditoria pode fortalecer a governança pública, promover a justiça social e garantir a eficácia no financiamento de políticas de transição energética.

Na fiscalização do eixo Governança, foi avaliada a relação entre custo-efetividade e planejamento energético no Brasil. Apesar de inicialmente promissor, o item analisado mostrou limitações devido à natureza indicativa do modelo brasileiro, que privilegia incentivos regulatórios e o mercado como condutores das soluções mais eficientes.

Essa experiência gerou reflexões sobre o papel do governo na avaliação de custo-efetividade e destacou a importância de priorizar áreas estratégicas na auditoria, equilibrando profundidade e restrições de tempo. Uma lição central foi reconhecer quando o mercado deve orientar as decisões e quando a intervenção governamental é necessária para assegurar impactos positivos na transição energética.

O TCU aprofundou-se no tema de combate à pobreza energética, avaliando o impacto da transição em famílias vulneráveis. A auditoria revelou que, mesmo em um país com abundância de recursos energéticos, famílias em situação de vulnerabilidade continuam enfrentando altos custos com eletricidade.

A partir disso, foi evidenciada a necessidade de aprimorar ferramentas analíticas para entender a relação entre custos energéticos e desigualdade social. Além disso, questões como subsídios cruzados e critérios jurídicos pouco claros reforçaram a importância de estabelecer metas específicas e mensuráveis para avaliar o progresso da justiça energética.

Uma lição aprendida foi que auditorias mais robustas, com metodologias bem definidas e indicadores claros, são essenciais para garantir que os benefícios da transição sejam distribuídos de forma equitativa, atendendo às populações mais vulneráveis.

No eixo Financiamento, o TCU expandiu sua abordagem metodológica para compreender o cenário financeiro nacional em maior profundidade. Reuniões e debates no âmbito internacional influenciaram essa ampliação, permitindo identificar barreiras e oportunidades no financiamento de tecnologias limpas.

Foram mapeados os principais financiadores, instrumentos financeiros e setores estratégicos, além das barreiras que limitam os investimentos sustentáveis, como riscos regulatórios e ausência de infraestrutura. A experiência revelou que, para avançar na transição energética, é crucial criar incentivos robustos, reduzir os riscos de investimento e fomentar parcerias público-privadas. E destacou a importância de um ambiente regulatório favorável e da troca de experiências entre ISC para aprimorar metodologias e avaliar a eficácia dos investimentos no setor.

No eixo Temas da Transição Energética, o guia tratou de complementar os esforços da auditoria ao incorporar itens novos na fase de implementação das políticas públicas, como a "definição de responsabilidades" e o "tratamento de riscos". Esses acréscimos, não contemplados no planejamento inicial da auditoria, se vislumbraram necessários na etapa de elaboração do Guia e reforçam a necessidade de um controle mais robusto, que assegure a clareza nas responsabilidades e o gerenciamento eficaz dos riscos.

Além disso, a atualização do componente Avaliação e estabilidade (adotado na auditoria) para Avaliação e transparência (no Guia) foi motivada pela necessidade de se enfocar no acompanhamento de indicadores de desempenho e os efeitos esperados das políticas e ações. A seção sobre transparência foi reformulada para enfatizar a importância da divulgação dos efeitos esperados das políticas públicas, fortalecendo a prestação de contas e a confiança dos *stakeholders*. Por fim, a análise sobre a estabilidade das políticas públicas foi removida, pois a equipe de auditoria considerou inviável avaliar a resistência das políticas a futuros ciclos políticos, limitando-se à verificação de sua resiliência a mudanças já ocorridas.

Essas práticas e lições aprendidas reforçam a necessidade de um aprimoramento contínuo de abordagens de auditoria em transição energética. Um enfoque colaborativo entre ISC e a adoção de metodologias flexíveis e detalhadas são essenciais para lidar com a complexidade desse tema e garantir que as políticas públicas contribuam para um futuro mais sustentável.

3 Resultados esperados e ações planejadas

A consolidação do Guia de Auditoria para a Transição Energética e o fortalecimento de sua adoção pelas ISCs exigem um conjunto de iniciativas coordenadas que garantam resultados efetivos e promovam a melhoria contínua da ferramenta.

O primeiro movimento proposto consiste em revisar o conteúdo do Guia, incorporando contribuições técnicas e práticas discutidas em sessões de treinamento, oficinas e pesquisas realizadas com as ISCs da América Latina e Caribe, no âmbito da Organização Latino-Americana e do Caribe de Entidades Fiscalizadoras Superiores (Olacefs). A Comissão de Infraestrutura e Transições Energéticas da Olacefs (Coinfra), que tem como principal enfoque fomentar a cooperação e o desenvolvimento de capacidades entre as ISCs da região, terá um papel relevante para as discussões regionais sobre as melhores práticas de controle destinadas à transição energética. O objetivo é adequar as diretrizes do Guia às particularidades de cada país, resultando em uma versão final mais robusta, capaz de embasar auditorias sobre políticas de transição energética e englobar aspectos como justiça social, financiamento e maturidade das ações governamentais.

Ao mesmo tempo, o TCU, como membro do comitê diretivo do WGEI-Intosai, propôs a criação de uma força-tarefa para incluir contribuições e propor adaptações no Guia por países de diferentes regiões do mundo. Entre as ISCs participantes da força-tarefa, representantes dos Estados Unidos, Noruega, Índia, Indonésia, Iraque, Brasil e Uganda envidarão esforços para propor melhorias que permitam a adaptabilidade do Guia em diversos contextos.

Após a consolidação das versões, o próximo passo será investir em atividades de capacitação e ampliação de competências por meio de oficinas e treinamentos regionais, preferencialmente em parceria com redes acadêmicas e organismos internacionais. Tais esforços visam à adoção homogênea dos procedimentos propostos e à troca de experiências entre as diversas realidades institucionais, elevando o nível de especialização das equipes de auditoria e facilitando a aplicação prática do Guia.

Por fim, planeja-se mobilizar formalmente as ISCs da Olacefs – e de outros fóruns correlatos – para estruturar uma auditoria cooperativa que envolva os quatro eixos delineados (governança, inclusão, financiamento e temas específicos da transição energética), assegurando uma avaliação conjunta de políticas públicas que permita análises comparativas e recomendações integradas.

Com a realização dessa auditoria cooperativa, será elaborado um relatório regional que consolide os resultados obtidos, trazendo estudos de caso, reflexões sobre as boas práticas observadas e proposições de aprimoramento.

4 Considerações finais

A emergência climática apresenta desafios complexos que demandam soluções abrangentes, especialmente em relação à transição energética rumo a fontes limpas e sustentáveis. O Guia de Auditoria para a Transição Energética demonstrou que auditorias bem estruturadas, pautadas em metodologias robustas e flexíveis, podem oferecer às Instituições Superiores de Controle uma ferramenta essencial para avaliar e fortalecer as políticas públicas. Ao integrar elementos de governança, justiça social, financiamento e temas específicos da matriz energética, o Guia aborda, de forma abrangente, aspectos críticos para o êxito da transição.

A experiência do TCU, amplamente discutida ao longo deste artigo, evidencia a relevância de processos de auditoria que combinem análises técnicas profundas com a capacidade de adaptação às realidades nacionais e regionais. A elaboração de métodos de avaliação baseados em notas, cores e indicadores possibilitou tornar mais objetiva uma fiscalização naturalmente complexa. Além disso, práticas como a troca de experiências por meio de estudos de caso, *benchmarks* internacionais e auditorias cooperativas mostraram-se determinantes para a efetividade do controle externo sobre a agenda climática.

O fortalecimento das capacidades locais e a promoção de uma cultura de colaboração entre as ISCs também surgem como pontos cruciais para alinhar as ações de controle aos compromissos globais, como os Objetivos de Desenvolvimento Sustentável e o Acordo de Paris. Nesse sentido, o Guia de Auditoria para a Transição Energética vai além de um manual: constitui um instrumento para fomentar a *accountability* climática, contribuindo para que a redução de emissões e a adoção de novas tecnologias energéticas ocorram de forma inclusiva, justa e financeiramente viável.

Espera-se que, com a consolidação de uma versão aprimorada do Guia, sua disseminação e aplicação prática em diferentes contextos, as Instituições de Controle avancem na fiscalização e no fomento de políticas públicas capazes de responder de modo efetivo às demandas de sustentabilidade, equidade e desenvolvimento.

Assim, reforça-se o compromisso de unir rigor técnico, responsabilidade social e cooperação global, tornando a transição energética um caminho viável e benéfico para todos.

Referências

IPCC. *Climate Change 2023*: Synthesis Report. Contribution of Working Groups I, II and III to the Sixth Assessment Report of the Intergovernmental Panel on Climate Change. Editado por Core Writing Team, H. Lee and J. Romero. Genebra: IPCC, 2023. Disponível em: IPCC_AR6_SYR_SPM.pdf. Acesso em: 24 jan. 2025.

TCU. *Acórdão 2.470/2024-Plenário* – Auditoria operacional com o objetivo de analisar as políticas públicas para a transição da matriz energética brasileira. 2024a. Disponível em: https://pesquisa.apps.tcu.gov.br/pesquisa/acordao-completo. Acesso em: 25 jan. 2025.

TCU. *Levantamento do TCU avaliou mais de 60 relatórios de auditoria de dezenas de países*. 2024b. Disponível em: https://portal.tcu.gov.br/imprensa/noticias/estudo-sobre-auditorias-em-transicao-energetica-avalia-melhores-praticas-de-gestao-ambiental. Acesso em: 24 jan. 2025.

TCU. *Transição energética*: Guia Prático de Auditoria para Instituições Superiores de Controle. 2024c. Disponível em: https://sites.tcu.gov.br/transicao-energetica/guia-de-transicao-energetica.html. Acesso em: 26 jan. 2025.

TCU. *WGEI 2024 Survey Report* – Energy Transition. 2024d. Disponível em: http://wgei.intosaicommunity.net/wp-content/uploads/2024/09/Survey-Report-WGEI_v5.pdf. Acesso em: 30 jan. 2025.

Informação bibliográfica deste texto, conforme a NBR 6023:2018 da Associação Brasileira de Normas Técnicas (ABNT):

NARGUIS, Katrina; FIGUEIREDO, Alexandre; SOUTO, Guilherme Pereira; CARVALHO, Jonatas. Guia Prático de Auditoria para Transição Energética. *In*: LIMA, Edilberto Carlos Pontes (coord.). *Os Tribunais de Contas e a sustentabilidade*: governança e controle no enfrentamento das mudanças climáticas. Belo Horizonte: Fórum, 2025. p. 123-142. ISBN 978-65-5518-670-3. (Coleção Fórum IRB, v. 6). t. 2.

SISTEMA TRIBUNAIS DE CONTAS E CONTROLE EXTERNO DA GESTÃO AMBIENTAL: A EXPERIÊNCIA DO TRIBUNAL DE CONTAS DO ESTADO DA PARAÍBA

LOURDES ISABELLE ANDRADE TAVARES

SHEYLA BARRETO BRAGA DE QUEIROZ

1 Introdução

A ideia de limitação ao exercício arbitrário dos poderes do Estado nasce com o constitucionalismo, que, por sua vez, emergiu no mundo tal qual um movimento político e filosófico, postulando, desde o início, a organização estatal e política calcada na limitação do poder dos governantes e na tutela dos direitos soberanos atribuídos ao povo.

A noção de controle democrático pode ser extraída da *ratio* iluminista.

Consoante preconizou Montesquieu – e ratificou, séculos depois, Lorde Acton, todo homem que detém o poder é dele tentado a abusar. Nesse arco de sentido, concebe-se, floresce e se desenvolve um aparato de regulação mútua, recíproca, de modo que o poder freie o poder, em um contínuo esforço pendular de autocontenção.

Remontando ao ano de 1891, com a primeira Carta Republicana, o Tribunal de Contas foi inserido no arcabouço constitucional, às cortes de contas se cometendo a responsabilidade primeva de fiscalizar a gestão dos recursos públicos e monitorar a atividade financeira estatal.

Apesar de a inclusão do Tribunal de Contas da União no sistema constitucional ter sido promissora, em termos de ideário republicano, àquela época não se imaginou a relevância de uma política de gestão ambiental pública por estas plagas.

No vocabulário da humanidade e na gramática de direitos, termos como "gestão de recursos hídricos", "diversidade biológica", "gestão de resíduos sólidos", "combate ao desmatamento e queimadas", "saneamento básico", "sustentabilidade" e "mitigação dos efeitos das mudanças climáticas" foram, gradativamente, introduzidos no cotidiano de cada indivíduo, Estado e nação, pintando os horizontes do século XXI.

Atualmente, no âmago da governança ambiental, a Lei Maior pode ser considerada um marco na longa e tortuosa estrada do constitucionalismo nacional, dentre outros motivos, por ter conferido *status* de direito fundamental ao meio ambiente ecologicamente hígido, impondo ao Poder Público e à coletividade o dever de defendê-lo e preservá-lo para si e para outrem, incluindo as gerações sucessoras e os ecossistemas a elas contemporâneas.

Neste plano, o Sistema Tribunais de Contas progrediu paralelamente à multiplicidade das funções da Pública Administração, ainda que em ritmos e tempos distintos, não menos essenciais.

Com o advento da visão do meio ambiente como patrimônio público, bem de uso comum do povo, um panorama de controle da gestão ambiental delineou-se, concitando o Controle Externo a adentrar os meandros da fiscalização dos resultados da execução das multifacetadas políticas ambientais, sem que isso signifique ativismo, abuso de prerrogativas ou disfuncionalidade.

2 A competência dos Tribunais de Contas na fiscalização da gestão ambiental

Na alçada das instituições republicanas, o controle atua, precipuamente, buscando mitigar a arbitrariedade do processo deliberativo ou decisional, promovendo como principal externalidade o fortalecimento das instituições democráticas.

Sob este prisma, entende-se por Controle Externo a atuação dinâmica, dotada de competências constitucionalmente previstas, de forma autônoma, de um poder ou órgão que atua visando a contribuir ou fiscalizar outro, relacionando-se com a noção de tripartição dos poderes e ao conhecido esquema de *checks and balances*.[1]

Na clássica definição de Hely Lopes Meirelles:[2] "controle, em tema de Administração Pública, é a faculdade de vigilância, orientação e correção que um Poder, órgão ou autoridade exerce sobre a conduta funcional de outro".

Quanto à gestão ambiental, a competência em causa decorre diretamente do dever-poder de fiscalização da gestão patrimonial, passível de ser aferida por conduto de auditorias operacionais e/ou coordenadas (cf. art. 71, III da CRFB/1988), por exemplo.

A fiscalização patrimonial não deve ser interpretada de forma restritiva nem limitada a uma abordagem puramente monetarista ou de vigilância severa, à maneira benthamiana (cf. o iluminista inglês Jeremy Bentham). Isso porque a administração e a preservação dos bens públicos envolvem, de forma indissociável, o patrimônio cultural, histórico e ambiental.[3]

Nesse contexto, a célebre lição do francês Antoine de Saint-Exupéry – "O essencial é invisível aos olhos" – aprendida na condição de correspondente na Guerra Civil Espanhola, aplica-se também à contabilidade ambiental, especialmente no que diz respeito às partidas dobradas do ativo e passivo. Um exemplo dessa dinâmica ocorre quando o ente público deixa de arrecadar o ICMS Socioambiental – também chamado de

---

1 CAMARGO, B. H. F. Abordagem constitucional dos Tribunais de Contas: uma análise acerca da evolução de suas competências para alcance da avaliação qualitativa. *Revista Controle – Doutrina e Artigos*, v. 18, n. 1. 2020. p. 20.

2 MEIRELLES, H. L. *Direito administrativo brasileiro*. 30. ed. São Paulo: Malheiros, 2005. p. 613.

3 LIMA, Luiz Henrique Moraes de. *O Tribunal de Contas da União e o controle externo da gestão ambiental*. 2009. 365 f. Tese (Doutorado em Engenharia) – Universidade Federal do Rio de Janeiro, Rio de Janeiro, 2009. p. 101.

ICMS Ecológico ou Verde, devidamente previsto em lei, deixando de incentivar ações que promovam o desenvolvimento sustentável e o respeito ao meio ambiente, acarretando prejuízo ao erário e, em última análise, a repartição de receitas.

O Tribunal de Contas da União, ao estabelecer sua estratégia de atuação na área ambiental, ressaltou que a gestão ambiental transcende à simples administração de recursos, abrangendo

> o conjunto das ações que visem à adequada utilização do meio ambiente, considerando o ambiente natural e o transformado pela ação humana, as ações destinadas ao controle e proteção do meio ambiente e as relacionadas a atividades que potencial ou efetivamente produzam impactos ambientais negativos.[4]

Dessarte, a gestão ambiental é compreendida como o exercício de governança sobre os recursos naturais, por meio de instrumentos normativos e operacionais que miram resultados efetivos e sustentáveis, priorizando uma tutela preventiva voltada à preservação dos meios físicos, biológicos e sociais.[5]

Nesse sentido, o pensamento do Ministro Fernando Gonçalves, que integrava à época a Corte de Contas da União, é elucidativo.

Em voto que fundamentou a Decisão nº 327/1992, destacou:

> O controle da gestão dos programas públicos de preservação ambiental não pode deixar de considerar o Meio Ambiente e os Ecossistemas como partes do Patrimônio Público e passíveis, portanto, até mesmo, de constarem como bens não-monetários na Contabilidade Nacional.

Ressalte-se, por força da dicção constitucional, a imposição conjunta ao Poder Público e à coletividade, da defesa e preservação do meio ambiente ecologicamente equilibrado, concedendo-se àquele o poder-dever de controle das atividades ou serviços que gerem riscos à vida, à qualidade de vida e ao meio ambiente.[6]

Esse controle adquire relevância quando fundamentado nos princípios regedores da Administração Pública, os quais orientam a formulação de políticas de desenvolvimento e destacam o protagonismo dos municípios como espaços prioritários para a construção e densificação da cidadania. Por isso, é inescapável aos gestores públicos a obrigação de cumprir a legislação, afastando-se de critérios subjetivos, inclinações político-ideológicas, vieses ou preferências pessoais.[7]

À vista disso, quando se abordam os interesses tutelados pelo órgão de controle, deve-se compreender o interesse público na máxima e eficiente aplicação e expressão táctil dos recursos públicos, bem como na verificação da execução das políticas e programas assentados em lei, na observância às normas da ordem jurídica brasileira e na boa gestão da *res publica*.

---

[4] BRASIL. Tribunal de Contas da União. *Portaria nº 383, de 05 de agosto de 1998*. Aprova a estratégia de atuação para o controle da gestão ambiental, resultante da implementação do Projeto de Desenvolvimento da Fiscalização Ambiental – PDFA. Brasília, 1998.

[5] LIMA, Luiz Henrique Moraes de. *O Tribunal de Contas da União e o controle externo da gestão ambiental*. 2009. 365 f. Tese (Doutorado em Engenharia) – Universidade Federal do Rio de Janeiro, Rio de Janeiro, 2009. p. 3

[6] Art. 225, §1º, V, da CF/88.

[7] Art. 37, *caput*, da CF/88.

Embora o Estado tenha demonstrado uma preocupação histórica com a proteção ambiental, como se verifica na Lei Federal nº 6.938/1981, que instituiu a Política Nacional do Meio Ambiente e o Sistema Nacional de Meio Ambiente (Sisnama), é óbvio que a simples existência formal de órgãos responsáveis pela gestão ambiental não basta para prevenir danos ou alcançar os desígnios constitucionais.[8]

Como apontou o Ministro Fernando Gonçalves: "É imprescindível que tais órgãos tenham suas atuações acompanhadas e fiscalizadas para que haja uma boa utilização dos meios e recursos a ele confiados, no cumprimento de suas missões institucionais".[9]

Recentemente, em saudável iniciativa, na esteira de entidades como a Atricon – Associação Nacional dos Tribunais de Contas, que passaram a colocar no radar a questão da sustentabilidade *lato sensu*, o Instituto Rui Barbosa (IRB) baixou a Nota Recomendatória Conjunta nº 01/24, fruto de estudos de comitê técnico próprio e do reconhecimento da indispensabilidade da atuação em rede com órgãos, poderes e instituições, como o Executivo e o Ministério Público, em matéria de acompanhamento da Política de Defesa Civil e combate aos efeitos deletérios das mudanças climáticas. Já somam três os congressos ambientais dos Tribunais de Contas!

Nessa linha de raciocínio, o controle externo da gestão ambiental pública, ainda que implícito ou sensível, em matéria de topografia constitucional, pode e deve constituir, por um lado, item de acompanhamento das ações encetadas pelos jurisdicionados dos Tribunais de Contas – e, bem assim, das inações e omissões, possibilitando a avaliação permanente e sistemática da execução das políticas públicas ambientais, programas e projetos, por intermédio de auditorias de desempenho operacional, auditorias de conformidade e auditorias de avaliação de programas, revestindo-se de um caráter preventivo e pedagógico, embaladas pelos ventos inspiracionais da economicidade, eficiência e eficácia, fortalecendo o compromisso com a sustentabilidade e a boa governança.

D'outra banda, pode e deve constituir meta de atuação para os colegiados de contas ainda não convencidos da pertinência dessa *trend* que veio para ficar.

3 Controle Externo pátrio e a Agenda Internacional Ambiental

A política ambiental do Brasil tornou-se alvo de atenção no cenário internacional nas últimas décadas, impulsionada pela pressão de organismos globais e pelos eventos marcantes processados a partir da segunda metade do século XX, fatores que estimularam a criação de normas dirigidas para a governança ambiental e promoveram alterações significativas nas posturas e ações relacionadas à agenda do desenvolvimento sustentável.

O direito ao desenvolvimento sustentável está diretamente vinculado à proteção dos direitos fundamentais, sendo que o maior desafio tem sido alcançar um equilíbrio que contemple seus três pilares essenciais: ambiental, social e econômico, como, aliás, postula a Agenda ESG (*Environmental, Social and Governance*) das corporações privadas.

---

[8] BRASIL. *Lei nº 6.938, de 1981*. Dispõe sobre a Política Nacional do Meio Ambiente. Brasília, 1981.

[9] GONÇALVES, Fernando. Papel e responsabilidades do Tribunal de Contas da União na auditoria do meio ambiente. *Revista do Tribunal de Contas da União*, Brasília, n. 66, 1997. p. 24.

A reboque da paulatina preocupação da sociedade internacional com o tema, o desenvolvimento sustentável encerra verdadeiro *challenge* para os Estados nacionais, tendo, a despeito das barreiras econômicas, se propagado em ondas de influência e se tornado foco e farol para as cortes de contas.

As perspectivas gravitam em torno da Agenda 2030 e os Objetivos de Desenvolvimento Sustentável (ODS), propostos pela ONU – tendo o Brasil sugerido em 2024 a criação do 18º (Igualdade Étnico-Racial) –, ulteriormente incorporados pela Intosai (*International Organization of Supreme Audit Institutions*) em sua estratégia de atuação, devendo finalizar o trabalho dos Objetivos do Milênio (ODM).[10]

Fundada em 1953, a Intosai é uma organização não governamental independente, autônoma e apolítica, que congrega as Entidades de Fiscalização Superior (EFS) de 190 países, inclusive o Brasil, vinculado à instituição desde a pedra angular.

As EFS são instituições estatais nacionais, geralmente de competência constitucionalmente vertida, com razoável grau de autonomia financeira, fiscal, funcional, legislativa e orçamentária. Via de regra, incumbe-lhes o controle externo da Administração Pública.[11]

Nesse cenário de alinhamento estratégico, Marcelo Barros Gomes, então Coordenador-Geral da Área Social e das Secretarias de Controle Externo da Região Nordeste do Tribunal de Contas da União, destacou as abordagens sugeridas pela Intosai para guiar as EFS no alcance dos ODS.

As diretrizes incluem: a) avaliação do grau de preparação dos sistemas nacionais, reportando sobre o processo no que se refere ao alcance dos ODS, com posterior auditagem de seu funcionamento e fidedignidade dos dados produzidos; b) realização de auditorias de desempenho, com o fito de examinar a economia, eficiência e eficácia dos programas governamentais que cooperam com a concretização de aspectos específicos dos ODS; c) avaliação e apoio à implementação do ODS 16, que faz menção às instituições transparentes, eficientes e responsáveis; d) estabelecimento da transparência e *accountability* como referenciais em suas atividades, abarcando auditorias e relatórios.

4 A atuação modelar do Tribunal de Contas da União na Gestão Ambiental

O Tribunal de Contas da União (TCU) é o órgão designado pela Carta Cidadã de 1988 para auxiliar o Congresso Nacional no Controle Externo da Administração Pública federal, atuando precipuamente na fiscalização contábil, orçamentária, financeira, patrimonial e operacional da União e de suas entidades da Administração Direta e Indireta, velando pela legalidade, legitimidade, economicidade, escorreita aplicação das subvenções e motivada renúncia de receitas.[12]

Historicamente vinculado à fiscalização da legalidade das despesas e à conformidade contábil e orçamentária, o TCU tem alargado seu escopo de atuação para acompanhar a crescente complexidade das funções administrativas do Estado.

---

[10] LIMA, Luiz Henrique Moraes de. *O Tribunal de Contas da União e o controle externo da gestão ambiental*. 2009. 365 f. Tese (Doutorado em Engenharia) – Universidade Federal do Rio de Janeiro, Rio de Janeiro, 2009. p. 205.

[11] COIMBRA, Taís Vasconcelos. *Controle externo da gestão ambiental*: a importância da atuação do Tribunal de Contas da União na proteção ao meio ambiente. [s.l.]: [s.n.], 2018. p. 8.

[12] DI PIETRO, Maria Sylvia Zanella. *Direito administrativo*. Rio de Janeiro: Forense, 2020. p. 1683.

O processo de expansão é respaldado pela Constituição, que confere à Corte de Contas um papel central no fortalecimento do Estado democrático de direito.

No contexto da gestão ambiental, a atuação do TCU se tornou não apenas pertinente, mas essencial. Como apontam Oliveira e Ribeiro,[13] a Portaria nº 383/1998 foi um marco na definição das estratégias institucionais de atuação para o controle ambiental, por meio da implementação do Projeto de Desenvolvimento da Fiscalização Ambiental – PDFA.

O referido normativo estabeleceu que o Tribunal passaria a fiscalizar, de forma abrangente, as ações executadas pelos órgãos integrantes do Sistema Nacional de Meio Ambiente (Sisnama), além das políticas, programas e atividades com potencial ou impacto efetivo sobre o meio ambiente. Também determinou a inclusão do aspecto ambiental nos processos de tomada e prestação de contas das entidades vinculadas ao Sistema em causa.

Em seus primórdios, a atuação do Tribunal de Contas da União seguiu uma orientação mais conservadora, pautada no rigoroso exame da legalidade, economicidade e eficácia dos atos de gestão praticados pelos responsáveis sujeitos à sua jurisdição. Esse controle, essencialmente retrospectivo, concentrava-se nas esferas contábil, financeira, orçamentária e patrimonial, refletindo a lógica do controle *a posteriori*, característico da fiscalização tradicional.

Contudo, a Portaria nº 383/1998, a qual aprovou a Estratégia de Atuação para o Controle de Gestão Ambiental inovou ao enfatizar ações voltadas ao desenvolvimento sustentável, priorizando planejamentos anuais que contemplassem atividades de fiscalização, capacitação e controle da gestão ambiental.

A título exemplificativo, com o propósito de auxiliar na execução dessas ações, foram estabelecidos planejamentos anuais que englobavam atividades de fiscalização, capacitação e outras medidas direcionadas ao controle da gestão ambiental.

Destacou-se, ainda, a adoção de uma abordagem preventiva, pedagógica e orientadora, em substituição ao modelo conservantista de controle formal.

A mudança de paradigma possibilitou a identificação de inconformidades estruturais e a realização de auditorias em diversas frentes, como orçamento ambiental, impactos ambientais, eficácia das políticas ambientais, licenciamento ambiental e cumprimento de tratados internacionais, *inter alia*.[14]

Além disso, em alinhamento com as diretrizes internacionais, o TCU tem se destacado na implementação das quatro abordagens propostas pela Organização Internacional das Entidades Fiscalizadoras Superiores (Intosai).

Por meio de auditorias-piloto conduzidas no Brasil e em países da América Latina, o Tribunal consolidou sua atuação no controle externo ambiental e contribuiu significativamente para a formulação do Guia Internacional da Intosai sobre os Objetivos de Desenvolvimento Sustentável (ODS).

Ademais, o TCU vem desempenhando um papel de liderança em cooperação com instituições como os Tribunais de Contas dos Estados Unidos, Reino Unido, Holanda e

---

[13] RIBEIRO, R. J. B.; OLIVEIRA, J. A. P. de. A inserção da questão ambiental no âmbito de atuação do controle externo federal. *Revista do TCU*, ano 34, n. 96, 2003. p. 28.

[14] LIMA, Luiz Henrique Moraes de. *O Tribunal de Contas da União e o controle externo da gestão ambiental*. 2009. 365 f. Tese (Doutorado em Engenharia) – Universidade Federal do Rio de Janeiro, Rio de Janeiro, 2009. p. 107.

Emirados Árabes Unidos, no desenho de modelos de avaliação e auditoria congruentes às exigências dos ODS.

Essas iniciativas não apenas fortalecem a transparência e a eficiência das instituições governamentais, mas, também, promovem maior integração entre as políticas públicas – transversalidade – e uma visão sistêmica da Administração, garantindo uma governança mais eficiente e sustentável.

Logo, o papel desempenhado pelo TCU na fiscalização da gestão ambiental se revela fundamental.

Por meio do Controle Externo das políticas ambientais e seus impactos na qualidade de vida das pessoas e ecossistemas, a Corte de Contas nacional contribui para a transparência, o fortalecimento do controle social e a indução de práticas administrativas sensíveis ao desenvolvimento sustentável, sopesando os princípios estabelecidos no ordenamento jurídico.

5 Tribunal de Contas da Paraíba e Governança Ambiental

Calha, neste instante, aclarar que, no âmbito estadual e municipal, a titularidade do Controle Externo pertence às assembleias legislativas e câmaras municipais – e, no caso do Distrito Federal, à Câmara Legislativa, assistidas pelos respectivos tribunais e conselhos de contas, conforme firmado no art. 75, da Constituição Federal.[15]

Estreitando o escopo e afinando o corte metodológico, até para resguardo próprio e, em atenção às regras da escrita monográfica, concentram-se nas ações do Tribunal de Contas do Estado da Paraíba, que tem encetado, desde o exercício de 2007, auditorias operacionais de alcance ambiental periscópico, vocacionadas, *e.g.*, ao estudo da disposição dos resíduos sólidos urbanos no território tabajara, à análise dos sistemas de abastecimento d'água e dos seus entornos – perscrutando a qualidade da água, à mobilidade urbana, à desertificação do Semiárido nordestino, a cidades sustentáveis e a mudanças climáticas, sem olvidar o Programa DECIDE, cujo escopo é o planejamento urbano, além dos cuidados com os bens naturais, culturais e históricos, por seu turno concretizados por Consórcios Intermunicipais para o Desenvolvimento Urbano.

No acompanhamento da gestão dos recursos hídricos, rememora-se o Projeto de Irrigação das Várzeas de Sousa (Pivas),[16] que levou a uma auditoria operacional debruçada sobre a concepção original do projeto, no respeitante à conservação e vigilância do sistema e à revitalização do Rio Piranhas.

Nesse diapasão, foram identificadas irregularidades na funcionalidade do perímetro irrigado, consistindo, resumidamente, na má conservação dos equipamentos do sistema, no uso não autorizado de água destinada exclusivamente à irrigação, com cristalino desvio do objetivo primevo do projeto e nefasto impacto na efetividade dos gastos vinculados à finalidade.

Em reforço a ações de feição mais geral, o Colegiado paraibano de Contas vem inserindo aspectos ambientais nas fiscalizações de licitações, contratos, prestações e

---

15 DI PIETRO, Maria Sylvia Zanella. *Direito administrativo*. Rio de Janeiro: Forense, 2020. p. 1683.

16 BRASIL. Tribunal de Contas do Estado da Paraíba. *Jurisprudência nº TC 04338/13*. Inspeção Especial. João Pessoa, 2013.

tomadas de contas, além de auditorias e inspeções de acompanhamento, algo que a Lei nº 14.133/21, em seu art. 6º, inc. XXV, avançou ao conceber o chamado estudo técnico preliminar, objetivando calcular a extensão de potenciais danos ao meio ambiente, como o descarte de materiais não biodegradáveis (a exemplo de pneus).

Foi o caso de denúncia[17] cumulada com representação em desfavor da Superintendência de Administração do Meio Ambiente – Sudema, imputando aos gestores ambientais estaduais da época a responsabilidade por supostas irregularidades ocorridas na concessão de licença de instalação da obra do Shopping Pátio Intermares.

Na oportunidade, discutiu-se, não sem barulho ou resistência por parte de outros órgãos de fiscalização, o procedimento originário de licenciamento ambiental, uma vez levantada suspeita de desrespeito às fases delineadas em caráter *numerus clausus* pela legislação regulamentadora.

Tendo por mira o estudo do ordenamento normativo e manejo local dos resíduos sólidos urbanos pelos 223 municípios da Paraíba, em meados de 2017, foi formalizada auditoria operacional, objetivando traçar, a partir do estatuído na Política Nacional de Resíduos Sólidos – Lei nº 12.305/2010, um diagnóstico da situação dos resíduos sólidos urbanos no torrão estadual, com três eixos de investigação: institucionalização da política pública, operacionalização do sistema de limpeza urbana e manejo de resíduos sólidos, e disposição final dos resíduos sólidos urbanos.[18]

Graças aos valorosos esforços do TCE/PB, sem demérito das ações empreendidas pelo Poder Executivo estadual e pelo MPPB, atualmente, na Paraíba, é diferente o quadro de municípios sem gestão adequada dos resíduos sólidos.

Na mesma trilha, impende arrolar um processo autuado em 2021 com pedido de reordenação da orla da capital paraibana, demandando uma série de ações pervasivas do Poder Público pessoense em relação a grupos socialmente vulneráveis, aos animais de tração usados para frete e ao ecossistema das praias urbanas na contextura da pandemia da Covid-19.[19]

Com estribo nessas experiências, não se mostra desarrazoado ou enviesado tecer menções apologéticas e até laudatórias às estratégias e iniciativas da Corte de Contas paraibana, sem desdouro qualquer a confrades como os TC da Amazônia, Paraná, Pernambuco e Rondônia, entre tantos dos atuais 33, ponderando as constrições orçamentário-financeiras que se lhes abatem, mormente por sua atuação desbravadora e acautelatória, arrimada na essência do direito ambiental, cujo ponto nevrálgico reside na tutela preventiva antes da reparatória, sobremodo quando se tem em mente que os impactos ambientais obedecem a uma lógica entrópica, devastadora e irreparável.

6 Conclusão

A teor do explanado, pode-se concluir que os desdobramentos da atividade de controle da gestão pública nunca foram tão mandatórios.

---

17 BRASIL. Tribunal de Contas do Estado da Paraíba. *Jurisprudência nº TC 13947/14*. Denúncia e Representação. João Pessoa, 2014.

18 BRASIL. Tribunal de Contas do Estado da Paraíba. *Jurisprudência nº TC 05095/16*. Inspeção Especial. João Pessoa, 2016.

19 BRASIL. Tribunal de Contas do Estado da Paraíba. *Documento nº 28859/21*. Inspeção Especial. João Pessoa, 2021.

Em meio às pressões internacionais e às crescentes atribuições delegadas à Pública Administração, também decursivas dos compromissos defluídos da adesão pelo Brasil à Agenda 2030 da ONU, o Controle Externo – e o Sistema Tribunais de Contas – vem assistindo a saltos quânticos nos tablados da efetividade das ações de fiscalização de políticas públicas e acompanhamento da eficiência dos gastos, vestindo trajes de *player* na busca pela efetiva concretização da boa gestão pública ambiental como item indispensável ao desenvolvimento sustentável.

Os exemplos de estratégias de atuação das cortes de contas pátrias – em especial, a nacional e a paraibana – na fiscalização da execução da gestão ambiental demonstram uma diligente e peculiar curadoria, não adstrita ao exame da legalidade, mas, antes de tudo, reverente aos direitos fundamentais e, maiormente, ao direito ao meio ambiente sustentável e ecologicamente equilibrado, projetando na paisagem uma desconhecida imagem do Controle Externo: não engessada, limitada ou presa ao controle formalista, tangencial e posterior aos atos patrimoniais típicos e aos danos pecuniários, de certo modo, impelindo-o para além do universo das auditorias, cômputos contábeis minuciosos e determinações de conformidade normativa aos gestores públicos.

Afinal, como canta a banda irlandesa de *rock* U2, na música *One*, "We get to carry each other" ("Nós temos de levar um ao outro").

Referências

BARROS, Marcelo. O papel do TCU na implementação da Agenda 2030 dos Objetivos de Desenvolvimento Sustentável. *Revista do TCU*, n. 136, 2016.

BRASIL. Constituição (1988). *Constituição da República Federativa do Brasil*. Brasília, DF: Senado, 1988.

BRASIL. *Lei nº 6.938, de 1981*. Dispõe sobre a Política Nacional do Meio Ambiente. Brasília, 1981.

BRASIL. Tribunal de Contas da União. *Portaria nº 383, de 05 de agosto de 1998*. Aprova a estratégia de atuação para o controle da gestão ambiental, resultante da implementação do Projeto de Desenvolvimento da Fiscalização Ambiental – PDFA. Brasília, 1998.

BRASIL. Tribunal de Contas do Estado da Paraíba. *Documento nº 28859/21*. Inspeção Especial. João Pessoa, 2021.

BRASIL. Tribunal de Contas do Estado da Paraíba. *Jurisprudência nº TC 04338/13*. Inspeção Especial. João Pessoa, 2013.

BRASIL. Tribunal de Contas do Estado da Paraíba. *Jurisprudência nº TC 05095/16*. Inspeção Especial. João Pessoa, 2016.

BRASIL. Tribunal de Contas do Estado da Paraíba. *Jurisprudência nº TC 13947/14*. Denúncia e Representação. João Pessoa, 2014.

CAMARGO, B. H. F. Abordagem constitucional dos Tribunais de Contas: uma análise acerca da evolução de suas competências para alcance da avaliação qualitativa. *Revista Controle – Doutrina e Artigos*, v. 18, n. 1. 2020.

COIMBRA, Taís Vasconcelos. *Controle externo da gestão ambiental*: a importância da atuação do Tribunal de Contas da União na proteção ao meio ambiente. [s.l.]: [s.n.], 2018.

DI PIETRO, Maria Sylvia Zanella. *Direito administrativo*. Rio de Janeiro: Forense, 2020.

GONÇALVES, Fernando. Papel e responsabilidades do Tribunal de Contas da União na auditoria do meio ambiente. *Revista do Tribunal de Contas da União*, Brasília, n. 66, 1997.

LIMA, Luiz Henrique Moraes de. *O Tribunal de Contas da União e o controle externo da gestão ambiental*. 2009. 365 f. Tese (Doutorado em Engenharia) – Universidade Federal do Rio de Janeiro, Rio de Janeiro, 2009.

MEIRELLES, H. L. *Direito administrativo brasileiro*. 30. ed. São Paulo: Malheiros, 2005.

RIBEIRO, R. J. B.; OLIVEIRA, J. A. P. de. A inserção da questão ambiental no âmbito de atuação do controle externo federal. *Revista do TCU*, ano 34, n. 96, 2003.

Informação bibliográfica deste texto, conforme a NBR 6023:2018 da Associação Brasileira de Normas Técnicas (ABNT):

TAVARES, Lourdes Isabelle Andrade; QUEIROZ, Sheyla Barreto Braga de. Sistema Tribunais de Contas e Controle Externo da Gestão Ambiental: a experiência do Tribunal de Contas do Estado da Paraíba. *In*: LIMA, Edilberto Carlos Pontes (coord.). *Os Tribunais de Contas e a sustentabilidade*: governança e controle no enfrentamento das mudanças climáticas. Belo Horizonte: Fórum, 2025. p. 143-152. ISBN 978-65-5518-670-3. (Coleção Fórum IRB, v. 6). t. 2.

O TRIBUNAL DE CONTAS DOS MUNICÍPIOS DO ESTADO DO PARÁ NO CONTEXTO DA REALIZAÇÃO DA COP30 EM BELÉM: ATUAÇÃO PARA A SUSTENTABILIDADE DE MUNICÍPIOS JURISDICIONADOS

LUCIANA PEREIRA E FERREIRA CENTENO

IRANILDO FERREIRA PEREIRA

SÍLVIA MIRALHA DE ARAÚJO RIBEIRO

1 Introdução

A Conferência das Partes (COP), a ocorrer em sua 30ª edição no município de Belém, no Estado do Pará, é a reunião anual dos representantes de países e territórios signatários da Convenção-Quadro das Nações Unidas sobre a Mudança do Clima (UNFCCC). Trata-se do principal órgão deliberativo da UNFCCC, e que tem como objetivos a implementação, o acompanhamento e a atualização de medidas voltadas para a menor emissão de gases do efeito estufa em uma tentativa de conter o aquecimento global e as mudanças climáticas (UNCC, 2025).

De forma ampla, as reuniões anuais da COP são também o principal fórum internacional para negociações climáticas e suas edições oportunizam a discussão e avanços para a implementação de soluções globais sobre sustentabilidade (AGÊNCIA GOV, 2004); nas quais, considerando a relevância do bioma amazônico para o equilíbrio ambiental mundial, a Amazônia esteve como assunto de discussões, entre outras, destacando a importância de ações locais alinhadas aos objetivos globais (CONSÓRCIO AMAZÔNIA LEGAL, 2021; 2022).

Nesse contexto, a atuação de Tribunais de Contas brasileiros com ações específicas para esta região se torna de grande relevância, pois eles exercem função de controle, fiscalização e orientação aos gestores, dentre outros, no que diz respeito à implementação de políticas públicas sustentáveis.

Assim, este artigo relaciona a realização da COP30 em Belém e a atuação do Tribunal de Contas dos Municípios do Estado do Pará, do qual o município-sede,

Belém, que será o grande palco das discussões no ano de 2025, é jurisdicionado, bem como a atuação do TCM/PA visando impactos positivos na sustentabilidade dos demais municípios paraenses, alinhada aos objetivos da Conferência no que tange à Amazônia, em particular, à fiscalização e orientação da gestão municipal pelo TCM/PA no âmbito de suas atribuições e iniciativas conjuntas de Tribunais de Contas brasileiros.

Por fim, estimulam-se reflexões contextualizadas quanto à atuação dos Tribunais de Contas brasileiros no desenvolvimento de ações locais alinhadas a objetivos nacionais e globais que promovam a sustentabilidade regional por meio do exercício da governança e controle no enfrentamento de mudanças climáticas promovidos pela Conferência.

2 O que é COP e repercussões para órgãos de controle e fiscalização

A *Conference of Parties*, Conferência das Partes, ou, como vem sendo mais conhecida, COP, é o órgão deliberativo supremo de decisão da *United Nations Framework Convention on Climate Change* (UNFCCC), Convenção-Quadro das Nações Unidas sobre Mudanças Climáticas, que tem como objetivo estabilizar as concentrações de gases de efeito estufa na atmosfera em um nível que impeça uma interferência humana perigosa no sistema climático (UNCC, 2025).

Para isso, as discussões e encaminhamentos da COP orbitam sobre o estabelecimento de compromissos e metas com prazo suficiente que permita aos ecossistemas adaptarem-se naturalmente à mudança do clima, assegurando que a produção de alimentos não seja ameaçada e permitindo ao desenvolvimento econômico prosseguir de maneira sustentável (MINISTÉRIO DO MEIO AMBIENTE, 2025). Assim, apesar de tratar-se de reunião com foco explícito sobre mudanças climáticas, nela são abordadas discussões transversais sobre desenvolvimento socioambiental e sustentabilidade.

O Brasil sempre demonstrou liderança internacional nas questões sobre o meio ambiente. Como exemplo, foi durante a Conferência das Nações Unidas para o Meio Ambiente e o Desenvolvimento, realizada no Rio de Janeiro em 1992, a Rio-92, que representantes de 179 países consolidaram uma agenda global para minimizar os problemas ambientais mundiais em um momento em que crescia a ideia do desenvolvimento sustentável, e da busca de um modelo de crescimento econômico e social aliado à preservação ambiental e ao equilíbrio climático em todo o planeta. Neste cenário foi elaborada a Convenção-Quadro das Nações Unidas sobre Mudança do Clima (UNFCCC). No mesmo evento, foram definidos compromissos e obrigações para todos os países (denominados Partes da Convenção) e, levando em consideração o princípio das responsabilidades comuns, porém diferenciadas, foram determinados compromissos específicos para as nações desenvolvidas. Os países signatários comprometeram-se a elaborar uma estratégia global "para proteger o sistema climático para gerações presentes e futuras" (BRASIL ESCOLA, 2025).

O princípio das responsabilidades comuns, porém diferenciadas, afirma que as Partes devem proteger o sistema climático em benefício das gerações presentes e futuras com base na equidade e em conformidade com suas respectivas capacidades. Em decorrência disso, os países desenvolvidos que participam da Convenção devem tomar a iniciativa no combate à mudança do clima e seus efeitos, devendo considerar as necessidades específicas dos países em desenvolvimento, em especial os particularmente vulneráveis aos efeitos negativos da mudança do clima (MINISTÉRIO DO MEIO AMBIENTE, 2025).

Entre os compromissos assumidos por todas as Partes, incluem-se: elaborar inventários nacionais de emissões de gases de efeito estufa; implementar programas nacionais e/ou regionais com medidas para mitigar a mudança do clima e se adaptar a ela; promover o desenvolvimento, a aplicação e a difusão de tecnologias, práticas e processos que controlem, reduzam ou previnam as emissões antrópicas de gases de efeito estufa; promover e cooperar em pesquisas científicas, tecnológicas, técnicas, socioeconômicas e outras, em observações sistemáticas e no desenvolvimento de bancos de dados relativos ao sistema do clima; promover e cooperar na educação, treinamento e conscientização pública em relação à mudança do clima. Os países desenvolvidos encarregaram-se, ainda, dos seguintes compromissos específicos: adotar políticas e medidas nacionais para reduzir as emissões de gases de efeito estufa e mitigar a mudança do clima; transferir recursos tecnológicos e financeiros para países em desenvolvimento; auxiliar os países em desenvolvimento, particularmente os mais vulneráveis à mudança do clima, na implementação de ações de adaptação e na preparação para a mudança do clima, reduzindo os seus impactos (MINISTÉRIO DO MEIO AMBIENTE, 2025).

Todos os Estados que são Partes estão representados na COP, na qual analisam a implementação da Convenção e quaisquer outros instrumentos jurídicos que a COP adote e tomam as decisões necessárias para promover a implementação eficaz da Convenção, incluindo acordos institucionais e administrativos.

Um dos mais conhecidos deles, o Acordo de Paris, é um tratado internacional que tem como objetivo reduzir as emissões de gases do efeito estufa, como o dióxido de carbono (CO2), para conter o avanço do aquecimento global e as mudanças climáticas. O Acordo foi ratificado por 194 partes, o que compreende 193 países e a União Europeia e traz como meta que o aumento de temperaturas fique abaixo de 2ºC se comparado com o período industrial, sendo o ideal um aumento de 1,5ºC. Esse acordo determina a elaboração de metas de redução nacional pelos países signatários, incluindo tanto países desenvolvidos quanto países subdesenvolvidos e emergentes. Ainda segundo o Acordo, os países desenvolvidos devem oferecer auxílio financeiro e tecnológico aos demais países para que eles possam enfrentar as mudanças climáticas (NAÇÕES UNIDAS BRASIL, 2025; BRASIL ESCOLA, 2025; NATIONAL GEOGRAFIC, 2025).

O Acordo de Paris foi desenvolvido como sucessor do também vastamente conhecido Protocolo de Kyoto, que representou um marco no enfrentamento às mudanças climáticas no longo prazo, assinado em 1997, durante a COP3. O Protocolo de Kyoto foi o primeiro a responsabilizar os países desenvolvidos pela degradação ambiental que causou o aquecimento do planeta e as mudanças climáticas. Por isso, o documento trouxe um conjunto de metas a serem cumpridas por esse grupo de países (BRASIL ESCOLA, 2025; SCHAUENBERG, 2020). Já o Acordo de Paris surgiu na COP21, realizada em Paris, na França, em 2015, e foi ratificado originalmente por 196 países e entrou em vigor no ano de 2016.

Os Estados Unidos notificaram a ONU sobre sua saída do Acordo de Paris em dois momentos da sua história: em 2017, voltando quatro anos depois, e em 2025, ambas saídas ocorreram durante o governo de Donald Trump. Segundo analistas, os principais temores relacionados a esse movimento são de que a iniciativa de Trump no comando da maior economia do mundo possa ser uma influência para outros países em um "efeito dominó" de saída do tratado. Além disso, há preocupação de que haja diminuição nos investimentos para a agenda climática e de que o sucesso da COP30, que será realizada no Brasil em novembro deste ano, possa ser comprometido (BRASIL ESCOLA, 2025; JORNAL CRUZEIRO DO SUL, 2025; REDAÇÃO G1, 2025; THE WHITE HOUSE, 2025).

O Brasil é um dos signatários do Acordo de Paris. Recentemente o país expandiu suas metas, e pretende reduzir entre 59% e 67% suas emissões até 2035 por meio da nova Contribuição Nacionalmente Determinada (NDC). Com base nessa nova NDC, os planos setoriais de mitigação, em fase de elaboração e que deverão estar concluídos no primeiro semestre de 2025, estabelecerão valores absolutos de redução de emissões de todos os gases de efeito estufa e metas para todos os setores da economia brasileira. Dessa forma, o Brasil estará alinhado ao objetivo de neutralidade climática até 2050, e ao compromisso global de limitar o aquecimento a 1,5ºC em relação ao período pré-industrial, conforme o Balanço Global acordado na COP28, em Dubai, em 2023. O vice-presidente da República, Geraldo Alckmin, acompanhado da ministra do Meio Ambiente e Mudança do Clima, Marina Silva, e da secretária-geral das Relações Exteriores, Embaixadora Maria Laura da Rocha, entregou oficialmente a nova Contribuição Nacionalmente Determinada (NDC) do Brasil ao secretário-executivo da Convenção-Quadro das Nações Unidas sobre Mudança do Clima (UNFCCC). O ato ocorreu durante a COP29, a conferência do clima da ONU realizada em Baku, Azerbaijão, de 11 a 22 de novembro em 2024 (MINISTÉRIO DE MEIO AMBIENTE E MUDANÇA DO CLIMA, 2025).

Considerando a relevância do bioma amazônico para o equilíbrio climático do planeta, este sempre atraiu preocupações internacionais, entre elas, com o desmatamento acelerado, impulsionado pela expansão da criação de gado, cultivo de soja, atividades de garimpo, exploração ilegal de madeira e apropriação indevida de terras públicas, trazendo riscos à fauna, à flora, aos povos indígenas e ao equilíbrio ambiental (GREENPEACE, 2025).

Assim, discussões sobre o modelo de desenvolvimento para a região têm sido abordadas por diversos estudos e pesquisas das mais diversas áreas por instituições nacionais e internacionais durante as COPs. Esse cenário de desafios comuns precisa ser compreendido pelos Tribunais de Contas dos Estados da Amazônia, a fim de atuarem de forma coordenada sobre os principais riscos que ameaçam a sustentabilidade da região (ATRICON, 2022).

A discussão internacional sobre a região fora dela e a partir de interlocutores alheios à sua realidade e complexidade culminou na Carta dos Governadores pela Amazônia, apresentada pelo Consórcio Interestadual de Desenvolvimento Sustentável da Amazônia Legal (CAL), reunindo os nove estados da Amazônia Legal apresentada na COP27 que ocorreu em Sharm El Sheikh no Egito (CONSÓRCIO AMAZÔNIA LEGAL, 2021; 2022).

3 COP30 – A COP do Brasil na Amazônia

Detentor da maior biodiversidade do planeta e nona maior economia do mundo, o Brasil sediará pela primeira vez a conferência em 2025. Para o Brasil, a COP30 representa uma oportunidade histórica para reafirmar seu papel de liderança nas negociações sobre mudanças climáticas e sustentabilidade global. O evento permitirá ao país demonstrar seus esforços em áreas como energias renováveis, biocombustíveis e agricultura de baixo carbono, além de reforçar sua atuação histórica em processos multilaterais, como na Eco-92 e na Rio+20 (PRESIDÊNCIA DA REPÚBLICA, 2025).

A primeira COP ocorreu em 1995, em Berlim, na Alemanha. Também já sediaram o evento países como Peru, França e Marrocos. A última, em novembro de 2024, foi realizada em Baku, no Azerbaijão. Participam da conferência todos os 193 países da ONU e cinco territórios (SENADO NOTÍCIAS, 2025).

Durante a COP27, em 2022 em Sharm El Sheikh no Egito, o Presidente Luiz Inácio Lula da Silva havia afirmado, ainda antes de assumir, que pediria à Organização das Nações Unidas (ONU) para que a Amazônia sediasse a Conferência do Clima (COP) em 2025. Lula deu a declaração no Egito ao discursar no evento "Carta da Amazônia – Uma agenda comum para a transição climática", relacionado à COP27. Governadores brasileiros também participaram do evento (REDAÇÃO G1, 2022). "Nós vamos falar com o secretário-geral da ONU [António Guterres] e vamos pedir para que a COP de 2025 seja feita no Brasil e, no Brasil, seja feita na Amazônia. E, na Amazônia, tem dois estados aptos a receber qualquer conferência internacional, que é o estado do Amazonas e o estado do Pará", afirmou Lula (PODER 360, 2022).

Em janeiro de 2023, o Governo Federal, por meio do Itamaraty, formalizou a candidatura de Belém como cidade-sede para a realização da COP30. A notícia foi compartilhada por meio de vídeo do Presidente Lula parabenizando o Governador Helder Barbalho pelos 407 anos de Belém do Pará, confirmando a solicitação após compromisso firmado sobre a proposta na COP27 que ocorreu em Sharm El Sheikh, no Egito (REDAÇÃO G1, 2023), da qual o governador também participou, representando o Consórcio Interestadual de Desenvolvimento Sustentável da Amazônia Legal (CAL), que reúne nove estados da Amazônia Legal: Acre, Amapá, Amazonas, Mato Grosso, Maranhão, Pará, Rondônia, Roraima e Tocantins, entregando carta de compromisso para uma agenda comum de transição climática para Amazônia a Lula (REDAÇÃO G1, 2022).

A Carta dos Governadores pela Amazônia, apresentada na COP27, reafirma o compromisso dos governadores dos nove estados da Amazônia Legal com a conservação e o desenvolvimento sustentável da região. O documento destaca a necessidade de uma relação eficaz com o Governo Federal, baseada no diálogo e no respeito democrático, além da urgência em buscar soluções para a crise climática por meio de cooperação internacional e cumprimento dos acordos ambientais. A carta ressalta que o modelo de desenvolvimento vigente gerou desigualdades e degradação ambiental, e defende uma nova abordagem baseada na bioeconomia, inovação e fortalecimento institucional. Os governadores enfatizam a importância da monetização dos serviços ambientais da floresta e da inclusão social para garantir dignidade à população amazônica. O documento conclui que o desenvolvimento sustentável do Brasil depende de uma Amazônia viva e conservada, e que ações imediatas são fundamentais para transformar essa visão em realidade (CONSÓRCIO AMAZÔNIA LEGAL, 2022).

Em maio de 2023, a ONU confirmou Belém (PA) como sede da COP30, a Conferência para o Clima (PRESIDÊNCIA DA REPÚBLICA, 2023). A COP30 será realizada entre 10 e 21 de novembro (SENADO NOTÍCIAS, 2025). Durante programação do Fórum Econômico Mundial em Davos, em 2025, o governador do Estado do Pará e presidente do Consórcio Interestadual de Desenvolvimento Sustentável da Amazônia Legal, Helder Barbalho, afirmou que a realização da COP30 em Belém permitirá termos o maior momento de discussão ambiental acontecendo na floresta amazônica, maior floresta tropical do mundo, e certamente é uma oportunidade incrível que as Nações Unidas permitem ao planeta, ao mesmo tempo que permite ao Brasil poder liderar esse momento e esta agenda.

E afirmou ainda que o governo estadual atua para que o Brasil possa exercer o papel de liderança climática por meio do exemplo e desenvolvimento de iniciativas próprias voltadas à sustentabilidade, educação ambiental, fortalecimento da economia verde e desenvolvimento socioeconômico sustentável (AGÊNCIA PARÁ, 2025).

4 Atuação conjunta dos Tribunais de Contas com foco ambiental

Os Tribunais de Contas do Brasil têm firmado acordos de cooperação para fortalecer o controle, a fiscalização e a orientação em temas ambientais, alinhados às discussões da COP. Destaca-se o acordo de cooperação técnica firmado em 2021 entre a Associação dos Membros dos Tribunais de Contas do Brasil (Atricon) e a Transparência Internacional Brasil, com o objetivo de mobilizar os Tribunais de Contas em temas como gestão florestal e combate ao desmatamento ilegal (SILVA, 2024).

Em 2022, a Atricon e a Transparência Internacional lançaram novas ações para aprimorar a fiscalização dos órgãos de controle externo nas áreas ambiental e de infraestrutura. Essas iniciativas incluem o uso de tecnologias para o controle ambiental, a realização de eventos técnico-científicos para debater a sustentabilidade da Amazônia e a publicação de materiais elaborados pelos Tribunais de Contas sobre o meio ambiente (ATRICON, 2022).

Além disso, o Instituto Rui Barbosa (IRB), por meio de seu Comitê Técnico de Meio Ambiente e Sustentabilidade, firmou um Acordo de Cooperação Técnica com a Associação de Entidades Oficiais de Controle Público do Mercosul (Asur) e o Instituto de Estudos Técnicos e Investigação da Argentina (Ietei). O objetivo é fomentar a melhoria da governança e das políticas públicas ambientais no Brasil e na Argentina, contribuindo para a solução de problemas socioambientais e promovendo uma sociedade mais sustentável (IRB, 2024).

Esses acordos demonstram o compromisso dos Tribunais de Contas brasileiros em fortalecer suas atribuições relacionadas ao controle e fiscalização ambiental, alinhando-se às discussões e objetivos estabelecidos nas Conferências das Partes (COP) sobre mudanças climáticas.

Dentre estas iniciativas, destaca-se a realização do I Congresso Ambiental dos Tribunais de Contas em Manaus, no Amazonas, em 2022, que culminou com o documento Carta pela Amazônia (ATRICON, 2022), apresentando um compromisso dos Tribunais de Contas do Brasil para fortalecer o controle e fiscalização ambiental, especialmente na Amazônia, diante do crescente desmatamento e da necessidade de garantir o desenvolvimento sustentável.

No documento, aborda-se o papel crucial do Brasil no contexto da preservação ambiental; a sustentabilidade como centro do debate global, com a Agenda 2030 da ONU e acordos como o Acordo de Paris e o *Green Deal* da União Europeia influenciando políticas nacionais; e o desafio dos Tribunais de Contas em garantir a transparência na aplicação de recursos ambientais e em incentivar a preservação florestal. Também se registram os principais problemas identificados com destaque: ao crescimento do desmatamento; à fraude e corrupção; à falta de implementação do código florestal; e à violência no campo. E, ainda, compromissos estabelecidos entre os tribunais, dentre eles relacionados ao uso de tecnologia; criação de equipe técnica; padronização e auditorias; combate à corrupção; e valorização dos serviços ambientais. Finalmente apresenta-se, como próximos passos, a elaboração de plano de atuação para a Amazônia Legal, a partir do qual os Tribunais de Contas devem estruturar um plano de metas e ações para combater o desmatamento ilegal e promover o desenvolvimento sustentável.

A ação reafirmou o engajamento da Resolução Atricon nº 02/2021 (ATRICON 2021), que aprovou as diretrizes de controle externo relacionadas à gestão florestal, e as cortes de contas, adicionalmente, comprometeram-se a: realizar auditorias anuais sobre prevenção e combate ao desmatamento, queimadas e degradação florestal, abordando temas como governança florestal, políticas ambientais e fiscalização; realizar auditorias coordenadas na Amazônia Legal sobre políticas de combate ao desmatamento e queimadas; monitorar permanentemente o desmatamento usando tecnologias geoespaciais com apoio de instituições especializadas; fomentar boas práticas para combater fraudes e corrupção em licitações e gestão ambiental; estudar soluções para a remuneração de serviços ambientais e acesso ao mercado ESG. Esses compromissos visam contribuir para a redução do desmatamento na Amazônia e para o cumprimento dos ODS 13, 15 e 16 da Agenda 2030 da ONU (NAÇÕES UNIDAS BRASIL, 2025).

Nos anos subsequentes, em 2023 e 2024, o Congresso Ambiental dos Tribunais de Contas foi realizado em Cuiabá e Macapá, respectivamente, tendo o último produzido a Carta do Amapá: A Amazônia que Queremos (III CATC, 2024), com o objetivo de reafirmar o compromisso dos Tribunais de Contas na promoção do desenvolvimento sustentável da Amazônia e que ratifica o compromisso de aprimorar as ações de controle e as parcerias institucionais já celebradas.

Dentre os principais compromissos e diretrizes expressos no documento, destacam-se o fortalecimento do controle externo ambiental através da instituição de unidades técnicas especializadas em meio ambiente nos Tribunais de Contas e da criação de uma rede de cooperação para troca de experiências e metodologias de fiscalização ambiental; o diálogo interinstitucional e indução de políticas públicas sustentáveis por meio do acompanhamento da implementação do Pacto pela Transformação Ecológica (DOU, 2024) e outros programas ambientais, do estímulo à regularização fundiária, transição energética, investimentos em pesquisa e a redução do desmatamento e do incentivo a medidas de proteção para comunidades tradicionais, quilombolas e indígenas; e o enfrentamento da emergência climática por meio da inclusão à prevenção de desastres naturais e adaptação às mudanças climáticas nas fiscalizações e monitoramento dos compromissos assumidos na COP30.

A carta está alinhada aos Objetivos do Desenvolvimento Sustentável (ODS) da ONU (NAÇÕES UNIDAS BRASIL, 2025), cobrindo temas como bioeconomia, exploração florestal, financiamento sustentável, ciência e tecnologia, e a melhoria de indicadores sociais e econômicos, e nela a Atricon se compromete a mobilizar os Tribunais de Contas para a construção de uma agenda ambiental integrada, visando apresentar essas propostas na COP30 e contribuir para políticas públicas que assegurem um futuro sustentável para a Amazônia e para o Brasil.

A Nota Recomendatória Conjunta Atricon-IRB-CNPTC nº 04/2024 (ATRICON; IRB; CNPTC, 2024) considera os compromissos assumidos pelos órgãos e instituições do Sistema Tribunais de Contas durante o III Congresso Ambiental dos Tribunais de Contas, os quais encontram-se expressos na Carta do Amapá. Observa-se, portanto, o papel resolutivo e favorável ao progresso de medidas conjuntas que a realização dos congressos ambientais dos Tribunais de Contas vem alcançando no tocante aos assuntos tangentes às discussões da COP30 e a importância do fortalecimento da iniciativa no avanço da atuação dos Tribunais de Contas na área ambiental.

5 O TCM/PA

O Tribunal de Contas dos Municípios do Estado do Pará (TCM/PA) foi instituído pela Emenda Constitucional nº 13, de 16.10.1980, à Constituição estadual, com fundamento no art. 16, §1º da Constituição Federal. Conforme a Constituição estadual e o disposto no art. 1º da Lei Complementar nº 109, de 27.12.2016, compete ao TCM/PA, entre outras atribuições, apreciar as contas de governo anualmente prestadas pelos prefeitos e sobre elas emitir parecer prévio; julgar as contas da mesa diretora das câmaras municipais; julgar as contas dos administradores e demais responsáveis por dinheiros, bens e valores públicos das unidades dos poderes dos municípios e das entidades da administração indireta, incluídas as fundações e sociedades instituídas e mantidas pelo Poder Público Municipal, assim como as contas daqueles que tenham recebido recursos repassados pelos municípios ou que derem causa à perda, a extravio ou outra irregularidade de que resulte dano ao erário. No julgamento de contas e na fiscalização que lhe compete, o TCM/PA decide sobre a legalidade, a legitimidade, a eficiência e a economicidade dos atos de governo e de gestão, assim como das despesas deles decorrentes e, ainda, sobre a aplicação de subvenções, auxílios e renúncia de receitas (TCM/PA, 2025).

Em 2019, o TCM/PA realizou, por meio de seus técnicos, estudos, visitas a outros tribunais de contas para iniciar mudanças em sua estrutura organizacional. Em 30.1.2020, por meio da Resolução Administrativa nº 02/2020/TCM/PA (TCM/PA, 2020), que dispõe sobre implantação, estruturação, competência e funcionamento dos serviços auxiliares do tribunal, estabelece no art. 2º a estruturação dos serviços auxiliares. No art. 119 da mesma resolução administrativa, estabelece a estrutura organizacional do Núcleo de Fiscalização – NUF, contemplando áreas temáticas, entre elas meio ambiente, que seria implementada no futuro.

Em 2021, com a Resolução Administrativa nº 01/2021/TCM/PA, de 13.1.2021 (TCM/PA, 2021), revoga a supracitada resolução e, com isto, reestrutura alguns setores do tribunal, extinguindo o NUF e criando a Diretoria de Planejamento, Assessoramento, Monitoramento, Fiscalização e Controle Externo – DIPLAMFCE, art. 2º. A diretoria passa a ser composta por 7 (sete) coordenações, sendo algumas temáticas e voltadas para políticas públicas.

Em 2023, a Resolução Administrativa nº 15/2023/TCM/PA, de 15.5.2023, com efeitos a contar de 1º.2.2023 (TCM/PA, 2023), revoga a Resolução Administrativa nº 01/2021/TCM/PA e acrescenta 3 (três) coordenações, passando para 10 (dez). Entre elas meio ambiente, saúde e educação que, como uma de suas atribuições, possui:

> executar atividades de fiscalização em suas áreas de atuação, por meio de ações de auditoria, inspeção, monitoramento, levantamento e acompanhamento, conforme os procedimentos estabelecidos nas normas de regência deste Tribunal e demais Normas Brasileiras de Auditoria do Setor Público – NBASP, editadas pelo Instituto Rui Barbosa – IRB.

Tais medidas oportunizam o desenvolvimento de fiscalizações de assuntos específicos no tocante à temática ambiental conforme recomendações e compromissos já citados e ainda em temáticas tangentes, como é o caso da educação de povos tradicionais, indígenas e quilombolas na área da educação; o acesso a serviços de saúde e qualidade destes à população da Amazônia; e a transparência da gestão de municípios, apenas para citar alguns exemplos.

Para relacionar as atribuições do Tribunal de Contas dos Municípios do Estado do Pará com a realização da COP30 em Belém, podemos focar nos pontos em que o trabalho do TCM/PA pode contribuir para o avanço dos temas discutidos na conferência, como sustentabilidade, governança ambiental e cumprimento de políticas públicas relacionadas ao meio ambiente.

6 O TCM/PA no contexto da COP30 – Atuação para a sustentabilidade de municípios jurisdicionados

Especificamente em relação ao meio ambiente, a Constituição Federal de 1988 destinou um capítulo ao meio ambiente no qual define que todos têm direito ao meio ambiente ecologicamente equilibrado, bem de uso comum do povo e essencial à sadia qualidade de vida, impondo-se ao Poder Público e à coletividade o dever de defendê-lo e preservá-lo para as presentes e futuras gerações.

Ao mesmo tempo em que o art. 225 da CF/88 define um meio ambiente ecologicamente equilibrado e o qualifica como sendo essencial à sadia qualidade vida, também impõe ao Poder Público o dever de preservá-lo. Isto implica que toda a ação pública necessita considerar a questão ambiental como parte importante desta ação.

Dessa forma, os Tribunais de Contas como entidades fiscalizadoras assumem papel relevante no controle externo das políticas que se relacionem com a temática meio ambiente. Dentre as políticas públicas na área ambiental, o saneamento básico guarda estreita relação com os objetivos da COP30, em especial com a redução de emissão de gases de efeito estufa e preservação da biodiversidade.

A Lei nº 11.445/2007 (BRASIL, 2007), alterada pela Lei nº 14.026/2020 (Novo Marco Legal do Saneamento Básico), define em seu art. 3º:

> Art. 3º Para os efeitos desta Lei, considera-se:
>
> I – saneamento básico: conjunto de serviços, infraestruturas e instalações operacionais de:
>
> a) abastecimento de água potável: constituído pelas atividades, infraestruturas e instalações necessárias ao abastecimento público de água potável, desde a captação até as ligações prediais e respectivos instrumentos de medição;
>
> b) esgotamento sanitário: constituído pelas atividades, infraestruturas e instalações operacionais de coleta, transporte, tratamento e disposição final adequados dos esgotos sanitários, desde as ligações prediais até o seu lançamento final no meio ambiente;

> c) limpeza urbana e manejo de resíduos sólidos: conjunto de atividades, infraestruturas e instalações operacionais de coleta, transporte, transbordo, tratamento e destino final do lixo doméstico e do lixo originário da varrição e limpeza de logradouros e vias públicas;
>
> d) drenagem e manejo das águas pluviais urbanas: conjunto de atividades, infraestruturas e instalações operacionais de drenagem urbana de águas pluviais, de transporte, detenção ou retenção para o amortecimento de vazões de cheias, tratamento e disposição final das águas pluviais drenadas nas áreas urbanas; [...].

A execução inadequada desta política pública nos municípios influencia diretamente o bem-estar e a saúde das pessoas, impactando diversos indicadores transversais relacionados ao desenvolvimento e à qualidade de vida na Amazônia.

Ainda em nível municipal, o tratamento inadequado dos resíduos sólidos tem potencial de causar danos à natureza e à sociedade. A destinação final dos resíduos a lixões a céu aberto é predominante na Região Norte e é causadora de gases de efeito estufa, em função da decomposição dos resíduos depositados de forma inadequada nesses lixões.

Assim, o TCM/PA, ao fiscalizar a implementação de políticas públicas que possibilitem a erradicação desta forma de destinação final de resíduos, bem como a adequação deste serviço público de forma a possibilitar a destinação final ambientalmente adequada, em aterros sanitários; contribui para o alcance dos objetivos da COP30.

Neste sentido, o TCM/PA realizou fiscalização na modalidade levantamento denominado *Diagnóstico do Saneamento Básico nos 144 municípios do Estado do Pará*; com o objetivo de mapear a situação do saneamento nas cidades paraenses. O levantamento refere-se aos quatro componentes do saneamento básico, bem como à questão orçamentária e transparência. Este relatório encontra-se disponível na página do TCM/PA, aba Publicações (TCM/PA, 2025).

Considerando que a instituição de coordenações temáticas no órgão é recente, além do exemplo concreto, apresentam-se, a seguir, como exercício exploratório, algumas possíveis contribuições futuras do TCM/PA no que concerne aos assuntos centrais e tangentes suscitados pela COP30.

Em relação à fiscalização de políticas ambientais, o TCM/PA pode intensificar a fiscalização sobre a implementação de políticas públicas municipais que visem à sustentabilidade e à preservação ambiental, especialmente aquelas relacionadas à proteção da Amazônia e ao combate ao desmatamento. Durante a COP30, essas questões estarão em pauta, e o trabalho do Tribunal pode ser um mecanismo importante para garantir que os municípios cumpram as normas e compromissos assumidos internacionalmente.

No tocante ao monitoramento e transparência, o TCM/PA tem um papel importante em promover a transparência e a responsabilidade na gestão pública municipal, especialmente nas questões relacionadas ao meio ambiente. Isso pode ser ampliado com o uso de ferramentas como auditorias e acompanhamento de investimentos e projetos que visem à mitigação das mudanças climáticas, um dos temas principais da COP30.

Quanto à orientação e capacitação para os municípios, uma das funções do Tribunal é orientar os gestores municipais sobre o correto uso de recursos públicos. Em contexto com a COP30, o TCM/PA pode ajudar na orientação dos municípios do Pará sobre critérios para a estruturação de políticas de gestão ambiental eficientes, que atendam aos ODS e aos compromissos da conferência, como o ODS 13 (Combate às alterações climáticas) e ODS 15 (Vida sobre a Terra).

Sobre fomento à sustentabilidade, como parte de seu compromisso com a melhoria da gestão pública, o TCM/PA pode promover boas práticas de governança ambiental e a implementação de soluções inovadoras que envolvam a sociedade civil, empresas e governo. A COP30 será um momento propício para promover essas práticas em nível municipal e integrar os esforços de diferentes atores em prol da sustentabilidade.

E ainda pertinente ao apoio à implementação de soluções para o desenvolvimento sustentável, o TCM/PA pode, por exemplo, monitorar, nos municípios paraenses, a execução de projetos financiados com recursos federais ou internacionais que visem à sustentabilidade e à adaptação aos impactos das mudanças climáticas. A conferência em Belém pode ser uma oportunidade para reforçar o compromisso do Tribunal com a Agenda 2030 e com a implementação dos ODS, alinhando as ações do TCM/PA com os objetivos globais.

Esses pontos demonstram que o TCM/PA pode ser um ator estratégico na promoção de políticas públicas relacionadas à sustentabilidade e ao meio ambiente discutidas na COP30 para municípios jurisdicionados no Estado do Pará, atento às recomendações e acordos nacionais.

Assim, o TCM/PA possui um papel fundamental no controle, fiscalização e orientação dos gestores públicos para a implementação de políticas alinhadas aos princípios da sustentabilidade. Considerando que a COP30 será realizada em Belém, no Estado do Pará, o momento representa uma oportunidade ainda maior para fortalecer a governança ambiental nos municípios paraenses, promovendo maior alinhamento com as diretrizes internacionais.

Referências

AGÊNCIA GOV. *COP 29*: conheça curiosidades do maior evento sobre mudanças climáticas do mundo. 2024. Disponível em: https://agenciagov.ebc.com.br/noticias/202411/cop-29-conheca-algumas-curiosidades-do-maior-evento-sobre-mudancas-climaticas-do-mundo. Acesso em: 30 jan. 2025.

AGÊNCIA PARÁ. *COP30 na Amazônia é oportunidade para Brasil liderar agenda climática, diz governador do Pará em Davos*. 2025. Disponível em: https://agenciapara.com.br/noticia/63972/cop-30-na-amazonia-e-oportunidade-para-brasil-liderar-agenda-climatica-diz-governador-do-para-em-davos. Acesso em: 30 jan. 2025

ATRICON. *Carta pela Amazônia*. I Congresso Ambiental dos Tribunais de Contas Acordo dos Tribunais de Contas. Manaus, 2022. Disponível em: chrome-extension://efaidnbmnnnibpcajpcglclefindmkaj/https://atricon.org.br/wp-content/uploads/2022/09/Carta-pela-Amazonia-3.pdf. Acesso em: 30 jan. 2025.

ATRICON. *Rádio Justiça*: Tribunais de Contas têm novas diretrizes para Gestão do Meio Ambiente. 2022. Disponível em: https://atricon.org.br/tribunais-de-contas-tem-novas-diretrizes-para-gestao-do-meio-ambiente/?utm_source=chatgpt.com. Acesso em: 30 jan. 2025.

ATRICON. *Resolução Atricon nº 02/2021*. Aprova as Diretrizes de Controle Externo relacionadas à Gestão Florestal. 2021. Disponível em: https://atricon.org.br/resolucao-diretriz-no-02-2021/. Acesso em: 30 jan. 2025.

ATRICON; IRB; CNPTC. *Nota Recomendatória Conjunta Atricon-IRB-CNPTC nº* 04/2024. 2024. Disponível em: https://atricon.org.br/wp-content/uploads/2024/07/NOTA-RECOMENDATORIA-CONJUNTA-04-2024-.pdf. Acesso em: 31 jan. 2025.

BRASIL ESCOLA. *Acordo de Paris*. 2025. Disponível em: https://brasilescola.uol.com.br/geografia/acordo-paris.htm. Acesso em: 31 jan. 2025.

BRASIL ESCOLA. COP – Conferência das Partes. 2025. Disponível em: https://brasilescola.uol.com.br/geografia/cop-conferencia-das-partes.htm#Participantes+da+COP. Acesso em: 31 jan. 2025.

BRASIL. *Constituição da República Federativa do Brasil de 1988*. Brasília, DF: Presidência da República, 1988. Disponível em: http://www.planalto.gov.br/ccivil_03/constituicao/constituicao.htm. Acesso em: 31 jan. 2025.

BRASIL. *Lei nº 11.445, de 5 de janeiro de 2007*. 2007. Disponível em: https://www.planalto.gov.br/ccivil_03/_ato2007-2010/2007/lei/l11445.htm. Acesso em: 31 jan. 2025.

CATC. Carta do Amapá: "A Amazônia que Queremos". *III Congresso Ambiental dos Tribunais de Contas*. Macapá, 2024. Disponível em: https://atricon.org.br/wp-content/uploads/2024/07/CARTA_IIICATC.pdf. Acesso em: 31 jan. 2025.

CONSÓRCIO AMAZÔNIA LEGAL. *Carta da Amazônia pela Segurança Climática*. 2021. Disponível em: chrome-extension://efaidnbmnnnibpcajpcglclefindmkaj/https://editor.amapa.gov.br/not_anexos/CAL_bd32a6401c76858b339f085badf323a4.pdf. Acesso em: 31 jan. 2025.

CONSÓRCIO AMAZÔNIA LEGAL. *Carta dos Governadores pela Amazônia*. Consórcio Interestadual de Desenvolvimento Sustentável da Amazônia Legal. Apresentada durante a 27ª Conferência das Partes da ONU sobre Mudanças Climáticas – COP-27. Sharm El Sheikh, Egito, 2022. Disponível em: chrome-extension://efaidnbmnnnibpcajpcglclefindmkaj/https://agenciapara.com.br/midias/anexos/39413A_2022-11-14_cop-27_carta_governadores_da_amazonia_v8_1.pdf.

DOU. *Pacto pela Transformação Ecológica entre os Três Poderes do Estado Brasileiro*. 2024. Disponível em: https://www.in.gov.br/en/web/dou/-/pacto-pela-transformacao-ecologica-entre-os-tres-poderesdo-estado-brasileiro-579829333. Acesso em: 31 jan. 2025.

GREENPEACE. *Desmatamento na Amazônia*: saiba seus impactos e como evitá-lo. 2025. Disponível em: https://www.greenpeace.org/brasil/blog/desmatamento-na-amazonia. Acesso em: 31 jan. 2025.

IRB. *Atuação dos Tribunais de Contas brasileiros no Controle Externo da Gestão Ambiental é objeto de pesquisa realizada pelo IRB*. 2024. Disponível em: https://irbcontas.org.br/atuacao-dos-tribunais-de-contas-brasileiros-no-controle-externo-da-gestao-ambiental-e-objeto-de-pesquisa-realizada-pelo-irb/?utm_source=chatgpt.com. Acesso em: 31 jan. 2025.

JORNAL CRUZEIRO DO SUL. *EUA notificam ONU sobre saída do Acordo de Paris, diz organização*. 2025. Disponível em: https://www.jornalcruzeiro.com.br/geral/exterior/2025/01/743273-eua-notifica-onu-sobre-acordo-de-paris.html. Acesso em: 31 jan. 2025.

MINISTÉRIO DO MEIO AMBIENTE E MUDANÇA DO CLIMA. *COP29*. Brasil entrega à ONU nova NDC alinhada ao Acordo de Paris. Documento determina meta de reduzir as emissões líquidas de gases de efeito estufa do país entre 59% e 67% até 2035. 2025. Disponível em: https://www.gov.br/mma/pt-br/assuntos/noticias/brasil-entrega-a-onu-nova-ndc-alinhada-ao-acordo-de-paris. Acesso em: 31 jan. 2025.

MINISTÉRIO DO MEIO AMBIENTE. *Compromissos Estabelecidos na Convenção-Quadro das Nações Unidas sobre Mudança do Clima (UNFCCC)*. 2025. Disponível em: https://antigo.mma.gov.br/clima/convencao-das-nacoes-unidas.html. Acesso em: 31 jan. 2025.

MINISTÉRIO DO MEIO AMBIENTE. *Convenção-Quadro das Nações Unidas sobre Mudança do Clima (UNFCCC)*. 2025. Disponível em: https://antigo.mma.gov.br/clima/convencao-das-nacoes-unidas.html. Acesso em: 31 jan. 2025.

NAÇÕES UNIDAS BRASIL. *Acordo de Paris sobre o Clima*. 2025. Disponível em: https://brasil.un.org/pt-br/88191-acordo-de-paris-sobre-o-clima. Acesso em: 31 jan. 2025.

NAÇÕES UNIDAS BRASIL. *Transformando Nosso Mundo*: A Agenda 2030 para o Desenvolvimento Sustentável. 2025. Disponível em: chrome-extension://efaidnbmnnnibpcajpcglclefindmkaj/https://brasil.un.org/sites/default/files/2020-09/agenda2030-pt-br.pdf. Acesso em: 31 jan. 2025.

NATIONAL GEOGRAPHIC. *O que é Acordo de Paris?* Os quatro dados principais sobre o tratado internacional. 2025. Disponível em: https://www.nationalgeographicbrasil.com/meio-ambiente/2025/01/o-que-e-o-acordo-de-paris-os-4-dados-principais-sobre-o-tratado-internacional. Acesso em: 31 jan. 2025.

PODER 360. *Leia a íntegra e assista ao discurso de Lula em painel da COP27*. Lula criticou o isolamento do Brasil promovido por Bolsonaro e disse que pedirá à ONU para que a COP de 2025 seja realizada na Amazônia. 2022. Disponível em: https://www.poder360.com.br/governo/leia-a-integra-e-assista-ao-discurso-de-lula-na-cop27/. Acesso em: 31 jan. 2025.

PRESIDÊNCIA DA REPÚBLICA. *ONU confirma Belém (PA) como sede da COP-30, a conferência para o clima*. 2023. Disponível em: https://www.gov.br/planalto/pt-br/acompanhe-o-planalto/noticias/2023/05/onu-confirma-belem-pa-como-sede-da-cop-30-conferencia-para-o-clima. Acesso em: 31 jan. 2025.

PRESIDÊNCIA DA REPÚBLICA. *Rumo à COP30. Agenda Internacional*. Missões Internacionais. COP30 no Brasil. 2025. Disponível em: https://www.gov.br/planalto/pt-br/agenda-internacional/missoes-internacionais/cop28/cop-30-no-brasil#:~:text=A%20COP30%20ocorrer%C3%A1%20em%20novembro,mudan%C3%A7as%20clim%C3%A1ticas%20e%20sustentabilidade%20global. Acesso em: 31 jan. 2025.

REDAÇÃO G1. *COP 27*: Helder Barbalho entrega carta de compromisso comum de transição climática para Amazônia a Lula. 2022. Disponível em: https://g1.globo.com/pa/para/noticia/2022/11/16/lula-recebe-carta-clima-bioeconomia-amazonia-helder-barbalho-cop-27.ghtml. Acesso em: 31 jan. 2025.

REDAÇÃO G1. *Itamaraty formaliza pedido para que Belém seja sede da COP em 2025, afirma presidente Lula*. 2023. Disponível em: https://g1.globo.com/pa/para/noticia/2023/01/11/itamaraty-formaliza-pedido-para-que-belem-seja-sede-da-cop-em-2025.ghtml. Acesso em: 31 jan. 2025.

REDAÇÃO G1. *Lula diz que pedirá à ONU para a Amazônia sediar a Conferência do Clima em 2025*. 2022. Disponível em: https://g1.globo.com/meio-ambiente/cop-27/noticia/2022/11/16/lula-encontro-governadores-cop-27.ghtml. Acesso em: 31 jan. 2025.

REDAÇÃO G1. *Trump assina decreto para saída dos EUA do Acordo de Paris; veja impactos para o meio ambiente*. 2025. Disponível em: https://g1.globo.com/meio-ambiente/noticia/2025/01/20/trump-decreto-saida-dos-eua-acordo-de-paris-impactos-meio-ambiente.ghtml. Acesso em: 31 jan. 2025.

SCHAUENBERG, T. *Protocolo de Kyoto foi marco climático, mas insuficiente*. 2025. Disponível em: https://www.dw.com/pt-br/protocolo-de-kyoto-foi-marco-na-prote%C3%A7%C3%A3o-clim%C3%A1tica-mas-insuficiente/a-52399555. Acesso em: 30 jan. 2025.

SENADO NOTÍCIAS. *COP*. 2025. Disponível em: https://www12.senado.leg.br/noticias/entenda-o-assunto/cop. Acesso em: 31 jan. 2025.

SILVA, E. O sistema dos Tribunais de Contas e o meio ambiente. *Conjur*, 2024. Disponível em: https://www.conjur.com.br/2024-ago-21/o-sistema-tribunais-de-contas-e-o-meio-ambiente/?utm_source=chatgpt.com. Acesso em: 30 jan. 2025.

TCM/PA. *Institucional*. 2025. Disponível em: https://www.TCM/PA.tc.br/institucional/. Acesso em: 31 jan. 2025.

TCM/PA. Resolução Administrativa nº 1/2021/TCM/PA, de 13 de janeiro de 2021. 2021. Disponível em: https://atosoficiais.com.br/TCM/PA/resolucao-administrativa-n-1-2021-ementa-dispoe-sobre-a-implantacao-estruturacao-competencias-e-funcionamento-dos-servicos-auxiliares-do-tribunal-de-contas-dos-municipios-do-estado-do-para-e-da-outras-providencias. Acesso em: 31 jan. 2025.

TCM/PA. Resolução Administrativa nº 19/2019/TCM/PA, de 16 de dezembro de 2019. 2019. Disponível em: https://atosoficiais.com.br/TCM/PA/resolucao-administrativa-n-19-2019-institui-e-regulamenta-o-boletim-de-contas-publicas-municipais-do-estado-do-para-do-tribunal-de-contas-dos-municipios-do-estado-do-para-e-da-outras-providencias?origin=instituicao&q=19/2019/TCM/PA. Acesso em: 31 jan. 2025.

TCM/PA. Resolução Administrativa nº 2/2020/TCM/PA, de 30 de janeiro de 2020. 2020. Disponível em: https://atosoficiais.com.br/TCM/PA/resolucao-administrativa-n-2-2020-ementa-dispoe-sobre-a-implantacao-estruturacao-competencias-e-funcionamento-dos-servicos-auxiliares-do-tribunal-de-contas-dos-municipios-do-estado-do-para-e-da-outras-providencias-2022-09-22-versao-compilada?origin=instituição. Acesso em: 31 jan. 2025.

TCM/PA. Resolução Administrativa nº 20/2019/TCM/PA, de 16 de dezembro de 2019. 2019. Disponível em: https://atosoficiais.com.br/TCM/PA/resolucao-administrativa-n-20-2019-ementa-aprova-o-plano-anual-de-fiscalizacao-paf-do-tribunal-de-contas-dos-municipios-do-estado-do-para-TCM/PA-para-o-exercicio-financeiro-de-2020?r=p. Acesso em: 31 jan. 2025.

THE WHITE HOUSE. *Putting Americans First in International Environmental Agreements*. Ordem executiva expedida em 20/01/2025. 2025. Disponível em: https://www.whitehouse.gov/presidential-actions/2025/01/putting-america-first-in-international-environmental-agreements/. Acesso em: 31 jan. 2025.

UNCC. *Conference of the Parties (COP)*. 2025. Disponível em: https://unfccc.int/process/bodies/supreme-bodies/conference-of-the-parties-cop. Acesso em: 30 jan. 2025.

Informação bibliográfica deste texto, conforme a NBR 6023:2018 da Associação Brasileira de Normas Técnicas (ABNT):

CENTENO, Luciana Pereira e Ferreira; PEREIRA, Iranildo Ferreira; RIBEIRO, Sílvia Miralha de Araújo. O Tribunal de Contas dos Municípios do Estado do Pará no contexto da realização da COP30 em Belém: atuação para a sustentabilidade de municípios jurisdicionados. *In*: LIMA, Edilberto Carlos Pontes (coord.). *Os Tribunais de Contas e a sustentabilidade*: governança e controle no enfrentamento das mudanças climáticas. Belo Horizonte: Fórum, 2025. p. 153-166. ISBN 978-65-5518-670-3. (Coleção Fórum IRB, v. 6). t. 2.

O SISTEMA DE CONTROLE EXTERNO E A GESTÃO PREVENTIVA DE DESASTRES AMBIENTAIS: A ATUAÇÃO DA JUSTIÇA CONTÁBIL NA PROTEÇÃO E DEFESA CIVIL DE MUNICÍPIOS

LÚCIA PATRÍCIO DE SOUZA ARAÚJO

LUCIANO ANDRADE FARIAS

MANOEL ANTÔNIO DOS SANTOS NETO

MARCÍLIO TOSCANO FRANCA FILHO

1 Introdução

Eventos extremos relacionados com o clima e observados nos últimos tempos têm colocado a população do mundo todo em risco, trazendo diversos prejuízos econômicos, sociais, ambientais etc. A prevenção e a mitigação de desastres ambientais atualmente têm sido uma preocupação crescente. Não por acaso, a Agenda 2030 traz um plano de ação global produzido pela Organização das Nações Unidas (ONU) envolvendo alertas nesse campo, o que se materializou por meio da edição dos denominados Objetivos de Desenvolvimento Sustentável (ODS).

Conforme destacam Cia Alves e Fernandes (2020, p. 13), os ODS correspondem à "primeira grande tentativa em colocar as mudanças oriundas da agenda ambiental em um escopo ambicioso de implementação de políticas públicas em perspectiva internacional, associando efetivamente as necessidades ambientais, sociais e de produção e consumo".

A meta 5 do ODS 1 impõe que, até 2030, seja construída a resiliência dos pobres e daqueles em situação de vulnerabilidade, e reduzida a exposição e vulnerabilidade destes a eventos extremos relacionados com o clima e outros choques e desastres econômicos, sociais e ambientais. O ODS 11.b, por seu turno, requer aumentar substancialmente, até 2020, o número de cidades e assentamentos humanos adotando e implementando políticas e planos integrados para a inclusão, a eficiência dos recursos, mitigação e adaptação às mudanças climáticas, a resiliência a desastres; e desenvolver e implementar, de acordo com o Marco de Sendai para a Redução do Risco de Desastres 2015-2030, o gerenciamento holístico do risco de desastres em todos os níveis. Por fim, os ODS 13.1 e 13.3 exigem reforçar a resiliência e a capacidade de adaptação a riscos relacionados ao clima e às catástrofes naturais em todos os países e melhorar a educação, aumentar a conscientização e a capacidade humana e institucional sobre mitigação, adaptação, redução de impacto e alerta precoce da mudança do clima (IBGE, 2023).

O Painel Intergovernamental sobre Mudanças Climáticas (IPCC), por sua vez, tem advertido, cada vez mais, sobre a ocorrência de desastres naturais (NAÇÕES UNIDAS, 2023) causados pela mudança global do clima (NAÇÕES UNIDAS, 2023).

Ainda no plano externo, a *International Organization of Supreme Audit Institutions* (Intosai), por meio Organização Latino-Americana e do Caribe de Instituições Superiores de Controle (Olacefs), já vem ressaltando o papel do controle externo nessa seara das catástrofes, conforme menção observada em uma das cartas presidenciais,[1] intitulada de O papel das Entidades Fiscalizadoras Superiores (EFS) na prevenção e mitigação de desastres. O documento traz dados alarmantes, bem como dá destaque ao *Intosai Guide 5330*, aprovado em 2020, por fornecer diretrizes e orientações para auditorias de gestão de desastres (OLACEFS, [s.d.]).

Na dimensão nacional, diante de uma frequência assustadora de desastres naturais observados no Brasil, o Governo Federal, em uma atuação preventiva, divulgou amplamente, em 2024, a Nota Técnica nº 1/2023/SADJ-VI/SAM/CC/PR (daqui em diante referida como Nota Técnica Casa Civil),[2] que trata da ampliação dos municípios monitorados pelo Centro Nacional de Monitoramento e Alertas de Desastres Naturais – Cemaden, vinculado ao Ministério da Ciência, Tecnologia e Inovações (MCTI). A peça documental expõe a atualização dos critérios e indicadores, identificando os municípios mais suscetíveis à ocorrência de deslizamentos, enxurradas e inundações, com o intuito de serem priorizados nas ações da União em gestão de risco e de desastres naturais (BRASIL, 2023).

Portanto, é nessa linha que o controle externo exercido pelos Tribunais de Contas tende a assumir um papel fundamental na fiscalização da aplicação dos recursos públicos e na verificação da efetividade das políticas públicas implementadas. A atuação preventiva das Cortes de Contas, em sintonia com os ODS, pode contribuir para que os entes federativos, em especial os municípios, estejam preparados para prevenir e mitigar os impactos de desastres ambientais, garantindo a proteção da vida e do patrimônio dos cidadãos, até porque esse enfrentamento, inclusive na questão climática, deve ser iniciado nas esferas local e regional (ARTAXO, 2019).

No contexto do território paraibano, este artigo traz uma proposta de fiscalização, apresentando seleção de municípios aptos a serem auditados, com o foco de se averiguar, nesses entes federativos, a implementação da Política Nacional de Proteção e Defesa Civil – PNPDEC, tratada na Lei nº 12.608/2012 e no Decreto nº 10.692/2021.

---

1 Disponível em: https://olacefs.com/el-papel-de-las-efs-en-la-prevencion-y-mitigacion-de-desastres/.Acesso em: 22 jan. 2025.

2 Disponível em: https://www.gov.br/cemaden/pt-br/cemaden-amplia-a-lista-de-municipios-monitorados-de-1038-para-1133/NTATU_1.PDF/view. Acesso em: 17 jan. 2025.

Para tanto, a seleção municipal leva em consideração as informações constantes da já referida Nota Técnica Casa Civil e do Sistema Nacional de Informações sobre Saneamento (SNIS[3] 2023, base de dados 2022).[4]

A proposta de atuação do controle externo aqui descrita tende a servir de modelo para outros tribunais que, na maioria dos casos, precisam fitar suas ações prioritárias nas necessidades mais urgentes dos seus estados, tendo em vista a real capacidade operativa do órgão de controle externo.

2 As políticas públicas e suas exigências

Municípios com mais de 20 mil habitantes desempenham um papel crucial no cenário nacional e regional, apresentando características e desafios únicos que os diferenciam de cidades menores. A Constituição Federal de 1988 determina, conforme §1º do art. 182, que todas as cidades com mais de 20 mil habitantes devem, obrigatoriamente, elaborar um Plano Diretor para ser aprovado pela Câmara Municipal.[5] Tal exigência também se encontra no Estatuto das Cidades (Lei nº 10.257/2001), conforme segue:

> Art. 41. O plano diretor é obrigatório para cidades:
>
> I – com mais de vinte mil habitantes;
>
> [...] VI – *incluídas no cadastro nacional de Municípios com* áreas *suscetíveis* à *ocorrência de deslizamentos de grande impacto, inundações bruscas ou processos geológicos ou hidrológicos correlatos.* (Incluído pela Lei nº 12.608, de 2012)
>
> [...] Art. 42. O plano diretor deverá conter no mínimo:
>
> I – *a delimitação das* áreas *urbanas* onde poderá ser aplicado o parcelamento, edificação ou utilização compulsórios, considerando a existência de infra-estrutura e de demanda para utilização, na forma do art. 5º desta Lei;
>
> II – disposições requeridas pelos arts. 25, 28, 29, 32 e 35 desta Lei;
>
> III – *sistema de acompanhamento e controle.*
>
> Art. 42-A. *Além do conteúdo previsto no art. 42, o plano diretor dos Municípios incluídos no cadastro nacional de municípios com* áreas *suscetíveis* à *ocorrência de deslizamentos de grande impacto, inundações bruscas ou processos geológicos ou hidrológicos correlatos deverá conter:* (Incluído pela Lei nº 12.608, de 2012)
>
> [...] II – *mapeamento contendo as* áreas *suscetíveis* à ocorrência de deslizamentos de grande impacto, inundações bruscas ou processos geológicos ou hidrológicos correlatos;
>
> III – *planejamento de ações de intervenção preventiva e realocação de população de* áreas *de risco de desastre;*

---

[3] Em 2023, o SNIS encerrou suas atividades. A partir de 2024, o Sinisa entra em atividade como o Sistema Nacional de Informações em Saneamento Básico, dando continuidade ao legado do SNIS, em consonância com a Lei de Saneamento Básico (Lei nº 11.445/2007), atualizada pelo Novo Marco Regulatório do Saneamento (Lei nº 14.026/2020) (Disponível em: https://www.gov.br/cidades/pt-br/acesso-a-informacao/acoes-e-programas/saneamento/sinisa. Acesso em: 20 jan. 2025).

[4] Disponível em: https://www.gov.br/cidades/pt-br/acesso-a-informacao/acoes-e-programas/saneamento/sinisa. Acesso em: 28 ago. 2024.

[5] Municípios com população acima de 20 mil habitantes, consoante a Política Nacional de Mobilidade Urbana (Lei nº 12.587/2012), também devem elaborar plano de mobilidade urbana, com a intenção de planejar o crescimento das cidades de forma ordenada.

> IV – *medidas de drenagem urbana necessárias* à prevenção e à mitigação de impactos de desastres; e
>
> V – diretrizes para a regularização fundiária de assentamentos urbanos irregulares, se houver, observadas a Lei nº 11.977, de 7 de julho de 2009, e demais normas federais e estaduais pertinentes, e previsão de áreas para habitação de interesse social por meio da demarcação de zonas especiais de interesse social e de outros instrumentos de política urbana, onde o uso habitacional for permitido.
>
> VI – identificação e diretrizes para a preservação e ocupação das áreas verdes municipais, quando for o caso, com vistas à redução da impermeabilização das cidades.
>
> §1º A identificação e o mapeamento de áreas de risco levarão em conta as cartas geotécnicas.
>
> §2º O conteúdo do plano diretor deverá ser compatível com as disposições insertas nos planos de recursos hídricos, formulados consoante a Lei nº 9.433, de 8 de janeiro de 1997. (Lei nº 10.257) (BRASIL, 2001) (Grifos nossos)

Consolidando as exigências inseridas no Estatuto das Cidades, foi editado o Decreto nº 10.692/2021, que trata do cadastro nacional de municípios com áreas suscetíveis à ocorrência de deslizamentos de grande impacto, inundações bruscas ou processos geológicos ou hidrológicos correlatos, em que consta a seguinte disposição:

> Art. 5º Sem prejuízo das demais competências dos Municípios no gerenciamento de riscos e desastres, aqueles que se inscreverem no Cadastro Nacional de que trata este Decreto deverão:
>
> I – *instituir* órgãos *municipais de defesa civil*, de acordo com os procedimentos estabelecidos pelo órgão central do Sistema Nacional de Proteção e Defesa Civil;
>
> II – *elaborar mapeamento das* áreas *suscetíveis* à ocorrência de deslizamentos de grande impacto, inundações bruscas ou processos geológicos ou hidrológicos correlatos, com limites georreferenciados;
>
> III – *elaborar, no prazo de um ano, contado da data de inclusão no Cadastro Nacional, plano de contingência de proteção e defesa civil*, observado o disposto no §7º do art. 3º-A da Lei nº 12.340, de 2010;
>
> IV – *elaborar plano de implantação de obras e serviços para a redução de riscos de desastre;*
>
> V – *criar mecanismos de controle e de fiscalização* para evitar a edificação em áreas suscetíveis à ocorrência de deslizamentos de grande impacto, inundações bruscas ou processos geológicos ou hidrológicos correlatos;
>
> VI – *elaborar carta geotécnica* de aptidão à urbanização e *estabelecer diretrizes urbanísticas* com vistas à segurança dos novos parcelamentos do solo e ao aproveitamento de agregados para a construção civil; e
>
> VII – atualizar anualmente o Cadastro Nacional sobre a evolução das ocupações em áreas suscetíveis à ocorrência de deslizamentos de grande impacto, inundações bruscas ou processos geológicos ou hidrológicos correlatos. [...]
>
> Art. 7º Sem prejuízo das ações de monitoramento desenvolvidas pelos Estados e pelos Municípios, o órgão central do Sistema Nacional de Proteção e Defesa Civil publicará, anualmente, informações sobre a evolução das ocupações em áreas suscetíveis à ocorrência de deslizamentos de grande impacto, inundações bruscas ou processos geológicos ou hidrológicos correlatos nos Municípios inscritos no Cadastro Nacional de que trata este Decreto. [...]

§3º *Os Municípios deverão manter em banco de dados os registros de suas análises e as informações necessárias ao atendimento de requisições e de solicitações* de subsídios procedentes dos órgãos de controle interno e externo e do Ministério Público quanto às informações de que tratam o caput e o inciso VII do caput do art. 5º. (Decreto nº 10.692) (BRASIL, 2021) (Grifos nossos)

Em que pese o referido cadastro ser de iniciativa do município ou mediante indicação dos demais entes federados – observados os critérios e procedimentos previstos no art. 3º do Decreto nº 10.692/2021 –, é pertinente a sua realização, considerando que a Política Nacional de Proteção e Defesa Civil – PNPDEC, instituída pela Lei nº 12.608, de 2012, traz como competência para os entes federativos municipais a incorporação de ações de proteção e defesa civil no planejamento municipal, dentre outras situações assemelhadas, a seguir:

Art. 8º Compete aos Municípios:

I – executar a PNPDEC em âmbito *local;*

II – coordenar as ações do SINPDEC no âmbito local, em articulação com a União e os Estados;

III – *incorporar as ações de proteção e defesa civil no planejamento municipal;*

IV – *identificar e mapear as* áreas *de risco de desastres;*

V – *promover a fiscalização das* áreas *de risco de desastre* e vedar novas ocupações nessas áreas; [...]

VII – *vistoriar edificações e* áreas *de risco* e promover, quando for o caso, a intervenção preventiva e a evacuação da população das áreas de alto risco ou das edificações vulneráveis;

VIII – *organizar e administrar abrigos provisórios* para assistência à população em situação de desastre, em condições adequadas de higiene e segurança; [...]

XI – *realizar regularmente exercícios simulados, conforme Plano de Contingência de Proteção e Defesa Civil;* [...]

XIV – *manter a União e o Estado informados sobre a ocorrência de desastres e as atividades de proteção civil no Município;* [...]. (Lei nº 12.608) (BRASIL, 2021) (Grifos nossos)

É válido frisar que a preocupação do Governo Federal com a emissão da Nota Técnica Casa Civil decorre do aumento da frequência e da intensidade dos eventos extremos de chuvas, oriundo, inclusive, das mudanças climáticas que vêm ocorrendo no mundo e, evidentemente, no Brasil. Assim contextualiza a nota:

9. O relatório da Organização Meteorológica Mundial – OMM (2021) aponta que os principais fatores desencadeadores dos mais de 11 mil desastres registrados entre 1970 e 2019 foram os eventos climáticos e meteorológicos extremos e que mais de 91% das mortes decorrentes ocorreram em países em desenvolvimento.

10. O Brasil, devido a sua extensão continental, refletida na diversidade ambiental, climática, geomorfológica e geológica, é propenso a ocorrências de diversos eventos geodinâmicos e hidrológicos, que resultam em desastres. Segundo informações do Sistema Integrado de Informações sobre Desastres – S2ID, da Secretaria Nacional de Proteção e Defesa do Ministério da Integração e do Desenvolvimento Regional (Sedec/MIDR), foram registrados 23.611 eventos, 3.890 óbitos e 8.226.314 desalojados/desabrigados decorrentes de inundações, enxurradas e movimentos de massa entre os anos de 1991 a 2022.

> 11. *A urbanização rápida e muitas vezes desordenada, assim como a segregação socio-territorial, têm levado as populações mais carentes a ocuparem locais inadequados, sujeitos a inundações, deslizamentos de terra e outras ameaças correlatas. Essas* áreas *são habitadas, de forma geral, por comunidades de baixa renda e que têm poucos recursos para se adaptarem ou se recuperarem dos impactos desses eventos, tornando-as mais vulneráveis a tais processos.* (BRASIL, 2023) (Grifos nossos)

3 O papel do controle externo na gestão preventiva de desastres

O cientista social alemão Ulrich Beck (2011) pontua que a atualidade é marcada por uma sociedade de risco, podendo ser afirmado que a ameaça de catástrofes ambientais se encontra nesse contexto de risco pulverizado, capaz de afetar toda uma coletividade. Apesar de haver uma distinção entre a sociedade de risco e a sociedade de classes, em relação às comunidades vulneráveis, o risco é potencializado. O sociólogo aduz exatamente o seguinte:

> Tipo, padrão e meio da distribuição de riscos diferenciam-se sistematicamente daqueles da distribuição da riqueza. Isto não anula o fato de que muitos riscos sejam distribuídos de um modo especificado pela camada da classe social. A história da distribuição de riscos mostra que estes se atêm, assim como as riquezas, ao esquema de classe – mas de modo inverso: as riquezas acumulam-se em cima, os riscos embaixo. Assim, os riscos parecem reforçar, e não revogar, a sociedade de classe. (BECK, 2011, p. 42)

Nessa conjuntura, emerge a competência de fiscalização dos Tribunais de Contas, sobretudo numa atuação preventiva, empenhando-se na mitigação de riscos catastróficos, em defesa da população vulnerável, em harmonia com a meta 5 do ODS 1 da Agenda 2030. Essa postura proativa tende a ser mais eficaz do que a apuração de danos após o fato.

É atribuição do Tribunal de Contas do Estado da Paraíba a verificação da adequada implementação, pelos entes municipais, de ações voltadas ao processo de desenvolvimento urbano, identificando, por meio de um amplo controle de juridicidade, se a legislação de regência está sendo cumprida, consoante os termos do inc. XIII do art. 11 da Constituição do Estado da Paraíba de 1989, que determina a competência dos municípios para "estabelecer e executar a política de desenvolvimento urbano, na forma do art. 182[6] da Constituição Federal" (PARAÍBA, 1989). Tal dispositivo é incontestavelmente transversal à Política Nacional de Proteção e Defesa Civil (PNPDEC), conforme se observa na Lei nº 12.608/12, que assim preceitua:

> Art. 3º A PNPDEC abrange as ações de prevenção, mitigação, preparação, resposta e recuperação voltadas à proteção e defesa civil.
>
> Parágrafo único. *A PNPDEC deve integrar-se* às *políticas de ordenamento territorial, desenvolvimento urbano, saúde, meio ambiente, mudanças climáticas, gestão de recursos hídricos, geologia, infraestrutura, educação, ciência e tecnologia e* às *demais políticas setoriais, tendo em vista a promoção do desenvolvimento sustentável.* (Lei nº 12.608) (BRASIL, 2021) (Grifos nossos)

---

[6] O art. 182 da Constituição Federal de 1988 estabelece que "a política de desenvolvimento urbano, executada pelo Poder Público municipal, conforme diretrizes gerais fixadas em lei, tem por objetivo ordenar o pleno desenvolvimento das funções sociais da cidade e garantir o bem-estar de seus habitantes" (BRASIL, 1988).

Nessa linha da competência do controle externo, ressalta-se o teor da Carta de Macapá, firmada em 2024 por procuradores de contas de diversos estados,[7] por ocasião do III Congresso Ambiental dos Tribunais de Contas, realizado em 2024, com a finalidade de promover uma campanha nacional do Ministério Público de Contas brasileiro em prol da sustentabilidade ambiental e segurança climática.

A referida carta eleva, dentre outros pontos, o teor da Nota Recomendatória Conjunta IRB-Atricon-CNPTCABRACOM-Audicon e Ampcon nº 01/2024. Amparada na Agenda 2030 e em seus ODS, a nota recomenda aos Ministérios Públicos de Contas e aos Tribunais de Contas que priorizem suas atuações na análise das políticas públicas de defesa e proteção civil, envolvendo os aspectos da mitigação, prevenção e adaptação às mudanças climáticas e desastres.

Em um caminho mais estrito de prevenção na literatura jurídica, é digna de nota a menção de Zapater (2017), ao explicar que o princípio da prevenção lida com as consequências danosas conhecidas e antecipáveis, no âmbito do meio ambiente. O princípio da precaução, por sua vez, lida com a incerteza decorrente da impossibilidade de serem antecipadas as consequências de uma atividade humana. Dessa forma, aplicando-se ambos os princípios e a fim de se evitar danos irreparáveis ao meio ambiente e à população, é oportuno que a instituição Tribunal de Contas exerça um controle externo preventivo sobre a atuação municipal nas políticas públicas voltadas à gestão preventiva de desastres ambientais.

É sabido que essa atuação vai ao encontro do exposto no *caput* do art. 225[8] da Constituição Federal de 1988, que impõe ao Poder Público e à coletividade o dever de defender e preservar o meio ambiente para as futuras gerações, com vistas a um meio ambiente ecologicamente equilibrado, bem de uso comum do povo e essencial à sadia qualidade de vida. De forma análoga ao que reza a Constituição da Paraíba de 1988, em seu art. 227,[9] por trazer similares diretrizes.

4 Proposta de fiscalização

4.1 Seleção da amostra municipal paraibana

A Nota Técnica Casa Civil atualizou a lista original de 821 municípios críticos identificados em 2012 para uma relação de 1.942 municípios mais suscetíveis a ocorrências de deslizamentos, enxurradas e inundações, dos quais 43 se encontram em território paraibano (BRASIL, 2023).

Ressalte-se que, dos 43 municípios trazidos pela nota, 17 possuem população maior que 20.000 habitantes (Tabela 1). Ou seja, situação que enseja, nesses mesmos entes federativos, responsabilidades específicas, como elaboração de instrumentos de planejamento trazidos pela CF/88, Estatuto das Cidades, entre outros normativos.

---

7 Disponível em: https://www.mpc.pr.gov.br/wp-content/uploads/2024/08/CARTA-DE-MACAPA-Procuradores-de-Conta-em-defesa-do-Meio-Ambiente.pdf. Acesso em: 14 nov. 2024.

8 O art. 225 menciona estritamente que "todos têm direito ao meio ambiente ecologicamente equilibrado, bem de uso comum do povo e essencial à sadia qualidade de vida, impondo-se ao Poder Público e à coletividade o dever de defendê-lo e preservá-lo para as presentes e futuras gerações" (BRASIL, 1988).

9 O art. 227 reza exatamente que "o meio ambiente é bem de uso comum do povo e essencial à qualidade de vida, sendo dever do Estado defendê-lo e preservá-lo para as presentes e futuras gerações" (PARAÍBA, 1989).

Tabela 1 – Municípios paraibanos com população maior que 20 mil habitantes

Item	Município	População Total (Censo_2022)	Tipo de Risco
1	Alagoa Grande	26.062	Deslizamento/Enxurrada/Inundação
2	Alagoa Nova	21013	Deslizamento/Enxurrada
3	Alhandra	21.713	Deslizamento/Enxurrada
4	Bayeux	82.742	Deslizamento/Enxurrada/Inundação
5	Caaporã	21.193	Enxurrada/Inundação
6	Cabedelo	66.519	Enxurrada/Inundação
7	Campina Grande	419.379	Deslizamento/Enxurrada/Inundação
8	Itabaiana	23.182	Enxurrada/Inundação
9	João Pessoa	833.932	Deslizamento/Enxurrada/Inundação
10	Mari	21.512	Enxurrada
11	Patos	103.165	Enxurrada/Inundação
12	Pombal	32.473	Enxurrada/Inundação
13	Rio Tinto	24.581	Enxurrada/Inundação
14	Santa Rita	149.910	Enxurrada/Inundação
15	São Bento	32.235	Enxurrada/Inundação
16	Sapé	51.306	Deslizamento/Enxurrada/Inundação
17	Sousa	67.259	Enxurrada/Inundação
TOTAL	**17 municípios**		

Fonte: Elaboração própria, a partir do Anexo I da Nota Técnica Casa Civil (BRASIL, 2023, p. 12).

Em consulta aos dados do eixo Drenagem e Manejo das Águas Pluviais Urbanas, do Sistema Nacional de Informações sobre Saneamento (SNIS 2023, ano de referência 2022),[10] dos 17 municípios paraibanos (com população maior que 20 mil habitantes) extraídos do documento Nota Técnica Casa Civil (Tabela 1), 13 responderam ao questionário[11] do referido sistema, de acordo com o que se observa no Quadro 1.

[10] Disponível em: http://app4.mdr.gov.br/serieHistorica/. Acesso em: 28 ago. 2024. Quadro-resumo no Anexo 2.

[11] É fato a se lamentar que nem todos os municípios (no caso, paraibanos) respondem ao sistema. Tais informações são autodeclaratórias.

Quadro 1 – Informações de drenagem e águas pluviais dos 17 municípios com mais de 20 mil habitantes que se encontram suscetíveis a ocorrências de deslizamentos e inundações

Item	NOTA TÉCNICA nº 1/2023/SADJ-VI/SAM/CC/PR			SNIS ÁGUAS PLUVIAIS 2023 (ano de referência 2022)			
	Município Paraibano	População Total (Censo_2022)	Tipo de Risco	RI005 - Existem sistemas de alerta de riscos hidrológicos (alagamentos, enxurradas, inundações) no município?	RI007 - Existe cadastro ou demarcação de marcas históricas de inundações?	RI009 - Existe mapeamento de áreas de risco de inundação dos cursos d'água urbanos?	RI010 - O mapeamento é parcial ou integral?
1	Alagoa Grande	26.062	Deslizamento Enxurrada Inundação	Não		Não	
2	Alagoa Nova	21.013	Deslizamento Enxurrada	NÃO RESPONDEU AO SNIS			
3	Alhandra	21.713	Deslizamento Enxurrada	Não		Não	
4	Bayeux	82.742	Deslizamento Enxurrada Inundação	NÃO RESPONDEU AO SNIS			
5	Caaporã	21.193	Enxurrada Inundação	Não		Não	
6	Cabedelo	66.519	Enxurrada Inundação	Sim	Não	Sim	Parcial
7	Campina Grande	419.379	Deslizamento Enxurrada Inundação	Sim	Não	Sim	Parcial
8	Itabaiana	23.182	Enxurrada Inundação	NÃO RESPONDEU AO SNIS			
9	João Pessoa	833.932	Deslizamento Enxurrada Inundação	Sim		Sim	Parcial
10	Mari	21.512	Enxurrada	Não		Não	
11	Patos	103.165	Enxurrada Inundação	Não	Sim	Sim	Parcial
12	Pombal	32.473	Enxurrada Inundação	Não	Não	Sim	Integral
13	Rio Tinto	24.581	Enxurrada Inundação	Não		Sim	Parcial
14	Santa Rita	149.910	Enxurrada Inundação	Sim		Sim	Parcial
15	São Bento	32.235	Enxurrada Inundação	Não		Não	
16	Sapé	51.306	Deslizamento Enxurrada Inundação	Não	Não	Não	
17	Sousa	67.259	Enxurrada Inundação	NÃO RESPONDEU AO SNIS			

Fonte: Elaboração própria, a partir da Tabela 1, que apresenta informações da Nota Técnica Casa Civil (BRASIL, 2023) e do SNIS 2023 (ano de referência 2022).

Depreende-se do Quadro 1 que 4 dos referidos 17 municípios sequer responderam ao questionário referente à temática das águas pluviais do SNIS 2023. É válido recordar que tal formulário, lançado pelo Governo Federal, tem sido uma ferramenta relevante para o planejamento do saneamento básico e para ações de políticas transversais existentes no país. Assim, a não disponibilização das respostas pelos entes municipais, além, por exemplo, da perda de recursos oportunos da União, já sinaliza um descompromisso da gestão municipal com a temática da drenagem e águas pluviais.

De um modo geral, as respostas apontam que esses 17 municípios possuem fragilidades nos aspectos relevantes para uma prevenção adequada no âmbito da proteção e defesa civil, diante das mudanças climáticas observadas atualmente, conforme estatísticas demonstradas no Quadro 2.

Quadro 2 – Estatísticas dos 17 municípios com mais de 20 mil habitantes que se encontram suscetíveis a ocorrências de deslizamentos, enxurradas e inundações

Dos 43 municípios citados na Nota Técnica da Casa Civil, 17 apresentam pop > 20.000 hab.	Mais de 50% NÃO possuem **sistemas de alerta de riscos hidrológicos (alagamentos, enxurradas, inundações) no município**
Destes, 13 responderam ao questionário do SNIS, que revelou o seguinte:	APENAS 01 município sinalizou existir **cadastro ou demarcação de marcas históricas de inundações**
	Quase metade (46,15%) apontou não existir algum tipo de **mapeamento de áreas de risco de inundação dos cursos d'água urbanos**

Fonte: Elaboração própria, a partir do Quadro 1, que apresenta informações da Nota Técnica Casa Civil (BRASIL, 2023) e do SNIS 2023 (ano de referência 2022).

Percebe-se, assim, em tais entes federativos, a ausência de uma estrutura adequada para a adoção de ações de prevenção e mitigação, com relação aos riscos de desastres naturais.

4.2 Ações do controle externo a serem tomadas nos entes municipais selecionados

O cenário dos municípios paraibanos selecionados no tópico anterior (Tabela 1) mostra que tais entes federativos não estão preparados para um evento extremo climático que venha a ocorrer em seus territórios. Dessa forma, a pertinência da atuação do Tribunal de Contas do Estado da Paraíba é de grande valia para que se verifique a implementação da Política Nacional de Proteção e Defesa Civil – PNPDEC, nos termos da Lei nº 12.608/2012, especialmente a verificação do art. 8º, bem como as ações elencadas no art. 5º do Decreto nº 10.692/2021.

Vale destacar que a obrigatoriedade do art. 5º do Decreto nº 10.692/2021 depende da prévia inscrição no Cadastro Nacional pelo município interessado. Isso, porém, não impede que os entes públicos adotem medidas de gestão nessa temática de prevenção de desastres, independentemente de imposição por norma jurídica específica. Aliás, a própria opção pela não efetivação do cadastro deve ser analisada, tendo em vista a existência de subsídios oficiais que sinalizam para a existência de áreas de risco nos municípios apontados. Além disso, algumas das medidas contidas no decreto já se encontram previstas na PNPDEC, o que indica sua exigibilidade.

Sob essa ótica, a atuação do controle externo deve vir no sentido de serem obtidas informações relacionadas às ações de prevenção, mitigação e preparação para os riscos de desastres no âmbito municipal.

É oportuno que tal averiguação seja, por exemplo, executada no âmbito dos processos de acompanhamento de gestão dos 17 municípios assinalados na Tabela 1, com o objetivo de serem verificadas se as suas peças orçamentárias contemplam ações voltadas à Política Nacional de Proteção e Defesa Civil e se tais entes têm implementado as ações de prevenção assinaladas no art. 8º da Lei nº 12.608/12 (PNPDEC), bem como elencadas no art. 5º do Decreto nº 10.692/2021.

Embora, no âmbito da Portaria nº 42/1999 do então Ministério do Orçamento e Gestão, a defesa civil esteja vinculada à área de segurança pública e não à função orçamentária da gestão ambiental (BRASIL, 1999), é fundamental que os recursos públicos destinados à prevenção ambiental também contemplem essa esfera de atuação estatal. A crescente correlação entre defesa civil e desastres ambientais exige que as gestões públicas compreendam e se adaptem a esse novo cenário.

Aliás, na temática do meio ambiente, têm surgido importantes contribuições acadêmicas que demonstram a relevância do orçamento público como ferramenta essencial para um adequado planejamento da gestão ambiental (COELHO *et al.*, 2022; MASCARENHAS, 2021; SOUSA, 2021; CHAD, 2021).

E é justamente nesse controle da gestão orçamentária ambiental que ganha força a atuação especializada dos Tribunais de Contas, aos quais se conferiu um modelo de controle amplo, que abarca não apenas aspectos de legalidade, mas também de legitimidade e economicidade.

Nesse contexto, aliás, deve ser destacada a possibilidade de se recorrer a uma auditoria operacional contemplando as pontuações atinentes às exigências da Lei nº 12.608/2012 e do Decreto nº 10.692/2021. Frise-se que tal modalidade de auditoria tem como parâmetro os princípios da economicidade, eficiência e efetividade (INSTITUTO RUI BARBOSA, 2021), não ficando, desta forma, restrita à legalidade.

5 Considerações finais

É visível que os desastres naturais têm se tornado cada vez mais frequentes em nosso planeta. Essa assustadora realidade vivenciada por muitos habitantes envolve a interação de variados aspectos, como exemplo, a questão do crescimento demográfico, a ocupação desordenada, a ausência de saneamento adequado, o aquecimento global, dentre outras áreas de políticas públicas.

Segundo IBGE (2024), em torno de 31% dos municípios brasileiros têm uma população acima de 20 mil habitantes, abarcando 85% da população nacional. Na Paraíba, 15% das urbes apresentam população acima dos 20 mil, englobando 64% da população estadual.

Tais entes federativos municipais, nessas condições populacionais, apresentam uma maior complexidade de gestão, com desafios, por exemplo, relacionados à disponibilização de serviços públicos, ao desenvolvimento econômico, à alocação de recursos, dentre outros aspectos exigidos em diversas políticas públicas existentes e no arcabouço legal brasileiro.

A atuação dos Tribunais de Contas, ao fiscalizar a implementação das políticas públicas, pode contribuir, de forma significativa, para o atendimento do art. 225 da Carta Maior de 1988, no que diz respeito ao futuro da coletividade com qualidade de vida e um meio ambiente ecologicamente equilibrado. Tal ação deve favorecer substancialmente a redução dos riscos e dos impactos negativos de desastres naturais, especialmente em municípios que apresentam uma situação de vulnerabilidade, como é o caso dos elencados pela Nota Técnica Casa Civil (BRASIL, 2023).

A análise dos dados retirados da citada nota e do Sistema Nacional de Informações sobre Saneamento (SNIS) deixou claro que a necessidade de atuação do controle externo é de grande valia para o território paraibano, tendo em vista fortalecer a proteção da vida e do patrimônio dos cidadãos, especialmente em municípios que apresentam fragilidades evidenciadas.

A proposta de fiscalização apresentada neste artigo, com foco na Política Nacional de Proteção e Defesa Civil (PNPDEC) e na seleção de municípios paraibanos prioritários, visa auxiliar os Tribunais de Contas na otimização de suas ações, direcionando esforços para áreas críticas e garantindo a efetiva implementação de medidas preventivas.

O relatório da casa civil referido no presente trabalho pode servir de norte para a atuação fiscalizatória dos Tribunais de Contas, sobretudo nos municípios com mais de 20 mil habitantes, com necessidade de que a prevenção a catástrofes ambientais seja levada em consideração nos instrumentos legais de planejamento da gestão.

Espera-se, assim, que este estudo contribua para a operacionalização dos trabalhos de fiscalização dos Tribunais de Contas, que possuem, dentre outras competências, o dever de garantir o atendimento da legislação de regência, exercendo, dessa forma, um controle de juridicidade nas ações das gestões municipais, no âmbito do atendimento das políticas públicas.

Além de se alinhar aos ODS da Agenda 2030, em especial à Meta 11.b, que visa promover cidades e comunidades sustentáveis, e à Meta 13.1, que busca fortalecer a resiliência e a capacidade de adaptação aos riscos relacionados ao clima, a atuação do Tribunal de Contas visa promover a cultura de prevenção e a resiliência dos municípios brasileiros ante os desafios impostos pelas mudanças climáticas.

A participação ativa dos órgãos de controle externo, em conjunto com os gestores públicos e a sociedade civil, ainda que em forma de fiscalização, na seara da prevenção, é fundamental para a construção de um futuro mais seguro e sustentável para a coletividade.

Referências

ALVES, Elia Elisa Cia; FERNANDES, Ivan Filipe de Almeida Lopes. Objetivos do desenvolvimento sustentável: uma transformação no debate científico do desenvolvimento? *Meridiano 47 – Journal of Global Studies*, v. 21, jul. 2020. Disponível em: https://doi.org/10.20889/M47e21010.

ARTAXO, Paulo. Contribuição subnacional ao desafio das mudanças climáticas. *In*: JACOBI, P.; TRANI, E. *Planejando o futuro hoje*: ODS 13. Adaptação e mudanças climáticas em São Paulo. São Paulo: IEE-USP, 2019. Disponível em: https://repositorio.fgv.br/items/e9707cf2-d857-4003-8927-ed48b22ec813. Acesso em: 4 dez. 2024.

BECK, Ulrich. *Sociedade de risco*: rumo a uma outra modernidade. Tradução de Sebastião Nascimento. 2. ed. São Paulo: Editora 34, 2011. 384 p. ISBN 978-85-7326-450-0.

BRASIL. [Constituição (1988)]. *Constituição da República Federativa do Brasil de 1988*. Brasília, DF: Presidência da República, 1988. Disponível em: https://www.planalto.gov.br/ccivil_03/constituicao/constituicao.htm. Acesso em: 20 jan. 2025.

BRASIL. *Decreto nº 10.692, de 3 de maio de 2021*. Institui o Cadastro Nacional de Municípios com Áreas Suscetíveis à Ocorrência de Deslizamentos de Grande Impacto, Inundações Bruscas ou Processos Geológicos ou Hidrológicos Correlatos. [2021]. Disponível em: https://www.planalto.gov.br/ccivil_03/_ato2019-2022/2021/decreto/d10692.htm. Acesso em: 20 jan. 2025.

BRASIL. *Lei Federal n. 11.445, de 5 janeiro de 2007*. Estabelece as diretrizes nacionais para o saneamento básico; cria o Comitê Interministerial de Saneamento Básico; altera as Leis n. 6.766, de 19 de dezembro de 1979; 8.666, de 21 de junho de 1993, e 8.987, de 13 de fevereiro de 1995; e revoga a Lei nº 6.528, de 11 de maio de 1978. [2007]. Disponível em: https://www.planalto.gov.br/ccivil_03/_ato2007-2010/2007/lei/l11445.htm. Acesso em: 20 jan. 2025.

BRASIL. *Lei Federal n. 12.587, de 3 de janeiro de 2012*. Institui as diretrizes da Política Nacional de Mobilidade Urbana. [2012]. Disponível em: https://www.planalto.gov.br/ccivil_03/_ato2011-2014/2012/lei/l12587.htm. Acesso em: 20 jan. 2025.

BRASIL. *Lei Federal n. 14.026, de 15 de julho de 2020*. Atualiza o marco legal do saneamento básico. [2020]. Disponível em: https://www.planalto.gov.br/ccivil_03/_ato2019-2022/2020/lei/l14026.htm. Acesso em: 20 jan. 2025.

BRASIL. *Lei nº 10.257, de 10 de julho de 2001*. Regulamenta os arts. 182 e 183 da Constituição Federal, estabelece diretrizes gerais da política urbana e dá outras providências. [2001]. Disponível em: https://www.planalto.gov.br/ccivil_03/leis/leis_2001/l10257.htm. Acesso em: 20 jan. 2025.

BRASIL. *Lei nº 12.608, de 10 de abril de 2012*. Institui a Política Nacional de Proteção e Defesa Civil – PNPDEC [...]. [2012]. Disponível em: https://www.planalto.gov.br/CCIVIL_03/////_Ato2011-2014/2012/Lei/L12608.htm#art26. Acesso em: 20 jan. 2025.

BRASIL. *Portaria nº 42, de 14 de abril de 1999*. Atualiza a discriminação da despesa por funções de que tratam o inciso I do §1º do art. 2º e §2º do art. 8º, ambos da Lei no 4.320, de 17 de março de 1964, estabelece os conceitos de função, subfunção, programa, projeto, atividade, operações especiais, e dá outras providências. [1999]. Disponível em: http://www.planejamento.gov.br/assuntos/orcamento-1/legislacao/legislacao/portaria-mog-42_1999_atualizada_23jul2012-1.doc. Acesso em: 24 jan. 2025.

BRASIL. Presidência da República. Casa Civil. *Nota Técnica nº 1/2023/SADJ-VI/SAM/CC/PR*. Atualização dos critérios e indicadores para a identificação dos municípios mais suscetíveis à ocorrência de deslizamentos, enxurradas e inundações para serem priorizados nas ações da União em gestão de risco e de desastres naturais. Brasília: Casa Civil, 2023. Disponível em: https://www.gov.br/cemaden/pt-br/cemaden-amplia-a-lista-de-municipios-monitorados-de-1038-para-1133/NTATU_1.PDF/view. Acesso em: 19 jan. 2025.

CHAD, José Gebran Batoki. Cidadania e planejamento orçamentário na proteção do meio ambiente. *Revista Controle Externo: Revista do Tribunal de Contas do Estado de Goiás*, Belo Horizonte, v. 3, n. 6, p. 91-97, jul./dez. 2021.

COELHO, Christiano; NASCIMENTO, Horácio da Silva do; SILVA, Arthur William Pereira da; CASTRO, Ahiram Brunni Cartaxo de; SANTOS, Helaine Cristine Carneiro dos. Estudo da gestão ambiental no orçamento público do estado do Paraná. *Revista Gestão e Sustentabilidade Ambiental*, v. 11, n. 2, p. 177-211, jun. 2022.

INSTITUTO BRASILEIRO DE GEOGRAFIA E ESTATÍSTICA (IBGE). *Estimativas da População*. Tabelas. 2024. Disponível em: https://www.ibge.gov.br/estatisticas/sociais/populacao/9103-estimativas-de-populacao.html. Acesso em: 31 jan. 2025.

INSTITUTO BRASILEIRO DE GEOGRAFIA E ESTATÍSTICA (IBGE). *Indicadores Brasileiros para os Objetivos de Desenvolvimento Sustentável*. Rio de Janeiro, 2023. Disponível em: https://odsbrasil.gov.br. Acesso em: 17 jan. 2025.

INSTITUTO RUI BARBOSA. *NBASP 300*: Princípios de Auditoria Operacional. Brasília: Instituto Rui Barbosa, 2021. Disponível em: https://nbasp.irbcontas.org.br/wp-content/uploads/2022/11/NBASP-300-Principios-de-Auditoria-Operacional.pdf. Acesso em: 22 jan. 2025.

MASCARENHAS, Caio Gama. Orçamento público ambiental: funções econômicas, estrutura e riscos. *Revista Controle Externo: Revista do Tribunal de Contas do Estado de Goiás*, Belo Horizonte, v. 3, n. 6, p. 11-27, jul./dez. 2021.

OLACEFS. *O papel das EFS na prevenção e mitigação de desastres.* [s.d.]. Disponível em: https://olacefs.com/el-papel-de-las-efs-en-la-prevencion-y-mitigacion-de-desastres/. Acesso em: 19 jan. 2025.

ORGANIZAÇÃO DAS NAÇÕES UNIDAS. *Climate Change 2023*: Synthesis Report. Contribution of Working Groups I, II and III to the Sixth Assessment Report of the Intergovernmental Panel on Climate Change (IPCC). 2023. Disponível em: https://www.gov.br/mcti/pt-br/acompanhe-o-mcti/sirene/publicacoes/relatorios-do-ipcc/arquivos/pdf/copy_of_IPCC_Longer_Report_2023_Portugues.pdf. Acesso em: 17 jan 2025.

PARAÍBA. *Constituição do Estado da Paraíba de 1988.* João Pessoa: Assembleia Legislativa, 1989. Disponível em: https://www.al.pb.leg.br/wp-content/uploads/2023/11/Constituic%CC%A7a%CC%83o-Estadual-EC-54-completa.pdf. Acesso em: 21 jan. 2025.

SISTEMA NACIONAL DE INFORMAÇÕES SOBRE SANEAMENTO (SNIS). *Informações Águas Pluviais 2023 (ano de referência 2022).* Disponível em: http://app4.mdr.gov.br/serieHistorica/. Acesso em: 28 ago. 2024.

SOUSA, Igor Leonardo Oliveira de. Os objetivos e metas em matéria ambiental da Agenda 2030 e a execução da função gestão ambiental pelos programas orçamentários do PPA 2020-2023. *Revista Controle Externo: Revista do Tribunal de Contas do Estado de Goiás*, Belo Horizonte, v. 3, n. 6, p. 81-89, jul./dez. 2021.

ZAPATER, Tiago C. Vaitekunas. Princípio da prevenção e princípio da precaução. *In*: CAMPILONGO, Celso Fernandes; GONZAGA, Alvaro de Azevedo; FREIRE, André Luiz (Coord.). *Enciclopédia jurídica da PUC-SP.* 1. ed. São Paulo: Pontifícia Universidade Católica de São Paulo, 2017. Tomo: Direitos Difusos e Coletivos. Disponível em: https://enciclopediajuridica.pucsp.br/verbete/356/edicao-1/principio-da-prevencao-e-principio-da-precaucao. Acesso em: 21 jan. 2025.

Informação bibliográfica deste texto, conforme a NBR 6023:2018 da Associação Brasileira de Normas Técnicas (ABNT):

ARAÚJO, Lúcia Patrício de Souza; FARIAS, Luciano Andrade; SANTOS NETO, Manoel Antônio dos; FRANCA FILHO, Marcílio Toscano. O sistema de controle externo e a gestão preventiva de desastres ambientais: a atuação da Justiça contábil na proteção e defesa civil de municípios. *In*: LIMA, Edilberto Carlos Pontes (coord.). *Os Tribunais de Contas e a sustentabilidade*: governança e controle no enfrentamento das mudanças climáticas. Belo Horizonte: Fórum, 2025. p. 168-180. ISBN 978-65-5518-670-3. (Coleção Fórum IRB, v. 6). t. 2.

BIODIVERSIDADE BRASILEIRA E DESENVOLVIMENTISMO: A VISÃO DE AILTON KRENAK SOBRE A RELAÇÃO ENTRE SER HUMANO E NATUREZA

LUDMILLA VALENTE VIANA SILVA

LUÍS CARLOS SERRA AMORIM FILHO

1 Introdução

O reconhecimento do ser humano como parte integrante e indissociável do meio ambiente é o primeiro passo para o reconhecimento da importância dos conhecimentos tradicionais no enfrentamento da emergência climática que vivemos atualmente. Essa relação, conforme preceitua o reconhecido – internacionalmente – autor indígena Ailton Krenak, que registra entre suas obras *Futuro ancestral, O amanhã não está* à *venda* e *Ideias para adiar o fim do mundo,* além de ter sido reconhecido como membro da Academia Brasileira de Letras – ABL em 2024, deve ser ressignificada de modo a reconhecer que o valor dessa abordagem é entender que se trata de uma solução para conservação da vida humana na Terra.

O autor preceitua quanto à relação harmoniosa entre seres humanos e natureza desenvolvida por meio dos conhecimentos tradicionais e que garante a preservação da biodiversidade terrestre conforme 80% (oitenta por cento) da biodiversidade mundial (IAITPTF, 2021) que, não por coincidência, consiste em áreas habitadas por comunidades e povos tradicionais. Pertencente povo Krenak, cujo território se localizada às margens do Rio Doce, é elemento de constante referência nas obras do autor em razão do luto que vive devido à ocupação desordenada de empreendimentos econômicos e o desastre na Barragem de Mariana, ocorrido em 2015, que exauriu o potencial hídrico do elemento natural.

As críticas do autor giram em torno da erosão da biodiversidade brasileira ante os avanços do desenvolvimentismo, que datam no Brasil do início do processo de colonização europeia, agravando-se com a Revolução Industrial, por meio de o aumento do nível da temperatura da superfície terrestre ter atingido 1,1ºC entre os anos de 2011-2020 em comparação à temperatura entre 1850-1900.

O Brasil possui uma responsabilidade única quanto à preservação da sua biodiversidade, tendo em vista a sua importância mundial. O ser humano, mesmo em sociedades antigas, entendia que a natureza seria símbolo de fornecimento de prazer e bem-estar e as ações humanas ocorreriam como forma de desfrutar essas sensações. Esta noção decorre da percepção de que o ser humano seria superior à natureza e, assim, teria direito de posse e propriedade sobre os elementos naturais.

Deste modo, objetivo deste estudo se trata de ressignificar os modos de vida atuais, de modo a criar, fomentar e ampliar instrumentos socioambientais que busquem regenerar o planeta e adiar o colapso ecológico e social. A metodologia aplicada (GIL, 2002) é análise comparativa documental, por meio de pesquisa bibliográfica sobre justiça ambiental, racismo ambiental, conhecimentos tradicionais, colonialismo, sustentabilidade, emergência climática e comunidades e povos tradicionais, além de uma análise exegética das obras de Krenak, pautada em uma abordagem sincrônico-comparativa, para compreender como ele aborda a relação entre os problemas ambientais e como superá-los por meio de uma retomada dos conhecimentos tradicionais.

2 Desenvolvimentismo e a preservação da biodiversidade brasileira

O conceito cosmológico habitualmente associado à natureza remete à imagem de mãe graciosa, perfeita, bondosa, bela e provedora de produtos de forma ilimitada e incessante (KRENAK, 2020). Denota-se, a partir desse conceito, que o ser humano, mesmo em sociedades antigas, entendia que a natureza seria símbolo de fornecimento de prazer e bem-estar e as ações humanas ocorreriam como forma de desfrutar essas sensações. Esta noção decorre da percepção de que o ser humano seria superior à natureza e, assim, teria direito de posse e propriedade sobre os elementos naturais. A demarcação do território, em atitude semelhante à de cachorros, se dá por poluição que impediria o uso da "coisa" por outras espécies, uma vez que seria sua (SERRES, 1990). Para Serres (1990, p. 58):

> Esqueçamos, pois, a palavra ambiente, utilizada nestas matérias. Ela pressupõe que nós, homens, estamos no centro de um sistema de coisas que gravitam à nossa volta, umbigos do universo, donos e possuidores da natureza. Isso lembra uma época passada, em que a Terra (como se pode imaginar que ela nos representava?) colocada no centro do mundo reflectia o nosso narcisismo, esse humanismo que nos promove no meio das coisas ou no seu excelente acabamento. Não. A Terra existiu sem os nossos inimagináveis antepassados, poderia muito bem existir hoje sem nós e existirá amanhã ou ainda mais tarde, sem nenhum dos nossos possíveis descendentes, mas nós não podemos existir sem ela. Por isso, é necessário colocar bem as coisas no centro e nós na sua periferia, ou melhor ainda, elas por toda a parte e nós no seu seio, como parasitas.

A discussão a respeito da ideia de que o ser humano seria superior à natureza será discutida na próxima sessão, cabendo a esta tratar sobre os efeitos do desenvolvimentismo e a emergência climática que vivemos. A cultura desenvolvimentista que se iniciou na Revolução Industrial é responsável pela temperatura da superfície global ter atingido 1,1ºC entre os anos de 2011-2020, em comparação à temperatura entre 1850-1900, conforme relatório do IPCC (2023). O desenvolvimentismo parte do princípio de que o ser humano seria superior ao meio ambiente, uma vez que aquele teria posse e propriedade sobre a natureza e todos os elementos que constituem a sua complexidade e biodiversidade. Para o autor David Boyd (2020, p. 22), essa ideia se fundamenta em 3 (três) sentidos, quais sejam:

> O uso contínuo e indevido de outros animais e outras espécies, assim como da própria natureza, tem suas raízes em três idéias bastante arraigadas e relacionadas entre si. A primeira corresponde ao antropocentrismo, é dito, a difundida crença humana de que estamos separados do resto do mundo natural e somos superiores a ele. Através deste complexo de superioridade, os humanos nos vemos a nós mesmos como o pináculo da evolução. A segunda consiste em que tudo na natureza, animado e inanimado, constitui nossa propriedade, o que temos o direito de usar como melhor nos parece. A terceira ideia é que podemos e devemos perseguir um crescimento econômico sem limites como o objetivo principal da sociedade moderna. O antropocentrismo e os "direitos" de propriedade assentam nas bases da sociedade industrial contemporânea, apontando tudo desde a lei e a economia até à educação e à religião. O crescimento econômico é o principal objetivo dos governos e das empresas, porque de forma consistente se impõe às preocupações ambientais.

Guattari (2001, p. 9), por sua vez, entende que a emergência climática seria reversível caso seja implementado um plano mundial contemplando aspectos culturais, políticos e sociais, em que "essa revolução deverá concernir, portanto, não só às relações de forças visíveis em grande escala, mas também aos domínios moleculares de sensibilidade, de inteligência e de desejo". Dando continuidade ao raciocínio do autor, o enfrentamento da emergência climática deve levar em consideração aspectos de natureza social e política, além de científica e técnica, em uma abordagem integrativa. Deste modo, a revolução preceituada por Guattari (2001) se daria por 3 (três) ecologias: i) ambiental – natureza em si; ii) social – cultura e sociedade; e iii) subjetiva – uso da razão pelos seres humanos quando se relaciona com o meio.

Durante os anos 1960, no âmbito mundial, ocorreram movimentos civis, políticos e sociais abordando temas que envolviam a preservação do meio ambiente, culminando com a Conferência de Estocolmo; e o início das discussões – em nível de grandes eventos mundiais – sobre desenvolvimento sustentável se consolida na Conferência das Nações Unidas sobre o Meio Ambiente e o Desenvolvimento, conhecida como Rio-92. Cabe ressaltar que, para fim deste artigo, utilizar-se-ão os conceitos previstos na lei que instituiu o Sistema Nacional de Unidades de Conservação da Natureza – SNUC (art. 2º da Lei nº 9.985/2000), com especial atenção para "conservação", "manejo", "preservação", "proteção" e "uso sustentável", *verbis*:

> Art. 2º Para os fins previstos nesta Lei, entende-se por: [...]
>
> II – conservação da natureza: o manejo do uso humano da natureza, compreendendo a preservação, a manutenção, a utilização sustentável, a restauração e a recuperação do ambiente natural, para que possa produzir o maior benefício, em bases sustentáveis, às atuais gerações, mantendo seu potencial de satisfazer as necessidades e aspirações das gerações futuras, e garantindo a sobrevivência dos seres vivos em geral; [...]
>
> V – preservação: conjunto de métodos, procedimentos e políticas que visem a proteção a longo prazo das espécies, habitats e ecossistemas, além da manutenção dos processos ecológicos, prevenindo a simplificação dos sistemas naturais;

> VI – proteção integral: manutenção dos ecossistemas livres de alterações causadas por interferência humana, admitido apenas o uso indireto dos seus atributos naturais;
>
> VIII – manejo: todo e qualquer procedimento que vise assegurar a conservação da diversidade biológica e dos ecossistemas;
>
> XI – uso sustentável: exploração do ambiente de maneira a garantir a perenidade dos recursos ambientais renováveis e dos processos ecológicos, mantendo a biodiversidade e os demais atributos ecológicos, de forma socialmente justa e economicamente viável; [...].

O Brasil destaca-se mundialmente por possuir "grandes espaços físicos e ecológicos, de máxima riqueza em termos de diversidade biológica, acentuado pela condição de terem sido mantido, até a década de 1960, praticamente intactas nossas grandes florestas úmidas do Norte do país", conforme destacado por Ab'Saber (2003, p. 102). O autor afirma ainda que, em virtude da nossa rica herança biológica, o Brasil possui uma responsabilidade única quanto à preservação destas áreas. Esses territórios são habitados, mantidos e manejados por comunidades tradicionais – por meio de uma relação dinâmica, "respeitosa, orgânica e biointerativa com todos os elementos vitais" existentes na natureza, conforme preceituado por Nego Bispo (2015, p. 47).

O litoral do Maranhão, por sua vez, ocupa uma área de aproximadamente 8.900 (oito mil e novecentos) km² (MOCHEL, 2011), sendo composto – em destaque – na sua porção oriental, pelo Parque Nacional dos Lençóis Maranhenses (Patrimônio Natural da Humanidade), Área de Proteção Ambiental (APA) Delta do Parnaíba, APA de Upaon-Açu-Miritiba-Alto Preguiças, enquanto, na sua porção ocidental, pela APA Reentrâncias Maranhenses, Baixada Maranhense e Parque Estadual Marinho do Parcel do Manoel Luís.

O litoral do Maranhão possui singular diversidade e responsabilidade biológica – e social –, com destaque para presença de extensos manguezais, ambientes com importantíssimos serviços ambientais, no que tange a "nutrientes que fluem de manguezais e alimentam os recifes de corais próximos e ervas marinhas prados" (PNUMA, 2025), além de atuarem como instrumento de captura de dióxido de carbono (CO2), contribuindo para adaptação, mitigação e manutenção da temperatura da Terra abaixo de 2ºC – acima dos níveis pré-industriais (ONU, 2025).

Tendo em vista que as emissões de GEE continuaram a aumentar, e os países assinaram o Acordo de Paris tendo por objetivo limitar o aumento da temperatura média global em 2 graus Celsius acima dos níveis pré-industriais, e estabelecendo o limite desejável do aumento em 1,5 graus Celsius (ONU, 2025), para este estudo, utilizar-se-á indústria petrolífera brasileira, especificamente a exploração e produção de petróleo e gás natural, com atividade econômica objeto de metas relacionadas à descarbonização de suas atividades por meio de fomento a tecnologias e desenvolvimento da pesquisa e inovação (EPE, 2025). Em termos globais, o setor de energia, por exemplo, é responsável por quase 75% das emissões de GEE, sendo que a matriz energética é composta por 83% de combustíveis fósseis, dos quais o petróleo e o gás natural representam 56% (AIE, 2025).

Para que o Brasil possa cumprir os compromissos assumidos no âmbito do Acordo de Paris (NDC), é necessária uma alteração na forma que o mercado e os órgãos reguladores alocam investimentos e desenvolvimento de atividades com tecnologias limpas. As metas brasileiras podem ser aplicadas à economia em geral, sem que seja necessário dividi-las por setores. Conforme relatório emitido pela Agência Internacional de Energia – AIE, a indústria petrolífera investiu em 2022 um total de 20 milhões de dólares em energia limpa/renovável, equivalente a 2,5% da totalidade de despesas de capital.

Para a AIE, "nem todas as empresas de petróleo e gás têm de diversificar para energias limpas, mas a alternativa é encerrar as operações tradicionais ao longo do tempo" (AIE, 2025, p. 131, tradução nossa). Essas metas costumam estar associadas à "gestão da economia de baixo carbono, com técnicas renováveis e limpas, visando ao aumento da eficiência energética, com a preocupação de produzir um petróleo menos carbonizado no futuro" (EPE, 2025).

No âmbito nacional (brasileiro), a publicação da Política Nacional de Meio Ambiente (Lei nº 6.938/81) abordou um conceito de identidade entre o meio ambiente biótico, físico e socioeconômico (art. 2º), que posteriormente foi aprimorado pela Constituição Federal de 1988. O texto constitucional entendeu pela adoção do "antropocentrismo alargado" com o propósito de proteger o meio ambiente, além da relação com sua "capacidade de aproveitamento deste para o uso do homem, mas também no que diz respeito ao bem ambiental, autonomamente, para manter o equilíbrio ecológico e sua capacidade funcional" (LEITE, 2025).

A conservação da natureza por meio do uso sustentável de seus elementos naturais preservados demanda uma abordagem por biointeração. Em suas obras, Nego Bispo sempre abordou a necessidade da biointeração ante o desenvolvimentismo e a necessidade de irmos além dos processos "expropriatórios do desenvolvimentismo colonizador e o caráter falacioso dos processos de sintetização e reciclagem do desenvolvimentismo (in) sustentável, pelo processo de reedição dos recursos naturais pela lógica da biointeração" (SANTOS, 2015). Boyd (2020), por sua vez, trata sobre uma abordagem que transforma a relação entre o ser humano e a natureza por meio do reconhecimento dos direitos da natureza, em que seres humanos reconhecem e respeitam

> [...] os direitos da natureza não põe fim às atividades humanas, mas exige a eliminação ou modificação daquelas que infringem sofrimento aos animais, ameaçam a sobrevivência das espécies ou prejudicam os sistemas ecológicos dos quais depende toda a vida. O significado e os efeitos precisos do reconhecimento dos direitos da natureza funcionam através de conversas comunitárias, diálogo académico, debates públicos e políticos, negociação e, quando necessário, litígio; isto é, assim como todos os novos conceitos jurídicos evoluem. (BOYD, 2020, p. 205)

A próxima seção irá abordar a relação entre o ser humano e o meio ambiente, de modo a dar novo significado ao papel dos conhecimentos tradicionais, na visão de Ailton Krenak, no enfrentamento da emergência climática.

3 Ressignificação dos conhecimentos tradicionais na relação entre ser humano e natureza

O antropocentrismo e sua definição como verdade insuperável teve seu apogeu na Idade Moderna, com uma linha de pensamento que permanece até hoje partindo da premissa de que a humanidade se colocou como a medida de todas as coisas e superior no universo. A partir disso, passou a existir uma dicotomia em que o ser humano seria uma entidade e a natureza, ou seja, o cosmos, outra, distintas e em relação de subordinação. Na ordem de prevalência, o todo deveria se curvar à humanidade, pois somos os únicos seres racionais, e isso nos dá o direito "inato" de utilizar todos os meios para realizar nossos objetivos. Como preceitua Ailton Krenak (2019, l. 62-64):

> Fomos, durante muito tempo, embalados com a história de que somos a humanidade. Enquanto isso – enquanto seu lobo não vem –, fomos nos alienando desse organismo de que somos parte, a Terra, e passamos a pensar que ele é uma coisa e nós, outra: a Terra e a humanidade.

Entendimento desta natureza, difundido ao longo de séculos, decorre de um processo de deslocamento racional em relação à finalidade do meio ambiente, assim como os seres humanos seriam distintos e figurariam uma relação hierárquica em que o ser humano seria superior. Na percepção de Ailton Krenak (2019), vivemos em um processo de abstração civilizatória, no qual negamos a existência das diversas formas de vida, da diversidade e dos hábitos. Esse processo daria lugar ao consumismo, à erosão e à substituição de ambientes naturais por agentes econômicos em busca de explorar seus recursos. Deste modo, "nós, a humanidade, vamos viver em ambientes artificiais produzidos pelas mesmas corporações que devoram florestas, montanhas e rios" (KRENAK, 2019, p. 83-84).

Para Krenak, o momento em que vivemos seria especializado em criar ausências, de sentido de viver e de experiência de vida, comprometendo assim a vida de grupos sociais que mantêm, por meio de resistência ao longo de processos colonizadores que o mundo sofreu, uma biointegração com os elementos naturais. Essa noção ainda pujante de civilidade coloca aqueles que ainda vivem segundo suas tradições como os "outros" da sociedade, e não de uma maneira positiva, mas como aqueles que devem desaparecer para que o progresso civilizatório continue, e que os espaços que ainda restam, reivindicados como seus, sejam dados às corporações.

Krenak fala de sua realidade e de seu povo, e exemplifica que esse embate não é recente. Entretanto, devido às novas políticas no Brasil, os conflitos entre os povos indígenas e o governo têm se intensificado. Esses problemas relacionados à demarcação de terras e aos conflitos de interesse político põem em risco a existência das comunidades que conseguiram manter suas subjetividades e seus hábitos desde a colonização, assim como os poucos espaços naturais intocados e protegidos por esses povos. O autor preceitua a relação harmoniosa entre seres humanos e natureza desenvolvida por meio dos conhecimentos tradicionais e que garante a preservação da biodiversidade terrestre conforme 80% (oitenta por cento) da biodiversidade mundial (IAITPTF, 2025) que, não por coincidência, consiste em áreas habitadas por comunidades e povos tradicionais.

O Planeta Terra está doente e o seu processo de cura, assim como de enfrentamento da emergência climática, tem como grandes aliados fundamentos associados à comunidades e povos tradicionais, como povos indígenas. O autor propõe ainda reflexões no que tange à relação entre o ser humano e a natureza, sobre a limitação de prospecção de elementos naturais e, por fim, a longevidade da vida humana no cenário de emergência climática que vivemos. Comunidades e povos tradicionais, em razão da sua biointeração com os elementos naturais, encontram-se em lugar de maior vulnerabilidade em face de empreendimentos e projetos econômicos erosivos e insustentáveis, tornando-se necessária a implementação de instrumentos que visam à preservação e ao respeito dos direitos humanos fundamentais destes grupos sociais (SILVA, 2025).

O que os Estados e as corporações não conseguem entender é que a natureza, para os povos nativos, não é apenas o material – a madeira, as pedras, o solo –, mas tem valor simbólico, mítico e familiar. Os espaços onde essas comunidades vivem não representam apenas territórios; há um entendimento de que a terra é uma mãe protetora, os rios e os animais são seus ancestrais, e a vida humana está ligada inteiramente a esse simbolismo. Por isso, Krenak (2019, l. 200-202) diz sobre esses avanços:

> Se é certo que o desenvolvimento de tecnologias eficazes nos permite viajar de um lugar para outro, que as comodidades tornaram fácil a nossa movimentação pelo planeta, também é certo que essas facilidades são acompanhadas por uma perda de sentido dos nossos deslocamentos.

Destarte, a perda de ambientes naturais (além daqueles já devastados, erodidos pelo ser humano) representa um processo de orfandade, pelo qual não só os indígenas estão passando, mas toda a humanidade, pois todos estão perdendo a terra em que vivem. Resta agora encontrar um meio para encerrar esse ciclo. Um dos passos para isso seria romper com esse ideal do homem como medida de todas as coisas e com a condenação de tudo ao nosso redor, por considerarmos que está à nossa disposição. É preciso, conforme preceitua Krenak (2020), que a humanidade abandone e encerre o antropocentrismo, uma vez que nós não faríamos falta à biodiversidade e que esta, por sua vez, encontraria uma forma de manter a vida, desde que o ser humano não a impeça disso. Devemos parar de nos convencerm sobre as certezas da nossa existência, ou seja, "Temos de parar de vender o amanhã" (KRENAK, 2020, p. 8), conforme indica um dos títulos de suas obras.

Essa convicção de que somos "deuses" e que podemos deixar para resolver amanhã revela sobre nós, humanos, uma certeza de nossa trivialidade sobre nossa existência. Não sabemos o que acontecerá amanhã, se estaremos vivos ou não; só podemos lidar com o presente, e nossas ações devem partir dele. Como afirma Krenak (2022, p. 49): "para começar, o futuro não existe – nós apenas o imaginamos. Dizer que alguma coisa vai acontecer no futuro não exige nada de nós, pois ele é uma ilusão. Então, pode-se depositar tudo ali, como em um jogo de dados".

Para o autor, essa forma de pensar no futuro é mais um sintoma do nosso adoecimento. Essa visão, especialmente presente entre jovens, de sempre pensar no que está por vir, é mais um reflexo do adoecimento emocional decorrente de todo esse processo que estamos vivenciando, do que uma esperança.

Tudo isso decorre de um processo de aceleração e destruição da biodiversidade e, consequentemente, da vida humana na Terra. É necessário adotar uma nova abordagem "no lugar de produzir um futuro, (onde) a gente deveria recepcionar essa inventividade que chega através das novas pessoas" (KRENAK, 2022, p. 51). Para o autor, a mudança dessa construção social passa por uma transformação educacional das novas gerações. As crianças devem ser incentivadas e consideradas como subjetividades criativas que podem inventar novos mundos, e não como livros em branco que devem ser preenchidos com informações.

As crianças deveriam ser educadas do mesmo modo das crianças indígenas, que vivem e experimentam o mundo por meio da natureza, dos animais e do processo de sociabilidade compartilhado; todas as crianças deveriam ser educadas de modo similar. A infância deveria servir para mostrar que as crianças pertencem a um mundo maior, indo além de um manual, em que as crianças devem se entender como parte de uma memória, uma criação que cada cultura pode oferecer (KRENAK, 2022).

> As crianças indígenas não são educadas, mas orientadas. Não aprendem a ser vencedoras, pois para uns vencerem outros precisam perder. Aprendem a partilhar o lugar onde vivem e o que têm para comer. Têm o exemplo de uma vida em que o indivíduo conta menos que o coletivo. Esse é o mistério indígena, um legado que passa de geração para geração. O que as nossas crianças aprendem desde cedo é a colocar o coração no ritmo da terra. (KRENAK, 2022, p. 58)

É necessário que a sociedade contemporânea reveja sua forma de pensar a humanidade e sua relação com a natureza. Quanto mais persistirmos na ideia de que somos os donos e temos direito ao uso desregulado dos recursos naturais, não perderemos apenas a natureza, mas também colocaremos em extinção a nós mesmos enquanto humanidade. Talvez, se conseguirmos, de algum modo, colocar em prática e aprender com aqueles que sempre viveram em harmonia com o ecossistema, possamos conceber um futuro em que a humanidade e os outros seres coexistam. Caso contrário, o futuro continuará sendo apenas uma ideia sem realização.

4 Considerações finais

A humanidade vive um momento de retorno à natureza por meio da celebração de um contrato natural caracterizado por "simbiose e reciprocidade" que permite o "domínio e a possessão pela escuta admirativa, a reciprocidade, a contemplação e o respeito, em que o conhecimento não suporia já a propriedade, nem a ação o domínio, nem estes os seus resultados ou condições estercorárias" (SERRES, 1990, p. 65). Trata-se de um momento único de refletirmos sobre a função do ser humano no planeta e o que devemos fazer para que a vida humana ainda ache suporte nele.

Vivemos um momento em que é preciso afastar a visão do meio ambiente como recurso (SILVA; BRAGA, 2024), ao entender que a natureza seria fornecedora de matéria-prima sem que seja necessário frear ou diminuir as ações humanas e erosivas. O Programa das Nações Unidas para o Meio Ambiente – PNUMA, integrante da Organização das Nações Unidas – ONU, por meio do relatório *Making Peace with Nature: A scientific blueprint to tackle the climate, biodiversity and pollution emergencies*, sugere que a "redução das desigualdades e do risco de conflito social exige a minimização e a reversão da degradação ambiental e do declínio dos recursos naturais, bem como mudanças estruturais na economia", e entende ainda que "os investimentos devem ser direcionados aos povos indígenas e às comunidades locais, bem como aos grupos sociais sub-representados e marginalizados" (PNUMA, 2024, p. 34, tradução nossa).

Em consonância com a visão de Ailton Krenak, líder indígena e filósofo brasileiro, que vivencia em primeira mão o processo de desvalorização da terra e do meio ambiente e, consequentemente, a degradação de seu povo, a humanidade precisa rever seus conceitos sobre o que significa ser humano e qual a nossa relação com o planeta. Devemos lembrar que somos recém-chegados a este vasto ecossistema que chamamos de Terra, e que dependemos dele, e não o contrário. Em um planeta com cerca de 4,54 bilhões de anos, a humanidade existe há apenas 300 mil anos. Para garantir a nossa própria prosperidade em longo prazo, devemos repensar nossas atitudes e aprender com aqueles que, ao longo de séculos, souberam coexistir de forma harmoniosa com o planeta.

Assim, este artigo teve por objetivo propor uma forma de reconhecimento, por ressignificação, da importância e atuação em protagonismo que comunidades e povos tradicionais desempenham nas biointerações com o planeta e, assim, a solução da emergência climática, especificamente em relação a seus conhecimentos tradicionais. É necessário extinguir a falsa ideia de superioridade do ser humano em relação à natureza e entender que o papel da humanidade consiste em implementar o manejo ecológico da biodiversidade na Terra, ao modo secular aplicado por comunidades e povos tradicionais como os povos indígenas que, por meio de respeito e sustentabilidade, são os verdadeiros guardiões da biodiversidade e a chave para o enfrentamento da emergência climática.

Referências

AB'SABER, Aziz Nacib. *Os domínios de natureza no Brasil*: potencialidades paisagísticas. São Paulo: Ateliê, 2003

AGÊNCIA INTERNACIONAL DE ENERGIA (AIE). *The Oil and Gas Industry in Net Zero Transitions*. Disponível em: https://iea.blob.core.windows.net/assets/f065ae5e-94ed-4fcb-8f17-8ceffde8bdd2/TheOilandGasIndustryinNetZeroTransitions.pdf. Acesso em: 12 jan. 2025.

BOYD, David Richard. *Os direitos da natureza*: uma revolução legal que poderia salvar o mundo. Tradução de S. Vallejo Galárrag. Bogotá: Ediciones Ántropos, 2020.

EMPRESA DE PESQUISA ENERGÉTICA (EPE). *Estudos do Plano Decenal de Expansão de Energia 2032*. Sensibilidades e Análise Econômica para a Previsão da Produção de Petróleo e Gás Natural. Disponível em: epe.gov.br. Acesso em: 14 jan. 2025.

GUATTARI, Félix. *As três ecologias*. 11. ed. Tradução de Maria Cristina F. Bittencourt. Revisão da tradução de Suely Rolnik. Rio de Janeiro: Vozes, 2001.

INTERGOVERNMENTAL PANEL ON CLIMATE CHANGE – IPCC. *Relatório do IPCC* – Sexto Relatório de Avaliação – Sumário para os Tomadores de Decisão. 2021. Disponível em: IPCC_AR6_SYR_FullVolume.pdf. Acesso em: 12 jan. 2025.

INTERNATIONAL ALLIANCE OF INDIGENOUS AND TRIBAL PEOPLES OF THE TROPICAL FORESTS – IAITPTF. *Territories of Life*: 2019 Report. Chiang Mai, Thailand: IAITPTF, 2019. Disponível em: https://report.territoriesoflife.org/. Acesso em: 23 de jan. 2025.

KRENAK, Ailton. *Futuro ancestral*. [s.l.]: Companhia Digital, 2022.

KRENAK, Ailton. *Ideias para adiar o fim do mundo*. São Paulo: Companhia das Letras, 2020.

KRENAK, Ailton. *O amanhã não está à venda*. São Paulo: Companhia das Letras, 2020.

LEITE, José Rubens Morato; AYALA, Patryck de Araújo. A transdisciplinaridade do direito ambiental e a sua equidade intergeracional. *Seqüência Estudos Jurídicos e Políticos*, Florianópolis, v. 21, n. 41, p. 113-136, 2000. Disponível em: https://periodicos.ufsc.br/index.php/sequencia/article/view/15418. Acesso em: 14 jan. 2025.

MINISTÉRIO DO MEIO AMBIENTE E MUDANÇA DO CLIMA – MMA. *NDC* – A ambição climática do Brasil. Disponível em: https://www.gov.br/mma/pt-br/assuntos/mudanca-do-clima/NDC. Acesso em: 10 jan. 2025

MOCHEL, Flávia Rebelo. Manguezais amazônicos: status para a conservação e a sustentabilidade na zona costeira maranhense. *In*: MARTINS, Marlúcia Bonifácio; OLIVEIRA, Tadeu Gomes de (Org.). *Amazônia maranhense*: diversidade e conservação. Belém: MPEG, 2011. p. 94-115.

OLIVEIRA, Vanessa Hasson de. *Direito da natureza*. 2. ed. Rio de Janeiro: Lumen Juris, 2021.

ORGANIZAÇÃO DAS NAÇÕES UNIDAS – ONU. *O Acordo de Paris*. França, 2015. Disponível em: The Paris Agreement I United Nations. Acesso em: 13 jan. 2025.

PROGRAMA DAS NAÇÕES UNIDAS PARA O MEIO AMBIENTE – PNUMA. *Making Peace with Nature*: A scientific blueprint to tackle the climate, biodiversity and pollution emergencies. 2021. Disponível em: https://www.unep.org/resources/making-peace-nature. Acesso em: 16 jan. 2025.

SANTOS, Antônio Bispo dos. *Colonização, quilombos*: modos e significados. Brasília: Ubu Editora, 2015.

SHIVA, Vandana. *Monoculturas da mente*. Rio de Janeiro: Editora Globo, 2003.

SILVA, Ludmilla Valente Viana; BRAGA, Luciana Palmeira. Desenvolvimentismo vs. saberes ancestrais: uma visão contracolonialista de preservação do patrimônio cultural. *In*: CONGRESSO DE GESTÃO DOS PAÍSES SOBERANOS DA AMÉRICA DO SUL SOBRE A AMAZÔNIA. *Anais*... Manaus: UEA, 2023. Disponível em: https://www.even3.com.br/anais/ii-congresso-gestao-dos-paises-soberanos-da-america-do-sul-sobre-a-amazonia-347308/768561-desenvolvimentismo-vs-saberes-ancestrais--uma-visao-contracolonialista-de-preservacao-do-patrimonio-cultural/. Acesso em: 13 jan. 2025.

SILVA, Marina Osmarina. Saindo da invisibilidade – a política nacional de povos e comunidades tradicionais. *Revista Inclusão Social*, Brasília, v. 2, n. 2, p. 7-9, abr./set. 2007. Disponível em: ibict.br. Acesso em: 7 jan. 2025.

Informação bibliográfica deste texto, conforme a NBR 6023:2018 da Associação Brasileira de Normas Técnicas (ABNT):

SILVA, Ludmilla Valente Viana; AMORIM FILHO, Luís Carlos Serra. Biodiversidade brasileira e desenvolvimentismo: a visão de Ailton Krenak sobre a relação entre ser humano e natureza. *In*: LIMA, Edilberto Carlos Pontes (coord.). *Os Tribunais de Contas e a sustentabilidade*: governança e controle no enfrentamento das mudanças climáticas. Belo Horizonte: Fórum, 2025. p. 181-190. ISBN 978-65-5518-670-3. (Coleção Fórum IRB, v. 6). t. 2.

AVALIAÇÃO DA ATUAÇÃO DO TCM/BA NA VERIFICAÇÃO DOS CRITÉRIOS DE SUSTENTABILIDADE EM EDITAIS DE OBRAS PÚBLICAS

LUZILEA BRITO DE OLIVEIRA

CARLOS EDUARDO LUSTOSA DA COSTA

JULIANO SANTOS DA SILVA

1 Introdução

A sustentabilidade ambiental tem se consolidado como um princípio fundamental na administração pública, especialmente no âmbito das contratações de obras públicas, em que os impactos ambientais e sociais são particularmente expressivos. Com a promulgação da Lei nº 14.133/2021, que rege as licitações e contratações públicas no Brasil, a incorporação de critérios de sustentabilidade ambiental foi formalizada como um dos direcionadores estratégicos para garantir que obras e serviços contratados atendam aos desafios de preservação ambiental e desenvolvimento sustentável.

Entretanto, a aplicação efetiva desses critérios enfrenta desafios práticos substanciais, particularmente em termos de fiscalização e verificação de sua implementação em todas as etapas dos projetos contratados. O Tribunal de Contas dos Municípios do Estado da Bahia (TCM/BA) desempenha um papel crucial nesse contexto, pois é o órgão responsável por monitorar a conformidade e eficiência das práticas de gestão pública, incluindo a verificação da adoção de critérios ambientais nos processos licitatórios municipais.

Este estudo visa investigar como o TCM/BA atualmente verifica a inclusão e a implementação dos critérios de sustentabilidade ambiental nos editais de obras públicas, já que a ausência de uma estratégia sistemática para monitorar esses critérios pode dificultar a concretização de uma gestão pública mais sustentável e alinhada aos objetivos da Lei nº 14.133/2021.

Diante do exposto, o estudo propõe a criação de uma matriz de avaliação que sistematize o processo de verificação, fornecendo ao tribunal uma ferramenta para fortalecer sua atuação e assegurar que os princípios de sustentabilidade ambiental estejam efetivamente presentes e sejam monitorados nas contratações públicas. Essa matriz busca, assim, contribuir para o aprimoramento da fiscalização ambiental, promovendo uma maior conformidade com os princípios de desenvolvimento sustentável e incentivando boas práticas ambientais nas administrações municipais.

Tal investigação justifica-se em virtude de a sustentabilidade ambiental ter se tornado um pilar essencial na administração pública, especialmente no contexto das contratações de obras públicas, em que os impactos socioambientais são amplamente significativos. A Lei nº 14.133/2021, que estabelece novas normas de licitação e contratação para as administrações públicas, incorpora a sustentabilidade ambiental como um dos princípios orientadores. No entanto, a efetiva implementação desses critérios enfrenta desafios práticos, especialmente no que diz respeito à fiscalização por parte dos órgãos de controle, como o TCM/BA.

A existência de metodologias específicas e bem estruturadas para a fiscalização da aplicação dos critérios de sustentabilidade ambiental pode contribuir significativamente para o aprimoramento da atuação do TCM/BA, reforçando seu papel na promoção de uma gestão pública sustentável.

Este estudo visa, portanto, contribuir para o aperfeiçoamento dos mecanismos de fiscalização do TCM/BA, propondo alternativas práticas e eficientes para aprimorar o controle da sustentabilidade ambiental nas contratações de obras públicas. A incorporação de uma sistemática de avaliação não apenas garante maior conformidade com a legislação vigente, mas também favorece o avanço na implementação de políticas públicas que respondam aos desafios ambientais e sociais contemporâneos, alinhadas com os princípios do desenvolvimento sustentável.

Como objetivos específicos apresenta-se: (i) mapear as práticas e metodologias atualmente utilizadas pelo Tribunal de Contas dos Municípios do Estado da Bahia (TCM/BA) para fiscalizar a aplicação dos critérios de sustentabilidade ambiental nos editais de contratações de obras públicas; (ii) investigar os principais desafios enfrentados pelo TCM/BA na verificação da conformidade dos critérios de sustentabilidade ambiental, considerando a legislação vigente e as especificidades das obras públicas e (iii) desenvolver uma matriz de avaliação que potencialize a eficácia da fiscalização do TCM/BA, promovendo a aplicação prática e eficiente dos critérios de sustentabilidade ambiental nos processos de licitação e contratação de obras públicas.

2 Fundamentação teórica

A sustentabilidade ambiental na administração pública envolve a adoção de princípios que equilibram os aspectos econômicos, sociais e ambientais. Esses conceitos visam garantir que as decisões públicas considerem não apenas a eficiência econômica, mas também o impacto ambiental e o bem-estar social, promovendo o desenvolvimento sustentável. A inclusão da sustentabilidade ambiental nas políticas públicas é fundamental para enfrentar desafios globais, como as mudanças climáticas, e promover a equidade social e a conservação dos recursos naturais (ALENCASTRO; SILVA; LOPES, 2014).

No contexto das contratações públicas, práticas sustentáveis têm ganhado destaque, especialmente em obras públicas, com a implementação de critérios que priorizam o uso de materiais ecoeficientes, a redução de resíduos, e a exigência de estudos de impacto ambiental. Essas ações contribuem para a construção de uma administração pública mais responsável e alinhada aos Objetivos de Desenvolvimento Sustentável (ODS), fortalecendo a eficiência das políticas governamentais e mitigando os impactos negativos ao meio ambiente (BIAGE; CALADO, 2015) e, por consequência, à sociedade.

A Lei nº 14.133/2021, conhecida como a Nova Lei de Licitações e Contratos Administrativos, trouxe inovações importantes ao incorporar critérios de sustentabilidade ambiental no processo de contratações públicas. Um dos principais avanços da nova legislação é a inclusão de dispositivos que exigem a consideração de critérios ambientais, que também geram impactos sociais e econômicos, na formulação de licitações e contratos. Entre as diretrizes, destacam-se a adoção de práticas que promovam o desenvolvimento sustentável e o uso de recursos naturais de forma eficiente (MALLMANN; SILVA, 2022).

Além disso, a nova lei reforça a importância de avaliar não apenas o menor preço, mas também o custo-benefício ao longo do ciclo de vida do produto, priorizando soluções que reduzam a pegada ambiental. Esse avanço coloca a sustentabilidade ambiental no centro das decisões administrativas, alinhando-se às exigências da Agenda 2030 e aos Objetivos de Desenvolvimento Sustentável (ODS), promovendo uma gestão pública mais consciente e responsável (JESUS JÚNIOR; SILVA, 2023).

O Tribunal de Contas dos Municípios do Estado da Bahia desempenha um papel crucial na fiscalização das contratações públicas, verificando se os processos de licitação e execução de contratos estão em conformidade com a legislação vigente e promovem a eficiência, a transparência e o uso responsável dos recursos públicos. Sua estrutura organizacional é composta por conselheiros, auditores e técnicos especializados, que têm a competência de avaliar e monitorar as contas e ações dos gestores municipais, emitindo pareceres e recomendações para melhorar a gestão pública (TCM/BA, 2014).

No contexto das contratações, os órgãos de controle externo, tal como o TCM/BA, enfrentam o desafio crescente de fiscalizar a aplicação de critérios de sustentabilidade ambiental, conforme previsto na Lei nº 14.133/2021, que exige a inclusão de práticas sustentáveis, como o uso eficiente de recursos e a avaliação do impacto ambiental dos contratos. A implementação dos critérios de sustentabilidade ambiental em obras públicas enfrenta uma série de desafios técnicos, legais e operacionais.

De acordo com Henrique Napoleão *et al.* (2022), um dos principais entraves é a falta de capacitação técnica dos gestores e das equipes responsáveis por planejar e executar as contratações, o que dificulta a correta aplicação de normas como a Lei nº 14.133/2021, que exige a consideração de fatores de sustentabilidade ambiental, como a avaliação do ciclo de vida dos materiais e a redução de impactos ambientais. Trabalhos desta natureza exigem equipes multidisciplinares, com profissionais das mais diversas formações, para que a tarefa seja realizada de forma assertiva.

Essa falta de capacitação técnica impacta diretamente a capacidade das equipes de incorporar práticas sustentáveis de maneira eficaz e consistente nas contratações públicas, alinhadas às exigências da Lei nº 14.133/2021. A complexidade dos processos que envolvem a sustentabilidade demanda não apenas conhecimento técnico, mas também uma visão integrada e multidisciplinar, na qual especialistas de áreas variadas possam contribuir, para a escolha de materiais, o planejamento estratégico e a análise de impactos ambientais. Sem esse suporte diversificado, torna-se difícil enfrentar os desafios e superar as barreiras institucionais e culturais, que com frequência ainda priorizam práticas convencionais e soluções imediatas de menor custo, como apontado por Droege, Raggi e Ramos (2021).

Diante dos desafios apresentados, é fundamental compreender como o Tribunal de Contas dos Municípios do Estado da Bahia (TCM/BA) implementa e fiscaliza práticas sustentáveis nas contratações de obras públicas, para avaliar o alcance e a efetividade da Lei nº 14.133/2021. A análise das práticas adotadas por esse órgão permite identificar avanços e lacunas no cumprimento das diretrizes de sustentabilidade, gerando *insights* que podem aprimorar a gestão pública e incentivar uma administração ambientalmente responsável. Com essa perspectiva, o presente estudo se propõe a explorar as práticas do TCM/BA na avaliação das contratações sustentáveis, oferecendo uma base sólida para entender os processos e limitações envolvidos.

3 Metodologia

Este estudo adota uma abordagem qualitativa, centrada na análise da atuação do Tribunal de Contas dos Municípios do Estado da Bahia (TCM/BA) na fiscalização da implementação dos critérios de sustentabilidade ambiental nas contratações de obras públicas, conforme a Lei nº 14.133/2021. A metodologia é estruturada em três etapas principais: (i) revisão bibliográfica, (ii) pesquisa documental e (iii) desenvolvimento de uma matriz de avaliação.

3.1 Revisão bibliográfica

A primeira etapa consiste em uma revisão bibliográfica abrangente sobre os temas centrais da pesquisa, incluindo sustentabilidade ambiental na administração pública, a Lei nº 14.133/2021 e o papel dos Tribunais de Contas na fiscalização das contratações de obras públicas. A revisão buscou identificar lacunas e fornecer a base teórica necessária para compreender os desafios enfrentados pelo TCM/BA.

3.2 Pesquisa documental

A segunda etapa envolve a análise documental de relatórios, pareceres e outros documentos emitidos pelo TCM/BA relacionados à fiscalização das contratações de obras públicas, com foco na inclusão de critérios de sustentabilidade ambiental. Foram examinados procedimentos, práticas e instrumentos relatados pelo Tribunal na implementação da Lei nº 14.133/2021, e os editais de licitação e contratos de obras públicas na Bahia, para verificar a presença e a aplicação dos critérios de sustentabilidade ambiental.

3.3 Desenvolvimento de uma matriz de avaliação

Com base nas etapas anteriores, foi desenvolvida uma matriz de avaliação para auxiliar o TCM/BA na fiscalização da aplicação dos critérios de sustentabilidade ambiental em editais de contratações de obras pública. A proposta considera as particularidades da legislação vigente, as limitações identificadas nas práticas atuais do TCM/BA e as melhores práticas nacionais e internacionais de avaliação de impactos ambientais (AIA).

O desenvolvimento da matriz de avaliação incluiu aspectos de sustentabilidade ambiental, procedimentos de auditoria específicos e ações recomendadas para a implementação desses critérios em contratações de obras públicas, conforme apresentado, neste artigo, em sessão específica.

Esta abordagem metodológica visa não apenas a identificação dos desafios, mas também a proposição de uma solução prática e eficaz, que possa ser implementada pelo TCM/BA para melhorar a fiscalização das contratações de obras públicas com foco na sustentabilidade ambiental.

4 Resultados e discussão

O primeiro objetivo específico desta pesquisa consiste em mapear as práticas e metodologias atualmente utilizadas pelo TCM/BA para fiscalizar a aplicação dos critérios de sustentabilidade ambiental nos editais de contratações de obras públicas.

As pesquisas realizadas localizaram a Resolução TCM nº 1.431/2021, que regulamenta o envio eletrônico dos editais de licitação e anexos ao órgão para análise prévia. Seu objetivo principal é reforçar a segurança, a transparência e a legalidade dos processos licitatórios, contribuindo para a prevenção de irregularidades e para a proteção do erário público. O referido documento não inclui exigências específicas para garantir a sustentabilidade ambiental nos editais e processos de contratação. Embora reforce a transparência e a conformidade com as normas gerais, faltam diretrizes para a inclusão de critérios ambientais, como o uso de materiais sustentáveis, eficiência energética e gestão de resíduos, que poderiam contribuir para práticas de licitação mais sustentáveis e responsáveis.

Embora a Resolução TCM nº 1431/2021 represente um avanço em termos de controle e transparência nos processos licitatórios, a ausência de critérios específicos para sustentabilidade ambiental nos editais demonstra uma oportunidade para o TCM/BA aprimorar suas normas e promover práticas ecológicas que atendam às demandas de responsabilidade ambiental na administração pública.

No tocante a investigar as principais barreiras enfrentados pelo TCM/BA na verificação da conformidade dos critérios de sustentabilidade ambiental, a fiscalização da exigência desses critérios de sustentabilidade ambiental em editais de contratações de obras públicas é desafiadora, especialmente, devido à escassez de ferramentas de auditoria específicas e à ausência de indicadores para medir o cumprimento das exigências sustentáveis.

Braams (2024) reforça essa afirmação ao destacar as dificuldades no monitoramento da conformidade ambiental durante todo o ciclo de execução das obras. Ele sugere que uma maior integração entre fiscalização e gestão ambiental pode facilitar o acompanhamento contínuo e o cumprimento das normas ambientais, minimizando desvios e promovendo uma gestão mais eficaz. Na ausência de uma equipe multidisciplinar, o uso de uma matriz de avaliação pode auxiliar significativamente nesse processo.

Couto e Ribeiro (2016) há muito argumentam que a melhoria da fiscalização da sustentabilidade ambiental em contratações de obras públicas depende da implementação de métodos estruturados e inovadores que assegurem a conformidade com os critérios ambientais.

Para Hazaea *et al.* (2022) e Poll (2023), a adoção de *frameworks* e modelos de auditoria específicos para a sustentabilidade ambiental pode aumentar tanto a eficiência quanto a precisão da fiscalização. A literatura sobre inovação em auditoria pública ressalta a importância de desenvolver metodologias que integrem novas tecnologias de monitoramento e indicadores de desempenho ambiental, promovendo uma fiscalização mais eficaz e alinhada às demandas contemporâneas de sustentabilidade.

Para verificar a presença de critérios de sustentabilidade ambiental nos editais de licitação para contratações de obras públicas, foram analisados os instrumentos convocatórios publicados entre janeiro e junho de 2024, em municípios baianos com população superior a 150 mil habitantes, conforme apresentado na Tabela 1.

Tabela 1 – Municípios baianos com população superior a 150 mil habitantes, de acordo com o Censo IBGE 2022

Posição	Município do Estado da Bahia	Nº de habitantes – Censo IBGE 2022
1	Salvador	2.417.678
2	Feira de Santana	616.272
3	Vitória da Conquista	370.879
4	Camaçari	300.372
5	Juazeiro	237.821
6	Lauro de Freitas	203.331
7	Itabuna	186.708
8	Ilhéus	178.649
9	Porto Seguro	168.326
10	Barreiras	159.734
11	Jequié	158.813
12	Alagoinhas	151.055

Fonte: Elaborado pelo autor (2024).

A análise considera a obrigatoriedade de aplicação da Lei nº 14.133/21, em vigor desde janeiro de 2024, e faz um recorte específico para municípios localizados no Estado da Bahia, com mais de 150 mil habitantes, conforme Censo IBGE 2022, Figura 1.

Figura 1 – Mapa do Estado da Bahia com destaque para os municípios com mais de 150 mil habitantes, conforme IBGE (2024)

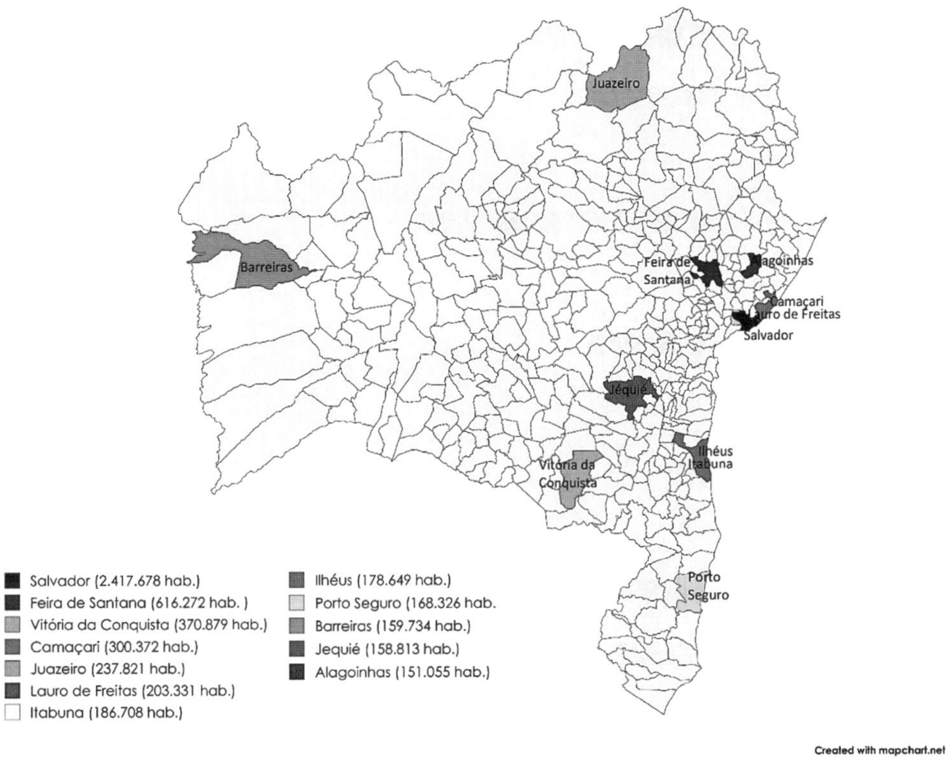

Fonte: Elaborado pelo autor com auxílio do APP mapchart.net (2024).

Entre janeiro e junho de 2024, foram publicados vinte e sete editais para contratações de obras públicas nos municípios investigados. Vale destacar que alguns desses municípios não lançaram editais para esse fim, como ilustrado no gráfico a seguir.

Gráfico 1 – Número de editais de contratação de obras públicas, dos municípios baianos com mais de 150 mil habitantes – período: janeiro a junho de 2024

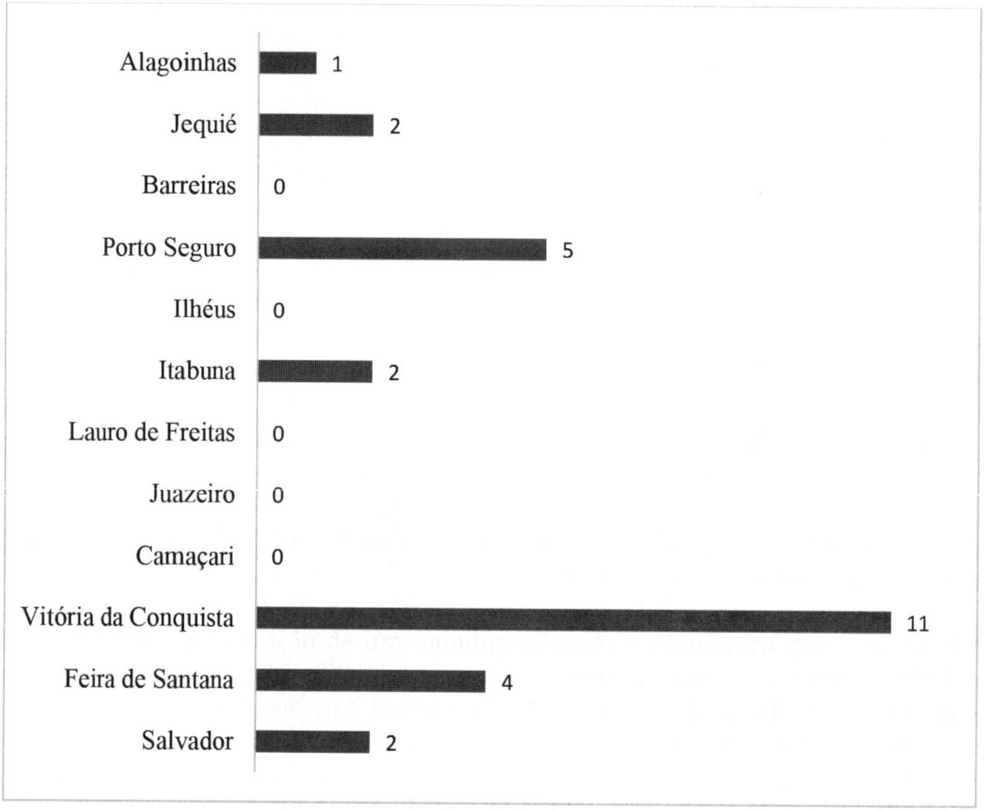

Fonte: Elaborado pelo autor (2024).

O Quadro 1, a seguir, apresenta os editais e suas respectivas análises.

Quadro 1 – Editais de contratação de obras públicas, publicados nos municípios baianos, entre os meses de janeiro a junho de 2024, já em consonância com a Lei nº 14.133/2021

(continua)

Edital	Objeto do edital	Análise
Edital PE0004-2024 (Prefeitura de Alagoinhas)	Aquisição de materiais de construção para secretarias como Agricultura e Infraestrutura.	Esse edital se concentra na aquisição de materiais de construção para atender a diversas secretarias, como Agricultura e Infraestrutura. No entanto, não há menção específica a requisitos de sustentabilidade, como o uso de materiais ecológicos ou práticas sustentáveis na construção.
Edital 1-2024-11L (Prefeitura Municipal de Feira de Santana)	Contratação para ampliação de uma Unidade Básica de Saúde (UBS) no Bairro Mangabeira.	Este documento trata da contratação de uma empresa para a ampliação de uma Unidade Básica de Saúde (UBS) no Bairro Mangabeira. Assim como o edital anterior, o foco está em critérios técnicos e de execução do projeto, sem incluir diretrizes voltadas à sustentabilidade ambiental. Não há exigências para práticas sustentáveis, como o uso de materiais ambientalmente corretos, eficiência energética ou gestão de resíduos durante a construção ou operação da UBS.
Edital 5-2024-02L (Prefeitura Municipal de Feira de Santana)	Contratação para ampliação de um Conselho Comunitário no Distrito de Jaguara.	Este edital tem como objetivo a contratação de empresa de engenharia para ampliação de um Conselho Comunitário no Distrito de Jaguara. O foco do edital está nos aspectos técnicos, administrativos e de qualificação da empresa licitante, sem nenhuma menção a práticas ou exigências relacionadas à sustentabilidade ambiental. Não foram encontrados requisitos para o uso de materiais ecológicos, gestão de resíduos ou outras práticas que visem minimizar impactos ambientais na execução do projeto.
Edital 11-2024-02L (Prefeitura de Feira de Santana)	Contratação para reforma e ampliação de um hospital.	Este edital trata da contratação de empresa para reforma e ampliação de um hospital. Focado em critérios técnicos e de preço, não inclui diretrizes ambientais ou de sustentabilidade, como eficiência energética ou materiais sustentáveis.
Edital 20-2024-11L (Prefeitura de Feira de Santana)	Ampliação de uma Unidade Básica de Saúde (UBS).	Destinado à ampliação de uma Unidade Básica de Saúde (UBS), o edital é centrado em aspectos técnicos, sem exigências específicas relacionadas ao uso de práticas ou materiais sustentáveis.
Edital CP001-2024 (Itabuna)	Reconstrução de uma praça	Com o objetivo de reconstruir uma praça, este edital não menciona práticas ambientais ou exigências sustentáveis. Não são especificados materiais ou técnicas ecológicas para o projeto.
Edital CP0005-2024 (Itabuna)	Pavimentação asfáltica e drenagem de bairros.	Esse edital aborda a pavimentação asfáltica e drenagem de bairros, parcialmente financiado por uma instituição internacional. Apesar disso, não há exigências explícitas de sustentabilidade ambiental na execução das obras.
Edital CP003-2024 (Jequié)	Infraestrutura e segurança em vias públicas.	Voltado à infraestrutura e segurança em vias públicas, o edital prioriza a segurança e o conforto, mas não há menções a requisitos de sustentabilidade ambiental.
Edital CR001-2024 (Jequié):	Infraestrutura para reconstrução de vias.	Sem referências a práticas de sustentabilidade, esse edital se foca na infraestrutura, sem exigências ambientais para a reconstrução de vias.
Edital CE001-2024 (Prefeitura de Porto Seguro)	Revitalização de um mercado de pescados.	Este edital, referente à revitalização de um mercado de pescados, não apresenta exigências específicas para sustentabilidade ambiental, como o uso de técnicas ou materiais ecológicos na execução do projeto.

(continua)

Edital	Objeto do edital	Análise
Edital CP002-2024 (Porto Seguro)	Construção de uma escola indígena.	Este edital, que trata da construção de uma escola indígena, não menciona práticas sustentáveis, como o uso de materiais ecologicamente corretos ou eficiência energética. A prioridade é a execução da obra sem especificações ambientais.
Edital PE001-2024 (Porto Seguro)	Manutenção preventiva e corretiva em poços tubulares profundos.	Este edital refere-se a serviços de manutenção preventiva e corretiva em poços tubulares profundos. Embora envolva atividades que impactam diretamente recursos hídricos, o documento não cita práticas de sustentabilidade, como a gestão consciente do uso da água ou técnicas de minimização de impacto ambiental. Foca essencialmente nos aspectos técnicos e de operação dos poços.
Edital TP001-2024 (Prefeitura Municipal de Porto Seguro)	Construção de arquibancadas, vestiários e área de ginástica.	O documento não contém exigências explícitas ligadas à sustentabilidade ambiental. O foco está na contratação de uma empresa para a construção de arquibancadas, vestiários e uma área de ginástica. Não são mencionadas práticas de construção sustentável, uso de materiais ecológicos ou diretrizes para gestão de resíduos e conservação de recursos naturais durante a execução das obras.
Edital CN002-2024 (Porto Seguro)	Manutenção e requalificação de bens públicos.	Este edital abrange a manutenção e requalificação de bens públicos, mas não menciona critérios sustentáveis ou uso de materiais ecológicos na execução dos serviços.
Edital 4658-2024 (Desal – Salvador)	Construção de quiosques e módulos para mototáxis.	Destinado à construção de quiosques e módulos para mototáxis, o edital não inclui exigências específicas para práticas ambientais sustentáveis, focando principalmente nos critérios técnicos e operacionais.
Edital 5200-041796-2024 (Prefeitura Municipal de Salvador)	Construção com foco em critérios técnicos e operacionais.	Não inclui menções a exigências de sustentabilidade ambiental. Não foram encontradas diretrizes específicas sobre o uso de materiais sustentáveis, práticas ecológicas na construção ou requisitos para gestão de resíduos. Este padrão é semelhante ao encontrado em outros editais analisados, que também carecem de orientações explícitas voltadas à preservação ambiental e práticas sustentáveis.
Edital CN001-2024 (Vitória da Conquista)	Obras de infraestrutura urbana, como drenagem e pavimentação.	Direcionado à execução de obras de infraestrutura urbana, como drenagem e pavimentação, este edital não apresenta exigências de sustentabilidade, como a reutilização de materiais ou estratégias para reduzir o impacto ambiental.
Edital CN002-2024 (Vitória da Conquista)	Revitalização de um campo de futebol.	Relativo à revitalização de um campo de futebol, o edital é voltado aos requisitos técnicos, sem mencionar práticas de preservação ambiental ou o uso de materiais sustentáveis.
Edital CN003-2024 (Vitória da Conquista)	Construção e manutenção de praças.	Este edital, voltado à construção e manutenção de praças, não traz diretrizes de sustentabilidade, como gestão de resíduos ou uso de elementos ecológicos.
Edital CN004-2024 (Vitória da Conquista)	Construção e reforma de campos e quadras poliesportivas.	Este edital trata da construção e reforma de campos e quadras poliesportivas. Não há menção a práticas ou exigências de sustentabilidade ambiental, como o uso de materiais ecologicamente corretos ou critérios para gestão de resíduos.
Edital CN005-2024 (Vitória da Conquista)	Construção da Praça da Feira Municipal.	Destinado à construção da Praça da Feira Municipal, o edital foca em aspectos técnicos e operacionais e não menciona critérios de sustentabilidade ambiental, como a incorporação de práticas verdes na construção.

(conclusão)

Edital	Objeto do edital	Análise
Edital CN007-2024 (Vitória da Conquista)	Construção de uma Unidade de Pronto Atendimento no Bairro Brasil.	Este edital cobre a construção de uma Unidade de Pronto Atendimento no Bairro Brasil. Embora o projeto envolva infraestrutura de saúde, não há exigências específicas quanto à sustentabilidade ambiental, como eficiência energética ou práticas de construção sustentável.
Edital CN008-2024 (Vitória da Conquista)	Construção de uma clínica para atendimento a mulheres e crianças.	Este documento, que trata da construção de uma clínica para atendimento a mulheres e crianças, não apresenta diretrizes de sustentabilidade, como o uso de materiais sustentáveis ou técnicas de construção ecológicas.
Edital CN009-2024 (Vitória da Conquista)	Construção de uma Unidade de Saúde da Família.	Focado na construção de uma Unidade de Saúde da Família, o edital não contém exigências de sustentabilidade, como materiais ou práticas ambientalmente amigáveis para a execução da obra.
Edital CN010-2024 (Vitória da Conquista)	Construção da Unidade Básica de Saúde Régis Pacheco.	Este edital visa à construção da Unidade Básica de Saúde Régis Pacheco e carece de requisitos de sustentabilidade, como gestão de resíduos ou utilização de materiais ecológicos.
Edital CN011-2024 (Vitória da Conquista)	Construção de uma Unidade de Saúde da Família no Bairro Ibirapuera.	Para a construção de uma Unidade de Saúde da Família no Bairro Ibirapuera, o edital concentra-se nos requisitos técnicos, sem diretrizes para práticas sustentáveis ou uso de materiais ambientalmente corretos.
Edital PE009-2024 (Vitória da Conquista)	Serviços diversos que poderiam incorporar práticas sustentáveis, mas sem especificações detalhadas.	Apesar de englobar serviços que poderiam incorporar práticas sustentáveis, como conservação de recursos e manejo ambiental, o edital não especifica exigências de sustentabilidade. Não há diretrizes voltadas ao uso de técnicas sustentáveis, como métodos para redução de impacto ambiental, utilização de materiais sustentáveis ou práticas de eficiência energética na execução dos serviços.

Fonte: Elaborado pelo autor (2024).

O Quadro 1, de análise dos editais, evidencia uma ausência generalizada de exigências relacionadas à sustentabilidade ambiental. Embora variem quanto ao tipo de obra ou serviço – desde construção de infraestrutura urbana até reformas de espaços públicos e instalações de saúde –, nenhum dos editais analisados incorpora diretrizes que promovam práticas sustentáveis, como o uso de materiais ecológicos, eficiência energética, gestão de resíduos ou métodos de construção com baixo impacto ambiental.

Por exemplo, editais como o PE0004-2024, do Município de Alagoinhas e o 11-2024-02L, do Município de Feira de Santana, focam estritamente nos critérios técnicos e de custo, sem considerar diretrizes ambientais. Mesmo nos casos em que as obras envolvem recursos naturais, como o edital PE001-2024, do Município de Porto Seguro, que trata de manutenção de poços profundos, ou o PE009-2024, do Município de Vitória da Conquista, voltado para serviços que poderiam adotar práticas de manejo ambiental, não são inseridas especificações sustentáveis.

A presente análise, portanto, indica que os documentos licitatórios, em sua maioria, seguem um padrão voltado para a execução técnica e financeira das obras, sem incluir iniciativas de mitigação de impacto ambiental. Essa ausência de requisitos sustentáveis demonstra a necessidade de se incluir critérios de sustentabilidade nos editais, de forma a fomentar práticas ambientais que sejam integradas aos processos licitatórios, promovendo um maior compromisso com a preservação ambiental nos projetos de infraestrutura pública. Nesse contexto, o papel do TCM/BA torna-se crucial, pois essa instituição pode atuar como reguladora e incentivadora da inclusão de práticas sustentáveis nos editais municipais.

O TCM/BA, por meio de suas orientações e fiscalização, pode exigir que os municípios considerem critérios ambientais, como uso de materiais sustentáveis, gestão de resíduos e eficiência energética, entre outros, nos processos de contratação. Com essa orientação poderia não apenas garantir que os recursos públicos sejam aplicados com responsabilidade ambiental, mas também promover uma cultura de sustentabilidade nos projetos municipais, impactando positivamente a qualidade de vida e o meio ambiente local.

Diante do exposto, os principais desafios enfrentados pelo TCM/BA na verificação da conformidade com os critérios de sustentabilidade ambiental em editais de contratação de obras públicas envolvem questões técnicas, operacionais e institucionais, como: (i) ausência de ferramentas de auditoria específicas, logo, a implementação de uma matriz de avaliação pode ser uma solução potencial para padronizar e facilitar o processo de auditoria, fornecendo critérios claros para a análise de conformidade ambiental; (ii) capacitação técnica, o que indica a necessidade de formação continuada das equipes e a introdução de indicadores específicos, pois não foram encontrados documentos que demonstrem formação dos servidores públicos para o desempenho desta atividade e (iii) ausência de indicadores de conformidade, propostos na matriz de avaliação, para medir o cumprimento das exigências sustentáveis.

Dessa forma, é essencial desenvolver uma matriz de avaliação que fortaleça a eficácia da fiscalização realizada pelo TCM/BA, assegurando uma aplicação prática e eficiente dos critérios de sustentabilidade ambiental em todas as etapas dos processos de licitação e contratação de obras públicas.

5 Matriz de avaliação

Com o objetivo de otimizar o trabalho do Tribunal de Contas dos Municípios do Estado da Bahia (TCM/BA), foi desenvolvida uma Matriz de Avaliação de Sustentabilidade Ambiental (Apêndice A). Essa ferramenta foi elaborada para aprimorar a fiscalização dos editais de obras públicas, especialmente no que se refere à aplicação de critérios de sustentabilidade ambiental, alinhada às demandas contemporâneas por gestão pública eficiente e sustentável.

Trata-se de uma ferramenta que integra aspectos de sustentabilidade, detalhando componentes essenciais para uma avaliação criteriosa. Destaca-se o Critério de Sustentabilidade, que inclui categorias como "Gestão de Resíduos", "Eficiência Energética", "Uso de Materiais Sustentáveis", entre outras. Para cada critério, há um Indicador específico, permitindo mensurar aspectos como a quantidade de resíduos reciclados, o consumo energético e a proporção de materiais sustentáveis utilizados.

A Fonte de Verificação indica como cada indicador será validado, por meio de documentos ou atividades específicas, enquanto a Conformidade traz um *checklist* que permite classificar cada critério como "Conformidade total", "Parcial" ou "Nenhuma". A ferramenta também inclui um campo de Observações, destinado a anotações importantes, como descrições detalhadas dos métodos de gestão utilizados, e uma seção de Ações Recomendadas, em que são oferecidas sugestões de melhorias, como intensificar a reciclagem ou adotar materiais mais sustentáveis.

A Matriz de Avaliação de Sustentabilidade Ambiental (Apêndice A) estrutura um *framework* de fases e etapas para o mapeamento e avaliação de projetos, organizando o processo em diferentes níveis. A primeira divisão é por Fase, abrangendo as etapas de Planejamento, Coleta de Dados, Análise e Avaliação, e Relatório e Recomendação. Cada fase é composta por uma série de Etapas que detalham as atividades a serem realizadas, como a definição de escopo e a realização de entrevistas. As Atividades em cada etapa incluem tarefas específicas, como a revisão de documentos e a realização de entrevistas com *stakeholders*. A matriz também define os Responsáveis por cada etapa, especificando os papéis e responsabilidades de cada membro da equipe. Por fim, são estabelecidos Indicadores de Sucesso e Prazo, que definem metas claras e prazos específicos para a conclusão das atividades, garantindo um monitoramento eficiente do progresso e a consecução dos objetivos de sustentabilidade.

Quanto ao objetivo dos Indicadores, eles servem para quantificar e avaliar o desempenho dos critérios de sustentabilidade, permitindo verificar se cada aspecto foi incluído de forma completa, parcial ou inexistente. Facilita o acompanhamento durante a execução, possibilitando ajustes conforme necessário para atender às metas do edital.

Os indicadores podem ser quantitativos (como porcentagem de materiais sustentáveis) ou qualitativos (ex., qualidade do plano de gestão de resíduos). A Métrica de Avaliação define um valor esperado ou meta, como "100% dos documentos revisados incluem critérios de sustentabilidade" ou "Mínimo de 20% dos materiais usados devem ser sustentáveis". A Periodicidade de Verificação estabelece a frequência de verificação dos indicadores, como no início, ao longo ou no fim de cada fase.

Entre os tipos mais comuns de indicadores para editais de obras públicas, destacam-se quatro principais categorias. A Gestão de Resíduos, que é avaliada por meio de indicadores que medem, por exemplo, o percentual de resíduos reciclados ou reaproveitados durante a obra; um exemplo seria o "Percentual de resíduos reciclados em relação ao total de resíduos gerados". Em Eficiência Energética, o indicador verifica a inclusão de sistemas eficientes, como iluminação LED e aquecimento solar, com exemplo de "Redução prevista no consumo energético (%) em comparação com uma obra padrão". O Uso de Materiais Sustentáveis, mensurado pelo percentual de materiais de origem sustentável especificados no edital, como cimento verde ou madeira certificada, ilustrado pelo indicador "% de materiais sustentáveis usados versus total de materiais", e a Contratação de Mão de Obra Local, indicada pelo percentual de trabalhadores locais contratados em relação ao total de vagas criadas pela obra, com exemplo de indicador como "% de mão de obra local contratada do total de vagas". Esses indicadores visam assegurar que as práticas de sustentabilidade sejam contempladas e monitoradas efetivamente durante a execução das obras públicas.

Como sugestão para a utilização dos indicadores na avaliação dos editais, destacam-se três passos principais. O primeiro é o Estabelecimento de Padrões, em que cada indicador deve ter um padrão ou meta que o auditor possa usar como base de comparação para verificar o cumprimento dos objetivos sustentáveis. Em seguida, a Medição e Comparação consiste em medir cada indicador e compará-lo com o valor esperado durante a análise; se a meta é atingida, considera-se a conformidade total, mas, caso contrário, a conformidade pode ser parcial ou inexistente. Por fim, o *Feedback* e Ajustes permite que os indicadores ofereçam *insights* para ajustes no edital, caso algum critério não atenda completamente aos objetivos de sustentabilidade estabelecidos, promovendo melhorias contínuas na prática sustentável.

Como exemplo prático de indicadores para um edital de obras públicas, pode-se considerar um projeto de construção de uma escola pública sustentável, em que os indicadores são definidos para garantir práticas responsáveis. Na Gestão de Resíduos, o objetivo é que pelo menos 50% dos resíduos gerados durante a obra sejam reciclados ou reaproveitados. Em Eficiência Energética, espera-se uma redução mínima de 30% no consumo de energia em comparação com obras convencionais. Para Materiais Sustentáveis, a meta é que ao menos 25% dos materiais utilizados sejam sustentáveis, como concreto reciclado ou madeira de reflorestamento. No que diz respeito à Inclusão de Mão de Obra Local, o indicador estabelece que 60% da mão de obra empregada deve ser proveniente da comunidade local. Esses indicadores não apenas direcionam a elaboração do edital, mas também servem de base para a fiscalização e monitoramento ao longo do projeto, garantindo que a sustentabilidade seja aplicada na prática.

Diante do exposto evidencia-se que a Matriz de Avaliação de Sustentabilidade Ambiental (Apêndice A) foi projetada para que os auditores possam avaliar, de forma padronizada e precisa, a incorporação de requisitos de sustentabilidade em processos licitatórios de contratações de obras públicas. Ela visa facilitar o trabalho de verificação e controle, assegurando que os critérios ambientais estejam devidamente aplicados e cumpridos nos contratos públicos, de acordo com as normas de sustentabilidade previstas em legislações como a Lei nº 14.133/2021.

Como benefícios para o TCM/BA ao adotar a *Matriz de Avaliação de Sustentabilidade Ambiental* (Apêndice A), incluem-se: (i) maior precisão na fiscalização – a matriz permite uma análise detalhada dos editais, garantindo que critérios de sustentabilidade sejam devidamente verificados; (ii) facilidade de uso – desenvolvida com uma interface simples e amigável, a ferramenta otimiza o tempo do auditor e facilita o processo de identificação de não conformidades e (iii) fortalecimento da governança ambiental – auxilia na promoção de políticas públicas que incentivam a responsabilidade ambiental, melhorando a qualidade das contratações públicas no estado.

6 Considerações finais

O estudo evidencia que, embora a Lei nº 14.133/2021 tenha formalizada a sustentabilidade ambiental como um princípio central nas contratações públicas, a fiscalização de sua aplicação ainda enfrenta desafios no contexto baiano. A carência de ferramentas padronizadas e a aparente insuficiência de capacitação técnica dificultam a verificação dos critérios ambientais nos editais de obras públicas, comprometendo a promoção da eficácia da sustentabilidade. A implementação de uma Matriz de Avaliação de Sustentabilidade Ambiental pelo TCM/BA representa um avanço significativo nesse cenário, pois fornece um instrumento prático para monitorar a conformidade com as diretrizes ambientais e fortalecer a governança pública específica ao desenvolvimento sustentável.

A matriz proposta incorpora indicadores específicos e fontes de verificação que permitem ao TCM/BA ampliar o monitoramento de aspectos como gestão de resíduos, eficiência energética e uso de materiais sustentáveis, beneficiando diretamente os territórios e as comunidades envolvidas. Essa abordagem estruturada e integrada contribui para que o tribunal atue de forma mais eficaz na promoção de uma administração pública responsável e alinhada aos princípios do desenvolvimento sustentável, fortalecendo a preservação ambiental e o bem-estar da população local.

A adoção da matriz não apenas padroniza a verificação dos critérios de sustentabilidade, mas também facilita a inclusão desses critérios nos editais e na execução dos projetos, promovendo maior transparência e controle sobre os impactos ambientais das obras. Em conclusão, a Matriz de Avaliação de Sustentabilidade Ambiental representa uma ferramenta fundamental para consolidar as práticas de fiscalização do TCM/BA, respondendo às exigências contemporâneas de políticas públicas sustentáveis e reforçando o papel do tribunal na valorização da preservação ambiental e no desenvolvimento comunitário.

Referências

ALENCASTRO, Maria Alice Cruz; SILVA, Edson Vicente da; LOPES, Ana Maria D'Ávila. Contratações sustentáveis na administração pública brasileira: a experiência do Poder Executivo federal. *Revista de Administração Pública*, v. 48, p. 207-235, 2014.

BAHIA. Tribunal de Contas dos Municípios do Estado. *Resolução TCM nº 1.431, de 25 de novembro de 2021.* Disponível em: https://www.tcm.ba.gov.br/consulta/legislacao/resolucoes/?f=1431.

BIAGE, Verlany Souza Marinho de; CALADO, Luiz Roberto. Análise dos resultados das contratações públicas sustentáveis. *REAd – Revista Eletrônica de Administração*, Porto Alegre, v. 21, p. 601-621, 2015.

BRAAMS, Rik B. *et al.* Institutional conditions for governments working on sustainability transitions. *Science and Public Policy*, p. scae028, 2024.

BRASIL. Lei nº 14.133, de 1º de abril de 2021. Estabelece normas gerais de licitação e contratação para as administrações públicas. *Diário Oficial da União*, Brasília, DF, seção 1, 1º abr. 2021. Disponível em: https://www.in.gov.br/en/web/dou/-/lei-n-14.133-de-1-de-abril-de-2021-311876884. Acesso em: 13 set. 2024.

COUTO, Hugo Leonnardo Gomides do; RIBEIRO, Francis Lee. Objetivos e desafios da política de compras públicas sustentáveis no Brasil: a opinião dos especialistas. *Revista de Administração Pública*, v. 50, n. 2, p. 331-343, 2016.

DROEGE, Hinrika; RAGGI, Andrea; RAMOS, Tomás B. Overcoming current challenges for circular economy assessment implementation in public sector organisations. *Sustainability*, v. 13, n. 3, p. 1182, 2021.

HAZAEA, Saddam A. *et al.* Sustainability assurance practices: A systematic review and future research agenda. *Environmental Science and Pollution Research*, v. 29, n. 4, p. 4843-4864, 2022.

INSTITUTO BRASILEIRO DE GEOGRAFIA E ESTATÍSTICA (IBGE). *Cidades e Estados*. Disponível em: https://ci.ibg.ir.br. Acesso em: 25 out. 2024.

JESUS JÚNIOR, Guilhardes de; SILVA, Gramille Santos. Licitações sustentáveis. *Diké – Revista Jurídica*, v. 22, n. 23, p. 242-270, 2023.

MALLMANN, Carlos Henrique; SILVA, Marcos Felipe da. As inovações da Lei nº 14.1332021 (Nova Lei de Licitações). *Revista Unitas*, n. 7, p. 1-15, 2022.

NAPOLEÃO, Rodrigues Henrique *et al*. *Uma análise da Nova Lei de Licitações e Contratos (14.133/2021) e sua aplicação em obras públicas*. [s.l.]: [s.n.], 2022.

POLL, Jens. Auditing, supervising and enforcing corporate sustainability due diligence, disclosure and reporting. *ERA Forum*, Berlin, p. 1-13, 2023.

TRIBUNAL DE CONTAS DOS MUNICÍPIOS DO ESTADO DA BAHIA (TCM/BA). *Lei Orgânica do Tribunal de Contas dos Municípios do Estado da Bahia*. Disponível em: http://www.tcm.ba.gov.br/wp-content/uploads/2015/02/LeiOrganica.pdf. Acesso em: 14 set. 2024.

TRIBUNAL DE CONTAS DOS MUNICÍPIOS DO ESTADO DA BAHIA (TCM/BA). *Lei Complementar nº 40, de 14 de maio de 2014*. Disponível em: http://www.tcm.ba.gov.br/wp-content/uploads/2019/07/lei-complementar-40-2014.pdf. Acesso em: 14 set. 2024.

APÊNDICE A

Matriz de avaliação de sustentabilidade ambiental em editais de obras públicas					
Objetivo: otimizar o trabalho do auditor do TCM/BA, na fiscalização de editais quanto à aplicação de critérios de sustentabilidade ambiental					
Critério de sustentabilidade ambiental	**Indicador**	**Fonte de verificação**	**Conformidade**	**Observações**	**Ações recomendadas**
1. Gestão de resíduos	Quantidade de resíduos reciclados (% do total gerado)	Relatórios de gestão de resíduos, entrevistas com responsáveis	• Conformidade total • Conformidade parcial • Não conformidade	Descrever o método de gestão de resíduos implementado	Recomendar melhorias na segregação e reciclagem dos resíduos
2. Eficiência energética	Consumo energético da obra (kWh/m²)	Medições de consumo, relatórios técnicos	• Conformidade total • Conformidade parcial • Não conformidade	Avaliar as práticas de eficiência energética adotadas	Sugerir tecnologias mais eficientes, se necessário
3. Uso de materiais sustentáveis	% de materiais sustentáveis utilizados (ex.: reciclados, certificados)	Relatórios de compra, especificações técnicas dos materiais	• Conformidade total • Conformidade parcial • Não conformidade	Identificar tipos e origem dos materiais utilizados	Indicar substituição por materiais mais sustentáveis, se aplicável
4. Impacto ambiental	Medidas de mitigação implementadas (ex.: controle de poluição, proteção de áreas verdes)	Planos de mitigação, visitas técnicas, entrevistas	• Conformidade total • Conformidade parcial • Não conformidade	Verificar eficácia das medidas implementadas	Recomendação para intensificação ou ajuste das medidas de mitigação
5. Conformidade legal	Adequação aos requisitos legais e regulatórios (ex.: licenciamento ambiental – EIA/Rima)	Licenças, autorizações, relatórios de conformidade	• Conformidade total • Conformidade parcial • Não conformidade	Confirmar a obtenção de todas as licenças necessárias	Propor ações corretivas para regularização legal
6. Responsabilidade social	Inclusão de mão de obra local e qualificação dos trabalhadores	Entrevistas, contratos de trabalho, relatórios de responsabilidade social	• Conformidade total • Conformidade parcial • Não conformidade	Avaliar a contribuição social da obra para a comunidade local	Sugerir ações para aumentar a participação da comunidade
7. Monitoramento e relatórios	Frequência e qualidade dos relatórios de sustentabilidade ambiental	Relatórios de progresso, auditorias anteriores	• Conformidade total • Conformidade parcial • Não conformidade	Avaliar a periodicidade e o conteúdo dos relatórios	Recomendação para melhoria na frequência e detalhamento dos relatórios

Fonte: Elaborado pelos autores (2024).

Informação bibliográfica deste texto, conforme a NBR 6023:2018 da Associação Brasileira de Normas Técnicas (ABNT):

OLIVEIRA, Luzilea Brito de; COSTA, Carlos Eduardo Lustosa da; SILVA, Juliano Santos da. Avaliação da atuação do TCM/BA na verificação dos critérios de sustentabilidade em editais de obras públicas. *In*: LIMA, Edilberto Carlos Pontes (coord.). *Os Tribunais de Contas e a sustentabilidade*: governança e controle no enfrentamento das mudanças climáticas. Belo Horizonte: Fórum, 2025. p. 191-208. ISBN 978-65-5518-670-3. (Coleção Fórum IRB, v. 6). t. 2.

O *TECH* E O TAG: A ATUAÇÃO PEDAGÓGICA, TRANSPARENTE E COLABORATIVA DOS TRIBUNAIS DE CONTAS PARA AVANÇOS DE PRÁTICAS SUSTENTÁVEIS

MARCELA ARRUDA

Os primeiros dias do ano de 2025 ficaram marcados pelo que especialistas classificam como o incêndio mais destrutivo registrado no condado de Los Angeles, nos Estados Unidos. Até o momento, os dados indicam que mais de 221 quilômetros quadrados foram consumidos pelas chamas, e aproximadamente 200.000 pessoas receberam ordens de evacuação. Essa catástrofe ocorre após um período de mais de oito meses sem precipitações na região (NBC NEWS, 2025). Embora as investigações sobre a causa do incêndio ainda estejam em curso, há evidências que sugerem a influência das mudanças climáticas na intensificação dos impactos observados.

Um novo estudo publicado na revista *Nature* revela que a volatilidade do clima hídrico aumentou entre 31 e 66% desde meados do século XX. Segundo o pesquisador Daniel Swain (2025, p. 11), as "oscilações bruscas entre condições hidroclimatológicas extremamente secas e úmidas frequentemente dão origem a transições abruptas e disruptivas entre secas e inundações".

De acordo com especialistas, a vegetação de Los Angeles estava extremamente seca, antes dos incêndios, devido à falta de chuvas e às altas temperaturas. O hidroclimatologista da Universidade da Califórnia em Los Angeles, Park Williams, aponta que "como o aquecimento global está tornando a atmosfera mais quente e seca, materiais como troncos, postes de cerca e outros itens comuns em áreas urbanas acabam ficando mais secos do que normalmente seriam" (NPR, 2025).

O incêndio em Los Angeles é apenas um exemplo de como os eventos climáticos extremos têm se tornado mais frequentes e intensos em um cenário global marcado por mudanças climáticas cada vez mais disruptivas. Enquanto, inicialmente, falava-se essencialmente sobre aquecimento global, com os avanços nas pesquisas e nos desdobramentos climáticos, a convenção nomeou tais fenômenos como mudanças climáticas.

A Organização das Nações Unidas entende que a elevação da temperatura é um aspecto apenas inicial, que desencadeia uma série de mudanças importantes, como "secas intensas, escassez de água, incêndios severos, aumento do nível do mar, inundações, derretimento do gelo polar, tempestades catastróficas e a redução da biodiversidade" (ONU, 2025).

Embora relativamente recente, consolidando-se em pouco mais de quatro décadas, a discussão sobre sustentabilidade e mudanças climáticas é relevante e urgente. À medida que seus impactos se intensificam e demandam respostas eficazes, esforços por parte de todos os atores do cenário público se fazem necessários.

A partir desse contexto, o presente artigo busca provocar uma reflexão sobre o potencial de contribuição dos Tribunais de Contas para além da aplicação da Política Nacional do Meio Ambiente e da previsão na Constituição de 1988, em seu art. 225, de que todos "têm direito ao meio ambiente ecologicamente equilibrado" e que ao Poder Público e à coletividade competem o dever de defesa e preservação do meio ambiente para as presentes e futuras gerações.

Além de possuir um marco legal sólido estabelecido pela Carta Magna para a proteção ambiental, conferindo competência aos entes federativos e prevendo mecanismos de responsabilização, a atuação diplomática brasileira também tem sido fundamental na construção do arcabouço internacional para o enfrentamento das mudanças climáticas.

A propósito, desde sua popularização pelo *Relatório Brundtland* em 1987, a noção de sustentabilidade tem evoluído para abarcar desafios cada vez mais complexos. No Brasil, especialmente, essa evolução demanda políticas integradas que contemplem não apenas a preservação ambiental, mas também questões econômicas e sociais.

No entanto, a complexidade e a urgência da crise climática exigem uma compreensão mais profunda e integrada do conceito, que vai além da mera preservação ambiental. A tirar pela já mencionada mudança na designação dos episódios climáticos, a pauta ambiental deve ser vista como um processo dinâmico e interdisciplinar, que envolve dimensões econômicas, sociais e ambientais. Observa-se que a pressa em implementar medidas de combate às mudanças climáticas pode gerar consequências adversas, algumas vezes mais severas do que os impactos que se buscam mitigar.

O contexto histórico das primeiras menções ao conceito de desenvolvimento sustentável também é esclarecedor. Segundo Segger e Gehring (2005, p. 4), o termo surgiu no século XVIII em leis que regulamentavam a exploração florestal. As referidas normas permitiam a retirada de apenas uma parcela da floresta capaz de se regenerar anualmente, garantindo a preservação do "capital natural". Desde sua origem, portanto, o desenvolvimento sustentável não se referia à interrupção das atividades econômicas, mas ao seu redirecionamento para garantir crescimento em longo prazo.

Dessa forma, dois pontos demandam atenção no que se refere ao atual contexto de adoção e implementação de ações na pauta ambiental. Primeiramente, é preciso considerar os impactos imediatos dessas medidas sobre as populações mais vulneráveis. Ações precipitadas podem ter efeitos colaterais imediatos e problemáticos, exacerbando desigualdades sociais já existentes. Em segundo lugar, a já mencionada dinamicidade da ciência do clima, em constante evolução, traz novas descobertas e refinamentos nos modelos climáticos que podem exigir ajustes nas políticas ambientais. A rigidez excessiva nas diretrizes pode levar à ineficiência e à necessidade de mudanças abruptas no futuro, gerando custos adicionais e incertezas para a sociedade.

Em exemplo recente ocorrido no início de 2024, países europeus como França, Holanda, Itália, Bélgica e Alemanha foram palco de manifestações por parte de produtores rurais que protestavam, dentre diversos motivos, contra a sanção de medidas que limitam radicalmente as emissões de gases de efeito estufa e o uso de fertilizantes, antibióticos, pesticidas e, até mesmo, de água, o que afetaria drasticamente a produtividade, aumentando os custos pela redução de oferta. Em um embate acirrado com ambientalistas, os agricultores conseguiram paralisar o Acordo Verde da União Europeia.

Referido acordo estipula metas com foco na sustentabilidade e no combate às mudanças climáticas. Ao estabelecer padrões mais rígidos para a produção agrícola, tem o potencial de impactar as cadeias de produção globalmente. Dentre os objetivos estão a redução drástica de emissões de gases de efeito estufa, afetando diretamente as atividades do setor agropecuário, grande emissor de metano, e a promoção da biodiversidade, implicando também a necessidade de mudanças nas práticas agrícolas tradicionais e a possível readequação de áreas de produção para áreas de preservação ambiental.

Esse embate não se restringe à Europa. Países com forte base agrícola, como o Brasil, enfrentam desafios semelhantes na adoção de medidas ambientais rigorosas, que, quando não planejadas adequadamente, podem impactar a produtividade e a segurança alimentar. Embora fundamentais para a sustentabilidade do planeta em longo prazo, a transição para um modelo de produção e consumo mais sustentável, especialmente no setor agrícola, em curto prazo, exige um plano estratégico e transversal, caso contrário, poderá impulsionar a inflação e dificultar o acesso a uma alimentação adequada para grande parte da população que também carece de informações mais claras sobre os efeitos das mudanças climáticas.

Diante deste cenário, torna-se imperativo alinhar as políticas públicas a uma governança climática eficaz, evitando soluções precipitadas e garantindo a inclusão de medidas planejadas e sustentáveis, sendo essencial a participação dos órgãos de controle. Tudo isso é possível a partir de forte governança e cooperação. Afinal, diversos países têm demonstrado que políticas públicas bem planejadas, com metas claras e adaptáveis, podem equilibrar o crescimento econômico e a proteção ambiental.

A cidade de São Paulo é um dos exemplos brasileiros no âmbito da sustentabilidade associada ao crescimento econômico. O Programa de Aceleração *Green Sampa*, comandado pela Agência São Paulo de Desenvolvimento (Adesampa), da Secretaria Municipal de Desenvolvimento Econômico e Trabalho, disponibiliza financiamento, mentorias personalizadas, encontros estratégicos e oportunidades de participação em eventos nacionais e internacionais voltados para negócios socioambientais, e tem incentivado o surgimento de *startups* sustentáveis, promovendo inovação e geração de empregos alinhados aos objetivos ambientais.

Para que iniciativas como o *Green Sampa*, com soluções flexíveis que fomentem a colaboração entre órgãos públicos e promovam melhorias contínuas, tenham resultados sustentáveis, é fundamental uma governança colaborativa que envolva tanto órgãos públicos quanto Cortes de Contas.

Nesse contexto, a atuação dos órgãos de controle externo, como os Tribunais de Contas, além de tornar-se frutífera para garantir a efetividade da legislação ambiental e prevenir retrocessos, também pode oferecer soluções que compreendam a sensibilidade do tema, promovendo mudanças assertivas e fortalecendo a governança com maior transparência em questões frequentemente sujeitas a interpretações parciais.

A divulgação clara e objetiva das informações sobre as atividades dos órgãos de controle pode apaziguar ânimos e resolver conflitos, garantindo que os cidadãos exerçam o controle social de forma satisfatória.

Maciel (2020, p. 148) descreve em sua obra as nove funções que competem às Cortes de Contas, das quais chamo atenção para a última:

> a) Fiscalizadora – inclui as inspeções (para obtenção de informações) e auditorias (verifica a legalidade e legitimidade dos atos, a partir dos aspectos contábeis e financeiros), em órgãos e entes da administração direta e indireta, com vistas a examinar a legalidades dos atos que envolvem a aplicação dos recursos públicos;
>
> b) Judicante – decorre da competência constitucional de julgamento de contas dos administradores e demais responsáveis por dinheiro público e NÃO se confunde com a função jurisdicional
>
> c) Sancionadora – função cuja prática se materializa a partir da identificação de ilegalidade e/ou danos ao erário, abrangendo multas nos patamares previstos nos regimentos de cada órgão, proibição de contratação, declaração de inidoneidade, decretação de indisponibilidade de bens e até inabilitação para o exercício da função pública.
>
> d) Consultiva – por meio da qual a Corte recebe e esclarece dúvidas sobre temas da sua competência;
>
> e) Informativa – exercida a partir da constante atualização de dados em suas páginas na internet para contribuição do controle social, envio de informes ao Legislativo e envio de alertas aos gestores públicos sobre pontos da Lei de Responsabilidade Fiscal;
>
> f) Corretiva – por meio da qual se permite assinalar prazos para atendimento de apontamentos relativos à necessidade de cumprimento da lei;
>
> g) Normativa – permite que o Tribunal expeça suas próprias deliberações, instruções e atos normativos sobre sua competência, organização e outras acerca da sua administração;
>
> h) Ouvidoria – autoriza a recepção de denúncias acerca de irregularidades ou ilegalidades; e
>
> *i) Pedagógica – parte da concepção de que é melhor ensinar do que penalizar. As capacitações oferecidas pelos Tribunais e outros programas de orientação aos gestores públicos estão inseridos nesta função.* (Grifos nossos)

É na competência pedagógica, especialmente, em que há particular contribuição dos Tribunais de Contas à pauta ambiental. No referido contexto de constante evolução do conhecimento científico sobre o meio ambiente, em que a dinâmica das pesquisas ambientais frequentemente demanda revisões em políticas e práticas, uma abordagem flexível e adaptativa por parte dos órgãos de controle torna-se mais adequada. Medidas punitivas, embora necessárias em alguns casos, devem ser complementadas por ações de orientação e acompanhamento, que permitam a implementação de soluções mais eficazes e sustentáveis à luz das novas evidências científicas.

Dessa forma, os Tribunais de Contas possuem um papel estratégico ao fomentar a transparência e inovação na análise de dados e ao incentivar uma atuação mais flexível e colaborativa junto aos órgãos do Poder Executivo por meio do termo de ajustamento de gestão (TAG). Tais abordagens, complementares entre si, demonstram especial capacidade de promover um ambiente influenciador e pedagógico, oferecendo mais do que uma atuação fiscalizadora e punitiva e exercendo impacto ainda mais positivo na administração pública.

A atuação de órgãos de controle na pauta ambiental tem se fortalecido nos últimos anos, e as duas últimas edições do Fórum Internacional de Auditoria Governamental (FIAG), realizadas em Moscou (2019) e no Rio de Janeiro (2022), confirmam isso. Um dos principais temas abordados no FIAG de 2019 foram os benefícios da análise de dados para a administração pública. Dentre as considerações das sessões plenárias, destaca-se que mais de 90% do público presente, composto por autoridades globais de órgãos de controle externo, disseram concordar que o uso mais eficiente da tecnologia da informação melhora as capacidades da administração pública e mais de 96% afirmaram que o *big data* é um recurso estratégico básico na administração pública (INTOSAI, 2019, p. 16).

O Fórum de 2019 ficou especialmente marcado pela Declaração de Moscou, que estabeleceu três pilares alinhados ao contexto atual, contendo um total de dez diretrizes para os órgãos de controle externo:

> Proporcionar supervisão externa independente sobre o cumprimento das metas nacionais acordadas, incluindo aquelas vinculadas aos ODS (Objetivos de Desenvolvimento Sustentável)
>
> 1. As EFS (Entidades Fiscalizadoras Superiores) são encorajadas a contribuir para uma prestação de contas mais eficaz, transparente e informativa em relação aos resultados, considerando a complexidade dos esforços governamentais necessários para apoiar o alcance das prioridades nacionais e dos ODS.
>
> 2. As EFS são encorajadas a desenvolver uma abordagem estratégica para auditoria pública que apoie o cumprimento das prioridades nacionais e dos ODS.
>
> 3. As EFS podem agregar valor à auditoria pública ao ampliar a oferta de orientações baseadas em auditorias sobre questões importantes e estratégicas para o parlamento, governo e administração pública.
>
> Responder de forma eficaz às oportunidades trazidas pelo avanço tecnológico
>
> 4. As EFS poderiam promover o princípio de disponibilidade e abertura de dados, códigos-fonte e algoritmos.
>
> 5. As EFS poderiam buscar um melhor uso de análises de dados nas auditorias, incluindo estratégias de adaptação, como planejar tais auditorias, desenvolver equipes experientes em análises de dados e introduzir novas técnicas na prática da auditoria pública.
>
> Aumentar o impacto das EFS
>
> 6. As EFS podem fomentar uma mentalidade experimental para estimular a inovação e o desenvolvimento.
>
> 7. As EFS podem ampliar o foco em: (a) Identificar áreas de risco de interesse nacional e internacional e aumentar a conscientização sobre os riscos; (b) A necessidade de gerenciar riscos sistêmicos no governo, além dos riscos operacionais, empresariais e outros relacionados a uma única entidade.
>
> 8. As EFS são encorajadas a formar os auditores do futuro, que possam utilizar análises de dados, ferramentas de inteligência artificial e métodos qualitativos avançados, estimular a inovação e atuar como estrategistas, mediadores de conhecimento e produtores de insights prospectivos.
>
> 9. As EFS devem considerar encontrar mais formas de abordar a inclusão ao realizar auditorias, como um ponto-chave da Agenda 2030 e seu princípio de "não deixar ninguém para trás", bem como de outras agendas de desenvolvimento.

10. As EFS podem aumentar seu impacto positivo ao estabelecer uma interação produtiva com os auditados, além de fortalecer a cooperação e comunicação com a comunidade acadêmica e o público em geral.

A Declaração de Moscou, resultante do Fórum Internacional de Auditoria Governamental de 2019, destaca a importância de os órgãos de controle promoverem o princípio da abertura de dados e o uso de tecnologias avançadas em suas auditorias. Especialmente nas diretrizes 3 e 4, a instituição evidencia a priorização da oferta de informações e da disponibilidade e abertura de dados.

A promoção de dados abertos não só facilita a transparência, mas também permite que os cidadãos e outras partes interessadas monitorem e questionem políticas públicas, garantindo maior responsabilidade na gestão ambiental. Além disso, ao utilizarem análises de dados e ferramentas tecnológicas avançadas, as entidades fiscalizadoras superiores podem identificar riscos sistêmicos, incluindo aqueles relacionados ao meio ambiente, e oferecer auditorias mais eficazes. A formação de auditores preparados para atuar com inteligência artificial e inovação, aliada a uma abordagem inclusiva e ao diálogo produtivo com a sociedade, potencializa o impacto das auditorias públicas, garantindo que a sustentabilidade e a preservação ambiental sejam prioridades no planejamento e na execução das políticas públicas (INTOSAI, 2019, p. 31).

Embora estejamos avançando de forma prolífica na adesão dos órgãos de controle externo à pauta ambiental e sustentável, ainda há espaço para práticas e ajustes que permitam uma atuação mais assertiva e influente dos Tribunais de Contas na elaboração e implementação de políticas públicas, priorizando a adequação às novas tecnologias de análise e publicação de dados. Referida adequação já vem sendo viabilizada pelo aumento na acessibilidade de tais informações, seja pela multiplicação do uso de tecnologia nos órgãos públicos até mesmo em lugares remotos do país, seja pelos avanços no letramento digital dos cidadãos e gestores públicos.

De fato, tal avanço tem sido reconhecido internacionalmente, a exemplo do reconhecimento recebido pelo Brasil em 2022, em que foi classificado como líder em governo digital pelo GovTech Maturity Index – GTMI do Banco Mundial. O índice se baseia em quatro principais componentes: Índice de Prestação de Serviços Públicos, Índice de Habilitadores GovTech, Índice de Engajamento do Cidadão e Índice de Sistemas Governamentais Centrais (WBG, 2022).[1]

Ainda assim, mesmo com avanços significativos na digitalização de processos e transformação digital, persistem desafios consideráveis na implementação da transparência e da governança de dados, com especial atenção à Lei de Acesso à Informação (LAI).

Batista (2017) aponta que a lenta difusão da LAI no nível local é resultado de fatores como o desinteresse governamental, a falta de compreensão sobre a importância da transparência e a baixa capacidade técnica dos municípios, especialmente em localidades de pequeno porte e com recursos escassos. A pesquisa evidencia que, mesmo com incentivos e apoio de órgãos de controle, a efetividade da LAI ainda demanda maior

[1] Esta é uma adaptação de uma obra original do Banco Mundial. As opiniões e os pontos de vista expressos na adaptação são de exclusiva responsabilidade do autor ou autores da adaptação e não são endossados pelo Banco Mundial.

sensibilização dos gestores, fortalecimento de capacidades técnicas e mobilização da sociedade para fiscalizar e fomentar a cultura da transparência. O estudo ressalta que tanto fatores internos, como a gestão fiscal e a capacidade burocrática, quanto fatores externos, como o efeito vizinhança e o exemplo de governos inovadores, são determinantes para o avanço dessa agenda essencial à governança pública.

Nesse sentido, os Tribunais de Contas, detentores de bases de dados robustas e estratégicas, podem desempenhar um papel fundamental na promoção da transparência e na ampliação da capacidade analítica da administração pública. A disponibilização de dados e análises de forma clara, acessível e integrada tem o potencial de não apenas fomentar a governança pública, mas também de responder com mais precisão a desafios complexos, como os ambientais. A aplicação de tecnologias de *big data* e inteligência artificial nesses dados possibilita a identificação ágil de padrões e riscos, permitindo que os gestores municipais adotem medidas preventivas mais eficazes e alinhadas aos Objetivos de Desenvolvimento Sustentável – ODS.

O compartilhamento dessas informações fortalece o envolvimento do poder público e da sociedade, ao garantir que cidadãos e organizações possam fiscalizar ações governamentais de forma informada e engajada, ampliando a legitimidade das políticas públicas e a proteção de bens socioambientais. Ademais, ao fornecerem capacitação técnica e divulgar boas práticas de gestão, os Tribunais de Contas podem contribuir para superar as lacunas de conhecimento e recursos nos municípios, garantindo que a transparência não seja apenas uma obrigação, mas um catalisador para melhorias na gestão pública.

O compartilhamento de dados e análises em questão seria ainda mais enriquecedor se as Cortes de Contas disponibilizassem um acervo de experiências municipais na implementação de políticas públicas voltadas à sustentabilidade e ao meio ambiente. Esse repositório poderia reunir boas práticas e aprendizados advindos de experiências malsucedidas, oferecendo um guia para agentes públicos na formulação e execução de suas próprias políticas.

Iniciativas desta natureza têm o potencial não apenas de fomentar a inovação, como também promover a replicação de soluções eficientes e a mitigação de erros comuns. Ao assumir essa função pedagógica, os Tribunais de Contas potencializam sua contribuição para a gestão pública, ao incentivar uma cultura de aprendizado contínuo, além de fortalecer seu papel social, ao envolver e informar a sociedade sobre iniciativas que promovem o desenvolvimento sustentável e a proteção ambiental.

Outro ponto que se destaca entre os direcionamentos estabelecidos pela Declaração de Moscou é a ênfase na importância de uma interação produtiva entre as entidades fiscalizadoras superiores, os auditados, a comunidade acadêmica e a sociedade (INTOSAI, 2019). Neste aspecto, o termo de ajustamento de gestão se apresenta como uma ferramenta estratégica alinhada às novas demandas por políticas públicas sustentáveis, ao combinar flexibilidade e colaboração na resolução de irregularidades em órgãos públicos.

De acordo com Sobral de Souza (2018), o objetivo central do TAG é "prevenir ou corrigir a inobservância de princípios e normas constitucionais e legais, de procedimentos, e da inexecução de políticas em prol do controle social, quer dizer, do não alcance de políticas estabelecidas".

O TAG é uma ferramenta jurídico-administrativa que visa à resolução de questões avaliadas no âmbito das prestações de contas, por meio de um acordo entre os gestores públicos e o Tribunal de Contas, no qual o gestor se compromete a atender às determinações do órgão de controle, mas apresenta condições práticas da viabilidade do atendimento para não causar prejuízo à política pública. Sua natureza jurídica pode ser compreendida sob diferentes perspectivas: como uma transação ou acordo, um negócio jurídico ou um reconhecimento jurídico do pedido (SOUZA, 2018).

No contexto do TAG, destaca-se a ausência de dolo, sendo que a lesão ao conjunto normativo é considerada concreta ou eventual, sem a intenção de causar dano. Conforme argumentado por Nunes (2022), a adoção do TAG reflete uma tendência de um direito administrativo mais célere, eficaz e consensual, priorizando a solução amigável de conflitos, em oposição a práticas mais autoritárias e complexas.

O diferencial do TAG no contexto sustentável é refletido na suspensão da aplicação de penalidades ou sanções aos gestores, tendo por base o princípio da eficiência. Neste aspecto, a rigidez eventualmente incompatível com as políticas ambientais é mais bem atendida nesta abordagem. Ferraz (2010) explica:

> [...] Na lógica do controle-sanção não há meio termo: ou a conduta do controlado é conforme as regras e procedimentos ou não é – neste último caso, deve-se penalizar o sujeito, independentemente das circunstâncias práticas por ele vivenciadas na ocasião e das consequências futuras, às vezes negativas para o próprio funcionamento da máquina administrativa.

Conforme exposto no Decreto nº 9.830, de 2019, em que o governo federal regulamenta legislação específica sobre o TAG na Lei de Introdução às Normas do Direito Brasileiro – LINDB:

> *Termo de ajustamento de gestão*
>
> Art. 11. Poderá ser celebrado termo de ajustamento de gestão entre os agentes públicos e os órgãos de controle interno da administração pública com a finalidade de corrigir falhas apontadas em ações de controle, aprimorar procedimentos, assegurar a continuidade da execução do objeto, sempre que possível, e garantir o atendimento do interesse geral.
>
> §1º A decisão de celebrar o termo de ajustamento de gestão será motivada na forma do disposto no art. 2º.
>
> §2º Não será celebrado termo de ajustamento de gestão na hipótese de ocorrência de dano ao erário praticado por agentes públicos que agirem com dolo ou erro grosseiro.
>
> §3º A assinatura de termo de ajustamento de gestão será comunicada ao órgão central do sistema de controle interno.

Observa-se que essa abordagem permite não apenas a correção de falhas, mas também a construção de um ambiente favorável à inovação e à implementação de práticas sustentáveis, promovendo um ciclo virtuoso de governança e engajamento social, essencial para o alcance dos Objetivos de Desenvolvimento Sustentável.

A implementação do TAG atende, particularmente, à função social dos órgãos de controle externo. Tendo em vista a importante atuação dos Tribunais de Contas no fortalecimento da governança pública por meio do controle externo e da promoção de boas práticas, destaca-se ainda o potencial de influência que tais órgãos de controle possuem sobre a agenda pública nos critérios adotados para formulação de políticas públicas e no comprometimento com que as implementa (NUNES, 2022, p. 38). Esta influência às boas práticas, também contemplada pelo compartilhamento de experiências municipais mencionado anteriormente, é substancialmente potencializada quando associada à natureza consensual e construtiva do TAG.

A ferramenta permite a superação de desafios administrativos de forma colaborativa e orientada para resultados sustentáveis. Ao priorizar a correção de irregularidades por meio de compromissos assumidos conjuntamente, o TAG promove a troca de experiências e incentiva os gestores a adotarem soluções criativas e eficazes, mitigando riscos e otimizando recursos. Dessa forma, o termo de ajustamento de gestão não apenas corrige falhas, mas também consolida um ambiente de aprendizado contínuo e inovação, contribuindo para o fortalecimento da governança pública e para a construção de políticas públicas mais transparentes, eficientes e comprometidas com a sustentabilidade.

A adoção de uma abordagem mais colaborativa atende à tendência global de adoção de uma governança interativa, em que a criação de novas regras passou a envolver uma divisão mais ampla de responsabilidades e conteúdos. A tomada de decisões coletivas passou a exigir um nível maior de coordenação, seja de forma explícita, seja implícita, superando os limites tradicionais das estruturas formais de governo de outrora. Conforme descrito por Gaetani (2019):

> A chamada Governança Interativa passou a ser o arcabouço de referência analítica para o estudo de novas formas de governança caracterizadas pela pactuação interinstitucional dos interesses situados no assunto em questão. Por governança interativa entende-se
> "o complexo processo através do qual uma pluralidade de atores políticos e sociais com interesses divergentes interagem de modo a formular, promover e assegurar objetivos comuns, por meio da mobilização, troca e emprego de um vasto conjunto de ideias, regras e recursos".

Na esteira de sua liderança ambiental, observa-se que as iniciativas no Brasil são consonantes às do cenário internacional. O Tribunal de Contas da União tem supervisionado políticas voltadas às mudanças climáticas no país, encontrando lacunas importantes na continuidade das ações. O Acórdão nº 2.201/2024, sob relatoria do Ministro Vital do Rêgo, identificou a descontinuidade e desatualização face aos compromissos internacionais de programas voltados ao tema, como o Plano Nacional de Adaptação à Mudança do Clima, o Plano Clima e a Política Nacional sobre Mudança do Clima (TCU, 2025). As recomendações do órgão demonstram pioneirismo no tratamento do tema, além de reforçar o caráter pedagógico de sua atuação, por meio sugestões feitas aos Ministérios do Meio Ambiente e Mudança do Clima e do Planejamento e Orçamento.

A atuação dos órgãos brasileiros de controle externo na governança climática também é demonstrada no relatório elaborado pelo trabalho conjunto da equipe de pesquisa da Fundação Getúlio Vargas, com a organização não governamental WWF (2020), intitulado *A atuação do Tribunal de Contas da União em matéria ambiental*, que traz dados sobre as três principais abordagens do TCU no que se refere a acórdãos relativos ao Sistema Nacional de Unidades de Conservação (SNUC) e ao Código Florestal. O documento destaca que o Tribunal atua no "levantamento de informações e produção de análises sobre uma determinada questão de política pública", na recomendação de "oportunidades de aprimoramento" à administração pública e na fiscalização da execução de políticas públicas (WWF, 2020, p. 26).

Conforme os autores expõem, a questão ambiental tem ocupado lugar de destaque na agenda do Tribunal de Contas da União, demonstrando ações diretas e muito relevantes, especialmente no que se refere ao SNUC (WWF, 2020, p. 48). Ao se debruçar ativamente sobre questões como a gestão de recursos hídricos, a proteção da biodiversidade e o combate ao desmatamento, o TCU estabelece novos padrões, não somente em fiscalização ambiental, mas em uma atuação pedagógica no âmbito da governança sustentável a ser imitada por outros Tribunais de Contas, para intensificarem suas ações nesse campo.

Os Tribunais de Contas de estados como Ceará, Pará, Goiás e São Paulo, por exemplo, têm priorizado a pauta por meio de ações relevantes. Em 2022, o Tribunal de Contas do Estado de São Paulo estabeleceu sua Política Institucional de Sustentabilidade (PSUS/TCESP), por meio da Resolução nº 17, em que estabelece no parágrafo único do art. 2º sete objetivos:

> I – racionalizar a aquisição e o uso de recursos (bens, materiais e serviços), em prol da eficiência das despesas públicas;
>
> II – reduzir impactos ambientais e eventuais problemas de saúde decorrentes de tais impactos;
>
> III – fomentar o desenvolvimento de pesquisa e inovação em produtos, materiais, serviços e soluções sustentáveis;
>
> IV – sensibilizar os gestores públicos para as questões socioambientais;
>
> V – contribuir para revisão dos padrões de consumo e para a adoção de novos referenciais de sustentabilidade no âmbito do TCESP;
>
> VI – reduzir o impacto socioambiental negativo direto e indireto causado pela execução das atividades de caráter administrativo e operacional; e,
>
> VII – contribuir para a melhoria da qualidade de vida no ambiente de trabalho.

Em 2024, o TCE de Goiás aprovou a Resolução Administrativa nº 25, instituindo sua Política de Sustentabilidade, que abrange duas dimensões principais: a gestão de pessoas, visando ao bem-estar e à capacitação dos servidores, e a logística sustentável, que integra aspectos econômicos, sociais e ambientais nas operações, incentivando a consciência cidadã e a responsabilidade socioambiental.

Embora não possuam competência de legislar, os Tribunais de Contas exercem um papel influenciador, na medida em que orientam gestores públicos e promovem uma cultura de responsabilidade fiscal e ambiental. Ao emitir pareceres, recomendações e determinações, esses órgãos podem contribuir não só para a melhoria da gestão pública de forma geral, mas especificamente para o cumprimento de metas estabelecidas em acordos internacionais, como o Acordo de Paris e a Agenda 2030 da ONU.

Nesta direção, o termo de ajustamento de gestão emerge como um instrumento eficaz para potencializar tal atuação dos Tribunais de Contas, incentivando a adoção de medidas concretas para a mitigação dos impactos das mudanças climáticas e a promoção da sustentabilidade.

Conclusão

Os desafios impostos pelas mudanças climáticas e as transformações nos padrões climáticos globais impõem uma reflexão profunda sobre a necessidade de governança pública eficiente e flexível. Os episódios climáticos e os dados alarmantes apresentados por especialistas evidenciam a urgência de medidas integradas e sustentáveis, que articulem aspectos sociais, econômicos e ambientais. Nesse cenário, a atuação coordenada entre diferentes setores, incluindo os órgãos de controle externo, ganha importância estratégica para assegurar políticas públicas eficazes, capazes de lidar com a complexidade das questões ambientais.

A evolução das funções dos Tribunais de Contas, especialmente com o enfoque pedagógico e o incentivo à inovação tecnológica, configura-se como um passo promissor para a promoção da sustentabilidade.

Ferramentas como o termo de ajustamento de gestão e a análise de dados avançada potencializam uma atuação mais colaborativa e adaptativa, fundamental para acompanhar a constante evolução do conhecimento científico sobre o meio ambiente. Além disso, a criação de repositórios de boas práticas e a divulgação de experiências exitosas fortalecem a capacidade dos gestores públicos de enfrentarem os desafios climáticos com soluções criativas e informadas.

As ações propostas, dentro desse contexto de constantes desafios ambientais e evolução científica, são especialmente adequadas, pois refletem uma abordagem que integra tanto as necessidades de adaptação social quanto as incertezas do cenário climático. Ao considerar os impactos imediatos nas populações vulneráveis, é fundamental que as medidas adotadas sejam planejadas de maneira a minimizar efeitos colaterais prejudiciais, evitando exacerbar desigualdades já existentes.

Nesse sentido, uma abordagem com foco no aperfeiçoamento das políticas públicas e na melhor prestação de serviços ao cidadão pode ocorrer com a utilização do TAG. A adoção de um processo adaptativo e colaborativo, com a utilização de novas tecnologias e a disseminação de boas práticas, fortalece a capacidade do governo em promover políticas públicas que respondam de maneira ágil e eficaz aos desafios climáticos, assegurando, ao mesmo tempo, a inclusão e o compromisso com a sustentabilidade em longo prazo.

Em suma, a integração entre fiscalização, orientação pedagógica e inovação tecnológica torna-se fundamental para construir políticas públicas mais transparentes, eficientes e comprometidas com a sustentabilidade.

A consolidação de um ambiente de aprendizado contínuo e a promoção de boas práticas são caminhos promissores para enfrentar os desafios climáticos, assegurando uma governança pública mais inclusiva, resiliente e alinhada aos Objetivos de Desenvolvimento Sustentável. A responsabilidade compartilhada e a articulação entre sociedade civil, academia e gestão pública são pilares essenciais para uma resposta eficaz às demandas de um planeta em constante transformação.

Referências

BATISTA, Mariana. *A difusão da Lei de Acesso à Informação nos municípios brasileiros:* fatores internos e externos. Brasília: Enap, 2017. 84 p. (Cadernos, 53). Disponível em: https://repositorio.enap.gov.br/bitstream/1/3125/1/Cadernos_53.pdf. Acesso em: 20 jan. 2025.

BRASIL. *Constituição da República Federativa do Brasil de 1988*. Brasília, DF. Disponível em: http://www.planalto.gov.br/ccivil_03/constituicao/constituicao.htm. Acesso em: 6 jan. 2025.

BRASIL. *Decreto nº 9.830, de 10 de junho de 2019*. Regulamenta o disposto nos art. 20 ao art. 30 do Decreto-Lei nº 4.657, de 4 de setembro de 1942, que institui a Lei de Introdução às normas do Direito brasileiro. Disponível em: https://www2.camara.leg.br/legin/fed/decret/2019/decreto-9830-10-junho-2019-788287-norma-pe.html. Acesso em: 20 jan. 2025.

BRASIL. Tribunal de Contas da União. *Processo 032.255/2023-3*. Acórdão n. 2201/2024-Plenário. Auditoria operacional com vistas a avaliar a governança instituída em âmbito federal para enfrentamento da crise climática, bem como os mecanismos de gestão dos recursos financeiros destinados ao tema. Relator: Min. Vital do Rêgo, 16 out. 2024. Disponível em: https://pesquisa.apps.tcu.gov.br/documento/acordao-completo/*/KEY%253AACORDAO-COMPLETO-2678266%2520/DTRELEVANCIA%2520desc%252C%2520NUMACORDAOINT%2520desc/0. Acesso em: 20 jan. 2025.

BRASIL. Tribunal de Contas da União. *TCU intensifica fiscalização de projetos nacionais*. Disponível em: https://portal.tcu.gov.br/imprensa/noticias/tcu-intensifica-fiscalizacao-de-projetos-nacionais. Acesso em: 29 jan. 2025.

FERRAZ, Luciano. Controle interno da administração pública e termos de ajustamento de gestão: experiência do Município de Belo Horizonte. *Revista Finanças dos Municípios Mineiros*, Belo Horizonte, ano 6, 2010.

GAETANI, Francisco. *Governança pública no Brasil em tempos de negação climática*: rumo à implementação do Acordo de Paris. Rio de Janeiro: Cebri – Centro Brasileiro de Relações Internacionais, 2019. (Coleção de Artigos Mudança do clima e meio ambiente: o papel do Brasil no fortalecimento do multilateralismo).

GEHRING, Markus W.; SEGGER, Marie-Claire C. *Sustainable Development in World Trade Law*. Montreal: [s.n.], 2005.

GOIÁS. Tribunal de Contas do Estado. *Resolução Administrativa TCE/GO nº 25, de 14 de novembro de 2024*. Dispõe sobre a Política de Sustentabilidade do Tribunal de Contas do Estado de Goiás. Disponível em: https://dec.tce.go.gov.br/ConsultaDiario/CarregaDocumento?documento=331702342642061. Acesso em: 6 jan. 2025.

INTOSAI. *The XXIII INCOSAI Outcomes Report*. Moscou, 2019.

MACIEL, Moises. *Tribunais de Contas e o direito fundamental ao bom governo*. Belo Horizonte: Fórum, 2020.

NBC NEWS. *California wildfires*: What we know about L.A.-area fires, what caused them, who is affected and more. 18 jan. 2025. Disponível em: https://www.nbcnews.com/news/us-news/california-wildfires-what-we-know-palisades-eaton-los-angeles-rcna188239. Acesso em: 18 jan. 2025.

NPR. *Here's how climate change fueled the Los Angeles fires*. 29 jan. 2025. Disponível em: https://www.npr.org/2025/01/29/nx-s1-5273676/la-fires-climate-change-rainfall-extreme-weather. Acesso em: 29 jan. 2025.

NUNES, Marcela C. A. *Controle de Contas 2.0* – O TAG como aliado das políticas públicas: termos de ajustamento de gestão na prática e possível aplicação ao TCE-SP. 1. ed. Rio de Janeiro: Lumen Juris, 2022. v. 1. 212 p.

ONU. *What is climate change?* Disponível em: https://www.un.org/en/climatechange/what-is-climate-change. Acesso em: 29 jan. 2025.

SÃO PAULO. Lei *Municipal nº 16.050, de 31 de julho de 2014*. Aprova a Política de Desenvolvimento Urbano e o Plano Diretor Estratégico do Município de São Paulo e revoga a Lei nº 13.430/2002. São Paulo: Prefeitura Municipal, [2014]. Disponível em: https://legislacao.prefeitura.sp.gov.br/leis/lei-16050-de-31-de-julho-de-2014/. Acesso em: 30 jan. 2025.

SÃO PAULO. *Portaria nº 54 da Secretaria Municipal do Verde e do Meio Ambiente, de 17 de agosto de 2020*. Regulamenta os critérios para a aplicação da sanção de multa administrativa ambiental. São Paulo: Prefeitura Municipal, [2020]. Disponível em: https://legislacao.prefeitura.sp.gov.br/leis/portaria-secretaria-municipal-do-verde-e-do-meio-ambiente-svma-54-de-17-de-agosto-de-2020. Acesso em: 30 jan. 2025.

SÃO PAULO. Tribunal de Contas do Estado. *Resolução TCE/SP nº 17, de 10 de novembro de 2022*. Dispõe sobre a Política Institucional de Sustentabilidade do Tribunal de Contas do Estado de São Paulo e dá outras providências. Disponível em: https://www.tce.sp.gov.br/legislacao/resolucao/dispoe-sobre-politica-institucional-sustentabilidade-tribunal-contas-estado. Acesso em: 6 jan. 2025.

SOUZA, Patrícia V. N. C. Sobral de. *O termo de ajustamento de gestão como forma de tutela de direitos sociais*: o caso do Tribunal de Contas do Estado de Sergipe. 2018. Dissertação (Doutorado em Direito) – Universidade Federal da Bahia, Bahia, 2018.

SWAIN, D. L. ; PREIN, A. F. ; ABATZOGLOU, J. T. *et al*. Hydroclimate volatility on a warming Earth. *Nat. Rev. Earth Environ.*, v. 6, p. 35-50, 2025. Disponível em: https://doi.org/10.1038/s43017-024-00624-z. Acesso em: 10 jan. 2025.

WBG. *GovTech Maturity Index 2022 Update*: Trends in Public Sector Digital Transformation. Washington, DC: World Bank, 2022. License: Creative Commons Attribution CC BY 4.0.

WWF. *A atuação do Tribunal de Contas da União em matéria ambiental* – Relatório de pesquisa. Abr. 2020. Disponível em: https://wwfbr.awsassets.panda.org/downloads/tcu_assinado.pdf. Acesso em: 6 jan. 2025.

Informação bibliográfica deste texto, conforme a NBR 6023:2018 da Associação Brasileira de Normas Técnicas (ABNT):

ARRUDA, Marcela. O tech e o TAG: a atuação pedagógica, transparente e colaborativa dos Tribunais de Contas para avanços de práticas sustentáveis. *In*: LIMA, Edilberto Carlos Pontes (coord.). *Os Tribunais de Contas e a sustentabilidade*: governança e controle no enfrentamento das mudanças climáticas. Belo Horizonte: Fórum, 2025. p. 209-221. ISBN 978-65-5518-670-3. (Coleção Fórum IRB, v. 6). t. 2.

GOVERNANÇA AMBIENTAL NO ESTADO DO AMAZONAS: URGÊNCIA DE IMPLEMENTAÇÃO EM TEMPOS DE CRISE ECOLÓGICA (IR)REVERSÍVEL

MARCKJONES SANTANA GOMES

Introdução

O crescimento econômico do Brasil foi ecologicamente incorreto desde a exploração do pau-brasil, e ainda predomina uma visão ultrapassada de desenvolvimento que considera a floresta apenas como um recurso a ser explorado, valorizando sua destruição em detrimento de sua preservação. Este estudo, fundamentado nas teorias do direito ambiental, discute a necessidade urgente de aprimorar a governança ambiental no Estado do Amazonas diante do agravamento dos problemas ambientais, como queimadas e secas severas registradas em 2023 e 2024, que provocaram impactos graves à população e aos ecossistemas.

Por meio de um estudo qualitativo de três capítulos, serão analisadas de forma aprofundada as definições de governança, a evolução e consolidação da governança ambiental no Brasil e em âmbito global, destacando seus avanços normativos, mas também suas deficiências na aplicação prática, especialmente em relação à proteção da Amazônia. Por fim, será dada atenção especial ao atual cenário crítico do bioma amazônico. O artigo dialogará com teorias, leis constitucionais, legais e infralegais, compromissos internacionais assumidos pelo Brasil e jurisprudência do Supremo Tribunal Federal (STF).

O desafio é urgente e demanda diversos atores. Esta pesquisa busca lançar luz, com uma abordagem contextual e interdisciplinar, sobre um tema atual e relevante, inevitável para manter a existência da maior floresta tropical do mundo. A análise crítica da realidade ambiental enfrentada pelo Estado do Amazonas deve ser complementada com meios para a promoção de uma cultura de integridade principalmente em órgãos, entidades e municípios de pequeno porte. Somente por meio do diálogo democrático será possível abordar as sérias deficiências que levam ao desmantelamento da proteção florestal e do controle do desmatamento.

A pesquisa adota uma abordagem qualitativa, orientada pelo método analítico e emprega a revisão bibliográfica como procedimento metodológico central. Utilizam-se técnicas de pesquisa específicas das investigações teóricas e qualitativas. A pesquisa teórica, ou bibliográfica, será conduzida por meio da consulta a periódicos, coletâneas, teses, dissertações e livros. O procedimento para a construção dos dados envolve um levantamento exaustivo das fontes disponíveis, seguido de uma análise preliminar e hierarquização baseada em critérios de relevância acadêmica e coerência com os conceitos-chave das teorias e dos autores selecionados para fundamentar teoricamente a pesquisa.

1 Da governança corporativa à governança pública: características, legislação, jurisprudência e Agenda 2030

A expressão "governança corporativa" emergiu originalmente nas décadas de 1980 e 1990. No entanto, sua ascensão ganhou notoriedade significativa após os grandes escândalos corporativos envolvendo algumas das maiores empresas do mundo nos primeiros anos dos anos 2000, particularmente os casos emblemáticos da *Enron, World Com* e *Parmalat,* entre outros escândalos bancários. Esses incidentes destacaram a necessidade premente de práticas institucionais que priorizem a transparência, a ética e a segregação de funções dentro das empresas (VIEIRA; MENDES, 2004, p. 109).

Especificamente no que se refere ao setor público, o vocábulo *governança* começou a frequentar reflexões jurídicas com maior intensidade a partir dos anos 90 do século XX, em especial como uma forma de designar uma gestão pública mais racional e que se pautasse por uma maior proximidade com os cidadãos, fruto da pressão por reformas administrativas enfrentada por boa parte do mundo ocidental no referido período, que inclusive culminou, no Brasil, na Emenda Constitucional nº 19, de 1998, que buscou incorporar a dimensão da eficiência na administração pública (CUNHA FILHO, 2017, p. 58-58).

Nardes, Altounian e Vieira (2018, p. 162) aduzem que a governança pública é um ótimo instrumento para frear a ação dos maus gestores, sendo possível que haja boa gestão com má governança, mas é muito difícil que exista má gestão em contexto de boa governança. Além disso, ressaltam que, na ausência de governança, há um risco substancial de que os interesses identificados não correspondam às reais necessidades da população, que as soluções propostas sejam inadequadas e que os resultados obtidos não gerem impactos sociais positivos.

Há de se frisar que governança não se trata de um modismo recente que possui o mesmo significado de gestão, pois enquanto a governança é uma função direcionadora, com fundamento em evidências e levando em conta o interesse público, que é supremo, a gestão é a função responsável por planejar a forma mais adequada de implementar as diretrizes estabelecidas, executar os planos e fazer o controle de indicadores e de riscos, isto é, recebe o direcionamento superior e se preocupa com a qualidade da implementação desta direção, com eficácia e eficiência (BRASIL, 2020, p. 16-17).

No Brasil, foram estabelecidos instrumentos para fortalecer a governança pública, entre eles o Código de Ética Profissional do Servidor Público Civil do Poder Executivo Federal (Decreto nº 1.171/1994) e a Lei de Responsabilidade Fiscal (Lei Complementar nº 101/2000), que têm por objeto aspectos éticos e morais e o comportamento da liderança; o Programa Nacional de Gestão Pública e Desburocratização (GesPública), instituído em 2005 e revisado em 2009 e em 2013, cujos treze fundamentos norteiam-se pelos princípios constitucionais da administração pública e pelos fundamentos da excelência gerencial contemporânea; a Lei nº 12.813/2013, que dispõe sobre o conflito de interesses no exercício de cargo ou emprego do Poder Executivo Federal; e os instrumentos de transparência, como a Lei de Acesso à Informação (Lei nº 12.527/2011), que asseguram o direito fundamental de acesso à informação e facilitam o monitoramento e o controle de atos administrativos e da conduta de agentes públicos (BRASIL, 2014, p. 14).

O GesPública conceitua governança pública como sistema que assegura, às partes interessadas pertinentes, o governo estratégico das organizações públicas e o efetivo monitoramento da alta administração. A relação entre a coisa pública e a gestão se dá por meio de práticas de medição, como: auditorias independentes; unidades de avaliação; unidades de controle interno e externo; instrumentos fundamentais para o exercício do controle. A governança no setor público compreende essencialmente os mecanismos de liderança, estratégia e controle postos em prática para avaliar, direcionar e monitorar a atuação da gestão, com vistas à condução de políticas públicas e à prestação de serviços de interesse da sociedade (BRASIL, 2009, p. 34).

Destaca-se que são fundamentos do GesPública o pensamento sistêmico, o aprendizado organizacional, a cultura de inovação, a liderança e constância de propósitos, a orientação por processos e informações, a visão de futuro, a geração de valor, o comprometimento com as pessoas e o foco no cidadão e na sociedade (BRASIL, 2009, p. 7).

Após, o Decreto nº 9.203/2017 (BRASIL, 2017) dispôs sobre a política de governança da administração pública federal direta, autárquica e fundacional, a fim de obrigar o gestor público a realizar práticas de governança pública, que conceitua como conjunto de mecanismos de liderança, estratégia e controle postos em prática para avaliar, direcionar e monitorar a gestão, com vistas à condução de políticas públicas e à prestação de serviços de interesse da sociedade. Em seu art. 3º, destaca como princípios da governança pública a capacidade de resposta; integridade; transparência; equidade e participação; *accountability*; confiabilidade; e melhoria regulatória.

Ademais, o Decreto nº 9.203/2017 apresenta três mecanismos para o exercício da governança pública, a liderança, a estratégia e o controle, que são compostos por um conjunto de práticas que possuem como finalidade alcançar os objetivos da organização. Nesse sentido, as organizações públicas devem empregar esforços no sentido de cumprir internamente as boas práticas de governança no intuito de aprimorar suas ações em benefício da sociedade (CARVALHO; ALMEIDA; ARENAS, 2022, p. 23711).

A partir disso, governança pode ser descrita como um sistema pelo qual as organizações são dirigidas, monitoradas e incentivadas, envolvendo os relacionamentos entre sociedade, alta administração, servidores ou colaboradores e órgãos de controle. Em essência, a boa governança pública tem como propósitos conquistar e preservar a confiança da sociedade, por meio de conjunto eficiente de mecanismos, a fim de assegurar que as ações executadas estejam sempre alinhadas ao interesse público (BRASIL, 2020, p. 32).

Conforme Marçal Justen Filho (2021), a governança pública não segue um modelo único e padronizado, mas admite a adoção de distintas soluções práticas, desde que estas garantam a implementação dos mecanismos e procedimentos necessários à sua efetividade. A definição dos instrumentos organizacionais e das estratégias funcionais deve considerar, entre outros fatores, as especificidades da entidade envolvida, suas atribuições institucionais e o contexto em que está inserida. Nessa esteira, importante ressaltar a Agenda 2030 para o Desenvolvimento Sustentável, plano de ação declarado pelos chefes de Estado e de Governo e altos representantes reunidos na sede das Nações Unidas em Nova York de 25 a 27.9.2015, relativa aos novos objetivos de desenvolvimento sustentável globais.[1]

A visão declarada na Agenda 2030, em sem *item 9*, menciona um mundo em que a democracia, a boa governança e o Estado de direito são essenciais para o desenvolvimento sustentável, incluindo crescimento econômico inclusivo e sustentado, desenvolvimento social, proteção ambiental e erradicação da pobreza e da fome.

Quanto à Agenda em sentido estrito, fora reconhecida, conforme *item 35*, a necessidade de construir sociedades pacíficas, justas e inclusivas que ofereçam igualdade de acesso à justiça e que são baseadas no respeito aos direitos humanos, em um efetivo Estado de direito e boa governança em todos os níveis e em instituições transparentes, eficazes e responsáveis. Ademais, houve o comprometimento em ampliar e fortalecer a voz e a participação dos países em desenvolvimento na tomada de decisão econômica, definição de normas internacionais e governança econômica global.

Dessa forma, a ampliação e o fortalecimento da participação dos países em desenvolvimento nas instituições de governança global consta entre os itens do objetivo 16, declarado na Agenda 2030. Ademais, o *item 88* menciona que os órgãos de governança relevantes devem tomar medidas para avaliar o apoio à implementação da referida Agenda e informar sobre os progressos e obstáculos.

Assim, os objetivos e metas da Agenda 2030 têm impulsionado mudanças significativas na estrutura jurídico-política da sociedade internacional. Diante dos desafios globais compartilhados, a comunidade internacional precisa enfrentá-los de forma conjunta, promovendo uma participação ampla e utilizando ferramentas dinâmicas para alcançar resultados eficazes e tratamentos adequados. A cooperação emerge como um elemento crucial para integrar as diversas relações entre os atores envolvidos na realização dessas metas (GRANZIERA; RIANI, 2020, p. 301).

Quanto à aplicação jurisprudencial dos conceitos de governança, o Tribunal de Contas da União (TCU) está utilizando os referidos conceitos para avaliar temas relevantes para o serviço público, a exemplo de auditorias que avaliaram a governança da área de tecnologia da informação (Acórdão nº 1.688/2023 – Plenário) e de pessoal (Acórdão nº 3.023/2013 – Plenário), para os fins de aperfeiçoamento e acompanhamento da governança pública, conforme segue:

> ACOMPANHAMENTO RELATIVO À REDE FEDERAL DE EDUCAÇÃO TECNOLÓGICA – IFES (INSTITUTOS FEDERAIS DE EDUCAÇÃO, CIÊNCIA E TECNOLOGIA; CENTROS FEDERAIS DE EDUCAÇÃO TECNOLÓGICA; E COLÉGIO PEDRO II). ANÁLISE DA GOVERNANÇA DE TECNOLOGIA DA INFORMAÇÃO E COMUNICAÇÃO (TIC), DAS AUDITORIAS INTERNAS DAS ENTIDADES, DA IMPLEMENTAÇÃO DOS PONTOS ELETRÔNICOS NAS ENTIDADES E DA TRANSPARÊNCIA E PRESTAÇÃO

[1] TRANSFORMANDO Nosso Mundo: A Agenda 2030 para o Desenvolvimento Sustentável. Disponível em: https://brasil.un.org/sites/default/files/2020-09/agenda2030-pt-br.pdf. Acesso em: 18 ago. 2023.

DE CONTAS. INCONFORMIDADES E DISPERSÃO DE INFORMAÇÕES NOS SÍTIOS OFICIAIS NA INTERNET DE ALGUMAS IFES. UTILIZAÇÃO PELA MAIORIA DAS IFES DE CONTROLE ELETRÔNICO DE FREQUÊNCIA SOMENTE PARA SERVIDORES TÉCNICO-ADMINISTRATIVOS. BAIXA UTILIZAÇÃO DESSE CONTROLE PARA PROFESSORES. AUSÊNCIA DE AVANÇO NO FORTALECIMENTO DAS UNIDADES DE AUDITORIA INTERNA. ESTÁGIO INICIAL DE IMPLEMENTAÇÃO DAS POLÍTICAS DE SEGURANÇA DA INFORMAÇÃO. CIÊNCIA. (Tribunal de Contas da União. Acórdão nº 1688/2023 – Plenário. Rel. Min. Augusto Nardes. Data da sessão: 16.8.2023)[2]

LEVANTAMENTO. GOVERNANÇA E GESTÃO DE PESSOAS EM UNIDADES DA ADMINISTRAÇÃO PÚBLICA FEDERAL. CONSTATAÇÃO DE DEFICIÊNCIAS SIGNIFICATIVAS NA MAIOR PARTE DOS QUESITOS AVALIADOS. DETERMINAÇÕES E RECOMENDAÇÕES VISANDO A INDUZIR MELHORIAS NOS SISTEMAS EXISTENTES. (Tribunal de Contas da União. Acórdão nº 3023/2013 – Plenário. Rel. Min. Marcos Bemquerer. Data da sessão: 13.11.2013)[3]

Por sua vez, a Comissão sobre Governança Global das Nações Unidas (*Commission on Global Governance*) define "governança" como a totalidade dos modos pelos quais indivíduos e instituições, públicas e privadas, administram seus assuntos comuns. Este processo contínuo visa acomodar interesses conflitantes ou diversos e estabelecer ações cooperativas. Nessa toada, a cooperação pode ser entendida como a união de esforços entre entidades estatais centrais ou subnacionais, empreendedores e sociedade civil (GRANZIERA; CRUZ, 2020, p. 22-23).

O conceito de boa governança abrange oito características: participação, estado de direito, transparência, responsabilidade, orientação por consenso, igualdade e inclusividade, efetividade e eficiência, e suporte à auditoria. A governança foca no processo decisório e nos objetivos das políticas públicas, influenciando diretamente a direção do desenvolvimento nacional. Ademais, desempenha um papel essencial na estabilização social diante de conflitos internos e externos, promovendo a sustentabilidade por meio da mobilização de recursos e do estabelecimento de metas e condutas. Esse processo ocorre por meio de mecanismos formais e informais que buscam atender às demandas e necessidades sociais (ROSENAU; CZEMPIEL, 2000).

De acordo com o Relatório Perspectivas do Meio Ambiente Global (GEO-4) do Programa das Nações Unidas para o Meio Ambiente (PNUMA), governança é definida como o modo pelo qual a sociedade exerce controle sobre seus recursos, incluindo os mecanismos para definir o controle e regular o acesso aos recursos. Essa governança pode ocorrer por meio do Estado, do mercado, de grupos da sociedade civil e organizações locais, utilizando instituições, leis, sistemas de direitos de propriedade e formas de organização social (UNEP, 2007).

Além disso, governança pode ser compreendida como as tradições e instituições que influenciam o exercício da autoridade em um país, englobando o processo de seleção, monitoramento e substituição dos governos, a capacidade de formular e implementar políticas eficazes, e o respeito às instituições que governam, além da interação entre

---

2 Disponível em: https://pesquisa.apps.tcu.gov.br/redireciona/acordao-completo/%22ACORDAO-COMPLETO-2586600%22. Acesso em: 18 ago. 2023.

3 Disponível em: https://pesquisa.apps.tcu.gov.br/documento/acordao-completo/*/KEY:ACORDAO-COMPLETO-1290574/NUMACORDAOITNT%20asc/0. Acesso em: 18 ago. 2023.

economia e sociedade. O Banco Mundial e o Instituto Brasileiro de Governança Corporativa destacam critérios para desenvolver a governança, como descentralização, participação, democracia, transparência, equidade, responsabilidade, diretrizes, matriz de responsabilidade, *workflows*, código de conduta, confidencialidade, propriedade de informações, e suporte a quem procurar em casos de dificuldades (CÂMARA, 2013, p. 138).

Portanto, na perspectiva da governança, o Estado não apenas exerce seu papel constitucional de governar com competência e responsabilidade, mas também atua como coordenador estratégico e orientador das capacidades dos diversos atores sociais na direção desejada. Nesse contexto, o agravamento dos problemas ambientais, aliado aos desafios econômicos e sociais contemporâneos, evidencia que a melhoria da estrutura de governança ambiental nos países não é uma escolha, mas uma necessidade urgente (MOURA, 2016, p. 9).

2 A governança ambiental: do contexto histórico brasileiro à abordagem internacional

A governança ambiental é definida como o arcabouço institucional de regras, instituições, processos e comportamentos que influenciam a maneira como os poderes são exercidos no âmbito de políticas ou ações relacionadas às interações da sociedade com o sistema ecológico. A construção da política ambiental brasileira está alinhada com outras políticas públicas, frequentemente moldadas sobre alicerces político-institucionais formados pela história política do Brasil, destacando-se pelo forte viés no papel controlador do Estado, o que constitui as bases da governabilidade e da governança (CAVALCANTE, 2004, p. 1).

No contexto internacional, a governança ambiental global emergiu como um mecanismo fundamental ao longo de um caminho extenso para enfrentar esses desafios. É definida como o conjunto de organizações, instrumentos de políticas, mecanismos de financiamento, regras, procedimentos e normas que regulam os processos de proteção ambiental em escala global (NAJAM; PAPA; TAIYAB, 2006, p. 3).

Ou seja, ao abordar governança ambiental, enfatiza-se um conceito que vai além de simples estruturas de gestão. Ela pode ser desdobrada em várias dimensões, incluindo sua instrumentalidade e o compartilhamento por meio da participação ampliada em todos os processos, o que requer o engajamento ativo de todos os *stakeholders* em agendas focadas na cooperação e consenso (JACOBI; SINISGALLI, 2012, p. 1471).

Para compreender o contexto histórico interno, vale ressaltar que a intervenção estatal no manejo dos recursos naturais no Brasil teve início logo após a chegada dos portugueses ao território brasileiro, consolidando-se durante o período colonial com o sistema de sesmarias, estabelecido pela Coroa portuguesa para controlar o acesso e o uso da terra. Com a efetivação da colonização a partir de 1530, foi introduzido o sistema de Capitanias, como uma forma de expandir a ocupação territorial sem onerar a Coroa portuguesa, transferindo os custos para os donatários locais (DINIZ, 2005).

A legislação portuguesa, desde as Ordenações Afonsinas do século XV, refletia uma preocupação com a conservação das florestas, impondo penalidades severas para o corte ilegal de árvores. No entanto, a efetividade dessas leis no Brasil colonial foi limitada pela priorização do lucro imediato e pela exploração predatória dos recursos naturais, especialmente do pau-brasil, resultando na devastação das matas costeiras (PRADO JÚNIOR, 1998).

A partir do século XIX, diversas medidas legislativas foram introduzidas para tentar controlar o desmatamento e regular o uso dos recursos naturais, como o Código Criminal de 1830, que estabeleceu penas para o corte ilegal de árvores. Em 1920, o Brasil promulgou um Código Florestal pioneiro, o Decreto nº 23.793, que introduziu a reserva legal, exigindo que uma porção significativa da vegetação nativa fosse preservada nas propriedades rurais (AHRENS, 2003).

Conforme ensina o Professor Aldo da Cunha Rebouças (1974), a gestão das águas subterrâneas também foi objeto de regulamentação, passando de um controle centralizado nos períodos do Império para uma fase de relativa falta de controle durante a Primeira República, até a promulgação do Código de Águas, Decreto nº 24.643, divulgado seis dias antes da promulgação da Constituição Federal de 1934, durante o governo de Getúlio Vargas.

No contexto das transformações econômicas e sociais, como o ciclo da mineração no século XVIII e a expansão da agricultura voltada à exportação no século XIX, a governança ambiental no Brasil adotou predominantemente um caráter punitivo e regulatório, sem a devida consideração à sustentabilidade de longo prazo dos recursos naturais. O modelo vigente priorizava a maximização da produtividade e o crescimento econômico, refletindo uma perspectiva utilitarista e, muitas vezes, predatória, impulsionada pelos interesses das elites rurais e dos grupos econômicos dominantes (SÉGUIN; CARRERA, 1999).

Em resumo, da chegada dos portugueses ao Brasil até o século XX, as políticas ambientais foram moldadas por normas e leis focadas no controle e na exploração dos recursos naturais, com pouca ênfase na proteção ambiental em longo prazo. Segundo João Batista Drummond Câmara (2013, p. 126), esse período histórico consolidou estratégias de governança baseadas no comando e controle, fortalecendo o poder das elites na gestão dos recursos e na ocupação do território brasileiro, resultando em políticas fragmentadas e desconectadas do contexto ecossistêmico integrado.

Logo, resta evidente que o crescimento econômico do Brasil foi ecologicamente incorreto desde a exploração do pau-brasil, mantendo-se assim durante o desenvolvimento de monoculturas, como as que embasaram os ciclos da cana-de-açúcar e do café, em processos que devastaram florestas como a Mata Atlântica. Consequentemente, a evolução da governança ambiental refletiu uma cultura utilitarista, caracterizada por baixos investimentos em pesquisa e tecnologia para práticas sustentáveis, resultando em perdas significativas de capital natural e comprometendo o desenvolvimento sustentável (SÉGUIN; CARRERA, 1999).

Clóvis Cavalcanti (2004, p. 9), economista ecológico e pesquisador social, ensina que a questão central reside na perspectiva estreita e de curto prazo que prioriza a economia acima de qualquer outra consideração. Essa perspectiva infiltrou-se poderosamente em todos os níveis de governo no país, permeando a sociedade como um todo. Isto é, o medo generalizado de contrariar as expectativas dos agentes econômicos leva ao triunfo de uma visão míope e produtivista, que favorece o crescimento a qualquer custo, em detrimento dos sentimentos ambientalistas da comunidade comprometida com um desenvolvimento responsável e ecologicamente viável. Assim, segundo o autor, é evidente que a gênese dos problemas ambientais decorre amplamente da disparidade entre a forma como a natureza opera e a maneira como o homem pensa.

Nessa esteira, as mudanças no papel do Estado ao longo das diferentes fases políticas do Brasil, incluindo períodos de centralização e descentralização, autoritarismo e democracia, tiveram um impacto limitado na mitigação da degradação ambiental. O crescimento econômico influenciou a formulação de políticas públicas e os padrões de consumo, afetando a relação da sociedade brasileira com a natureza. Dessa forma, o Brasil contemporâneo enfrenta desafios significativos para superar um modelo histórico de políticas públicas utilitaristas e predatórias, buscando redefinir seu papel global como defensor dos princípios do desenvolvimento sustentável (CÂMARA, 2013, p. 142).

Em resumo, o processo de desenvolvimento no Brasil tem acarretado uma série de graves problemas ecológicos, os quais são frequentemente negligenciados como questões de menor importância. Isso significa que há uma falta de cumprimento das leis de proteção ambiental e das regras de boa governança no país. Não é surpreendente, então, que se observe uma clara deterioração das condições de vida urbana, acompanhada de um aumento da violência e outros sinais evidentes de mal-estar. Em outras palavras, os custos ecológicos não são devidamente reconhecidos em sua real dimensão como um débito significativo na contabilidade da renda nacional. Ou seja, o modelo tradicional de exploração de recursos naturais no Brasil é extrativista, predatório e colonialista (CAVALCANTI, 2004, p. 9).

A institucionalização de um paradigma jurídico-econômico mais abrangente para a gestão ambiental no Brasil teve seu marco inicial com a promulgação da Lei nº 6.938/1981, que estabeleceu a Política Nacional do Meio Ambiente. Essa legislação representou o primeiro esforço normativo voltado à consideração holística da terra, das florestas e dos processos ecológicos essenciais à sua manutenção. Embora esse movimento tenha emergido durante a ditadura militar de forma incerta e, possivelmente, sem plena intenção transformadora, ganhou maior robustez com a redemocratização em 1985, culminando na ampla aceitação e consagração dos princípios ambientais na Constituição da República Federativa do Brasil de 1988 (BENJAMIN, 2007, p. 57-58).

Dessa forma, é imperioso atentar-se ao fato de que o art. 225 da CRFB/88 expressa que é dever do Poder Público e da coletividade, juntos, defender e preservar o meio ambiente para as presentes e futuras gerações. As ações conjuntas são necessárias porque os danos e a poluição ambientais não se limitam às fronteiras de uma cidade, estado ou país, tornando-se, assim, responsabilidade de todos (BRASIL, 1988).

Ensina o Professor Luiz Henrique Lima (2016, p. 46) que a Constituição de 1988 conferiu ao meio ambiente o *status* de direito fundamental da pessoa humana, dedicando-lhe todo um capítulo no título reservado à ordem social e permeando a Carta com numerosos conceitos e referências relacionados às questões ambientais. Trata-se de um direito fundamental de terceira geração, que consagra o princípio da solidariedade e materializa poderes de titularidade coletiva. Conclui o autor que, na longa e conturbada história constitucional brasileira, a Carta de 1988 foi a primeira a tratar deliberadamente da questão ambiental.

Assim, além de elevar o meio ambiente ao patamar de bem fundamental, as disposições do art. 225 da CRFB/88 pressupõem a soberania nacional ao demonstrar que os destinatários do direito constitucionalmente assegurado a um meio ambiente ecologicamente equilibrado são todos os brasileiros e todos os estrangeiros residentes no país. Esse aspecto deve ser considerado ao se referir à biodiversidade (BRASIL, 1988).

O supracitado dispositivo constitucional estabelece os princípios gerais em relação ao meio ambiente e prevê que, nas condutas e atividades prejudiciais ao meio ambiente, tanto pessoas físicas quanto jurídicas estão sujeitas a sanções penais e administrativas. Além disso, o seu §3º estabelece que, independentemente dessas sanções, há a obrigação de reparar o dano causado, reforçando o compromisso de responsabilidade ambiental no ordenamento jurídico brasileiro (BRASIL, 1988).

O STF, ao interpretar o art. 225 da CRFB/88, que fundamenta normativamente o Estado de direito e a governança ambiental, entendeu que se trata de uma estrutura jurídica complexa composta em duas direções normativas. A primeira direção é voltada ao reconhecimento do direito fundamental ao meio ambiente ecologicamente equilibrado, considerando uma perspectiva intergeracional. A segunda está relacionada aos deveres de proteção e responsabilidades atribuídos aos poderes constituídos, aos atores públicos e à sociedade civil em conjunto (BRASIL, 2022).

Isto é, a preservação da ordem constitucional vigente de proteção do meio ambiente, que se densifica nos seus deveres fundamentais de proteção, impõe-se como um limite substantivo ao agir legislativo e administrativo. Isso significa que tanto a Política Nacional do Meio Ambiente, em todas as suas dimensões, quanto o sistema organizacional e administrativo responsável pela sua implementação, exemplificado pelo Sistema Nacional do Meio Ambiente e pelos Conselhos Nacionais, Estaduais e Municipais, devem traduzir os vetores normativos do constitucionalismo ecológico e do federalismo cooperativo (BRASIL, 2022).

Em 22.5.2023, o STF, ao julgar a Arguição de Descumprimento de Preceito Fundamental (ADPF) nº 623, interpretou que, ao conferir à coletividade o direito-dever de tutelar e preservar o meio ambiente ecologicamente equilibrado (art. 225), a Constituição Federal exige a participação popular na administração desse bem de uso comum e de interesse de toda a sociedade. Essa exigência fundamenta-se em duas razões normativas: a dimensão objetiva do direito fundamental ao meio ambiente e o projeto constitucional de democracia participativa na governança ambiental (BRASIL, 2023).

Ademais, merecem destaque os direitos e compromissos internacionais assumidos pelo Brasil, inclusive na forma do §2º do art. 5º da CRFB/88. Como ilustração, tem-se a Conferência das Partes (COP), órgão supremo da Convenção-Quadro das Nações Unidas sobre Mudanças Climáticas (*United Nations Framework Convention on Climate Change* – UNFCCC), que reúne anualmente os países-partes em conferências mundiais com o objetivo de examinar regularmente e tomar as decisões necessárias para promover a efetiva implementação da Convenção e outros instrumentos jurídicos que possam ser adotados. Dentre as diversas Conferências das Partes (COPs), acordos e protocolos, destacam-se o Protocolo de Quioto e o Acordo de Paris (SILVA; CAOVILLA; PEREIRA, 2021, p. 262).

O Protocolo de Quioto, negociado na cidade de Quioto em 1997, entrou em vigor em 16.2.2005, após a ratificação por 55 países, responsáveis por 55% das emissões de gases de efeito estufa. O Brasil ratificou o documento em 23.8.2002, tendo sua aprovação interna se dado por meio do Decreto Legislativo nº 144/2002. Este documento previa a obrigação dos países-membros em reduzir as emissões de gases de efeito estufa em, no mínimo, 5,2% em relação aos níveis de 1990, no período de 2008 a 2012. Para tanto, indicava mecanismos de mercado baseados na diminuição da quantidade de gases de efeito estufa lançados e na capacidade de fixação do carbono existente na atmosfera por países com grandes reservas florestais (SILVA; CAOVILLA; PEREIRA, 2012, p. 262).

O Acordo de Paris foi negociado na 21ª Conferência das Partes (COP21) da UNFCCC, em Paris, e promulgado no Brasil por meio do Decreto nº 9.073/2017. Seu principal objetivo é fortalecer a resposta global à ameaça da mudança do clima e melhorar a resiliência dos países em relação aos seus impactos. O Acordo foi aprovado pelos 195 países-partes da UNFCCC, que se comprometeram a limitar o aumento da temperatura média global em 1,5ºC acima dos níveis pré-industriais ou mantê-la em valores bem menores do que 2ºC acima dos níveis pré-industriais (BRASIL, 2017).

A *New Distribution Capability* (NDC) do Brasil compromete-se a reduzir as emissões de gases de efeito estufa em 37% até 2025 em relação aos níveis de 2005. As medidas incluem aumentar a participação de fontes renováveis no *mix* energético para 45%, melhorar a eficiência energética e alcançar zero desmatamento ilegal na Amazônia até 2030, além de restaurar milhões de hectares de florestas e pastagens degradadas.

No entanto, observou-se nos últimos anos um cenário desafiador caracterizado pelo enfraquecimento das políticas de preservação ambiental e controle do desmatamento. Esse panorama é refletido na legislação que reduz a proteção de áreas naturais e a demarcação de terras indígenas, bem como na diminuição de recursos destinados à fiscalização ambiental e na implementação de projetos de infraestrutura sem a devida avaliação de impacto ambiental estratégico. Esses elementos ressaltam a necessidade urgente de fortalecer a governança ambiental e assegurar a implementação eficaz das políticas públicas de sustentabilidade e mitigação das mudanças climáticas, em conformidade com os compromissos assumidos internacionalmente e os princípios constitucionais do Brasil.

Nesse contexto, a governança ambiental visa alcançar os objetivos das teorias de ação coletiva, gestão de recursos comuns e desenvolvimento sustentável localizado, por meio do fortalecimento das instituições sociais e da consolidação da Política Nacional de Meio Ambiente no contexto democrático e do Estado moderno. Assim, a eficácia na gestão e na utilização dos mecanismos de mercado é essencial para o desenvolvimento social e econômico, constituindo critérios fundamentais para uma governança de qualidade (JACOBI; SINISGALLI, 2012, p. 1471).

Para tanto, é crucial compreender as ambiguidades nos processos econômicos e sociais que influenciam as políticas públicas no Brasil. A governança ambiental, embora consolidada, ainda necessita de melhorias na gestão institucional, representatividade social e integração com outras políticas públicas para enfrentar os desafios contemporâneos. O que ocorre no Brasil, e continua a ocorrer mesmo agora, contradiz os princípios e referências da boa governança ambiental. Construir um arcabouço de leis, regras e instituições não é um desafio extraordinário, e o Brasil conseguiu fazê-lo. No entanto, o que realmente importa é a efetiva aplicação das normas existentes e o respeito às decisões judiciais baseadas nelas. Nesse sentido, a experiência nacional é lamentável (CAVALCANTI, 2004, p. 8).

Logo, percebe-se que a governança emergiu como um elemento crucial diante dos desafios ambientais globais que afetam a humanidade nas últimas décadas. A gestão das consequências de desastres e catástrofes ambientais evidencia a imperativa necessidade de consenso e coordenação em escala global. Assim, um desafio substancial reside na promoção de acordos fundamentados em interesses comuns que fortaleçam as políticas públicas ambientais, visando mitigar os impactos de práticas prejudiciais ao meio ambiente. Contudo, observa-se uma dinâmica decisória global que, atualmente, tende a priorizar os interesses de uma minoria em detrimento do bem comum planetário (GRANZIERA; RIANI, 2020, p. 303).

Portanto, os desafios associados a desastres naturais, mudanças climáticas, segurança alimentar, recursos hídricos e perda de biodiversidade têm se intensificado, demandando respostas eficazes. Nesse contexto, aprimoramentos na governança ambiental devem ser integrados aos processos decisórios, visando alcançar maior consenso na abordagem dos problemas ambientais emergentes e no desenvolvimento de estratégias sustentáveis. Isso requer participação descentralizada e corresponsável, promovendo atuação em rede e integração entre os diversos atores envolvidos, inclusive os tomadores de decisão (JACOBI; SINISGALLI, 2012, p. 1477).

3 A urgência da efetividade da governança ambiental no Estado do Amazonas

A governança ambiental no Brasil apresenta características comparativamente avançadas. O país possui uma estrutura bem concebida, ao menos teoricamente, com normas que definem o exercício legítimo de poderes sobre o meio ambiente. Assim, sua perspectiva é considerada progressista, tendo progredido nas últimas décadas de uma abordagem restrita de proteção ambiental, focada em poucos setores da natureza, para uma abordagem mais abrangente.

Contudo, conforme ensinamentos de Antonio Herman de Vasconcellos e Benjamin (2007, p. 87), historicamente, a natureza, valorizada como recurso natural ou vista como obstáculo à geração de riqueza e emprego, tem sido uma das principais vítimas diretas ou colaterais da "luta pelo poder". Segundo o autor, este cenário não é surpreendente, uma vez que não se poderia esperar um comportamento mais atencioso em relação à natureza do que aquele que os seres humanos reservam aos seus semelhantes. De fato, conclui o autor, quem não é capaz de valorizar e preservar a vida de sua própria espécie, certamente, estará insensível à razão que clama pela proteção dos outros seres vivos não humanos e das bases ecológicas.

Dessa forma, embora seja uma realidade legislativa e jurisprudencial no Brasil, a governança ambiental requer vontade política e uma conscientização sobre o papel vital dos recursos ecossistêmicos para a vida, envolvendo uma ampla gama de atores políticos como movimentos sociais, empresas, organizações ambientais, cientistas e instituições governamentais.

Nesta perspectiva, um desafio crítico para a governança ambiental é a carência de mecanismos eficazes de controle social sobre os agentes econômicos, necessitando da intervenção do poder público para orientar a economia de acordo com as decisões democráticas da sociedade e respeitando os limites planetários. Isso implica assegurar que instrumentos como acordos internacionais sejam amplamente divulgados e implementados de maneira eficaz por governos locais, nacionais, organizações internacionais e o setor privado.

Alguns atributos essenciais para aprimorar a governança ambiental no setor público incluem economicidade, transparência e prestação de contas para a sociedade (*accountability*), capacidade de execução para cumprir o planejado ou as metas estabelecidas, e responsividade para oferecer respostas eficazes aos problemas dentro de prazos adequados. As instituições públicas devem constantemente buscar alcançar esses valores, garantindo que a combinação de seus recursos resulte em melhor desempenho e na capacidade de adaptação às mudanças necessárias para atender às demandas sociais (MOURA, 2016, p. 9).

Em atenção à cooperação para a gestão ambiental, na forma do art. 23 da CRFB/88, os entes federados – União, estados, Distrito Federal e municípios – têm o dever de preservar e restaurar processos ecológicos, promovendo o manejo ecológico dos ecossistemas (art. 225, §1º, inc. I, da CRFB/88); de definir espaços territoriais e componentes a serem especialmente protegidos (art. 225, §1º, III, da CRFB/88); de controlar a produção, a comercialização e o emprego de técnicas, métodos e substâncias que comportem risco para a vida, a qualidade de vida e o meio ambiente (art. 225, §1º, V, da CRFB/88); e de proteger a fauna e a flora (art. 225, §1º, VII, da CRFB/88) (BRASIL, 1988).

Apesar do papel inegável de todos os entes federados, é fundamental destacar que o desafio central da governança reside em fomentar o desenvolvimento nacional por meio dos entes federativos mais próximos da população beneficiada pelas políticas governamentais, ou seja, os municípios. A busca pelo desenvolvimento nacional não se limita apenas às iniciativas estatais que geram impactos macroeconômicos significativos, mas inclui, sobretudo, melhorias na qualidade de vida da população, políticas de proteção ambiental e sustentabilidade, medidas governamentais voltadas para a promoção da saúde pública, entre outras áreas (SANT'ANNA, 2018, p. 37).

Ou seja, é crucial que os municípios desempenhem um papel central nas políticas públicas ambientais, sendo essencial aprimorar o diálogo com esses atores, reconhecendo sua diversidade e capacidades, e definindo competências apropriadas com base nesses atributos. Nesse viés, a participação da população nos municípios é viável, dada sua proximidade com os gestores locais. É a partir do nível local que podem surgir diversas soluções alternativas, não apenas para os desafios locais, mas também para a reconstrução da interação entre Estado, natureza e sociedade (LEME, 2010, p. 50).

Atualmente, segundo o Greenpeace Brasil, cientistas têm alertado que a Amazônia pode estar se aproximando de um ponto crítico de não retorno, com áreas da floresta já demonstrando perda de capacidade de recuperação. Portanto, é crucial evitar que a Amazônia alcance esse limiar, pois isso desencadearia uma série de efeitos em cascata, levando a um colapso climático com impactos irreversíveis em nossas vidas.[4]

Assim, é urgente e necessário criar um ambiente íntegro que favoreça a cultura da governança ambiental, inclusive nos órgãos, entidades e municípios de pequeno porte. Esse processo envolve a importante atuação de órgãos de controle e fiscalização, que deve ser persistentemente acompanhada e reivindicada para garantir a efetividade da governança ambiental.

O controle do desmatamento na Amazônia é o carro-chefe dos compromissos climáticos brasileiros, além de estar diretamente vinculado à proteção de povos indígenas e comunidades tradicionais, à preservação da biodiversidade e à estabilização do ciclo hidrológico continental, entre outros aspectos.

[4] CARTA pelo Futuro: chega de fogo na Amazônia. *Greenpeace Brasil*. Disponível em: https://www.greenpeace.org/brasil/apoie/chega-de-fogo-na-amazonia/. Acesso em: 2 jul. 2024.

Com 1.571.000 km², o Amazonas, maior estado brasileiro, representa 38% da Amazônia Legal e 20% de todo o bioma continental. O estado destaca-se por possuir 1.447.345,5 km² cobertos por florestas, o que representa importantes ativos para o desenvolvimento econômico e social, bem como para a conservação da biodiversidade. Desse total, mais da metade encontra-se legalmente protegida, conferindo diferenciais estratégicos no contexto do desenvolvimento sustentável. O Amazonas possui 30,21% do território em unidades de conservação (UCs), abrangendo as UCs federais (16,96%), estaduais (12,05%) e municipais (1,19%), totalizando 47,2 milhões de hectares, com expansão nas últimas décadas (AMAZONAS, 2020, p. 22).

A Constituição do Estado do Amazonas atribuiu ao estado e aos municípios o dever de gestão do uso e da proteção dos recursos florestais, visando assegurar o aproveitamento racional desses recursos. O art. 230 estipula que, para garantir o equilíbrio ecológico e os direitos defendidos no art. 229, cabe ao estado e aos municípios, entre outras medidas, promover a educação ambiental e difundir as informações necessárias à conscientização pública sobre as causas relacionadas ao meio ambiente; prevenir e eliminar as consequências prejudiciais do desmatamento, da erosão, da poluição sonora, do ar, do solo, das águas e de qualquer ameaça ou dano ao patrimônio ambiental; proteger a fauna e a flora, vedadas, na forma da lei, as práticas que coloquem em risco sua função ecológica, provoquem a extinção de espécies ou submetam os animais à crueldade; e controlar, na forma da lei, a extração, produção, transporte, comercialização e consumo dos produtos e subprodutos da flora e da fauna (AMAZONAS, 1989).

No entanto, em 10.10.2023, o Estado do Amazonas registrou 2.684 focos de calor em apenas dez dias, ultrapassando a máxima histórica para o mês de outubro no estado. Como consequência direta, diversas cidades e suas populações sofreram com a fumaça das queimadas por mais de dois meses. No dia seguinte, 11.10.2023, a qualidade do ar em Manaus foi considerada a segunda pior do mundo pelo painel *World's Air Pollution*.[5]

Em 2024, todos os 62 municípios do Amazonas enfrentavam situação de emergência ambiental em função da severa estiagem e do aumento dos focos de incêndio. De acordo com a Defesa Civil, aproximadamente 330 mil pessoas foram afetadas pelos impactos da seca, que isolou comunidades. Além da estiagem, o estado também registrou um aumento expressivo nas queimadas, com 900 focos detectados em um único dia, 12.9.2024, segundo a plataforma BDQueimadas do Instituto Nacional de Pesquisas Espaciais (Inpe). O Amazonas também registrou o pior mês de agosto em relação a queimadas dos últimos 26 anos, o que criou "ondas de fumaça" que encobriram a Capital Manaus e outros municípios por dias. Parte dessa fumaça também chegou a outras regiões do país, incluindo Centro-Oeste e até o Sul.[6]

A maior seca da história do Brasil, em 2024, foi precedida pela de 2023, então considerada a mais severa. Antes disso, o recorde de estiagem havia sido registrado em 2015, sucedendo as secas de 2010 e 2005. Esse padrão de quebras sucessivas de

---

5 QUEIMADAS no Amazonas batem recorde para o mês de outubro. *Greenpeace Brasil*. Disponível em: https://www.greenpeace.org/brasil/blog/queimadas-no-amazonas-batem-recorde-para-o-mes-de-outubro/. Acesso em: 2 jul. 2024.

6 VEJA imagens da seca histórica e com recorde de queimadas no Amazonas. *G1 Amazonas*. Disponível em: https://g1.globo.com/am/amazonas/noticia/2024/09/15/veja-imagens-da-seca-historica-e-com-recorde-de-queimadas-no-amazonas.ghtml. Acesso em: 21 set. 2024.

recordes de seca parece indicar uma tendência crescente e preocupante. Projeções do Painel Intergovernamental sobre Mudanças Climáticas (IPCC) apontam que o aumento das temperaturas globais pode resultar em alterações nas florestas tropicais, como a Amazônia, tornando-as mais quentes e menos úmidas.[7]

Diante do exposto, é evidente que a Amazônia, a maior floresta tropical do mundo, enfrenta sérias ameaças, colocando em risco ecossistemas vitais, a biodiversidade e o futuro. Nesta difícil realidade, destaca-se a importância da adoção sistemática de medidas que visem alcançar resultados em benefício do meio ambiente e da sociedade, por intermédio dos jurisdicionados. Apesar de estar longe do cenário ideal, percebe-se que a governança ambiental pode contribuir positivamente para o estado e os municípios do Amazonas.

Considerações finais

O agravamento dos desafios ambientais, aliado às complexidades econômicas e sociais contemporâneas, evidencia que o aprimoramento da governança ambiental não constitui mera escolha, mas uma necessidade premente. Nesse contexto, torna-se imperativo estabelecer um ambiente institucional sólido que promova uma cultura efetiva de governança ambiental, com especial atenção à sua implementação em órgãos públicos, entidades e municípios de pequeno porte.

Demonstrou-se que a floresta está alcançando um ponto crítico, reforçando a necessidade iminente de intervenções efetivas. Os anos de 2023 e 2024 foram marcados por secas intensas e incêndios de grande escala, resultando em impactos socioambientais severos, particularmente no Estado do Amazonas. A persistência de condições extremas, como a densa cobertura de fumaça, elevações anômalas de temperatura e a crescente escassez hídrica, ressalta a urgência de medidas mitigadoras e adaptativas.

Logo, embora o Brasil possua um arcabouço normativo avançado para a proteção ambiental, observa-se uma lacuna significativa entre as disposições legais e sua implementação prática, especialmente no que diz respeito ao controle de queimadas, ao desmatamento e à proteção da biodiversidade. A degradação acelerada da Amazônia, associada às mudanças climáticas globais, agrava os riscos ecológicos e sociais. A adoção de uma governança ambiental robusta é essencial para evitar o ponto de não retorno da Amazônia.

Atualmente, várias entidades públicas e privadas estão cada vez mais preocupadas em alcançar e demonstrar um desempenho ambiental adequado. Esse comportamento não é apenas uma resposta às exigências de uma legislação cada vez mais rigorosa, mas também ao desenvolvimento de políticas econômicas e outras iniciativas destinadas a promover a proteção ambiental, além da crescente preocupação das partes interessadas com questões ambientais e desenvolvimento sustentável. É essa cultura de integridade que se busca implementar para a efetividade da governança pública no estado do Amazonas.

---

[7] COMO evitar que a seca histórica na Amazônia se torne um 'novo normal'? *Ecoa UOL*. Disponível em: https://www.uol.com.br/ecoa/ultimas-noticias/2024/03/08/como-evitar-que-a-seca-historica-na-amazonia-se-torne-um-novo-normal.htm?cmpid=copiaecola. Acesso em: 21 set. 2024.

Dessa forma, é importante ressaltar que a simples adoção dessas técnicas não garante automaticamente resultados ambientais positivos. Não se deve buscar apenas punir os entes públicos. Para angariar os objetivos ambientais estabelecidos pelo art. 225 da CRFB/88 e pelos compromissos assumidos internacionalmente, como a Agenda 2030, o Protocolo de Quioto e o Acordo de Paris, é essencial o desenvolvimento de ações específicas entre os agentes públicos, incentivando ou determinando a adoção de boas práticas ambientais.

Este artigo não se destina a esgotar o tema, mas sim a iniciar um processo de aprendizado para a governança ambiental no Estado do Amazonas, compartilhando métodos para melhorar a qualidade e conferir um impacto significativo aos administradores e demais responsáveis por recursos públicos. Ao adotar a governança ambiental como referência, é possível promover à coletividade o direito-dever de tutelar e preservar o meio ambiente ecologicamente equilibrado.

A adoção dessas medidas visa proteger a Amazônia e assegurar sua existência futura, além de promover maior dignidade e desenvolvimento genuíno para a população amazonense. Este é o desafio.

Referências

AHRENS, Sonke. O "novo" código florestal brasileiro: conceitos jurídicos fundamentais. *In*: CONGRESSO FLORESTAL BRASILEIRO, 8., 2003. *Benefícios, produtos e serviços da floresta*: oportunidades e desafios do século XXI. São Paulo: Sociedade Brasileira de Silvicultura; Sociedade Brasileira de Engenheiros Florestais, 2003.

AMAZONAS. [Constituição (1989)]. *Constituição do Estado do Amazonas*. Manaus: Assembleia Legislativa do Estado de Amazonas, 1989.

AMAZONAS. *Unidades de conservação do Amazonas*: histórico, presente e futuro. 1. ed. Manaus: Fundação Amazonas Sustentável (FAS), 2020.

BENJAMIN, Antonio Herman de Vasconcellos e. Direito constitucional ambiental brasileiro. *In*: CANOTILHO, José Joaquim Gomes; LEITE, José Rubens Morato (Org.). *Direito constitucional ambiental brasileiro*. São Paulo: Saraiva, 2007. p. 57-130.

BRASIL. *Constituição da República Federativa do Brasil de 1988*. Brasília, DF, 1988. Disponível em: https://www.planalto.gov.br/ccivil_03/constituicao/constituicao.htm. Acesso em: 30 jun. 2024.

BRASIL. *Decreto nº 9.073, de 5 de junho de 2017* – Promulga o Acordo de Paris sob a Convenção-Quadro das Nações Unidas sobre Mudança do Clima, celebrado em Paris, em 12 de dezembro de 2015, e firmado em Nova Iorque, em 22 de abril de 2016. Brasília, DF, 2017.

BRASIL. *Decreto nº 9.203, de 22 de novembro de 2017* – Dispõe sobre a política de governança da administração pública federal direta, autárquica e fundacional. Brasília, DF, 2017.

BRASIL. Ministério do Planejamento, Orçamento e Gestão. Secretaria de Gestão. *Programa Nacional de Gestão Pública e Desburocratização* – GesPública; Prêmio Nacional da Gestão Pública – PQGF; Carta de Serviços ao Cidadão. Brasília: MPOG, Seges, 2009. Versão 1/2009.

BRASIL. *Referencial básico de governança aplicável a organizações públicas e outros entes jurisdicionados ao TCU*. 3. ed. Brasília: TCU, Secretaria de Controle Externo da Administração do Estado – SecexAdministração, 2020.

BRASIL. Supremo Tribunal Federal (STF). Ação Direta de Inconstitucionalidade (ADI) 4.757. Rel. Min. Rosa Weber. Data de julgamento: 13 dez. 2022. *DJe*, 17 mar. 2023.

BRASIL. Supremo Tribunal Federal (STF). Arguição de Descumprimento de Preceito Fundamental (ADPF) 623. Rel. Min. Rosa Weber. Data de julgamento: 22 maio 2023. *DJe*, 18 jul. 2023.

BRASIL. Supremo Tribunal Federal (STF). Recurso Extraordinário nº 658.026 – Minas Gerais. Rel. Min. Dias Toffoli. Data de julgamento: 09 abr. 2014. *DJe*, 31 out. 2014.

BRASIL. Tribunal de Contas da União (TCU). *Referencial básico de governança aplicável a órgãos e entidades da administração pública*. Versão 2 – Brasília: TCU, Secretaria de Planejamento, Governança e Gestão, 2014.

CÂMARA, João Batista Drummond. Governança ambiental no Brasil: ecos do passado. *Revista de Sociologia e Política*, v. 21, n. 46, p. 125-146, jun. 2013. Disponível em: https://doi.org/10.1590/S0104-44782013000200008. Acesso em: 28 jun. 2024.

CARVALHO, Samuel Silas dos Santos Carvalho; ALMEIDA, Mariza Gonçalves; ARENAS, Marlene Valério dos Santos. Governança nas contratações públicas sob a perspectiva da nova Lei de Licitações e Contratos Administrativos. *Brazilian Journal of Development*, Curitiba, v. 8, n. 4, p. 23703-23724, abr. 2022.

CAVALCANTI, Clóvis. Economia e ecologia: problemas da governança ambiental no Brasil. *Revista Iberoamericana de Economía Ecológica*, v. 1, p. 1-10, 2004.

CUNHA FILHO, Alexandre Jorge Carneiro da. *Governança pública na administração contemporânea*. Tese (Doutorado em Direito do Estado) – Faculdade de Direito, Universidade de São Paulo (USP), São Paulo, 2017.

DI PIETRO, Maria Sylvia Zanella. *Direito administrativo*. 32. ed. Rio de Janeiro: Forense, 2019.

DINIZ, Mônica. Sesmarias e posses de terras: política fundiária para assegurar a colonização brasileira. *Revista Eletrônica do Arquivo do Estado de São Paulo*, ed. 2, jun. 2005. Disponível em: http://www.historica.arquivoestado.sp.gov.br/materias/anteriores/edicao02/materia03/. Acesso em: 28 jun. 2024.

GRANZIERA, Maria Luiza Machado; CRUZ, Karla Aparecida Vasconcelos Alves da. A pobreza humana frente à ausência de moradia e ao acesso aos serviços básicos: a atuação dos entes subnacionais e poder local em São Paulo, como meio para o alcance do ODS 1 E Meta 1.4. *In*: REI, Fernando; GRANZIERA, Maria Luiza Machado; GONÇALVES, Alcindo. *Paradiplomacia ambiental* – Agenda 2030: environmental paradiplomacy. Santos: Editora Universitária Leopoldianum, 2020.

GRANZIERA, Maria Luiza Machado; RIANI, Rhiani Salamon Reis. A cooperação internacional para sociedades inclusivas: a construção de capacidades multinível e multiatores no contexto da Agenda 2030. *In*: REI, Fernando; GRANZIERA, Maria Luiza Machado; GONÇALVES, Alcindo. *Paradiplomacia ambiental* – Agenda 2030: environmental paradiplomacy. Santos: Editora Universitária Leopoldianum, 2020.

HAUSELMAN, P.; VALLEJO, N. *Governança por múltiplos interessados*: um guia breve. Suíça: Environmental Consulting; Secretaria de Estado da Economia – Seco, 2005.

JACOBI, Pedro Roberto; SINISGALLI, Paulo Antonio de Almeida. Governança ambiental e economia verde. *Ciência & Saúde Coletiva*, v. 17, n. 6, p. 1469-1478, 2012. Disponível em: https://www.scielo.br/j/csc/a/DBXxLJvGdzr8yLLMbYms8ym/?lang=pt. Acesso em: 29 jun. 2024.

JUSTEN FILHO, Marçal. *Comentários à Lei de Licitações e Contratações Administrativas*. São Paulo: Thomson Reuters Brasil, 2021. Epub.

LEME, Taciana. Os municípios e a Política Nacional do Meio Ambiente. *Planejamento e Políticas Públicas*, n. 35, jul./dez. 2010. Disponível em: https://www.ipea.gov.br/ppp/index.php/PPP/article/view/196/191. Acesso em: 2 jul. 2024.

LIMA, Luiz Henrique. Atuação do Tribunal de Contas da União no controle externo da gestão ambiental. *In*: MOURA, Adriana Maria Magalhães de (Org.). *Governança ambiental no Brasil*: instituições, atores e políticas públicas. Brasília: Ipea, 2016.

MOURA, Adriana Maria Magalhães (Org.). *Governança ambiental no Brasil*: instituições, atores e políticas públicas. Brasília: Ipea, 2016.

NAJAM, Adil; PAPA, Mihaela; TAIYAB, Nadaa. *Global environmental governance*: a Reform Agenda. Winnipeg: International Institute for Sustainable Development, 2006.

NARDES, João Augusto Riveiro; ALTOUNIAN, Cláudio Sarian; VIEIRA, Luis Afonso Gomes. *Governança pública*: o desafio do Brasil. Belo Horizonte: Fórum, 2018.

PRADO JUNIOR, Caio. *História econômica do Brasil*. São Paulo: Editora Brasiliense, 1998.

PRETTY, Jules. Social capital and the collective management of resources. *Science*, New Series, v. 302, n. 5652, p. 1912-1914, 12 dez. 2003.

REBOUÇAS, Aldo da Cunha. *Recursos hídricos subterrâneos da Bacia do Paraná*: análise de pré-viabilidade. Tese (Livre Docência) – Instituto de Geociências, Universidade de São Paulo, São Paulo, 1976.

ROSENAU, James N.; CZEMPIEL, Ernst-Otto (Org.). *Governança sem governo*: ordem e transformação na política mundial. São Paulo: Imprensa Oficial do Estado, 2000.

SANT'ANNA, Ronaldo Nascimento de. *O Tribunal de Contas dos Municípios do Estado da Bahia como órgão indutor da governança pública nos Municípios*: corolário do princípio constitucional da eficiência. Dissertação (Mestrado) – Faculdade de Direito, Universidade Federal da Bahia, Salvador, 2018.

SÉGUIN, Elida; CARRERA, Francisco. *Lei de Crimes Ambientais*. Rio de Janeiro: Adcoas, 1999.

SILVA, Andressa Pompeu; CAOVILLA, Maria Aparecida Lucca; PEREIRA, Reginaldo. Governança ambiental transnacional em tempos de radicalização do neoliberalismo e de mudanças climáticas: perspectivas a partir da metáfora dos regimes planetários. *Direito Público*, v. 18, n. 97. Disponível em: https://doi.org/10.11117/rdp.v18i97.4937. Acesso em: 10 jul. 2024.

UNEP. *Global Environment Outlook*: Environment for Development – GEO 4. Malta: Progress Press, 2007.

VIERA, Solange Paiva; MENDES, André Gustavo Salcedo Teixeira. Governança corporativa: uma análise de sua evolução e impactos no mercado de capitais brasileiro. *Revista do BNDES*, Rio de Janeiro, v. 11, n. 22, p. 103-122, 2004.

Informação bibliográfica deste texto, conforme a NBR 6023:2018 da Associação Brasileira de Normas Técnicas (ABNT):

GOMES, Marckjones Santana. Governança ambiental no Estado do Amazonas: urgência de implementação em tempos de crise ecológica (ir)reversível. *In*: LIMA, Edilberto Carlos Pontes (coord.). *Os Tribunais de Contas e a sustentabilidade*: governança e controle no enfrentamento das mudanças climáticas. Belo Horizonte: Fórum, 2025. p. 223-239. ISBN 978-65-5518-670-3. (Coleção Fórum IRB, v. 6). t. 2.

AVALIAÇÃO DA GESTÃO DE RESÍDUOS SÓLIDOS NO ESTADO DO AMAPÁ E INDUÇÃO DE POLÍTICAS PÚBLICAS PARA ENFRENTAMENTO DAS MUDANÇAS CLIMÁTICAS

MARCOS DOS SANTOS CÔRTES

CARINA BAIA RODRIGUES

MAURÍCIO OLIVEIRA DE SOUZA

1 Introdução

A gestão de resíduos sólidos representa um crescente desafio para a sociedade atual, especialmente para a administração pública, em razão da quantidade e da diversidade de resíduos gerados, do crescimento populacional e do consumo, da expansão de áreas urbanas e da cultura histórica de aplicação de recursos insuficientes para a destinação ambientalmente adequada dos resíduos sólidos.

O estudo da Associação Brasileira de Resíduos e Meio Ambiente (Abrelpe), com divulgação na Agência Brasil (2024), demonstra que 39,5% dos resíduos sólidos urbanos (RSU) coletados, cerca de 29,7 milhões de toneladas em 2022, foram encaminhados para áreas de disposição inadequada (lixões ou aterros controlados), uma realidade de 2.826 municípios brasileiros. Esse tipo de disposição inadequada impacta diretamente a saúde dos brasileiros e resulta em altos custos ambientais e gastos com tratamento de saúde estimados em 1 bilhão de dólares/ano. Ainda, segundo a Associação, mantido o cenário vigente, seriam necessários mais de 50 anos para erradicar a disposição irregular de resíduos no país.

A geração de resíduos sólidos somente na capital de Macapá resultou em aproximadamente 301,77 toneladas, conforme dados fornecidos pela Secretaria Municipal de Zeladoria Urbana. Segundo Gomes (2024), a pesquisa realizada pelo Instituto Brasileiro de Geografia e Estatística (IBGE) apontou que 75% dos municípios do Amapá destinam seus resíduos sólidos a lixões a céu aberto e que apenas quatro municípios realizam descarte ambientalmente adequado de resíduos sólidos por meio da adoção de aterros sanitários.

A Associação dos Membros dos Tribunais de Contas do Brasil (Atricon) aprovou a Resolução nº 7/2018, que estabelece diretrizes sobre a temática de controle externo na gestão de resíduos sólidos. A norma visa orientar a fiscalização da gestão dos resíduos sólidos, tema cuja relevância é justificada pelo impacto nas finanças públicas e no meio ambiente, com reflexos na saúde pública (materialidade), bem como pelos compromissos decorrentes assumidos pelos Tribunais de Contas.

A Política Nacional de Resíduos Sólidos (PNRS) aborda novos conceitos, como resíduos sólidos, rejeitos, destinação final e disposição final. Além disso, propõe gestão integrada dos resíduos sólidos por meio de plano da responsabilidade compartilhada, coleta seletiva, sistemas de logística reversa, incentivo à criação e ao desenvolvimento de cooperativas de materiais reutilizáveis e recicláveis, educação ambiental, além das metas para extinção dos lixões e para a elaboração de planos de gestão dos resíduos, em todos os níveis da administração pública.

O Marco Legal do Saneamento instituído pela Lei nº 14.026/2020, no art. 3º, inc. I, alínea "c", considera os Serviços de Limpeza Urbana e Manejo de Resíduos Sólidos (SLUMRS) como um componente do saneamento constituído pelas atividades e pela disponibilização e manutenção de infraestruturas e instalações operacionais de coleta, varrição manual e mecanizada, asseio e conservação urbana, transporte, transbordo, tratamento e destinação final ambientalmente adequada dos resíduos sólidos domiciliares e dos resíduos de limpeza urbana.

A gestão inadequada dos SLUMRS vai na contramão do cumprimento das metas estabelecidas nos Objetivos do Desenvolvimento Sustentável (ODS) da Agenda 2030, acordo internacional do qual o Brasil é signatário.

Entre os ODS relacionados aos SLUMRS, destacam-se: ODS 11 – Cidades e Comunidades Sustentáveis – "Meta 11.6 – Até 2030, reduzir o impacto ambiental negativo per capta das cidades, inclusive prestando especial atenção à [...] gestão de resíduos municipais e outros"; e ODS 12 – Consumo e Produção Responsáveis – "Meta 12.5-Até 2030, reduzir substancialmente a geração de resíduos por meio da prevenção, redução, reciclagem e reuso"; e "Meta 12.4 – Até 2020, alcançar o manejo ambientalmente adequado dos produtos químicos e de todos os resíduos [...]".

Figura 1 – Relação entre ODS e SLUMRS

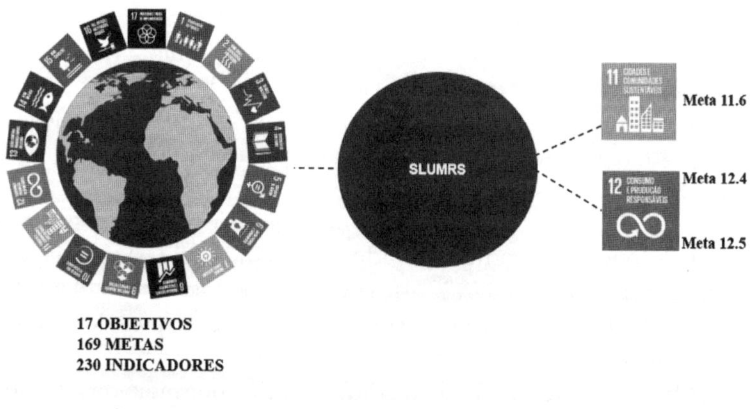

Fonte: Equipe de Auditoria TCE/AP (2024).

Conforme os dados recentes do Sistema Nacional de Informações sobre Saneamento (SNIS), com a participação de 5.060 municípios, 19,8 milhões de brasileiros (correspondendo a 9,7% da população total) não têm acesso ao serviço regular de coleta de resíduos sólidos domiciliares (RDO). Apenas 32,2% dos municípios realizam a coleta seletiva, enquanto a cobrança pelos serviços de coleta, transporte e destinação final dos resíduos está ausente em 56% deles. Além disso, 48,9% dos municípios não possuem Plano Municipal de Gestão Integrada de Resíduos Sólidos (PMGIRS).

O Marco do Saneamento reforça que, no caso de interesse local, os municípios são responsáveis pelo planejamento, gestão e prestação, bem como pela regulação desses serviços e ainda pela definição do prazo para os municípios erradicarem a disposição final inadequada (lixões). Ainda neste instrumento, há previsão da obrigatoriedade para os municípios instituírem mecanismos de cobrança de taxa ou tarifa para esses serviços, caso contrário, configurará renúncia de receita, resultando em penalidades aos gestores municipais.

2 Justificativas e objetivo

O presente estudo se justifica pela necessidade de produção de informações sobre os SLUMRS, necessárias para geração de dados atuais, agregando valor por meio da produção de conhecimento e subsidiando a tomada de decisão dos gestores no que concerne à gestão e execução da política pública nos municípios, importa ainda para fins de planejamento de ações de controle do Tribunal de Contas do Estado do Amapá (TCE/AP).

Dessa maneira, o estudo de levantamento, ora apresentado, analisou a gestão dos serviços de limpeza urbana e manejo de resíduos sólidos, à luz da Política Nacional de Resíduos Sólidos (Lei nº 12.350/2010) e do Marco Legal do Saneamento (Lei nº 14.026/2020), buscando identificar os principais entraves na sua implementação a fim de subsidiar a necessidade de fiscalizações de auditoria a serem incluídas no Planejamento Anual de Controle Externo do TCE/AP, além da elaboração de normativos destinados à orientação dos jurisdicionados acerca da governança e gestão desses serviços.

O escopo deste trabalho foi definido com base nas dimensões: legais, normativas, econômicas, operacionais, viabilidade de soluções consorciadas, bem como inciativas de programas de educação ambiental no âmbito dos municípios do Estado do Amapá, além da análise das ações do Governo estadual relacionadas ao fomento, apoio e implementação da Política Nacional de Resíduos Sólidos.

Inicialmente, foram tomados como base de referência os exercícios de 2019 e 2020, sendo que a análise dos efeitos foi estendida até o presente momento.

Nesse sentido, o trabalho tem como finalidade fornecer um diagnóstico da gestão dos SLUMRS que contribua para o planejamento de ações de controle do TCE/AP, bem como para a elaboração de orientações relacionadas à temática. Além disso, busca-se disponibilizar informações relevantes aos gestores municipais e estaduais, auxiliando-os a direcionar as políticas públicas para o aprimoramento da gestão e prestação desses serviços.

3 Responsabilidade na implementação da Política Nacional de Resíduos Sólidos

O saneamento básico é um direito assegurado pela Constituição Federal de 1988, mas a realidade do tratamento de água, esgoto e lixo no Brasil ainda enfrenta dificuldades que interferem em aspectos econômicos, sociais e de saúde.

O Marco Legal do Saneamento afirma que o exercício da titularidade dos serviços de saneamento poderá ser realizado também por gestão associada, mediante consórcio público ou convênio de cooperação, por instituição municipal, conforme a seguir:

> I – fica admitida a formalização de consórcios intermunicipais de saneamento básico, exclusivamente composto de Municípios, que poderão prestar o serviço aos seus consorciados diretamente, pela instituição de autarquia intermunicipal. (Lei nº 14.026/2020)

Desta maneira, a prestação dos serviços de limpeza urbana e manejo de resíduos sólidos de forma adequada à saúde pública, à conservação dos recursos naturais e à proteção do meio ambiente se insere no conjunto de ações estabelecidas nas diretrizes nacionais para o saneamento básico (Lei nº 11.445/2007, art. 2º, III), que visam, em última instância, dar concretude ao direito fundamental ao meio ambiente ecologicamente equilibrado (art. 225, CF/1988) e à dignidade da pessoa humana (art. 1º, III, CF/1988).

Importa mencionar que tanto o Marco Legal do Saneamento Básico quanto a Política Nacional de Resíduos Sólidos mencionam a necessidade da instituição de mecanismos de cobrança que garantam a sustentabilidade econômico-financeira do sistema.

O termo "resíduos sólidos urbanos" (RSU) engloba tanto os resíduos domiciliares, originários de atividades domésticas em residências urbanas, quanto os resíduos de limpeza urbana, originários da varrição, limpeza de logradouros e vias públicas e outros serviços de limpeza urbana. A Política Nacional de Resíduos define resíduo sólido como:

> Art. 3º [...]
>
> XVI - [...] material, substância, objeto ou bem descartado resultante de atividades humanas em sociedade, cuja destinação final se procede, se propõe proceder ou se está obrigado a proceder, nos estados sólidos ou semissólidos, bem como gases contidos em recipientes e líquidos cujas particularidades tornem inviável o seu lançamento na rede pública de esgotos ou em corpos d'água, ou exijam para isso soluções técnicas ou economicamente inviáveis em face da melhor tecnologia disponível. (Lei nº 12.305)

Quanto ao exercício da titularidade dos serviços de saneamento básico, tratando-se de interesse local, são titulares os municípios e o Distrito Federal. Estado e municípios que compartilham instalações operacionais integrantes de regiões metropolitanas, aglomerações urbanas e microrregiões, instituídas por lei complementar estadual, exercerão a titularidade conjunta no caso de interesse comum.

Nos termos da Lei nº 12.305/2010, incumbe a gestão integrada dos resíduos sólidos gerados aos governos locais, cujas principais obrigações são:

a) Elaborar o Plano Municipal de Gestão Integrada de Resíduos Sólidos;

b) Participar de consórcios intermunicipais para melhorar a gestão de resíduos sólidos no Município, caso avalie a necessidade/possibilidade;

c) Implantar a coleta seletiva de resíduos sólidos;

d) Adotar procedimentos para reaproveitar os resíduos sólidos reutilizáveis e recicláveis oriundos dos serviços públicos de limpeza urbana e de manejo de resíduos sólidos;

e) Articular com os agentes econômicos e sociais medidas para viabilizar o retorno ao ciclo produtivo dos resíduos sólidos reutilizáveis e recicláveis oriundos dos serviços de limpeza urbana e de manejo de resíduos sólidos;

g) Implantar sistema de compostagem para resíduos sólidos orgânicos e articular com os agentes econômicos e sociais formas de utilização do composto produzido; e,

h) Dar disposição final ambientalmente adequada aos resíduos e rejeitos oriundos dos serviços públicos de limpeza urbana e de manejo de resíduos sólidos.

O Marco Legal do Saneamento, Lei nº 14.026/2020, no art. 3º, inc. I, alínea "c", considera os Serviços de Limpeza Urbana e Manejo de Resíduos Sólidos (SLUMRS) como um componente do saneamento constituído pelas atividades e pela disponibilização e manutenção de infraestruturas e instalações operacionais de coleta, varrição manual e mecanizada, asseio e conservação urbanos, transporte, transbordo, tratamento e destinação final ambientalmente adequada dos resíduos sólidos domiciliares e dos resíduos de limpeza urbana. A mesma norma detalha ainda quais são os SLUMRS:

> Art. 3º-C [...] as atividades operacionais de coleta, transbordo, transporte, triagem para fins de reutilização ou reciclagem, tratamento, inclusive por compostagem, e destinação final dos:
>
> I – resíduos domésticos;
>
> II – resíduos originários de atividades comerciais, industriais e de serviços, em quantidade e qualidade similares às dos resíduos domésticos, que, por decisão do titular, sejam considerados resíduos sólidos urbanos, desde que tais resíduos não sejam de responsabilidade de seu gerador nos termos da norma legal ou administrativa, de decisão judicial ou de termo de ajustamento de conduta; e
>
> III – resíduos originários dos serviços públicos de limpeza urbana, tais como:
>
> a) serviços de varrição, capina, roçada, poda e atividades correlatas em vias e logradouros públicos;
>
> b) asseio de túneis, escadarias, monumentos, abrigos e sanitários públicos;
>
> c) raspagem e remoção de terra, areia e quaisquer materiais depositados pelas águas pluviais em logradouros públicos;
>
> d) desobstrução e limpeza de bueiros, bocas de lobo e correlatos;
>
> e) limpeza de logradouros públicos onde se realizem feiras públicas e outros eventos de acesso aberto ao público; e
>
> f) outros eventuais serviços de limpeza urbana.

O fluxograma apresentado na Figura 2 descreve os serviços de limpeza urbana e manejo de resíduos sólidos conforme suas etapas da coleta até a disposição final ambientalmente adequada.

Nas atividades de asseio e conservação urbana, podem ser incluídos, ainda, serviços como poda de árvores, roçagem, raspagem, limpeza de praias, remoção de entulhos, caiação de meio fio, de guias e sarjetas e apreensão de animais.

Em relação aos resíduos sólidos urbanos (RSU), a depender da classificação adotada, podem existir repercussões quanto à responsabilidade de seu manejo ao destino final ou à estação de transbordo, conforme a seguir:

Figura 2 – Fluxograma dos tipos de resíduos e atividades que compõem os SLUMRS

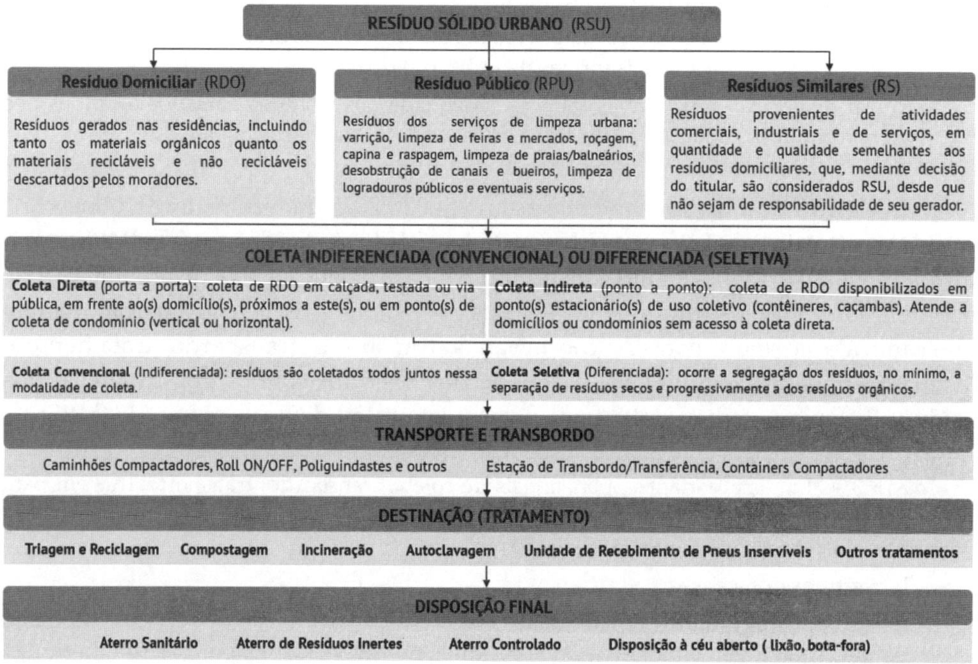

Fonte: Equipe de Auditoria TCE/AP (2024).

Conforme demonstra o quadro a seguir, restam bem definidas as responsabilidades pelo gerenciamento dos resíduos sólidos, conforme sua origem, gerador e legislação municipal, sendo definindo inclusive o volume de resíduos comerciais para o pequeno gerador.

Quadro 1 – Responsabilidades pela coleta dos resíduos sólidos urbanos

Origem dos resíduos	Responsável
Agrícola	Gerador
Comercial	Gerador
	Prefeitura (em quantidades equivalentes ao resíduo domiciliar)
Domiciliar	Prefeitura
Construção civil/entulho	Gerador
	Prefeitura (em quantidades equivalentes ao resíduo domiciliar)
Industrial	Gerador
Público	Prefeitura
Hospitalar	Gerador
	Prefeitura (produzidos nas unidades de saúde municipal)
Especial (portos, aeroportos e terminais rodoviários)	Gerador

Fonte: Equipe de Auditoria TCE/AP (2024).

A destinação final ambientalmente adequada representa a destinação de resíduos que inclui a reutilização, a reciclagem, a compostagem, a recuperação e o aproveitamento energético ou outras destinações, entre elas a disposição final, observando normas operacionais específicas de modo a evitar danos ou riscos à saúde pública e à segurança e a minimizar os impactos ambientais adversos.

Além disso, a disposição final ambientalmente adequada é a distribuição ordenada de rejeitos em aterros, observando normas operacionais específicas de modo a evitar danos ou riscos à saúde pública e à segurança e auxiliando a minimizar os impactos ambientais adversos.

A forma de disposição dos resíduos no município indica a atual estrutura do município existente para a destinação final dos resíduos, seja na forma de vazadouro a céu aberto (lixão), aterro controlado e/ou aterros sanitários.

Segundo a Orientação Técnica nº 7/2018 Ibraop, o aterro sanitário é "Obra de engenharia cuja finalidade é garantir a disposição ambientalmente adequada de rejeitos no solo, buscando evitar danos ou riscos à saúde pública, bem como minimizar os impactos ambientais adversos, confinando os rejeitos à menor área e volume possíveis".

Insta observar que o aterro controlado e os lixões são formas inadequadas e irregulares de disposição final dos rejeitos produzido (Figura 3).

Figura 3 – Tipos de disposição final de resíduos sólidos urbanos

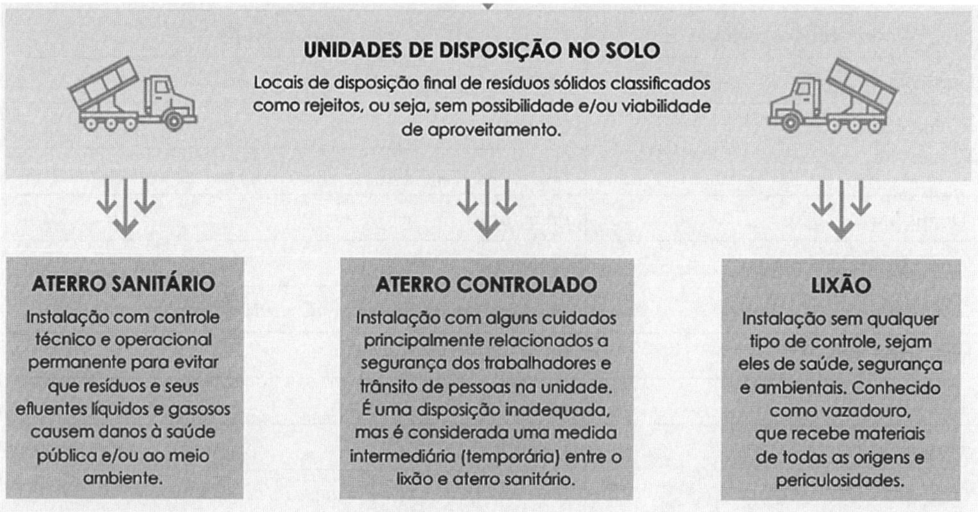

Fonte: SNIS (2023).

4 Abordagem metodológica

O trabalho representa um recorte dos pontos relevantes do levantamento de auditoria realizado sobre os SLURMS realizado nos 16 municípios do Estado do Amapá, em conformidade com as normas do Tribunal de Contas do Estado do Amapá.

O procedimento de fiscalização foi realizado com base no exame na análise dos dados obtidos das respostas aos questionários que foram encaminhados aos 16 municípios do Amapá, além de requisições por meio de ofícios aos gestores da Secretaria de Estado de Desenvolvimento das Cidades (SDC) e Secretaria de Estado do Meio Ambiente (Sema).

Os procedimentos metodológicos utilizados para colher as informações que auxiliaram o processo de levantamento foram: 1) consulta à legislação pertinente ao tema, literatura acadêmica, fiscalizações anteriores desse Tribunal e relatórios produzidos por outras instituições; 2) elaboração de matriz de planejamento; 3) requisição de informações, por meio de ofício eletrônico aos gestores da Sema e SDC; 4) aplicação de questionários eletrônicos (*Google Forms*) aos secretários municipais responsáveis pelos SLUMRS; 5) análise dos questionários com o uso da técnica de diagnóstico (árvore de problemas); e 6) utilização da técnica da análise de *stakeholders* (especialistas da área, gestores, servidores) relacionados ao tema fiscalizado para o aprimoramento da ação de controle externo durante a etapa de planejamento.

Durante o levantamento foram identificadas limitações que comprometeram a execução e o cronograma do levantamento, como a ausência de conhecimento técnico e dos procedimentos de gestão, por parte dos responsáveis (secretários municipais ou servidores por eles indicados), sobre as questões relacionadas à limpeza urbana e manejo de resíduos sólidos em seus respectivos municípios, o que resultou em falhas e inconsistências nos questionários respondidos pelos gestores, exigindo reenvio para novo preenchimento e, em muitos casos, a busca de informações secundárias (em portais, relatórios de gestão, artigos etc.) para validar os dados apresentados.

5 Diagnóstico e análise de resultados

O presente levantamento destaca as principais lacunas e fragmentações nas estratégias e ações, tanto do governo estadual quanto municipal, as quais podem gerar desalinhamentos significativos, representando um risco potencial para a eficácia dos serviços de limpeza urbana e manejo de resíduos sólidos. Essas lacunas e fragmentações precisam ser abordadas para garantir uma gestão mais eficiente e sustentável desses serviços.

Dentre os pontos importantes observados está a necessidade de capacitação e orientação aos gestores municipais acerca da temática de gestão dos serviços limpeza urbana e manejo dos resíduos sólidos por intermédio da Escola de Contas do TCE/AP visando ao fortalecimento e aprimoramento da atuação dos gestores públicos.

5.1 Árvore de problemas

A técnica de árvore de problemas é uma ferramenta valiosa no contexto da gestão de projetos e políticas públicas, fornecendo uma abordagem estruturada para analisar problemas complexos. Dessa forma, foi possível identificar o problema central, as possíveis causas e consequências da gestão deficiente dos SLUMRS (Figura 4).

O problema central identificado na árvore é a gestão deficiente dos serviços públicos de limpeza urbana e manejo de resíduos sólidos (SLUMRS) em torno dos quais todas as causas e efeitos estão organizados. A referida árvore aponta para a necessidade de ações integradas para solucionar a questão central, como:

- Educação ambiental – Implementação de programas de conscientização para a população e formação de multiplicadores.
- Planejamento institucional – Desenvolvimento e implementação de instrumentos de gestão, como PGIRS e Plano Estadual de Resíduos.
- Infraestrutura e tecnologia – Investimento em aterros sanitários, sistemas de coleta seletiva e tratamento e recuperação de resíduos sólidos por meio de tecnologias economicamente viáveis.
- Sustentabilidade econômico-financeira – Criação e implementação de mecanismos de cobrança e arrecadação eficazes, garantindo financiamento adequado dos SLUMRS.
- Governança e controle social – Fortalecimento da transparência, com canais de comunicação acessíveis e participação ativa da comunidade.

Figura 4 – Descrição dos problemas relacionados à gestão dos SLUMRS

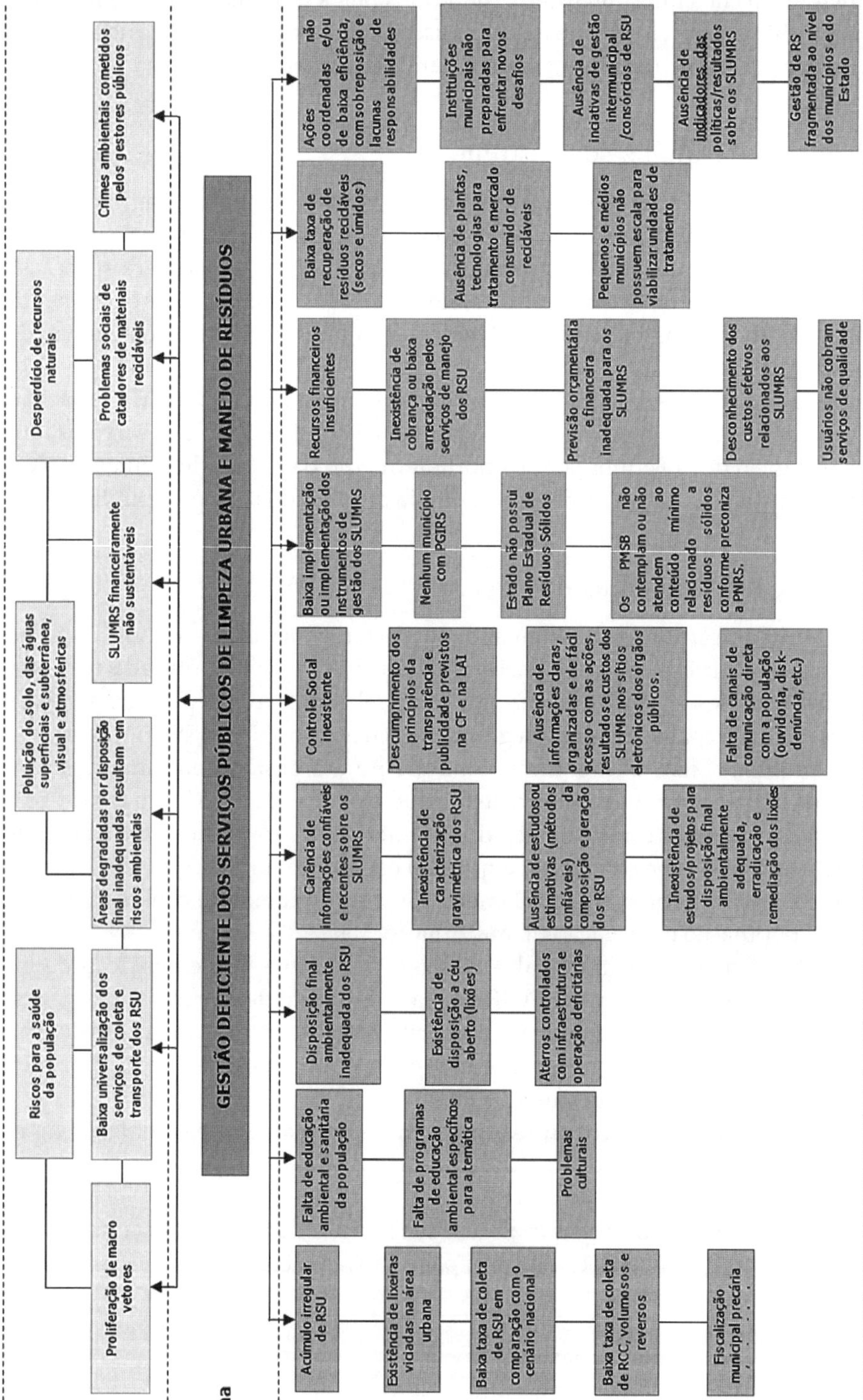

Fonte: Equipe de auditoria (2024).

5.2 Desalinhamento das iniciativas no âmbito estadual em apoio à implementação da Política Nacional de Resíduos Sólidos

É competência do Estado estabelecer o Plano Estadual de Resíduos Sólidos (PERS) destinado a organizar e dar as diretrizes gerais de gestão para os municípios integrantes de cada unidade federativa, bem como elaborar os planos microrregionais de resíduos sólidos e regiões metropolitanas ou de aglomerações urbanas.

O Estado do Amapá ainda não possui sua Política Estadual de Resíduos Sólidos, situação confirmada pela Secretaria de Estado do Meio Ambiente (Sema) e ratificada a partir das informações contidas no Plano Nacional de Resíduos Sólidos (Planares) (Figura 5). Além disso, não foi identificada nos instrumentos de planejamento do Governo do Estado do Amapá (GEA) iniciativa voltada para a elaboração desse plano.

Figura 5 – Estados com Plano Estadual de Resíduos Sólidos

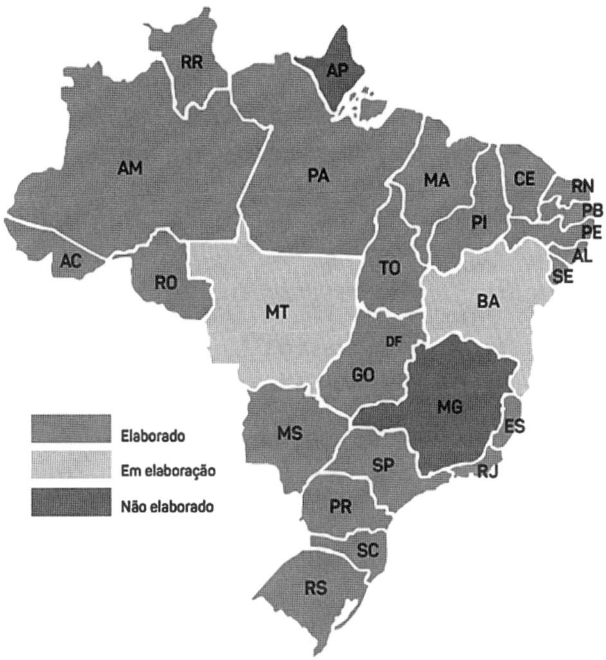

Fonte: Planares – MMA (2022).

Por fim, observou-se omissão na responsabilidade acerca da implementação do Plano Estadual de Resíduos Sólidos, importante instrumento para a implementação efetiva da Política Nacional de Resíduos Sólidos (PNRS), pois, conforme o art. 16 da lei que trata da PNRS, a adoção do plano é condição para os estados acessarem recursos da União, ou por ela controlados, destinados a empreendimentos e serviços relacionados à gestão de resíduos sólidos, ou para serem beneficiados por incentivos ou financiamentos de entidades federais de crédito ou fomento para tal finalidade.

Cabe ressaltar que o Governo do Estado do Amapá (GEA), por meio da Secretaria de Estado do Desenvolvimento das Cidades (SDC), tem responsabilidade instituída na área de saneamento por meio do art. 10 da Lei Estadual nº 1.909/2015:

> Art. 10. [...] promover o desenvolvimento urbano das cidades amapaenses, através do apoio na formulação, implementação e monitoramento de programas, projetos e ações voltadas ao fortalecimento institucional das administrações municipais, planejamento urbano, saneamento, habitação e infraestrutura urbana. (Lei nº 1.909/2015)

A SDC tem realizado parcerias com as prefeituras municipais do Estado do Amapá acerca das ações de limpeza urbana e manejo de resíduos sólidos, por intermédio de convênios. Contudo as informações levantadas nos portais de transparência pública demonstraram-se insuficientes.

Observou-se também que nove convênios vigentes em 2023, apresentados pela SDC em uma reunião realizada no Centro de Apoio Operacional Meio Ambiente (CAO-AMB) do Ministério Público Estadual, totalizando um montante de R$44.562.641,00 destinado aos municípios para os serviços de limpeza urbana e manejo de resíduos, não estão disponíveis nos portais de transparência pública.

Essa constatação dificulta o acompanhamento e controle social, comprometendo a avaliação da efetividade e transparência na aplicação dos recursos públicos destinados aos SLUMRS. Pois a Lei de Acesso à Informação (LAI) determina os procedimentos que a Administração Pública deve adotar para assegurar o direito fundamental de acesso à informação.

Ademais, o Decreto estadual nº 2.678/2021, que regula as normas relativas às transferências voluntárias de recursos do GEA para os municípios por meio de convênios e outros instrumentos, reforça a importância da transparência e da divulgação adequada das informações relacionadas a esses repasses, conforme estabelece o art. 17:

> §1º Todas as informações relativas à celebração, execução, acompanhamento, fiscalização e de prestação de contas, inclusive aquelas referentes à movimentação financeira dos convênios, *serão públicas*.

Por fim, observou-se a necessidade de que a SDC aprimore os instrumentos de transparência ativa das informações relacionadas aos convênios, fiscalização e prestação de contas dos recursos estaduais repassados aos municípios para os serviços de limpeza urbana e manejo de resíduos sólidos, em consonância com o disposto no §1º do art. 17 e o art. 22 do Decreto estadual nº 2.678/2021, e o §1º do art. 7º do Decreto estadual nº 1.956/2019.

5.3 Desafios da gestão pública municipal e oportunidades na governança dos SLURMS

O levantamento identificou alguns desafios e oportunidades de aprimoramento da governança dos SLUMRS, quais sejam: 1) descumprimento do prazo legal para disposição final ambientalmente adequada dos rejeitos; 2) falta de sustentabilidade econômico-financeira dos SLUMRS; 3) baixo nível de transparência ativa das informações sobre a gestão dos SLUMRS, os quais serão detalhados nos tópicos seguintes.

5.3.1 Descumprimento do prazo legal para disposição final ambientalmente adequada dos rejeitos

Constatou-se que *68,75%* dos municípios avaliados realizam disposição final em lixões e aterros controlados – forma inadequada (Quadro 2) e *31,25%* utilizam aterro sanitário. Destaque-se que os municípios de Tartarugalzinho, Pedra Branca do Amapari e Macapá têm disposição final adequada em funcionamento.

Quadro 2 – Tipo de disposição final dos RSU nos municípios

Disposição final			
Aterro sanitário	**Aterro controlado**	**Lixão**	
1. Macapá 2. Mazagão 3. Santana	1. Tartarugalzinho 2. Pedra Branca do Amapari	1. Laranjal do Jari 2. Oiapoque 3. Pracuúba 4. Vitória do Jari 5. Porto Grande	6. Amapá 7. Calçoene 8. Cutias 9. Ferreira Gomes 10. Itaubal

Fonte: Equipe de auditoria (2024).

Além disso, as prefeituras dos municípios de Santana e Mazagão realizam sua destinação final de resíduos sólidos no aterro sanitário de Macapá. Entretanto, cabe ressaltar que atualmente o aterro sanitário de Tartarugalzinho tem funcionado como aterro controlado.

Os demais municípios do Estado do Amapá, quais sejam: Porto Grande, possui aterro controlado, e Amapá, Calçoene, Cutias, Ferreira Gomes, Itaubal, Laranjal do Jari, Oiapoque, Pedra Branca do Amparai, Pracuúba, Serra do Navio e Vitória do Jari empregam forma inadequada de disposição final de resíduos sólidos.

A destinação final ambientalmente adequada inclui a reutilização, a reciclagem, a compostagem, a recuperação e o aproveitamento energético ou outras destinações, entre elas a disposição final, observando normas operacionais específicas de modo a evitar danos ou riscos à saúde pública e à segurança e a minimizar os impactos ambientais adversos.

Diante do art. 54 da Lei nº 14.026/2020, ficam definidos os seguintes prazos para os municípios instituírem forma adequada de destinação dos resíduos sólidos:

> I – até 2 de agosto de 2021, para capitais de Estados e Municípios integrantes de Região Metropolitana (RM) ou de Região Integrada de Desenvolvimento (Ride) de capitais;
>
> II – até 2 de agosto de 2022, para Municípios com população superior a 100.000 (cem mil) habitantes no Censo 2010, bem como para Municípios cuja mancha urbana da sede municipal esteja situada a menos de 20 (vinte) quilômetros da fronteira com países limítrofes;
>
> III – até 2 de agosto de 2023, para Municípios com população entre 50.000 (cinquenta mil) e 100.000 (cem mil) habitantes no Censo 2010; e

IV – até 2 de agosto de 2024, para Municípios com população inferior a 50.000 (cinquenta mil) habitantes no Censo 2010.

Na oportunidade, são apresentados os municípios amapaenses com seus respectivos quantitativos populacionais, e prazos de implementação da forma adequada de disposição final ambientalmente adequada (Quadro 3), pois, com alterações observadas no Marco Legal do Saneamento, a parcela majoritária dos municípios do estado estão com prazo irregular de habilitação, conforme o quadro a seguir.

Quadro 3 – Municípios, população e prazos de adequação da disposição regular de resíduos

Municípios	População (IBGE 2020)	Prazo	Disposição final dos RSU	Observação
Amapá	9.109	31.2.2020	Irregular	Em desacordo com o art. 54 da Lei nº 12.305/2010.
Calçoene	11.117	31.2.2020	Irregular	
Cutias	5.983	31.2.2020	Irregular	
Ferreira Gomes	7.780	31.2.2020	Irregular	
Itaubal	5.503	31.2.2020	Irregular	
Laranjal do Jarí	50.410	31.2.2020	Irregular	
Oiapoque	27.270	31.2.2020	Irregular	
Pedra Branca	16.502	31.2.2020	Irregular	
Porto Grande	21.971	31.2.2020	Irregular	
Pracuúba	5.120	31.2.2020	Irregular	
Vitória do Jarí	15.931	31.2.2020	Irregular	
Tartarugalzinho	17.315	31.2.2020	Irregular	
Serra do Navio	5.397	31.2.2020	Irregular	
Macapá	503.327	31.2.2020	Regular	Em conformidade com o art. 54 da Lei nº 12.305/2010.
Santana	121.364	31.2.2020	Regular	
Mazagão	21.632	31.2.2020	Regular	

Fonte: Equipe de auditoria (2024).

Assim, é possível observar a necessidade de alertar as prefeituras em condição "Irregular", destacando-se os municípios de Amapá, Calçoene, Cutias, Ferreira Gomes, Itaubal, Laranjal do Jari, Pedra Branca, Porto Grande, Pracuúba, Vitória do Jari, Tartarugalzinho, Serra do Navio e Oiapoque, para que adotem medidas de adequação da disposição final dos resíduos sólidos urbanos e de eliminação da deposição irregular dos resíduos em lixões ou aterros controlados, conforme estabelece o art. 54 da Lei nº 12.305/2010.

5.3.2 Falta de sustentabilidade econômico-financeira dos SLUMRS

Observa-se a ausência de planejamento orçamentário e financeiro para os *SLUMRS*, mesmo diante da determinação legal para que exista disponibilidade de dotação orçamentária suficiente para cobrir todos os gastos previstos com a política pública, bem como manter um planejamento orçamentário plurianual da política.

Das 16 prefeituras municipais do estado, constatou-se que apenas *18,75%* dispõem de instrumento legal para a cobrança pelos SLUMRS, os municípios de Macapá, Laranjal do Jari e Serra do Navio possuem lei municipal instituindo a cobrança desses serviços, em obediência ao que prevê o art. 29 da Lei nº 14.026/2020:

> [...] Os serviços públicos de saneamento básico terão a sustentabilidade econômico-financeira assegurada por meio de remuneração pela cobrança dos serviços, e, quando necessário, por outras formas adicionais, como subsídios ou subvenções, vedada a cobrança em duplicidade de custos administrativos ou gerenciais a serem pagos pelo usuário. (Lei nº 14.026/2020)

O levantamento da cobrança sobre os serviços públicos de limpeza urbana e manejo de resíduos sólidos, bem como a forma de cobrança desses serviços, são medidas monetárias essenciais para atingir objetivos no caso da universalização da prestação dos serviços de limpeza urbana e manejo dos resíduos sólidos, com efetividade, eficiência e eficácia.

Custos adequados, qualidade e aumento da oferta são pressupostos para a cobrança dos serviços. Um dos objetivos da PNRS, conforme o inc. X, art. 7º, é:

> [...] regularidade, continuidade, funcionalidade e universalização da prestação dos serviços públicos de limpeza urbana e do manejo dos resíduos sólidos, com adoção de mecanismos gerenciais e econômicos que assegurem a recuperação dos custos dos serviços prestados, como forma de garantir sua sustentabilidade operacional e financeira. (Lei nº 12.350/2010)

O Município de Macapá possui taxa instituída pela Lei municipal nº 054/2000, que trata do Código de Serviços de Limpeza Pública e Resíduos de Serviços de Saúde; conforme o art. 158 do dispositivo, fica instituída a Taxa de Resíduos Sólidos de Serviços de Saúde (TRSS), destinada a custear os serviços divisíveis de coleta, transporte e destinação final de resíduos sólidos de serviços de saúde, nos limites territoriais do município.

Ademais, o Município de Macapá realiza a cobrança desta taxa juntamente com o Imposto Predial e Territorial Urbano (IPTU) desde 2018, porém os valores arrecadados para os anos de 2019 e 2020 não foram informados, pois a Secretaria titular do serviço alegou que a responsabilidade pelas informações acerca da arrecadação desta taxa é de competência da Secretaria Municipal de Finanças de Macapá.

Além disso, o Código Tributário do Município de Laranjal do Jari (Lei Complementar nº 007/2017 – PMLJ) instituiu a Taxa de Coleta de Resíduos Sólidos Urbanos, destinada a custear os serviços específicos e divisíveis de coleta, transporte, tratamento e destinação final dos resíduos sólidos domiciliares, de fruição obrigatória, prestados em regime público, por execução direta ou indireta. No entanto, identificou-se apenas arrecadação de taxa para retirada de entulhos via contêineres.

Ademais, por meio da Lei municipal nº 286/2007 de Serra do Navio, foi criada a Taxa para Coleta, Transporte e Destinação Final de Resíduos Sólidos Urbanos gerados no município, com objetivo de contribuição para melhoria do serviço prestado, porém o serviço não foi implementado.

O art. 11 da Lei de Responsabilidade Fiscal (LRF) menciona como requisito da responsabilidade na gestão fiscal a instituição, previsão e arrecadação de todos os tributos da competência constitucional do ente. A omissão é punida com a vedação de transferências voluntárias no que diz respeito à arrecadação de impostos (excluídas, portanto, as demais formas tributárias).

Os dados apresentados demonstram que 13 municípios não implementaram a taxa de limpeza urbana e manejo de resíduos sólidos, em desacordo com o art. 29 da Lei nº 14.026/2020:

> Os serviços públicos de saneamento básico terão a sustentabilidade econômico-financeira assegurada por meio de remuneração pela cobrança dos serviços, e, quando necessário, por outras formas adicionais, como subsídios ou subvenções, vedada a cobrança em duplicidade de custos administrativos ou gerenciais a serem pagos pelo usuário, nos seguintes serviços: [...]
>
> II – de limpeza urbana e manejo de resíduos sólidos, na forma de taxas, tarifas e outros preços públicos, conforme o regime de prestação do serviço ou das suas atividades; e [...]. (Lei nº 14.026/2020)

Ressalta-se a necessidade da instituição de mecanismos de cobrança pelos serviços de manejo de resíduos sólidos, visando garantir a sustentabilidade financeira desses serviços, os quais devem ser embasados em diagnóstico, especialmente no que se refere à divisibilidade dos serviços e aos critérios de cobrança baseados no nível de renda, além das diretrizes da Norma de Referência nº 1/2021 da Agência Nacional de Águas e Saneamento.

O Marco do Legal do Saneamento estipulou 15.7.2021 como prazo final para os municípios brasileiros instituírem a cobrança pelo serviço de limpeza urbana, na forma de tarifa. Sendo que a não proposição de instrumento de cobrança pelo titular configura renúncia de receita nos termos do art. 14 da Lei nº 101/2000 (LRF).

A Agência Nacional de Águas e Saneamento (ANA) publicou a Norma de Referência nº 1/2021, com orientações para que os municípios instituam e implementem instrumentos de cobrança pelos serviços de manejo de resíduos sólidos, normativo que obrigatoriamente deve ser seguido pelos titulares desses serviços (Figura 6).

Figura 6 – Fluxograma de implementação ou adequação da política de cobrança pelo SLUMRS

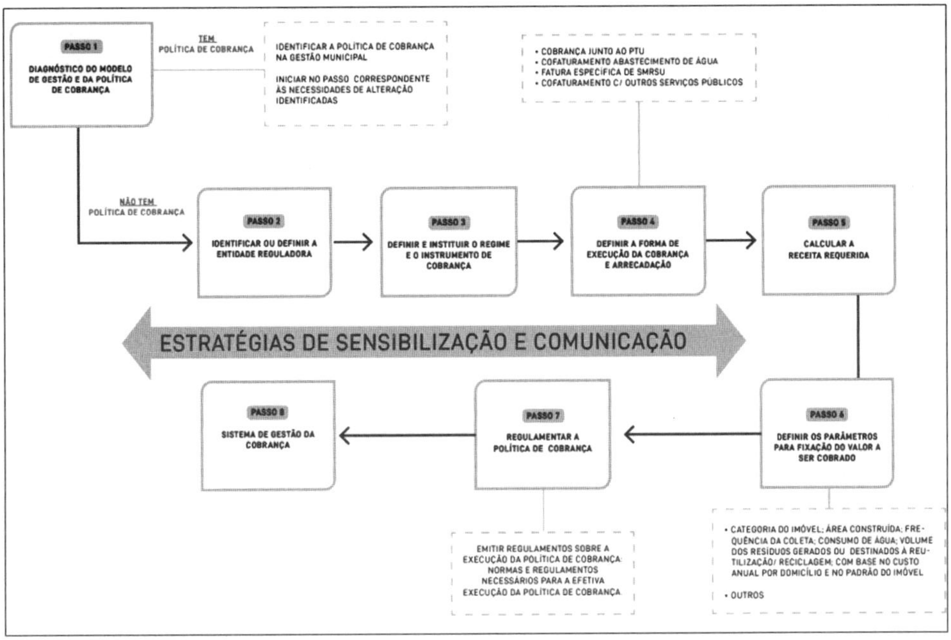

Fonte: Manual Orientativo sobre a Norma de Referência nº 1/ANA/2021.

Além da norma de referência da ANA, outro recurso valioso para os municípios é o Roteiro para a Sustentabilidade do Serviço Público de Manejo de Resíduos Sólidos, elaborado pelo Ministério das Cidades em 2021. Este guia oferece orientações abrangentes sobre como desenvolver e implantar políticas municipais de cobrança pelo serviço de manejo de resíduos sólidos. Inclui modelos de projeto de lei para instituir taxas, instrumentos para definição de tarifas e uma planilha para cálculo dessas taxas e tarifas.

5.3.3 Baixo nível de transparência ativa das informações sobre a gestão dos SLUMRS

As prefeituras municipais não dispõem de informações claras que permitam avaliar, direcionar e monitorar o cenário e o desempenho das ações e planejamento para os SLUMRS. Destaquem-se os mecanismos de transparência ativa, com detalhamento da gestão dos recursos orçamentários e financeiros e licitações, que são essenciais ao controle social.

A disponibilização, de forma transparente, das informações, é um dos mecanismos que fortalecem a democracia, ampliam o exercício da cidadania, gerando melhorias na gestão pública. Assim a transparência constitui um mecanismo de controle e *accountability* (prestação de contas) das atividades e resultados da administração pública.

A Lei nº 12.527/2011 (LAI) estabelece a obrigação do Estado de garantir a transparência passiva e de cumprir novas exigências de transparência ativa nos órgãos e entidades públicas. O acesso à informação, conforme preconiza o art. 7º da LAI, abrange diversos direitos como acesso, informações primárias, íntegras, autênticas e atualizadas sobre atividades, administração do patrimônio público, utilização de recursos, licitações, contratos administrativos, entre outros.

Importa mencionar que todos os municípios envolvidos no referido levantamento não possuíam informações fidedignas e atualizadas que permitam acompanhar e avaliar a implementação e prestação do SLUMRS. Esta condição dificulta o controle exercido pelo TCE/AP e por parte da sociedade e por outros atores envolvidos que se ressentem de informações.

Diante dos fatos, é importante que as prefeituras municipais disponibilizem em seus sítios eletrônicos ou portais da transparência informações claras e acessíveis sobre os serviços e custos relacionados à limpeza urbana e ao manejo de resíduos sólidos, conforme estabelecido nos arts. 3º e 7º da Lei nº 12.527/2011, e divulguem informações de interesse coletivo ou geral, inclusive por meio eletrônico de acesso público.

6 Parceria entre Tribunal de Contas e Ministério Público estadual no acompanhamento e fiscalização da política pública de resíduos sólidos

Após o encerramento do levantamento, foi identificado em 2022 o Projeto de Resíduos Sólidos Urbanos do Estado do Amapá, que visa à concessão do serviço de manejo de RSU, passo importante na busca do Governo do Estado do Amapá e dos 16 municípios do estado por melhorias significativas no manejo dos resíduos sólidos urbanos produzidos pelos mais de 733 mil habitantes que serão diretamente impactados pelo projeto (Figura 7).

Figura 7 – Abrangência do Projeto de Resíduos Sólidos Urbanos do Estado do Amapá

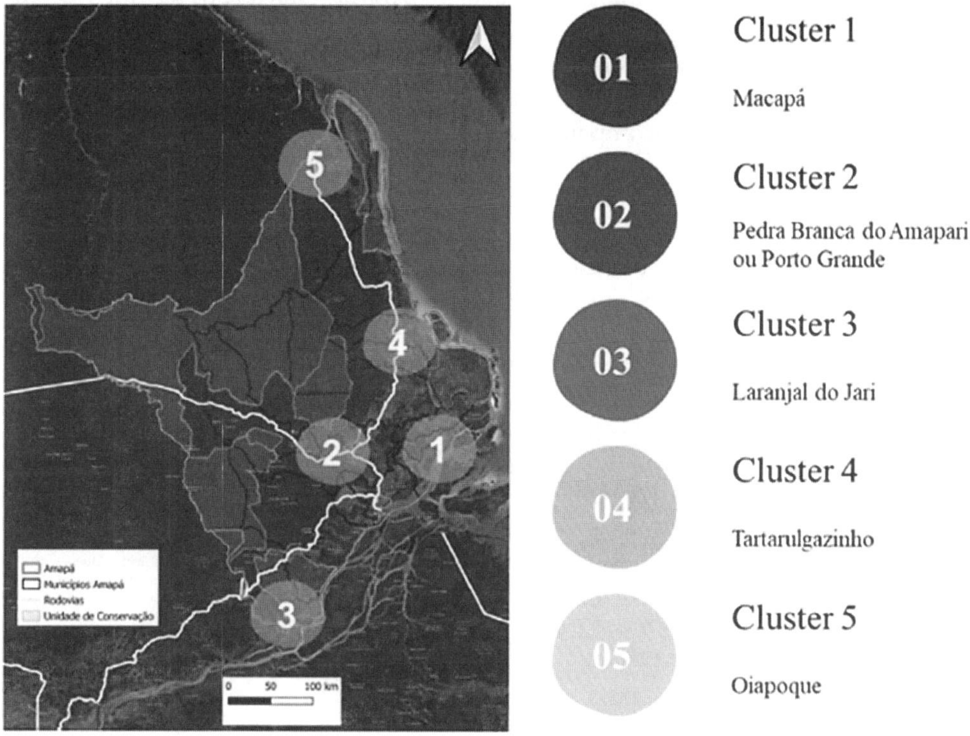

Fonte: Relatório de Proposição de Modelo de Negócio BNDES – PPI (2024).

No ano de 2023, o Tribunal de Contas do Estado do Amapá, em parceria com o Ministério Público do Amapá (MP/AP), iniciou discussões e reuniões visando à necessidade de dialogar com todos os atores envolvidos na gestão dos resíduos sólidos do Amapá.

Nas reuniões, passaram a ser discutidas as recomendações e determinações propostas no relatório de Levantamento sobre os Serviços de Limpeza Urbana e Manejo de Resíduos Sólidos dos 16 municípios elaborado pelo TCE/AP, bem como o projeto de concessão dos serviços de gestão dos resíduos sólidos do Estado do Amapá, com o qual é esperado o encerramento das operações dos lixões no estado.

Durante a reunião, a Secretaria de Planejamento (Seplan) informou que se trata de um estudo de modelagem econômica desenvolvido pelo Banco Nacional de Desenvolvimento Econômico e Social (BNDES), e nele utilizou-se do cenário-base da modelagem econômico-financeira, um prazo de 35 anos para o projeto de concessão ora tratado, entendendo-se que este prazo seria o que mais se alinharia com aspectos técnicos e financeiros em questão.

O projeto está em fase de estudos técnicos (Figura 8), sendo finalizada a primeira fase de estudo e diagnóstico, com 4 relatórios (diagnóstico e análise ambiental, diagnóstico político, avaliação econômico-financeira e proposição de modelo de negócio para os 16 municípios). Foi relatada a necessidade participação de todos os municípios, especificamente a Capital Macapá, responsável por 70% da geração dos resíduos sólidos de todo o estado.

Na ocasião, os estudos foram entregues à Secretaria de Zeladoria Urbana Titular da gestão de resíduos sólidos da capital, para avaliação da adesão ao projeto de concessão. Por fim, o projeto está sendo acompanhado e orientado pelos órgãos de controle e partes interessadas com intuito de estabelecer a adequada implementação e governança da gestão de resíduos sólidos nos municípios.

Figura 8 – Fases do projeto de concessão dos serviços de gestão dos resíduos sólidos do Estado do Amapá

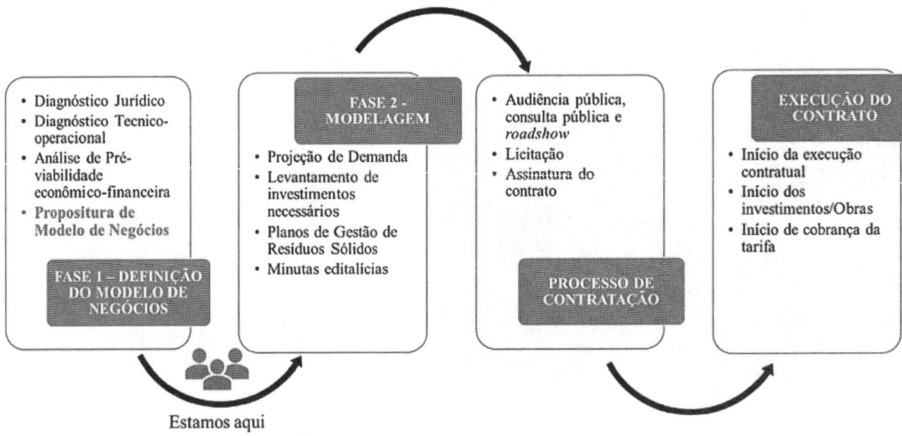

Fonte: Estado do Amapá – PPI (2024).

A Sema, em parceria com a Seplan, iniciou tratativas para inclusão, no planejamento orçamentário de 2025, de recursos financeiros que viabilizem a elaboração do Plano Estadual de Resíduos Sólidos do Estado, em cumprimento da recomendação realizada pelo TCE/AP.

A Secretaria de Estado das Cidades se comprometeu em cumprir a determinação realizada pelo TCE/AP acerca do aprimoramento dos instrumentos de transparência ativa das informações relacionadas aos convênios, fiscalização e prestação de contas firmados com os municípios do estado.

Após diversos encontros realizados entre os atores envolvidos até o presente momento, está em fase de articulação um acordo de cooperação entre Ministério Público do Estado do Amapá, juntamente com o Tribunal de Contas do Estado do Amapá, Secretaria do Meio Ambiente do Estado, Defensoria Pública, cooperativas de catadores de lixo e reciclagem, Procuradoria-Geral do Estado do Amapá, entre outros, com objetivo de criação do Comitê Interinstitucional para Gestão de Resíduos e do Saneamento, com o compromisso de implementar estratégias e mecanismos específicos para o fortalecimento da atuação na temática no Estado do Amapá.

7 Da concessão de resíduos sólidos no Amapá e mitigação das mudanças climáticas

Importa destacar que a modelagem da estrutura de concessão, gestão para a destinação adequada de resíduos sólidos, com reciclagem e outras destinações para o Amapá é uma inciativa importante para gerar emprego e renda, bem como mitigação dos impactos ambientais diretos sobre o efeito estufa e mudanças climáticas. Pois estima-se o aproveitamento de biogás de metano estimado em aproximadamente 472 toneladas diárias de resíduos sólidos urbanos nas cidades de Macapá e Santana, equivalendo a uma redução de aproximadamente 103.368 toneladas de CO_2/ano.

Vale ressaltar que o metano decorrente da decomposição do lixo orgânico é um dos gases de maior efeito estufa na atmosfera, que tem influenciado diretamente o aquecimento global do planeta e resultados em eventos climáticos extremos – como a seca na Amazônia e a enchente recorde de 2024 no Rio Grande do Sul.

Em conclusão, observa-se que a concessão de resíduos sólidos no Amapá, com o aproveitamento do metano captado e transformado em gás natural renovável (GNR), tem potencial para a redução das emissões de gases de efeito estufa, mitigação dos eventos climáticos extremos e promoção da sustentabilidade ambiental.

8 Reflexões finais

O presente estudo revelou importantes desafios e lacunas na gestão dos Serviços de Limpeza Urbana e Manejo de Resíduos Sólidos (SLUMRS) nos municípios do Estado do Amapá, demonstrando que a maioria das prefeituras enfrenta dificuldades relacionadas à ausência de planejamento, falta de regulamentação e insuficiência de recursos financeiros, fatores que comprometem o cumprimento das metas estabelecidas pela Política Nacional de Resíduos Sólidos (PNRS) e Marco Legal do Saneamento.

Entre os principais entraves identificados, destacam-se a disposição final ambientalmente inadequada dos resíduos sólidos (aterros controlados ou lixões), transparência pública insuficiente e ausência de mecanismos de cobrança que assegurem a sustentabilidade econômico-financeira desses serviços. Essas falhas comprometem a efetividade das políticas públicas e resultam em impactos significativos para a saúde pública, o meio ambiente e o desenvolvimento sustentável.

Apesar dessas limitações, o estudo também identificou oportunidades estratégicas, como o fortalecimento da governança local por meio de ações normativas e orientadoras acerca da gestão e sustentabilidade financeira dos serviços de SLUMRS.

Pode-se inferir o fortalecimento do papel indutor de políticas públicas do Tribunal de Contas do Estado do Amapá, por meio da parceria com o Ministério Público do Estado, cuja atuação conjunta tem incentivado uma gestão mais eficiente e transparente dos recursos públicos, além de promover maior alinhamento às diretrizes nacionais e internacionais, como os Objetivos de Desenvolvimento Sustentável (ODS).

Também se vislumbram grandes possibilidades de mitigação das mudanças climáticas por meio do projeto de concessão dos resíduos sólidos, o qual estima aproveitamento de biogás nas cidades de Macapá e Santana equivalente a 76,27% da produção de RSU no estado.

Dessa forma, este diagnóstico não apenas expõe as fragilidades, mas também serve como instrumento de planejamento para o fortalecimento das políticas públicas de saneamento no estado. Espera-se que as recomendações aqui apresentadas contribuam para subsidiar futuras fiscalizações e orientar os gestores municipais e estaduais na implementação de estratégias integradas e sustentáveis para a gestão de resíduos sólidos no Amapá.

Por fim, reitera-se a importância de uma gestão colaborativa, pautada na transparência e no uso eficiente dos recursos, como pilares essenciais para a construção de cidades mais sustentáveis e comprometidas com a qualidade de vida da população.

Referências

AGÊNCIA BRASIL. *Mais de 41% dos resíduos urbanos tiveram destinação inadequada em 2023*. 10 dez. 2024. Disponível em: https://agenciabrasil.ebc.com.br/meio-ambiente/noticia/2024-12/mais-de-41-dos-residuos-urbanos-tiveram-destinacao-inadequada-em-2023-0. Acesso em: 7 jan. 2025.

BRASIL. ANA – Agência Nacional de Águas e Saneamento Básico. *Norma de Referência n. 01/2021*. Trata do regime, a estrutura e parâmetros de cobrança pela prestação do Serviço Público de Manejo de Resíduos Sólidos Urbanos (SMRSU). Disponível em: https://arquivos.ana.gov.br/resolucoes/2021/0079-2021_Ato_Normativo_20220117110324_ALTERACAO.pdf. Acesso em: 7 jan. 2025.

BRASIL. *Constituição Federal de 1988*. Disponível em: https://www.planalto.gov.br/ccivil_03/constituicao/constituicao.htm. Acesso em: 7 jan. 2025.

BRASIL. *Lei 11.445/2007*. Disponível em: https://www.planalto.gov.br/ccivil_03/_ato2007-2010/2007/lei/L11445compilado.htm. Acesso em: 7 jan. 2025.

BRASIL. *Lei nº 12.350/2010*. Política Nacional de Resíduos Sólidos. Disponível em: https://www.planalto.gov.br/ccivil_03/_ato2007-2010/2010/lei/l12305.htm#:~:text=LEI%20N%C2%BA%2012.305%2C%20DE%202%20DE%20AGOSTO%20DE%202010.&text=Institui%20a%20Pol%C3%ADtica%20Nacional%20de,1998%3B%20e%20d%C3%A1%20outras%20provid%C3%AAncias.&text=Art. Acesso em: 7 jan. 2025.

BRASIL. *Lei nº 12.527/2011*. Lei de Acesso à Informação. Disponível em: https://www.planalto.gov.br/ccivil_03/_ato2011-2014/2011/lei/l12527.htm. Acesso em: 7 jan. 2025.

BRASIL. *Lei nº 14.026/2020*. Marco Legal do Saneamento. Disponível em: https://www.planalto.gov.br/ccivil_03/_ato2019-2022/2020/lei/l14026.htm. Acesso em: 7 jan. 2025.

BRASIL. *Roteiro para a sustentabilidade do serviço público de manejo de RSU*. Disponível em: https://www.gov.br/cidades/pt-br/acesso-a-informacao/acoes-e-programas/saneamento/protegeer/roteiro-para-a-sustentabilidade-do-200bservico-publico-de-manejo-de-rsu/RoteiroparaaSustentabilidadedoServioPblicodeManejodeRSU.pdf. Acesso em: 7 jan. 2025.

ESTADO DO AMAPÁ. *Decreto n. 2.678/2021*. Dispõe sobre as normas relativas às transferências voluntárias de recursos do Governo. Disponível em: https://leisestaduais.com.br/ap/decreto-n-2678-2021-amapa-dispoe-sobre-as-normas-relativas-as-transferencias-voluntarias-de-recursos-do-governo-do-estado-do-amapa-para-municipios-ou-consorcios-publicos-intermunicipais-mediante-convenios-e-outros-instrumentos-congeneres-e-da-outras-providencias. Acesso em: 7 jan. 2025.

ESTADO DO AMAPÁ. *Lei 1.909/2015*. Cria a Agência de Desenvolvimento Econômico do Amapá – Agência Amapá, e dá outras providências. Disponível em: https://ageamapa.portal.ap.gov.br/docs/lei.pdf. Acesso em: 7 jan. 2025.

ESTADO DO AMAPÁ. *Programa de Parcerias de Investimentos*. Disponível em: https://ppi.gov.br/projetos/residos-solidos-estado-do-amapa. Acesso em: 7 jan. 2025.

GOMES, Domiciano. IBGE: 75% dos municípios amapaenses ainda despejam resíduos sólidos em lixões. *ConectAmapá*, 29 nov. 2024. Disponível em: https://conectamapa.com/2024/11/ibge-75-dos-municipios-amapaenses-ainda-despejam-residuos-solidos-em-lixoes/. Acesso em: 7 jan. 2025.

PLANARES. *Plano Nacional de Resíduos Sólidos*. Disponível em: https://www.gov.br/mma/pt-br/acesso-a-informacao/acoes-e-programas/programa-projetos-acoes-obras-atividades/agendaambientalurbana/lixao-zero/plano_nacional_de_residuos_solidos-1.pdf.

SNIS. *Sistema Nacional de Informações sobre Saneamento*. Disponível em: https://app-acompanhamento.cidades.gov.br/web/residuos_solidos_dev/painel-coleta?paineis=1. Acesso em: 7 jan. 2025.

TRIBUNAL DE CONTAS DA UNIÃO. *Roteiro de Levantamento*. Brasília: TCU, 2018.

ATRICON. *Resolução n. 07/2018*. Estabelece diretrizes sobre a temática controle externo na gestão de resíduos sólidos. Disponível em: https://www.atricon.org.br/wp-content/uploads/2019/01/Resolu%C3%A7%C3%A3o-Atricon-07-2018-Diretriz-3216-Res%C3%ADduos-s%C3%B3lidos.pdf. Acesso em: 7 jan. 2025.

Informação bibliográfica deste texto, conforme a NBR 6023:2018 da Associação Brasileira de Normas Técnicas (ABNT):

CÔRTES, Marcos dos Santos; RODRIGUES, Carina Baia; SOUZA, Maurício Oliveira de. Avaliação da gestão de resíduos sólidos no Estado do Amapá e indução de políticas públicas para enfrentamento das mudanças climáticas. *In*: LIMA, Edilberto Carlos Pontes (coord.). *Os Tribunais de Contas e a sustentabilidade*: governança e controle no enfrentamento das mudanças climáticas. Belo Horizonte: Fórum, 2025. p. 241-263. ISBN 978-65-5518-670-3. (Coleção Fórum IRB, v. 6). t. 2.

OS TRIBUNAIS DE CONTAS E A FISCALIZAÇÃO DE POLÍTICAS PÚBLICAS AMBIENTAIS: CONJUNTO PAISAGÍSTICO DA LAGOA DA PAMPULHA (BELO HORIZONTE/MG), PATRIMÔNIO DA HUMANIDADE PELA UNESCO

MARIA CECILIA BORGES

ÍLDER MIRANDA COSTA

Introdução

O presente trabalho tem o escopo de demonstrar que, uma vez que um bem cultural é protegido por tombamento, se a sua fruição é, por qualquer motivo, impedida, haverá lesão ao patrimônio cultural e, nesse sentido, deverá haver responsabilização. Ainda, aplicar-se-á tal tese ao *espelho d'*água da Lagoa da Pampulha, bem cultural protegido por tombamento cuja fruição está impedida por causa, entre outros fatores, da poluição a qual o bem está submetido e, como consequência, do mau cheiro que exala de suas águas eutrofizadas,[1] o que lhe confere aspecto repugnante.

Na demonstração da hipótese, recupera-se, em primeiro lugar, o momento de formação do referido *espelho d'*água e da construção do Conjunto Paisagístico da Pampulha, em Belo Horizonte/MG, entre as décadas de 1930 e 1940, o que conduz à recordação de que, naquele instante, o *espelho d'*água foi objeto de imaginário, emanado, profundamente, da alma do belo-horizontino e expresso por seus prefeitos, Otacílio Negrão de Lima, José Oswaldo de Araújo e Juscelino Kubitschek de Oliveira.[2] Dessa

1 Eutrofização é um processo de poluição de corpos d'água, como rios e lagos, que gera efeitos graves ao ambiente aquático e pode prejudicar também a atividade humana. Cf.: SANTOS, Vanessa Sardinha. Biologia – Ecologia. *Brasil Escola*. Disponível em: https://brasilescola.uol.com.br/biologia/eutrofizacao.htm. Acesso em: 10 jan. 2025.

2 Cf.: BRASIL. *Dossiê de candidatura do Conjunto Moderno da Pampulha para inclusão na Lista do Patrimônio Mundial*. 2016. Disponível em: http://portal.iphan.gov.br/uploads/ckfinder/arquivos/FMC_dossie_conjunto_moderno_%20da_pampulha.pdf. Acesso em: 2 maio 2024; CARVALHAIS JÚNIOR, Adair. *Belo Horizonte e a miragem do moderno*: espaço urbano e educação pública. 2013. 440 p. Tese (Doutorado) – Faculdade de Filosofia e Ciências Humanas, Universidade Federal de Minas Gerais, Belo Horizonte, 2013. Disponível em:

forma, Otacílio Negrão de Lima sonhou com uma "larga superfície líquida" prestando-se a esportes de natação e remo, assim como a pouso de hidroaviões. Por sua vez, José Oswaldo de Araújo pretendeu que, à margem do *espelho d'*água, as construções obedecessem a estilo específico, com grande recuo do alinhamento da avenida, fachada de comprimento e altura mínimos. Ainda, Juscelino Kubitschek imaginou o *espelho d'*água como natureza, liricamente, transformada em fator de plenitude espiritual. É o conteúdo do tópico 1: "A larga superfície líquida": bem cultural protegido por tombamento.

Posto isso, a demonstração mergulha na água podre abaixo da "larga superfície líquida" e identifica, nessa circunstância, lesão ao patrimônio cultural por inviabilidade de sua fruição. Tal como se explica no tópico 2: Abaixo da "larga superfície líquida", água podre: lesão ao patrimônio cultural por inviabilidade de fruição.

Em seguida, a demonstração da hipótese em tela ergue-se acima da "larga superfície líquida" e constata que duas das enseadas da Lagoa da Pampulha estão aterradas. Disso resulta lesão ao patrimônio cultural pelo mesmo motivo: inviabilidade de sua fruição. Tal como se expõe no tópico 3: Acima da "larga superfície líquida", maciços resultantes de aterramento de enseadas: lesão ao patrimônio cultural por inviabilidade de fruição.

Demonstrado que o dano à fruição – ativa ou passiva – de bem cultural protegido por tombamento implica lesão ao patrimônio cultural e exige responsabilização, atingem-se as conclusões que visam à efetivação desta, no tópico 4, requerendo que sejam exigidos dos órgãos de proteção cultural que exerçam com efetividade os fins para os quais foram criados e, no mesmo sentido, dos órgãos públicos e seus contratados que protejam o bem de forma eficaz, mantendo a sua integridade e os atributos originais, nos termos dos comandos constitucionais, o que deve ser objeto de fiscalização pelos Tribunais de Contas.

1 "A larga superfície líquida": bem cultural protegido por tombamento

A Lagoa da Pampulha, em Belo Horizonte/MG, é resultado do represamento do Ribeirão Pampulha, que fora de iniciativa de Otacílio Negrão de Lima que, com a preocupação de aparelhar o abastecimento geral,[3] iniciou em 1936 as obras de barragem do Rio Pampulha[4] (CARVALHAIS JÚNIOR, 2013, p. 319).

---

http://hdl.handle.net/1843/BUBD-9D6HBA. Acesso em: 25 jan. 2025; CURRAL DEL REY. *Descontruindo BH, uma cidade em eterna construção.* O Complexo da Pampulha: um breve histórico do seu surgimento. Disponível em: https://curraldelrei.blogspot.com/2016/07/o-complexo-da-pampulha-um-breve.html. Acesso em: 29 jan. 2025; WERNECK, Gustavo. Niemeyer e JK se uniram para criar Pampulha, agora Patrimônio Cultural da Humanidade: talento de jovem arquiteto e espírito empreendedor de Juscelino Kubitschek construíram a obra que se tornaria semente de Brasília – confira entrevista com bisneto de Niemeyer. *Jornal Estado de Minas*, 18 jul. 2016. Disponível em: https://www.em.com.br/app/noticia/gerais/2016/07/18/interna_gerais,784673/niemeyer-e-jk-se-uniram-para-criar-pampulha-patrimonio-dahumanidade.shtml. Acesso em: 8 nov. 2022.

[3] "Belo Horizonte, desde a sua inauguração contava com um precário abastecimento de água e a represa figurava como uma alternativa para o equilíbrio do *deficit* existente entre o crescimento populacional e o abastecimento" (Disponível em: https://curraldelrei.blogspot.com/2016/07/o-complexo-da-pampulha-um-breve.html. Acesso em: 29 jan. 2025).

[4] Às vésperas do término das obras, Otacílio Negrão de Lima relatou: "Relativamente aos serviços de abastecimento d'água, a obra de maior importância que empreendemos foi a de construção da represa do rio Pampulha" (CARVALHAIS JÚNIOR, 2013, p. 364).

E foi assim que, lançando um olhar futurista ao projeto e, ainda, sem se ater à legitimidade da causa – abastecimento –, Otacílio Negrão de Lima identificou a essência da relação entre Belo Horizonte e as águas da Lagoa da Pampulha, nos seguintes termos:

> Em torno do grande lago, circundado por uma avenida em construção, é fácil prever a edificação de um novo e pitoresco bairro de recreio, destinado a atrair a afluência daqueles que, em dias de folga, queiram entregar-se a entretenimentos, repousando do diuturno labor na cidade. [Para esse fim] *a larga superfície líquida* presta-se aos esportes de natação e remo, assim como ao pouso de hidroaviões. (CARVALHAIS JÚNIOR, 2013, p. 364) (Grifos nossos)

A represa foi inaugurada em 1938; "tinha 18 milhões de metros cúbicos de água e uma barragem de quase 12 metros de altura" (RIBEIRO, 2023).

Reforce-se que Otacílio Negrão de Lima foi sucedido por José Oswaldo de Araújo, que, "tendo em vista a necessidade de sistematizar o loteamento dos terrenos marginais à represa da Pampulha, estabelecendo, ao mesmo tempo, as condições gerais para que a sua urbanização se faça sem prejuízo dos objetivos que determinaram a construção daquela represa", cuidou de dispor sobre construções nos terrenos marginais à Represa da Pampulha, "numa faixa de quinhentos metros para cima da avenida Getúlio Vargas" – atual Avenida Otacílio Negrão de Lima (CARVALHAIS JÚNIOR, 2013, p. 431), que contorna a orla da Lagoa da Pampulha, onde não se permitiu instalação industrial (Belo Horizonte, Decreto nº 55/1939, art. 3º), sendo que:

> Art. 4º As construções com frente para a avenida marginal à represa deverão obedecer às seguintes prescrições especiais:
>
> a) estilo colonial, neocolonial, missões ou normando, não se admitindo, em caso algum, estilo que destoe do ambiente campestre; as pinturas externas deverão ser de cores claras, não se permitindo o revestimento de cimento penteado ou cor equivalente;
>
> b) recuo de cinco metros do alinhamento da avenida, podendo ser aumentado, conforme o terreno e o vulto da construção até o máximo de doze metros;
>
> c) fachada de sete e seis metros, no mínimo, para os prédios de um e dois pavimentos, respectivamente;
>
> d) altura mínima de um metro e meio para o embasamento dos prédios de um só pavimento;
>
> e) nos prédios de dois pavimentos a área coberta do andar térreo deverá ser sempre maior do que a do outro.
>
> §1º As construções não poderão ocupar maior de 25% da área do lote e deverão distar das suas linhas divisórias laterais pelo menos 3 metros.
>
> §2º Nenhuma garagem ou dependência será permitida ao lado do prédio principal e a menos de vinte metros do alinhamento da avenida.
>
> §3º Os tapumes divisórios, na frente do terreno e dos lados, até a distância de vinte metros da avenida, serão constituídos de sebes vivas, devidamente tratadas, tolerando, se, porém, a alvenaria no fecho da frente desde que a sua altura não passe de um metro e meio e o seu estilo e acabamento condigam com os do prédio construído no terreno.
>
> §4º O espaço compreendido entre a frente do prédio e o alinhamento da avenida será obrigatoriamente ajardinado. (CARVALHAIS JÚNIOR, 2013, p. 381)

Juscelino Kubitschek de Oliveira, que o sucedeu, em 1940, convidou Donat Alfred Agache "para realizar estudos de viabilidade para o desenvolvimento da região da

Pampulha" (CARVALHAIS JÚNIOR, 2013, p. 315), cujas ideias, contudo, foram rejeitadas pelo alcaide, tal como relata:

> Ao invés de uma cidade-satélite, o que pretendia construir ali era um recanto turístico. Qualquer coisa diferente de Belo Horizonte, [...] rodeado de residências de luxo [...]. Agache inclinava-se para o utilitarismo [uma cidade satélite e abastecedora da capital]. Mas *meu pensamento era lírico: a natureza transformada em fator de plenitude espiritual, a serviço da comunidade.* (CARVALHAIS JÚNIOR, 2013, p. 365) (Grifos nossos)

Sob o ponto de vista de Juscelino, o lago artificial conferiria beleza àquele recanto e deveria ser posto a serviço de Belo Horizonte. Em sentido contrário, Agache não percebeu o *valor estético da* água nem seu poder de atração. Diante disso, desacertou-se com Juscelino, que, ato contínuo e tal como relata, encontrou em Niemeyer a sensibilidade necessária à concretização de sua ideia de articular diversão e água:

> Em junho de 1940 – um mês e meio após a minha posse – o famoso urbanista francês, Professor Agache, esteve em Belo Horizonte a convite meu. Desejava que visse a represa da Pampulha – um recanto turístico que pretendia construir – e sugerisse um plano urbanístico que permitisse sua integração no conjunto urbano [...]
>
> O professor Agache havia sugerido que construísse ali uma cidade-satélite, pra servir como centro de abastecimento de Belo Horizonte. Discordei do ilustre urbanista. *O que tinha em mente era capitalizar, em benefício de Belo Horizonte, a beleza daquele recanto, com a formação de um lago artificial, rodeado de residências de luxo, com casas de diversão que se debruçassem sobre a* água.
>
> Chamei o famoso arquiteto Oscar Niemeyer, que então iniciava a sua atividade profissional, e levei-o ao local, a fim de que tivesse uma ideia do plano que pretendia executar. [...]
>
> Oscar Niemeyer entregou-me, no prazo estipulado, o projeto definitivo da Pampulha. Era um conjunto arquitetônico, integrado por quatro unidades. O Iate Golfe Clube, o Cassino, a Casa do Baile e a igreja, sendo que a represa, a ser erguida, seria contornada por uma grande avenida de dezoito quilômetros. Pus mãos à obra e, em pouco tempo, tudo estava concluído. A Pampulha, considerada em conjunto, representou na época, uma verdadeira revolução artística. Construí uma represa, que armazena vinte milhões de metros cúbicos de água, e decorei suas margens, erguendo as quatro unidades arquitetônicas projetadas por Niemeyer, tudo moderno, novo, não concebido por qualquer arquiteto. Depois chamei o pintor Cândido Portinari e o escultor Ceschiatti e os incumbi da decoração da igrejinha de São Francisco. (BRASIL, 2016, p. 201) (Grifos nossos)

Em 1942, com as obras em andamento, Juscelino expôs as razões políticas e administrativas de seus esforços em prol da Pampulha:

> Voltamos nossa atenção para as obras de *embelezamento da capital*, levando avante o conjunto urbanístico da Pampulha, onde temos procurado criar para Belo-Horizonte o que de há muito se reclamava, e que, hoje, em todas as grandes cidades, é preocupação dos governos – a atração para o turista [...] Por outro lado, a Pampulha era uma imposição do progresso da capital. (CARVALHAIS JÚNIOR, 2013, p. 365) (Grifos nossos)
>
> Para atender às suas finalidades, a Pampulha está sendo edificada dentro de um plano inteiramente diverso do traçado para a capital, lançando-se alicerces de um *bairro residencial* em moldes completamente diferentes, mas *de acordo com a paisagem que oferecem o lago e as construções* ali levadas avante pela administração municipal [...]. (CARVALHAIS JÚNIOR, 2013, p. 368) (Grifos nossos)

Parodiando José Oswaldo de Araújo, sem prejuízo dos objetivos que determinaram a construção da represa e intervenções em seu entorno – abastecimento de água e local para natação, remo e pouso de hidroaviões (Otacílio Negrão de Lima); natureza transformada em fator de plenitude espiritual, bem como atração para o turista (Juscelino Kubitschek de Oliveira) –, é possível dizer que o segredo do sucesso de Niemeyer em face de Juscelino foi levar em conta a *superfície da* água.

É possível que a mesma atenção tenha sido o fundamento para, em âmbitos estadual (Decreto estadual nº 23.646/1984)[5], federal (Portaria nº 188/1997)[6] e municipal (Certidão de Registro de Tombamento/2003),[7] tornar o bem cultural *espelho d'*água da Lagoa da Pampulha em bem tombado,[8] nos moldes do §1º do art. 216 da CF/1988, sobretudo em razão de sua área sem obstáculo à linha de visão do observador e de sua superfície refletora. O fato de a área formada pelas águas da Lagoa da Pampulha não obstruir a linha de visão possibilita *visada* da orla e dos edifícios-monumento implantados junto à Lagoa. Por seu turno, a superfície de suas águas permite *reflexo* das imagens daqueles – orla e edifícios-monumento.

Esclareça-se que se considera bem cultural aquele "bem jurídico que, além de ser objeto de direito, está protegido por ser representativo, evocativo ou identificador de uma expressão cultural relevante" (SOUZA FILHO, 2006, p. 36).

Diante da Lagoa da Pampulha, Juscelino Kubitschek viu as águas e enxergou sua "vocação para o turismo [e o] lazer" (WERNECK, 2016).[9] Por sua vez, Oscar Niemeyer enxergou a superfície das águas da Lagoa da Pampulha e percebeu a não obstrução da linha de visão – vem daí a ideia de implantar edifícios à beira do lago, tornando-os objeto de contemplação a partir de número incalculável de pontos da orla – e o reflexo da *orla* no espelho formado por ela.

O Conjunto Paisagístico da Pampulha foi concebido a partir desses dois elementos: *visada*, que torna qualquer ponto da *orla* lugar de observação do *espelho d'*água e da *orla*, e *reflexo*, criado pela qualidade refletora da superfície de suas águas. Bem constituinte do patrimônio cultural, o grande papel do *espelho d'*água da Lagoa da Pampulha

---

5 MINAS GERAIS. *Decreto n. 23.646/1984*. Disponível em: www.almg.gov.br. Acesso em: 12 nov. 2024.

6 Portaria n. 188, de 1997, do Ministro de Estado da Cultura (Disponível em: http://portal.iphan.gov.br/uploads/ckfinder/arquivos/FMC_dossie_conjunto_moderno_%20da_pampulha.pdf. Acesso em: 2 maio 2024).

7 Certidão de Registro de Tombamento (Belo Horizonte, Fundação Municipal de Cultura), referente ao tombamento municipal de 2003. Disponível nas f. 459-463 do Dossiê de candidatura do Conjunto Moderno da Pampulha para inclusão na Lista do Patrimônio Mundial (Disponível em: http://portal.iphan.gov.br/uploads/ckfinder/arquivos/FMC_dossie_conjunto_moderno_%20da_pampulha.pdf. Acesso em: 2 maio 2024).

8 O tombamento declara a relevância cultural do bem, estatuindo obrigações de fazer, não fazer e suportar. Cf.: Enunciado 19 da I Jornada de Direito do Patrimônio Cultural e Natural, 2023 (Disponível em: https://www.cjf.jus.br/cjf/corregedoriadajusticafederal/centrodeestudosjudiciarios1/publicacoes1/cjf/corregedoriadajusticafederal/centrodeestudosjudiciarios1/direitodopatrimonioculturalenatural/?_authenticator=ecdd75147a8b663d9c8abc5ac549d93eed8e44e8. Acesso em: 12 set. 2024).

9 O fenômeno "Pampulha" explica-se, entre outras razões, a partir do que, na década de 1940, seus fundadores, Juscelino Kubitschek e Oscar Niemeyer, imaginaram. Em 1940, JK, prefeito de Belo Horizonte, decidiu promover a modernização arquitetônica de Belo Horizonte. No mesmo ano, instigou Niemeyer a elaborar um projeto paisagístico e arquitetônico para o entorno do lago. Niemeyer viu, no convite, "a oportunidade de contestar a monotonia que cercava a arquitetura contemporânea, a onda de um funcionalismo mal compreendido que a castrava, dos dogmas de 'forma e função' que surgiam, contrariando a liberdade plástica que o concreto armado permitia". Cf.: Dossiê de candidatura do Conjunto Moderno da Pampulha para inclusão na Lista do Patrimônio Mundial (Disponível em: http://portal.iphan.gov.br/uploads/ckfinder/arquivos/FMC_dossie_conjunto_moderno_%20da_pampulha.pdf. Acesso em: 2 maio 2024).

é o da manutenção, construção e reconstrução da identidade (pessoal e coletiva) de modo sobretudo a proporcionar, ao indivíduo e ao grupo: a) um sentimento de segurança, uma raiz, diante das acelerações da vida cotidiana na atualidade; b) o combate contra o estranhamento das condições de existência, ao proporcionar a vinculação do indivíduo e do grupo a uma tradição. (REISEWITZ, 2004, p. 101)

As seguintes *visadas*, localizadas na extremidade Oeste da Lagoa da Pampulha, consubstanciam-se em pontos de observação privilegiada para fruição do *espelho d'água*, da *orla*, da Casa do Baile, do Cassino e da sede do Iate Tênis Clube:

Fotografia 1 – *Visadas* da sede do Iate Tênis Clube e da Casa do Baile com observador estacionado no vértice da Enseada da AABB

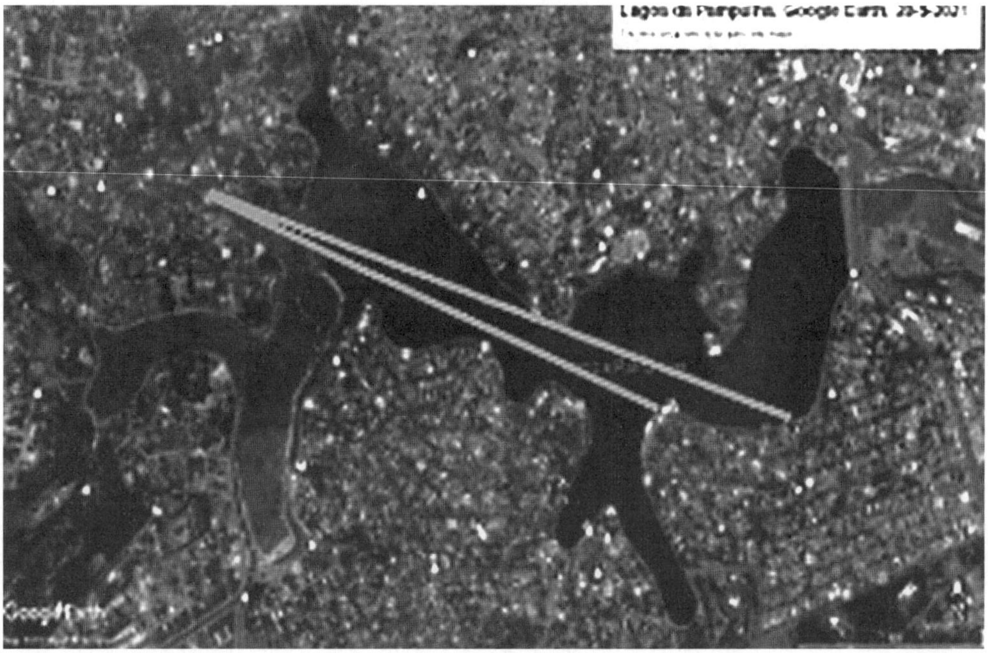

Fonte: Produção dos autores.

Fotografia 2 – *Visadas* do Cassino c/ observadores estacionados, da esq. p/ dir., no Mirante Ilha dos Amores e em ponto s/ nome

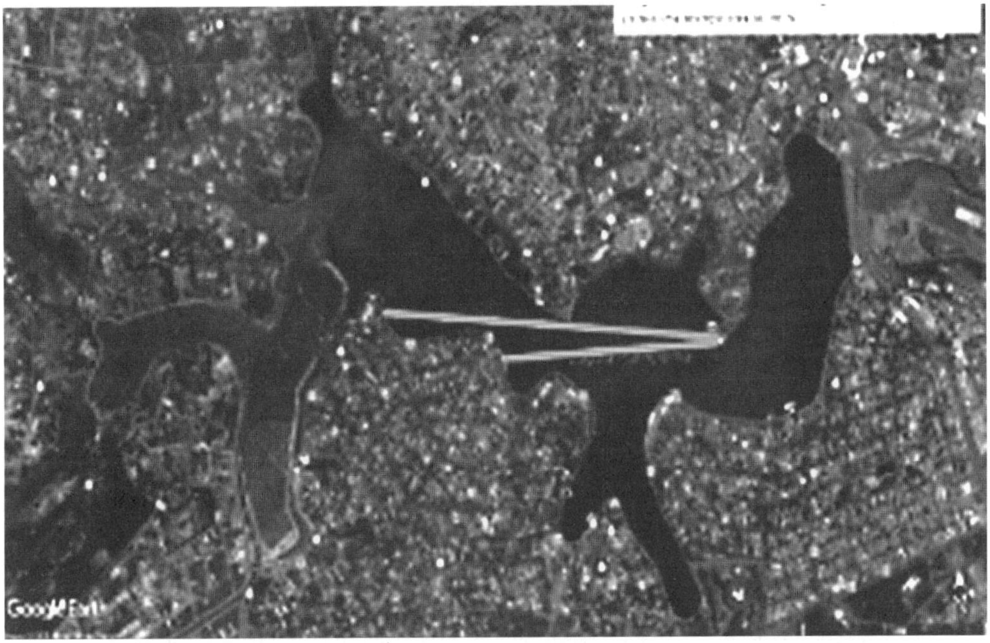

Fonte: Produção dos autores.

Fotografia 3 – *Visadas* da sede do Iate Tênis Clube com observadores estacionados na entrada sul da Enseada da AABB e no ponto médio do trecho entre as Enseadas da AABB e dos Olhos D'Água

Fonte: Produção dos autores.

Acerca do *reflexo* da *orla* e dos edifícios-monumento na superfície das águas da Lagoa da Pampulha, as imagens, a seguir, falam por si:

Fotografia 4 – Cassino

Fonte: Finotti (2008).

Fotografia 5 – Casa do Baile

Fonte: Melo [?].

Fotografia 6 – Iate Tênis Clube

Fonte: Belotur [?].

Fotografia 7 – Igreja de S. Fco. de Assis

Fonte: Belotur [?].

Segundo Niemeyer, a Pampulha "foi, de fato, o início de Brasília" (WERNECK, 2012), onde Niemeyer replicou a ideia, nascida em Belo Horizonte, de utilizar o *espelho d'*água como elemento arquitetônico.

Acontece que, em Brasília, a presença do *espelho d'*água à frente de prédios públicos tem caráter axiológico diferente do atribuído ao *espelho d'*água da Lagoa da Pampulha, razão de ser do Conjunto Paisagístico da Pampulha. Em Brasília, o *espelho d'*água decora os edifícios. Na Lagoa da Pampulha, o *espelho d'*água é adornado pelos monumentos; sendo assim, são os edifícios que cumprem a função de acessoriedade ao *espelho d'*água. Na Capital Federal, o *espelho d'*água mantém o observador longe dos edifícios; na Lagoa da Pampulha, os edifícios e o observador estão no mesmo plano e integrados pelo *espelho d'*água.

Nada disso, no entanto, indica em que consiste um dos usos preponderantes a que as águas da Lagoa da Pampulha estão destinadas, a fruição de paisagem cultural. Isso ocorre porque, de modo peculiar, o uso encobre sua finalidade. De modo peculiar porque o observador não reconhece que, tomado individualmente ou em conjunto com a *orla* e os edifícios, o *espelho d'*água da Lagoa da Pampulha é, na categoria de paisagem, portador de referência à, entre outros fatores especiais e antropológicos, identidade dos diferentes grupos formadores das sociedades mineira, brasileira e belo-horizontina.

Esse é o motivo do tombamento da, nas palavras de Otacílio Negrão de Lima, "larga superfície líquida" da Lagoa da Pampulha, seu *espelho d'*água. Em qualquer das esferas federativas, o tombamento resultou da interpretação do sistema paisagístico como fenômeno cultural. Processo que se deu entre a contemplação do *espelho d'*água e a compreensão deste como símbolo de identidade dos povos mineiro, brasileiro e belo-horizontino. A essência patrimonial do *espelho d'*água da Lagoa da Pampulha é paisagística, mas nem por isso deixa de cumprir importante papel histórico, pois às suas margens Belo Horizonte consolidou sua modernidade. "Como referência de identidade, o patrimônio cultural não é uma mera expressão de carga valorativa herdada, mas, sobretudo, a carga valorativa que lhe é atribuída no processo identitário e de fruição" (PIRES, 2011).

Implica que dos órgãos de proteção do patrimônio cultural deve ser exigida postura ativa nessa proteção e, se for o caso, devem ser responsabilizados, diante dos fins para os quais foram criados, no sentido de que promovam a proteção e tomem os cuidados para com o *espelho d'*água da Lagoa da Pampulha, inclusive exigindo da Administração Pública que garanta ampla proteção ao bem, conforme será mais bem explicitado em tópico a seguir.

2 Abaixo da "larga superfície líquida", água podre: lesão ao patrimônio cultural por inviabilidade de fruição

Apesar de sua qualidade de paisagem cultural, a Lagoa da Pampulha é local onde seus afluentes lançam esgoto *in natura*, além de outros poluentes. Em razão disso e há décadas, suas águas têm estado, permanentemente, contaminadas. Isso, por si, ofende o ordenamento por lesão a bem que, por determinação legal ou por sua própria natureza, pode ser utilizado "por todos em igualdade de condições" (DI PIETRO, 2006, p. 639) e justificaria responsabilização.

Registre-se que o bem foi assim incluído na Lista de Patrimônio Mundial da Humanidade pela Organização das Nações Unidas para a Educação, a Ciência e a Cultura (Unesco),[10] na categoria *Paisagem Cultural*.

Ocorre que, considerando a importância dos usos existentes na área, o Conselho Estadual de Política Ambiental (Copam)[11] enquadrou a Lagoa da Pampulha em classe 2. Tal enquadramento reflete a qualidade ideal da água no contexto de atividades e finalidades em que o bem se insere.

Portanto, as águas da Lagoa da Pampulha atenderiam às necessidades da comunidade se possuíssem nível de qualidade conforme enquadramento, destinando-se aos *usos preponderantes* acostados à Resolução do Conselho Nacional do Meio Ambiente (Conama) nº 357/2005.[12]

Apesar da determinação de que as águas da Lagoa da Pampulha devam cumprir meta consistente em destinar-se a, entre outros usos, recreação de contato primário, não é o que se verifica e tampouco o que se extrai dos relatórios de qualidade da água, elaborados por órgãos públicos, como os relatórios do Instituto Mineiro de Gestão das Águas (Igam).

Ainda cumpre frisar – e isso é o mais importante – que a degradação também fere o interesse público em usar as águas para fruição de paisagem cultural, pois, ao tratar de destinação de águas, a Resolução Conama nº 357/2005 refere-se a *usos preponderantes*.

Ora, um dos *usos preponderantes* para as águas da Lagoa da Pampulha destina-se à fruição de paisagem cultural, no sentido da apreciação visual da *orla* e dos edifícios e do reflexo destes no *espelho d'*água.

Todavia e em razão de a Lagoa da Pampulha ser o local para onde seus afluentes, há décadas, lançam esgoto e outros poluentes, o mau cheiro, que exala da água podre abaixo da "larga superfície líquida", e o aspecto repugnante de suas águas eutrofizadas impedem ou dificultam a fruição da paisagem cultural que o Conjunto Paisagístico da Pampulha representa, ferindo o Decreto-Lei nº 25/1937, art. 17.[13]

Assim, a qualidade das águas da Lagoa da Pampulha impacta diretamente em sua proteção cultural (CALASANS, 2013, p. 16-26), que é imposta a todo o Poder Público,

---

10 A inclusão do Conjunto Paisagístico da Pampulha na Lista de Patrimônio Mundial deu-se em 2016.

11 Considerando "a importância [dos] usos existentes na área de [...] contribuição" do Rio das Velhas, o Conselho Estadual de Política Ambiental (Copam) enquadrou a Lagoa da Pampulha (que integra a sub-bacia do Ribeirão da Onça, que, por sua vez, faz parte da bacia do Rio das Velhas) da seguinte forma, nos termos da Deliberação Normativa (Copam) nº 20/1997, que dispõe sobre o enquadramento das águas da bacia do Rio das Velhas: "Art. 1º – As águas da bacia do rio das Velhas ficam enquadradas da seguinte forma: [...] 21 – SB do Ribeirão da Onça Trecho 56 – Represa da Pampulha e tributários, das nascentes dos cursos d'água contribuintes para a represa até o seu barramento [...] Classe 2".

12 Resolução Conama nº 357/2005: "Art. 2º Para efeito desta Resolução são adotadas as seguintes definições: [...] XX – enquadramento: estabelecimento da meta ou objetivo de qualidade da água (classe) a ser, obrigatoriamente, alcançado ou mantido em um segmento de corpo de água, de acordo com os usos preponderantes pretendidos, ao longo do tempo. Sendo que enquadramento de um corpo d'água 'deve estar baseado não necessariamente no seu estado atual, mas nos níveis de qualidade que deveriam possuir para atender às necessidades da comunidade' e visa a efetivação de metas. [...] Art. 4º As águas doces são classificadas em: [...] III – classe 2: águas que podem ser destinadas: a) ao abastecimento para consumo humano, após tratamento convencional; b) à proteção das comunidades aquáticas; c) à recreação de contato primário, tais como natação, esqui aquático e mergulho, conforme Resolução CONAMA n. 274, de 2000; d) à irrigação de hortaliças, plantas frutíferas e de parques, jardins, campos de esporte e lazer, com os quais o público possa vir a ter contato direto; e, e) à aquicultura e à atividade de pesca".

13 Decreto-Lei nº 25/1937, art. 17: "As coisas tombadas não poderão, em caso nenhum, ser destruídas, demolidas ou mutiladas [...]".

conforme se desenvolverá em tópico a seguir. Isso porque a qualidade das águas impede a fruição de bem cultural protegido por tombamento.

3 Acima da "larga superfície líquida", maciços resultantes de aterramento de enseadas: lesão ao patrimônio cultural por inviabilidade de fruição

Apesar de paisagem cultural, a Lagoa da Pampulha é o destino final de lixo e sedimentos carreados por seus afluentes, razão pela qual e há décadas, a Lagoa tem estado, frequentemente, suja e assoreada.

Em face do assoreamento contínuo da Lagoa da Pampulha, o Poder Público vem adotando apenas medidas paliativas e, sem combater sua causa – o carreamento de sedimentos por seus afluentes –, vem celebrando contratos de desassoreamento para retirar os sedimentos que constantemente continuam a ser depositados por seus afluentes nas águas da Lagoa da Pampulha, em um ciclo vicioso de tentativas de limpeza com contínuo aporte de sujeira e poluição em suas águas. Além disso e pior do que isso, vem depositando os sedimentos retirados da Lagoa nas enseadas da própria lagoa, destruindo o *espelho d'*água ali existente e mutilando esse bem cultural protegido por tombamento.

Tais medidas vêm sendo adotadas pelo Poder Público municipal há décadas. Segundo o Consórcio Pampulha, no âmbito do Programa de Recuperação e Desenvolvimento Ambiental da Bacia da Pampulha: "Até o ano de 1997 foi feita a dragagem de grande quantidade de material sedimentado na represa, optando [*sic*] pela utilização do material para conformar ilhas no interior do reservatório", que posteriormente foram conformadas em uma única (CONSÓRCIO PAMPULHA, 2024). Uma das primeiras ações de desassoreamento de que se tem notícia, no curso desse programa, resultou no aterramento da Enseada dos Córregos Ressaca e Sarandi (onde hoje é o Parque Ecológico Francisco Lins do Rego). De acordo com o administrador da Regional Pampulha de 2004 a 2007, o Poder Público municipal "decidiu aterrar parte do espelho d'água", que já era tombado, para criar o parque ecológico (MORAIS, 2022).

Ou seja, o Poder Público municipal de Belo Horizonte/MG, contando com a omissão dos órgãos de proteção do patrimônio cultural, retirou material da lagoa e o compactou na Enseada dos Córregos Ressaca e Sarandi. Com isso, destruiu o *espelho d'*água ali existente, mutilou esse bem cultural protegido por tombamento, ferindo o Decreto-Lei nº 25/1937 e, consequentemente, impediu sua fruição. Hoje, no lugar de *espelho d'*água, encontra-se um maciço de elevada altura, onde está instalado o Parque Ecológico da Pampulha, fruto do aterramento deliberado da Enseada dos Córregos Ressaca e Sarandi.

Dando sequência, o Poder Público municipal promoveu ações de desassoreamento visando à dragagem de sedimentos do fundo da Lagoa da Pampulha. Referidos sedimentos dragados foram depositados na Enseada do Zoológico, para suposta secagem, enseada essa que também deveria ser *espelho d'*água e, atualmente, também ostenta maciço com altura acima do nível das águas da Lagoa da Pampulha.

De acordo com o relatório preliminar da auditoria operacional da Lagoa da Pampulha, elaborado por equipe técnica multidisciplinar do Tribunal de Contas do Estado de Minas Gerais: "a Enseada do Zoológico, que recebe as águas dos Córregos Água Funda e Braúnas, utilizada como bota-espera nas ações de desassoreamento, apresenta alto grau de assoreamento e aterramento de alguns metros acima do nível do espelho d'água". Continua o relatório, apontando que:

> a situação da enseada evidencia claro aterramento, ou seja, decorrente de efeito não natural, fruto da deliberação ou da falta de fiscalização da administração pública no curso das ações de desassoreamento, assim como no caso da Ilha da ressaca (parque ecológico). (MINAS GERAIS, TRIBUNAL DE CONTAS DO ESTADO, 2023)

A violação da "larga superfície líquida" da Lagoa da Pampulha está registrada nas imagens a seguir, que comparam o *espelho d'*água original e a situação atual do *espelho d'*água da Lagoa da Pampulha:

Fotografia 8 – Espelho d'água original da Lagoa da Pampulha

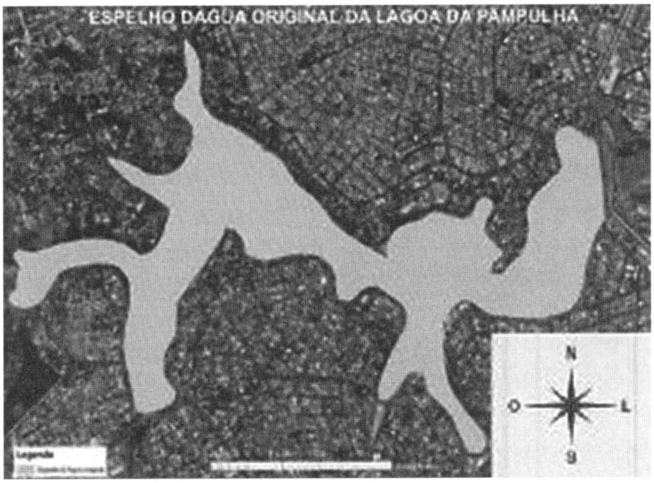

Fonte: Google (2014), adaptado pelos autores.

Fotografia 9 – Situação atual do espelho d'água da Lagoa da Pampulha

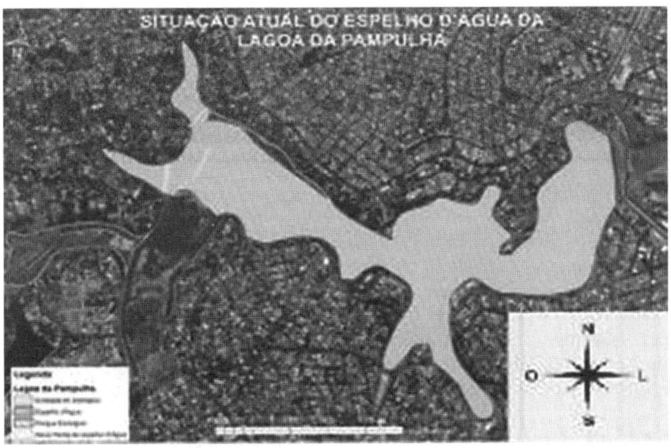

Fonte: Google (2014), adaptado pelos autores.

A tese é a mesma. Se um bem cultural é protegido por tombamento e sua fruição é impedida, então há lesão ao patrimônio cultural e deve haver responsabilização.

No caso, porções da "larga superfície líquida", representadas pelas Enseadas dos Córregos Ressaca e Sarandi e do Zoológico, desapareceram e onde, originalmente, havia água, encontram-se maciços resultantes de aterramento e negligente assoreamento, impedindo a fruição do bem cultural em tela.

Implica que, com fulcro no Decreto-Lei nº 25/1937, o desaterramento das enseadas se impõe, restaurando o *espelho d'*água e recuperando a *lâmina d'*água.

4 Do dever-poder constitucional de proteção do meio ambiente cultural, que se impõe ao Poder Público, e do papel dos Tribunais de Contas na fiscalização de políticas públicas ambientais

De acordo com abalizada doutrina, o conceito de meio ambiente se consubstancia na "interação do conjunto de elementos naturais, artificiais e culturais que propiciem o desenvolvimento equilibrado da vida em todas as suas formas". Assim, no conceito jurídico mais em uso, meio ambiente abrange toda a natureza original (natural) e artificial, assim como os bens culturais correlatos (MILARÉ, 2018, p. 806).

Reforçando tais lições, Marcos Paulo de Souza Miranda explica que a divisão do meio ambiente em aspectos que o compõem tem apenas o objetivo de facilitar a identificação da atividade degradante e do bem imediatamente agredido. Nesse sentido, podemos falar em: "meio ambiente natural ou físico" (CF/1988, art. 225), "meio ambiente do trabalho" (CF/1988, art. 200, VIII), "meio ambiente artificial" ou construído (CF/1988, arts. 225 e 182) e "meio ambiente cultural", integrado pelo patrimônio histórico, artístico, paisagístico, turístico e pelas sínteses culturais que integram o universo das práticas sociais das relações de intercâmbio entre o homem e a natureza ao longo do tempo (CF/1988, arts. 215, 216 e 225) (MIRANDA, 2006, p. 15).

Ainda, mencionado doutrinador registra que a Constituição Federal, por sistematização legislativa, estabeleceu em capítulos apartados as diretrizes atinentes ao patrimônio cultural (art. 216)[14] e ao meio ambiente (art. 225),[15] sendo certo que "meio ambiente e patrimônio cultural são temas incindíveis sob a ótica do direito" (MIRANDA, 2006, p. 11-13).

Ressalta ainda que, em ambos os capítulos, a Carta Magna dispôs, de forma idêntica, que *incumbe ao Poder Público*, com a colaboração da comunidade, o dever de preservá-los e defendê-los.

---

[14] CF/1988: "Art. 216. Constituem patrimônio cultural brasileiro os bens de natureza material e imaterial, tomados individualmente ou em conjunto, portadores de referência à identidade, à ação, à memória dos diferentes grupos formadores da sociedade brasileira, nos quais se incluem: I – as formas de expressão; II – os modos de criar, fazer e viver; III – as criações científicas, artísticas e tecnológicas; IV – as obras, objetos, documentos, edificações e demais espaços destinados às manifestações artístico-culturais; V – os conjuntos urbanos e sítios de valor histórico, paisagístico, artístico, arqueológico, paleontológico, ecológico e científico. §1º *O Poder Público*, com a colaboração da comunidade, *promoverá e protegerá o patrimônio cultural brasileiro*, por meio de inventários, registros, vigilância, tombamento e desapropriação, e de outras formas de acautelamento e preservação. [...]" (grifos nossos).

[15] CF/1988: "Art. 225. Todos têm direito ao meio ambiente ecologicamente equilibrado, bem de uso comum do povo e essencial à sadia qualidade de vida, *impondo-se ao Poder Público* e à coletividade o dever de defendê-lo e preservá-lo para as presentes e futuras gerações. [...]" (grifos nossos).

Assim, a proteção do patrimônio cultural se trata de dever-poder constitucional imposto ao Poder Público, e, portanto, "não se trata de mera opção ou de faculdade discricionária do Poder Público, mas sim de imposição cogente, que obriga juridicamente todos os entes federativos" (MIRANDA, 2006, p. 24). Dessa forma, "em havendo necessidade de ação do Poder Público para assegurar a integridade de bens culturais, esta deve se dar de imediato, sob pena de responsabilização" (MIRANDA, 2006, p. 25).

No que diz respeito ao *espelho d'*água da Lagoa da Pampulha, bem cultural protegido por tombamento nas três esferas da federação, incumbe tanto ao Poder Público municipal, quanto ao estadual e ao federal sua proteção, de acordo com os ditames constitucionais e legais. O tombamento, além de declarar a relevância cultural do bem, estatui obrigações[16] de fazer, não fazer e suportar.

Trata-se, ainda, de bem cultural protegido por tombamento que deve ser objeto de tutela pelos respectivos órgãos de proteção cultural, nas esferas respectivas: pelo Instituto Estadual do Patrimônio Histórico e Artístico de Minas Gerais (Iepha/MG), pelo Instituto do Patrimônio Histórico e Artístico Nacional (Iphan) e pelo órgão de proteção cultural municipal, que, no caso de Belo Horizonte/MG, onde se situa a Lagoa da Pampulha, se trata da Fundação Municipal de Cultura (FMC/BH).

Nessa seara, incumbe aos Tribunais de Contas, portanto, a defesa do meio ambiente cultural, não apenas enquanto entidade de fiscalização a quem compete, constitucionalmente, a avaliação das políticas públicas adotadas pelos órgãos públicos executores e pelos órgãos fiscalizadores do patrimônio cultural (Iepha/MG, Iphan e FMC/BH), na forma dos arts. 70 e 71 da CF/1988, mas também enquanto inserido no conceito de *Poder Público*, expressamente previsto pela Constituição Federal de 1988, em seus arts. 216 e 225.

No que diz respeito especificamente ao papel dos Tribunais de Contas na fiscalização de políticas públicas ambientais, esse controle pode dar-se mediante auditorias operacionais, inspeções *in loco*, fiscalização das contas dos gestores públicos, julgamento das contas dos responsáveis pelos órgãos de proteção cultural, fiscalização de licitações, contratos e instrumentos afins celebrados pelas esferas da Administração Pública, que tenham por objeto matérias ambientais. Nesse ponto, devem ser analisadas a juridicidade, a eficiência e a economicidade na aplicação dos recursos públicos, seja mediante a imposição de obrigações e sanções, seja mediante a expedição de determinações e recomendações para fortalecimento dos resultados das políticas públicas ambientais (CF/1988, art. 70 e seguintes).

Nesse sentido, a Carta da Amazônia, aprovada em Manaus ainda em 2010,[17] estabelece que os Tribunais de Contas do Brasil devem orientar sua atuação no sentido de agregar valor à gestão ambiental, produzindo conhecimento e perspectivas, *impulsionando os governos* a agir de forma preventiva e precautória e garantindo efetividade às normas internacionais, constitucionais e legais de proteção do meio ambiente. Além disso, estabelece que *o controle das contas públicas das diversas esferas governamentais* deve

[16] Enunciado nº 19 da I Jornada de Direito do Patrimônio Cultural e Natural, 2023 (Disponível em: https://www.cjf.jus.br/cjf/corregedoria-da-justica-federal/centro-de-estudos-judiciarios-1/publicacoes-1/cjf/corregedoria-da-justica-federal/centro-de-estudos-judiciarios-1/direito-do-patrimonio-cultural-e-natural/?_authenticator=ecdd75147a8b663d9c8abc5ac549d93eed8e44e8. Acesso em: 12 set. 2024).

[17] Disponível em: https://www2.tce.am.gov.br/portal/wp-content/uploads/carta_da_amazonia.pdf. Acesso em: 4 jul. 2024.

considerar a *competência comum relacionada* à *proteção do meio ambiente*, o que leva à necessária colaboração entre os Tribunais de Contas, nos vários níveis de organização do Estado brasileiro, com intercâmbio contínuo de conhecimento e atuação conjunta. Ademais, constou que os Tribunais de Contas deverão promover o estudo das orientações da Organização Internacional de Instituições Superiores de Auditoria (Intosai) e de outros organismos internacionais, buscando a harmonização dos métodos e padrões de auditoria ambiental utilizados no país, adaptando-os, quando necessário, às realidades regionais e locais. Por fim, constou que, para que os Tribunais de Contas cumpram seu papel constitucional em relação à proteção do meio ambiente, é imperativo que *incluam as questões ambientais* em todas as dimensões das auditorias de sua competência, proporcionando aos profissionais meios adequados para sua atuação. Nesse sentido, o documento estabelece uma série de diretrizes para atuação dos órgãos de controle externo em defesa do meio ambiente, o que *impõe aos Tribunais de Contas sua participação efetiva na defesa do meio ambiente*.

Convém, ainda, mencionar as convenções internacionais de proteção do meio ambiente. Os Enunciados da I Jornada de Direito do Patrimônio Cultural e Natural[18] reafirmaram a necessidade de sua aplicação direta. Nesse ponto, merece destaque a Convenção da Unesco para a Proteção do Patrimônio Mundial, Cultural e Natural, de 1972, promulgada no Brasil pelo Decreto-Lei nº 80.978/1977, segundo a qual:

> [...] o patrimônio cultural e o patrimônio natural se encontram cada vez mais ameaçados de destruição não somente devido a causas naturais de degradação, mas também ao desenvolvimento social e econômico agravado por fenômenos de alteração ou de destruição ainda mais preocupantes. (UNESCO, 1972, p. 2)

A partir de tal afirmação, apresenta um rol de considerações, entre as quais o de "que a degradação ou o desaparecimento de um bem cultural e natural acarreta o empobrecimento irreversível do patrimônio de todos os povos do mundo" (UNESCO, 1972).

Inquestionável, portanto, a relevância do papel das Cortes de Contas, titulares constitucionalmente do dever-poder de controle externo, na fiscalização das políticas públicas ambientais, tendo como jurisdicionados tanto a Administração Pública executora de tais políticas, quanto os órgãos de proteção do patrimônio cultural.

No caso analisado, deve ser fiscalizada pelos Tribunais de Contas a integral proteção e efetiva restauração do *espelho d'*água e a recuperação da *lâmina d'*água na Lagoa da Pampulha, inclusive mediante imposição de obrigações quanto ao efetivo cuidado e restauração do *espelho d'*água da Lagoa da Pampulha.

A doutrina explicita a *necessidade de máxima* e integral *reparação* (BRASIL, CNMP, 2023, p. 45), que tem por objetivo *restabelecer a unidade do bem cultural*, respeitando sua *concepção original*, os *valores* que justificaram a proteção e seu processo histórico, "priorizando-se a sua recomposição no estado em que se encontrava antes da ocorrência do dano" (MIRANDA, 2021, p. 231), ou seja, ao *status quo ante*.

---

[18] Disponível em: https://www.cjf.jus.br/cjf/noticias/2023/setembro/cej-cjf-publica-caderno-de-enunciados-da-i-jornada-de-direito-do-patrimonio-cultural-e-natural. Acesso em: 15 jul. 2024.

Implica, também, que aos órgãos e entes públicos aos quais compete sua integral proteção (CF/1988, art. 216) deve ser imposta obrigação, no sentido da integral e efetiva restauração do *espelho d'*água e recuperação da *lâmina d'*água na Lagoa da Pampulha.

Implica, ainda, que ao Iepha/MG, ao Iphan e à FMC/BH devem ser impostas obrigações, no sentido de impor e fiscalizar a Administração Pública quanto ao efetivo cuidado e restauração do *espelho d'*água da Lagoa da Pampulha.

Conclusão

Uma série de conclusões foi apresentada, ao longo da defesa que aqui se faz, pois, se um bem cultural é protegido por tombamento e sua fruição é, por qualquer motivo, impedida, há lesão ao patrimônio cultural e deverá haver responsabilização.

Para fins de demonstração da hipótese, viu-se que a fruição do *espelho d'*água da Lagoa da Pampulha, bem cultural protegido por tombamento, está impedida tanto pelas águas poluídas abaixo da "larga superfície líquida", na expressão de Otacílio Negrão de Lima, como pelo aterramento das enseadas da Lagoa.

Implica que aos órgãos públicos, titulares constitucionalmente do controle externo, incumbe o dever de fiscalizar as políticas públicas ambientais e a efetiva proteção do patrimônio histórico e cultural, nesses locais.

Implica, também, que aos órgãos e entes públicos aos quais compete sua integral proteção (CF/1988, art. 216) deve ser imposta obrigação, no sentido da integral e efetiva restauração do *espelho d'*água e recuperação da *lâmina d'*água na Lagoa da Pampulha.

Implica que ao Iepha/MG, ao Iphan e à FMC/BH devem ser impostas obrigações, no sentido de impor e fiscalizar a Administração Pública quanto ao efetivo cuidado e restauração do *espelho d'*água da Lagoa da Pampulha.

Talvez essa conclusão seja a mais importante porque, se os órgãos de proteção do patrimônio cultural assumissem o efetivo cumprimento das funções para as quais foram criados e, desse modo, demonstrassem efetivo interesse pela higidez do *espelho d'*água da Lagoa da Pampulha, as demais providências seriam tomadas, pois cuidar do *espelho d'*água implica restaurá-lo e manter a água livre de poluição, de mau cheiro e eutrofização, permitindo sua fruição. Resultado disso seria, logicamente, a imposição das obrigações supramencionadas.

O atual estado de coisas reflete-se na relação entre o belo-horizontino e o *espelho d'*água da Lagoa da Pampulha, deteriorando-a, pois implica perda da noção do que o indivíduo pode fazer com a "larga superfície líquida". Em princípio, o *espelho d'*água da Lagoa da Pampulha foi criado para o belo-horizontino praticar esportes náuticos e tomar a natureza como fator de plenitude espiritual. Para o turista, foi imaginado como ponto de atração.

A essência do *espelho d'*água da Lagoa da Pampulha é feita desse conjunto de possibilidades, esportes náuticos e turismo.

No entanto, por força de atividade poluidora promovida, por ação ou omissão, pelos órgãos públicos e seus contratados, e devido à omissão praticada por Iepha/MG, Iphan e FMC/BH, o *espelho d'*água passou a não mais admitir fruição ativa.

Isso porque a situação que foi instalada na Lagoa da Pampulha impede que o belo-horizontino e o turista mineiro e vindo de outro estado ou país aproximem-se do *espelho d'*água. A poluição, o mau cheiro e o aspecto repugnante das águas eutrofizadas afastam aqueles mesmos sujeitos da Lagoa da Pampulha. Resta-lhes, quando muito, a fruição passiva e parcial, por meio, *verbi gratia*, de imagens e fotografias, tal como foi possível ao leitor.

Desse modo, uma vez mutilado o *espelho d'*água, mutila-se a referência e identidade do belo-horizontino no que se refere a tudo aquilo que decorreria de sua perfeita fruição, mutila-se a possibilidade de o turista recordar-se de Belo Horizonte tendo como memória o vislumbre do espelho *d'*água da Lagoa da Pampulha, mutila-se a força de preservação e proteção que os bens tombados deveriam carregar e, ainda, mutila-se o sonho de Juscelino e de Niemeyer para a capital mineira.

Referências

BELO HORIZONTE. Iate Tênis Clube. *Belotur: Portal Belo Horizonte*. Disponível em: https://portalbelohorizonte.com.br/o-que-fazer/arte-e-cultura/conjunto-moderno-da-pampulha/iate-tenis-clube. Acesso em: 10 out. 2024.

BELO HORIZONTE. Pampulha: Conjunto Moderno. *Belotur: Portal Belo Horizonte*. Disponível em: https://portalbelohorizonte.com.br/pampulha/patrimonio-mundial/historia/pampulha-1938. Acesso em: 10 out. 2024.

BELO HORIZONTE. Visão noturna da Lagoa da Pampulha. *Belotur: Portal Belo Horizonte*. Disponível em: https://portalbelohorizonte.com.br/pampulha. Acesso em: 28 jan. 2025.

BRASIL. CJF – Conselho da Justiça Federal. Centro de Estudos Judiciários. *I Jornada de Direito do Patrimônio Cultural e Natural*: enunciados aprovados. 2023. Disponível em: https://www.cjf.jus.br/cjf/corregedoria-da-justica-federal/centro-de-estudos-judiciarios-1/direito-do-patrimonio-cultural-e-natural/direito-do-patrimonio-cultural-e-natural. Acesso em: 28 jan. 2025.

BRASIL. CNMP – Conselho Nacional do Ministério Público. *Patrimônio histórico e cultural*: salvaguarda e atuação do Ministério Público. 1. ed. Brasília: CNMP, 2023. Disponível em: https://www.cnmp.mp.br/portal/images/Publicacoes/documentos/2023/patrimonio_historico_e_cultural.pdf. Acesso em: 10 mar. 2023.

BRASIL. Conama – Conselho Nacional do Meio Ambiente. *Resolução Conama n. 357/2005*. Dispõe sobre a classificação dos corpos de água e ambientais para o seu enquadramento, bem como estabelece as condições e padrões de lançamento de efluentes. Disponível em: https://www.icmbio.gov.br/cepsul/images/stories/legislacao/Resolucao/2005/res_conama_357_2005_classificacao_corpos_agua_rtfcda_altrd_res_393_2007_397_2008_410_2009_430_2011.pdf. Acesso em: 13 jan. 2025.

BRASIL. *Constituição da República Federativa do Brasil de 1988*. Disponível em: https://www.planalto.gov.br/ccivil_03/Constituicao/Constituicao.htm. Acesso em: 25 jan. 2025.

BRASIL. *Decreto-Lei n. 25/1937, de 30 de novembro de 1937*. Organiza a proteção do patrimônio histórico e artístico nacional. Disponível em: https://www.planalto.gov.br/ccivil_03/decreto-lei/del0025.htm. Acesso em: 25 jan. 2025.

BRASIL. *Dossiê de candidatura do Conjunto Moderno da Pampulha para inclusão na Lista do Patrimônio Mundial*. 2016. Disponível em: http://portal.iphan.gov.br/uploads/ckfinder/arquivos/FMC_dossie_conjunto_moderno_%20da_pampulha.pdf. Acesso em: 2 maio 2024.

CALASANS, Jorge Thierry. A água como patrimônio cultural. *MPMG Jurídico: Revista do Ministério Público do Estado de Minas Gerais*, p. 16-26, 2013. Edição Patrimônio Cultural.

CARVALHAIS JÚNIOR, Adair. *Belo Horizonte e a miragem do moderno*: espaço urbano e educação pública. 2013. 440 p. Tese (Doutorado) – Faculdade de Filosofia e Ciências Humanas, Universidade Federal de Minas Gerais, Belo Horizonte, 2013. Disponível em: http://hdl.handle.net/1843/BUBD-9D6HBA. Acesso em: 25 jan. 2025.

CONSÓRCIO PAMPULHA: ASSOCIAÇÃO CIVIL COMUNITÁRIA DA BACIA DA PAMPULHA. *Propam*: Programa de Recuperação e Desenvolvimento Ambiental da Bacia da Pampulha. Belo Horizonte, 2024. Disponível em: http://aguasdapampulha.org/cea-propam. Acesso em: 25 jan. 2025.

CURRAL DEL REY. *Descontruindo BH, uma cidade em eterna construção.* O Complexo da Pampulha: um breve histórico do seu surgimento. Disponível em: https://curraldelrei.blogspot.com/2016/07/o-complexo-da-pampulha-um-breve.html. Acesso em: 29 jan. 2025.

DI PIETRO, Maria Sylvia Zanella. *Direito administrativo.* São Paulo: Atlas. 2006.

FINOTTI, Leonardo. Cassino, Pampulha. *In*: COMAS, Guilherme Rene. *O cassino de Niemeyer e os delitos da arquitetura brasileira.* 2008, il. p&b. Disponível em: https://lume.ufrgs.br/bitstream/handle/10183/22286/000664801.pdf?sequence=1. Acesso em: 10 out. 2024.

GOOGLE EARTH. Disponível em: https://earth.google.com/web/search/lagoa+da+pampulha/@-19.850649, 43.98638355,804.8855044a,5291.42232056d,35y,0h,0t,0r/data=CiwiJgokCTTnyFDwpzNAETHnyFDwpz PAGYq0fUfEskhAIXKhGmI3uknAQgIIAToDCgEwQgIIAEoNCP__________wEQAA. Acesso em: 25 jan. 2025.

MELO, Ester. Belo *Horizonte pontos turísticos*: casa do baile. Disponível em: https://br.pinterest.com/pin/567664728005539661/. Acesso em: 10 out. 2024.

MILARÉ, Edis. *Direito do ambiente.* 11. ed. São Paulo: Revista dos Tribunais, 2018.

MINAS GERAIS. *Decreto n. 23.646, de 26 de junho de 1984.* Aprova o tombamento do Conjunto Arquitetônico e Paisagístico da Pampulha, em Belo Horizonte. Disponível em: https://www.almg.gov.br/legislacao-mineira/DEC/23646/1984/. Acesso em: 12 nov. 2024.

MINAS GERAIS. Igam – Instituto Mineiro de Gestão das Águas. *Relatórios periódicos de avaliação da qualidade das águas na sub-bacia do Ribeirão Pampulha.* Disponíveis em: http://repositorioigam.meioambiente.mg.gov.br/simple-search?query=pampulha&sort_by=score&order=desc&rpp=10&etal=0&start=0; e http://repositorioigam.meioambiente.mg.gov.br/simple-search?location=%2F&query=Sub-Bacia+do+ribeir%C3%A3o+Pampulha&rpp=10&sort_by=score&order=desc. Acesso em: 28 jan. 2025.

MINAS GERAIS. Tribunal de Contas do Estado. *Relatório preliminar da auditoria operacional da Lagoa da Pampulha, elaborado por equipe técnica multidisciplinar.* 2023. Disponível em: https://www.tce.mg.gov.br/IMG/Relatorio%20Preliminar%20-%20Auditoria%20Operacional%20Pampulha.pdf. Acesso em: 25 nov. 2024.

MIRANDA, Marcos Paulo de Souza. *Introdução ao direito do patrimônio cultural brasileiro.* Belo Horizonte: 3i Editora, 2021.

MIRANDA, Marcos Paulo de Souza. *Tutela do patrimônio cultural brasileiro.* Belo Horizonte: Del Rey, 2006.

MORAIS, Lucas. Pampulha: O eterno custo da Lagoa. Opção por assorear lagoa da Pampulha foi consciente: Urbanista e professor da UFMG, Flávio Carsalade, que foi administrador da Regional Pampulha de 2004 a 2007, diz que prefeitura decidiu aterrar parte do espelho d'água para criar parque ecológico. *O Tempo*, 24 out. 2022. Disponível em: https://www.otempo.com.br/mais/opcao-por-assorear-lagoa-da-pampulha-foi-consciente-1.2752557. Acesso em: 21 jun. 2024.

PIRES, Maria Coeli Simões. A proteção do patrimônio cultural. *Jornal Estado de Minas*, 26 set. 2011. Caderno Direito & Justiça. Disponível em: https://www.mariacoeli.com.br/wp-content/uploads/2015/10/Artigo-Patrim%C3%B4nio-Cultural-Jornal-Estado-de-Minas-Maria-Coeli.pdf. Acesso em: 25 jan. 2025.

REISEWITZ, Lúcia. *Direito ambiental e patrimônio cultural*: direito à preservação da memória, ação e identidade do povo brasileiro. São Paulo: Juarez de Oliveira, 2004.

RIBEIRO, Célio. Lagoa da Pampulha vazia? Entenda a história por trás da foto que viralizou na internet: rompimento da barragem em 1954 fez água invadir bairros e deixou ponto turístico de Belo Horizonte "desértico" durante quatro anos. *Itatiaia*, Belo Horizonte, 2 jul. 2023. Disponível em: https://www.itatiaia.com.br/cidades/2023/07/02/lagoa-da-pampulha-vazia-entenda-a-historia-por-tras-da-foto-que-viralizou-na-internet#:~:text=Barragem%20da%20Pampulha%20se%20rompe,o%20parasita%20respons%C3%A1vel%20pela%20esquistossomose. Acesso em: 13 jan. 2025.

SANTOS, Vanessa Sardinha. Biologia – Ecologia. *Brasil Escola.* Disponível em: https://brasilescola.uol.com.br/biologia/eutrofizacao.htm. Acesso em: 10 jan. 2025.

SOUZA FILHO, Carlos Frederico Marés de. *Bens culturais e sua proteção jurídica.* 3. ed. Curitiba: Juruá, 2006.

TRIBUNAIS DE CONTAS DO BRASIL. I Simpósio Internacional sobre Gestão Ambiental e Controle de Contas Públicas. *Carta da Amazônia.* Manaus/AM, 2010. Disponível em: https://www2.tce.am.gov.br/portal/wp-content/uploads/carta_da_amazonia.pdf. Acesso em: 4 jul. 2024

UNESCO – ORGANIZAÇÃO DAS NAÇÕES UNIDAS PARA EDUCAÇÃO, A CIÊNCIA E A CULTURA. *Convenção para a Proteção do Patrimônio Mundial, Cultural e Natural*. 1972. Disponível em: http://portal.iphan.gov.br/uploads/ckfinder/arquivos/Convencao1972%20-%20br.pdf. Acesso em: 15 jul. 2024.

WERNECK, Gustavo. A Pampulha foi o início de Brasília: depois de Brasília e Rio de Janeiro, BH é a capital com maior número de obras de Niemeyer. *Jornal Estado de Minas*, 6 dez. 2012. Disponível em: https://www.em.com.br/app/noticia/especiais/oscarniemeyer/2012/12/06/internas_oscar_niemeyer,334872/a-pampulha-foi-o-inicio-de-brasilia.shtml. Acesso em: 28 jan. 2025.

WERNECK, Gustavo. Niemeyer e JK se uniram para criar Pampulha, agora Patrimônio Cultural da Humanidade: talento de jovem arquiteto e espírito empreendedor de Juscelino Kubitschek construíram a obra que se tornaria semente de Brasília – confira entrevista com bisneto de Niemeyer. *Jornal Estado de Minas*, 18 jul. 2016. Disponível em: https://www.em.com.br/app/noticia/gerais/2016/07/18/interna_gerais,784673/niemeyer-e-jk-se-uniram-para-criar-pampulha-patrimonio-dahumanidade.shtml. Acesso em: 8 nov. 2022.

Informação bibliográfica deste texto, conforme a NBR 6023:2018 da Associação Brasileira de Normas Técnicas (ABNT):

BORGES, Maria Cecilia; COSTA, Ílder Miranda. Os Tribunais de Contas e a fiscalização de políticas públicas ambientais: conjunto paisagístico da Lagoa da Pampulha (Belo Horizonte/MG), patrimônio da humanidade pela Unesco. *In*: LIMA, Edilberto Carlos Pontes (coord.). *Os Tribunais de Contas e a sustentabilidade*: governança e controle no enfrentamento das mudanças climáticas. Belo Horizonte: Fórum, 2025. p. 265-284. ISBN 978-65-5518-670-3. (Coleção Fórum IRB, v. 6). t. 2.

AVANÇO DA FRONTEIRA, DESMATAMENTO E GOVERNANÇA NA REGIÃO DE INTEGRAÇÃO DO LAGO DE TUCURUÍ (PA)

MONIQUE HELEN CRAVO SOARES FARIAS

ALESSANDRO BRITO DE SOUSA

ANDRÉ CUTRIM CARVALHO

HILDA DA FONSECA DUARTE CAETANO

JULIANA BULGARELLI MENDES

LILIAN ROSE BITAR T. BENDAHAN

VICENTE ANCHIETA JUNIOR

1 Introdução

Um importante desafio à gestão de recursos naturais e ao desenvolvimento da Amazônia brasileira é avaliar o impacto das intensas ocupações relacionadas à terra nas últimas décadas e das estratégias para a análise integrada e uso sustentável dos recursos naturais na região. A ocupação da região tem sido objeto de intenso debate há mais de quatro décadas, e os objetivos de desenvolvimento provaram estar em desacordo com as perspectivas de conservação ambiental (CAVIGLIA-HARRIS *et al.*, 2016), como demonstrado pela integração econômica a partir da intensiva utilização de recursos naturais renováveis e não renováveis, ocasionando alterações ambientais significantes desde então (NOBRE *et al.*, 2016).

No final dos anos 1960, o Governo Militar promoveu um reordenamento político-institucional que provocou mudanças territoriais significativas na Amazônia. Nesse período, foram criadas condições para a integração regional efetiva à dinâmica espacial nacional (ROCHA, 2005a). O país vivia uma fase de centralização do poder político e de fortalecimento do Estado, e a ocupação da Amazônia foi vista como uma oportunidade para justificar a atuação do Estado na região. Assim, foi adotada uma iniciativa governamental denominada Operação Amazônia, uma estratégia de ocupação de uma área denominada Amazônia Legal (CARVALHO *et al.*, 2020), visando garantir as fronteiras nacionais, reivindicando recursos naturais e buscando atender às demandas populistas dos trabalhadores agrícolas deslocados, considerando a região como uma solução para os problemas sociais, geopolíticos e econômicos (ALDRICH *et al.*, 2006).

Como resultado, a Amazônia tornou-se alvo de diversos projetos e operações de desenvolvimento regional que culminaram em intensos processos de desapropriação e integração (VALE *et al.*, 2018), que consolidaram a abertura de estradas, estimularam a mobilização de migrantes e fomentaram a produção familiar, principalmente na região da Transamazônica (BR-230) (MACEDO *et al.*, 2013). Na década de 1970, devido à exportação de produtos alimentícios fomentada por iniciativas do governo federal (STABILE *et al.*, 2020), foram desenvolvidos projetos de infraestrutura para facilitar o transporte de produtos agrícolas, com o objetivo de explorar economicamente a região e integrá-la ao restante do país (REYDON; FERREIRA; LIMA, 2020). Além disso, o Decreto-Lei nº 1.106, de 16.6.1970, apresentou o Programa de Integração Nacional (PIN), voltado à construção da Rodovia Transamazônica (SOUZA, 2020).

Entre 1988 e 1990, Araújo e Vieira (2019) relatam a ocorrência de abertura de estradas federais e a implantação de projetos de colonização, hidroelétricos e de mineração, ocorrendo de forma concentrada no chamado Arco do Desmatamento, abrangendo principalmente os estados do Pará, Maranhão, Mato Grosso e Rondônia. Da década de 1990 até meados da década de 2010, a paisagem amazônica foi exposta a práticas de gestão contrastantes em que, por um lado, havia projetos voltados à conservação da natureza e, por outro, políticas que visavam integrar a Amazônia à dinâmica do capitalismo, que foram caracterizadas por graves impactos sobre a floresta (SARTRE *et al.*, 2016).

Por esse motivo, Ferrante e Fearnside (2020) relatam que o aumento das relações econômicas da Amazônia com outras partes do país, a maior integração internacional e a resultante nova dinâmica populacional, econômica e ambiental provocaram um período de forte retrocesso ambiental. Percebe-se, portanto, que o debate sobre crescimento econômico, desenvolvimento e conservação florestal está intimamente relacionado aos ciclos de expansão e retração dos recursos naturais e ao avanço da fronteira amazônica (PACHECO, 2012), cuja ocupação ocorreu por exploradores, conquistadores e colonizadores em diferentes setores, explorando recursos naturais em uma série de sucessões (BROWDER *et al.*, 2008).

Afirmam Duchelle *et al.* (2014) que o Brasil é distinto entre os países tropicais devido seu recorde em fornecimento de direitos de propriedade e de acesso às pessoas que vivem nas florestas, principalmente na Amazônia. Inicialmente, o governo brasileiro promoveu a Amazônia como a terra das oportunidades, e as famílias de todo o Brasil, especialmente do Nordeste, migraram para esta nova área de fronteira (CROMBERG; DUCHELLE; ROCHA, 2014). Surgia assim o Projeto de Assentamento (PA), uma modalidade de regularização fundiária em vigor no Brasil desde 1970 e que hoje faz parte do Plano Nacional de Reforma Agrária.

Seguindo a tendência da região, desde a década de 1970, o Estado do Pará foi transformado pela rápida expansão da pecuária e da agricultura industrial, particularmente estimulada pela construção de estradas, portos, matadouros e outras instalações de processamento em conjunto com acesso facilitado às terras (CARVALHO *et al.*, 2019). Com um modelo de ocupação territorial e econômica baseado na extração de madeira, agricultura e pecuária (MOZ-CHRISTOFOLETTI; PEREDA; CAMPANHARO, 2022), desde 2006, o Pará encabeça a lista dos estados brasileiros com as maiores taxas de desmatamento, sendo responsável por aproximadamente 40% do desmatamento total da Amazônia, em que os distúrbios florestais estão localizados principalmente nas fronteiras Sul, Sudoeste e Leste (SILVA; BARIONI; MORAN, 2021).

Entre os anos de 2007 e 2008, com intuito de combater o desmatamento ilegal, o Governo Federal lançou a Operação Arco Verde (RODRIGUES *et al.*, 2020), mudando assim a estratégia de combate ao desmatamento no estado, focalizando nos municípios com ritmo acelerado de desmatamento através do combate por meio de restrição de crédito a produtores irregulares e responsabilização de toda a cadeia produtiva por desmatamentos ilegais (GUIMARÃES *et al.*, 2011). Como resultado dessa operação, o Ministério do Meio Ambiente (MMA) passou a publicar portarias com listas periódicas dos municípios líderes em desmatamento, adotando medidas de mitigação como cortes de créditos federais para atividades florestais e agrícolas e estabelecimento de condicionalidades para a extinção do embargo, envolvendo controle, monitoramento, fiscalização ambiental, ordenamento territorial e regularização fundiária (NEVES, 2012).

Dentro desse contexto de ocupação da Amazônia e promoção de integração e desenvolvimento regional, traz-se como cenário a Região de Integração do Lago de Tucuruí, uma das doze regiões adotadas para fins de planejamento pelo Governo do Estado do Pará, que possui o menor número de municípios em sua composição (PARÁ, 2009), mas uma vasta ocorrência de transformações em suas dinâmicas territoriais, demográficas socioeconômicas, espaciais e ambientais. Formada pelos municípios de Breu Branco, Goianésia do Pará, Itupiranga, Jacundá, Nova Ipixuna, Novo Repartimento e Tucuruí, a região é palco de relevantes mudanças devido à construção da Usina Hidrelétrica Tucuruí, no período entre 1975 e 1985 que, como ressaltado por Rocha (2005a), representou o principal fator de indução de mudanças na área, uma vez que conflitos em torno do uso preferencial dos recursos locais e as necessidades de controle e regulação social induziram o surgimento de novos reordenamentos.

A Região de Integração do Lago de Tucuruí é uma área de extrema importância geográfica, econômica e energética para o Estado do Pará. Sua ocupação inicial está relacionada à navegação fluvial desenvolvida para o estabelecimento de sesmarias, com vistas à exploração das terras (e de seus recursos naturais) localizadas às margens dos rios Tocantins e Araguaia e, posteriormente, com a exploração da castanha-do-pará (PARÁ, 2015). Ela abrange os municípios de Breu Branco, Goianésia do Pará, Itupiranga, Jacundá, Nova Ipixuna, Novo Repartimento e Tucuruí, que se destaca por sediar a Usina Hidrelétrica de Tucuruí (UHT), por polarizar a microrregião e por ser o seu principal núcleo urbano (FARIAS; MAGNO; FREITAS, 2021).

Atendendo às orientações geopolíticas do pensamento militar, que defendia a integração daquela região do território, a região sofreu uma série de incursões no período, no sentido de incorporá-la à economia capitalista brasileira e internacional, sendo a instalação da Usina Hidrelétrica de Tucuruí um exemplo marcante (CAMPOS, 2019). Situada no Rio Tocantins, no Estado do Pará, logo a montante da cidade de Tucuruí, distante aproximadamente 300 km em linha reta da Cidade de Belém, a construção da barragem da Usina Hidrelétrica de Tucuruí (UHT) envolveu a formação de um grande reservatório de cerca de 2.160 km^2, com um volume de água acumulado da ordem de 43,0 x 109 m^3 (FONSECA, 1980). A Hidrelétrica de Tucuruí, que começou a ser construída em 24.11.1974 e entrou em operação no dia 22.11.1984, foi a primeira barragem desse porte a ser construída em uma área de floresta tropical úmida, e permanece até hoje uma das maiores barragens do mundo (OLIVEIRA, 2020).

Assim, este trabalho tem como objetivo analisar a dinâmica do desmatamento na Região de Integração do Lago de Tucuruí no período de 1985 a 2020, identificando os fatores relacionados ao avanço da fronteira econômica e suas implicações para a governança ambiental e o desenvolvimento sustentável.

2 A fronteira no desenvolvimento regional amazônico

Com o lançamento do programa de governo Marcha para o Oeste, durante o governo Getúlio Vargas em 1938, objetivou-se expandir demograficamente e economicamente o Brasil e fornecer recursos para a industrialização do país (MAGALHÃES; MAIO, 2007). Esse projeto incluía a colonização da Região Centro-Oeste e da Amazônia, com a construção de infraestrutura, como escolas, hospitais, estradas, ferrovias e aeroportos, para integrar e consolidar a nação de acordo com as diretrizes do Estado Novo (1937-1945) (CALONGA, 2015).

O programa funcionou como uma justificativa ideológica para a ocupação regional, não se limitando à ocupação geográfica da fronteira, mas fazendo dessas áreas parte produtiva do território nacional (PIETRAFESA; PIETRAFESA, 2015). Além disso, a iniciativa teve aspectos simbólicos importantes, já que nenhum presidente havia percorrido as regiões mais remotas do país como o Presidente Vargas, que lançou o programa durante visitas a diversas localidades, incluindo os estados constituintes da Amazônia (ANDRADE, 2010).

Em 1934, a criação do Departamento Nacional de Imigração e da Divisão de Terras e Colonização incentivou a migração interna da população nordestina para as zonas produtivas de São Paulo e Amazônia, visando explorar economicamente essas regiões (OLIVEIRA, 2015). A política de migração funcionou como uma estratégia política para aliviar as tensões sociais no campo, além de fornecer mão de obra barata para setores em crise (GUILLEN, 1997). Em 1939, com a criação do Departamento de Imprensa e Propaganda (DIP), foram realizadas campanhas para mobilizar trabalhadores para a Amazônia (SECRETO, 2007).

Na década de 1940, iniciou-se o planejamento do desenvolvimento regional na Amazônia brasileira visando fomentar a extração da borracha. Para isso, foram criados o Banco de Crédito da Borracha (BCB), o Departamento Nacional de Imigração (DNI) e o Serviço de Navegação e Administração do Porto do Pará (SNAPP), com o objetivo de recrutar e encaminhar trabalhadores para a Amazônia (OLIVEIRA *et al.*, 2014; SILVA; BATISTA, 2015). Já em 1953, foi instituído o Plano de Valorização Econômica da Amazônia, que tinha como objetivo desenvolver a produção extrativa e agrícola, pecuária, mineral e industrial. Para implementá-lo, foi criada a Superintendência do Plano de Valorização Econômica da Amazônia (SPVEA), que abrangeu nove unidades da federação, definindo a região como Amazônia Legal, unidade de planejamento do território nacional (LEÓN *et al.*, 2015; PRATES; BACHA, 2011).

Em 1954, a SPVEA propôs o Plano de Valorização Econômica da Amazônia, com o objetivo de desenvolver a produção extrativa, agrícola, pecuária, mineral e industrial, além de melhorar as relações comerciais (PETIT, 2018). Essa proposta visava estabelecer uma economia estável na Amazônia, concentrando a população rural em áreas selecionadas denominadas zonas economicamente recuperáveis (SILVA; BATISTA, 2015), uma vez que a valorização econômica da região era vista como um conjunto de empreendimentos para promover o desenvolvimento e reduzir a pobreza e o atraso da região, tornando-a igual às outras regiões desenvolvidas do país e do mundo (OLIVEIRA JÚNIOR, 2013).

Posteriormente, o Plano Quinquenal (1955-1959) foi lançado como uma extensão formal do primeiro, mantendo o objetivo de reformular a estrutura produtiva da Região Amazônica. O Plano abordou diversos setores, desde a agricultura até a indústria, além de abordar questões como financiamento e educação para integrar o homem na sociedade rural (NUNES; MELO; BRACARENSE, 2020). No entanto, o Plano revelou a imaturidade do planejamento público brasileiro para a Região Amazônica, decorrente da falta de conhecimento sobre a região, falta de técnicos qualificados e negligência do governo em relação aos problemas regionais (CHELALA; CHELALA, 2011).

Em 1960, o governo de Juscelino Kubitschek iniciou a construção da Transbrasiliana ou Rodovia Belém-Brasília (BR-010), com mais de dois mil quilômetros de estrada aberta em meio à floresta (ANDRADE, 2018). Essa rodovia integra a BR-153, que corta o Brasil de Norte a Sul, começando em Marabá, no Pará, e terminando em Aceguá, no Rio Grande do Sul (NUNES; MELO; BRACARENSE, 2020). Sua construção se tornou o novo eixo de desenvolvimento econômico e populacional da região, promovendo um processo de urbanização e o surgimento de várias cidades às suas margens, representando uma política explícita de desenvolvimento e ocupação demográfica e econômica da Região Norte (SANTOS, 2020).

Entre 1964 e 1982, durante o regime militar, a integração nacional e a ocupação da Amazônia foram consideradas prioridades, conforme o *slogan* oficial "Integrar para não entregar" (SOUSA *et al.*, 2011), momento em que a região era vista como uma oportunidade geopolítica crucial e que o governo federal fomentava a infraestrutura regional, concedendo terras para a atividade agropecuária (IORIS, 2016). Para isso, foi implantada a Operação Amazônia, que buscava uma recomposição da política nacional para a região (SERÁFICO; SERÁFICO, 2005), mas também refletia os interesses de determinados segmentos ao expressar a preocupação do governo com o desenvolvimento econômico da região, sua ocupação racional, o fortalecimento de suas áreas de fronteira e o desejo de integração da Amazônia ao espaço nacional (NAHUM, 2019).

Complementarmente, em 1966, com a necessidade de modernização do Estado na Região Amazônica a fim de implementar um controle mais rigoroso, o Banco de Crédito da Borracha foi transformado em Banco da Amazônia (Basa) e a SPVEA, em Superintendência de Desenvolvimento da Amazônia (Sudam) (PRATES; BACHA, 2011). A criação da Sudam pela Lei nº 5.173, de 27.10.1966, teve como objetivo planejar, executar e controlar as ações federais na Amazônia (BRASIL, 1966). Seu principal papel era elaborar e executar um novo Plano de Valorização Econômica da Amazônia, que orientaria as ações do Estado na gestão e exploração dos recursos naturais da região. Em 2001, a instituição foi extinta pela Medida Provisória nº 2.145 e substituída pela Agência de Desenvolvimento da Amazônia (ADA), que, por sua vez, acabou, em 2007, com a criação da (nova) Sudam pela Lei Complementar nº 124 (BATISTA, 2021; LIMA; TEIXEIRA; LAMARÃO NETO, 2020).

3 A expansão da fronteira e o embate com a conservação ambiental

O Decreto-Lei nº 1.106, de 16.6.1970, criou o Programa de Integração Nacional (PIN) com o objetivo de promover a rápida integração das regiões Norte e Nordeste à economia nacional por meio da implementação de obras de infraestrutura (SOUZA, 2020), tendo como metas principais a construção das rodovias Transamazônica e Cuiabá-Santarém, bem como a execução de um plano de colonização numa faixa de terras de até dez quilômetros à direita e à esquerda das rodovias (MACIEL; CARVALHO; LEME, 2020).

A partir do lançamento deste programa, foi criado o Instituto Nacional de Colonização e Reforma Agrária (Incra), por meio do Decreto-Lei nº 1.110, de 9.7.1970, uma autarquia federal responsável por promover a reforma agrária, manter o cadastro nacional de imóveis rurais, administrar as terras públicas da União e contribuir para o desenvolvimento rural sustentável (COUTINHO; TUMA FILHO, 2017). Seus objetivos incluem a criação e implantação de assentamentos rurais sustentáveis, além da busca por sua qualificação. Desde 1970, o Brasil tem um dos maiores programas de colonização de fronteira, estabelecendo mais de um milhão de pessoas na Amazônia, como apontado por Mullan *et al.* (2018).

Outro subproduto do Programa de Integração Nacional (PIN) foi a criação de áreas prioritárias ao longo da Rodovia Transamazônica para a Reforma Agrária, conforme o Decreto nº 67.557, de 12.11.1970, para atender principalmente a trabalhadores rurais e arrendatários do Nordeste. No entanto, a colonização agrícola ao longo da Transamazônica fracassou devido à falta de compreensão das condições ecológicas, mas impulsionou a migração de massa para o Norte, iniciada espontaneamente na segunda metade dos anos 1970, permitindo o avanço da fronteira agrícola ao longo de várias frentes pioneiras (KOHLHEPP, 2002).

Entre 1974 e 1980, o Programa Polamazônia foi implementado com o objetivo de promover o desenvolvimento regional da Amazônia por meio de investimentos seletivos em quinze polos de desenvolvimento. Esse programa enfatizava atividades econômicas intensivas de grande escala, como mineração, extração de madeira, pecuária e produção de energia hidrelétrica (CARVALHO *et al.*, 2002). Essa iniciativa foi uma mudança significativa na política governamental brasileira, que passou a priorizar grandes companhias agroindustriais, a produção agropecuária e projetos de colonização privada, associados a investimentos em infraestrutura e extração e beneficiamento de minerais (SERRA; FERNANDEZ, 2004).

Entre 1988 e 1990, o desmatamento na Amazônia estava relacionado à história de ocupação da região, com a construção de estradas federais e projetos de colonização, hidroelétricos e de mineração, concentrados principalmente no Arco do Desmatamento, que abrangia os estados do Pará, Maranhão, Mato Grosso e Rondônia (ARAÚJO; VIEIRA, 2019). De 1990 a meados de 2000, a paisagem amazônica sofreu uma gestão conflitante, com projetos de conservação de um lado, criando mais áreas protegidas, e políticas de integração da região à dinâmica capitalista, resultando em graves impactos sobre a floresta (SARTRE *et al.*, 2016).

Durante os anos 2000, o Governo Federal brasileiro e o Ministério do Meio Ambiente (MMA) implementaram três principais políticas para inibir o desmatamento e promover a conservação florestal: fortalecimento do monitoramento e da aplicação da lei, expansão do território protegido e adoção de uma política de crédito rural condicional (ASSUNÇÃO; GANDOUR; ROCHA, 2015). Contudo, a expansão das plantações de soja na Amazônia, verificada por Gibbs *et al.* (2015) desde 2001, contribuiu para taxas recordes de desmatamento. Em 2003, o Instituto Nacional de Pesquisas Espaciais (Inpe) divulgou dados alarmantes sobre o desmatamento na Amazônia Legal, que cresceu cerca de 40% em relação ao ano anterior, tornando-se um problema reconhecido e que precisava de soluções urgentes (MELLO; ARTAXO, 2017).

4 Metodologia

4.1 Área de estudo

A Região de Integração Lago de Tucuruí (RILT) é uma unidade de planejamento que abrange uma área de 39.901,2 km² e inclui os municípios de Breu Branco, Goianésia do Pará, Itupiranga, Jacundá, Nova Ipixuna e Tucuruí, como demonstra o Mapa 1, correspondendo a 3,2% do território paraense (IDESP, 2013), e é particularmente conhecido por abrigar a Usina Hidrelétrica de Tucuruí (UHT), projetada entre 1966 e 1996, cuja construção fomentou a expansão urbana das cidades na ocupação das áreas rurais circunvizinhas, seja por posseiros, seja por assentados (RIBEIRO *et al.*, 2020).

Mapa 1 – Localização geográfica da Região de Integração Lago de Tucuruí-PA

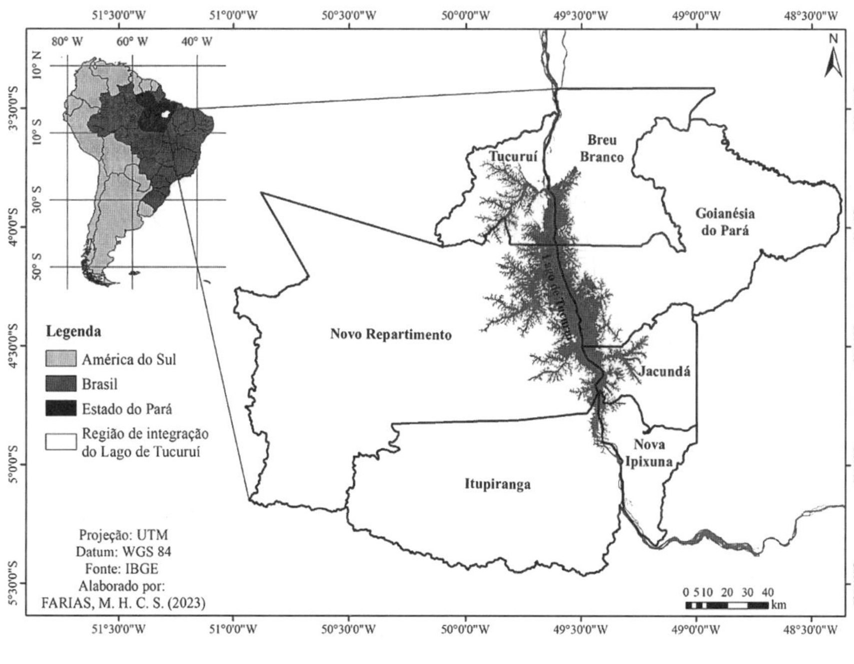

Fonte: IBGE (2024).

Antes da construção da barragem da usina hidrelétrica, primeiro grande empreendimento hidrelétrico da Região Amazônica que teve início na década de 1970 (MANYARI; CARVALHO JÚNIOR, 2007), a Região de Integração do Lago de Tucuruí era ocupada pelo campesinato, ribeirinhos, nômades e povos indígenas das tribos Assurinis, Parakanã e Gaviões (PIMENTEL; RAVENA; TRINDADE, 2022). Entretanto, sua instalação impactou profundamente a estrutura espacial e a organização socioeconômica da região, redefinindo a estrutura produtiva de usos territoriais marcados pelo extrativismo e todo o sistema de povoamento de vilas e cidades nas margens da Estrada de Ferro Tocantins e do Rio Tocantins (ROCHA, 2015). Diante dessa dinâmica, a Região de Integração do Lago de Tucuruí experimentou um notável crescimento populacional nos municípios que a compõem, conforme apresentado no Gráfico 1.

Gráfico 1 – Crescimento populacional na Região de Integração Lago de Tucuruí-PA (1970-2020)

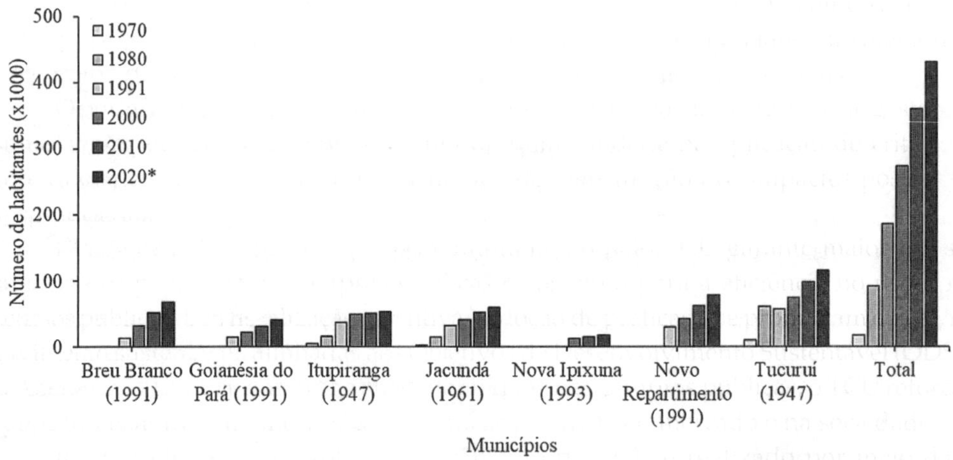

* Em 2020, diferentemente dos anos anteriores, não foram utilizados os dados do Censo Demográfico, mas das estimativas populacionais publicadas pelo IBGE.

** No eixo horizontal, entre parênteses, sob o nome dos municípios que integram Região de Integração Lago de Tucuruí, constam suas datas de criação.

Fonte: IBGE (2024).

A construção da usina provocou mudanças significativas na demografia local, incluindo tamanho, crescimento e estrutura da população (CAVALCANTE; ROCHA, 2004). O Gráfico 1 revela que o crescimento populacional se mantém positivo, década após década, na RI do Lago de Tucuruí. No período de 1970 a 1990, havia registro de apenas três municípios, decorrentes dos períodos de sua criação. Desde o início do período de análise, Tucuruí passou a registrar aumento mais expressivo no ritmo de crescimento demográfico em comparação aos demais municípios da região. Na década de 1970, cerca de 17.486 habitantes residiam na RI, desse total, 56,7% (9.921 habitantes) eram moradores do município de Tucuruí; a partir de 2020, com a composição atual da Região de Integração, o registro populacional do município girava em torno de 26,7%

(115.144 habitantes). A distribuição do crescimento populacional entre os municípios consta no Gráfico 1: Tucuruí (26,7%), Novo Repartimento (18%), Breu Branco (15,6%), Jacundá (13,9%), Itupiranga (12,4%), Goianésia do Pará (9,5%) e Nova Ipixuna (3,9%).

A atração populacional para essa região está intimamente relacionada à construção da Usina Hidrelétrica de Tucuruí e ao subsequente desenvolvimento industrial e econômico. A obra mobilizou cerca de 30 mil trabalhadores, além dos 14 mil já presentes na região, além de uma população de baixa renda, em busca de emprego na crescente estrutura produtiva, e sem-terra, em busca de terras na nova fronteira agrícola (ROCHA; PEREIRA, 2003).

A abertura de rodovias, que conectam a região ao restante do estado e do país, também desempenhou um papel importante na alocação da população, a partir do fomento para migração e do estabelecimento de comunidades ao longo dessas rodovias (OLIVEIRA NETO, 2019). Conforme exposto no Plano de Desenvolvimento Regional Sustentável do Lago de Tucuruí (PARÁ, 2009), o movimento de expansão de fronteira fortalecido nos anos de 1970 com os programas governamentais consolidou a colonização nas margens dos grandes eixos rodoviários, abrindo espaços à reprodução do pequeno produtor familiar e de sua constituição como ator social. Isso se dá porque os fluxos migratórios ocorreram em diversas direções, em razão da mobilidade do trabalho, da reestruturação do território e das estratégias de sobrevivência dos expropriados (ROCHA, 2008), corroborando assim o desenvolvimento de projetos de colonização agrária via estabelecimento de assentamentos rurais, os quais contribuíram para a fixação de famílias em áreas rurais próximas ao lago, aumentando a pressão demográfica em determinadas regiões, acarretando problemas associados à habitação.

A Região de Integração do Lago de Tucuruí está sob jurisdição e atuação da Superintendência Regional do Incra nº 27, com sede em Marabá (INCRA, 2024). Nessa região, estão distribuídos noventa e oito Projetos de Assentamentos federais (PAs), englobando uma área de 10.296,3 km^2. O Gráfico 2 expõe os assentamentos criados na Região de Integração por município, evidenciando sua extensão de área e instalação de famílias.

Gráfico 2 – Distribuição dos projetos de assentamentos na Região de Integração Lago de Tucuruí-PA em 2020

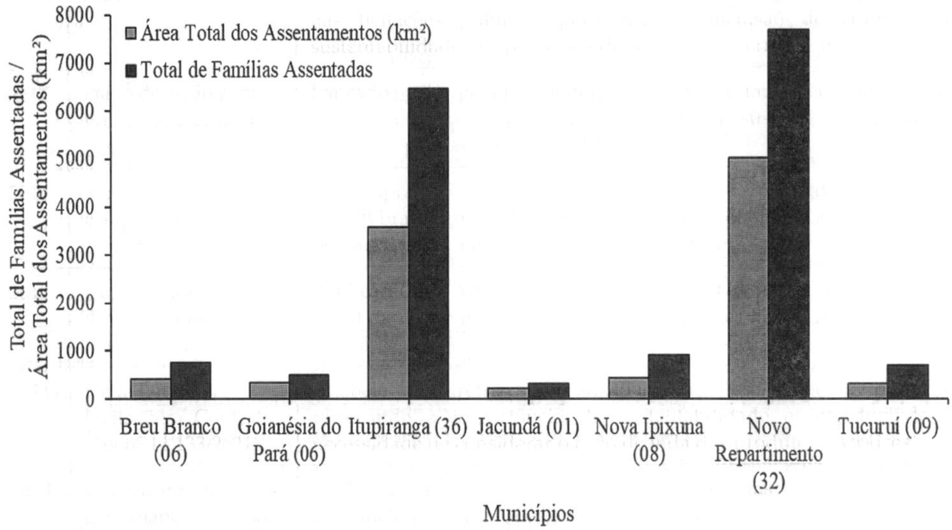

* No eixo horizontal, entre parênteses, junto ao nome dos municípios que integram Região de Integração Lago de Tucuruí, consta o número de projetos de assentamentos correspondentes.
Fonte: Incra (2024).

Em 1979, para a formação do reservatório hidráulico da Usina Hidrelétrica de Tucuruí, houve a submersão da base material-geográfica da qual dependiam entre seis e 10 mil famílias (ROCHA, 2005b) e inundação de 2.600 km² de floresta nas margens do Rio Tocantins, incluindo parte da reserva dos índios Parakanãs e vários núcleos urbanos (ACSELRAD, 1991). Cerca de 14 povoados ribeirinhos foram submersos, incluindo a sede do município de Jacundá e Repartimento Central, população que era dedicada às atividades extrativas e foi relocada em loteamentos às margens do reservatório para se adaptar ao trabalho agrícola em áreas desconhecidas (ACSELRAD, 2010; ROCHA, 2008).

Em 1981, devido à demora na alocação de atingidos pela falta de áreas disponíveis em Tucuruí, as comunidades que haviam sido desapropriadas não relocadas começaram a se organizar e a lutar por seus direitos e interesses, consistindo em: terra por terra; vila por vila; indenização justa e recuperação dos prejuízos (ROCHA, 2008). Esse movimento, posteriormente conhecido como a Mobilização dos Expropriados da Barragem, envolveu a busca por melhores condições de reassentamento, compensações justas e o reconhecimento de suas reivindicações em relação às terras e aos recursos naturais afetados pela inundação do reservatório. A mobilização destacou os desafios enfrentados pelas comunidades afetadas e a importância de considerar os aspectos sociais e humanos em grandes projetos.

Devido a essa nova configuração espacial, após a inauguração da hidrelétrica, a partir das aglomerações populacionais, dos reassentamentos e da mobilidade dos despossuídos de terra, novas cidades surgiram, como Nova Ipixuna, Goianésia do Pará e

Novo Repartimento (PIMENTEL; RAVENA; TRINDADE, 2022), esta última construída para substituir a vila de Repartimento Central e abrigar parte da população deslocada (PEREIRA *et al.* 2022).

4.2 Coleta de dados

4.2.1 Classes de uso e cobertura da terra

Os dados utilizados para mapeamento, classificação, extensão e incremento do desmatamento na Região de Integração do Lago de Tucuruí foram derivados da série de dados fornecidos pelo Projeto MapBiomas (https://brasil.mapbiomas.org), que classifica anualmente, desde 1985, as mudanças na cobertura da terra utilizando o banco de imagens da série de satélites Landsat, disponível na plataforma Google Earth Engine (SILVA JÚNIOR *et al.*, 2021). O mapeamento da Amazônia no Projeto MapBiomas evidenciou as seguintes classificações: Formação Florestal, Formação de Savana, Pantanal, Formação de prados, Pasto, Agricultura, Outra Área Sem Vegetação, Não Observado, e Rio, Lago e Oceano (MAPBIOMAS, 2022b). Foram identificadas as ocorrências das seguintes classes.

Quadro 1 – Classes de cobertura da terra identificadas em Novo Repartimento-PA

1. Floresta	1.1. Formação florestal
2. Formação natural não florestal	2.1. Campo alagado e área pantanosa
	2.2. Formação campestre
	2.3. Afloramento rochoso
3. Agropecuária	3.1. Pastagem
	3.2. Agricultura
4. Área não vegetada	4.1. Área urbanizada
5. Corpo d'água	5.1. Rio, lago e oceano

Fonte: MapBiomas (2024).

Para este trabalho, foram classificadas historicamente as mudanças no uso e cobertura da terra a partir da seleção dos anos 1985, 1995, 2015 e 2020. Isso foi possível uma vez que o Projeto MapBiomas produziu sete conjuntos de mapas digitais anuais de cobertura e uso da terra, denominados Coleções e, em sua Coleção 7 (lançada em agosto de 2022), ampliou sua abrangência de análise de 1985 a 2021 (MAPBIOMAS, 2022a). Adotou-se uma variação temporal de aproximadamente dez anos entre as imagens para possibilitar a identificação do sinal de mudança espacial e temporal na cobertura da terra na região de estudo.

4.2.2 Dados demográficos, socioeconômicos e geográficos

Os dados de crescimento populacional e mobilização humana no município de Novo Repartimento foram derivados dos Censos Demográficos realizados nos anos de 2000 e 2010, disponíveis na plataforma digital do IBGE (https://www.ibge.gov.br/estatisticas/sociais/trabalho/9662-censo-demografico-2010). O censo 1991 não pôde ser utilizado, pois, à época de sua realização, o município ainda não havia sido criado, sendo impossível assim seu mapeamento. Entretanto, a partir de 1992, foi possível acompanhar sua evolução a partir das estimativas populacionais. Com o auxílio do portal do IBGE, também foi realizado mapeamento do avanço da pecuária na área de estudo (https://www.ibge.gov.br/estatisticas/economicas/agricultura-e-pecuaria/9107-producao-da-pecuaria-municipal), uma vez que esta é uma das principais atividades econômicas da região, sendo constantemente associada ao desmatamento na Amazônia. Para criação de mapas temáticos, as informações geoespaciais, como limites e divisões territoriais, foram obtidas por meio do portal IBGE Mapas (PORTALDEMAPAS, 2024).

4.3 Tratamento geoespacial

4.3.1 Geração de mapas temáticos sobre as mudanças de uso e cobertura da terra

Os dados matriciais do MapBiomas foram processados no *software* ArcMap 10.5, com o objetivo de calcular e identificar as mudanças nas classes de uso e cobertura da terra na Região de Integração do Lago de Tucuruí, apresentando a dinâmica territorial dos projetos de assentamentos.

5 Resultados e discussões

A Região de Integração do Lago de Tucuruí apresenta dinâmica de cobertura da terra diretamente influenciada pela complexa interação de fatores econômicos, sociais e ambientais, resultado de diversos e impactantes projetos desenvolvidos na Amazônia durante a ditadura brasileira (CAMPOS, 2019). Durante as últimas décadas, a região enfrentou mudanças expressivas, tal como constatado na construção da hidrelétrica de Tucuruí nas décadas de 1970 e 1980, principal fator de indução de alterações na área (ROCHA, 2005b), a partir da criação de um reservatório e da expropriação/reassentamento de populações, ocasionando sérios impactos na cobertura florestal local, inundando grandes áreas e deslocando povos indígenas e comunidades ribeirinhas (ROCHA, 2008).

Com base nos resultados de cobertura do solo, obtidos do Projeto MapBiomas para o período de 1985 a 2020, tal como ilustrado na Figura 1(a), a Região de Integração do Lago de Tucuruí perdeu 19.847,0 km^2 de sua cobertura florestal. Com a conversão de 49,2% de áreas voltadas à agropecuária, sendo 47,9% destinadas às pastagens e 1,3% de áreas para agricultura, tem-se como remanescente florestal apenas 42,3%.

Figura 1(a) – Evolução do desmatamento na Região de Integração Lago de Tucuruí-PA (1985-2020)

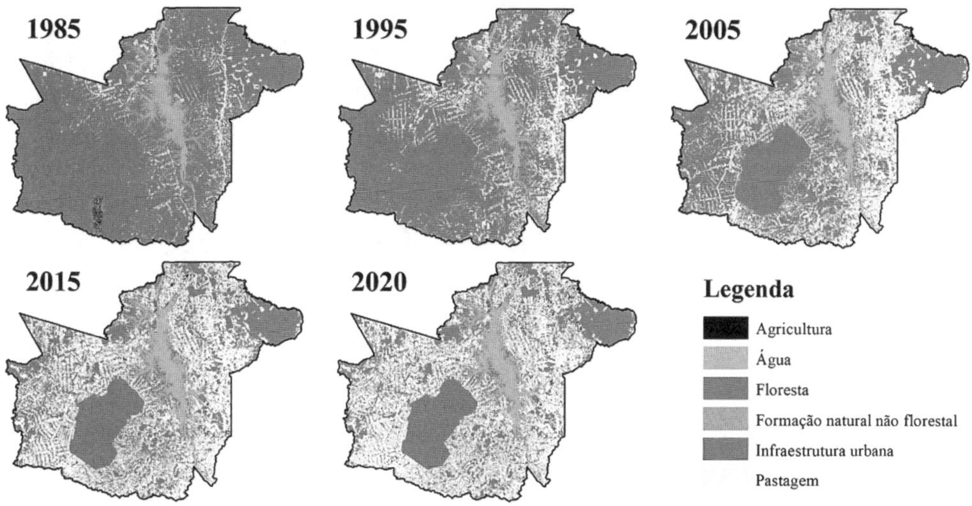

Fonte: MapBiomas (2024).

O crescimento populacional e a construção de infraestrutura ampliaram o acesso a zonas remotas, aumentando ainda mais a pressão sobre a cobertura florestal (ROCHA, 2008). Essa realidade evidencia a carência de intervenções ante a fragmentação estrutural da floresta, sendo necessária a adoção de estratégias de conservação desses remanescentes florestais com vistas à sua manutenção e de sua biodiversidade (GONÇALVES *et al.*, 2019).

Com isso, a Figura 1(b) ilustra as mudanças da cobertura da terra na Região de Integração do Lago de Tucuruí ao longo de três décadas. Por meio dos dados, é possível identificar tendências e mudanças na paisagem da região.

Figura 1(b) – Classes de cobertura da terra na Região de Integração do Lago de Tucuruí-PA (1985-2020)

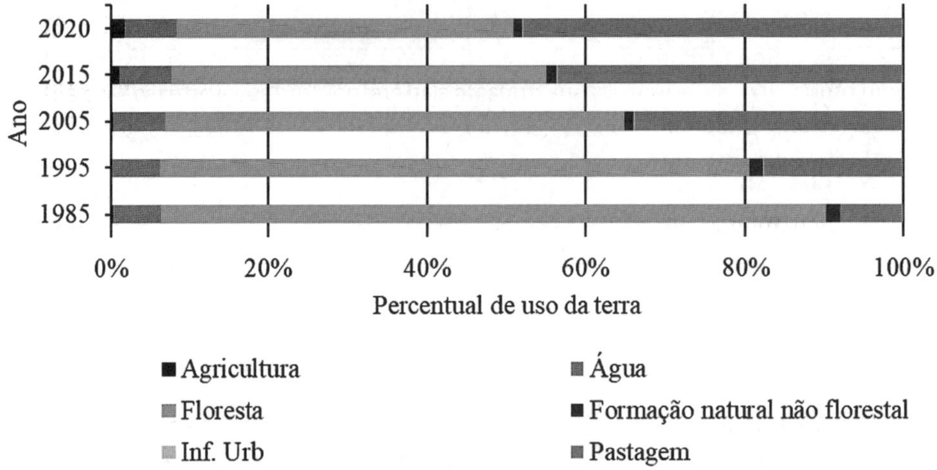

Fonte: MapBiomas (2024).

Ao observar a categoria de cobertura florestal, nota-se uma redução gradual na extensão de áreas florestadas entre 1985 e 2020. Em 1985, as florestas compreendiam 84,65% da área total da Região de Integração (39.901,2 km^2), mas esse número caiu para 42,3% em 2020. Isso indica um declínio específico, evidenciando a pressão antrópica sobre esse ecossistema, seja por conta da expansão urbana, agrícola e outras atividades econômicas.

A categoria Formação Natural não Florestal, definida pelo MapBiomas (2022a) como áreas de campos alagados, áreas pantanosas, formações campestres, áreas de apicum e afloramento rochoso, também apresentou declínio, embora menos acentuado que as florestas. Em 1985, essas formações representavam 1,7% da área e, em 2020, havia o remanescente de 1,0%. A diminuição desta classe pode ser influenciada por diversos fatores, entre eles a conversão das áreas adjacentes em terras agrícolas ou sua transformação em florestas secundárias, conforme apresentado por Gonçalves *et al.* (2019).

Por outro lado, a categoria agropecuária, a qual engloba as áreas destinadas às pastagens e à agricultura, mostrou um aumento expressivo, saltando de 7,6%, em 1985, para 49,7%, em 2020. Esse crescimento reflete o avanço da fronteira agropecuária na região, o que está em consonância com o declínio das áreas florestais e naturais, conforme apontado por Montoya, Lima e Adami (2018), que alegam que houve modificações no padrão espacial da cobertura florestal nos municípios no entorno do reservatório de Tucuruí, apresentando comportamentos diferentes para cada um deles.

Por fim, a categoria Corpo d'água, que representa os recursos hídricos da região, como o próprio Lago de Tucuruí, teve um ligeiro crescimento ao longo dos anos. Em 1985, essas áreas somavam 6%, aumentando para 6,7% em 2020. Montoya, Lima e Adami (2018) esclarecem que o desmatamento dos municípios que compõem a Região de Integração não foi proporcional à porcentagem do reservatório nestes municípios, com exceção de Novo Repartimento, que é o município que abrange 42,1% da represa (21,5% do município) e apresenta a maior propagação de áreas desmatadas neste período, podendo estar vinculada aos diferentes tipos de uso da água, uma vez que a perda florestal causa uma diversidade de efeitos, alterando o tamanho e a dinâmica das populações, as interações tróficas e os processos ecossistêmicos.

O Gráfico 3 evidencia a transformação significativa na paisagem da Região de Integração do Lago de Tucuruí ao longo de 36 anos. Todos os municípios inseridos nessa área contam com cobertura florestal inferior a 50%, até o ano de 2020. Essa degradação ambiental massiva foi impulsionada por uma série de fatores, incluindo o avanço da fronteira agropecuária, a entrada dos grandes projetos e a rápida urbanização, resultando assim na transformação do cenário natural.

Gráfico 3 – Perda de cobertura florestal nos municípios que integram a Região de Integração do Lago de Tucuruí-PA (1985-2020)

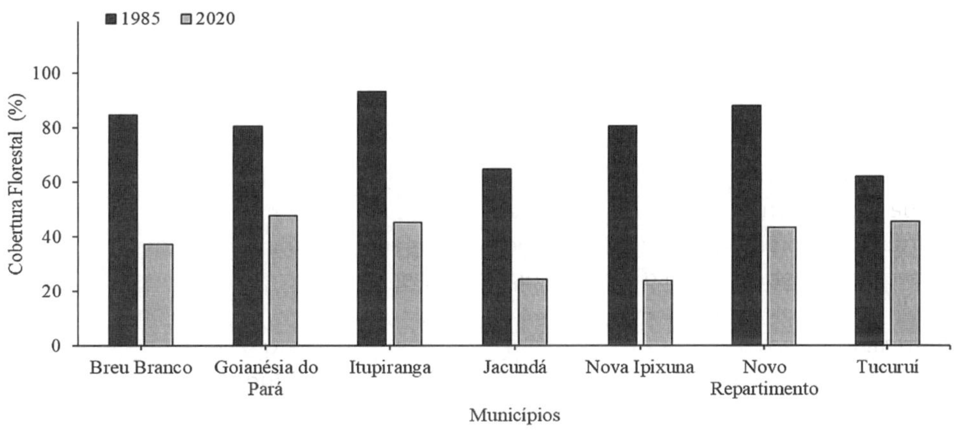

Fonte: MapBiomas (2024).

Os dados apresentados ressaltam a importância de ampliar a integração entre órgãos de controle, gestores públicos e sociedade civil. A fiscalização realizada pelo TCE/PA não deve ser vista apenas como um mecanismo de controle, mas como uma ferramenta indispensável para fomentar a transparência e a responsabilidade na gestão dos recursos destinados à proteção ambiental. Em uma região onde o desmatamento avança tão rapidamente como o Estado do Pará, essa atuação contribui para alinhar as políticas públicas às demandas globais de sustentabilidade e às necessidades locais das populações afetadas.

Nesse contexto, o Tribunal de Contas do Estado do Pará (TCE/PA) emerge como um ator fundamental no fortalecimento da governança ambiental. Sua atuação na fiscalização de recursos destinados à implementação de políticas de combate ao desmatamento e à promoção de boas práticas de gestão pública é essencial para garantir que as iniciativas sejam conduzidas de forma eficiente e responsável. Além disso, por meio de auditorias e recomendações técnicas, o TCE/PA pode identificar fragilidades nas estratégias adotadas e propor soluções que assegurem maior controle sobre o uso dos recursos naturais e o cumprimento das metas de conservação ambiental.

Por fim, percebe-se que o enfrentamento do desmatamento na Amazônia não depende apenas de ações governamentais ou de investimentos financeiros, mas também da criação de mecanismos efetivos de monitoramento e avaliação, como aqueles desempenhados pelo TCE/PA. A combinação de fiscalização rigorosa, planejamento integrado e engajamento social é o caminho para um futuro em que o desenvolvimento econômico e a conservação ambiental possam coexistir de maneira harmoniosa na Região Amazônica.

6 Considerações finais

Os resultados verificados neste estudo revelam a complexidade da dinâmica de desmatamento na Região de Integração do Lago de Tucuruí, refletindo as interações entre fatores históricos, econômicos e sociais. Entre 1985 e 2020, a região perdeu quase metade de sua cobertura florestal original, evidenciando o impacto das práticas de ocupação territorial e desenvolvimento econômico na Amazônia. O avanço da agropecuária e a construção de grandes empreendimentos, como a Usina Hidrelétrica de Tucuruí, foram os principais vetores dessa transformação, destacando a necessidade de políticas públicas mais eficazes e integradas para conter o desmatamento e promover a sustentabilidade.

A fiscalização eficiente das políticas públicas é essencial para enfrentar os desafios do desmatamento no Estado do Pará. Nesse contexto, o Tribunal de Contas do Estado do Pará (TCE/PA) desempenha um papel estratégico por meio de auditorias, relatórios técnicos e recomendações, assegurando assim a transparência e a eficiência das políticas públicas, mas também promovendo a responsabilização dos gestores públicos no cumprimento das metas de preservação ambiental e desenvolvimento sustentável.

A necessidade de intensificar a presença do TCE/PA no acompanhamento das ações de combate ao desmatamento é evidente, especialmente em regiões como a do Lago de Tucuruí, onde os conflitos entre exploração econômica e conservação ambiental são intensos. Ao fiscalizar programas voltados para a regularização fundiária, controle da pecuária extensiva e implementação de práticas sustentáveis, o Tribunal pode contribuir significativamente para mitigar os impactos ambientais e garantir que os recursos públicos sejam empregados de maneira eficaz e ética. Essa atuação integrada reforça a importância de aliar governança e sustentabilidade para assegurar a proteção da Floresta Amazônica e o bem-estar das comunidades locais.

Referências

ACSELRAD, H. Mercado de terras e meio ambiente em áreas de grandes projetos de investimento – O caso da Usina Hidrelétrica de Tucuruí. *Estudos Sociedade e Agricultura*, v. 18, n. 1, p. 158-192, 2010.

ACSELRAD, H. Planejamento autoritário e desordem socioambiental na Amazônia: crônica do deslocamento de populações em Tucuruí. *Revista de Administração Pública*, v. 25, n. 4, p. 53-68, 1991.

ALDRICH, S. P. *et al.* Land-cover and land-use change in the Brazilian Amazon: smallholders, ranchers, and frontier stratification. *Economic Geography*, v. 82, n. 3, p. 265-288, 2006.

ANDRADE, R. P. Conquistar a terra, dominar a água, sujeitar a floresta: Getúlio Vargas e a revista Cultura Política redescobrem a Amazônia (1940-1941). *Boletim do Museu Paraense Emílio Goeldi – Ciências Humanas*, v. 5, p. 453-468, 2010.

ARAÚJO, R.; VIEIRA, I. C. G. Desmatamento e as ideologias da expansão da fronteira agrícola: o caso das críticas ao sistema de monitoramento da Floresta Amazônica. *Sustentabilidade em Debate*, v. 10, n. 3, p. 366-378, 2019.

ASSUNÇÃO, J.; GANDOUR, C.; ROCHA, R. Deforestation slowdown in the Brazilian Amazon: prices or policies? *Environment and Development Economics*, v. 20, n. 6, p. 697-722, 2015.

BATISTA, I. M. S. O 1º plano quinquenal de desenvolvimento da Sudam (1967-1971) e o Desflorestamento na Amazônia. *Jamaxi*, v. 4, n. 2, 2021.

BRASIL. Decreto Lei nº 1.110, de 09 de julho de 1970. Cria o Instituto Nacional de Colonização e Reforma Agrária (Incra), extingue o Instituto Brasileiro de Reforma Agrária, o Instituto Nacional de Desenvolvimento Agrário e o Grupo Executivo da Reforma Agrária e dá outras providências. *Diário Oficial da República Federativa do Brasil*, Brasília, DF, 10 jul. 1970. Disponível em: http://www.planalto.gov.br/ccivil_03/decreto-lei/1965-1988/Del1110.htm.

BRASIL. *Decreto nº 67.557, de 12 de novembro de 1970*. Dispõe sobre a criação de área prioritária ao longo da rodovia Transamazônica, para fins de Reforma Agrária, a ser incluída no Plano de Integração Nacional, e dá outras providências. Brasília, DF, 13 nov. 1970. Disponível em: https://www2.camara.leg.br/legin/fed/decret/1970-1979/decreto-67557-12-novembro-1970-409139-publicacaooriginal-1-pe.html#:~:text=Disp%C3%B5e%20sobre%20a%20cria%C3%A7%C3%A3o%20de,Nacional%2C%20e%20d%C3%A1%20outras%20provid%C3%AAncias.

BRASIL. Lei nº 5.173, de 27 de outubro de 1966. Dispõe sobre o Plano de Valorização Econômica da Amazônia; extingue a Superintendência do Plano de Valorização Econômica da Amazônia (SPVEA), cria a Superintendência do Desenvolvimento da Amazônia (SUDAM), e dá outras providências. *Diário Oficial da União*, 31 out. 1966 [retificado em 9 dez. 1966].

BROWDER, J. O. *et al.* Revisiting theories of frontier expansion in the Brazilian Amazon: a survey of the colonist farming population in Rondônia's post-frontier, 1992–2002. *World Development*, v. 36, n. 8, p. 1469-1492, 2008.

CALONGA, M. D. A Marcha para Oeste e os intelectuais em Mato Grosso: política e identidade. *Revista Espaço Acadêmico*, v. 14, n. 168, p. 126-132, 2015.

CAMPOS, P. H. P. Ditadura, interesses empresariais e desenvolvimentismo: a obra da usina hidrelétrica de Tucuruí. *Revista Tempo e Argumento*, v. 11, n. 26, p. 255-286, 2019.

CARVALHO, A. C. *et al.* Forest deforestation in the Brazilian amazon states and its impacts on natural resources: construction of statistical-econometric panel model for 2000-2018. *REUNIR – Revista de Administração Contabilidade e Sustentabilidade*, v. 10, n. 2, p. 34-45, 2020.

CARVALHO, A. C. *Expansão da fronteira agropecuária e a dinâmica do desmatamento florestal na Amazônia Paraense*. 2012. Tese (Doutorado) – Instituto de Economia, Universidade Estadual de Campinas, 2012.

CARVALHO, A. C.; SILVA, R. N. S.; FILGUEIRAS, G. C. Dynamics of forest deforestation in the Amazon of Pará: an approach centered in space econometry. *International Journal of Development Research*, v. 8, n. 5, 2019.

CAVALCANTE, F. C.; ROCHA, G. M. *Migração e inserção espacial na Amazônia no âmbito da implantação dos grandes projetos*: o caso da UHE-Tucuruí. [s.l.]: [s.n.], 2004.

CAVIGLIA-HARRIS, J. *et al.* Busting the boom-bust pattern of development in the Brazilian Amazon. *World Development*, v. 79, p. 82-96, 2016.

CHELALA, C.; CHELALA, C. Políticas de desenvolvimento da Amazônia e o meio Ambiente. *Revista de Estudos Universitários – REU*, v. 37, n. 1, 2011.

COUTINHO, D. J. F.; TUMA FILHO, E. J. Relation of environmental problems with human health in agro-extractive settlement projects in the Eastern Amazon. *ITEGAM – JETIA*, v. 3, n. 9, 2017.

CROMBERG, M.; DUCHELLE, A. E.; ROCHA, I. D. O. Local participation in REDD+: Lessons from the Eastern Brazilian Amazon. *Forests*, v. 5, n. 4, p. 579-598, 2014.

Duchelle, A. E. *et al.* Linking Forest tenure reform, environmental compliance, and incentives: lessons from REDD+ initiatives in the Brazilian Amazon. *World Development*, v. 55, p. 53-67, 2014.

FARIAS, A. L. A.; MAGNO, T. S. C.; FREITAS, M. R. F. Gestão ambiental e impactos socioambientais na Amazônia: o (des) envolvimento a partir da UHE Tucuruí, PA. *P2P E INOVAÇÃO*, v. 7, p. 34-55, 2021.

FERRANTE, L.; FEARNSIDE, P. M. The Amazon's Road to deforestation. *Science*, v. 369, n. 6504, p. 634, 2020.

FONSECA, O. J. M. Projeto Tucuruí. *Acta Amazônica*, v. 10, p. 243-244, 1980.

GIBBS, H. K. *et al*. Brazil's soy moratorium. *Science*, v. 347, n. 6220, p. 377-378, 2015.

GUILLEN, I. C. M. A batalha da borracha: propaganda política e migração nordestina para a Amazônia durante o Estado Novo. *Revista de Sociologia e Política*, n. 9, p. 95-102, 1997.

GUIMARÃES, J. *et al*. *Municípios verdes*: caminhos para a sustentabilidade. Belém, PA: Imazon, 2011. 162 p. Disponível em: https://imazon.org.br/PDFimazon/Portugues/livros/GUIA_MUNICIPIOSVERDES.pdf.

INSTITUTO BRASILEIRO DE GEOGRAFIA E ESTATÍSTICA – IBGE. *Censo Demográfico*. Disponível em: https://www.ibge.gov.br/estatisticas/sociais/trabalho/9662-censo-demografico-2010.html?=&t=series-historicas.

INSTITUTO BRASILEIRO DE GEOGRAFIA E ESTATÍSTICA (IBGE). *Estimativas da População*. Disponível em: https://www.ibge.gov.br/estatisticas/sociais/populacao/9103-estimativas-de-populacao.html?=&t=downloads.

INSTITUTO BRASILEIRO DE GEOGRAFIA E ESTATÍSTICA (IBGE). *IBGE Cidades*. 2024. Disponível em: https://cidades.ibge.gov.br/brasil/pa/novo-repartimento/panorama.

INSTITUTO BRASILEIRO DE GEOGRAFIA E ESTATÍSTICA (IBGE). *PPM – Pesquisa da Pecuária Municipal*. Disponível em: https://www.ibge.gov.br/estatisticas/economicas/agricultura-e-pecuaria/9107-producao-da-pecuaria-municipal.html?=&t=resultados.

INSTITUTO DE DESENVOLVIMENTO ECONÔMICO, SOCIAL E AMBIENTAL DO PARÁ – IDESP. *O Estado do Pará no Contexto do Desmatamento 2013*. Belém: IDESP, 2013. 19 p.

INSTITUTO NACIONAL DE COLONIZAÇÃO E REFORMA AGRÁRIA – INCRA. *Painel dos Assentamentos*. 2024. Disponível em: https://painel.incra.gov.br/sistemas/index.php.

IORIS, A. R. Rent of agribusiness in the Amazon: A case study from Mato Grosso. *Land Use Policy*, v. 59, p. 456-466, 2016.

KOHLHEPP, G. Conflitos de interesse no ordenamento territorial da Amazônia brasileira. *Estudos Avançados*, v. 16, p. 37-61, 2002.

LEÓN, A. C. *et al*. Planejamento regional no Brasil: a experiência da Sudam. *Observatorium: Revista Eletrônica de Geografia*, v. 7, n. 18, 2015.

LIMA, G. S.; TEIXEIRA, E. M. S. F.; LAMARÃO NETO, H. O papel da Sudam e do consórcio interestadual da Amazônia Legal para o Desenvolvimento Regional. *In*: LIMA, G. S.; TEIXEIRA, E. M. S. F.; LAMARÃO NETO, H. *Direito e desenvolvimento da Amazônia*. Florianópolis: Qualis Editora, 2020. v. 2. 552 p.

MACEDO, M. R. A. *et al*. Configuração espacial do desflorestamento em fronteira agrícola na Amazônia: um estudo de caso na região de São Félix do Xingu, Estado do Pará. *Revista NERA*, ano 16, n. 22, p. 96-141, 2013.

MACIEL, D. P.; CARVALHO, L. M.; LEME, F. L. Integração nacional no Brasil: as grandes rodovias da Amazônia (1970-1979). *Dimensões*, n. 44, p. 89-120, 2020.

MAGALHÃES, R. C. S.; MAIO, M. C. Desenvolvimento, ciência e política: o debate sobre a criação do Instituto Internacional da Hileia Amazônica. *História, Ciências, Saúde-Manguinhos*, v. 14, p. 169-189, 2007.

MANYARI, W. V.; CARVALHO JÚNIOR, O. A. Environmental considerations in energy planning for the Amazon region: Downstream effects of dams. *Energy Policy*, v. 35, n. 12, p. 6526-6534, 2007.

MELLO, N. G. R.; ARTAXO, P. Evolução do plano de ação para prevenção e controle do desmatamento na Amazônia legal. *Revista do Instituto de Estudos Brasileiros*, n. 66, p. 108-129, 2017.

MONTOYA, A. D. V.; LIMA, A. M. M.; ADAMI, M. Mapeamento e análise temporal da paisagem no entorno do reservatório de Tucuruí-PA. *Anuário do Instituto de Geociências*, v. 41, n. 2, p. 553-567, 2018.

MOZ-CHRISTOFOLETTI, M. A; PEREDA, P. Ca.; CAMPANHARO, W. Does decentralized and voluntary commitment reduce deforestation? The effects of programa municípios verdes. *Environmental and Resource Economics*, v. 82, n. 1, p. 65-100, 2022.

MULLAN, K. *et al.* Converting forests to farms: the economic benefits of clearing forests in agricultural settlements in the Amazon. *Environmental and Resource Economics*, v. 71, n. 2, p. 427-455, 2018.

NAHUM, J. S. Espaço e política: espaço e política: a representação de Amazônia nos planos de desenvolvimento. *In*: NAHUM, J. S. *Amazônia*: fronteiras, grandes projetos e movimentos sociais. Belém: Eduepa, 2019. 313 p.

NEVES, E. M. S. C. Política ambiental, municípios e cooperação intergovernamental no Brasil. *Estudos Avançados*, v. 26, p. 137-150, 2012.

NOBRE, C. A.; SAMPAIO, G.; BORMA, L. S.; CASTILLA-RUBIO, J. C.; SILVA, J. S.; CARDOSO, M. Land-use and climate change risks in the Amazon and the need of a novel sustainable development paradigm. *Proceedings of the National Academy of Sciences*, v. 113, n. 39, p. 10759-10768, 2016.

NUNES, D. S.; MELO, W. F.; BRACARENSE, L. D. S. F. P. Implicações socioeconômicas da rodovia BR-153 e os Reflexos no Desenvolvimento Urbano no Tocantins. *Humanidades & Inovação*, v. 7, n. 14, p. 47-61, 2020.

OLIVEIRA JUNIOR, A. Das drogas do sertão ao ingresso na modernidade: a política de valorização econômica da Amazônia. *Brazilian Geographical Journal*, v. 4, n. 1, 2013.

OLIVEIRA NETO, T. As rodovias na Amazônia: uma discussão geopolítica. *Confins. Revue franco-brésilienne de géographie/Revista franco-brasilera de geografia*, n. 501, 2019.

OLIVEIRA, N. C. C. Cidade-empresa e controle da mão de obra na construção da usina hidrelétrica de Tucuruí (1974-1984). *Revista Mundos do Trabalho*, v. 12, p. 1-23, 2020.

PACHECO, P. Actor and frontier types in the Brazilian Amazon: assessing interactions and outcomes associated with frontier expansion. *Geoforum*, v. 43, n. 4, p. 864-874, 2012.

PARÁ. *Plano de desenvolvimento regional sustentável do lago de Tucuruí*. Belém: Governo do Estado do Pará, 2009, 153 p.

PARÁ. *Plano Plurianual 2016-2019*. Disponível em: https://www.gov.br/economia/pt-br/assuntos/planejamento-e-orcamento/plano-plurianual-ppa/arquivos/ppas-anteriores/ppa-2016-2019/ppa-2016-2019.

PEREIRA, A. S. A. *et al.* Contribution of rural settlements to the deforestation dynamics in the Legal Amazon. *Land Use Policy*, v. 115, p. 106039, 2022.

PETIT, P. Políticas públicas do Governo Federal no Estado do Pará da SPVEA à Nova República. *Territórios e Fronteiras*, v. 11, n. 2, p. 95-122, 2018.

PIETRAFESA, P. A.; PIETRAFESA, J. P. Nova ruralidade e o modelo de desenvolvimento no bioma Cerrado: as várias "marchas" para o Oeste do Brasil. *Revista Brasileira de Desenvolvimento Regional*, v. 3, n. 2, 2015.

PIMENTEL, C. A. C.; RAVENA, N.; TRINDADE, J. R. B. Da estrada de ferro Tocantins à hidrelétrica de Tucuruí: uma leitura baseada no conceito de ambiente construído (Paper 532). *Papers do NAEA*, v. 31, n. 1, 2022.

PRATES, R. C.; BACHA, C. J. C. Os processos de desenvolvimento e desmatamento da Amazônia. *Economia e Sociedade*, v. 20, p. 601-636, 2011.

PROJETO DE MAPEAMENTO ANUAL DA COBERTURA E USO DO SOLO NO BRASIL – MAPBIOMAS. *MapBiomas General "Handbook"*: Algorithm Theoretical Basis Document (ATBD) – Collection 7. São Paulo: MapBiomas, 2022a. 52 p. Disponível em: https://mapbiomas-br-site.s3.amazonaws.com/ATBD_Collection_7_v2.pdf.

PROJETO DE MAPEAMENTO ANUAL DA COBERTURA E USO DO SOLO NO BRASIL – MAPBIOMAS. *Amazon* – Appendix Collection 7. São Paulo: MapBiomas, 2022b. 15 p. Disponível em: https://mapbiomas-br-site.s3.amazonaws.com/Metodologia/Collection%207/Amazon_-_Appendix_-_ATBD_Collection_7.docx.pdf.

PROJETO DE MAPEAMENTO ANUAL DA COBERTURA E USO DO SOLO NO BRASIL – MAPBIOMAS. *Plataforma MapBiomas*. 2024. Disponível em: https://plataforma.brasil.mapbiomas.org/.

REYDON, S. M.; FERREIRA, S.; LIMA, A. O. Dinâmica do processo de integração da Amazônia ao restante do país. *Mundo e Desenvolvimento: Revista do Instituto de Estudos Econômicos e Internacionais*, v. 1, n. 4, p. 6-32, 2020.

RIBEIRO, M. S.; POMPEU, V. S.; RIBEIRO, F. A. O uso do território e as dinâmicas territoriais no espaço da Usina Hidrelétrica de Tucuruí-Pa. *In*: RIBEIRO, M. S.; POMPEU, V. S.; RIBEIRO, F. A. *O espaço geográfico amazônico em debate*: dinâmicas territoriais e ambientais. Belém: GAPTA; UFPA, 2020. 479 p.

ROCHA, G. M. População, território e novas barragens na Amazônia: a dinâmica territorial da Volta grande do Xingu e o CHE de Belo Monte. *In*: ENCONTRO DE CIÊNCIAS SOCIAIS E BARRAGENS, 1, 2005, Rio de Janeiro. *Anais* [...]. Belém: IPPUR; UFRJ, 2005a.

ROCHA, G. M. Reordenamento territorial e político-institucional e desenvolvimento local na Amazônia: o caso de Tucuruí (PA). *Encontro de Geógrafos da América Latina*, 2005b. v. 10.

ROCHA, G. M. *Todos convergem para o lago!* Hidrelétrica Tucuruí, municípios e territórios na Amazônia. Belém: Numa; UFPA, 2008. 245 p.

ROCHA, G. M. Usinas hidrelétricas e mudanças demográficas na Amazônia brasileira. *Nadir: Revista Eletrônica de Geografia Austral*, Chile, v. 7, n. 1, p. 1-12, 2015.

ROCHA, G. M.; PEREIRA, I. C. N. *População e recursos*: crescimento populacional e o uso dos recursos hídricos na cidade de Tucuruí/PA. [s.l.]: [s.n.], 2003.

RODRIGUES, A. B. M. *et al*. A. Análise multitemporal da supressão vegetal com o uso de georreferenciamento. *Revista Brasileira de Gestão Ambiental*, v. 14, n. 3, p. 286-293, 2020.

SANTOS, C. A emergência do Brasil profundo: o papel da Amazônia nesse processo. *Ciência Geográfica*, v. 24, p. 24, 2020.

SARTRE, X. A. de *et al*. Sustainable development policies and the spread of land-sharing practices – A statistical assessment in a frontier region of the Brazilian Amazon. *Journal of Rural Studies*, v. 48, p. 65-76, 2016.

SECRETO, M. V. A Ocupação dos espaços vazios no governo Vargas: do discurso do Rio Amazonas à saga dos soldados da borracha. *Revista Estudos Históricos*, v. 2, n. 40, p. 115-135, 2007.

SERÁFICO, J.; SERÁFICO, M. A Zona Franca de Manaus e o capitalismo no Brasil. *Estudos Avançados*, v. 19, p. 99-113, 2005.

SERRA, M. A.; FERNÁNDEZ, R. G. Perspectivas de desenvolvimento da Amazônia: motivos para o otimismo e para o pessimismo. *Economia e Sociedade*, v. 13, n. 2, p. 23, 2004.

SILVA JUNIOR, C. H.; PESSÔA, A. C.; CARVALHO, N. S.; REIS, J. B.; ANDERSON, L. O.; ARAGÃO, L. E. The Brazilian Amazon deforestation rate in 2020 is the greatest of the decade. *Nature ecology & evolution*, v. 5, n. 2, p. 144-145, 2021.

SILVA, J. B.; BATISTA, I. M. S. O 1º plano quinquenal de valorização econômica da Amazônia de 1955: educação para o desenvolvimento amazônico. *Revista Histedbr On-Line*, v. 15, n. 66, p. 56-72, 2015.

SILVA, R. O.; BARIONI, L. G.; MORAN, D. Fire, deforestation, and livestock: When the smoke clears. *Land Use Policy*, v. 100, p. 104949, 2021.

SOUSA, R. *et al*. Policies and regulations for Brazil's artisanal gold mining sector: analysis and recommendations. *Journal of Cleaner Production*, v. 19, n. 6-7, p. 742-750, 2011.

SOUZA, M. Transamazônica: integrar para não entregar. *Nova Revista Amazônica*, v. 8, n. 1, p. 133-152, 2020.

STABILE, M. C. *et al*. Solving Brazil's land use puzzle: increasing production and slowing Amazon deforestation. *Land Use Policy*, v. 91, p. 104362, 2020.

VALE, F. *et al*. Análise comparativa de indicadores de sustentabilidade entre os Estados da Amazônia Legal. *Sustentabilidade em Debate*, v. 9, p. 214-231, 2018.

Informação bibliográfica deste texto, conforme a NBR 6023:2018 da Associação Brasileira de Normas Técnicas (ABNT):

FARIAS, Monique Helen Cravo Soares; SOUSA, Alessandro Brito de; CARVALHO, André Cutrim; CAETANO, Hilda da Fonseca Duarte; MENDES, Juliana Bulgarelli; BENDAHAN, Lilian Rose Bitar T.; ANCHIETA JUNIOR, Vicente. Avanço da fronteira, desmatamento e governança na Região de Integração do Lago de Tucuruí (PA). *In*: LIMA, Edilberto Carlos Pontes (coord.). *Os Tribunais de Contas e a sustentabilidade*: governança e controle no enfrentamento das mudanças climáticas. Belo Horizonte: Fórum, 2025. p. 285-304. ISBN 978-65-5518-670-3. (Coleção Fórum IRB, v. 6). t. 2.

ECOFEMINISMO: A ESCASSEZ HÍDRICA E AS QUESTÕES DE GÊNERO NA AMAZÔNIA

NELCY RENATA SILVA DE SOUZA

AMANDA NICOLE AGUIAR DE OLIVEIRA

RUAN PATRICK TEIXEIRA DA COSTA

Introdução

A vida constitui um direito fundamental previsto na Constituição Federal de 1988, e um dos elementos que permite a manutenção da vida é a água. E, entre os variados tipos de água, está-se a se tratar da água potável destinada ao consumo humano.

O acesso à água segura, além de um direito fundamental humano, não está disponível na mesma proporção para mulheres, crianças, homens etc. No cenário nacional e internacional, discutem-se formas de como proporcionar o acesso a este recurso limitado e escasso.

Diante das mudanças climáticas, do aquecimento global e do desmatamento, o Brasil tem sofrido com a escassez hídrica mais severa, em especial, na Região Amazônica, apesar da exuberante floresta e por estar localizado um dos maiores aquíferos do mundo (Aquífero Guarani).

O presente estudo analisará o comportamento da escassez hídrica no contexto social amazônico relacionada às questões de gênero. Nesse sentido, a problemática da pesquisa é: de que maneira a escassez hídrica afeta mulheres e meninas da Amazônia?

A pesquisa justifica-se pela importância do elemento fundamental para a sobrevivência de toda vida na terra e da urgência dos direitos humanos à água no Brasil e no mundo, e do papel do Poder Público de elaborar políticas públicas que permitam o acesso à água potável necessária a preservação das condições de saúde e higiene da população, em especial de mulheres e meninas desde a Conferência de Dublin.

A crise hídrica vivenciada pelo mundo é complexa diante dos fatores políticos e econômicos, somando-se à questão cultural e social do uso da água. A crise da água é uma crise ecológica com diversas causas que agravam a desigualdade, entre as quais o papel da mulher e da menina assumidos como naturais na busca por água.

A igualdade de gênero também é um direito fundamental humano, e a desigualdade na identidade de gêneros está presente em todo o lugar e implica graves violações de direitos humanos.

A metodologia da pesquisa basear-se-á no método dedutivo; quanto aos meios, trata-se de pesquisa bibliográfica com o apoio de artigos científicos. A temática, quanto aos fins, será qualitativa.

1 O ecofeminismo

Na história, a maior parte das decisões era tomada por homens, cabendo na maior parte das vezes um papel secundário às mulheres, mais precisamente o cuidado doméstico e a criação dos filhos. Em meio a essa questão, surgiu o movimento feminista e, de acordo com as ideias de Camargo (2018, p. 268), trata-se de um movimento social que visa romper com a hierarquia masculina anteriormente imposta, pautando-se pela maior igualdade entre homens e mulheres no que diz respeito à participação no campo político, jurídico, econômico e social.

O movimento citado buscava (e ainda busca atualmente) garantir maior espaço para as mulheres nas diversas áreas da sociedade, em especial maior participação na vida pública, e, ainda, na linha das ideias de Camargo (2018, p. 268), o movimento feminista tinha o intuito de superar toda forma de discriminação, violência e exploração, sem vantagem de poder de um sexo ou de outro.

Na mesma linha, Candido *et al.* (2022, p. 2) aduz que o ecofeminismo incorpora o ponto de vista feminino às discussões em variadas questões que envolvem gênero e natureza, mas em distintos campos do conhecimento.

De forma contrária, a proposta, de forma geral, visa agregar saberes e condutas em prol de um presente e futuro digno para humanidade, com maior equidade entre homens e mulheres, visto que a mulher sempre esteve aquém de conquistas referentes à cidadania e equidade diante de direitos, se comparados aos dos homens, o que se evidencia, por exemplo, com as diferenças salariais e de acesso a cargos de chefia em organismos públicos e privados.

Sobre o assunto, Torres (2009, p. 166) aduz que o ecofeminismo denuncia todas as formas de opressão ao relacionar as dominações por raça, gênero, classe social, dominação da natureza, do outro (as ditas minorias: a mulher, a criança, o idoso, o indígena, a população LGBTQIA+), e propõe o resgate do ser a partir da convivência sem dominantes e dominados, pois visa à complementação e nunca à exploração entre as pessoas. Representa uma prática contemporânea que busca o rompimento com a visão dualista do mundo, certo ou errado, bem ou mal.

Sob o viés ambiental, de acordo com Camargo (2018, p. 272), o cenário está sendo alterado com a adesão cada vez maior de mulheres envolvidas em temas com rito de salientar seus direitos e, na seara ambiental, perpetuar a vida no planeta. Têm-se difundido, cada vez mais, círculos de mulheres que evocam sua relação com a natureza: são mulheres guardiãs da terra, das águas e dos biomas, com o firme propósito de resgatar a relação do feminino com a natureza e com as tradições culturais.

Sobre a convergência de movimentos ecológico e feminista, entende Torres (2009, p. 167) que isso contribui para alterar o relacionamento homem-mulher-natureza e se instaura, de forma silenciosa nas bases culturais existentes, como uma possibilidade de modificação da estrutura civilizacional. Ressalta-se que o ecofeminismo, como movimento teórico, social e político, não é algo que se restringe à mera associação das mulheres à natureza, até porque tal atitude representa um retrocesso à proposta do próprio movimento, que representa um modelo dualista de sociedade.

Raoni Cardoso (2024, p. 3) entende que essa luta das mulheres por mais igualdade de acesso às questões inter-relacionadas ao meio ambiente também é política, social e/ou cultural, e, por conta disso, tornam-se fatores constituidores do ser humano, seja o feminismo (a luta das mulheres pela igualdade de gênero), seja o ecofeminismo (a luta das mulheres na perspectiva da ecologia).

De acordo com Camargo (2018, p. 273), mulheres e natureza compartilham o sistema de opressão, além do que as mulheres são as que mais sofrem com os danos ambientais (inclusive, sem ter participado de decisões a respeito de projetos e planos que trouxeram lesões ambientais). Na vertente ecofeminista, todos os seres do planeta têm importância, aos moldes apregoados pela teoria do biocentrismo, desenhada por uma composição ética no cuidado do planeta.

Nessa mesma linha, aduz Flores (2022, p. 1-2), o movimento ecofeminista sustenta que a defesa do meio ambiente deve constituir parte essencial do movimento feminista. Os movimentos sociais atuais, especialmente de mulheres e de povos oprimidos ao longo da história, estão impulsionando a necessidade de se estabelecerem formas de bem-viver como alternativas de organizações sociais no Brasil e no mundo.

O fortalecimento das identidades locais e da busca pela justiça social, fraternidade econômica e sustentabilidade ambiental/ecológica como elementos norteadores da construção da sociedade com novos paradigmas de cooperação, partilha, respeito, cuidado, parceria e trabalhos em rede.

De acordo com Camargo (2018, p. 273), vários movimentos têm se espalhado pelo mundo e pelo Brasil, em que mulheres atuam nas áreas de saneamento, visando ao bem-estar do meio ambiente urbano, bem como na seara do meio ambiente do trabalho, em que aos poucos são levantadas as questões relativas à violência moral e sexual, pois em muitas situações as mulheres são as principais vítimas desse tipo de violência.

Existem outros grupos vulneráveis que também sofrem com as questões ambientais existentes. Para Camargo (2018, p. 275), questões complexas como acesso à água potável, saneamento básico, saúde e geração de energia impactam o meio ambiente em maior ou menor graus, e, nesse contexto, quase sempre as minorias sociais (como é o caso da mulher, comunidades indígenas, quilombolas, caiçaras) são as mais prejudicadas.

Flores (2022, p. 8) traz contribuição importante para os estudos sobre ecofeminismo, pois aduz que as mulheres perceberam o meio ambiente como um assunto importante que deveria estar presente nas causas de lutas, quando isso interferiu na segurança das esferas pessoal, no lar e na comunidade.

Nessa mesma linha, na década de 1970, destacou-se o Movimento das Mulheres Chipko, na Índia, representado pela atuação e voz de Vandana Shiva, física, escritora e ativista, que desde então atua na luta pela libertação da terra, como a própria libertação das mulheres e dos povos.

Por fim, os avanços sobre a maior equidade entre os sexos, para Camargo (2018, p. 275), desde a mais instruída das mulheres até a mais carente em termos econômicos, de alguma forma, mesmo sem a percepção pontual, em algum momento de suas vidas necessitarão do maior esclarecimento do papel da mulher na sociedade e a sua maior participação em setores estratégicos como a gestão da água, saneamento básico, visto que ainda são os homens que ocupam esses espaços participativos.

2 A afetação da crise hídrica às mulheres

No cenário brasileiro, segundo dados da PNAD – Pesquisa Nacional por Amostra de Domicílios do IBGE – Instituto Brasileiro de Geografia Estatística (2023), o número de mulheres é superior ao de homens, a população é composta por 48,9% de homens e 51,1 % de mulheres.

O aumento populacional no planeta também demanda o maior consumo de água, seja para uso próprio, seja para a produção industrial. E equacionar o consumo e o recurso limitado, como água, é um desafio dentro de um cenário de desenvolvimento sustentável.

Entre as medidas para mitigar a falta de desabastecimento, no Brasil, está a ativação e criação de reservatórios e barragens e o aumento da exploração de aquíferos, bem como a transposição de bacias hidrográficas mais distantes (CIRILO, 2015, p. 52).

Tais medidas não são viáveis, como explica Shiva (2016, p. 18), pois a modificação do curso natural das águas e o seu represamento causam danos às comunidades e às populações das localidades que sofrem a intervenção, bem como a mudança do ciclo hidrológico de outro ponto do planeta, "o uso crescente de combustíveis fósseis levou a poluição atmosférica e a mudança climática responsáveis pelas cheias, ciclones e secas recorrentes".

A Declaração de Dublin (1992) dispõe o seguinte:

> A água é parte vital ao meio ambiente e lar de várias formas de vida no qual o bem-estar dos seres humanos dependem. De forma essencial a interrupção destes fluxos tem reduzido a produtividade dos ecossistemas, devastando a piscicultura, agricultura e pastos, e marginalizando comunidades rurais que desses dependem.

No ano de 2019, a PNAD (TRATA BRASIL, 2022, p. 12) indicou que 34,9 milhões de mulheres eram responsáveis pelos seus lares, isto é, chefiavam a família. Naquele ano, foi a primeira vez que houve o registro da dedicação das brasileiras aos cuidados com pessoas e a trabalhos domésticos, bem como o tempo gasto nessas atividades.

Com isso, os dados da PNAD indicaram que 85,9% das brasileiras declararam terem se dedicado ao cuidado de pessoas que moravam na mesma casa, com as tarefas domésticas e o auxílio à saúde, educação, transporte ou lazer de crianças, idosos, enfermos ou pessoas com deficiência.

O nível de ocupação de mulheres com ou sem criança é respectivamente 54,6% e 67,2%, e ainda é superior ao dos homens, pois de forma natural ainda são relegados à mulher as tarefas do lar e o cuidado com os filhos, o que ocasiona o menor acesso à vida política e outras participações da vida pública, pois maior parte do tempo estão dedicadas à família.

De acordo com o IBGE (2023), as mulheres no Brasil são mais escolarizadas, porém possuem menor inserção no mercado de trabalho e na vida pública em geral.

E assegurar às mulheres igualdade de oportunidades nos processos de decisão é uma meta da Agenda 2030, dos Objetivos do Desenvolvimento Sustentável.

O tempo médio dedicado às tarefas do lar e o cuidado com outras pessoas da casa é maior entre as mulheres do que os homens. Em média, as mulheres ocupam 20,5 horas por semana em tais atividades, já os homens dedicam 10,6 horas. Estes valores são apenas médias, pois o maior tempo de dedicação resulta numa distribuição desigual de 71,1% do tempo total dedicado a cuidados de pessoas e trabalhos domésticos realizados em casa ou na moradia de parentes (TRATA BRASIL, 2022, p. 13).

Os desequilíbrios ambientais, como a crise hídrica, tendem a intensificar a desigualdade de gênero e a menor participação da mulher na vida pública e na elaboração de políticas. A pesquisa do Trata Brasil (2022), entre o período de 2016 a 2019, aponta que a população feminina brasileira foi a mais prejudica pela falta de água tratada, que em números saltou de 15,2 milhões para 15,8 milhões, além da ausência do serviço regular que eleva o número para 24,7 milhões de brasileiras.

Segundo Cirilo (2015, p. 47), "em grandes áreas do planeta enfrentando escassez de água, as pessoas, principalmente mulheres e crianças, têm que andar 10 km ou mais para obter um pouco de água para beber e cozinhar".

As críticas e os alertas sobre as mudanças climáticas não são recentes. Shiva (2016, p. 57) cita o relatório de 1994 do Painel Intergovernamental sobre Mudança Climática – IPCC, que advertiu o seguinte:

> Que muitas mudanças profundas haviam sido percebidas "incluindo um amento em algumas regiões da incidência de temperaturas extremamente elevadas, eventos, inundações e secas, com as consequências resultantes de incêndios, surtos de pragas e danos aos ecossistemas".

A ecofeminista explica ainda como sistemas econômicos não democráticos ou sistemas concentrados "causam a destruição de direitos aos recursos e a erosão dos controles democráticos sobre os recursos naturais" (SHIVA, 2016, p. 12), e que a globalização possui duas faces fascistas, a econômica e fundamentalista, nos seguintes dizeres: "Fascismo da globalização – o fascismo econômico que destrói os direitos das pessoas aos recursos disponíveis e o fascismo fundamentalista que se alimenta do deslocamento, da expropriação, da insegurança econômica e do medo das pessoas".

O primeiro relatório *O saneamento e a vida da mulher brasileira* foi lançado em 2018, e, segundo o Trata Brasil, baseou-se nas informações da Pesquisa Nacional Amostra de Domicílio Contínua (PNADC) do Instituto Brasileiro de Geografia Estatística – IBGE.

De acordo com o Trata Brasil (2022, p. 4):

> A pesquisa faz um recorte da população feminina para mostrar que a desigualdade de gênero está presente em todos os estágios da vida da mulher, com reflexos na vida pessoal e profissional. Além das atividades do dia a dia, as mulheres costumam ser as responsáveis pelas tarefas domésticas e os cuidados com a família e, ao serem afetadas por problemas relacionados ao saneamento, precisam se dedicar exclusivamente aos cuidados com a família. Com o bem-estar limitado, elas sofrem consequências na saúde, na educação e no tempo dedicado às atividades domésticas e econômicas.

O acesso universal ao abastecimento de água e coleta e tratamento de esgoto pode tirar 18 milhões de mulheres da situação de pobreza. Tratar a igualdade de gênero é um desafio em quase todos os países do mundo, conforme se propõe o Objetivo do Desenvolvimento Sustentável – ODS 5, que busca alcançar a igualdade de gênero e capacitar todas as mulheres e meninas; e o ODS 6, que trata de água limpa e saneamento, de acordo com a Organização das Nações Unidas pelo Informe ODS (ONU, 2022, p. 12).

O Brasil integra, desde 2012, segundo o IBGE (2021), o Grupo Interinstitucional de Peritos em Estatísticas de Gênero (*Inter-Agency and Expert Group on Gender Statistics* – IAEG-GS), sob coordenação da Divisão de Estatísticas das Nações Unidas – UNSD, e tem por objetivo a discussão sobre desigualdades de gênero e o fortalecimento da produção de informações para a temática.

Nesse sentido, segundo o IBGE (2021, p. 2):

> Esse trabalho mostra não somente a transversalidade e a multidimensionalidade que abarca o estudo das desigualdades de gênero, como também a importância de tornar o alcance da efetiva igualdade de gênero e empoderamento de mulheres e meninas uma meta a ser alcançada em diversas frentes para um desenvolvimento sustentável "sem deixar ninguém para trás.

Ademais, foi elaborado um Conjunto Mínimo de Indicadores de Gênero – CMIG, que norteia a organização dos indicadores informativos de estatísticas de gênero elaborados pelo IBGE.

O pesquisador Léo Heller (relator do direito humano à água e ao esgotamento sanitário) destaca a complexidade de se ter indicadores sobre o acesso à água e o esgotamento sanitário por ter outros elementos que também representam o usufruto dos direitos humanos. Mais de 733 milhões de pessoas vivem em países com alto níveis de estresse hídrico.

Segundo o Trata Brasil (2022, p. 20), em 2019, 15,8 milhões de mulheres (ou 14,6% da população) declararam não receber água tratada em suas moradias. Um déficit nos serviços de saneamento que se elevaram nas regiões Norte (40,7% da população) e Nordeste (19,8% da população).

A figura a seguir mostra as regiões do país com maior risco. Na Região Norte, há estados com déficits de acesso à água tratada relativamente baixos, como foram os casos de Roraima (11,6% da população), Tocantins (16,4% da população) e Amazonas (26,1% da população), e há aqueles com déficits relativamente elevados – Rondônia (54,7% da população), Pará (50,1% da população), Acre (43,1% da população) e Amapá (44,8% da população).

Figura 1 – Mapa de risco hídrico no Brasil

Fonte: Neowater Eficiência Hídrica (2022).

A respeito do abastecimento de água, de acordo com a PNAD (IBGE, 2023, p. 4), a Região Norte apresentou os maiores percentuais de domicílios em que a principal fonte de abastecimento de água são poços profundos ou artesiano (23,2%), ou poço raso, freático ou cacimba (11,0%). A seguir, a figura com o número de mulheres sem atendimento ao abastecimento de água por rede no ano de 2019.

Figura 2 – Mapa de mulheres sem abastecimento de água

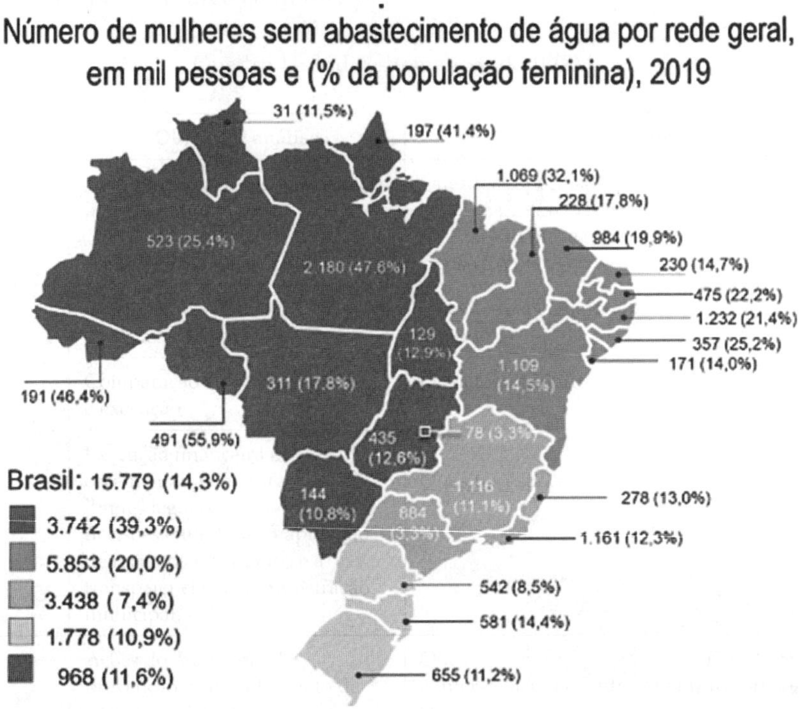

Fonte: Trata Brasil (2022).

Outro ponto a destacar, além da falta de acesso à água e a crise hídrica, há também a falta de regularização no fornecimento de água tratada, que também afeta a qualidade de vida da população e pode ser tão danosa quanto a própria falta de água, uma vez que a privação ainda que temporária tem consequência à saúde, à alimentação, higiene e em especial o dispêndio de tempo de mulheres e meninas na busca por água.

Para o panorama internacional, se o ritmo do planeta continuar da forma que se encontra, de acordo com a ONU (2022, p. 13), até 2030 será 1,6 bilhão de pessoas que não poderá contar com água potável.

Para Shiva (2016, p. 32), ao explicar a escassez hídrica em relação às mulheres em países em desenvolvimento, diz o seguinte:

> Para as mulheres do Terceiro Mundo, a escassez significa ter que viajar por distâncias mais longas em busca de água. Para os camponeses, significa fome e miséria já que a seca destrói as suas colheitas. Para as crianças, significa desidratação e morte. Simplesmente, não há substituto para esse precioso líquido, necessário para a sobrevivência biológica de animais e plantas.

Com a evidente crise hídrica, os números de conflitos aumentarão pela disputa e domínio das águas, algo que já acontece há muitos anos, por exemplo, na região da Ásia, na Índia; no Oriente Médio, em Israel.

De acordo com Cirilo (2015, p. 47), "a Organização das Nações Unidas sugere que há cerca de 300 conflitos potenciais severos associados à questão hídrica, porque mais de 2 bilhões de pessoas no mundo carecem de acesso à água potável".

Na obra *Guerra por* águas, por Vandana Shiva (2016, p. 10):

> Guerras paradigmáticas por causa da água estão ocorrendo em todas as sociedades, a leste e oeste, norte e sul. Nesse sentido, guerras por água são guerras globais, com culturas e ecossistemas diferentes, compartilhando a ética universal da água como uma necessidade ecológica, em oposição a uma cultura corporativa de privatização, ganância e o cerco das águas públicas. Num dos lados dessas disputas ecológicas e guerras paradigmáticas estão milhões de espécies e bilhões de pessoas que buscam água suficiente para sua manutenção.

O Trata Brasil (2022, p. 5), também com base na Pesquisa Nacional de Saúde (PNS) de 2019, identificou a ocorrência de 80,684 milhões de casos de afastamento de mulheres por doenças respiratórias ou de veiculação hídrica de suas atividades rotineiras, e que, desse total, 32,521 milhões ficaram acamadas em razão dessas infecções. Neste cenário de escassez e precariedade de acesso à água, o sexo feminino é um dos mais afetados.

3 A escassez hídrica na Região da Amazônia

A Declaração de Dublin, de 1992, corresponde a um documento internacional que trata a escassez e o mau uso da água doce, os quais são fatores de grande risco ao desenvolvimento sustentável, à preservação e à proteção do meio ambiente.

Na referida declaração, é expresso que os problemas da escassez não são de natureza abstrata e que afetação não está para um futuro distante e que são parte do presente e atingem a humanidade, e a sobrevivência do ser humano demanda medida efetiva e imediata.

Assim, a Declaração de Dublin, ao tratar de água e desenvolvimento sustentável, traz as informações dos princípios norteadores, dos quais se destaca o Princípio nº 3, que dispõe o seguinte:

> *Princípio nº 3 – As mulheres formam papel principal na provisão, gerenciamento e proteção da* água. Este papel de pivô que as mulheres desempenham, como provedoras e usuárias da água e guardiãs do ambiente diário não tem sido refletido na estrutura institucional para o desenvolvimento e gerenciamento dos recursos hídricos. A aceitação e implementação deste princípio exige políticas positivas para atender as necessidades específicas das mulheres e equipar e capacitar mulheres para participar em todos os níveis dos programas de recursos hídricos, incluindo tomada de decisões e implementação, de modo definido por elas próprias. (Grifos nossos)

Nota-se que, ao contrário do que dispõe a Declaração de Dublin, a mulher acaba por não exercer o papel fundamental para o gerenciamento dos recursos hídricos, por conta de um contexto explicado anteriormente pelo ecofeminismo.

No ano 2000, foram estabelecidas as 8 (oito) metas do milênio até 2015, entre as quais, a promoção da igualdade de gênero. Com o fim estabelecido, as Nações Unidas definiram uma nova agenda com os 17 (dezessete) ODS, em que o 5º trata da igualdade de gênero e o 6º (sexto), água potável e saneamento.

A respeito do 5º objetivo, sobre a igualdade de gênero, apreende-se, da discussão feita até o presente momento, que a mulher de forma geral já é excluída ou relegada a papéis menores no debate produtivo e político, o que não necessariamente está relacionado à dualidade homem/mulher, mas à ausência de oportunidades mais igualitárias para esses acessos. Isso também se reflete nas questões ambientais e hídricas, pois as mulheres fazem parte dos grupos mais vulneráveis aos problemas ocasionados pela ausência de uma política de saneamento básico.

A respeito do 6º objetivo, que, embora tenha mais pertinência à questão hídrica e saneamento básico, também atinge em maior grau os grupos vulneráveis, como mulheres, crianças e idosos, por exemplo, visto que são grupos humanos tidos como minorias, mas necessariamente sob o fato de serem agrupamentos de maior ou menor número, mas que possuem maior dificuldade de acesso a esses direitos, muito ocasionado pela estrutura estatal existente, de exclusão ou de acesso limitado aos serviços básicos ofertados pelo Estado, o que de certa forma se coaduna com os temas tratados até aqui sobre ecofeminismo.

Passada a breve exposição sobre alguns dos objetivos do desenvolvimento sustentável e de importante relevância para o presente estudo, Cirilo (2015, p. 50) aduz que os maiores desafios do Brasil nas ações para a crise hídrica são diminuir os efeitos com ações de curto prazo e reduzir em longo prazo a vulnerabilidade da sociedade para o convívio com o fenômeno, que é decorrente em parte do clima.

O Brasil, por conta da dimensão continental da biodiversidade e do clima e das diferenças regionais, apresenta eventos extremos opostos nas suas diversas regiões. Nos anos de 2014 e 2015, Cirilo (2015, p. 55 e 57) destacou a seca em São Paulo e as cheias na Amazônia. Entretanto, indicou que as informações do relatório do IPCC de 2014 para América do Sul: "Indicam que mudanças climáticas mais intensas para o final do século XXI, em relação ao clima atual, vão acontecer na região tropical, em particular na Amazônia e Nordeste. Essas duas regiões, portanto, são as mais vulneráveis do Brasil às mudanças de clima".

Antes de completar dez anos do relatório citado por Cirilo (2015), a Região Amazônica desde o ano de 2023 vem sofrendo com as altas temperaturas e as secas dos rios, que têm ocasionado maiores transtornos com a falta de água potável, alimentos e serviços e doenças, entre outros agravos com a crise hídrica instaurada.

O Trata Brasil (2022, p. 22; 34) identificou que "os déficits de acesso à água tratada foram relativamente maiores nas populações de mulheres autodeclaradas pardas e indígenas". Em análise, algumas relações possibilitaram identificar perfis de mulheres mais prováveis de privação e também impactos diretos sobre a saúde, decorrentes de processos ambientais desencadeados pela seca. E áreas de desertificação e/ou secas, em que a água, para atender às necessidades domésticas, ainda é, em algumas localidades, buscada em latas na cabeça pelas mulheres e crianças em longas distâncias. Este cenário é agravado por insuficiência de políticas públicas estruturadas que cuidem da questão hídrica, agravada pelas mudanças climáticas, de forma justa e equitativa.

Também se observa que a crise hídrica é a falta de priorização de recursos humanos e financeiros destinados ao cuidado com as águas, desperdícios, má gestão e falta de governança.

Apesar de precariedades, há organizações sociais que têm buscado alternativa de melhorais quanto ao abastecimento, a exemplo o Instituto de Desenvolvimento

Sustentável Mamirauá (2012), nas tratativas da escassez de água na Amazônia, na construção de pequenos reservatórios para armazenamento da água da chuva, uma vez que há esforço físico de carregar água do rio num percurso de mais de 1 km enfrentado por comunidades ribeirinhas, pois na maior bacia hidrográfica do Brasil ainda há o desafio de dar acesso à água e realizar o abastecimento.

Neste sentido, Shiva (2016, p. 141) esclareceu que a escassez e abundância não são decorrentes da natureza, mas produtos das culturas das águas, que desperdiçam ou destroem a rede do ciclo hidrológico.

O Instituto Nacional de Pesquisas Espaciais – Inpe e o Instituto Nacional de Meteorologia – Inmet, em nota conjunta (2023) para o *El Niño* 2023 (fenômeno de aquecimento anômalo da temperatura da superfície do mar na região do Oceano Pacífico equatorial), informa que a Costa Oeste da América do Sul pode apresentar anomalias de temperatura variando entre 0,5º C e 3ºC, e que a Região Norte pode sofrer com os principais efeitos do fenômeno, como secas moderadas a intensas no Norte e Leste da Amazônia e aumento da probabilidade de incêndios florestais, em especial, em áreas degradadas.

O Painel Intergovernamental sobre a Mudança do Clima, do qual o Brasil faz parte, no 6º (sexto) Relatório para o Clima, trouxe o alerta para as alterações e implicações do clima para futuro, e que o aquecimento global traz sérios riscos para a vida na Terra, caso haja variação de 1,5ºC (IPCC, 2023, p. 33-34), veja-se:

> Com o aumento do aquecimento global, prevê-se que todas as regiões experimentem cada vez mais múltiplas mudanças nos fatores de impacto climático. Aumentos no calor e diminuições nos fatores de impacto climáticos frios, como temperaturas extremas, são projetadas em todas as regiões (alta confiança). Com um aquecimento global de 1,5ºC, fortes. Prevê-se que os eventos de precipitação e inundações se intensifiquem e se tornem mais frequentes na maioria das regiões do mundo. (Tradução nossa)

Na Amazônia, os meses de agosto a outubro são chamados de "verão amazônico", tradicionalmente seco, mas no ano de 2023, pelas informações do relatório do clima e a realidade noticiada nos *sites* brasileiros, o cenário agravou-se e a estiagem instalou-se de forma mais rápida. O monitoramento feito pelo Instituto Mamirauá informa a situação de risco e catástrofe (AGÊNCIA PÚBLICA, 2023).

Segundo o *site* de notícias Agência Brasil (2023), a seca na Amazônia tem atingido especialmente moradores das zonas ribeirinhas e rurais, que estão com dificuldade de acesso à água potável e alimento. De acordo com os estudos elaborados por pesquisas do World Weather Attribution (WWA) junto ao Ministério da Ciência, Tecnologia e Inovação – MCTI (2024), a seca severa na Amazônia tem relação com as mudanças climáticas.

Os fenômenos atmosféricos são potencializados pelo aquecimento global. A degradação ambiental em nível global, regional e local ocasiona instabilidade social, política e econômica (MAGALHÃES, 2023, p. 698), além de afetar toda a estrutura energética dos estados, os recursos naturais, a agricultura, o abastecimento de água, a produção de alimentos e animais, além de agravar populações vulneráveis.

As alterações climáticas têm impactado os processos de desertificação e deterioração do solo. Para tanto, Magalhães (2023, p. 694) explica que se trata de um "multiplicador de ameaças que catalisa a escassez de água e de alimentos, as pandemias e os deslocamento".

Desde o ano de 2010, a Região Amazônica não tinha vivenciado uma seca severa como a que ocorreu em 2023 e 2024, pois não envolve apenas o fenômeno natural (*El Niño* e *La Niña*), mas a combinação do fator natural com as ações humanas que modificam o ciclo natural da água e que provocam redução de chuvas e o aumento da temperatura (ZOGAHIB *et al.*, 2024, p. 2).

A realidade das comunidades tradicionais que vivem na zona rural da cidade de Manaus/AM e dos municípios do interior no Estado do Amazonas é de uso direto do rio e/ou igarapé sem ou com pouco tratamento da água, desde o uso para beber, como a plantação, a criação de animais entre outros (ALES *et al.*, 2019, p. 9), e a única forma de tratar a água é o uso aleatório de hipoclorito de sódio.

O impacto socioambiental atinge todos, inclusive as populações e/ou comunidades ribeirinhas, quilombolas, periféricas e indígenas, que já vivenciam situações de vulnerabilidade e que são agravadas com falta de água potável, como as doenças de veiculação hídrica, a dificuldade de locomoção pelos rios secos, maior distância para captar água (por mulheres crianças e idosos), baixa produção de alimentos e da pesca (ZOGAHIB *et al.*, 2024, p. 2).

Dessa maneira, as intensificações das mudanças climáticas tendem a trazer mais gravidades associadas a outros fatores econômicos, políticos e sociais, e, no presente estudo, em relação às mulheres verificadas à luz do ecofeminismo, em que a mulher e a natureza ainda compartilham da opressão dos danos ambientais e discrepância das desigualdades em questão de gênero e a falta da participação nos espaços de tomada de decisão e da gestão recursos naturais.

Considerações finais

A problemática que instigou esta pesquisa foi compreender como a escassez hídrica afeta mulheres na Amazônia. Os problemas socioambientais contribuem para o aumento das desigualdades entre homens e mulheres no Brasil, partindo-se das informações das ocupações com afazeres domésticos e de um contexto histórico, político-cultural.

Os objetivos foram cumpridos à medida que se analisou a legislação, a bibliografia e a produção científica sobre a temática. Os resultados obtidos identificaram os desafios de colocar as mulheres em situação de igualdade, como o mercado de trabalho e os espaços de tomadas de decisão, que ainda apresentam pouca representatividade das mulheres, em decorrência da responsabilidade dos afazeres domésticos e cuidados dispensados a parentes, a qual constitui um limitador que tende a reduzir a ocupação de mulheres ou direcioná-las para ocupações menos remuneradas.

Ademais, a crise hídrica fomentada pelas mudanças climáticas também constitui um elemento para aumentar a discrepância na desigualdade, uma vez que, além da ocupação com as atividades domésticas, é a mulher que se desloca para grandes distâncias em busca de água. A água é recurso fundamental para a manutenção e sobrevivência da humanidade e de todos os ecossistemas do planeta, além de ser um elemento para o processo de produção (não) industrial. Conclui-se que ainda é um desafio para o Brasil e para mulheres que os princípios de documentos internacionais sejam colocados em prática, e que as medidas para ampliar o acesso à água e/ou seu abastecimento às mulheres inicia com a participação destas nos espaços de decisão e gestão de recursos naturais.

Referências

AGÊNCIA BRASIL. *Manaus decreta emergência por causa da seca no Rio Negro.* 28 set. 2023. Disponível em: https://agenciabrasil.ebc.com.br/geral/noticia/2023-09/manaus-decreta-emergencia-por-causa-da-seca-que-afeta-o-rio-negro. Acesso em: 5 out. 2024.

AGÊNCIA PÚBLICA. *Aquecimento anormal do Atlântico agrava seca na Amazônia e traz riscos 'imprevisíveis'.* 3 out. 2023. Disponível em: https://apublica.org/2023/10/aquecimento-anormal-do-atlantico-agrava-seca-na-amazonia-e-traz-riscos-imprevisiveis/. Acesso em: 5 out. 2024.

ALES, K. R. B. *et al.* Filtro para remoção de contaminantes emergentes e microrganismo para água potável. *In*: CONGRESSO BRASILEIRO DE ENGENHARIA SANITÁRIA E AMBIENTAL, 30º, 2019, Natal. Água: Abastecimento, tratamento e distribuição. 2019. Natal: [s.n.], 2019. p. 1-11. Disponível em: https://abes-dn.org.br/anaiseletronicos/45_Download/TrabalhosCompletosPDF/I-334.pdf. Acesso em: 26 jan. 2025.

BRASIL. *Constituição da República Federativa do Brasil*: promulgada em 5 de outubro de 1988. Disponível em: https://www.planalto.gov.br/ccivil_03/constituicao/constituicaocompilado.htm. Acesso em: 30 set. 2024.

CAMARGO, E. O ecofeminismo e a participação das mulheres na gestão das águas. *Labor e Engenho*, Campinas, v. 12, n. 3, p. 267-278, 2018. DOI: 10.20396/labore.v12i3.8653151. Disponível em: https://periodicos.sbu.unicamp.br/ojs/index.php/labore/article/view/8653151. Acesso em: 20 set. 2024.

CÂNDIDO, Gilberto Gomes et al. O ecofeminismo como perspectiva em pesquisas científicas. *Liinc em Revista*, Rio de Janeiro, v. 18, n. 1, p. 1-13, maio 2022. Disponível em: https://revista.ibict.br/liinc/article/view/5912. Acesso em: 30 jan. 2025.

CARDOSO, Brenda Roani; SALVARO, Giovana Ilka Jacinto. Ecofeminismo, mulheres e cuidados: Produção de sujeitos e subjetividades. *Revista de Psicologia*, v. 15, p. e024001, 2024. DOI: 10.36517/revpsiufc.15.2024.e024001. Disponível em: http://periodicos.ufc.br/psicologiaufc/article/view/91640. Acesso em: 30 jan. 2025.

CIRILO, José Almir. Crise Hídrica: desafios e superação. *Revista USP*, São Paulo, n. 106. p. 45-58, jul./set. 2015. Disponível em: file:///C:/Users/Krishina/Downloads/110102-Texto%20do%20artigo-197692-1-10-20160121.pdf. Acesso em: 28 nov. 2024.

DECLARAÇÃO DE DUBLIN. Disponível em: http://www.meioambiente.uerj.br/emrevista/documentos/dublin.htm. Acesso em: 4 jan. 2025.

FLORES, B. F. Ecofeminismo e comunidades indígenas: rumo à cultura de sustentabilidade ambiental e reconhecimento das identidades locais para enfrentamento de crises globais. *Sustentabilidade: Diálogos Interdisciplinares*, v. 3, p. 1-23, 2022. DOI: 10.24220/2675-7885v3e2022a5531. Disponível em: https://periodicos.puc-campinas.edu.br/sustentabilidade/article/view/5531. Acesso em: 30 nov. 2024.

INPE; INMET. *Nota Conjunta Inpe/INMET 2023.* Situação do fenômeno El Niño no oceano Pacífico equatorial em junho de 2023. Disponível em: https://clima.cptec.inpe.br/gpc/pdf/situacao-El-Nino-Junho-2023.pdf?. Acesso em: 5 nov. 2024.

INSTITUTO BRASILEIRO DE GEOGRAFIA ESTATÍSTICA – IBGE. *Estatísticas de Gênero.* Indicadores sociais das mulheres no Brasil. 2. ed. Estudos e Pesquisas. Informação Demográfica e Socioeconômica, n. 38, 2021. Disponível em: https://biblioteca.ibge.gov.br/visualizacao/livros/liv101784_informativo.pdf. Acesso em: 30 set. 2023.

INSTITUTO BRASILEIRO DE GEOGRAFIA ESTATÍSTICA – IBGE. *Informativo PNAD Contínua.* Características Gerais dos Domicílios e dos moradores 2022. Disponível em: https://biblioteca.ibge.gov.br/visualizacao/livros/liv102004_informativo.pdf. Acesso em: 4 jan. 2025.

INSTITUTO DE DESENVOLVIMENTO SUSTENTÁVEL MAMIRAUÁ. *Instituto Mamirauá instala sistema de abastecimento de água em mais uma comunidade da Reserva Mamirauá.* Disponível em: https://mamiraua.org.br/noticias/instituto-mamiraua-instala-sistema-de-abastecimento-de-agua-em-mais-uma-comunidade-da-reserva-mamiraua. Acesso em: 4 jan. 2025.

INSTITUTO TRATA BRASIL. *O saneamento e a vida da mulher brasileira 2022.* Disponível em: https://tratabrasil.org.br/wp-content/uploads/2022/09/Relatorio_Completo_-_2022.pdf. Acesso em: 4 jan. 2025.

IPCC – PAINEL INTERGOVERNAMENTAL SOBRE A MUDANÇA DO CLIMA. *Sythesis Report of the IPCC Sixth Assessment Report.* (AR6). Disponível em: https://brasil.un.org/sites/default/files/2023-04/IPCC_AR6_SYR_LongerReport.pdf. Acesso em: 4 jan. 2025.

MAGALHÃES, Bruno. Mudanças climáticas, defesa e migração: uma agenda emergente no Norte Global. *Rev. Esc. Guerra Nav.*, Rio de Janeiro, v. 29, n. 3, p. 682-708, set./dez. 2023. Disponível em: https://www.portaldeperiodicos.marinha.mil.br/index.php/revistadaegn/article/view/5359/5173. Acesso em: 22 dez. 2024.

MCTI – MINISTÉRIO DA CIÊNCIA, TECNOLOGIA E INOVAÇÃO. *Seca histórica na Amazônia 2023 foi de 30 vezes mais provável devido à mudança do clima.* Ciência e Tecnologia. 24 jan. 2024. Disponível em: https://www.gov.br/mcti/pt-br/acompanhe-o-mcti/noticias/2024/01/seca-historica-na-amazonia-2023-foi-30-vezes-mais-provavel-devido-a-mudanca-do-clima. Acesso em: 24 nov. 2024.

NEOWATER EFICIÊNCIA HÍDRICA. *Disponibilidade hídrica*: quais locais são mais suscetíveis à falta de água no Brasil? Disponível em: https://www.neowater.com.br/post/estresse-hidrico. Acesso em: 4 jan. 205.

ORGANIZAÇÃO DAS NAÇÕES UNIDAS – ONU. *Informe de los Objetivos de Desarrollo Sostenible 2022.* Disponível em: https://unstats.un.org/sdgs/report/2022/The-Sustainable-Development-Goals-Report-2022_Spanish.pdf. Acesso em: 4 jan. 2025.

SHIVA, Vandana. *Guerras por água*: privatização, poluição e lucro. Tradução de Georges Kormikiaris. São Paulo: Radical Livros, 2006.

TORRES, Maximiliano. O ecofeminismo: um termo novo para um saber antigo. *Terceira Margem*, Rio de Janeiro, n. 20, p. 157-175, jan./jul. 2009. Disponível em: https://revistas.ufrj.br/index.php/tm/article/view/11043/8059. Acesso em: 30 jan. 2025.

ZOGAHIB, A. L. N. *et al.* Climate changes and its impacts on cities: case study of characteristics of the drought in the State of Amazonas, Brazil. *Research, Society and Development*, v. 13, n. 9, p. e9913946940, 2024. DOI: 10.33448/rsd-v13i9.46940. Disponível em: https://rsdjournal.org/index.php/rsd/article/view/46940. Acesso em: 27 dez. 2024.

Informação bibliográfica deste texto, conforme a NBR 6023:2018 da Associação Brasileira de Normas Técnicas (ABNT):

SOUZA, Nelcy Renata Silva de; OLIVEIRA, Amanda Nicole Aguiar de; COSTA, Ruan Patrick Teixeira da. Ecofeminismo: a escassez hídrica e as questões de gênero na Amazônia. *In*: LIMA, Edilberto Carlos Pontes (coord.). *Os Tribunais de Contas e a sustentabilidade*: governança e controle no enfrentamento das mudanças climáticas. Belo Horizonte: Fórum, 2025. p. 305-318. ISBN 978-65-5518-670-3. (Coleção Fórum IRB, v. 6). t. 2.

COMPRAS GOVERNAMENTAIS SUSTENTÁVEIS: O PAPEL DOS TRIBUNAIS DE CONTAS NA FISCALIZAÇÃO DE CRITÉRIOS AMBIENTAIS

RAFAELLA CHRISTINA GOMES

Introdução

A crescente preocupação com as mudanças climáticas e a degradação ambiental tem impulsionado a adoção de práticas sustentáveis em diversas esferas, incluindo a Administração Pública. As compras governamentais representam uma parcela significativa do consumo de bens e serviços, posicionando o Estado como um potencial indutor de práticas sustentáveis. Nesse contexto, os Tribunais de Contas desempenham um papel crucial na fiscalização e controle da incorporação de critérios ambientais nos processos de aquisição pública, assegurando a conformidade com a legislação vigente e promovendo a eficiência e a responsabilidade socioambiental.

Nesse sentido, o presente capítulo explora o papel estratégico dos Tribunais de Contas na promoção de práticas sustentáveis por meio da fiscalização de compras governamentais. A inclusão de critérios de sustentabilidade nos editais e contratos públicos é analisada como ferramenta essencial para reduzir impactos ambientais, fomentar a economia verde e alinhar as políticas públicas às metas climáticas globais.

O texto discute ferramentas de controle como indicadores e métricas de susten tabilidade, auditorias baseadas em riscos e o uso de tecnologias avançadas, além de apresentar estudos de caso e recomendações para aprimorar a fiscalização.

Dessa forma, reforça-se a necessidade de capacitação contínua e da integração de critérios socioambientais nas aquisições públicas para promover uma Administração Pública mais responsável e eficiente no enfrentamento das mudanças climáticas.

1 Consumo sustentável na Administração Pública

O consumo sustentável na Administração Pública[1] refere-se à adoção de práticas de aquisição e uso de bens e serviços que atendam às necessidades institucionais, minimizando impactos ambientais negativos e promovendo benefícios sociais e econômicos. Isso inclui a preferência por produtos recicláveis, com menor pegada de carbono, eficiência energética e origem responsável. A implementação de tais práticas contribui para a redução de resíduos, economia de recursos naturais e incentivo ao mercado de produtos sustentáveis. Essa abordagem é fundamental para impulsionar uma economia verde e garantir o cumprimento de metas climáticas globais. A Administração Pública, como grande consumidora de bens e serviços, tem um papel estratégico em influenciar mercados e promover a sustentabilidade.

Há vários aspectos do consumo sustentável na Administração Pública, sendo os principais: (i) compras públicas sustentáveis (CPS), ou seja, a integração de critérios ambientais, sociais e econômicos nos processos de aquisição de bens e serviços. A preferência por produtos reciclados, biodegradáveis ou com menor pegada de carbono e a contratação de fornecedores que adotem práticas éticas e sustentáveis são exemplos; (ii) eficiência no uso de recursos, ou seja, a redução do consumo de energia, água e outros insumos. Pode-se citar, como exemplo, a adoção de tecnologias e práticas que minimizem o desperdício, como iluminação LED, sistemas de reaproveitamento de água e digitalização de processos; (iii) gestão de resíduos, isso significa a implementação de políticas para reduzir, reutilizar e reciclar resíduos gerados. Por ex.: a criação de programas para destinação correta de resíduos eletrônicos, papel e outros materiais; (iv) incentivo à economia circular, ou seja, promoção de práticas que prolonguem o ciclo de vida dos produtos, como manutenção, conserto e reaproveitamento, bem como o estímulo a cadeias produtivas que minimizem a extração de recursos naturais; (v) transparência e responsabilidade, monitoramento e divulgação de dados sobre o impacto ambiental das atividades administrativas e o envolvimento de servidores públicos em ações de conscientização e treinamento para práticas sustentáveis; e (vi) fomento ao desenvolvimento local, ou seja, a priorização de fornecedores locais e pequenos produtores que sigam critérios de sustentabilidade, bem como o incentivo a práticas inclusivas e geração de emprego em comunidades vulneráveis.[2]

Importante se faz destacar que o consumo sustentável na Administração Pública apresenta muitos benefícios, como a redução de custos, em que o uso eficiente de recursos pode diminuir despesas com energia, água e materiais, como visto linhas atrás. O alinhamento com políticas e legislações ambientais, como a Lei nº 12.305/2010[3] (Política Nacional de Resíduos Sólidos) e a Lei nº 8.666/1993 (Lei de Licitações e Contratos)[4] também é um benefício. Outro é que a Administração Pública, ao atuar como modelo

---

[1] COSTA, Bruno Barzellay Ferreira da; MOTTA, Ana Lúcia Torres Seroa da. O papel da administração pública no fomento ao consumo e produção sustentáveis. *Revista Tecnologia e Sociedade*, v. 16, n. 40, 2020.

[2] ZIMMERMANN, Luiza. A Administração Pública e o consumo sustentável. *Revista da AGU*, v. 12, n. 35, 2013. Disponível em: https://revistaagu.agu.gov.br/index.php/AGU/article/view/60. Acesso em: 8 jan. 2025.

[3] BRASIL. Lei n. 12.305, de 2 de agosto de 2010. Institui a Política Nacional de Resíduos Sólidos e dá outras providências. *Diário Oficial da União*, Brasília, DF, 3 ago. 2010.

[4] BRASIL. Lei n. 8.666, de 21 de junho de 1993. Regulamenta o art. 37, inciso XXI, da Constituição Federal, institui normas para licitações e contratos da Administração Pública e dá outras providências. *Diário Oficial da União*, Brasília, DF, 22 jun. 1993.

de comportamento sustentável, influencia o setor privado e a população. Além disso, tem-se a diminuição da emissão de gases de efeito estufa, preservando os recursos naturais e reduzindo os resíduos.

Porém, há, também, desafios a serem superados quanto ao consumo sustentável na Administração Pública, pois falta capacitação e conscientização dos gestores públicos; há muita resistência ainda a mudanças em processos tradicionais; além da necessidade de adaptação dos mercados para atender às demandas por produtos e serviços sustentáveis.[5]

Enfim, o consumo sustentável na Administração Pública é uma estratégia essencial para alinhar a gestão governamental aos Objetivos de Desenvolvimento Sustentável (ODS) da Agenda 2030, promovendo um futuro mais equilibrado e responsável.

Com isso, podem-se utilizar vários critérios de sustentabilidade que podem ser adotados em editais e contratos públicos. Vejamos: (i) a Lei nº 14.133/2021 prevê que os editais de licitação devem estimular o uso de materiais recicláveis sempre que tecnicamente viável e economicamente vantajoso; (ii) critérios como a utilização de equipamentos com selo Procel de economia de energia é recomendada, conforme a Política Nacional de Mudanças Climáticas (Lei nº 12.187/2009); (iii) editais podem estabelecer a exigência de veículos que utilizem combustíveis menos poluentes ou mesmo fontes de energia renováveis, conforme incentivado pela Lei nº 12.305/2010, que institui a Política Nacional de Resíduos Sólidos; (iv) a exigência de selos como o FSC (*Forest Stewardship Council*) para produtos de madeira, ou ISO 14001 para processos, são práticas comuns que refletem a preocupação ambiental nos contratos públicos; (v) descrever obrigações contratuais específicas, como o uso de práticas ambientalmente corretas na execução dos serviços ou obras; (vi) solicitar um plano detalhado para o gerenciamento e destinação adequada de resíduos gerados durante a execução contratual; (vii) definir métricas claras para avaliação do cumprimento dos critérios de sustentabilidade, como redução de consumo de água e energia. Incluir penalidades para o não cumprimento de cláusulas relacionadas à sustentabilidade.[6]

Observa-se que esses critérios são aplicados para garantir que as compras públicas estejam alinhadas com os objetivos de sustentabilidade e responsabilidade socioambiental, fortalecendo o papel estratégico do Estado como indutor de boas práticas no mercado.

1.1 Políticas e legislação brasileira

No Brasil, a legislação estabelece diversas diretrizes para a promoção de compras públicas sustentáveis, reconhecendo o papel estratégico da Administração Pública na indução de práticas que favoreçam o desenvolvimento sustentável. Essas diretrizes integram aspectos ambientais, sociais e econômicos nos processos de aquisição e contratação de bens, serviços e obras.

---

5 ZIMMERMANN, Luiza. A Administração Pública e o consumo sustentável. *Revista da AGU*, v. 12, n. 35, 2013. Disponível em: https://revistaagu.agu.gov.br/index.php/AGU/article/view/60. Acesso em: 8 jan. 2025.

6 COGO, Giselle Alves da Rocha. *Critérios de sustentabilidade nas aquisições de bens e contratações de serviços da Gestão Pública Federal*. Dissertação (Mestrado em Engenharia de Produção) – Universidade Tecnológica Federal do Paraná (UTFPR), Ponta Grossa, 2015. Disponível em: http://repositorio.utfpr.edu.br/jspui/bitstream/1/1547/1/PG_PPGEP_M_Cogo%2C%20Giselle%20Alves%20da%20Rocha_2015.pdf. Acesso em: 8 jan. 2025.

A Lei nº 8.666/1993,[7] que institui normas para licitações e contratos da Administração Pública, já previa a possibilidade de inclusão de critérios ambientais nos processos licitatórios.

Posteriormente, a Lei nº 12.305/2010,[8] que institui a Política Nacional de Resíduos Sólidos, reforçou a importância da sustentabilidade nas aquisições governamentais.

Mais recentemente, a Lei nº 14.133/2021,[9] que substitui a Lei nº 8.666/1993, consolidou a obrigatoriedade de critérios de sustentabilidade nas contratações públicas, estabelecendo que as licitações devem considerar, sempre que possível, aspectos ambientais, sociais e de governança.

Além disso, iniciativas como a Agenda Ambiental na Administração Pública (A3P) promovem a adoção de práticas de sustentabilidade nos órgãos públicos, incentivando a implementação de programas de gestão ambiental e a capacitação de servidores.[10]

O marco legal brasileiro que orienta os critérios de sustentabilidade nas contratações públicas, como visto anteriormente, é amplo e abrange diversas legislações que reforçam a importância da sustentabilidade nas aquisições governamentais.[11] Entre os principais marcos legais destacam-se:

- Lei nº 8.666/1993: estabelece as normas gerais para licitações e contratos administrativos, permitindo a inclusão de critérios ambientais como fator de desempate em processos licitatórios (art. 3º, §2º, inc. V).
- Lei nº 12.187/2009: institui a Política Nacional sobre Mudança do Clima, incentivando a adoção de práticas e tecnologias que promovam a eficiência energética e a redução de emissões de gases de efeito estufa.
- Lei nº 12.305/2010: cria a Política Nacional de Resíduos Sólidos, incentivando a inclusão de critérios que priorizem materiais recicláveis e a redução de resíduos em contratações públicas.
- Decreto nº 7.746/2012: regulamenta o art. 3º da Lei nº 8.666/1993, dispondo sobre os critérios de sustentabilidade ambiental na aquisição de bens, contratação de serviços ou obras pela Administração Pública.
- Lei nº 14.133/2021: atualiza o marco legal das licitações e contratos administrativos, incorporando expressamente a necessidade de critérios de sustentabilidade em todas as fases do processo licitatório, desde o planejamento até a execução contratual (art. 11, inc. XII).
- Agenda Ambiental na Administração Pública (A3P): embora não seja uma norma legal, é uma iniciativa do Ministério do Meio Ambiente que promove práticas sustentáveis no âmbito da Administração Pública, orientando ações como o uso racional de recursos e a adoção de tecnologias limpas.

---

[7] BRASIL. Lei n. 8.666, de 21 de junho de 1993. Regulamenta o art. 37, inciso XXI, da Constituição Federal, institui normas para licitações e contratos da Administração Pública e dá outras providências. *Diário Oficial da União*, Brasília, DF, 22 jun. 1993.

[8] BRASIL. Lei n. 12.305, de 2 de agosto de 2010. Institui a Política Nacional de Resíduos Sólidos e dá outras providências. *Diário Oficial da União*, Brasília, DF, 3 ago. 2010.

[9] BRASIL. Lei n. 14.133, de 1º de abril de 2021. Dispõe sobre a nova Lei de Licitações e Contratos Administrativos. *Diário Oficial da União*, Brasília, DF, 1º abr. 2021.

[10] BRASIL. Ministério do Meio Ambiente. *Agenda Ambiental na Administração Pública (A3P)*. Disponível em: https://antigo.mma.gov.br/mma-em-numeros/a3p. Acesso em: 7 jan. 2025.

[11] BRASIL. Advocacia-Geral da União (AGU). Consultoria-Geral da União. *Cartilha Como Inserir Critérios de Sustentabilidade nas Contratações Públicas*. Brasília: AGU, dez. 2022.

Essas normas e iniciativas formam a base para que órgãos públicos incorporem critérios ambientais e sociais em suas contratações, alinhando-se às metas de sustentabilidade e contribuindo para o desenvolvimento sustentável do país.[12]

Observa-se que a legislação brasileira recomenda diversas práticas, sendo elas a definição de especificações técnicas que favoreçam produtos e serviços menos impactantes ao meio ambiente, preferência por produtos com selos ou certificações, como o ISO 14001 ou rótulos ecológicos, aquisição de equipamentos com baixo consumo de energia, como os classificados com o selo Procel, bem como a contratação de fornecedores que promovam inclusão social, trabalho decente e equidade de gênero.[13]

Nesse sentido, a legislação reforça o compromisso com os Objetivos de Desenvolvimento Sustentável (ODS), especialmente no que diz respeito à produção e consumo responsáveis (ODS 12).[14] Além disso, incentiva o setor público a ser um exemplo de sustentabilidade, influenciando mercados e contribuindo para a preservação ambiental e o desenvolvimento social.

2 O papel dos Tribunais de Contas na fiscalização

2.1 Auditoria de editais e contratos

Os Tribunais de Contas têm a responsabilidade de auditar os processos licitatórios e contratos administrativos, verificando a inclusão e a conformidade de critérios de sustentabilidade. Isso envolve a análise de editais para assegurar que exigências técnicas relacionadas à sustentabilidade estejam presentes e sejam pertinentes, bem como a verificação do cumprimento dessas exigências durante a execução contratual.

Por exemplo, o Tribunal de Contas da União (TCU) desempenha um papel fundamental na fiscalização e promoção das compras públicas sustentáveis no Brasil.[15] Desde 2013, o TCU tem monitorado e avaliado a adoção de práticas sustentáveis nos processos de aquisição e contratação na Administração Pública Federal, destacando a importância de alinhar as ações governamentais aos princípios de sustentabilidade previstos em lei.[16]

O TCU acompanha a aplicação de diretrizes sustentáveis nos processos de compras públicas e analisa a conformidade das licitações e contratações com a legislação, como a Lei nº 14.133/2021 e o Decreto nº 7.746/2012. Ademais, realiza auditorias para verificar se os órgãos públicos estão adotando critérios de sustentabilidade, como o uso de produtos recicláveis, eficiência energética e responsabilidade social.

O TCU emite recomendações e orientações técnicas para auxiliar os gestores públicos a implementar compras sustentáveis e promove capacitações e divulga boas

---

[12] BRASIL. Advocacia-Geral da União (AGU). Consultoria-Geral da União. *Cartilha Como Inserir Critérios de Sustentabilidade nas Contratações Públicas*. Brasília: AGU, dez. 2022.

[13] BRASIL. Advocacia-Geral da União (AGU). Consultoria-Geral da União. *Cartilha Como Inserir Critérios de Sustentabilidade nas Contratações Públicas*. Brasília: AGU, dez. 2022.

[14] NAÇÕES UNIDAS. *Objetivos de Desenvolvimento Sustentável*. Disponível em: https://brasil.un.org/pt-br/sdgs. Acesso em: 7 jan. 2025.

[15] COSTA, Caio César de Medeiros. *Compras públicas*: para além da economicidade. Brasília: Enap, 2019.

[16] BRASIL. Tribunal de Contas da União. *Sustentabilidade na Administração Pública Federal*. Brasília: TCU, Secretaria de Controle Externo da Agricultura e do Meio Ambiente (SecexAmbiental), 2017.

práticas, incentivando a adoção de critérios ambientais, sociais e econômicos nos processos de contratação.

O TCU também verifica a presença de especificações sustentáveis nos editais de licitação, como: o uso de materiais com menor impacto ambiental, a redução de resíduos e emissões de carbono, bem como a priorização de fornecedores que promovam inclusão social e boas condições de trabalho. Além disso, avalia o impacto dessas práticas na redução de custos, no cumprimento de metas ambientais e no fortalecimento de políticas públicas sustentáveis.

Nesse sentido, o Tribunal contribui para o aprimoramento das políticas de compras públicas sustentáveis ao identificar lacunas e propor ajustes legislativos e administrativos; e atua como um agente de mudança ao estimular a incorporação da sustentabilidade como eixo estratégico nas ações governamentais.

O portal do TCU apresenta um panorama das compras públicas sustentáveis na Administração Pública Federal desde 2013, fornecendo dados sobre a evolução dessas práticas. Os relatórios destacam os avanços, os desafios e as oportunidades para melhorar a integração da sustentabilidade nos processos de compras governamentais.[17]

O portal aponta como desafios persistentes a baixa capacitação técnica de gestores para elaborar editais sustentáveis, a falta de uniformidade na aplicação de critérios entre diferentes órgãos públicos e dificuldade de mensuração dos impactos positivos das práticas sustentáveis.

Diante disso, percebe-se que o monitoramento pelo TCU garante maior transparência nos processos de compras públicas e contribui para a eficiência no uso dos recursos públicos. Sua fiscalização incentiva a adoção de práticas que promovam o desenvolvimento sustentável, alinhadas aos Objetivos de Desenvolvimento Sustentável (ODS) da Agenda 2030. E, ao promover a sustentabilidade nas compras públicas, o TCU reforça o papel do Estado como indutor de mudanças positivas no mercado e na sociedade.

Resumindo, esse controle/monitoramento do TCU é realizado por meio das seguintes etapas:

1. Análise preventiva: avaliação dos editais antes de sua publicação para identificar a presença de cláusulas que assegurem práticas sustentáveis, como exigências de materiais recicláveis, eficiência energética e certificações ambientais.
2. Auditorias operacionais: realização de auditorias com foco em avaliar o desempenho de contratos em execução, verificando se os bens e serviços contratados cumprem os requisitos de sustentabilidade estabelecidos nos editais.
3. Monitoramento contínuo: uso de plataformas digitais, como o Comprasnet, para acompanhar o cumprimento dos critérios socioambientais em tempo real, identificando desvios e propondo ações corretivas.
4. Aplicação de penalidades: em casos de descumprimento das obrigações contratuais relacionadas à sustentabilidade, os Tribunais podem recomendar a aplicação de sanções administrativas, como multas ou suspensão do fornecedor.

[17] BRASIL. Tribunal de Contas da União. *Site traz panorama das compras públicas sustentáveis na Administração Pública Federal*. Disponível em: https://portal.tcu.gov.br/imprensa/noticias/site-traz-panorama-das-compras-publicas-sustentaveis.htm. Acesso em: 3 jan. 2025.

5. Emissão de recomendações: após as auditorias, os Tribunais de Contas elaboram relatórios com recomendações específicas para aprimorar os processos licitatórios e contratuais futuros, reforçando a integração de critérios ambientais.

Como verificado, esse processo garante que as contratações públicas estejam alinhadas às metas de sustentabilidade, promovendo a eficiência na aplicação dos recursos e a responsabilidade socioambiental.

Vejamos a tabela a seguir, com dados estatísticos e informações sobre os Tribunais de Contas e sua atuação na promoção de práticas sustentáveis.

Indicador	Dado	Fonte
Participação das compras públicas no PIB	9,4% do PIB nacional	Banco Mundial (2019)
Total de processos de compras (2022)	Aproximadamente 148 mil	Tribunal de Contas da União (TCU)
Valor total das compras públicas (2022)	R$ 163 bilhões	Tribunal de Contas da União (TCU)
Tribunais de Contas na Rede de Sustentabilidade	12 Tribunais de Contas estaduais e municipais	Conam
Energia solar no TCE-AM	1.988 painéis fotovoltaicos instalados	Tribunal de Contas do Estado do Amazonas (TCE-AM)
Site sobre compras públicas sustentáveis	Lançado em agosto de 2023	Tribunal de Contas da União (TCU)

Fonte: Elaborada pela autora.

Essa tabela destaca iniciativas e dados relevantes que demonstram como os Tribunais de Contas promovem a sustentabilidade em compras públicas.

A evolução dos indicadores de sustentabilidade nas aquisições públicas, no Brasil, reflete o crescente compromisso do governo com práticas sustentáveis. A seguir, apresento uma tabela que resume marcos significativos e dados relevantes ao longo dos anos:

Ano	Indicador/Evento	Descrição
2010	Lei nº 12.349/2010	Introduziu o conceito de "desenvolvimento nacional sustentável" nas licitações públicas, permitindo a inclusão de critérios de sustentabilidade nos processos de compras governamentais.
2012	Plano de Ação para Produção e Consumo Sustentáveis (PPCS)	Lançado pelo governo federal, o PPCS estabeleceu metas para promover práticas de consumo e produção sustentáveis, incluindo diretrizes para as compras públicas.
2014	Participação das compras públicas no PIB	As compras governamentais representaram aproximadamente 20,2% do PIB brasileiro, evidenciando o impacto econômico significativo e o potencial para influenciar práticas sustentáveis.
2017	Guia Nacional de Contratações Sustentáveis	Publicação da Advocacia-Geral da União (AGU) e da Consultoria-Geral da União (CGU) fornecendo orientações para a implementação de práticas sustentáveis nas contratações públicas.
2021	Nova Lei de Licitações e Contratos (Lei nº 14.133/2021)	Estabeleceu diretrizes atualizadas para as licitações públicas, reforçando a importância da sustentabilidade e introduzindo a necessidade de considerar o ciclo de vida dos produtos e serviços.
2023	Indicadores de governança e gestão	Avaliação realizada pelo Tribunal de Contas da União (TCU) que incluiu, entre outros aspectos, a existência de diretrizes de sustentabilidade nas contratações públicas.

Fonte: Elaborada pela autora, com base em dados extraídos em fontes relacionadas aos Tribunais de Contas e à sustentabilidade em compras públicas.[18]

Essa evolução normativa e institucional demonstra o esforço contínuo do Brasil em integrar critérios de sustentabilidade nas aquisições públicas, visando promover o desenvolvimento sustentável e influenciar positivamente o mercado e a sociedade.

Contudo, a atuação do TCU é essencial para consolidar as compras públicas sustentáveis como um instrumento estratégico na gestão pública, contribuindo para a preservação ambiental, a inclusão social e o desenvolvimento econômico.

Como visto, para efetivar a fiscalização, os Tribunais de Contas utilizam diversas ferramentas de controle, incluindo indicadores e métricas de sustentabilidade que permitem avaliar o desempenho ambiental das aquisições públicas. O uso de sistemas eletrônicos de compras governamentais facilita o monitoramento e a análise de dados, possibilitando a identificação de conformidades e não conformidades em tempo real.

[18] Ver: FERRAZ, Lucas Ribeiro. Dez anos das licitações sustentáveis no brasil: distância entre a previsão legal e a prática. *Gestão e Desenvolvimento*, Novo Hamburgo, v. 18, n. 2, maio/ago. 2021; CAVALCANTI, Denize *et al*. *Compras públicas sustentáveis*: diagnóstico, análise comparada e recomendações para o aperfeiçoamento do modelo brasileiro. Brasil: Comissão Econômica para a América Latina e o Caribe (Cepal), 2017; BRASIL. Advocacia-Geral da União (AGU). Consultoria-Geral da União. *Guia Nacional de Contratações Sustentáveis*. 6. ed. Brasília: AGU, set. 2023; BRASIL. Tribunal de Contas da União. *Linha do tempo*: cenário com atuação do Tribunal de Contas da União. Disponível em: https://sites.tcu.gov.br/compras-publicas-sustentaveis/linha-do-tempo.html?utm_source=chatgpt.com. Acesso em: 8 jan. 2025; BRASIL. Ministério da Gestão e da Inovação em Serviços Públicos. *Indicadores de Sustentabilidade Socioambiental*: Objetivos de Desenvolvimento Sustentável. Disponível em: https://www.gov.br/gestao/pt-br/assuntos/inovacao-governamental/consultoria-executiva/indicadores-de-sustentabilidade-socioambiental. Acesso em: 8 jan. 2025; SOUZA, Leonardo da Rocha de *et al*. Licitações sustentáveis: limites, possibilidades e avanços. *Revista Catalana de Direito Ambiental*, v. XIII, n. 1, p. 1-34, 2022.

Além disso, a capacitação contínua dos auditores em temas relacionados à sustentabilidade é fundamental para aprimorar a eficácia das auditorias ambientais.

Os Tribunais de Contas, ao utilizarem essas ferramentas, não apenas asseguram a conformidade legal das aquisições públicas, mas também incentivam uma mudança estrutural em direção a uma gestão pública mais sustentável e responsável.

2.2 Estudos de caso e boas práticas

Diversos Tribunais de Contas no Brasil têm implementado auditorias ambientais em compras governamentais, consolidando-se como referências em boas práticas de fiscalização e incentivo à sustentabilidade. Essas auditorias visam garantir que os processos de aquisição e contratação de bens e serviços estejam alinhados às legislações ambientais e aos princípios do desenvolvimento sustentável, promovendo maior eficiência e responsabilidade no uso dos recursos públicos.[19]

O Tribunal de Contas da União (TCU)[20] realizou auditorias que avaliaram o desempenho ambiental de obras públicas, como o caso da construção de instalações hospitalares no Nordeste, em que foi exigida a certificação de materiais sustentáveis e a gestão eficiente de resíduos. Esse é um exemplo claro de como a fiscalização ambiental pode agregar valor às obras públicas, promovendo eficiência, sustentabilidade e transparência. Ao exigir certificações e boas práticas ambientais, o TCU não apenas garante a conformidade legal, mas também contribui para a criação de modelos de construção mais responsáveis e alinhados às necessidades futuras da sociedade.

Outro exemplo é a atuação do Tribunal de Contas do Estado de São Paulo (TCE/SP),[21] que tem se destacado na fiscalização de obras públicas por meio de auditorias voltadas à sustentabilidade. Essas auditorias priorizam critérios como eficiência energética e redução de resíduos, promovendo o cumprimento das diretrizes legais e incentivando práticas que minimizem os impactos ambientais nos processos de construção e contratação pública.

São objetivos das auditorias do TCE/SP: verificar a incorporação de critérios de sustentabilidade nas contratações de obras públicas realizadas por órgãos estaduais e municipais; e garantir que os projetos e execuções sejam conduzidos de forma eficiente, econômica e com respeito às normas ambientais.

Os critérios de sustentabilidade avaliados dizem respeito à adoção de tecnologias e materiais que reduzam o consumo de energia, como sistemas de iluminação LED, vidros de controle solar e sensores de presença; integração de fontes renováveis de energia, como painéis solares, em obras públicas, especialmente em escolas, hospitais e prédios administrativos; e o uso de projetos arquitetônicos que maximizem a iluminação e ventilação natural, reduzindo a necessidade de climatização artificial.

---

19 MOURA, Adriana Maria Magalhães de. *Governança ambiental no Brasil*: instituições, atores e políticas públicas. Brasília: Ipea, 2016.

20 Ver todas as auditorias em: BRASIL. Tribunal de Contas da União. Disponível em: https://portal.tcu.gov.br/. Acesso em: 8 jan. 2025.

21 SÃO PAULO. Tribunal de Contas do Estado de São Paulo. Disponível em: https://www.tce.sp.gov.br/. Acesso em: 9 jan. 2025.

Para a redução e gestão de resíduos, tem-se realizado planejamento para a separação e reaproveitamento de resíduos da construção civil, como concreto, madeira e metais; exigência de planos de gestão de resíduos sólidos (PGRS) nos contratos, com metas claras para reciclagem e destinação adequada; bem como incentivo ao uso de materiais reciclados ou recicláveis nos projetos, promovendo a economia circular.

As auditorias têm realizado a revisão dos editais de licitação para verificar a presença de cláusulas que incentivem a sustentabilidade, como a exigência de certificações ambientais para materiais e fornecedores, bem como inspeções *in loco*, como visitas aos canteiros de obras para avaliar a aplicação de práticas sustentáveis e verificar a gestão de resíduos.

Em seguida, são elaborados relatórios técnicos detalhados com diagnósticos, recomendações e indicadores de desempenho ambiental.

Como boas práticas identificadas, tem-se a elaboração de projetos que utilizaram sistemas fotovoltaicos e materiais de baixo impacto ambiental; implementação de programas de reaproveitamento de resíduos, com taxas significativas de reciclagem em obras públicas; e o uso de metodologias de construção sustentável, como o sistema construtivo modular, que reduz a geração de resíduos.

O TCE/SP detectou, em sua fiscalização, a ausência de planejamento adequado para gestão de resíduos em algumas obras, falta de especificações claras sobre critérios de sustentabilidade em editais e contratos, e a subutilização de tecnologias eficientes em energia em obras de menor porte, devido às limitações orçamentárias ou técnicas.

Nesse sentido, recomendou inserir cláusulas obrigatórias de sustentabilidade nos editais de obras públicas, com foco em eficiência energética e gestão de resíduos; capacitar os gestores públicos e fiscais de contrato para planejar, implementar e monitorar práticas sustentáveis; estabelecer metas claras de redução de impactos ambientais e promover o uso de indicadores para medir os resultados alcançados; e criar parcerias com instituições de pesquisa e inovação para incentivar o desenvolvimento de tecnologias e soluções sustentáveis no setor público.

Observa-se a importância da iniciativa do TCE/SP, pois as obras sustentáveis tendem a apresentar menores custos operacionais ao longo do tempo, devido à economia de energia e recursos. A gestão adequada de resíduos e o uso de tecnologias sustentáveis contribuem para a redução dos impactos ambientais e a preservação de recursos naturais. E a atuação do TCE/SP estabelece um padrão de referência para outros órgãos públicos e fomenta a adoção de práticas sustentáveis em larga escala.

Contudo, as auditorias implementadas pelo TCE/SP refletem o compromisso com a promoção de práticas sustentáveis em obras públicas, reforçando a importância de critérios como eficiência energética e gestão de resíduos. Essas ações não apenas garantem a conformidade legal, mas também posicionam o Estado de São Paulo como um modelo de gestão pública alinhada aos princípios do desenvolvimento sustentável.

O Tribunal de Contas do Estado do Paraná (TCE/PR)[22] também tem se destacado na fiscalização de obras públicas por meio da implementação de auditorias ambientais voltadas à verificação da sustentabilidade nas contratações públicas. Sua atuação prática

---

[22] PARANÁ. Tribunal de Contas do Estado do Paraná. Disponível em: https://www1.tce.pr.gov.br/?classica=sim. Acesso em: 9 jan. 2025.

abrange desde a análise de editais e contratos até a realização de inspeções *in loco*, com foco em critérios de eficiência ambiental, redução de impactos e conformidade com normas de sustentabilidade.

São exemplos práticos da atuação do TCE/PR: auditorias verificaram o uso de asfalto reciclado e tecnologias que minimizam o impacto ambiental durante a construção de rodovias. Foi identificado e recomendado o reaproveitamento de materiais provenientes de escavações e demolições. Em obras de escolas e postos de saúde, o TCE/PR avaliou o cumprimento de planos de gestão de resíduos sólidos. Foi constatada a ausência de práticas adequadas em alguns municípios, com recomendações para melhorar a separação e o descarte de resíduos. Em projetos de construção de prédios administrativos, o tribunal verificou a adoção de sistemas de energia solar e tecnologias de isolamento térmico. Relatórios destacaram a economia de energia como resultado direto dessas práticas.

Como resultados, obteve-se: identificação de falhas na gestão ambiental em obras públicas e correção de práticas inadequadas. Obras mais eficientes do ponto de vista energético e hídrico, reduzindo custos operacionais ao longo do tempo. Incentivo à adoção de critérios de sustentabilidade como padrão nos processos de contratação pública. Melhoria na gestão de resíduos e no uso de materiais sustentáveis, com reflexos positivos na preservação ambiental.

Como desafios, TCE/PR propôs a necessidade de formar mais auditores especializados em sustentabilidade e gestão ambiental, incentivar todos os municípios a incorporar as recomendações do TCE/PR, promovendo maior uniformidade na aplicação de critérios ambientais e investir em tecnologias que otimizem o monitoramento e a fiscalização das obras públicas.

Como visto, a atuação do TCE/PR em auditorias ambientais nas contratações de obras públicas reforça a importância da sustentabilidade na gestão pública. Ao fiscalizar e promover práticas responsáveis, o tribunal não apenas garante a conformidade legal, mas também incentiva o uso eficiente de recursos e a preservação do meio ambiente, servindo como modelo para outros estados e instituições.

Outro exemplo são as iniciativas do Tribunal de Contas do Estado de Pernambuco (TCE/PE),[23] que tem se destacado como uma referência nacional na promoção da sustentabilidade em contratações públicas, especialmente por meio da elaboração de um manual de boas práticas em compras sustentáveis e pela avaliação criteriosa de contratos públicos que incluem produtos certificados e práticas de economia circular.

O TCE/PE criou um manual de boas práticas em compras sustentáveis para orientar gestores públicos na adoção de critérios ambientais em processos de aquisição de bens e serviços. No conteúdo do manual constam diretrizes para a inclusão de critérios de sustentabilidade em editais de licitação, exemplos de cláusulas contratuais que promovem a eficiência energética, a gestão de resíduos e o uso de materiais reciclados, recomendações sobre como incorporar critérios de certificação ambiental, como os selos FSC (*Forest Stewardship Council*) e ISO 14001, e estratégias para incentivar fornecedores a adotarem práticas sustentáveis, como a redução do uso de recursos naturais e a promoção de modelos de economia circular.

---

[23] PERNAMBUCO. Tribunal de Contas do Estado de Pernambuco. Disponível em: https://tcepe.tc.br/internet/. Acesso em: 9 jan. 2025.

O documento tornou-se uma referência para outros Tribunais de Contas e gestores públicos de diferentes estados e promoveu maior uniformidade na aplicação de critérios de sustentabilidade em compras públicas no Estado de Pernambuco.

O TCE/PE realiza auditorias específicas para verificar a sustentabilidade em contratos públicos, com foco em 2 (dois) aspectos principais: (i) analisa a adoção de produtos com certificações ambientais que atestam sua sustentabilidade, como madeira certificada, tintas ecológicas e materiais recicláveis, verifica a exigência de certificações nos editais de licitação e o cumprimento dessa exigência pelos fornecedores; e (ii) avalia a incorporação de práticas de economia circular nos contratos públicos, como o reaproveitamento de materiais, a redução de resíduos e a reciclagem, e inspeciona a gestão de resíduos gerados durante a execução de contratos, garantindo a destinação correta e o reaproveitamento sempre que possível.

Com essa inciativa o TCE/PE obteve os seguintes resultados alcançados: a inclusão de critérios ambientais nos contratos públicos resultou na redução de impactos ambientais e na promoção de práticas sustentáveis, como contratações para obras públicas que priorizam o uso de materiais reciclados e a adoção de tecnologias de eficiência energética; e a aplicação de práticas de economia circular nos contratos ajudou a reduzir significativamente a geração de resíduos e a estimular o reaproveitamento de materiais.

O manual de boas práticas e as auditorias realizadas pelo TCE/PE serviram de base para que outros tribunais desenvolvessem suas próprias estratégias de compras sustentáveis. E implementaram desafios e próximos passos, sendo eles: ampliar a formação de gestores públicos em sustentabilidade para que estejam aptos a implementar os critérios estabelecidos no manual; fortalecer os mecanismos de monitoramento e avaliação do impacto ambiental e econômico das compras sustentáveis realizadas no estado; e atualizar continuamente o manual com base em novas tecnologias e práticas de sustentabilidade, alinhando-se às tendências globais.

Como visto, a atuação do TCE/PE em compras sustentáveis demonstra o papel crucial dos Tribunais de Contas na promoção do desenvolvimento sustentável. Por meio do manual de boas práticas e da avaliação de contratos públicos, o tribunal fomenta a adoção de critérios ambientais que geram benefícios econômicos, sociais e ambientais, consolidando Pernambuco como um estado pioneiro nessa área.

Mais um caso é do Tribunal de Contas do Estado do Rio Grande do Sul (TCE/RS),[24] que tem se dedicado à fiscalização ambiental em contratos públicos por meio de auditorias específicas que monitoram o uso de produtos recicláveis e a gestão de resíduos em contratações realizadas por administrações municipais. Essa atuação reforça o compromisso com a sustentabilidade e o cumprimento das legislações ambientais.

O TCE/RS avalia a presença e o cumprimento de cláusulas que incentivem ou exijam o uso de produtos recicláveis nos contratos municipais, visando garantir que os materiais utilizados em obras e serviços públicos tenham menor impacto ambiental e promover a economia circular por meio da reutilização de materiais reciclados. Exemplos de produtos avaliados são os materiais de construção, como concreto reciclado,

---

24 RIO GRANDE DO SUL. Tribunal de Contas do Estado do Rio Grande do Sul. Disponível em: https://tcers.tc.br/noticia/novo-site-do-tce-rs-esta-disponivel/. Acesso em: 9 jan. 2025.

pavimentos ecológicos e madeira certificada, e insumos de papelaria reciclada e outros itens consumíveis utilizados em prédios públicos.

As auditorias incluem a análise dos planos de gestão de resíduos sólidos (PGRS) em obras e serviços públicos municipais. E os aspectos verificados foram a separação, o reaproveitamento e o descarte correto de resíduos gerados em obras públicas; a adoção de práticas que priorizem a reciclagem e a compostagem de resíduos orgânicos; e a destinação de resíduos perigosos conforme as normas ambientais, como a Política Nacional de Resíduos Sólidos (Lei nº 12.305/2010).

A metodologia utilizada pela auditoria contempla a análise documental, em que é realizada a revisão de editais e contratos para verificar se os critérios de sustentabilidade estão incluídos, bem como a avaliação da compatibilidade entre os produtos e serviços contratados e as exigências legais e ambientais; e as inspeções *in loco*, ou seja, visitas a canteiros de obras, prédios públicos e instalações municipais para avaliar o uso de materiais recicláveis e o manejo de resíduos, bem como a verificação de depósitos de resíduos, separação por categorias e processos de transporte e descarte.

Tem-se como resultados das auditorias a identificação de boas práticas: municípios que adotaram sistemas avançados de reaproveitamento de resíduos em obras públicas, como o uso de resíduos de construção civil na pavimentação, e o uso de produtos recicláveis em obras municipais, reduzindo custos e promovendo a economia local; correção de irregularidades: detectadas falhas na gestão de resíduos em algumas administrações municipais, como o descarte inadequado de materiais e a ausência de planos de gestão de resíduos, e emissão de recomendações para ajustar os processos, incluindo capacitação de servidores e adequação de contratos; e incentivo à sustentabilidade: maior conscientização dos gestores públicos sobre a importância de incorporar práticas sustentáveis nas contratações, e criação de uma base de dados sobre práticas sustentáveis no estado, servindo de referência para outros municípios.

Como desafios e próximos passos, TCE/RS tem como objetivos ampliar treinamentos para gestores públicos sobre a inclusão de critérios ambientais nos processos licitatórios; desenvolver indicadores de sustentabilidade que possam ser usados de forma sistemática para acompanhar a gestão de resíduos e o uso de materiais recicláveis; e estimular parcerias entre municípios e empresas de reciclagem para fortalecer a economia circular e reduzir custos com descarte.

Contudo, a atuação do TCE/RS em auditorias voltadas ao uso de produtos recicláveis e à gestão de resíduos nos contratos municipais demonstra o compromisso do tribunal com a sustentabilidade e a eficiência na Administração Pública. Ao promover práticas sustentáveis, o TCE/RS não apenas fortalece o cumprimento das normas ambientais, mas também contribui para a redução de impactos ambientais e para o desenvolvimento de uma economia mais responsável no Estado do Rio Grande do Sul.

Importante se faz destacar também que, no Brasil, o Tribunal de Contas da União (TCU) lidera iniciativas como o *ClimateScanner*,[25] uma ferramenta global para avaliar ações governamentais relacionadas às mudanças climáticas. O *ClimateScanner* é uma iniciativa global liderada pelo TCU, no âmbito da Organização Internacional das Instituições

[25] BRASIL. Tribunal de Contas da União. *TCU apresenta primeiros resultados do ClimateScanner na COP29*. Disponível em: https://portal.tcu.gov.br/imprensa/noticias/tcu-apresenta-primeiros-resultados-do-climatescanner-na-cop29 Acesso em: 9 jan. 2025.

Superiores de Controle (Intosai). Lançada oficialmente em novembro de 2022, durante o XXIV Congresso Internacional da Incosai, no Rio de Janeiro, a ferramenta visa avaliar as ações governamentais relacionadas às mudanças climáticas em diversos países.

A metodologia do *ClimateScanner* está estruturada em 3 (três) eixos principais: (i) governança: avalia a estrutura administrativa, marcos legais e estratégias de longo prazo dos governos para enfrentar as mudanças climáticas; (ii) financiamento climático: analisa os mecanismos de rastreamento de despesas, acesso a financiamentos internacionais e incentivos ao investimento privado em projetos climáticos; e (iii) políticas públicas de adaptação e mitigação: examina a implementação e eficácia de políticas setoriais voltadas à adaptação aos impactos climáticos e à mitigação de emissões de gases de efeito estufa.

Em 2023, a ferramenta foi desenvolvida e testada por um grupo executivo composto por 18 instituições superiores de controle de diversas regiões do mundo. A fase de execução teve início em 2024, com o *ClimateScanner Global Call*, realizado em março na sede das Nações Unidas, em Nova York, em que as ISC de todo o mundo foram convidadas a aplicar a ferramenta em seus países.

Os resultados preliminares foram apresentados em novembro de 2024, durante a 29ª Conferência das Partes (COP29) da Convenção-Quadro das Nações Unidas sobre Mudança do Clima (UNFCCC). As análises indicaram que, embora muitos países possuam estruturas e normas para tratar das mudanças climáticas, há deficiências significativas no monitoramento, financiamento e inclusão de grupos vulneráveis nas políticas climáticas.

O *ClimateScanner* representa um esforço colaborativo para fornecer uma visão abrangente das ações climáticas governamentais, promovendo transparência, responsabilidade e eficácia nas políticas públicas voltadas ao enfrentamento da crise climática.

Além disso, o TCU tem participado de auditorias coordenadas em áreas protegidas, contribuindo para a preservação ambiental. Esses estudos de caso ilustram a atuação dos Tribunais de Contas na fiscalização de práticas sustentáveis nas compras governamentais, contribuindo para a promoção de políticas públicas ambientais eficazes.[26]

Como visto no decorrer do capítulo, a adoção de compras públicas sustentáveis traz diversos benefícios, incluindo a redução do impacto ambiental, a promoção da economia verde e o incentivo à inovação sustentável. Ao priorizar produtos e serviços ambientalmente responsáveis, a Administração Pública contribui para a conservação dos recursos naturais, a redução de emissões de gases de efeito estufa e a geração de empregos em setores sustentáveis.

Apesar dos benefícios, a implementação de compras públicas sustentáveis enfrenta desafios significativos. A resistência a mudanças culturais e institucionais pode dificultar a adoção de novas práticas. Além disso, a falta de capacitação específica e de conhecimento sobre critérios de sustentabilidade pode levar a falhas na implementação dessas práticas. A complexidade na definição e na avaliação de critérios ambientais nos processos licitatórios também representa um obstáculo a ser superado.

---

[26] BRASIL. Tribunal de Contas da União. *Fiscalizações Meio Ambiente 2007-2023*. Disponível em: https://portal.tcu.gov.br/data/files/A6/C7/F2/8C/F6793910FDB48339E18818A8/Caderno%20de%20Fiscalizacoes%20em%20Meio%20Ambiente%202007-2023.pdf. Acesso em: 9 jan. 2025.

3 Recomendações para aperfeiçoar a fiscalização

Para aprimorar a fiscalização de compras governamentais sustentáveis,[27] [28] diversas recomendações estratégicas podem ser implementadas, promovendo maior eficiência, transparência e alinhamento às práticas de sustentabilidade. Essas recomendações visam fortalecer a governança pública e garantir o cumprimento das normas ambientais.

São elas:

1. Estabelecimento de normas e diretrizes claras – Elaborar regulamentações específicas que definam critérios mínimos de sustentabilidade a serem seguidos em todas as etapas das compras públicas, como: uso de produtos certificados (FSC, ISO 14001, entre outros); prioridade para fornecedores que adotem práticas sustentáveis; exigência de planos de gestão de resíduos em contratos de obras públicas; e harmonização das legislações estaduais e municipais com as diretrizes nacionais, como a Política Nacional de Resíduos Sólidos (Lei nº 12.305/2010) e a Nova Lei de Licitações (Lei nº 14.133/2021).
2. Capacitação de gestores públicos – Treinamentos contínuos para servidores responsáveis por licitações e fiscalização, abordando: critérios de sustentabilidade em compras públicas; métodos de análise de impacto ambiental de bens e serviços, e ferramentas para monitorar e avaliar práticas sustentáveis em contratos; parcerias com instituições de ensino e organizações ambientais para desenvolver programas de formação técnica.
3. Criação de ferramentas de monitoramento – Implantação de plataformas que integrem dados de compras públicas, permitindo o acompanhamento em tempo real de práticas sustentáveis adotadas; utilização de indicadores de desempenho ambiental, como redução de resíduos e eficiência energética; uso de tecnologias como inteligência artificial para identificar padrões de compras e apontar possíveis irregularidades ou melhorias necessárias.
4. Incentivo à transparência – Divulgar relatórios de auditorias sobre compras públicas sustentáveis, destacando boas práticas, desafios e recomendações; disponibilizar dados sobre os impactos ambientais e econômicos das práticas adotadas; e permitir que cidadãos e organizações acompanhem os resultados das fiscalizações por meio de portais de transparência.
5. Promoção de boas práticas – Desenvolver materiais educativos com exemplos de cláusulas sustentáveis, modelos de contratos e casos de sucesso; e criar iniciativas para premiar órgãos públicos que se destacam na implementação de práticas sustentáveis, incentivando a replicação de modelos bem-sucedidos.
6. Parcerias e colaborações – Fortalecer a articulação entre Tribunais de Contas, órgãos ambientais, Ministério Público e sociedade civil para realizar fiscalizações conjuntas; e estimular empresas fornecedoras a adotarem práticas sustentáveis por meio de incentivos fiscais e preferências em processos licitatórios.

---

[27] BRASIL. Tribunal de Contas da União. *Compras públicas sustentáveis*. Disponível em: https://sites.tcu.gov.br/compras-publicas-sustentaveis/. Acesso em: 9 jan. 2025.

[28] Ver também: BRASIL. Tribunal de Contas da União. *Auditoria às Compras Públicas Ecológicas*. Relatório nº 7/2020. 2ª Secção, 2020.

7. Fortalecimento de auditorias ambientais – Realizar auditorias específicas voltadas a setores com maior impacto ambiental, como construção civil, saúde e transporte; e garantir a fiscalização direta de obras e serviços para verificar a aplicação das práticas sustentáveis exigidas nos contratos.
8. Estímulo à inovação – Investir em estudos que desenvolvam soluções inovadoras para compras sustentáveis; e priorizar tecnologias que reduzam impactos ambientais e aumentem a eficiência dos processos públicos.

Observa-se que, com essas recomendações, têm-se significativos benefícios, como maior controle sobre o uso de recursos naturais e a geração de resíduos, eficiência energética e reaproveitamento de materiais reduzem custos em longo prazo, relatórios e sistemas de monitoramento fortalecem a confiança da sociedade nas práticas de gestão pública, bem como a promoção do alinhamento das compras governamentais aos Objetivos de Desenvolvimento Sustentável (ODS).

Como visto, implementar essas recomendações fortalece a fiscalização e incentiva a adoção de práticas sustentáveis nas compras públicas. Ao garantir que os contratos governamentais sejam realizados com critérios ambientais e sociais bem definidos, o poder público assume um papel de liderança no enfrentamento dos desafios ambientais e no estímulo ao desenvolvimento sustentável.

Considerações finais

Como visto no decorrer do presente capítulo, os Tribunais de Contas desempenham um papel estratégico na promoção de práticas sustentáveis por meio da fiscalização de compras governamentais. Este artigo destacou a relevância de critérios ambientais em processos licitatórios, ferramentas de controle e exemplos práticos de atuação.

A implementação de recomendações como capacitação de auditores, uso de tecnologia e criação de indicadores pode potencializar os resultados das auditorias e incentivar uma cultura institucional de sustentabilidade.

Estudos futuros podem explorar o impacto dessas práticas no cumprimento de metas climáticas globais, contribuindo para uma Administração Pública mais eficiente e responsável.

Referências

BRASIL. Advocacia-Geral da União (AGU). Consultoria-Geral da União. *Cartilha Como Inserir Critérios de Sustentabilidade nas Contratações Públicas*. Brasília: AGU, dez. 2022.

BRASIL. Advocacia-Geral da União (AGU). Consultoria-Geral da União. *Guia Nacional de Contratações Sustentáveis*. 6. ed. Brasília: AGU, set. 2023.

BRASIL. Lei n. 12.305, de 2 de agosto de 2010. Institui a Política Nacional de Resíduos Sólidos e dá outras providências. *Diário Oficial da União*, Brasília, DF, 3 ago. 2010.

BRASIL. Lei n. 14.133, de 1º de abril de 2021. Dispõe sobre a nova Lei de Licitações e Contratos Administrativos. *Diário Oficial da União*, Brasília, DF, 1º abr. 2021.

BRASIL. Lei n. 8.666, de 21 de junho de 1993. Regulamenta o art. 37, inciso XXI, da Constituição Federal, institui normas para licitações e contratos da Administração Pública e dá outras providências. *Diário Oficial da União*, Brasília, DF, 22 jun. 1993.

BRASIL. Ministério da Gestão e da Inovação em Serviços Públicos. *Indicadores de Sustentabilidade Socioambiental*: Objetivos de Desenvolvimento Sustentável. Disponível em: https://www.gov.br/gestao/pt-br/assuntos/inovacao-governamental/consultoria-executiva/indicadores-de-sustentabilidade-socioambiental. Acesso em: 8 jan. 2025.

BRASIL. Ministério do Meio Ambiente. *Agenda Ambiental na Administração Pública (A3P)*. Disponível em: https://antigo.mma.gov.br/mma-em-numeros/a3p. Acesso em: 7 jan. 2025.

BRASIL. Tribunal de Contas da União. *Auditoria às Compras Públicas Ecológicas*. Relatório nº 7/2020. 2ª Secção, 2020.

BRASIL. Tribunal de Contas da União. *Brasil lidera auditoria global que avaliará ações governamentais relacionadas às mudanças climáticas*. Disponível em: https://portal.tcu.gov.br/imprensa/noticias/brasil-lidera-auditoria-global-que-avaliara-acoes-governamentais-relacionadas-as-mudancas-climaticas.htm. Acesso em: 3 jan. 2025.

BRASIL. Tribunal de Contas da União. *Compras públicas sustentáveis*. Disponível em: https://sites.tcu.gov.br/compras-publicas-sustentaveis/. Acesso em: 9 jan. 2025.

BRASIL. Tribunal de Contas da União. Disponível em: https://portal.tcu.gov.br/. Acesso em: 8 jan. 2025.

BRASIL. Tribunal de Contas da União. *Fiscalizações Meio Ambiente 2007-2023*. Disponível em: https://portal.tcu.gov.br/data/files/A6/C7/F2/8C/F6793910FDB48339E18818A8/Caderno%20de%20Fiscalizacoes%20em%20Meio%20Ambiente%202007-2023.pdf. Acesso em: 9 jan. 2025.

BRASIL. Tribunal de Contas da União. *Linha do tempo*: cenário com atuação do Tribunal de Contas da União. Disponível em: https://sites.tcu.gov.br/compras-publicas-sustentaveis/linha-do-tempo.html?utm_source=chatgpt.com. Acesso em: 8 jan. 2025.

BRASIL. Tribunal de Contas da União. *Site traz panorama das compras públicas sustentáveis na Administração Pública Federal*. Disponível em: https://portal.tcu.gov.br/imprensa/noticias/site-traz-panorama-das-compras-publicas-sustentaveis.htm. Acesso em: 3 jan. 2025.

BRASIL. Tribunal de Contas da União. *Sustentabilidade na Administração Pública Federal*. Brasília: TCU, Secretaria de Controle Externo da Agricultura e do Meio Ambiente (SecexAmbiental), 2017.

BRASIL. Tribunal de Contas da União. *TCU apresenta primeiros resultados do ClimateScanner na COP29*. Disponível em: https://portal.tcu.gov.br/imprensa/noticias/tcu-apresenta-primeiros-resultados-do-climatescanner-na-cop29 Acesso em: 9 jan. 2025.

CAVALCANTI, Denize *et al*. *Compras públicas sustentáveis*: diagnóstico, análise comparada e recomendações para o aperfeiçoamento do modelo brasileiro. Brasil: Comissão Econômica para a América Latina e o Caribe (Cepal), 2017.

COGO, Giselle Alves da Rocha. *Critérios de sustentabilidade nas aquisições de bens e contratações de serviços da Gestão Pública Federal*. Dissertação (Mestrado em Engenharia de Produção) – Universidade Tecnológica Federal do Paraná (UTFPR), Ponta Grossa, 2015. Disponível em: http://repositorio.utfpr.edu.br/jspui/bitstream/1/1547/1/PG_PPGEP_M_Cogo%2C%20Giselle%20Alves%20da%20Rocha_2015.pdf. Acesso em: 8 jan. 2025.

COSTA, Bruno Barzellay Ferreira da; MOTTA, Ana Lúcia Torres Seroa da. O papel da Administração Pública no fomento ao consumo e produção sustentáveis. *Revista Tecnologia e Sociedade*, v. 16, n. 40, 2020.

COSTA, Caio César de Medeiros. *Compras públicas*: para além da economicidade. Brasília: Enap, 2019.

FERRAZ, Lucas Ribeiro. Dez anos das licitações sustentáveis no brasil: distância entre a previsão legal e a prática. *Gestão e Desenvolvimento*, Novo Hamburgo, v. 18, n. 2, maio/ago. 2021.

MOURA, Adriana Maria Magalhães de. *Governança ambiental no Brasil*: instituições, atores e políticas públicas. Brasília: Ipea, 2016.

NAÇÕES UNIDAS. *Objetivos de Desenvolvimento Sustentável*. Disponível em: https://brasil.un.org/pt-br/sdgs. Acesso em: 7 jan. 2025.

PARANÁ. Tribunal de Contas do Estado do Paraná. Disponível em: https://www1.tce.pr.gov.br/?classica=sim. Acesso em: 9 jan. 2025.

PERNAMBUCO. Tribunal de Contas do Estado de Pernambuco. Disponível em: https://tcepe.tc.br/internet/. Acesso em: 9 jan. 2025.

RIO GRANDE DO SUL. Tribunal de Contas do Estado do Rio Grande do Sul. Disponível em: https://tcers.tc.br/noticia/novo-site-do-tce-rs-esta-disponivel/. Acesso em: 9 jan. 2025.

SÃO PAULO. Tribunal de Contas do Estado de São Paulo. Disponível em: https://www.tce.sp.gov.br/. Acesso em: 9 jan. 2025.

SOUZA, Leonardo da Rocha de *et al*. Licitações sustentáveis: limites, possibilidades e avanços. *Revista Catalana de Direito Ambiental*, v. XIII, n. 1, p. 1-34, 2022.

ZIMMERMANN, Luiza. A Administração Pública e o consumo sustentável. *Revista da AGU*, v. 12, n. 35, 2013. Disponível em: https://revistaagu.agu.gov.br/index.php/AGU/article/view/60. Acesso em: 8 jan. 2025.

Informação bibliográfica deste texto, conforme a NBR 6023:2018 da Associação Brasileira de Normas Técnicas (ABNT):

GOMES, Rafaella Christina. Compras governamentais sustentáveis: o papel dos Tribunais de Contas na fiscalização de critérios ambientais. *In*: LIMA, Edilberto Carlos Pontes (coord.). *Os Tribunais de Contas e a sustentabilidade*: governança e controle no enfrentamento das mudanças climáticas. Belo Horizonte: Fórum, 2025. p. 319-336. ISBN 978-65-5518-670-3. (Coleção Fórum IRB, v. 6). t. 2.

GESTÃO AMBIENTAL E EFETIVIDADE DAS POLÍTICAS PÚBLICAS: ANÁLISE ORÇAMENTÁRIA EM MUNICÍPIOS ALAGOANOS APÓS AS ENCHENTES DE 2022

RAIANE SOUZA TAVEIRA

RENATO ALEXANDRINO MONTEIRO DOS SANTOS

1 Introdução

A gestão ambiental, no Brasil, é marcada por sua descentralização, conferindo aos municípios um papel estratégico na implementação de políticas públicas voltadas à preservação ambiental e à mitigação de desastres naturais. Esse protagonismo é respaldado pela Constituição Federal de 1988, que atribui competência comum à União, aos estados, ao Distrito Federal e aos municípios para proteger o meio ambiente e combater a poluição (art. 23, VI e VII). Além disso, a legislação infraconstitucional, como a Lei nº 6.938/1981, que institui a Política Nacional do Meio Ambiente, reforça a necessidade de articulação entre os entes federativos no âmbito do Sistema Nacional do Meio Ambiente (Sisnama).

No entanto, apesar dessa atribuição normativa, a atuação dos municípios na gestão ambiental enfrenta diversos desafios, incluindo limitações financeiras, técnicas e institucionais. A relevância dessa problemática torna-se ainda mais evidente diante do aumento da frequência e intensidade de desastres naturais, como enchentes e deslizamentos, que exigem respostas rápidas e planejamento adequado para mitigação de danos. Como destaca José Afonso da Silva (2020), a gestão descentralizada permite maior eficiência na administração de questões ambientais, desde que acompanhada de capacitação e recursos adequados.

Nesse contexto, a alocação orçamentária destinada à função Gestão Ambiental e a efetividade das políticas públicas relacionadas são aspectos cruciais para avaliar a resposta dos municípios a eventos extremos. Para tanto, o Índice de Efetividade da Gestão Municipal (IEGM), desenvolvido pelo Tribunal de Contas do Estado de São Paulo e disseminado nacionalmente pelo Instituto Rui Barbosa (IRB), apresenta-se como uma ferramenta relevante. O IEGM permite mensurar, por meio de dimensões como i-Amb (meio ambiente) e i-Cidade (prevenção de desastres), o desempenho dos municípios na gestão ambiental e na preparação ante eventos climáticos adversos.

O presente estudo busca analisar se os municípios alagoanos mais afetados pelas enchentes de 2022, conforme declarado no Decreto Estadual nº 82.871/2022, aumentaram os investimentos na função Gestão Ambiental no exercício de 2023. Adicionalmente, verifica-se se houve avanços na efetividade das políticas públicas, avaliados pelas dimensões i-Amb e i-Cidade do IEGM. Para isso, foram analisados os Relatórios Resumidos de Execução Orçamentária (RREO) e os dados do IEGM, com o objetivo de identificar padrões e apontar as principais lacunas no planejamento ambiental municipal.

A relevância deste estudo reside em contribuir para a compreensão da relação entre desastres naturais e priorização orçamentária na gestão ambiental, destacando a importância de políticas públicas eficazes e sustentáveis. Por fim, buscam-se fornecer subsídios para a formulação de estratégias que fortaleçam a capacidade de resposta dos municípios diante de desafios ambientais contemporâneos.

2 Referencial teórico

2.1 O papel dos municípios na gestão ambiental

A gestão ambiental no Brasil é caracterizada pela descentralização, conferindo aos municípios um papel estratégico na implementação e fiscalização de políticas públicas voltadas à preservação ambiental. Tal protagonismo possui fundamento jurídico e doutrinário, sendo respaldado pela Constituição Federal de 1988 (CF/88) e por legislações infraconstitucionais, além de amplamente discutido por estudiosos do direito ambiental.

No plano jurídico, a CF/88 estabelece, em seu art. 23, incs. VI e VII, a competência comum da União, dos estados, do Distrito Federal e dos municípios para proteger o meio ambiente, combater a poluição e preservar a fauna e a flora. O art. 30, inc. I, confere aos municípios a atribuição de legislar sobre assuntos de interesse local, o que abrange questões ambientais de impacto direto no território municipal. Ainda, o art. 225 consagra o direito ao meio ambiente ecologicamente equilibrado como essencial à qualidade de vida, impondo a todos os entes federativos a responsabilidade por sua proteção e utilização sustentável.

Além do texto constitucional, a Lei nº 6.938/1981, que institui a Política Nacional do Meio Ambiente (PNMA), reforça a necessidade de articulação entre os entes federativos no âmbito do Sistema Nacional do Meio Ambiente (Sisnama). Nesse contexto, os municípios são responsáveis pela implementação descentralizada das políticas ambientais, desempenhando funções como licenciamento ambiental para atividades de impacto local, conforme previsto na Resolução Conama nº 237/1997, e elaboração de planos de gestão de resíduos sólidos, em atendimento à Lei nº 12.305/2010. Ademais, cabe aos municípios fiscalizarem atividades potencialmente poluidoras e promover a educação ambiental, contribuindo para a conscientização da população sobre práticas sustentáveis.

Do ponto de vista doutrinário, o papel dos municípios na gestão ambiental é amplamente reconhecido. Para José Afonso da Silva (2020), a descentralização administrativa, prevista na Constituição, permite maior eficiência e proximidade na gestão de problemas ambientais, já que os municípios possuem maior familiaridade com as especificidades locais. Paulo Affonso Leme Machado (2021) argumenta que os municípios são essenciais para a proteção ambiental, dada sua capacidade de desenvolver políticas públicas direcionadas às características de seus territórios. Por sua vez, Édis Milaré (2020) enfatiza a importância da capacitação técnica e administrativa para que os municípios possam superar desafios como a escassez de recursos e a complexidade das demandas ambientais.

Apesar da relevância atribuída aos municípios, diversos obstáculos dificultam sua atuação eficaz na gestão ambiental. A falta de recursos financeiros, técnicos e humanos é um dos principais entraves, limitando a capacidade de planejamento e execução de políticas públicas locais. No entanto, iniciativas de cooperação intermunicipal, parcerias com organizações não governamentais e o setor privado, além de investimentos em capacitação, podem contribuir significativamente para fortalecer a gestão ambiental municipal.

Portanto, o papel dos municípios na gestão ambiental é essencial para a concretização de uma política ambiental eficiente e equitativa no Brasil. Além de exercerem competências específicas no âmbito local, os municípios devem atuar de forma integrada às demais esferas de governo e à sociedade, adotando uma postura proativa e inovadora ante os desafios ambientais contemporâneos. O fortalecimento institucional e a valorização do planejamento ambiental são medidas indispensáveis para consolidar o protagonismo municipal na promoção do desenvolvimento sustentável.

3 Metodologia

Este estudo adotou uma abordagem descritiva, com o objetivo de analisar o orçamento alocado para a função Gestão Ambiental e os resultados do *Índice de Efetividade da Gestão Municipal (IEGM)* no exercício de 2023, considerando os municípios abrangidos pela pesquisa. O foco principal da investigação consistiu em verificar se, após a *situação de emergência* provocada pelas *chuvas intensas*, declarada pelo Governo do Estado de Alagoas por meio do *Decreto nº 82.871, de 26.5.2022*, ocorreu um incremento na execução dos recursos orçamentários destinados à gestão ambiental. Adicionalmente, buscou-se examinar os indicadores de efetividade das políticas públicas relacionadas à proteção e preservação ambiental.

Inicialmente, foram analisados os Relatórios Resumidos de Execução Orçamentária (RREO) do 6º bimestre dos exercícios de 2021, 2022 e 2023. Esses relatórios foram obtidos por meio do Sistema de Informações Contábeis e Fiscais do Setor Público Brasileiro (Siconfi), permitindo identificar os valores destinados à função orçamentária gestão ambiental e a proporção desse montante em relação ao orçamento total de cada município. Essa etapa buscou avaliar mudanças na priorização orçamentária da área ambiental em resposta às enchentes de 2022.

A efetividade das políticas públicas foi avaliada por meio dos resultados do Índice de Efetividade da Gestão Municipal (IEGM), com foco nas dimensões i-Amb e i-Cidade, referentes ao exercício de 2023. Os dados foram extraídos do portal do Instituto Rui Barbosa (IRB), com base nas informações declaradas pelos municípios por meio dos questionários do IEGM.

- Dimensão i-Amb: utilizada para mensurar a efetividade das políticas públicas relacionadas ao meio ambiente, com ênfase nas ações de conservação ambiental, combate à degradação e mitigação de impactos ambientais.
- Dimensão i-Cidade: avaliada para analisar a implementação de medidas voltadas à prevenção de desastres naturais e à proteção da população ante eventos climáticos extremos.

Essa abordagem permitiu investigar se os municípios aperfeiçoaram suas ações de planejamento e prevenção ambiental em decorrência dos desafios impostos pelas enchentes.

A análise considerou os 33 municípios alagoanos incluídos no Decreto Estadual nº 82.871/2022, contemplando localidades severamente impactadas pelas enchentes de maio de 2022. São eles: Barra de Santo Antônio, Barra de São Miguel, Belém, Campo Alegre, Coité do Nóia, Coruripe, Coqueiro Seco, Craíbas, Feliz Deserto, Flexeiras, Girau do Ponciano, Igreja Nova, Jacuípe, Jequiá da Praia, Maceió, Maragogi, Marechal Deodoro, Matriz do Camaragibe, Paripueira, Penedo, Piaçabuçu, Pilar, Porto Calvo, Porto Real do Colégio, Rio Largo, Roteiro, Santa Luzia do Norte, São Brás, São Miguel dos Campos, São Miguel dos Milagres, São Sebastião, Teotônio Vilela e Traipu.

Os dados coletados foram organizados e tabulados utilizando o *software* Microsoft Excel, com segregação das informações por município e por exercício financeiro. A partir dessa base de dados, foram elaboradas tabelas que sintetizam:

1. A proporção de recursos destinados à função Gestão Ambiental em relação ao orçamento total de cada município nos anos analisados.
2. Os resultados das dimensões i-Amb e i-Cidade do IEGM, permitindo a análise da efetividade das políticas públicas em 2023.

Para responder às questões de pesquisa, a análise foi estruturada em duas etapas:

1. Comparação temporal: identificação de variações no percentual de recursos alocados à função Gestão Ambiental entre os anos de 2021 e 2023, com ênfase no período pós-enchentes.
2. Análise da efetividade das políticas: verificação dos indicadores de efetividade nas dimensões i-Amb e i-Cidade do IEGM em 2023.

Esses procedimentos permitiram identificar padrões de alocação orçamentária e avaliar se as respostas dos municípios às enchentes de 2022 resultaram em maior investimento em gestão ambiental e em políticas efetivas.

4 Resultados e análise dos dados

4.1 Recursos orçamentários destinados à função Gestão Ambiental

A classificação orçamentária da despesa pública é um instrumento essencial para a organização e planejamento das finanças públicas, permitindo a identificação das prioridades governamentais. Entre as classificações, a funcional, prevista no art. 6º da Portaria SOF nº 42/1999, organiza a despesa pública com base nas áreas temáticas em que as ações governamentais serão executadas, como saúde, educação e gestão ambiental (BRASIL, 2020). No âmbito da gestão ambiental, a classificação abrange subfunções como preservação e conservação ambiental, controle ambiental, recuperação de áreas degradadas, recursos hídricos e meteorologia, possibilitando ainda a integração com outras funções orçamentárias.

Conforme Meirelles (2017), a gestão pública ambiental deve estar orientada por ações estratégicas e preventivas, buscando não apenas mitigar riscos, mas também promover a resiliência diante de eventos extremos. No Brasil, desastres naturais, como enchentes e deslizamentos, têm demandado maior atenção das políticas públicas. Em 2022, o Estado de Alagoas enfrentou enchentes severas, que, segundo o Decreto Estadual nº 82.871/2022, afetaram diretamente 33 municípios, destacando a importância de alocar recursos para a gestão ambiental.

A análise dos percentuais de despesas destinadas à função Gestão Ambiental em 26 municípios alagoanos entre 2021 e 2023 permite verificar mudanças no volume de recursos alocados após desastres naturais. A Tabela 1 apresenta os percentuais executados em relação ao total das despesas municipais, evidenciando, de maneira geral, uma baixa alocação de recursos na área.

Tabela 1 – Dados orçamentários dos municípios

(continua)

Município	2021	2022	2023
São Miguel dos Campos	1,553%	0,935%	3,322%
Penedo	0,000%	0,613%	0,985%
Belém	0,000%	0,346%	0,423%
Marechal Deodoro	0,755%	1,371%	0,961%
Paripueira	1,017%	1,646%	1,141%
Jacuípe	0,000%	0,045%	0,073%
Santa Luzia do Norte	0,102%	0,147%	0,169%
Coité do Noia	0,302%	0,340%	0,329%
Traipu	0,000%	0,025%	0,026%
Roteiro	0,518%	0,430%	0,542%
Maceió	0,007%	0,000%	0,010%
Barra de Santo Antônio	0,033%	0,023%	0,036%
Coqueiro Seco	0,000%	0,000%	0,000%
Feliz Deserto	0,000%	0,000%	0,000%
Girau do Ponciano	0,000%	0,000%	0,000%
Igreja Nova	0,000%	0,000%	0,000%
Porto Real do Colégio	0,000%	0,000%	0,000%
São Brás	0,000%	0,000%	0,000%
São Sebastião	0,000%	0,000%	0,000%
Coruripe	0,621%	0,561%	0,569%
Barra de São Miguel	0,501%	0,410%	0,440%
Porto Calvo	0,154%	0,154%	0,086%
Teotônio Vilela	0,139%	0,000%	0,000%
Pilar	0,755%	0,520%	0,540%
Jequiá da Praia	0,444%	0,000%	0,063%

(conclusão)

Município	2021	2022	2023
Piaçabuçu	0,782%	0,000%	0,000%
Craíbas	1,226%	0,373%	0,303%
Campo Alegre	1,005%	0,000%	0,010%
Rio Largo	4,015%	2,319%	2,279%
Maragogi	3,307%	5,697%	1,262%

Fonte: Elaboração própria.

Os dados mostram que a maioria dos municípios manteve percentuais baixos de investimento na função Gestão Ambiental em 2021. Em 2023, após os desastres naturais, observa-se um aumento no percentual investido em alguns municípios, embora ainda em níveis pouco expressivos para muitos deles.

A título de exemplo, municípios que não haviam destinado recursos à gestão ambiental em 2021, como Jacuípe e Traipu, passaram a alocar, ainda que de forma modesta, percentuais em 2023. Já outros, como São Miguel dos Campos, apresentaram crescimento expressivo, elevando de 1,553% em 2021 para 3,322% em 2023. Esses resultados indicam uma possível relação entre os desastres naturais e a decisão de priorizar recursos para a área ambiental.

Entre os municípios que apresentaram crescimento moderado, Roteiro elevou sua representatividade na função Gestão Ambiental de 0,518% em 2021 para 0,542% em 2023, demonstrando um aumento discreto, mas que reflete um compromisso progressivo, ainda que em patamares baixos. Paripueira, por sua vez, apresentou um aumento de 1,017% em 2021 para 1,141% em 2023, com uma leve oscilação em 2022. Esses números indicam a manutenção dos investimentos na área ambiental, reforçando um padrão de consistência no município.

Nesse cenário, destaca-se Maceió, a capital do estado do Alagoas, que apresentou um desempenho limitado na função Gestão Ambiental entre 2021 e 2023, mesmo enfrentando desafios ambientais significativos, como o desastre provocado pela extração de sal-gema pela Braskem e as enchentes de 2022. Segundo o Relatório Técnico da CPRM (Serviço Geológico do Brasil), a exploração de sal-gema resultou em um processo de subsidência que afetou bairros inteiros, obrigando a remoção de milhares de famílias e gerando um passivo ambiental e social de grandes proporções. Além disso, de acordo com o Decreto Estadual nº 82.871/2022, o município foi um dos mais atingidos pelas enchentes, evidenciando fragilidades na infraestrutura urbana e na capacidade de resposta a eventos extremos.

Em termos percentuais, Maceió destinou apenas 0,007% de suas despesas totais à gestão ambiental em 2021. Em 2023, o percentual atingiu 0,010%, consolidando uma pequena elevação, mas ainda em um patamar extremamente baixo, especialmente para um município com desafios ambientais tão complexos.

De acordo com Meirelles (2017), a gestão pública ambiental deve atuar de forma integrada e estratégica, priorizando ações preventivas e corretivas que assegurem o equilíbrio ambiental e a qualidade de vida da população. Contudo, os dados de execução orçamentária dos municípios demonstram que a área ambiental não tem sido priorizada, mesmo diante de crises de grande magnitude, como o desastre da Braskem e as enchentes. Esses fatores tornam o investimento na função Gestão Ambiental ainda mais urgente, especialmente em ações de prevenção, mitigação de riscos e recuperação ambiental.

O aumento nos percentuais alocados na função Gestão Ambiental após 2021 pode ser compreendido à luz das necessidades impostas pelas calamidades ambientais. A enchente de 2022, considerada uma das mais severas desde 2010, revelou fragilidades na infraestrutura urbana e na capacidade de resposta dos municípios. Segundo Alberton *et al.* (2021), desastres dessa magnitude tendem a estimular, mesmo que tardiamente, uma reavaliação das prioridades orçamentárias, especialmente em áreas de prevenção e mitigação de riscos.

Ainda assim, verifica-se que muitos municípios continuam destinando percentuais reduzidos à função Gestão Ambiental, enquanto outros sequer realizaram investimentos, e alguns registraram uma diminuição nos percentuais em 2023 em comparação a 2021. Essa realidade pode comprometer significativamente a capacidade desses entes de responder de forma eficaz a novos eventos extremos. Como aponta Giacomoni (2012), a insuficiência de recursos alocados em funções estratégicas, como a gestão ambiental, evidencia lacunas no planejamento e na priorização das políticas públicas, refletindo uma gestão pública pouco alinhada às demandas contemporâneas de sustentabilidade e prevenção de riscos.

Esses resultados refletem uma heterogeneidade nos investimentos em gestão ambiental nos municípios analisados. Enquanto alguns municípios demonstram avanços significativos e priorização da área, outros apresentam progresso lento ou inicial, reforçando a necessidade de maior atenção à gestão ambiental para fortalecer políticas ambientais que atendam às demandas locais e aos desafios contemporâneos de sustentabilidade.

4.2 Índice de Efetividade da Gestão Municipal (IEGM)

O Índice de Efetividade da Gestão Municipal (IEGM), desenvolvido em 2015 pelo Tribunal de Contas do Estado de São Paulo e disponibilizado aos Tribunais de Contas por meio do Instituto Rui Barbosa (IRB), constitui um indicador padronizado da Rede Nacional de Indicadores Públicos – Rede Indicon.

O IEGM tem como objetivo refletir as principais responsabilidades da gestão municipal no contexto da divisão de competências dentro da Federação, com a finalidade de atender aos interesses locais. Sob essa perspectiva, o índice orienta-se pela avaliação do esforço da administração municipal na provisão de políticas públicas e serviços essenciais sob sua responsabilidade, bem como pelos efeitos decorrentes das ações da gestão sobre essas políticas.

No entanto, é imprescindível ressaltar que as ações implementadas pela gestão municipal não se traduzem, de forma imediata, em resultados efetivos. Para compreender adequadamente a contribuição dessas ações, é necessário inseri-las em um contexto mais amplo, que abarca não apenas a quantidade de recursos financeiros, humanos e físicos empregados, mas também o cenário socioeconômico e institucional no qual o gestor está inserido.

As informações que compõem o IEGM estão distribuídas em sete dimensões dedicadas às respectivas áreas temáticas.

Quadro 1 – Índices temáticos do IEGM

Dimensão	Objeto de análise	Fonte
i-Educ	Ações sobre a gestão da educação pública municipal.	Quesitos específicos relativos à educação infantil, creches, pré-escolas e ensino fundamental (anos iniciais e finais) e informações retiradas do Censo Escolar.
i-Saúde	Ações sobre a gestão da saúde pública municipal.	Quesitos específicos voltados à atenção primária à saúde.
i-Planej	Comparação entre planejamento e execução.	Quesitos específicos sobre o planejamento.
i-Fiscal	Execução financeira e orçamentária; manutenção dos limites legais estabelecidos, as decisões em relação à aplicação de recursos vinculados e a transparência da administração municipal.	Quesitos específicos da gestão fiscal.
i-Cidade	Ações do município de prevenção e enfrentamento de sinistros e desastres.	Quesitos específicos sobre medidas de proteção e inter-relacionamento com outros órgãos de suporte.
i-Amb	Ações sobre o meio ambiente.	Quesitos específicos de meio ambiente.
i-GovTI	Uso dos recursos de tecnologia da informação.	Quesitos sobre o uso dos recursos de tecnologia da informação.

Fonte: Adaptado do Tribunal de Contas de Minas Gerais (TCE/MG, 2024).

Por ser um índice dinâmico e flexível, o IEGM é constantemente atualizado para promover análises atuais, sempre mantendo as 7 dimensões acima mencionadas.

Para medir o grau de aderência da gestão municipal aos processos e controles levantados pelo IEGM, é atribuído um sistema de pontuação desenvolvido pela equipe do TCE/SP em parceria com o IRB e a Rede Indicon, de modo a refletir a relevância do questionamento no conjunto da dimensão. A nota final de cada uma delas é obtida pela soma dos pontos alcançados conforme as respostas a cada questão.

O índice geral do IEGM é obtido a partir da média ponderada das notas de cada uma das sete dimensões, os critérios de ponderação são definidos com base em critérios de materialidade.

Quadro 2 – Peso por dimensões do IEGM

Dimensão	Peso
i-Cidade	5%
i-GovTI	5%
i-Amb	10%
i-Fiscal	20%
i-Planej	20%
i-Saúde	20%
i-Educ	20%

Fonte: Tribunal de Contas do Estado de Minas Gerais (TCE/MG, 2024).

O IEGM divulga as notas obtidas por seus municípios em cinco faixas de resultados, evitando a exposição numérica de *ranking*. Elas são categorizadas conforme os seguintes critérios.

Quadro 3 – Faixas de resultado do IEGM

Notas	Critérios	Descrição
A	IEGM com pelo menos 90% da nota máxima e ao menos 5 (cinco) índices componentes com nota A	Altamente efetiva
B+	IEGM entre 75% e 89,99% da nota máxima	Muito efetiva
B	IEGM entre 60% e 74,99% da nota máxima	Efetiva
C+	IEGM entre 50% e 59,99% da nota máxima	Em fase de adequação
C	IEGM menor ou igual a 49,99%	Baixo nível de adequação

Fonte: Tribunal de Contas do Estado de Minas Gerais (TCE/MG, 2024).

Com base nas informações disponibilizadas pelo Instituto Rui Barbosa (IRB) para o exercício de 2023, o Quadro 3 apresenta as notas atribuídas, oferecendo uma visão detalhada sobre o desempenho de cada município nas áreas avaliadas.

Tabela 2 – Notas dos municípios respondentes aos questionários do IEGM 2023

Município	Exercício	i-Amb	i-Cidade	IEGM
Barra de Santo Antônio	2023	0.07C	0.19C	0.2775C
Barra de São Miguel	2023	0.44C	0.31C	0.365C
Belém	2023	0.06C	0.05C	0.36C
Campo Alegre	2023	0.45C	0.49C	0.4785C
Coité do Nóia	2023	0.03C	0.59C+	0.2965C
Coqueiro Seco	2023	0.11C	0.47C	0.3995C
Coruripe	2023	0.37C	0.51C+	0.4585C
Craíbas	2023	0.07C	0.33C	0.5505C+
Feliz Deserto	2023	0.24C	0.6B	0.425C
Flexeiras	2023	0.21C	0.59C+	0
Girau do Ponciano	2023	0.34C	0.44C	0.397C
Igreja Nova	2023	0.27C	0.26C	0.308C
Jacuípe	2023	0.02C	0.28C	0.4095C
Jequiá da Praia	2023	0.23C	0.47C	0.391C
Maceió	2023	0.38C	0.69B	0.4345C
Maragogi	2023	0.09C	0.38C	0.448C
Marechal Deodoro	2023	0.16C	0.59C+	0.4085C
Matriz de Camaragibe	2023	0.13C	0.88B+	0.36C
Paripueira	2023	0.25C	0	0
Penedo	2023	0	0	0
Piaçabuçu	2023	0.37C	0.45C	0.219C
Pilar	2023	0.1C	0.54C+	0.419C
Porto Calvo	2023	0.19C	0.57C+	0.4345C
Porto Real do Colégio	2023	0.09C	0.2C	0.3405C
Rio Largo	2023	0	0	0
Roteiro	2023	0C	0.01C	0.3325C
Santa Luzia do Norte	2023	0.12C	0.28C	0.326C
São Brás	2023	0.38C	0.18C	0.3815C
São Miguel dos Campos	2023	0.36C	0.54C+	0.394C
São Miguel dos Milagres	2023	0.11C	0.67B	0.397C
São Sebastião	2023	0.08C	0.73B	0.3C
Teotônio Vilela	2023	0.59C+	0.57C+	0.489C
Traipu	2023	0.09C	0.42C	0.421C

Fonte: Instituto Rui Barbosa.

Apesar dos desafios impostos pelos eventos climáticos de 2022, a análise da efetividade das políticas públicas em 2023 revelou uma significativa falta de investimento nas dimensões i-Amb e i-Cidade. Os resultados indicam que, mesmo diante das adversidades, as políticas de gestão ambiental e prevenção de desastres não receberam a atenção e os recursos necessários para sua efetiva implementação. Esse quadro evidencia deficiências na alocação de recursos e na formulação de estratégias adequadas, refletindo uma fragilidade nas ações municipais voltadas para a mitigação dos impactos climáticos e a promoção da sustentabilidade.

Ademais, as notas zeradas atribuídas aos municípios em alguma das duas dimensões analisadas (i-Amb e i-Cidade) indicam a ausência de envio dos questionários referentes à respectiva dimensão ao Instituto Rui Barbosa (IRB). Por sua vez, a coluna IEGM representa a pontuação geral dos municípios, obtida a partir da média ponderada das notas das sete dimensões que compõem o índice. Ressalta-se que o IRB atribui a pontuação geral exclusivamente aos municípios que atenderam integralmente à exigência de preenchimento e envio dos questionários de todas as dimensões do IEGM.

Conforme apontado por Passos e Amorim (2018), o IEGM é um mecanismo que permite aferir a efetividade da gestão pública, proporcionando um retrato das áreas que necessitam de maior atenção e investimentos. Neste caso, os resultados reforçam a necessidade de revisitação e aprimoramento das políticas públicas voltadas ao meio ambiente e à prevenção de catástrofes. Como destacam Speeden e Perez (2020), o planejamento inadequado e a ausência de estratégias robustas comprometem a qualidade das políticas implementadas, especialmente em municípios de pequeno e médio porte.

Os achados deste estudo corroboram a relevância de fortalecer as políticas ambientais e de enfrentamento de desastres naturais, promovendo não apenas a gestão eficiente de recursos, mas também a implementação de ações que assegurem o bem-estar da população e a sustentabilidade ambiental. A ausência de avanços evidencia a necessidade de uma reavaliação profunda das estratégias adotadas, com foco na integração de políticas e maior articulação entre os entes municipais, estaduais e federais para mitigar os impactos das mudanças climáticas e prevenir futuras tragédias.

5 Considerações finais

A análise da alocação orçamentária destinada à função Gestão Ambiental e da efetividade das políticas públicas em municípios alagoanos após as enchentes de 2022 evidencia desafios significativos na priorização de ações voltadas à sustentabilidade e à mitigação de desastres naturais. Embora alguns municípios tenham registrado aumento nos investimentos em gestão ambiental em 2023, a maioria manteve percentuais reduzidos ou estagnados, o que demonstra uma resposta orçamentária ainda insuficiente diante das demandas geradas pelos eventos extremos.

Os resultados do Índice de Efetividade da Gestão Municipal (IEGM), em suas dimensões i-Amb e i-Cidade, reforçam essas limitações, indicando lacunas na implementação de políticas públicas que efetivamente previnam ou minimizem os impactos de desastres naturais. Essa realidade reflete não apenas as dificuldades financeiras enfrentadas pelos municípios, mas também a necessidade de maior capacitação técnica e planejamento estratégico para lidar com os desafios ambientais contemporâneos.

A pesquisa conclui que, apesar de iniciativas pontuais e do reconhecimento da relevância da gestão ambiental, os avanços realizados ainda são insuficientes para atender às exigências de sustentabilidade e resiliência climática. Para superar esses entraves, é imprescindível fortalecer o planejamento ambiental municipal, promovendo uma integração efetiva entre as esferas de governo e incentivando parcerias com organizações da sociedade civil e do setor privado.

Por fim, o estudo destaca a importância de uma gestão ambiental proativa, pautada pela alocação eficiente de recursos e pela adoção de políticas públicas integradas. Somente com ações coordenadas e investimentos adequados será possível construir uma infraestrutura ambiental robusta e preparar os municípios para enfrentar os impactos das mudanças climáticas e outros desafios futuros.

Referências

ALBERTON, A. *et al. Desafios da gestão ambiental no Brasil*: reflexões sobre desastres naturais e ações públicas. São Paulo: Editora XYZ, 2021.

BRASIL. Secretaria de Orçamento Federal. *Portaria SOF nº 42, de 14 de abril de 1999.* Disponível em: https://www.gov.br/planejamento/pt-br/composicao/orgaos/secretaria-de-orcamento-federal. Acesso em: 20 nov. 2024.

GIACOMONI, J. *Orçamento público.* 16. ed. São Paulo: Atlas, 2012.

INSTITUTO RUI BARBOSA (IRB). Índice de Efetividade da Gestão Municipal (IEGM). Dados do exercício 2023. Disponível em: https://www.irbcontas.org.br. Acesso em: 1º nov. 2024.

MACHADO, Paulo Affonso Leme. *Direito ambiental brasileiro.* 25. ed. São Paulo: Malheiros, 2021.

MEIRELLES, H. L. *Direito administrativo brasileiro.* 42. ed. São Paulo: Malheiros, 2017.

MILARÉ, Édis. *Direito do ambiente*: a gestão ambiental em foco. 12. ed. São Paulo: Thomson Reuters, 2020.

PASSOS, J. M.; AMORIM, L. R. O IEGM como ferramenta de avaliação da efetividade da gestão pública municipal. *Revista Brasileira de Administração Pública*, Brasília, v. 54, n. 3, p. 45-68, 2018.

SILVA, José Afonso da. *Direito constitucional ambiental.* São Paulo: Malheiros, 2020.

SPEEDEN, J. M.; PEREZ, R. G. *Desafios do planejamento público em municípios de pequeno e médio porte*: uma análise crítica. São Paulo: Atlas, 2020.

TRIBUNAL DE CONTAS DO ESTADO DE MINAS GERAIS (TCE/MG). *Manual do IEGM* – Índice de Efetividade da Gestão Municipal. Belo Horizonte: TCE/MG, 2024. Disponível em: https://www.tce.mg.gov.br. Acesso em: 26 out. 2024.

TRIBUNAL DE CONTAS DO ESTADO DE SÃO PAULO (TCE/SP). *Metodologia e desenvolvimento do IEGM.* São Paulo: TCE/SP, 2015. Disponível em: https://www.tce.sp.gov.br. Acesso em: 26 out. 2024.

Informação bibliográfica deste texto, conforme a NBR 6023:2018 da Associação Brasileira de Normas Técnicas (ABNT):

TAVEIRA, Raiane Souza; SANTOS, Renato Alexandrino Monteiro dos. Gestão ambiental e efetividade das políticas públicas: análise orçamentária em municípios alagoanos após as enchentes de 2022. *In*: LIMA, Edilberto Carlos Pontes (coord.). *Os Tribunais de Contas e a sustentabilidade*: governança e controle no enfrentamento das mudanças climáticas. Belo Horizonte: Fórum, 2025. p. 337-348. ISBN 978-65-5518-670-3. (Coleção Fórum IRB, v. 6). t. 2.

TRIBUNAIS DE CONTAS E MEIO AMBIENTE: NOTAS SOBRE A ATUAÇÃO DO TCM/SP E DO TCU NO CONTROLE EXTERNO AMBIENTAL

RICARDO EZEQUIEL TORRES

EDUARDO DUMONT ARAÚJO

LUCAS CARDOSO SANTOS

I Introdução

A proteção do meio ambiente, conforme dispõe a Constituição Federal de 1988 (art. 225), constitui *direito* de todos e *dever* do Poder Público e da coletividade. A importância da tutela da gestão ambiental é tamanha que o referido direito recebe atenção detida em diversos títulos/capítulos espalhados no decorrer do corpo constitucional (CF/88),[1] a saber:

a) *direitos e garantias fundamentais*: é cabível de propositura de ação popular para anular ato lesivo ao meio ambiente (art. 5º, LXXIII);
b) *organização do Estado*: é competência comum dos entes da federação para proteger o meio ambiente e combater a poluição em qualquer forma (art. 23, VI e VII);
c) *organização dos poderes*: é função do Ministério Público promover a proteção do meio ambiente e de outros interesses difusos e coletivos (art. 129, III);
d) *ordem econômica e financeira*: a ordem econômica deve observar o princípio da defesa do meio ambiente, promovendo o desenvolvimento sustentável (art. 170, VI);
e) *ordem social*: o Sistema Único de Saúde (SUS) deve colaborar na proteção do meio ambiente, incluindo o controle de poluição (art. 174, §3º);

[1] SILVA, José Afonso. *Direito ambiental constitucional*. 4. ed. São Paulo: Malheiros, 2003. p. 47-48.

f) *direito* à *propriedade*: a função social da propriedade rural está condicionada ao uso adequado dos recursos naturais e à preservação do meio ambiente (art. 186), bem como há o reconhecimento do direito dos povos indígenas às suas terras tradicionais e a determinação da preservação ambiental dessas áreas (arts. 231 e 232).

Essas disposições refletem o compromisso da Constituição com o equilíbrio entre desenvolvimento econômico e proteção ambiental, garantindo direitos e impondo responsabilidades para a preservação do meio ambiente, na condição de direito fundamental.[2]

Considerando que todos os direitos possuem custos,[3] a tutela do meio ambiente também recebe especial atenção do ordenamento jurídico do ponto de vista *financeiro*, notadamente por meio de fundos.[4] No âmbito *federal*, destacam-se o Fundo Amazônia (FA), o Fundo Municipal do Meio Ambiente (FNMA), o Fundo Nacional de Desenvolvimento Florestal (FNDF), o Fundo Nacional sobre Mudança do Clima (FNMC) e os fundos de interesses difusos e coletivos.[5] No âmbito *municipal*, o Fundo Especial de Meio Ambiente e Desenvolvimento Sustentável – Fema,[6] criado pela Lei municipal paulistana nº 13.155, de 29.6.2001, e vinculado à Secretaria Municipal do Verde e do Meio Ambiente (SVMA), é crucial para financiar ações e projetos que promovem a sustentabilidade e a preservação ambiental na cidade de São Paulo.

Em síntese, vultosa quantidade de recursos públicos da União, dos estados e dos municípios é destinada anualmente à gestão ambiental. Apenas para se ter uma ideia, em 2024, o Banco Nacional de Desenvolvimento Econômico e Social (BNDES) desembolsou R$10,4 bilhões para projetos na Amazônia Legal, vez que o aumento de investimentos sustentáveis na região é estratégico para garantir a liderança do Brasil no processo de transição energética.[7]

---

2 SARLET, Ingo Wolfgang. *A eficácia dos direitos fundamentais*. 3. ed. Porto Alegre: Livraria do Advogado, 2003. p. 129; FENSTERSEIFER, Tiago. *Direitos fundamentais e proteção do ambiente*: a dimensão ecológica da dignidade humana no marco jurídico-constitucional do Estado socioambiental de direito. Porto Alegre: Livraria do Advogado, 2008. p. 57 e ss.

3 HOLMES, Stephen; SUNSTEIN, Cass R. *The cost of rights*: why liberty depends on taxes. New York: W.W. Norton, 1999. p. 43; NABAIS, José Casalta. Reflexões sobre quem paga a conta do Estado Social. *Revista Tributária e de Finanças Públicas*, São Paulo, n. 88, 2009.

4 O vocábulo "fundo" é plurívoco, sendo possível encontrar, na realidade jurídica brasileira, inúmeras figuras que levam essa denominação. Para os fins do presente trabalho, utilizaremos a definição de Hely Lopes Meirelles, para quem "fundo financeiro é toda reserva de receita para a aplicação determinada em lei" (MEIRELLES, Hely Lopes. *Finanças municipais*. São Paulo: RT, 1979. p. 133).

5 Para mais detalhes acerca do financiamento do meio ambiente no Brasil, conferir: TORRES, Ricardo Ezequiel. *O financiamento do meio ambiente no Brasil: uma análise crítica do sistema de custeio em prol da efetivação desse direito difuso*. 2013. Dissertação (Mestrado em Direito Econômico e Financeiro) – Faculdade de Direito, Universidade de São Paulo, São Paulo, 2013. DOI: 10.11606/D.2.2013.tde-02082017-141424. Acesso em: 13 jan. 2025.

6 O Fema tem como objetivo financiar iniciativas que promovam: i) o uso sustentável dos recursos naturais; ii) a melhoria da qualidade ambiental; iii) a pesquisa e o controle ambiental; iv) a fiscalização e defesa do meio ambiente; v) a manutenção e recuperação da qualidade ambiental. A gestão estratégica do fundo é realizada pelo Conselho do Fundo Especial do Meio Ambiente e Desenvolvimento Sustentável (Confema), que é responsável por elaborar e divulgar o plano de aplicação dos recursos, assegurando transparência e alinhamento com as prioridades ambientais do município.

7 Disponível em: https://agenciadenoticias.bndes.gov.br/detalhe/noticia/Desembolsos-do-BNDES-para-Amazonia-Legal-superam-R$-10-bi-de-jan-a-set-2024-83-a-mais-que-2022/#:~:text=O%20Banco%20Nacional%20de%20Desenvolvimento,foi%20de%2043%2C9%25. Acesso em: 20 jan. 2025.

Evidentemente não pretendemos, de forma alguma, afirmar que os valores despendidos na tutela do meio ambiente excederiam o necessário.

Este artigo tem como objetivo analisar a atuação dos Tribunais de Contas, em especial o Tribunal de Contas da União (TCU) e o Tribunal de Contas do Município de São Paulo (TCM/SP), no controle externo das políticas públicas ambientais. A relevância do tema reside no fato de que a proteção do meio ambiente envolve vultosos recursos financeiros, tanto em âmbito federal quanto municipal, e exige uma gestão eficiente e transparente para garantir a sustentabilidade e a efetividade das ações governamentais. Além disso, a atuação dos Tribunais de Contas tem impactos diretos em questões globais, como o combate ao desmatamento, a mitigação das mudanças climáticas e a promoção do desenvolvimento sustentável.

A relevância deste estudo reside no fato de que a proteção do meio ambiente é um tema central no debate contemporâneo, especialmente diante dos desafios globais, como as mudanças climáticas e a perda de biodiversidade. A atuação dos Tribunais de Contas, ao garantir a eficiência e a transparência na aplicação dos recursos públicos, contribui para a efetivação das políticas ambientais e para a preservação dos recursos naturais. Além disso, a evolução do controle externo, com a adoção de práticas preventivas e colaborativas, representa um avanço significativo na gestão pública, alinhando-se aos princípios da sustentabilidade e da responsabilidade fiscal.

Para alcançar o objetivo proposto, o presente artigo encontra-se estruturado em 4 (quatro) principais partes, cada uma delas dedicada a aspectos fundamentais da relação entre o meio ambiente, as políticas públicas e a atuação dos Tribunais de Contas, especialmente o Tribunal de Contas da União (TCU) e o Tribunal de Contas do Município de São Paulo (TCM/SP).

A primeira parte, intitulada "Meio ambiente e políticas públicas", apresenta uma análise sobre a evolução histórica e jurídica da proteção ambiental no contexto das políticas públicas. Examina-se a transição do Estado liberal para o Estado social e a ampliação das funções estatais na garantia de direitos coletivos, incluindo o direito ao meio ambiente. São abordados os dispositivos constitucionais que sustentam a gestão ambiental no Brasil, bem como os desafios impostos pela necessidade de mobilização de recursos financeiros e coordenação federativa. Conclui-se que a tutela ambiental não é apenas uma diretriz política, mas uma obrigação constitucional, exigindo a existência de órgãos de controle que assegurem a eficiência das políticas implementadas.

A segunda parte, "Breve panorama da atuação do Tribunal de Contas da União – TCU", analisa o papel do TCU na fiscalização ambiental. Destaca-se a evolução do controle externo para além das perspectivas contábeis-financeiras, abrangendo a verificação da eficiência de programas governamentais voltados ao meio ambiente. São discutidas iniciativas relevantes, como a Carta pela Amazônia, além da participação do TCU em conferências internacionais sobre mudanças climáticas. Ademais, examina-se o caso da concessão do Parque Nacional da Chapada dos Guimarães, em que a intervenção do TCU resultou na suspensão do certame licitatório em razão de potenciais impactos ambientais e riscos ao erário. A atuação do TCU evidencia sua relevância na fiscalização das políticas ambientais e na garantia da sustentabilidade.

Na terceira parte, "Panorama da atuação do TCM/SP na defesa do meio ambiente", é realizada análise específica do Tribunal de Contas do Município de São Paulo e seu papel no controle ambiental em âmbito local. São abordadas iniciativas como as técnicas para controle de cheias, com destaque para o incentivo ao uso de tecnologias de georreferenciamento, monitoramento hidrológico e soluções baseadas na natureza. Também é analisado o impacto do programa Faça Parte – ODS na promoção da transparência e da participação social no controle ambiental. Ao cabo, é apresentado um estudo de caso sobre a auditoria da Função Gestão Ambiental, que revelou tanto avanços na gestão ambiental municipal quanto desafios persistentes na execução das metas estabelecidas.

Por fim, conclui-se o estudo, reafirmando a importância dos Tribunais de Contas na fiscalização da gestão ambiental. Ressalta-se que a tutela ambiental não se restringe a um compromisso político, mas constitui um direito fundamental garantido pela Constituição Federal de 1988.

II Meio ambiente e políticas públicas

Neste momento, apresenta-se análise sobre a evolução histórica e jurídica da proteção ambiental no contexto das políticas públicas, sobretudo com a transição do Estado liberal para o Estado social e o caminho para a consolidação das funções estatais de garantia a direitos coletivos.

A relação entre o meio ambiente e o conceito de "políticas públicas" reflete um processo de evolução histórica e jurídica que se relaciona às transformações do papel do Estado e às demandas sociais.[8] No período do Estado liberal, entre os séculos XVII e XIX, a função estatal era essencialmente protetiva, limitada à garantia de direitos individuais como liberdade, propriedade e segurança.[9] O modelo econômico predominante, baseado no livre mercado, relegava a proteção ambiental a um plano subordinado, sendo vista como uma consequência natural da propriedade privada e da exploração econômica dos recursos.

A transição do Estado liberal para o Estado social no século XX ampliou significativamente as funções do Estado.[10] Os direitos sociais, econômicos e culturais emergiram como novas demandas, reconhecendo o caráter coletivo e difuso de certos direitos, incluindo o meio ambiente.

O Estado, para garantir a tutela desse novo espectro de direitos, formula e executa *política públicas*, que podem ser entendidas, nas palavras de Maria Paula Dallari Bucci,[11] como programas de ação governamental visando a coordenar os meios à disposição do Estado e as atividades privadas, para realização de objetivos socialmente relevantes e politicamente determinados.

---

[8] TORRES, Ricardo Ezequiel. *O financiamento do meio ambiente no Brasil: uma análise crítica do sistema de custeio em prol da efetivação desse direito difuso*. 2013. Dissertação (Mestrado em Direito Econômico e Financeiro) – Faculdade de Direito, Universidade de São Paulo, São Paulo, 2013. DOI: 10.11606/D.2.2013.tde-02082017-141424. Acesso em: 13 jan. 2025.

[9] PINHO, Diva Benevides; VASCONCELOS, Marco Antonio Sandoval de (Org.). *Manual de economia*. 4. ed. São Paulo: Saraiva, 2004. p. 68.

[10] Ana Maria de Oliveira Nusdeo aponta que "O estabelecimento de políticas públicas é uma marca do Estado contemporâneo, que se desenvolve a partir do modelo do Estado social e sua característica abordagem intervencionista, relacionada à implementação de objetivos e finalidades nos âmbitos econômico e social" (NUSDEO, Ana Maria de Oliveira. *Pagamento por serviços ambientais*: sustentabilidade e disciplina jurídica. São Paulo: Atlas, 2012).

[11] BUCCI, Maria Paula Dallari. *Direito administrativo e políticas públicas*. São Paulo: Saraiva, 2002. p. 241.

Na mesma linha está o posicionamento de Fábio Konder Comparato,[12] o qual conceitua "políticas públicas" a partir do seguinte raciocínio: "a política aparece, antes de tudo, como uma atividade, isto é, como um conjunto organizado de normas e atos tendentes à realização de um objetivo determinado. [...] A política, como um conjunto de normas e atos, é unificada por sua finalidade".

Em suma, e com amparo nos autores supramencionados, é possível afirmar que as políticas públicas são instrumentos dos quais o poder público se utiliza para satisfação de direitos constitucional e legalmente estabelecidos, o que encontra estreita relação com o objeto ora analisado de tutela do meio ambiente.

Vale ressaltar que, paralelamente ao desenvolvimento doutrinário do instituto das políticas públicas, a Constituição Federal de 1988 dedicou uma série de dispositivos no decorrer do corpo constitucional para tratar de direitos *sociais*, especialmente o direito ao meio ambiente. Nesse sentido, por exemplo, a CF/88: (1) elevou o meio ambiente ecologicamente equilibrado à categoria de *direito fundamental* (art. 5º, LXXIII), o que foi reconhecido expressamente pelo STF,[13] (2) atribuiu a sua proteção como competência comum dos entes da federação, no bojo da *organização do Estado* (art. 23, VI e VII), devendo os entes, em prestígio ao federalismo cooperativo, cooperar entre si para uma gestão integrada e eficiente de recursos naturais e o cumprimento de normas ambientais em todas as esferas e (3) estabeleceu como diretrizes da ordem econômica e financeira (art. 170, VI) a observação do princípio da defesa do meio ambiente e a promoção do desenvolvimento sustentável.[14]

Logo, a Carta Magna acaba por consagrar a ideia, por nós defendida, de que a tutela do meio ambiente não é apenas uma *diretriz política*, mas uma *obrigação constitucional*. Dito de outra forma, a gestão ambiental não é uma *política de governo*, mas sim uma *política de Estado*.

Para além do supramencionado amparo jurídico que a gestão ambiental recebe, sendo objeto central de políticas públicas que muitas vezes transpassam as fronteiras do direito brasileiro,[15] não é despiciendo rememorar que as políticas públicas ambientais

---

[12] COMPARATO, Fábio Konder. Ensaio sobre o juízo de constitucionalidade de políticas públicas. *Revista dos Tribunais*, São Paulo, v. 737, n. 22, mar. 1997. p. 18.

[13] ADI nº 3.540 MC, Rel. Min. Celso de Mello, j. 1º.9.2005, *DJ*, 3.2.2006; ADPF nº 623, Rel. Min. Rosa Weber, j. 22.5.2023, *DJe*, 18.7.2023; ADI nº 7.200, Rel. Min. Roberto Barroso, j. 22.2.2023, *DJe*, 17.3.2023 e ADI nº 4.717, Rel. Min. Cármen Lúcia, j. 5.4.2018, P, *DJe*, 15.2.2019.

[14] Registra-se, por oportuno, que o conceito de "desenvolvimento sustentável", consolidado internacionalmente por documentos como o Relatório Brundtland, busca harmonizar crescimento econômico, justiça social e conservação ambiental. Esse modelo orienta políticas públicas que almejam atender às necessidades do presente sem comprometer a capacidade das gerações futuras de satisfazerem as suas. Segundo Maria Paula Dallari Bucci, o conceito-síntese do desenvolvimento sustentável somente foi descrito pela Comissão Brundtland, instituída pela Assembleia-Geral das Nações Unidas, cujos trabalhos começaram em 1984 e findaram em 1987 (BUCCI, Maria Paula Dallari. A Comissão Brundtland e o conceito de desenvolvimento sustentável no processo histórico de afirmação dos direitos humanos. *In*: DERANI, Cristiane; COSTA, José Augusto Fontoura. *Direito ambiental internacional*. Santos: Leopoldianum, 2001. p. 56-59).

[15] "No caso da Amazônia, os números mostram que, entre 2009 e 2018, foram repassados R$3,4 bilhões para o Fundo Amazônia, sendo que 93,8% do total foram doados pela Noruega e 5,7% pela Alemanha. Ou seja, as doações de países estrangeiros para ações de combate ao desmatamento e desenvolvimento sustentável se mostram extremamente importantes para que a Amazônia seja protegida, assim como estabelece a Constituição Federal. Diferentemente dos investimentos estrangeiros para a proteção e desenvolvimento da Amazônia, que estão de acordo com os princípios e intenções da Constituição Federal, eventuais discussões sobre a 'internacionalização da Amazônia' se mostram contrárias, especialmente, ao conceito de soberania nacional. É sabido que a Amazônia influencia o equilíbrio ambiental de todo o planeta, de modo que o Estado brasileiro deve se preocupar com os

envolvem significativos e vultosos recursos financeiros, demandam alta mobilização de pessoal e necessitam de coordenação/cooperação federativa para enfrentar os mais complexos desafios de ordem ambiental, como os *desmatamentos*, a *poluição* em escala e as *mudanças climáticas*.

Isso reitera a conclusão de que é fundamental a existência de órgãos de controle capazes de verificar a eficiência das políticas implementadas, avaliar o cumprimento de metas ambientais, promover a *accountability* (responsabilização) dos gestores públicos envolvidos e, principalmente, gerar melhorias/aperfeiçoamento da atuação administrativa em matéria ambiental.

É o que se passa a analisar.

III Tribunais de Contas e a tutela do meio ambiente

III.1 Breve panorama da atuação do Tribunal de Contas União – TCU

O Tribunal de Contas da União (TCU) tem atuado em casos de grande relevância que demonstram a estreita relação entre o controle externo e a *pauta preservacionista* do meio ambiente. Sua atuação vai além da análise de aspectos meramente *contábeis* e *financeiros*, abrangendo temas estratégicos para a gestão pública. O TCU realiza verificações de conformidade, eficiência e eficácia de programas governamentais voltados ao meio ambiente, contribuindo significativamente para a formulação, execução e avaliação de políticas ambientais. Dessa forma, sua atuação não apenas fortalece a gestão pública, mas também impacta diretamente iniciativas de combate ao desmatamento e às mudanças climáticas.[16]

A atuação das Cortes de controle externo em questões ambientais, sejam relacionadas a políticas públicas socioambientais ou às mudanças climáticas, encontra respaldo legítimo sempre que há a aplicação, direta ou indireta, de recursos públicos (art. 70, CF/88). Esse entendimento se fundamenta no conceito doutrinário do *toque de Midas*, desenvolvido por Scaff,[17] que reconhece a incidência do controle externo sempre que houver envolvimento de verbas públicas.

---

impactos que a destruição da floresta traz ao Brasil e, também, aos outros países. Porém, isso não significa que outros Estados possam discutir projetos de internacionalização de um patrimônio que pertence aos limites territoriais do Brasil" (NEVES, Felipe Costa Rodrigues. Investimentos estrangeiros na Amazônia: diálogo entre a soberania nacional e a proteção do meio ambiente. *Migalhas*. Disponível em: https://www.migalhas.com.br/coluna/constituicao-na-escola/312416/investimentos-estrangeiros-na-amazonia--dialogo-entre-a-soberania-nacional-e-a-protecao-do-meio-ambiente).

[16] TCU e mudanças climáticas – qual pode ser o papel do controle? *Jota*, 2020. Disponível em: https://www.jota.info/tcu-e-mudancas-climaticas-qual-pode-ser-o-papel-do-controle.

[17] A renomada doutrina de direito financeiro, inaugurada pelo Professor Fernando Facury Scaff, convencionou denominar que a abrangência fiscalizatória dos Tribunais de Contas muito se assemelharia ao "toque de Midas", à semelhança da lenda grega do rei que transformava em ouro tudo o que tocava. Isso ocorre devido à ampla abrangência fiscalizatória das Cortes de Contas, alcançando todos aqueles que tocaram em dinheiro público (art. 70, parágrafo único, CF/88), ainda que transitoriamente e sem vínculo com a administração pública, o que se revela importantíssimo para a adequada tutela das políticas públicas ambientais. Em suma, quem tocar em dinheiro público atrairá automaticamente a competência dos tribunais de contas para fiscalização desse montante quanto à legalidade, legitimidade, economicidade, independentemente da qualificação do agente e do regime jurídico da relação, alcançando até mesmo renúncias de receitas, conferindo ampla abrangência fiscalizatória às Cortes de Contas, inclusive em matéria ambiental (SCAFF, Fernando Facury. *Orçamento republicano e liberdade igual*. Belo Horizonte: Fórum, 2018. p. 447).

Nesse passo, a atuação do TCU, assim como das demais Cortes de Contas no Brasil, não busca realizar intromissões indevidas nas competências típicas dos órgãos ambientais, como o ICMBio ou o Ibama. Seu objetivo é identificar possíveis desconformidades, propor medidas para corrigir falhas de governança e assegurar que os gastos estejam devidamente vinculados a projetos, programas e políticas preservacionistas,[18] sempre com base em critérios técnicos e em conformidade com as normas vigentes.

Nesse contexto, a cooperação entre instituições é um pilar fundamental para fortalecer o controle externo na área ambiental. Um exemplo marcante dessa articulação é a *Carta pela Amazônia*, firmada durante o *I Congresso Ambiental dos Tribunais de Contas*. Esse documento constitui marco relevante de sinergia entre o controle externo e a preservação do meio ambiente, especialmente voltada ao combate ao desmatamento, queimadas e degradação florestal.[19]

Os instrumentos convencionais do direito internacional público fortalecem a cooperação entre o TCU – como entidade superior de fiscalização que representa o Estado brasileiro – e a *International Organization of Supreme Audit Institutions* (Intosai). Assim, o TCU tem participado ativamente de conferências e grupos de trabalho que debatem os impactos globais das mudanças climáticas e o papel do controle externo na articulação interinstitucional entre diferentes jurisdições. Destaca-se a *Conferência das Nações Unidas sobre as Mudanças Climáticas* (COP), em que as discussões sobre mecanismos de auditoria e controle vêm ganhando espaço cada vez maior.[20]

Quanto ao caso brasileiro, há grande relevo em pontos de atenção à temática ora em voga, como se vê na celeuma inerente à *Concessão do Parque Nacional da Chapada dos Guimarães*, localizado no Estado de Mato Grosso, que constitui uma das unidades de conservação mais expressivas do Brasil, tanto pelo seu ecossistema singular quanto pela relevância turística e cultural.[21]

Vislumbrava-se, no âmbito do *Parque Nacional da Chapada dos Guimarães*, a partir da supervisão do Instituto Chico Mendes de Conservação da Biodiversidade – ICMBio, uma alternativa para impulsionar investimentos em infraestrutura turística, promovendo benefícios tanto para a conservação ambiental desse patrimônio nacionalmente reconhecido quanto para a ampliação da visitação ecológica e de atividades correlatas.

Entretanto, conforme noticiado pelo TCU, o Edital de Concorrência nº 1/2022 apresentava uma série de inconsistências, identificadas pelas áreas técnicas desta Corte. Dentre os principais problemas, destacavam-se critérios pouco claros para a definição das obrigações de manutenção, falhas na estimativa de custos ambientais e ausência de

---

18 AUDITORIA do TCU aponta falhas na governança climática e propõe atualizações em políticas ambientais. *TCU,* 2020. Disponível em: https://portal.tcu.gov.br/imprensa/noticias/auditoria-do-tcu-aponta-falhas-na-governanca-climatica-e-propoe-atualizacoes-em-politicas-ambientais.

19 MEIO Ambiente e Desenvolvimento nas Entidades Fiscalizadoras Superiores. *UNB,* 2020. Disponível em: https://periodicos.unb.br/index.php/MED/article/view/29991.

20 TCU participa da Conferência das Nações Unidas sobre as Mudanças Climáticas (COP29). *TCU,* 2023. Disponível em: https://portal.tcu.gov.br/imprensa/noticias/tcu-participa-da-conferencia-das-nacoes-unidas-sobre-as-mudancas-climaticas-cop29.

21 ICMBio – INSTITUTO CHICO MENDES DE CONSERVAÇÃO DA BIODIVERSIDADE. *Parque Nacional da Chapada dos Guimarães.* [s.l.]: [s.n.], 2020.

estudos conclusivos sobre a viabilidade de determinadas intervenções.[22] Em razão dessas deficiências, o TCU determinou que a unidade gestora realizasse retificações técnico-jurídicas no edital, assegurando não apenas a regularidade do certame, mas também a proteção do patrimônio ambiental envolvido.[23]

Verificada a impossibilidade de prosseguimento do certame,[24] e de acordo com despacho exarado pelo Ministro Relator Vital do Rêgo, nos autos do Processo nº 003.595/2023-4, datado de 6.4.2022, foi determinada a suspensão *ad cautelam* da concorrência – conforme previsão do art. 276 do Regimento Interno do TCU, com fundamento em riscos de *dano grave* ou de *difícil reparação* ao erário ou a outros bens jurídicos relevantes, sem olvidar a potencialidade de *danos ambientais irreversíveis*.

É dizer, prezou a Corte, no uso de seu poder geral de cautela, pela prevalência da proteção ao meio ambiente – direitos difusos de altíssimo relevo constitucional, em detrimento a eventuais sobreposições subvertidas a supostos interesses econômicos e mercadológicos.[25]

Além disso, e sinteticamente, há diversas outras iniciativas do Tribunal de Contas da União que, nesta oportunidade, merecem menção:

i) amplitude de ações fiscalizatórias que incluem a análise de relatórios de emissões de *gases de efeito estufa* e a avaliação da implementação de políticas setoriais (transportes, energia, agricultura etc.) que impactam diretamente a transição para uma economia de baixo carbono;[26]

ii) auditorias operacionais que visam examinar a coordenação interministerial e a coerência das políticas públicas pertinentes a mudanças climáticas – exame de efetivo atingimento de objetivos estratégicos de adaptação e mitigação de impactos, em aferições fiscalizatórias de arranjos multissetoriais (envolvendo desde o Ministério do Meio Ambiente até pastas de Infraestrutura, Ciência e Tecnologia, entre outras);[27]

iii) emissões de *recomendações* e *determinações*, especialmente quando reveladas sobreposições ou lacunas institucionais que dificultam a ação governamental integrada, ocasionando retrabalho, desperdício de recursos e ineficiência na

---

22 ICMBIO deve corrigir edital para a concessão da Chapada dos Guimarães. *TCU*, 2020. Disponível em: https://portal.tcu.gov.br/imprensa/noticias/icmbio-deve-corrigir-edital-para-a-concessao-da-chapada-dos-guimaraes.

23 TCU anula concorrência do ICMBio para concessão da Chapada dos Guimarães. *Agência Infra*, 2022. Disponível em: https://agenciainfra.com/blog/tcu-anula-concorrencia-do-icmbio-para-concessao-da-chapada-dos-guimaraes/.

24 Os principais aspectos de inconsistência identificados pelo TCU incluíam a falta de estudos ambientais robustos, a imprevisão de contrapartidas claras para a proteção de ecossistemas fragilizados e a ausência de métricas de desempenho que assegurassem a satisfação do interesse público. Ademais, mencionou-se a existência de possíveis divergências quanto às projeções de fluxo turístico e de impacto econômico, elementos cruciais para a segurança jurídica e financeira da concessão (TCU anula concorrência do ICMBio para concessão da Chapada dos Guimarães. *Agência Infra*, 2022. Disponível em: https://agenciainfra.com/blog/tcu-anula-concorrencia-do-icmbio-para-concessao-da-chapada-dos-guimaraes/).

25 TCU. *Despacho do Tribunal de Contas da União* – Processo n. 003.595/2023-4. Rel. Min. Vital do Rêgo, 6.4.2022.

26 AUDITORIA do TCU aponta falhas na governança climática e propõe atualizações em políticas ambientais. *TCU*, 2023. Disponível em: https://portal.tcu.gov.br/imprensa/noticias/auditoria-do-tcu-aponta-falhas-na-governanca-climatica-e-propoe-atualizacoes-em-politicas-ambientais.

27 CLIMATESCANNER: parceria com o PNUD gera capacitação para instituições de controle. *TCU*, 2023. Disponível em: https://portal.tcu.gov.br/imprensa/noticias/climatescanner-parceria-com-o-pnud-gera-capacitacao-para-instituicoes-de-controle.htm.

> adoção de medidas prioritárias, visando induzir ajustes no arranjo institucional para que as políticas climáticas sejam mais eficazes no combate aos riscos ambientais e na preservação dos ecossistemas.[28]

Observa-se, assim, uma conexão entre o controle externo exercido pelos Tribunais de Contas e as questões relacionadas ao meio ambiente, entendido de forma ampla. Fica evidente, nesse contexto e com base em tudo o que foi exposto, que os órgãos de controle externo vêm se destacando como agentes fiscalizadores que vão além das análises puramente contábeis e financeiras.

Há a superação da exclusividade do paradigma do controle *a posteriori* meramente *repressor*, consolidando também as modalidades de controle *prévio* e *concomitante*. Como afirma, com propriedade, João Antônio da Silva Filho,[29] o controle externo prévio e concomitante é aquele em que há atuação fiscalizatória *antes* que ocorra eventual desperdício de recursos públicos, o que se configura como instrumento primordial de mediação de conflitos e de atingimento do interesse público.

No campo ambiental, essa mudança se reflete na fiscalização de políticas preservacionistas, na correção de deficiências em projetos estratégicos e na indução de boas práticas de governança. Um exemplo foi a atuação do TCU no Edital de Concorrência nº 1/2022, referente à concessão do Parque Nacional da Chapada dos Guimarães, cuja *suspensão cautelar* evitou riscos ambientais e prejuízos ao erário.

Essa agenda é fundamentada em valores de preservação e resiliência, indispensáveis para a gestão de crises e a mitigação dos efeitos negativos causados pelas mudanças climáticas.

III.2 Panorama da atuação do TCM/SP na defesa do meio ambiente

Considerando toda a exposição pertinente à atuação do Tribunal de Contas da União – TCU, no tocante às pautas ambientais e seus pontos de intersecção com o controle externo, é o caso de proceder ao exame comportamental das instituições orgânicas de controle externo subnacionais, adotando-se como paradigma o Tribunal de Contas do Município de São Paulo – TCM/SP, dadas as peculiaridades locais da referida Corte que, num arcabouço exógeno-controlador quase singular no ordenamento jurídico brasileiro, detém jurisdição sobre o mais alargado – e talvez um dos mais complexos – entes político-administrativos da estrutura federativa brasileira: a municipalidade paulistana.

III.2.1 Técnicas para controle de cheias

Um dos temas centrais na atuação ambiental do TCM/SP tem sido o controle de cheias, dada a recorrência de enchentes e alagamentos na cidade de São Paulo, notadamente em períodos de chuvas intensas. Segundo dados oficiais, a urbanização desordenada e a insuficiência de infraestrutura de drenagem são fatores que agravam

---

[28] BRASIL lidera auditoria global que avaliará ações governamentais relacionadas às mudanças climáticas. *TCU*, 2023. Disponível em: https://portal.tcu.gov.br/imprensa/noticias/brasil-lidera-auditoria-global-que-avaliara-acoes-governamentais-relacionadas-as-mudancas-climaticas.

[29] SILVA FILHO, João Antônio da. *Estado, democracia e controle externo das contratações públicas*. Avaré: Contracorrente, 2024.

a vulnerabilidade do município a eventos climáticos extremos, acarretando prejuízos econômicos, sociais e ambientais de grande monta.[30]

O TCM/SP tem desempenhado papel relevante ao promover debates e disseminar novas técnicas para controle de cheias, tal como se verifica em eventos e cursos realizados pela Escola de Contas do TCM/SP. Conforme noticiado pelo próprio Tribunal, foram discutidas estratégias como o uso de tecnologias de *georreferenciamento*, a *implantação de sistemas de alerta* e *monitoramento hidrológico* e a adoção de soluções baseadas na natureza – por exemplo, a recuperação de várzeas e o estímulo à permeabilidade do solo urbano.[31]

A adoção dessas técnicas passa pela exigência, por parte dos órgãos de controle, de que os projetos de obras públicas contemplando drenagem urbana sejam elaborados com base em estudos hidrogeológicos e projeções de longo prazo, a fim de se evitar intervenções pontuais que não solucionem o problema de maneira efetiva. Nesse sentido, o TCM/SP orienta os gestores a observarem o princípio da eficiência, alocando recursos públicos de modo a maximizar os benefícios ambientais e sociais, inclusive sob a ótica do custo-benefício de cada obra ou projeto.

Importante ressaltar que a atuação do TCM/SP não se limita a verificar se as despesas públicas com drenagem foram executadas de acordo com a lei ou com o contrato. O Tribunal também examina se os objetivos ambientais e de prevenção de cheias foram efetivamente atingidos, coerentes com o planejamento estratégico municipal. Assim, quando se identificam falhas na concepção do projeto ou na sua execução, o TCM/SP emite recomendações que visam corrigir o rumo das políticas públicas, resguardando não apenas a legalidade, mas também a materialização do interesse público ambiental.

III.2.2 Objetivos de Desenvolvimento Sustentável – ODS: participação social e transparência no controle ambiental

A relevância crescente das temáticas relativas à governança ambiental, social e corporativa (ESG) e à implementação dos *Objetivos de Desenvolvimento Sustentável* (ODS) propostos pela Organização das Nações Unidas (ONU) ressalta a necessidade de instituições públicas e privadas adequarem suas práticas e políticas a modelos cada vez mais eficientes e responsáveis.

Nesse panorama, a atuação de organismos de controle, como os Tribunais de Contas, ganha destaque, pois tais entidades, além de zelarem pela correta aplicação de recursos públicos, podem promover políticas de sustentabilidade e difusão de boas práticas ambientais e sociais.[32]

Um dos marcos simbólicos do projeto *Faça Parte – ODS* no município de São Paulo ocorreu com a instalação de um totem contendo informações sobre o Tribunal de Contas do Município no Parque da Aclimação, localizado em área central da capital. O evento de inauguração contou com a presença de Rodrigo Ravena, secretário municipal do

---

[30] ESCOLA de Contas do TCMSP aborda as novas técnicas para controle de cheias. *TCM/SP*, 2020. Disponível em: https://egcportalantigo.tcm.sp.gov.br/noticias/1847-escola-de-contas-do-tcmsp-aborda-as-novas-tecnicas-para-controle-de-cheias.

[31] OBSERVATÓRIO do TCMSP analisa aumento de temperatura, chuvas e obras de drenagem emergenciais. *TCM/SP*, 2022. Disponível em: https://portal.tcm.sp.gov.br/Pagina/67890.

[32] ANTUNES, Paulo de Bessa. *Federalismo e competências ambientais no Brasil*. 2. ed. [s.l.]: [s.n.], 2015.

Verde e do Meio Ambiente, bem como de Renato Martins Costa, presidente do Tribunal de Contas do Estado de São Paulo, simbolizando a integração entre diferentes esferas de governo e de fiscalização.[33]

A presença do totem em um espaço público de grande circulação possibilita que visitantes tomem conhecimento dos trabalhos realizados pelo TCM/SP, de sua história institucional e das práticas de sustentabilidade adotadas. Ademais, evidencia-se a preocupação com a educação ambiental, na medida em que o dispositivo divulga informações sobre os ODS, reforçando os objetivos da *Agenda 2030*. Cumpre notar que, ao se aproximar do cotidiano dos cidadãos, o Tribunal amplia a percepção pública acerca de seu papel fiscalizador e orientador em matéria de gestão pública.

Dessa maneira, trata-se de uma iniciativa alinhada com os mandamentos nucleares da participação social e a transparência, que figuram como princípios estruturantes do Estado democrático de direito e encontram acolhida na Constituição Federal de 1988 (art. 1º, parágrafo único, e art. 5º, inc. XXXIII) e em legislações correlatas. No âmbito ambiental, a participação cidadã constitui peça-chave para o êxito das políticas públicas, pois permite o escrutínio das decisões governamentais e estimula a cobrança por resultados.

Sem olvidar as intersecções entre o controle externo e as pautas relacionadas ao meio ambiente, observa-se que a iniciativa do TCM/SP, consubstanciada na instalação de um totem interativo no Parque da Aclimação, denota uma medida de fomento à sinergia entre as Cortes de Contas e o controle social, empregando inovação para expandir os horizontes tradicionais da fiscalização publicística, no sentido do desenvolvimento sustentável e da preservação das áreas verdes da municipalidade de forma tecnologicamente atrativa para fomentar a participação popular na administração pública, seja na perspectiva do controle, seja na perspectiva da gestão.

III.2.3 Caso prático: Função Governo Meio Ambiente

A "Análise de Função Governo", no âmbito do TCM/SP, consiste em modalidade processual na qual é determinado trabalho de auditoria destinado a avaliar a execução orçamentária e o cumprimento de metas e indicadores de uma função de governo.

Em suma, as análises de funções de governo visam identificar riscos, avaliar o desempenho das funções governamentais, incentivar o aprimoramento de políticas públicas, divulgar avaliações qualitativas aos cidadãos e emitir recomendações em caso de irregularidades, na forma do art. 3º da Resolução TCM/SP nº 16/2020:[34]

---

[33] SÃO PAULO. Tribunal de Contas do Município de São Paulo. *Projeto "Faça Parte – ODS" e instalação de Totem no Parque da Aclimação*. 2023. Disponível em: https://portal.tcm.sp.gov.br/Pagina/70951.

[34] "Art. 3º As Análises de Funções de Governo têm os seguintes objetivos: I – Identificar, por meio da análise da execução orçamentária, das metas e indicadores de cada função, pontos de risco a serem considerados na elaboração do Plano Anual de Fiscalização referente ao exercício seguinte; II – Avaliar qualitativamente o desempenho das funções de governo em comparação a exercícios anteriores e a outros parâmetros pertinentes; III – incentivar as secretarias de governo responsáveis pela implementação de políticas públicas de cada função a desenvolver e acompanhar suas séries históricas de indicadores, aprimorando o planejamento e o cumprimento de seus objetivos; IV – Divulgar ao cidadão do Município de São Paulo uma avaliação qualitativa do cumprimento das metas estabelecidas pelo Governo Municipal; V – Emitir recomendações e determinações se identificadas irregularidades e/ou impropriedades".

A função de governo é definida a partir do objetivo socioeconômico que as unidades do governo municipal pretendem alcançar por meio de distintos tipos de gastos previstos no orçamento. O presente caso prático a ser tratado envolve justamente a *Função Gestão Ambiental*, classificada com o nº 18 na listagem da Prefeitura, que se refere à fração do orçamento do município de São Paulo relativa à gestão dos recursos, equipamentos, programas e demais ações voltadas à preservação e conservação ambiental.

Nesse passo, o TCM/SP, na pessoa do relator da matéria Conselheiro Domingos Dissei, instaurou procedimento fiscalizatório, no bojo da Análise da Função Gestão Ambiental, autuado sob o nº TC/006368/2022,[35] destinado à função de governo com base nos resultados alcançados em 2021. A auditoria programada da Função Gestão Ambiental destacou avanços importantes e desafios significativos no cumprimento das metas estabelecidas para 2021 pela Secretaria Municipal do Verde e do Meio Ambiente (SVMA). Entre os aspectos positivos, ressaltam-se:

a) *Efetiva execução orçamentária em ações específicas*: a SVMA foi responsável por 86,1% da execução orçamentária, destacando a boa performance na manutenção e operação de parques e unidades de conservação, que alcançou 67,46% de execução física.
b) *Ampliação de* áreas *de lazer*: foram entregues três novos parques municipais (Alto da Boa Vista, Paraisópolis e Augusta-Prefeito Bruno Covas), contribuindo para o aumento da oferta de espaços públicos verdes.
c) *Melhoria significativa nas visitas a parques*: o número de visitas aos parques municipais aumentou substancialmente em relação a 2020, reforçando a importância desses espaços para a população.
d) *Redução de emissões atmosféricas*: houve avanços na meta de redução de poluentes, com destaque para a diminuição de 28,37% nas emissões de material particulado pela frota municipal.

Contudo, alguns desafios foram identificados:

a) *Indicadores ausentes ou inadequados*: indicadores importantes, como o Índice de Satisfação dos Parques e o Índice de Gestão de Parques, não foram acompanhados, sendo considerados inviáveis pela SVMA.
b) *Desempenho insuficiente no plantio de* árvores: apenas 23% da meta de árvores plantadas foi cumprida, com um número de 13.869 árvores em 2021, muito abaixo do esperado e inferior ao realizado em 2020.
c) *Educação ambiental e cobertura verde*: houve decréscimo no número de cidadãos atendidos por ações de educação ambiental e redução do percentual de área verde pública em 0,1%.
d) *Subutilização de recursos no Herbário Municipal*: a ação de manutenção e operação apresentou execução física de 6% e financeira de 19%, indicando possível necessidade de revisão nos custos planejados.

---

[35] Processo: TC/006368/2022, Interessada: Secretaria Municipal do Verde e do Meio Ambiente, Objeto: Função de Governo – Gestão Ambiental – Exercício 2021, Rel. Conselheiro Domingos Dissei.

Ao final, foram expedidas determinações para (1) prosseguir à instalação de grupo de estudo dos indicadores para proposição de novos indicadores com viabilidade de acompanhamento anual para os diferentes projetos/atividades e metas do plano de metas e (2) aprimorar o relatório de gestão para o exercício seguinte, acompanhando as metas municipais da ODS e calculando seus respectivos indicadores conforme previstos na Agenda 2030.

Em conclusão, a análise da Função Gestão Ambiental conduzida pelo TCM/SP evidenciou tanto avanços significativos quanto desafios persistentes na execução das metas e no cumprimento dos objetivos estabelecidos para 2021. Tais conclusões apontam para o papel essencial do controle externo em promover eficiência, transparência e sustentabilidade na gestão pública, com vistas a atender melhor ao interesse da população e às demandas ambientais da cidade.

IV Conclusões

O artigo analisa a interseção entre a tutela ambiental e o controle externo, destacando o papel dos Tribunais de Contas, em especial o Tribunal de Contas da União (TCU) e o Tribunal de Contas do Município de São Paulo (TCM/SP), na fiscalização de políticas públicas ambientais. A proteção do meio ambiente é um direito fundamental garantido pela Constituição Federal de 1988 (art. 225), e a atuação dos Tribunais de Contas tem evoluído de um modelo punitivo e *a posteriori* para uma abordagem mais colaborativa, preventiva e concomitante, visando à eficiência na gestão dos recursos públicos e à mitigação de impactos ambientais.

O objetivo central do artigo foi demonstrar a importância dos Tribunais de Contas na fiscalização das políticas públicas ambientais, avaliando a eficiência dos gastos públicos e a efetividade das ações governamentais voltadas à proteção do meio ambiente. Além disso, busca-se evidenciar a superação do paradigma tradicional de controle *a posteriori*, destacando a atuação preventiva e concomitante dos Tribunais de Contas como aliados do Poder Executivo na execução de políticas ambientais.

O estudo utilizou uma abordagem qualitativa, baseada em análise documental e estudo de casos. Foram examinados dispositivos constitucionais, legislações ambientais, relatórios de auditorias e decisões dos Tribunais de Contas, com foco nas ações do TCU e do TCM/SP. A metodologia inclui a revisão de literatura sobre políticas públicas ambientais, controle externo e governança, além da análise de casos práticos, como a suspensão do Edital de Concorrência do Parque Nacional da Chapada dos Guimarães pelo TCU e a auditoria da Função Gestão Ambiental conduzida pelo TCM/SP.

A análise evidenciou que os Tribunais de Contas têm desempenhado um papel crucial na fiscalização ambiental, indo além da mera verificação contábil e financeira. O TCU, por exemplo, atuou na suspensão de licitações com potenciais impactos ambientais negativos, como no caso do Parque Nacional da Chapada dos Guimarães, e promoveu a cooperação internacional em questões climáticas. Já o TCM/SP destacou-se no controle de cheias em São Paulo, com a adoção de tecnologias de georreferenciamento e soluções baseadas na natureza, além de promover a transparência e a participação social por meio do programa Faça Parte – ODS. A auditoria da Função Gestão Ambiental revelou avanços na gestão municipal, como a ampliação de áreas verdes, mas também desafios, como a subutilização de recursos e a insuficiência no plantio de árvores.

Conclui-se que a atuação dos Tribunais de Contas é fundamental para a efetividade das políticas públicas ambientais, garantindo a sustentabilidade e a preservação dos recursos naturais. A superação do modelo tradicional de controle *a posteriori* e a adoção de abordagens preventivas e concomitantes têm contribuído para a correção de falhas na governança ambiental e para a promoção de boas práticas administrativas. O fortalecimento desse novo paradigma de controle externo é essencial para que o Brasil cumpra seus compromissos constitucionais e internacionais em matéria de sustentabilidade, assegurando a proteção do meio ambiente para as gerações futuras.

Referências

BUCCI, Maria Paula Dallari. A Comissão Brundtland e o conceito de desenvolvimento sustentável no processo histórico de afirmação dos direitos humanos. *In*: DERANI, Cristiane; COSTA, José Augusto Fontoura. *Direito ambiental internacional*. Santos: Leopoldianum, 2001.

BUCCI, Maria Paula Dallari. *Direito administrativo e políticas públicas*. São Paulo: Saraiva, 2002.

COMPARATO, Fábio Konder. Ensaio sobre o juízo de constitucionalidade de políticas públicas. *Revista dos Tribunais*, São Paulo, v. 737, n. 22, mar. 1997.

COSTA, José Augusto Fontoura. *Direito ambiental internacional*. Santos: Leopoldianum, 2001.

FENSTERSEIFER, Tiago. *Direitos fundamentais e proteção do ambiente*: a dimensão ecológica da dignidade humana no marco jurídico-constitucional do Estado socioambiental de direito. Porto Alegre: Livraria do Advogado, 2008.

HOLMES, Stephen; SUNSTEIN, Cass R. *The cost of rights*: why liberty depends on taxes. New York: W.W. Norton, 1999.

MEIRELLES, Hely Lopes. *Direito municipal brasileiro*. 15. ed. São Paulo: Malheiros, 2006.

MEIRELLES, Hely Lopes. *Finanças municipais*. São Paulo: RT, 1979.

NABAIS, José Casalta. Reflexões sobre quem paga a conta do Estado Social. *Revista Tributária e de Finanças Públicas*, São Paulo, n. 88, 2009.

NUSDEO, Ana Maria de Oliveira. *Pagamento por serviços ambientais*: sustentabilidade e disciplina jurídica. São Paulo: Atlas, 2012.

PINHO, Diva Benevides; VASCONCELOS, Marco Antonio Sandoval de (Org.). *Manual de economia*. 4. ed. São Paulo: Saraiva, 2004.

REVERBEL, Carlos Eduardo Dieder. *O federalismo numa visão tridimensional do direito*. São Paulo: Livraria do advogado, 2021.

SARLET, Ingo Wolfgang. *A eficácia dos direitos fundamentais*. 3. ed. Porto Alegre: Livraria do Advogado, 2003.

SCAFF, Fernando Facury. O surgimento do município como ente federado na constituinte de 1988. *In*: CHAVES, Aloysio. *O município e a constituinte*. Belém: IEL/PA – Mestres do Direito do Pará, 2022.

SCAFF, Fernando Facury. *Orçamento republicano e liberdade igual*. Belo Horizonte: Fórum, 2018.

SILVA FILHO, João Antônio da. *Estado, democracia e controle externo das contratações públicas*. Avaré: Contracorrente, 2024.

SILVA, José Afonso. *Direito ambiental constitucional*. 4. ed. São Paulo: Malheiros, 2003.

TORRES, Ricardo Ezequiel. *O financiamento do meio ambiente no Brasil: uma análise crítica do sistema de custeio em prol da efetivação desse direito difuso*. 2013. Dissertação (Mestrado em Direito Econômico e Financeiro) – Faculdade de Direito, Universidade de São Paulo, São Paulo, 2013. DOI: 10.11606/D.2.2013.tde-02082017-141424.

Informação bibliográfica deste texto, conforme a NBR 6023:2018 da Associação Brasileira de Normas Técnicas (ABNT):

TORRES, Ricardo Ezequiel; ARAÚJO, Eduardo Dumont; SANTOS, Lucas Cardoso. Tribunais de Contas e meio ambiente: notas sobre a atuação do TCM/SP e do TCU no controle externo ambiental. *In*: LIMA, Edilberto Carlos Pontes (coord.). *Os Tribunais de Contas e a sustentabilidade*: governança e controle no enfrentamento das mudanças climáticas. Belo Horizonte: Fórum, 2025. p. 349-363. ISBN 978-65-5518-670-3. (Coleção Fórum IRB, v. 6). t. 2.

O PARECER PRÉVIO E A FISCALIZAÇÃO DA GOVERNANÇA CLIMÁTICA NOS ESTADOS. UM IMPERATIVO PARA A SUSTENTABILIDADE: O ENSAIO DO TCE/ES

RODRIGO FLÁVIO FREIRE FARIAS CHAMOUN

HELENA EMERICK ABAURRE

JANAÍNA GOMES GARCIA DE MORAES

Introdução

A crescente urgência da crise climática tem levado governos ao redor do mundo a adotar estratégias de mitigação e adaptação para enfrentar os desafios impostos pelo aquecimento global. No Brasil, a governança climática ainda apresenta lacunas na sua implementação, especialmente em nível estadual. Embora haja um arcabouço normativo para a regulação das ações climáticas, a efetividade dessas políticas depende de mecanismos de controle e avaliação que garantam sua aplicação eficiente e transparente.

Nesse contexto, o parecer prévio emitido pelos Tribunais de Contas sobre as contas anuais de governo se apresenta como uma ferramenta estratégica de fiscalização. Tradicionalmente voltado à análise fiscal, orçamentária e patrimonial, o parecer prévio pode ser ampliado para incluir um capítulo específico sobre governança climática. Essa abordagem possibilitaria um acompanhamento sistemático das ações implementadas pelos estados, assegurando maior coerência entre os compromissos climáticos assumidos e sua execução prática.

O presente artigo examina a relevância do parecer prévio na fiscalização da governança climática. Além disso, propõe-se a adaptação do *ClimateScanner*, ferramenta originalmente desenvolvida para avaliação global da governança climática, como um modelo metodológico para a fiscalização em nível estadual. A hipótese defendida é que a inclusão sistemática de critérios ambientais nos pareceres prévios pode induzir boas práticas administrativas e aprimorar a efetividade das políticas ambientais.

A estrutura deste artigo está organizada da seguinte forma: na primeira seção, discute-se a relevância do parecer prévio como um dos mais poderosos instrumentos de *accountability*, entendido como o dever dos agentes públicos de prestar contas e justificar a aplicação dos recursos públicos. Na segunda seção, destaca-se a importância do parecer prévio na governança climática e a necessidade de sua inclusão na análise das contas de governo, utilizando-se o *ClimateScanner* como fonte de inspiração metodológica, evidenciando suas potencialidades para a fiscalização ambiental. Na terceira seção, apresenta-se o ensaio do Tribunal de Contas do Estado do Espírito Santo – TCE/ES, por ocasião das contas do governador relativas ao ano de 2023, destacando suas políticas e iniciativas climáticas. Por fim, a conclusão sintetiza as principais reflexões e recomendações para fortalecer a governança climática no Brasil.

1 O parecer prévio das contas de governador e sua relevância para além das questões fiscais, orçamentárias e patrimoniais

No contexto contemporâneo do direito constitucional, o parecer prévio destaca-se como um dos mais poderosos instrumentos de *accountability*, entendido como o dever dos agentes públicos de prestar contas e justificar a aplicação dos recursos públicos.

Tal conceito, para os fins de emissão de parecer prévio pelos Tribunais de Contas sobre as contas de governo, fundamenta-se em três pilares: (i) a transparência, como garantia do direito constitucional de acesso às informações públicas; (ii) a prestação de contas, não apenas como um dever formal materializado em relatórios extensos e complexos de difícil compreensão, mas como uma forma de assegurar o acesso desimpedido dos cidadãos às decisões tomadas pelos gestores públicos e órgãos de controle; e (iii) a responsabilização, entendida como um processo de fortalecimento da democracia, ao alcançar aqueles que, no exercício do poder, por seus atos e/ou omissões, agirem contrariamente às normas jurídicas e ao interesse público.[1]

Desse modo, o parecer prévio sobre as contas de governo resulta de um processo complexo, sistemático e integrado de auditoria. Ao final, ele fornece ao Poder Legislativo relatórios tempestivos e completos, essenciais para o julgamento político previsto na Constituição Federal, bem como informações claras e compreensíveis que incentivam a participação dos parlamentares, cidadãos, imprensa, empreendedores, pesquisadores e do próprio Poder Executivo.

Nesse sentido, o parecer prévio é muito mais do que um amplo relatório técnico, ele constitui um instrumento essencial e estratégico para a consolidação da boa governança pública. Ao garantir a responsabilização política, a observância da responsabilidade fiscal, a avaliação da eficiência das políticas públicas e o cumprimento do dever de transparência, ele exerce um papel central no aprimoramento contínuo da administração pública.

[1] CHAMOUN, Rodrigo Flávio Freire Farias. Parecer prévio como instrumento de accountability das contas de governo dos municípios: uma análise da atuação do Tribunal de Contas do Estado do Espírito Santo. *Revista Técnica dos Tribunais de Contas – RTTC*, Belo Horizonte; Curitiba, ano 4, 2019. p. 50.

O respaldo jurídico do parecer prévio está disposto no art. 71, inc. I, da Constituição Federal de 1988, que confere às Cortes de Contas a competência para apreciar as contas prestadas anualmente pelo chefe do Poder Executivo. Por sua previsão explícita no texto constitucional, este mecanismo reafirma a posição dos Tribunais de Contas como guardiões das finanças públicas, garantindo que os gestores públicos sejam chamados à responsabilidade por seus atos e decisões.

Ademais, no âmbito estadual, essa prerrogativa encontra réplica nas Constituições estaduais e nas Leis Orgânicas dos Tribunais de Contas, em atenção ao princípio da simetria constitucional, reafirmando sua aplicação uniforme e adaptada às particularidades do federalismo brasileiro.

O parecer prévio ostenta uma natureza jurídica eminentemente técnica e opinativa, o que significa que não possui caráter vinculante, mas carrega um peso persuasivo significativo. Este peso decorre da especialização técnica dos Tribunais de Contas, cuja análise é sustentada por critérios rigorosos que abarcam aspectos orçamentários, financeiros, fiscais, patrimoniais, operacionais, econômicos, de legalidade e de análise de políticas públicas.

Esse conteúdo fornece ao Legislativo um alicerce técnico objetivo para o julgamento das contas do chefe do Executivo. Dessa forma, ele não apenas orienta, mas também qualifica o processo decisório no exercício da fiscalização política e administrativa. Inserido no sistema de freios e contrapesos da Constituição Federal, o parecer prévio exemplifica a interação harmônica e autônoma entre os poderes e os órgãos de fiscalização.

Inegavelmente, o parecer prévio fortalece pilares fundamentais do Estado, como a democracia, a transparência e o princípio da eficiência. Ao exigir que as contas públicas sejam analisadas com rigor técnico e imparcialidade, este instrumento contribui para a construção de um modelo de governança que almeja não apenas o cumprimento de normas, mas também a maximização do impacto positivo das políticas públicas na sociedade.

O dever de apreciar e julgar um parecer prévio sobre as contas do chefe do Executivo transcende a simples análise fragmentada de aspectos formais. Trata-se de um compromisso que exige uma visão ampla e integrada do exercício financeiro e administrativo do ente público.

Nesse contexto, deve-se buscar uma avaliação estratégica dos principais aspectos da gestão pública – orçamentário, financeiro, fiscal, operacional, patrimonial e das políticas públicas – sob uma perspectiva sistêmica e global. Ele não se limita a identificar falhas pontuais, mas visa entender como essas dimensões se articulam e impactam o desempenho geral da administração.

Ao evitar a dispersão em detalhes de menor relevância, a apreciação e o julgamento de um parecer prévio devem focar no que realmente importa: os elementos estruturantes que influenciam a eficiência administrativa e o impacto das ações governamentais. Por essa razão, não se deve avaliá-lo com foco em minúcias, pois apenas a análise global do parecer prévio permite a distinção entre falhas formais e erros substanciais, promovendo um julgamento equilibrado e justo do gestor público. Mais do que apontar eventuais irregularidades, ele oferece parâmetros concretos para medir se as ações governamentais resultaram em benefícios duradouros para a sociedade ou em prejuízos generalizados.

Nesse sentido, o art. 80 da Lei Orgânica do Tribunal de Contas do Estado do Espírito Santo estabelece as diretrizes fundamentais para a emissão do parecer prévio sobre as prestações de contas anuais de gestores públicos.[2]

O inc. I do art. 80 prevê a aprovação das contas quando os demonstrativos contábeis apresentam exatidão e os planos e programas de trabalho estão alinhados com a execução orçamentária. Além disso, é imprescindível que a realocação de créditos orçamentários seja realizada corretamente e que todas as normas constitucionais e legais sejam cumpridas.

A aprovação integral das contas certifica, portanto, que a gestão pública foi conduzida com excelência, respeitando os pilares da legalidade, eficiência, legitimidade e economicidade. Essa conclusão reflete uma administração comprometida com o interesse coletivo, na qual os recursos públicos foram aplicados com responsabilidade e em conformidade com as metas e limites previstos no ordenamento jurídico. A aprovação é mais do que um cumprimento formal: é um reconhecimento de que a gestão alcançou os padrões ideais de boa governança pública.

O inc. II trata da aprovação com ressalvas, aplicada quando são identificadas falhas formais ou impropriedades que, embora irregulares, não resultam em prejuízo ao erário. Essa opção demonstra o caráter pedagógico do parecer prévio: ao apontar falhas ou inconsistências, o Tribunal de Contas alerta os gestores para que implementem medidas corretivas e aprimorem os processos decisórios nos exercícios seguintes.

As ressalvas representam uma oportunidade de melhoria contínua, promovendo um ambiente de governança mais eficiente e transparente. Para assegurar a correção das falhas, o Tribunal de Contas acompanha as determinações por meio de monitoramento, fortalecendo o compromisso com a integridade e a evolução das práticas administrativas. Nesse sentido, a aprovação com ressalvas não apenas evita a repetição de erros, mas também contribui para uma gestão mais qualificada e orientada pelo interesse público.

O inc. III estabelece que a rejeição das contas constitui uma medida de excepcional gravidade, aplicada exclusivamente nos casos em que se constatam infrações de grande relevância às normas constitucionais, legais ou regulamentares, especialmente no que se refere aos aspectos contábil, financeiro, orçamentário, fiscal, operacional ou patrimonial.

Entre as razões que fundamentam a rejeição, destacam-se condutas capazes de comprometer o equilíbrio intertemporal das contas públicas, como o descumprimento de metas fiscais e limites estabelecidos pela Lei de Responsabilidade Fiscal (LRF), além da inobservância de preceitos constitucionais que determinam a destinação mínima de recursos para áreas essenciais, como saúde e educação.

Portanto, para que se configure a rejeição das contas, é imprescindível a comprovação inequívoca da existência de irregularidades de elevada gravidade, cujas consequências negativas extrapolam o âmbito pontual e geram efeitos generalizados e

---

[2] "Art. 80. A emissão do parecer prévio poderá ser: I – pela aprovação das contas, quando ficar demonstrada, de forma clara e objetiva, a exatidão dos demonstrativos contábeis, a compatibilidade dos planos e programas de trabalho com os resultados da execução orçamentária, a correta realocação dos créditos orçamentários e o cumprimento das normas constitucionais e legais; II – pela aprovação das contas com ressalva, quando ficar caracterizada impropriedade ou qualquer outra falta de natureza formal, da qual não resulte dano ao erário, sendo que eventuais determinações serão objeto de monitoramento pelo Tribunal de Contas; III – pela rejeição das contas, quando comprovada grave infração à norma constitucional, legal ou regulamentar de natureza contábil, financeira, orçamentária, operacional ou patrimonial".

substanciais no resultado global das contas do chefe do Executivo. Tais irregularidades não apenas afetam a regularidade administrativa, mas também comprometem a estabilidade das finanças públicas, prejudicam os resultados das políticas públicas e retardam o aprimoramento da boa governança, comprometendo, sobretudo, o cumprimento das obrigações constitucionais voltadas ao bem-estar da coletividade.

2 O parecer prévio e a fiscalização da governança climática dos estados. O *Climatescanner* como fonte de inspiração metodológica

A efetividade da governança climática nos estados exige um acompanhamento contínuo e criterioso das ações governamentais voltadas para a mitigação e adaptação às mudanças climáticas. O parecer prévio, ao se consolidar como um instrumento de fiscalização e orientação estratégica, deve incluir um capítulo específico para monitorar os compromissos climáticos assumidos pelos governos estaduais e a implementação de políticas públicas voltadas para a sustentabilidade ambiental.

O acompanhamento da governança climática dos estados permite uma avaliação mais aprofundada da compatibilidade entre os planos e programas de governo e as diretrizes estabelecidas nos marcos regulatórios ambientais nacionais e internacionais. Com isso, os Tribunais de Contas podem aferir não apenas a legalidade dos gastos públicos nessa seara, mas também a efetividade das ações implementadas para redução da emissão de gases de efeito estufa, adaptação a eventos climáticos extremos e promoção da resiliência socioeconômica das populações afetadas.

Além disso, a análise contínua dos indicadores ambientais possibilita que os Tribunais de Contas estabeleçam parâmetros objetivos para a aferição da governança climática nos estados, assegurando que os relatórios de prestação de contas não sejam apenas documentos formais, mas instrumentos indutores de boas práticas na administração pública. Para tanto, é fundamental que o parecer prévio inclua recomendações específicas para o aprimoramento das políticas ambientais, alinhadas aos Objetivos de Desenvolvimento Sustentável (ODS) e aos compromissos assumidos pelo Brasil no Acordo de Paris.

Outro aspecto relevante do acompanhamento sistemático da governança climática é a possibilidade de maior articulação entre os entes federativos e os órgãos de controle. A interação entre estados, municípios e instâncias nacionais de fiscalização pode fortalecer ações conjuntas e estabelecer padrões mínimos para a implementação de estratégias eficazes de enfrentamento das mudanças climáticas. O desenvolvimento de indicadores padronizados e a adoção de metodologias comparativas podem potencializar o impacto das auditorias climáticas e favorecer a adoção de políticas públicas mais coerentes e eficazes.

Dessa forma, incluir um capítulo específico sobre o acompanhamento da governança climática no parecer prévio fortaleceria a institucionalização do tema na gestão pública. Essa abordagem garantiria que as ações ambientais deixassem de ser meras iniciativas isoladas e se tornassem diretrizes permanentes na formulação e execução das políticas estaduais. Além disso, reforçaria o papel dos Tribunais de Contas como agentes promotores da sustentabilidade e da responsabilidade socioambiental na administração pública.

Nesse contexto, o *ClimateScanner* surgiria como uma ferramenta inovadora e estratégica para a avaliação sistemática da governança climática nos estados. Desenvolvido em 2022, por iniciativa do Tribunal de Contas da União (TCU), na qualidade de presidente da Organização Internacional das Entidades Fiscalizadoras Superiores (Intosai), sob a liderança do então presidente da Intosai e do TCU, Ministro Bruno Dantas, em parceria com o Grupo de Trabalho da Intosai sobre Auditoria Ambiental (Intosai WGEA), o *ClimateScanner* consolidou-se como uma ferramenta estratégica para a avaliação sistemática das ações governamentais dos países voltadas ao enfrentamento da crise climática.

Concebido para oferecer um diagnóstico abrangente e comparável sobre as políticas ambientais adotadas entre os países signatários, o *ClimateScanner* permite a identificação de boas práticas e desafios a serem superados no campo da governança climática. A ferramenta, estruturada em três eixos – Governança, Políticas Públicas e Financiamento –, viabiliza uma análise detalhada da atuação governamental, promovendo maior transparência e *accountability* no controle das ações climáticas.

Além de sua função de mapeamento das estratégias adotadas pelos governos nacionais, o *ClimateScanner* também desempenha um papel essencial no direcionamento de futuras auditorias e avaliações, garantindo que o enfrentamento da crise climática seja pautado por informações robustas e dados concretos. A ampla divulgação dos resultados possibilita uma visão global e nacional sobre os avanços e desafios na implementação de políticas ambientais, fomentando o aprimoramento contínuo das iniciativas voltadas à mitigação e adaptação às mudanças climáticas.

Com a aplicação sistemática da ferramenta, espera-se fortalecer a capacidade das Entidades Fiscalizadoras Superiores (EFS) em promover o cumprimento dos compromissos climáticos assumidos pelos governos, assegurando maior eficiência e coerência na alocação de recursos públicos destinados às ações ambientais. Dessa forma, o *ClimateScanner* se destaca não apenas como um instrumento de diagnóstico, mas como um mecanismo de indução de boas práticas e aperfeiçoamento da governança climática em âmbito global.

Segundo a sua metodologia de avaliação,[3] o *Climatescanner* está estruturado em quatro seções, incluindo *uma seção descritiva*, com informações gerais sobre o contexto e o perfil do país e *três eixos de avaliação*. O *Eixo Governança* abrange aspectos institucionais, relacionados tanto à mitigação das emissões de gases de efeito estufa quanto à adaptação às mudanças climáticas. O *Eixo Políticas Públicas* aborda aspectos de mitigação e de adaptação, de forma mais específica e detalhada. Por sua vez, o *Eixo Financiamento* refere-se a financiamentos locais, nacionais ou transnacionais, provenientes de fontes públicas, privadas e alternativas, que buscam apoiar ações de mitigação e de adaptação. Cada eixo é composto de subitens, que são pontuados e o resultado é apresentado graficamente, como o demonstra a figura a seguir.

---

[3] TRIBUNAL DE CONTAS DA UNIÃO. *ClimateScanner Rapid Review Tool Framework*. Disponível em: https://sites.tcu.gov.br/climatescanner/materiais/Framework-ING.pdf. Acesso em: 12 jun. 2024.

Figura 1 – Imagem ilustrativa representativa dos três eixos de avaliação

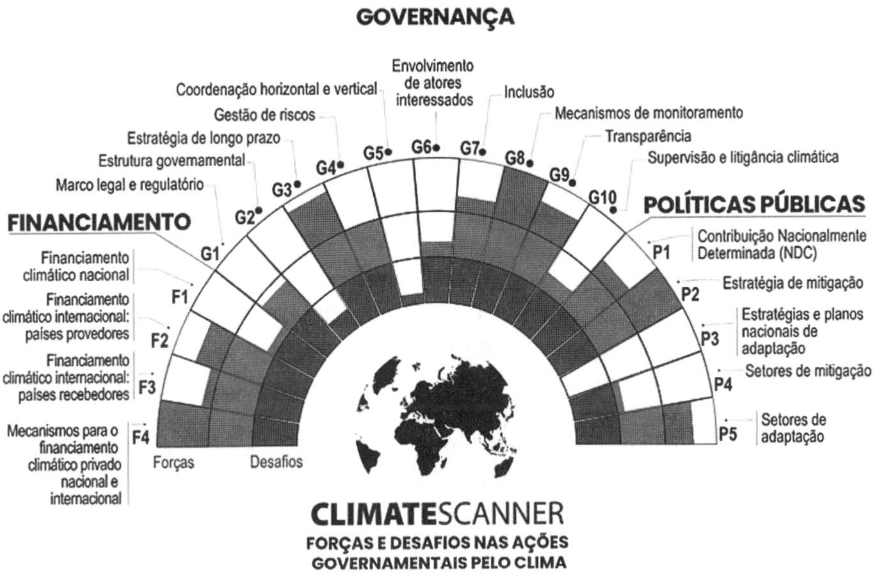

Disponível em: https://sites.tcu.gov.br/climatescanner/. Acesso em: 6 jun. 2024.

Essa avaliação foi concebida para o nível nacional, no entanto, no presente artigo, defende-se a necessidade imperativa de que sua metodologia seja desdobrada para permitir o acompanhamento e a fiscalização em nível estadual. A descentralização dessa ferramenta possibilitaria um controle mais próximo da realidade local, considerando as especificidades regionais das políticas ambientais e os desafios únicos enfrentados por cada estado na mitigação e adaptação às mudanças climáticas.

Em que pese ainda se tratar de ferramenta em fase de teste, de treinamento dos operadores e de aperfeiçoamento, já foi amplamente divulgado que alguns dos dados também consideram ações subnacionais. Conforme informações publicadas no *site* oficial do *ClimateScanner*, o relatório de 2023[4] sinalizou o seguinte quanto ao potencial da ferramenta:

> O ClimateScanner possibilitará que ISCs de todo o mundo realizem avaliações rápidas sobre as ações que seus países vêm adotando para enfrentar a crise climática, nas dimensões de governança, políticas públicas e financiamento climático. A consolidação desses dados também permitirá a construção de um panorama global em relação ao enfrentamento do problema.

---

[4] TRIBUNAL DE CONTAS DA UNIÃO. *ClimateScanner Relatório Fase de Desenvolvimento 2023*. Disponível em: https://sites.tcu.gov.br/climatescanner/materiais/ClimateScanner_Relat%C3%B3rio_Fase_Desenvolvimento_2023.pdf. Acesso em: 5 jun. 2024.

> Com as informações geradas, será possível mapear os principais desafios que os governos enfrentam em relação às questões climáticas, além de seus principais pontos fortes, tanto em nível nacional quanto internacional.
>
> *No* âmbito *nacional, essas informações auxiliarão os governos dos países a orientarem o foco dos esforços e recursos públicos nas questões consideradas mais importantes, contribuindo assim para orientar o fluxo da formulação de políticas públicas.*
>
> No contexto internacional, os resultados sinalizarão, para as organizações globais que cuidam do tema, áreas e aspectos que apresentam maiores gaps de implementação e que, por isso, requerem maior atenção nas negociações internacionais sobre clima. (Grifos nossos)

Ao replicar essa metodologia para os estados, os Tribunais de Contas podem ampliar sua capacidade de análise, promovendo diagnósticos mais detalhados e aprofundados sobre a governança climática subnacional. Esse desdobramento contribuirá para que os governos estaduais aprimorem suas estratégias de enfrentamento das mudanças climáticas, assegurando maior coerência entre os planos locais e as diretrizes nacionais e internacionais. Além disso, a implementação do *ClimateScanner* estadual fortalecerá o papel dos Tribunais de Contas na indução de boas práticas ambientais, garantindo que os recursos públicos destinados à agenda climática sejam aplicados com transparência, eficiência e efetividade.

Sua metodologia, estruturada em três eixos principais – Governança, Políticas Públicas e Financiamento – proporcionaria uma visão holística e integrada da atuação estadual na agenda climática. A adoção do *ClimateScanner* pelos Tribunais de Contas estaduais permitirá a uniformização de critérios para a avaliação da política climática em todo o território nacional, ampliando a capacidade de monitoramento e promovendo um ciclo de aperfeiçoamento contínuo das ações climáticas nos estados brasileiros. Dessa forma, sua aplicação em âmbito estadual representará um passo fundamental para consolidar a governança climática como um pilar permanente da administração pública.

O eixo de Governança do *ClimateScanner* analisa o arcabouço legal e regulatório que sustenta as políticas climáticas, a estrutura governamental responsável por sua implementação, os mecanismos de coordenação entre diferentes níveis de governo e a transparência dos processos decisórios. No caso dos Tribunais de Contas estaduais, essa abordagem possibilitaria verificar se os governos locais dispõem de instrumentos normativos robustos e de mecanismos institucionais eficazes para a governança climática.

O eixo de Políticas Públicas examina a coerência e a efetividade das ações voltadas para mitigação e adaptação. Ele inclui a avaliação dos compromissos assumidos, a implementação de planos de enfrentamento às mudanças climáticas e a adoção de estratégias setoriais para a transição energética, preservação ambiental e resiliência climática. Essa análise permitiria que os Tribunais de Contas identificassem deficiências na execução das políticas e proponham recomendações para aprimorar sua eficácia.

Por fim, o eixo de Financiamento verifica a alocação de recursos públicos e privados para a governança climática. O *ClimateScanner* possibilita identificar se os investimentos estaduais estão adequadamente direcionados para ações de mitigação e adaptação, se há fontes de financiamento alternativas sendo exploradas e se os estados estão estruturando mecanismos de captação de recursos sustentáveis, como títulos verdes e créditos de carbono. Dessa forma, os Tribunais de Contas poderiam assegurar que os recursos destinados à política climática sejam aplicados de maneira eficiente e transparente.

A implementação do *ClimateScanner* como referência metodológica para a fiscalização da governança climática pelos Tribunais de Contas estaduais representa um avanço significativo na *accountability* ambiental. Ao adotar essa abordagem, os pareceres prévios poderiam fornecer um diagnóstico detalhado sobre os esforços climáticos de cada estado, apontando boas práticas e desafios a serem superados. Esse modelo contribuiria não apenas para a melhoria da gestão pública, mas também para o fortalecimento do compromisso institucional dos governos estaduais com a sustentabilidade e o desenvolvimento de longo prazo.

Diante desse cenário, a adaptação do *ClimateScanner* para a realidade subnacional pode potencializar o impacto do controle externo na promoção de políticas ambientais eficazes. Os Tribunais de Contas, ao incorporarem essa metodologia em seus pareceres prévios, desempenhariam um papel central na indução de boas práticas climáticas, garantindo maior transparência, eficiência e compromisso com a agenda ambiental.

Devido à sistematização e avaliação clara das informações mais relevantes, a metodologia do *ClimateScanner* foi utilizada por ocasião da apreciação das contas do governador relativas ao exercício de 2023, pelo TCE/ES, demonstrando a utilidade da ferramenta também no nível subnacional, como será exposto no próximo tópico.

3 As contas do governador do Espírito Santo no exercício de 2023 sob a perspectiva da governança climática

Inicialmente, esclarece-se que a governança climática não compunha o escopo das contas de governo relativas ao ano de 2023, de modo que o parecer prévio apenas teceu comentários acerca do tema, os quais resultaram em recomendação ao próprio Tribunal de Contas para priorizar o controle das ações de governança climática em sua carteira de trabalho.[5] Além disso, ressalta-se que a avaliação foi feita com base em pesquisa conduzida pelo próprio Gabinete do Relator, Conselheiro Rodrigo Flávio Freire Farias Chamoun, sem que houvesse a apresentação de documentos pela parte. Isso significou uma limitação no trabalho, uma vez que possivelmente outros documentos que poderiam ter sido trazidos pela parte supririam as informações não encontradas. Outro esclarecimento que se faz necessário é relativo à necessidade de adaptação dos critérios ao âmbito subnacional, bem como ao fato de nem todos os itens serem aplicáveis aos estados. Não obstante, a experiência do Espírito Santo serve para mostrar como o *ClimateScanner* pode ser uma ferramenta valiosa para o exame da governança pública.

Começando pela descrição do "perfil" do Estado do Espírito Santo, foram utilizados majoritariamente como base documental de pesquisa para a análise dois documentos: o "Plano de Descarbonização e Neutralização das Emissões de GEE do Espírito Santo Versão I – Versão Orientativa", chamado de Relatório Técnico, e a versão final desse documento, intitulado "Caderno de Planejamento Estratégico: Estratégias, Ações e Políticas Públicas necessárias para a neutralização das emissões de GEE do ES até 2050".

[5] TRIBUNAL DE CONTAS DO ESTADO DO ESPÍRITO SANTO. *Processo TC 03441/2024*. Voto do Relator 02968/2024-5. Parecer Prévio 00072/2024-3. Disponível em: https://www.TCE/ES.tc.br/wp-content/uploads/formidable/145/VotodoRelator2968-2024-5.pdf. Acesso em: 31 jan. 2024.

Esses dois documentos traziam boa parte das informações necessárias para o delineamento do perfil do Estado do Espírito Santo. Logo no início do Relatório Técnico, o documento apresenta dados relativos à população, índice de desenvolvimento humano (IDH), composição do produto interno bruto (PIB) do estado dividido por setores da economia, assim como outras características reunidas sob o título "Características socioeconômicas do Estado" (p. 25-50). Além das informações categorizadas na metodologia de avaliação do *ClimateScanner*, a pesquisa apresentada no Relatório Técnico inclui, entre os diagnósticos socioeconômicos do estado, os panoramas dos setores industrial, agropecuário, florestal e de resíduos (gerais e sólidos) nas páginas 28 a 50.

Quanto à matriz energética do estado, o Relatório (p. 50-91) ressalta a predominância das fontes não renováveis, em especial petróleo e gás natural na produção de energia. Em que pese essa realidade, que já poderia ter sido superada, o Relatório demonstrou, em relação à geração de energia a partir de fontes renováveis, que o território capixaba dispõe de áreas propícias para operação de usinas eólicas *onshore* nos municípios de Presidente Kennedy e de Marataízes (p. 74) e *offshore* no litoral Sul. A respeito do potencial eólico capixaba, o plano informa estar em andamento um projeto de elaboração de uma nova versão do Atlas Eólico do ES, financiado pela Agência Alemã de Cooperação Internacional (GIZ) em cooperação com o Governo do Estado do ES. A ação faz parte do Programa *Strategic Partnerships for the Implementation of the Paris Agreement* (SPIPA), desenvolvido pela GIZ.

Com relação às emissões de gases efeito estufa, os números mais atualizados constam no Caderno de Planejamento Estratégico (versão final do Plano de Descarbonização), dando conta de que apenas 10 subsetores são responsáveis por mais de 80% das emissões, sendo que o setor de siderurgia, o maior emissor, é responsável por 35,5% das emissões. Além das informações gerais, o quantitativo ainda é dividido por setor, em divisão similar à forma idealizada pelo *ClimateScanner*, isto é, dividindo-se as emissões em Afolu (Agropecuária, Florestas e Mudanças do Uso do Solo), em Energia, em Processos Industriais, em Eletricidade e em Resíduos. Dessa forma, há evidências que demonstram que o Espírito Santo dispõe de registros de inventário de emissões dos gases de efeito estufa (GEE) por setor da economia, atendendo aos requisitos cabíveis da seção Perfil Climático do *ClimateScanner*.

No que tange às metas de mitigação da emissão desses gases, o documento descreve a trajetória de redução de emissões, baseando-se no potencial de cada estratégia delineada, com projeções para 2030, 2040 e 2050. O Caderno de Planejamento Estratégico do Plano de Descarbonização apresenta a projeção das emissões de cada subsetor na área de transportes para o Cenário de Referência (cenário sem ações de mitigação) e para o Cenário de Mitigação, com a aplicação das diretrizes e das estratégias propostas às emissões de cada setor – Indústria e Energia, Agropecuária, Florestas e Mudanças do Uso do Solo, Transportes e Resíduos.

Outro ponto que é assinalado na matriz do *ClimateScanner* é a identificação de setores vulneráveis. No âmbito do Espírito Santo, o Relatório Técnico apresenta uma análise de forças, fraquezas, oportunidades e ameaças (*strenghts, weaknesses, opportunities and threats – SWOT*) detalhada para cada uma das áreas temáticas das ações estratégicas.

No que se refere à vulnerabilidade climática dos municípios e das diferentes regiões do estado, é notório que a academia tem apresentado pesquisas que expõem a capacidade adaptativa dos municípios às mudanças climáticas. São diversos os estudos[6] que apontam para a diversidade de eventos climáticos extremos que podem ocorrer ao longo do território espírito-santense.

Esses dados compõem o "perfil do estado", na metodologia do *ClimateScanner*. Em seguida, passa-se à avaliação dos três eixos: governança, políticas públicas e financiamento. No caso do Espírito Santo, o resultado dessa avaliação é sintetizado na forma apresentada nos próximos parágrafos.

Eixo governança
Institucionalização
- G1. Marco legal e regulatório
- G2. Estrutura governamental
- G3. Estratégia de longo prazo
- G4. Gestão de riscos

Coordenação
- G5. Coordenação horizontal e vertical
- G6. Envolvimento das partes interessadas

Accountability
- G7. Inclusão
- G8. Mecanismos de monitoramento
- G9. Transparência
- G10. Supervisão e litígios climáticos – não aplicável

A respeito desses itens, foi verificado que o Espírito Santo dispõe de quadro jurídico-regulamentar que embasa políticas públicas de mudanças climáticas.[7] Além disso, o estado conta com uma estrutura governamental para tratar das respostas locais à mudança climática, composta pela Coordenação-Geral, Coordenação Executiva e por comitês. Ademais, foi verificada a interligação da estratégia de longo prazo para abordar as mudanças climáticas com o ODS 13 e as demais metas, visto que são ressaltadas as relações das Diretrizes do Planejamento de Descarbonização com cada ODS contemplado, reforçando os laços das ações de mitigação com os cobenefícios para sociedade capixaba.

A análise da composição do Fórum Capixaba de Mudanças Climáticas e dos Comitês Estratégicos do Programa Capixaba de Mudanças Climática (páginas 168 a 173 do Caderno de Planejamento Estratégico) indica a preocupação com o engajamento de *stakeholders* não governamentais, como a sociedade civil, o setor privado e a academia, no desenvolvimento e na implementação de estratégias, de políticas e de instrumentos de planejamento (G6).

---

[6] Por exemplo, CALADO, Bianca Nunes; SOUSA, Aline Ramos de; VALVERDE, Maria Cleofé. Capacidade adaptativa dos municípios do Estado do Espírito Santo frente às mudanças climáticas: uma análise com base no software SisVuClima. *Brazilian Journal of Development*, v. 7, n. 12, p. 112155-112174, 2021.

[7] "Lei 9.531, de 15 de setembro de 2010, que instituiu a Política Estadual de Mudanças Climáticas, Decreto 4503/2019, cria o Fórum Capixaba de Mudanças Climáticas, Decreto Nº 5387-R, de 05 de maio de 2023, cria o Programa Capixaba de Mudanças Climáticas no âmbito do Poder Executivo Estadual, entre outras".

Com efeito, a legislação analisada também demonstra a existência de mecanismos de coordenação horizontal (G5), vez que as normas estipulam reuniões periódicas entre as comissões e a estrutura de governança do Programa Capixaba de Mudanças Climáticas, o que indica a elaboração de uma dinâmica de interação horizontal, que permite a interação regular dos membros dos setores pertinentes e dos demais atores envolvidos. Nesse sentido, os arts. 10, incs. I a VII, e 18, 19, 20, 21 do Decreto nº 5.387-R, de 5.5.2023, indicam a forma de organização de reuniões ordinárias, mensais e semestrais (Reuniões de Análise de Resultados – RAR).

Em relação à existência de uma estratégia de longo prazo para abordar as mudanças climáticas, e a interligação dessa estratégia com o ODS 13 e as demais metas (G3), o Planejamento Estratégico do Plano de Descarbonização apresenta a metodologia de elaboração de metas de mitigação.

No que diz respeito ao componente "gestão de riscos" (G4), é possível verificar que o Plano de Descarbonização considera estudos científicos para a elaboração de outros instrumentos de planejamento em relação às mudanças climáticas. Isso pode ser constatado a partir da informação de que o Relatório Técnico do Plano de Descarbonização é um produto do projeto intitulado "Plano Estadual de Mudanças Climáticas – Estruturação", financiado pela Fundação de Amparo à Pesquisa do Espírito Santo e executado por pesquisadores da Universidade Federal do Espírito Santo, Instituto Federal de Educação, Ciência e Tecnologia do Espírito Santo, Instituto Capixaba de Pesquisa, Assistência Técnica e Extensão Rural, Universidade Estadual de Campinas, Agência de Regulação de Serviços Públicos e Governo do Estado do Espírito Santo (p. 2). Ademais, é informado, na versão final do plano (Caderno de Planejamento Estratégico), que as metas físicas de mitigação foram calculadas com base em projeções derivadas de estudos científicos, de relatórios técnicos e de análises de especialistas do setor.

Em relação à existência de mecanismos de monitoramento, relato e verificação (G8), bem como de ferramentas para garantir a transparência das ações realizadas no âmbito da ação pelo clima (G9), consta, nas páginas 173 a 177 do Caderno de Planejamento Estratégico, a informação de que caberá à Seama a organizações de ações afetas a esses componentes. Como coordenadora do Programa de Estadual de Mudanças Climáticas, a ela caberá a operacionalização de um plano de MRV contemplando as diretrizes do Manual sobre Mensuração, Relato e Verificação para Partes-Países em Desenvolvimento. De acordo com o documento, o Plano Estadual de Descarbonização passará por revisões de Nível 1 e Nível 2 a cada 2 e 5 anos, respectivamente. Ademais, entre os elementos que deverão ser contemplados pelo plano, há a elaboração de estratégias para tornar os dados e os relatórios disponíveis ao público para garantir transparência.

Some-se a isso o fato de que o Decreto nº 5.656-R, de 22.3.2024, institui a Comissão de Acompanhamento das Metas do Plano de Descarbonização do Espírito Santo, vinculada à Seama. Essa comissão tem a finalidade de supervisionar e de garantir a execução efetiva das metas estabelecidas no plano. Compete a essa comissão elaborar e executar o Plano de MRV, monitorar o cumprimento das metas nos setores de Agricultura, Florestas e Outros Usos da Terra (Afolu), Energia e Indústria, Resíduos e Transportes, realizar revisões periódicas do Plano de Descarbonização para assegurar sua eficácia, e para propor ajustes e complementações das metodologias de monitoramento. Além disso, a comissão deve avaliar periodicamente o progresso das metas, articular a colaboração entre setores público e privado, sociedade civil e academia, estabelecer canais de diálogo com a sociedade, e promover ações de conscientização e educação ambiental relacionadas às metas de descarbonização.

Eixo políticas públicas
Compromissos internacionais
- P1. Contribuição Nacionalmente Determinada (NDC) – não aplicável

Estratégias gerais
- P2. Estratégia de mitigação
- P3. Planos e estratégias nacionais de adaptação

Componentes setoriais
- P4. Setores de mitigação – igual a P2
- P5. Setores de adaptação

No que tange à mitigação (componentes P2 e P4), o governo mapeou as emissões estaduais de gases de efeito estufa (GEE), estabelecendo metas e estratégias claramente definidas para reduzir essas emissões segmentadas nos setores Energia e Indústria, Agropecuária, Florestas, e Mudança de Uso do Solo (Afolu), Resíduos, e Transportes. Ademais, o governo considerou os desafios para a implementação de políticas e para o alcance de metas em relação a cada um dos setores selecionados. Nos termos do disposto no Caderno de Planejamento Estratégico, a etapa do planejamento estadual foi construída em 3 níveis de detalhamento: (i) políticas estratégicas, (ii) diretrizes e (iii) estratégias.

São as seguintes as políticas estratégicas: 1) minimização das emissões; 2) aumento da eficiência; 3) mecanismos de compensação de emissões; 4) remoção e captura de GEE.

Foram listadas 21 diretrizes no documento por área temática.

No que concerne às estratégias e aos setores de adaptação (P3 e P5), por sua vez, houve uma limitação do trabalho, visto que os documentos examinados focaram nas ações de mitigação. Todavia, foi possível identificar, no contexto geral, que o governo estadual também se tem empenhado na frente da adaptação às mudanças climáticas. Nesse sentido, o Espírito Santo avançou na elaboração do Plano de Adaptação à Mudança do Clima e Baixa Emissão de Carbono na Agropecuária do ES (ABC+). Ademais, a Política Estadual de Mudanças Climáticas (Lei nº 9.531/2010) menciona em diversos trechos do diploma legal a importância das medidas de adaptação para a ação pelo clima. Não por acaso, em decorrência dessa política, sobreveio, no ano de 2024, a criação de um grupo de trabalho específico para elaboração do Plano Estadual de Adaptação às Mudanças Climáticas.

Eixo financiamento
Financiamento público para o clima
- F1. Financiamento climático doméstico
- F2. Financiamento climático internacional – países provedores – não aplicável
- F3. Financiamento climático internacional – países receptores – não aplicável

Financiamento privado para o clima
- F4. Mecanismos de financiamento climático privado doméstico e internacional

Em relação ao Financiamento climático doméstico (F1), verifica-se que o Espírito Santo realizou o mapeamento das possíveis linhas de financiamento existentes para investir em ações de mitigação e de adaptação. Ademais, na execução do PPA 2020-2023, em relação ao exercício analisado, foram executados e empenhados recursos em diversos setores ambientais.

No que se refere aos mecanismos de financiamento climático privado doméstico e internacional (F4), o Caderno de Planejamento identifica alternativas de financiamento privado. Para tanto, leva-se em conta tanto instituições financeiras nacionais e internacionais como instituições não financeiras. Além disso, o documento contém uma seção específica sobre o tema, intitulada "7.3. Alternativas de Financiamento". Nela, são listadas diversas possibilidades de iniciativas a serem implementadas pelo governo estadual na busca por capital para financiar as ações de mitigação, como títulos "verdes" (debêntures e *bonds*) e créditos de carbono.

Esses resultados demonstram que, partindo da ferramenta *ClimateScanner* como referencial de análise, é possível fazer uma avaliação das ações adotadas pelos governos no que se refere à mudança climática. As informações sistematizadas e categorizadas na metodologia permitem traçar um panorama da situação da governança climática local, indicando pontos que merecem atenção tanto por parte dos governos como pelas entidades de controle.

Conclusão

A inserção da governança climática na análise das contas de governo representa um avanço significativo para o controle externo e a promoção de políticas ambientais eficazes. O parecer prévio tem o potencial de induzir boas práticas na gestão pública, garantindo que a agenda climática seja também tratada com a prioridade necessária.

O ensaio do TCE/ES demonstra como a adaptação de metodologias como o *ClimateScanner* pode fortalecer a governança climática estadual, permitindo um acompanhamento sistemático e comparável das ações de mitigação e adaptação. A ampliação do escopo dos pareceres prévios para incluir um capítulo específico sobre sustentabilidade ambiental contribuiria para maior transparência e eficiência no uso dos recursos públicos.

Recomenda-se, portanto, que os Tribunais de Contas estaduais adotem a avaliação da governança climática como um critério permanente em seus pareceres prévios. Além disso, a articulação entre os entes federativos e a adoção de metodologias padronizadas, como a adaptação do *ClimateScanner* para o nível estadual, são essenciais para consolidar um modelo de fiscalização ambiental robusto e alinhado às melhores práticas internacionais.

O fortalecimento da governança climática nos estados brasileiros não é apenas uma necessidade ambiental, mas também um imperativo de boa gestão pública. A institucionalização do tema nos pareceres prévios permitirá que as ações climáticas sejam monitoradas de forma contínua e eficaz, garantindo que os compromissos assumidos pelos governos se traduzam em políticas públicas efetivas e sustentáveis.

Referências

CALADO, Bianca Nunes; SOUSA, Aline Ramos de; VALVERDE, Maria Cleofé. Capacidade adaptativa dos municípios do Estado do Espírito Santo frente às mudanças climáticas: uma análise com base no software SisVuClima. *Brazilian Journal of Development*, v. 7, n. 12, p. 112155-112174, 2021.

CHAMOUN, Rodrigo Flávio Freire Farias. Os tribunais de contas na era da governança pública: focos, princípios e ciclos estratégicos do controle externo. *In*: LIMA, Edilberto Carlos Pontes (Coord.). *Tribunal de Contas do século XXI*. Belo Horizonte: Fórum, 2020. p. 313-336.

DALLOLIO, Leandro. A fiscalização e o papel pedagógico dos tribunais de contas: um olhar sobre a Agenda 2030 da ONU. *Cadernos*, v. 1, n. 3, p. 58-69, jan. 2019. ISSN 2595-2412. Disponível em: https://www.tce.sp.gov.br/epcp/cadernos/index.php/CM/article/view/52. Acesso em: 8 jun. 2024.

FENSTERSEIFER, Tiago. Estado socioambiental de direito e o princípio da solidariedade como seu marco jurídico-constitucional. *Revista Brasileira de Direitos Fundamentais & Justiça*, v. 2, n. 2, p. 132-157, 2008.

FERREIRA JUNIOR, Adircélio de Moraes; CARDOSO, Juliana Francisconi. A aferição qualitativa das contas de governo pelos Tribunais de Contas: necessidade de mudança do patamar de análise. *Revista Interesse Público*, n. 82, 2023. Disponível em: https://www.tcesc.tc.br/files/file/acom/Artigo%20conselheiro%20Adircelio%20e%20servidora%20Juliana.pdf. Acesso em: 7 jun. 2024.

GOVERNO DO ESTADO DO ESPÍRITO SANTO. *Plano de Descarbonização e Neutralização das Emissões de GEE do Espírito Santo* – Caderno de Planejamento Estratégico: Estratégias, Ações e Políticas Públicas necessárias para a neutralização das emissões de GEE do ES até 2050. Relatório Técnico. Vitória, 2023. 199 p. il. color. Vitória, mar. 2024. Disponível em: https://seama.es.gov.br/Media/Seama/Documentos/Plano_de_Neutraliza%C3%A7%C3%A3o_das_Emiss%C3%B5es_de_GEE_do_Esp%C3%ADrito_Santo_-_final%20(1).pdf. Acesso em: 7 jun. 2024.

LIMA, Luiz Henrique. Atuação do Tribunal de Contas da União no controle externo da gestão ambiental. *In*: MOURA, Adriana Maria Magalhães de (Org.). *Governança ambiental no Brasil*: instituições, atores e políticas públicas. 1. ed. Brasília: Ipea, 2016. p. 45-58.

REIS JÚNIOR, Neyval Costa; PRATA JUNIOR, Ademir Abdala; SIMAN, Renato Ribeiro; JANNUZZI, Gilberto De Martino; PEZZOPANE, José Eduardo *et al. Plano de Descarbonização e Neutralização das Emissões de GEE do Espírito Santo*. Relatório Técnico. Universidade Federal do Espírito Santo, Vitória/ES, 2022. 188 p. il. color. Disponível em: https://seama.es.gov.br/Media/Seama/Documentos/Plano%20de%20Descarboniza%C3%A7%C3%A3o%20e%20Neutraliza%C3%A7%C3%A3o%20das%20Emiss%C3%B5es%20de%20GEE%20do%20Esp%C3%ADrito%20Santo%20VERS%C3%83O%20-%20I.pdf.

SARLET, Ingo Wolfgang; FENSTERSEIFER, Tiago. Estado socioambiental e mínimo existencial (ecológico?): algumas aproximações. *In*: FENSTERSEIFER, Tiago *et al.* (Coord.). *Direito ambiental do trabalho* – Apontamentos para uma teoria geral. São Paulo: LTr, 2020. v. 5. p. 15-40.

SARLET, Ingo Wolfgang; FENSTERSEIFER, Tiago. Fundamental rights theory and climate protection through the lens of the Brazilian Constitution. *Public Law Journal*, v. 9, n. 3, p. 26-54, 2022.

TRIBUNAL DE CONTAS DA UNIÃO. *ClimateScanner Rapid Review Tool Framework*. Disponível em: https://sites.tcu.gov.br/climatescanner/materiais/Framework-ING.pdf. Acesso em: 12 jun. 2024.

TRIBUNAL DE CONTAS DA UNIÃO. *ClimateScanner Relatório Fase de Desenvolvimento 2023*. Disponível em: https://sites.tcu.gov.br/climatescanner/materiais/ClimateScanner_Relat%C3%B3rio_Fase_Desenvolvimento_2023.pdf. Acesso em: 5 jun. 2024.

TRIBUNAL DE CONTAS DO ESTADO DO ESPÍRITO SANTO. *Processo TC 03441/2024*. Voto do Relator 02968/2024-5. Parecer Prévio 00072/2024-3. Disponível em: https://www.TCE/ES.tc.br/wp-content/uploads/formidable/145/VotodoRelator2968-2024-5.pdf. Acesso em: 31 jan. 2024.

Informação bibliográfica deste texto, conforme a NBR 6023:2018 da Associação Brasileira de Normas Técnicas (ABNT):

CHAMOUN, Rodrigo Flávio Freire Farias; ABAURRE, Helena Emerick; MORAES, Janaína Gomes Garcia de. O parecer prévio e a fiscalização da governança climática nos estados. Um imperativo para a sustentabilidade: o ensaio do TCE/ES. *In*: LIMA, Edilberto Carlos Pontes (coord.). *Os Tribunais de Contas e a sustentabilidade*: governança e controle no enfrentamento das mudanças climáticas. Belo Horizonte: Fórum, 2025. p. 365-380. ISBN 978-65-5518-670-3. (Coleção Fórum IRB, v. 6). t. 2.

A FISCALIZAÇÃO DE OBRAS DE INFRAESTRUTURA PELO TRIBUNAL DE CONTAS DE ANGOLA – ESTUDO DE CASO: O TRIBUNAL DE CONTAS E A COMPETÊNCIA DE AUDITORIA À BARRAGEM HIDROELÉTRICA DE LAÚCA

SEBASTIÃO DOMINGOS GUNZA

1 Enquadramento

Em Angola, o actual cenário jurídico-constitucional impõe a supremacia da Constituição e da legalidade (artigo 6.º da Constituição da República de Angola), a necessária protecção dos direitos fundamentais, sem quaisquer discriminações, convindo implementar e garantir a dignidade da pessoa humana, no caso em apreço, o seu artigo 39.º, sobre o direito fundamental ao ambiente e, bem assim, nas alíneas d) e m) do artigo 21.º, onde vêm reconhecidas como tarefas fundamentais do Estado a promoção do bem-estar e da qualidade de vida do povo e a defesa da natureza e do ambiente, dos recursos naturais e do património histórico, cultural e artístico.

No contexto da implementação do Plano de Desenvolvimento Nacional, o Estado angolano tem levado a cabo um conjunto alargado de projectos que possuem alta capacidade de impactar o ambiente, a sociedade e a economia, ou seja, projectos de natureza estratégica, materializados através de contratos de engenharia global que possuem complexidade relevante em todas as fases de execução.

Com efeito, como estudo de caso, apresentamos a Barragem Hidroelétrica do Laúca, na medida em que, é um projecto que tem como objecto principal o estender do acesso à energia eléctrica (e, com qualidade) a várias áreas do território nacional. O processo de aprovação e execução do projecto da Barragem do Laúca, observou um conjunto de formalidades prévias administrativas, financeiras, sociais e económicas, na medida em que, o impacto transversal e estrutural, especialmente, para as gerações que habitavam no perímetro onde a obra foi erguida.

Com fundamento na Lei n.º 13/10, de 9 de Julho, que aprova a Lei Orgânica e do Processo do Tribunal de Contas de Angola, na perspectiva ambiental, o Tribunal exerce controlo externo ambiental, podendo realizar auditorias ambientais, para a salvaguarda do património público e do meio ambiente.

O Tribunal de Contas assume o encargo de assegurar uma resposta adequada e oportuna às expectativas dos contribuintes; de garantir responsabilidade e transparência na gestão dos dinheiros públicos; de acautelar o bom funcionamento do mercado concorrencial na contratação pública; de contribuir para a realização dos princípios da equidade intergeracional, da qualidade ambiental, probidade e ética.

O *status* e a importância conferida ao Tribunal de Contas exige que a sua actuação seja pautada, também, pela avaliação de aspectos mais densos dos actos da Administração e dos gestores públicos, analisando para tanto se estes observaram princípios previstos de forma explícita ou implícita na Constituição e na lei, e também se os resultados alcançados atingiram a sua finalidade, em especial quanto ao atendimento ao interesse público, levando em consideração a realidade e as circunstâncias fácticas (casuísticas) enfrentadas pelo gestor público.

Ora, a prática internacional tem demonstrado que para um sustentável controlo da coisa pública deveria haver uma Instituição externa ao Governo que tivesse poderes, atribuições e competências de fiscalizar os actos dos gestores públicos – sendo corolário, a independência das mesmas (ISSAI 1, Declaração de Lima).

O Tribunal de Contas de Angola, é a Instituição Superior de Controlo de Angola, nos termos do artigo 182.º da CRA, é o órgão supremo de fiscalização externa da legalidade das finanças públicas e de julgamento das contas que a lei sujeitar à sua jurisdição e, pelo recorte constitucional, nos revemos no entendimento de que Angola possui um modelo de controlo externo napoleónico, na medida em que, aplica o direito através de julgamentos.

Nos termos da alínea b) do artigo 162.º da CRA, sobre as competências de controlo e fiscalização da Assembleia Nacional, conjugado com a alínea a) do artigo 6.º da Lei Orgânica e do Processo do Tribunal de Contas, sobre a competência do Tribunal de Contas, a Assembleia Nacional, sempre que pretender, pode solicitar ao Tribunal de Contas, um parecer sobre a Conta Geral do Estado.

Na matéria referente ao Ambiente, o quadro jurídico regulatório contido na Lei de Bases do Ambiente, aprovada pela Lei n.º 5/98, de 29 de Junho, estatui os princípios gerais, básicos de proteção e preservação ambiental, vem previsto que, todos cidadãos têm direito a viver num ambiente ecologicamente estável e cabe ao Governo, garantir o exercício do direito, bem como, garantir a não subestimação em relação a interesses meramente utilitários.

Para o processo de Avaliação de Impacto Ambiental e Procedimento de Licenciamento, Angola possui um Regulamento Geral, que foi aprovado pelo Presidente da República, através do Decreto n.º 117/20 de 22 de Abril, onde, nos termos dos artigos 1.º e 4.º, vem postulada a obrigatoriedade de realização de Estudos de Impacto, a todos os projectos públicos e privados que possuam a capacidade de provocar impacte ambiental e social significativo. Ou seja, são projectos que devem, previamente, ser objecto de Avaliação e aprovação, sob pena de, além de outras consequências, não implementação.

No que toca a contratação, nos termos da Lei n.º 41/20 de 23 de Dezembro, Angola possui a Lei dos Contrato Público, que nos termos da alínea d) do n.º 1 do artigo 49.º, prevê que nas empreitadas e nas concessões de obras públicas, é necessário a apresentação de estudo de impacto ambiental. No Estudo de Impacto Ambiental constitui capital importância a qualidade, que passa pela respectiva qualificação técnica comprovada da equipa, Independência e a imparcialidade na análise e apresentação de resultados fidedignos.

As questões do processo e procedimentos de submissão de projectos públicos tem a sua tramitação completa regulada por Decreto Presidencial e os temas de menor relevo em sede de Decretos Executivos, exarados pelos responsáveis do governo que tutelam os respectivos sectores. Daí que, a propósito do caso de estudo, na instrução do processo, bem como para a aprovação vários estudos de impacto ambiental, relativos a partes individuais e ao conjunto, em base consolidada, de áreas que fazem parte do perímetro de implementação e linhas de transporte energético, teve grande destaque a participação do Ministério da Energia e Águas e o Ministério responsável pela matéria do Meio Ambiente, cada um, dentro do seu raio de acção.

Os estudos de impacto ambiental funcionam como ferramentas fundamentais para a emissão das mais diversas licenças pelo Ministério responsável pela matéria do Meio Ambiente, bem como, para a indicação de todas medidas de mitigação de danos e de recuperação ambiental. Pois que, o Estado, mostra-se preocupado com a manutenção do equilíbrio racional e ético entre a satisfação das necessidades coletivas que, ao caso concreto, assume a forma de estender o acesso a energia elétrica (e, com qualidade) a várias áreas do território nacional e a intervenção humana na natureza.

Portanto, no seguimento do objectivo de não oneração do futuro e da utilização racional dos recursos naturais, fauna e a flora, o Governo angolano, promove a satisfação das necessidades colectivas, sem descurar os factores ambientais na implementação de políticas públicas.

O Tribunal de Contas de Angola, dependendo do momento de controlo, é competente e executa três tipos de fiscalização, nomeadamente: (i) nos termos do artigo 8.º da LOPTC, verifica os actos e contratos que a Lei sujeitar, bem como, verifica se os encargos obrigacionais e financeiros são lícitos e se possuem a devida cabimentação, através do competente processo de fiscalização preventiva; (ii) nos termos do artigo 9.º-A da Lei n.º 19/19 de 14 de Agosto, de Alteração à Lei Orgânica e do Processo, o Tribunal de contas, através de auditorias, inquéritos e averiguações, executa fiscalização concomitante; e, (iii) nos termos do artigo 9.º da Lei Orgânica e do Processo, o Tribunal de Contas, com o fito de aferir a legalidade, a regularidade da arrecadação das receitas, a realização da despesa pública e a salvaguarda do interesse da coletividade, examina as contas públicas a ele sujeitas e havendo irregularidades ou inconformidades, através do competente processo de Responsabilidade Financeira, julga os respectivos gestores (GUNZA, 2024). Pois que, o controlo da actividade financeira pública representa um importante contributo para o equilíbrio da vida financeira (TAVARES, 1998).

O Tribunal de Contas, é membro de pleno direito da Organização Internacional apolítica, e independente que congrega mais de uma centena de Entidades Fiscalizadoras Superiores (Intosai), cujo objecto é a promoção e o apoio das Instituições Superiores de Controlo na implementação de padrões e de melhores práticas de cultura de controlo externo das finanças públicas. Portanto, no geral, a Intosai, promove a fiscalização sustentável e integral de receitas públicas pelas Instituições Superiores de Controlo, com a finalidade de alavancar o desenvolvimento equilibrado dos Países.

Assim, o Tribunal de Contas, implementa e observa um conjunto de princípios, regras, padrões internacionalmente aceites, aceleradores e que possuem a capacidade de efectuar a manutenção de um controlo externo eficaz e eficiente, no sentido da salvaguarda das gerações vindouras.

Relativamente as competências do Tribunal de Contas, nos termos da alínea d) do artigo 6.º da Lei Orgânica e do Processo do Tribunal de Contas, por iniciativa própria ou da Assembleia Nacional, o Tribunal de Contas pode realizar inquéritos e auditorias de natureza contabilística, financeira ou patrimonial às entidades sujeitas à sua jurisdição.

Nos termos do artigo 94.º da Constituição da República de Angola, os bens do Estado e demais pessoas colectivas de direito público integram o domínio público e o domínio privado do Estado, de acordo com a Constituição e a lei.

Daí a definição de património público prevista no artigo 2.º Lei 18/10 de 6 de Agosto, do Património Público, como sendo, o conjunto de bens imóveis e móveis, sujeitos ou não a registo, direitos e obrigações inerentes, de natureza pública ou privada, na titularidade do Estado.

Portanto, nos termos dos artigos indicados no parágrafo anterior, o Tribunal de Contas tem plena juridicidade e pode realizar a natureza de auditoria que for necessária para a salvaguarda do património público – amplamente considerado. Conforme abaixo, teremos a oportunidade de nos debruçar melhor.

2 Contexto actual

O mundo vem enfrentado complexos e estruturais desafios em variados domínios, sendo que, a continuidade plena da espécie humana e da natureza vem exigindo atenção e cuidados especiais, sob pena de oneração das gerações vindouras. Assim, organizações vêm fomentando a implementação de melhores práticas com a intenção de garantir o desenvolvimento integral das nações.

No ano de 2015, no âmbito da comemoração do septuagésimo aniversario das Nações Unidas, os países reunidos decidiram atestar "petrificar" Objectivos de Desenvolvimento Sustentáveis, adiante apenas ODS, a escala e dimensão global e planetária. Os Países e a ONU realizaram previamente estudos sociais, económicos, financeiros e observaram consulta pública holística; tendo, a seguir, aprovado a denominada agenda 2030.

Os Estados comprometeram-se em encetar todos os esforços necessários para a implementação sustentável dos ODS nos seus respectivos Países.

No nosso entendimento o ODS 4 é um denominador comum, na medida em que, havendo educação de qualidade, a implementação dos demais objectivos se manifestarão alcançáveis e monitoráveis. A pessoa humana enquanto valor em si e inserida em sociedade constitui, no nosso ponto de vista, o centro e vértice do desenvolvimento sustentável.

As nações devem promover educação de qualidade para alavancar a consciencialização planetária da necessidade de adoptação de uma cultura de respeito planetária adequada ao cumprimento, implementação dos ODS, bem como, a verificação cumulativa de todas as metas deliberadas, cujo objeto material é a educação inclusiva, de qualidade e equitativa, bem como, a alavancagem de oportunidades de aprendizagem ao longo da vida humana.

A análise aqui vertida incide sobre o Objectivo 15, inerente à protecção da vida terrestre, na medida em que, analisaremos as eventuais consequências da construção e funcionamento da barragem hidroelétrica do Laúca, pois que, a sua construção alterou a constituição e estrutura do ecossistema, da fauna e flora. O ODS 15 tem como fundamento a defesa, a garantia da proteção da vida terrestre, conservação e preservação da sanidade e não alteração oneratória do ecossistema e da biodiversidade.

Relativamente a vida terrestre, procuraremos analisar até que ponto a construção da barragem impactou a vida animal, e ainda, até que ponto a barragem possui chancela verde, de conservação e preservação ambiental, no que concerne ao licenciamento e acompanhamento da implementação das medidas de mitigação de impactos. Exemplificativamente: (i) tendências de seca em algumas áreas, pela alteração do curso normal e retenção da água em pontos de transporte de água; (ii) risco de extinção de espécies terrestres; (iii) risco de alteração negativa dos hábitos das populações que habitam nas proximidades. Conforme abaixo, ilustramos os ODS, no seguinte:

Fonte: https://ods.pt/ods/.

3 O papel do *Environmental, Social and Governance* – ESG e dos padrões da ISO

No ano 2000, a ONU em parceria com o Banco Mundial, através de Pacto Global promoveram a voluntariedade de lideranças corporativas a implementarem uma cultura de cumprimento ético, vivo, ativo e responsável no seguimento das respectivas finalidades comerciais e outras, levando sempre em consideração os constituintes, pessoas interessadas, o meio ambiente, a sustentabilidade e o planeamento responsável;

no nosso ponto de vista o pacto pode ser denominado como a origem material do ESG, em tradução livre: ambiente, social e governança.

Assim, na governança corporativa os líderes devem prestar atenção a factores sociais, económicos e financeiros, para efeitos de alinhamento na salvaguarda do planeta e da intervenção humana na terra. Ficando eternizada a celebre frase de Kofi Annan, que na altura exerceu o cargo de secretário-geral da ONU "ganha quem se importa".

Com efeito, através da preocupação inerente ao mercado de capitais, a ONU procurou acelerar a elaboração, aprovação e implementação de políticas que tivessem como fundamento o respeito pela natureza.

Assim, na perspectiva de que os valores mobiliários e produtos financeiros verdes tivessem, competitivamente, maior adesão em comparação com os demais. Promoveu-se a implementação das regras do ESG pelas empresas, corporações e organizações, manifestando-se como fundamentais para o alcance dos ODS.

Os padrões da International Organization for Standardization, em tradução livre Organização Internacional de Normalização ou Organização Internacional para Padronização (ISO), promove a adoptação, implementação, certificação de regras, princípios inerentes às melhores práticas corporativas e que promovem a qualidade, os processos responsáveis, a sustentabilidade, o desenvolvimento ético e a não oneração das gerações vindouras.

Para efeitos do presente artigo e contexto material, realçamos a ISO 31000, sobre gestão de riscos, constituindo uma directriz para um respeito consciente no desenvolvimento de actividades comerciais, industriais e similares, bem como, a ISO 37301, sobre gestão de conformidade corporativa, na medida em que, a implementação nas corporações, salvaguarda as mesmas contra danos financeiros e não financeiros, a mesma vantagem competitiva resulta da implementação das regras ESG.

A implementação de normas globais em vigor, nelas avultando as regras ISO e ESG, visam à padronização e o fortalecimento das ideias voltadas à organização de governança responsável e conduzem, cada vez mais, o futuro da economia global (ARBACHE; MUNCINELLI, 2021).

Um exemplo paradigmático, é o respeitante à regra ISO/TC 207 – que tem como objecto principal a gestão ambiental sustentável, através da qual as corporações no desenvolvimento das suas actividades comerciais e lucrativas, devem implementar políticas de respeito Ambiental.

Com efeito, ao nível do Direito angolano, essas regras internacionais de gestão corportativas são amplamente acolhidas, ao nível da Lei n.º 37/20 de 30 de Outubro, que aprova a Lei da Sustentabilidade das Finanças Públicas, cujo cumprimento integra o raio de acção do Tribunal de Contas.

As regras ESG incorporam questão referentes às melhores práticas de *corporate governance*, conforme abaixo:

Fonte: https://www.pactoglobal.org.br/esg/.

4 A perspectiva constitucional do direito ao ambiente

O legislador constitucional angolano, consagrou no artigo 39.º, o direito ao ambiente, nos termos em que, "todos têm o direito de viver num ambiente sadio e não poluído, bem como o dever de o defender e preservar". Assim, é obrigação do Estado, a elaboração e implementação de todas normas, processos, procedimentos, tarefas e rotinas de protecção do ambiente e das espécies da flora e da fauna em todo o território nacional, à manutenção do equilíbrio ecológico, à correcta localização das actividades económicas e à exploração e utilização racional de todos os recursos naturais, no quadro de um desenvolvimento sustentável e do respeito pelos direitos das gerações futuras e da preservação das diferentes espécies.

No mesmo seguimento, o artigo 14.º da Constituição da República de Angola consagra o princípio fundamental de salvaguarda da propriedade privada e da livre iniciativa económica, impõe ao Estado o respeito da propriedade privada, em articulação com os objectivos de protecção das regras ambientais.

Nos termos do artigo 91.º da Constituição da República de Angola, para efeitos de promoção do desenvolvimento sustentável e harmonioso, garantir a justiça social concretizável pela (re)distribuição das receitas públicas, através do princípio da reprodutividade, a preservação do ambiente e a qualidade de vida dos cidadãos, o Estado possui atribuições e competências de regulação e de fomento do desenvolvimento nacional.

Na estrutura governamental angolana, as políticas públicas voltadas à coordenação da actividade económicas são gizadas por um órgão que, na realidade brasileira, se assemelha a um Centro de Governo republicano, na medida em que, a coordenação económica é feita por um Ministro de Estado, cujas atribuições e competências são inerentes ao alinhamento da políticas e planos, acompanhamento da implementação de políticas, monitoramento do desenvolvimento progressivo.

Nesse sentido, o Centro de Governo exerce funções de comunicação coerente ao público. Acresce como fundamento do nosso entendimento, o facto de a área de coordenação económica de Angola, enquanto área de apoio superior e com ligação pontilhada com o Titular do Poder Executivo, embora possa parecer, não possui um foco sectorial determinado, mas garante que os ministérios e outras instituições sectoriais possuam capacidades e inteligência analítica suficientes para alcançar resultados para e com os cidadãos. Isso implica abordar as questões da cultura e dos valores internos do governo.

O tipo e escolha de um Centro de Governo, depende de vários factores, critérios e variáveis diversas e adversas. Ou seja, é razoável que reúna os seguintes pressupostos: (i) ser uma alta liderança no Executivo; (ii) ser uma instituição de apoio transversal para o cumprimento das metas governativas; e, (iii) as mais das vezes, algumas Instituições por certo lapso de tempo e para cumprimento de fins concretos ou determinado, assumem a qualidade de centro de governo de escopo.

No geral, na realidade angolana as características intrínsecas ao Centro de Governo são perfeitamente observadas, se não vejamos: o Ministro de Estado da Coordenação Económica (i) é um órgão de gestão estratégica; (ii) coordena políticas públicas; (iii) monitora e aprimora o desempenho dos sectores envolvidos; (iv) comunica e presta informações ao público.

Daí que, à semelhança do que defendem outros autores, nos revemos no entendimento segundo o qual o Centro de Governo é parte importante do sistema político de uma nação e desempenha um papel crucial na coordenação e implementação das políticas públicas, procedimentos e processos para melhores resultados voltados ao cidadão e seus anseios (BRITES; NARDES; LOURENÇO, 2024).

Angola possui uma estratégia de longo prazo, denominada como "Angola 2050", que foi desenvolvida pelo Ministério do Planeamento que, classifica as opções estratégicas do País, parametriza a implementação através dos Planos de Desenvolvimento, enquadra as despesas públicas, identifica as fases de execução da coordenação dos planos sectoriais e provinciais, planifica o ordenamento do território, vincula os planos estratégicos do sector empresarial, operacionaliza os planos de médio prazo, bem como, monitora os planos anuais e de acção dos planos estratégicos.

Por conseguinte, a estratégia "Angola 2050" foi elaborado para lograr mais clareza no monitoramento público, melhor adequação económica e financeira das despesas públicas, aprimorar a articulação e resiliência funcional e estrutural entre as instituições públicas envolvidas, nos mais variados domínios, incluindo o de protecção do meio ambiente.

5 Os projectos públicos e o meio Ambiente – O caso do projecto Laúca

Em Angola, a contratação de obras públicas assume um notório relevo na esfera económica e social, ao implicar avultados investimentos financeiros e por resultar em projectos de infraestruturas que proporcionam ganhos na qualidade de vida dos cidadãos.

Dentre esses projectos, para efeitos do presente artigo realçamos o contrato de engenharia global (conjunto de projectos complexos e interligados), com alta capacidade de resultados económicos e sociais, inerente à Barragem Hidroelétrica do Laúca, um projecto de referência nacional do sector energético.

A barragem Hidroelétrica do Laúca, abrange os territórios das províncias de Malanje, Kwanza Norte e Kwanza Sul, tem como base o rio Kwanza. A empreitada implica o desvio do curso do rio, a construção da barragem hidroeléctrica, o transporte da energia, entre outros.

A edificação do projecto foi antecedido à realização do competente estudo de impacto ambiental, essencialmente, a avaliação das externalidades sobre o rio Kwanza, a flora e fauna envolvente. Com efeito, os produtos químicos utilizados para a empreitada, resultado da alta capacidade de impacto no meio ambiente, foram previamente objecto de licenciamento concreto, nas distintas fases da obra que corporalizam a integralidade do projecto global em referência.

Pela elevada potencialidade económica, social e ambiental a barragem hidroelétrica do Laúca, além de uma panóplia regulatória interna e constituição de grupos institucionais ministeriais, observou padrões e directrizes continentais e outras, exemplificativamente: (i) Convenção da ONU sobre Diversidade Biológica; (ii) Convenção da ONU sobre o Combate à Desertificação e Mitigação dos Efeitos da Seca; (iii) Convenção de Bona; (iv) Protocolo de Pescas e também o de energia da SADC; (v) Diretrizes ambientais do Banco Mundial e respectivas políticas de salvaguarda; (vi) princípios de Equador.

A observância prévia dessas diligências visa alcançar o direito fundamental de promoção de um meio ambiente sadio, plasmado na Constituição da República de Angola (CRA), bem como, o respectivo dever de defesa e de preservação ambiental, bem como, o da racionalidade e não oneração das gerações futuras.

A matéria referente ao meio ambiente é melhor desenvolvida no contexto da Lei de Bases do Ambiente (Lei 5/98 de 29 de Junho), que nos termos do artigo 3.º, sobre os princípios gerais, prevê que, todos cidadãos têm direito a viver num ambiente ecologicamente estável e cabe ao Governo, garantir o exercício do respectivo exercício, bem como, a não subestimação em relação a interesses meramente utilitários.

No plano infra-legal, o Decreto Presidencial n.º 117/20 de 22 de Abril, que aprova o Regulamento Geral de Avaliação de Impacto Ambiental e do Procedimento de Licenciamento, sobre o objecto e obrigatoriedade de realização de Estudos de Impacto, vem previsto que, todos os projectos públicos e privados que possuam a capacidade de provocar impacte ambiental e social significativo, devem previamente ser objecto de um processo de Avaliação, materializado através da apresentação de estudo que deverá ser aprovado pela Entidade Competente, sob pena de não licenciamento do projecto.

Ora, o objecto da barragem hidroelétrica do Laúca encontra-se incluída no rol de actividades referentes a obrigatoriedade de realização e apresentação de Estudo de Impacto Ambiental, na medida em que, (i) trata-se de uma barragem para fins hidroeclétricos; (ii) é uma obra hidráulica; (iii) que explora recursos hídricos, transformação e transporte de energia através de cabos aéreos, linhas de transporte de energia com potência relevante.

A propósito da obrigatoriedade de apresentação do Estudo de Impacto Ambiental, a lei dispõe que o documento deve ser apresentado ao Ministério responsável para as questões ambientais, pelo dono da obra. Este, por sua vez, deverá realizar e coordenar um conjunto sustentável de acções técnicas, para garantir a fiabilidade material das pesquizas e respectivos resultados.

O Ministério responsável para as questões ambientais efectuará a minuciosa análise do projecto e emitirá um parecer de cumprimento obrigatório e vinculativo, sempre precedendo a competente consulta pública.

Igualmente, os projectos conexos ou intrínsecos à obra do projecto Laúca carecem de concessão de licenças ambientais que devem ser instruídos através de avaliação de impacto ambiental.

Para a obtenção da licença Ambiental de Operações, nos termos do artigo 31.º do Regulamento Geral de Avaliação de Impacto Ambiental e do Procedimento de Licenciamento Ambiental, na altura do início de actividades, é verificado o cumprimento de todos os requisitos constantes do competente estudo que deve incluir, dentre outros, os limites de poluentes, os processos, procedimentos, tarefas e rotinas de salvaguarda e proteção adequada do solo e das águas subterrâneas.

Ademais, porque a licença tem prazo de caducidade e validade determinada na respectiva licença, nos termos do artigo 33.º do mesmo Regulamento Geral, sobre a licença ambiental, a mesma pode ser renovada, mas sempre precedida de auditoria ambiental. Abaixo, através de uma imagem, se espelha a estrutura fundamental da barragem hidroelétrica do Lauca:

Aproveitamento Hidroeléctrico
LAÚCA

5.1 Intervenção do Tribunal de Contas

Com um modelo alicerçado no controlo da legalidade, regularidade e mérito da gestão pública, cabe ao Tribunal de Contas, entre outras competências, o controlo preventivo e concomitante da legalidade de certos actos e contratos. O mecanismo da fiscalização preventiva e concomitante visa salvaguardar o estrito cumprimento de normas financeiras e de contratação pública, nos termos da Lei Orgânica e do Processo do Tribunal de Contas (LOPTC).

Com efeito, o Tribunal de Contas em sede de fiscalização preventiva, a propósito do projectos hidroelétrico de Laúca, visou um conjunto de contratos, inerentes a engenharia global, conforme a tabela que exemplificativa abaixo se partilha:

N.º	Entidade	Contratada	Objecto do contrato
1	MINEA	Cons. Norberto Odebrecht S.A e Odebrecht Angola Projs. e Serv.s Lda	Projecto Executivo. Fornecimento, Construção, Comissionamento e Colocação em Serviço do Sistema de Transporte de Energia Associado ao Apr. Hidroeléct. De Laúca – lote A e B.
2	MINEA	DAR Angola Consultoria	Fiscalização dos Serviços de empreitada p/ a Construção das linhas de Transporte e Subestação do Apr. Hidroelec. Laúca – lote A e B.
3	MINEA	Creative Power Solution Lda	Prestação de Serviços e Fornecimento associadas a Preparação do Sistema Eléctrico de Angola para entrada em Operação das Centrais de Cambambe 2, Soyo e Laúca na transmissão Norte – Centro Interligado fase 1.
4	MINEA	China Machinary Engeering Corporation	Projecto Executivo, fornecimento, construção, comissionamento e colocação em serviço do sistema de transporte associado Laúca (Laúca-Huambo).
5	MINEA	Creative Power Solution	Serviços necessários para a fiabilidade e segurança do sistema de transmissão Norte Centro interligado na ocasião das entradas em operação das grandes centrais de Cambambe 2, C. C. Soyo e Central Elec. Laúca, incluindo a Central Ecológica e bem como a interligação da LT 400 KV Laúca Waco Kungo – Belém e Dango.
6	MINEA	New Horizons in infrastructure of Denmark NHIDi/S	Construção e Comissionamento de Infraestruturas de Transporte de Energia e Transformação para o Aproveitamento Hidroelec. De Laúca, através de implementação de uma linha de transmissão de alta Tensão de 400 KV, 238 Km de Comprimento de 2 linhas de Transmissão de alta tensão 7,5 km de comprimento cada uma uma extensão da subestação de Laúca, Cavaco, Benguela – estudos e projectos relacionados.
7	MINFIN	Gem Corp Capital LL	Acordo de Financiamento, no âmbito da liquidação de facturas de implementação do Projecto de Aproveitamento Hidroelétrica do Laúca.

O Tribunal de Contas, para a emissão dos respectivos vistos aos contratos, em alguns casos emitiu recomendações. A este propósito, sobre a fiscalização preventiva do projecto, destacamos a Resolução n.º 121/FP/15, através da qual foi visado o Contrato de Empreitada para Construção do Sistema de Transporte Associado ao Aproveitamento Hidroelétrico de Laúca, Lote A e B, nos termos da qual, o Tribunal de Contas, em sessão diária de visto, apreciou o contrato, celebrado entre o Ministério da Energia e águas e o Consórcio constituído pelas empresas Construtora Norberto Odebrecht, S.A., Sucursal Angola e Odebrecht Angola projectos e serviços Lda.

O contrato teve por objecto a empreitada de construção do Sistema de Transporte Associado ao aproveitamento Hidroelétrico de Laúca. Assim, Lote A, correspondente as linhas de interligação dos três principais centros produtores, nomeadamente: Laúca, Capanda e Cambambe e Lote B, correspondente as linhas veículos do Laúca para a região de Luanda. Observando-se toda a tramitação, e apresentação do rol documental e respectivas provas, o contrato foi visado pelo Tribunal de Contas, a 1 de dezembro de 2015.

6 Construção de barragem hidroelétrica: impactos no meio ambiente

Relativamente aos impactos ambientais e respectivos indicadores, que podem resultar da construção de barragens, entre outros, é possível identificar os seguintes efeitos:

No meio físico:
i) alterações de carácter temporário ou permanente no uso do solo;
ii) aumento da emissão de ruídos e poeiras;
iii) emissão de resíduos poluentes, sólidos e líquidos;
iv) início e/ou aceleração de processos erosivos;
v) instabilidade de encostas;
vi) mudanças hidrológicas;
v) transporte de sedimentos e assoreamento de cursos de água.
No meio biológico:
i) alteração ou eliminação da vegetação existente;
ii) aumento da caça predatória;
iii) mudanças nos habitats e hábitos da fauna;
iv) migração de animais;
v) impactos na fauna aquática.
No meio antrópico:
i) mudanças na vida diária da população residente próximo da obra;
ii) exposição da população aos riscos de acidentes;
iii) problemas de relacionamento da população residente com os operários da obra;
iv) perdas de agricultura, silvicultura e pastagens;
v) aumento na demanda de bens e serviços;
vi) aumento no tráfego de veículos;
vii) mudanças no quadro de saúde, com a incidência de novas doenças; P
viii) pressões por serviços de saúde;
ix) interferência na infra-estrutura viária, linhas de transmissão e outras;
x) interferência nas actividades de mineração;
xi) interferências no patrimônio histórico, cultural e arqueológico.

No âmbito do licenciamento de empreitadas, o Ministério responsável pela matéria do meio ambiente, mediante processo administrativo próprio, emite licenças de impacto que comportam anexos, onde são mensuradas e devidamente ponderadas as medidas de mitigação ambiental e de protecção do ar para o Controlo de Emissões Atmosféricas e Acústica.

Convindo mitigar os riscos identificados, com recurso a equipamentos concretos, as emissões de partículas podem ser controladas e as áreas adjacentes, sendo que as que estivem quimicamente contaminadas exigem procedimento de recuperação especial e que pode se manifestar como complexo, daí que, o uso de tecnologia e de inteligência artificial é um excelente caminho para diminuir o *timing* de recuperação, bem como, de garantia e fiabilidade ambiental.

Posto tudo o que antecede, percebe-se a necessidade de incorporar o conceito de que "Gestão Ambiental" para administrar o uso produtivo dos recursos ambientais, de modo que as políticas públicas bem intencionadas não sejam elas próprias as responsáveis pela redução da qualidade e quantidade dos recursos ambiental.

6.1 Impacto ambiental do projecto Laúca

O Estudo de Impacto Ambiental teve como finalidade a verificação objectiva, por um lado aferir se o local de edificação é o mais adequado e propício e, por outro lado, identificar e classificar os riscos e os efeitos que a construção da Barragem teria na área de edificação, bem como, eventuais efeitos de contágio ou sistémico sobre a região.

No âmbito da realização do Estudo de Impacto Ambiental e conforme as regras padronizadas e regulatórias, para efeitos de avaliação ambiental, foram determinadas as áreas de influência do projecto a edificar, uma vez que, é fundamental sempre a fixação territorial e geográfica do espaço que poderá sofrer alterações (directas, indirectas, positivas, negativas).

No processo de desvio do rio Kwanza, que foi efectuado através da construção de túneis, os dados da avaliação ambiental foram essenciais para melhor conhecimento das áreas de influência susceptíveis de sofrerem alterações como consequência da planificação, construção e operação do projecto.

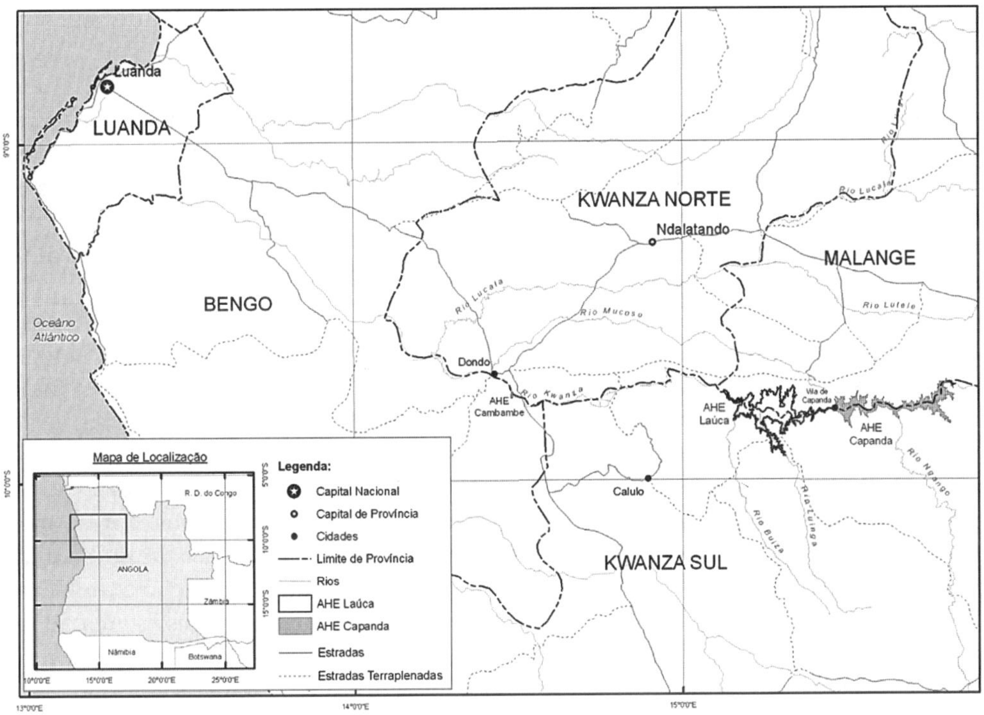

Fonte: Estudo de Impacto Ambiental, Desvio do Rio: Localização geográfica do desvio do rio para o futuro AH de Laúca.

A implementação do projecto hidreléctrico da barragem do Laúca, porque contempla várias fases, projectos condutores subjacentes, etapas, espaços de implementação e linhas de transporte energético, cada atividade da cadeia energética apresentou o respectivo, concreto e específico Estudo de Impacto Ambiental, sendo que foram determinadas as devidas medidas de mitigação e de recuperação ambiental, no que concerne ao licenciamento ambiental.

A determinação das áreas de influência do meio físico e factor biótico, ou seja, do conjunto dos efeitos causados por organismos em um ecossistema e que condicionam as gerações é fundamental para a mensuração dos riscos, bem como, para o acompanhamento das fases de implementação e eficiência do projecto.

Na vertente social do Estudo de Impacto Ambiental, foram analisadas questões antropológicas e administrativas, no sentido de se determinar as áreas e níveis de afetação. Na tarefa de desvio do rio Kwanza para o aproveitamento hidrelétrico, foram consideradas as seguintes áreas: a Directamente Afectada, a de Influência Directa e Indirecta, bem como, a abrangência Regional (Estudos de viabilidade Láuca, 2013).

Relativamente a área directamente afectada, ou seja, a parte da superfície de construção dos túneis para o desvio do rio, conforme o Estudo não foram identificadas comunidades a viverem dentro do perímetro e nem a desenvolverem atividades como a agricultura, pesca ou pastorícia. E, a área foi ocupada pela infra-estrutura do empreendimento, exemplificativamente: estaleiro, jazidas, áreas de depósito de materiais excedentes.

A Área de Influência Directa, correspondeu as que estão sujeitas aos eventuais impactos directos (positivos e negativos). Para o meio físico e biótico, foi considerada a área de implantação dos tuneis, áreas de depósito de material excedente. E, para o meio social foi considerado uma faixa ao longo do rio que poderá vir a afectar as actividades desenvolvidas pelas comunidades ao longo do rio, nomeadamente pesca e agricultura. Conforme o Estudo, não foram identificadas comunidades nas zonas ribeirinhas delimitadas no projecto.

A propósito dos meios físico e biótico foi definida como Área de Influência Indirecta a bacia de contribuição do rio Kwanza (área de edificação do empreendimento, área de construção da barragem e seguimentos principais). Para o meio antrópico foram definidos os municípios localizados até 15 km a jusante do desvio do rio, cujos territórios são de alguma forma afectados pela implantação do empreendimento.

A Área de Abrangência Regional corresponde às áreas que de forma difusa estão potencialmente sujeitas aos impactos indirectos dos empreendimentos. Para o meio físico e biótico, considerou-se a bacia de contribuição do trecho médio do rio Kwanza. Realçamos que, em todo processo de elaboração dos estudos de impacto ambiental foram efetuadas auscultação e divulgação de informação para as partes interessadas.

O projecto Laúca, durante a fase de avaliação de Impacto Ambiental, foi apresentado, divulgado através de um Plano de Consulta e Divulgação, sendo que, foi incluído no processo de elaboração do Estudo de Impacto Ambiental do projecto. O Plano tem como fundamento a corporalização das diretrizes inerentes à consulta e a divulgação, resultado e o projecto em si, perante a sociedade no geral.

Conforme o Estudo de Impacto, a consulta teve como fundamentos primordiais os seguintes: (i) Assegurar que todas as partes interessadas estejam incluídas no processo de consulta e divulgação; (ii) Garantir que a divulgação da informação inicial acerca do projecto seja adequada e inteligível para as partes interessadas e afectadas sem conhecimentos técnicos e para a população local e na envolvente do projecto; (iii) Assegurar que a informação adequada seja facultada às pessoas afectadas pelo projecto e a outras partes interessadas; (iv) Garantir que todas as partes interessadas tenham a oportunidade de expressar as suas opiniões e preocupações relativamente a este projecto; (v) Assegurar que estas opiniões e preocupações tenham influência sobre as decisões relativas ao projecto; (vi) Garantir que seja dado *feedback* regularmente às pessoas interessadas e afectadas pelo projecto; e (vii) Assegurar que a comunicação efectiva se mantenha durante as fases de construção e de funcionamento do projecto proposto.

7 Considerações finais

Na estrutura governamental angolana, as políticas públicas voltadas à coordenação da actividade económicas são gizadas por um órgão que, na realidade brasileira, se assemelha a um Centro de Governo republicano, na medida em que, a coordenação económica é feita por um Ministro de Estado, cujas atribuições e competências são inerentes ao alinhamento da políticas e planos, acompanhamento da implementação de políticas, monitoramento do desenvolvimento progressivo, nele englobando a matéria referente à protecção do meio ambiente.

Do exposto no conteúdo deste texto percebe-se a necessidade de incorporar o conceito de que "Gestão Ambiental" para administrar o uso produtivo dos recursos ambientais, de modo que as políticas públicas bem intencionadas não sejam elas próprias as responsáveis pela redução da qualidade e quantidade dos recursos ambiental.

A abordagem apresentada neste pequeno escrito demonstra como o quadro normativo da fiscalização exercida pelo Tribunal de Contas e o regime jurídico aplicável à avaliação do impacto ao meio ambiente sobre as empreitadas de obras públicas, projecta a sua expressão na elaboração das políticas, tendo, para este fim, se baseado no caso da Auditoria à Barragem Hidroeléctrica de Laúca.

A par disso deste caso específico, a legislação em vigor permite ao Tribunal de Contas efectuar auditorias ambientais de conformidade e de desempenho, enquanto acções que visam garantir que os indicadores de desempenho inerentes ao meio ambiente são respeitados.

Com efeito, o Tribunal de Contas afere se a condução dos programas e projectos ambientes encontram-se escrupulosamente a observar os princípios da economicidade, eficiência e eficácia. Daí que, enquanto Instituição Superior de Controlo, o Tribunal de Contas, é o garante independente na não oneração das futuras gerações, no que concerne ao acompanhamento da actividade do Governo.

Do exposto resulta que, o cumprimento das condições preliminares, designadamente, a elaboração de Estudos de Impacto Ambiental, não obstante se tratar de um imperativo legal, cuja inobservância faz nascer uma sanção à entidade faltosa, para o Tribunal de Contas, em sede da fiscalização de obras de infraestruturas é um requisito elementar para a correcta avaliação da sustentabilidade ambiental do projecto.

Referências

ANTUNES, Paulo de Bessa. *Direito ambiental*. Rio de Janeiro: Lumen Juris, 1996.

BRASIL. Tribunal de Contas da União. *Aprova o Manual de Auditoria Ambiental do Tribunal de Contas da União*. Brasília: TCU, 2001.

BRASIL. Tribunal de Contas da União. *Manual de Auditoria Ambiental do Tribunal de Contas da União*. Brasília: TCU, 2001.

BRITES Elise; NARDES Cristiane; LOURENÇO Luana (Coord.). *Centro de Governo*. Patrono Ministro João Augusto Nardes. Belo Horizonte: Fórum, 2024. t. I.

GABINETE DE APROVEITAMENTO DO MÉDIO KWANZA (GAMEK). *Estudos de Viabilidade* – Laúca, Barragem Hidroelétrica, Desvio do Rio, transporte e linhas energéticas. Angola, 2013.

GUNZA, Sebastião Domingos. *O papel insubstituível do Tribunal de Contas*. A relevância do Tribunal de Contas na estrutura do Estado angolano. Coimbra: Almedina, 2024.

HENRY-SILVA G. G.; CAMARGO A. F. M. Impacto das atividades de aqüicultura e sistemas de tratamento de efluentes com macrófitas aquáticas – Relato de caso. *Boletim do Instituto de Pesca*, São Paulo, v. 34, n. 1, p. 163-173, 2008.

MARTINS, S. R.; SOLER, A. C. P.; SOARES, A. M. Instrumentos tecnológicos e jurídicos para a construção da sociedade sustentável. *In*: VIANA, G.; SILVA, M.; DINIZ, N. (Org.). *O desafio da sustentabilidade*. Um debate sócio ambiental no Brasil. São Paulo: Fundação Perseu Abramo, 2001.

RESUMO NÃO TÉCNICO LAÚCA. *Estudo de Impacto Ambiental*. Desvio do Rio Kwanza, GAMEK, Odebrecht, Intertechne, 2013.

TAVARES, José. *O Tribunal de Contas*: do visto, em especial – Conceito, natureza e enquadramento na actividade de administração. Coimbra: Almedina, 2007.

Informação bibliográfica deste texto, conforme a NBR 6023:2018 da Associação Brasileira de Normas Técnicas (ABNT):

GUNZA, Sebastião Domingos. fiscalização de obras de infraestrutura pelo Tribunal de Contas de Angola – Estudo de caso: o Tribunal de Contas e a competência de Auditoria à Barragem Hidroelétrica de Laúca. *In*: LIMA, Edilberto Carlos Pontes (coord.). *Os Tribunais de Contas e a sustentabilidade*: governança e controle no enfrentamento das mudanças climáticas. Belo Horizonte: Fórum, 2025. p. 381-398. ISBN 978-65-5518-670-3. (Coleção Fórum IRB, v. 6). t. 2.

CONTROLE EXTERNO E O COMBATE À DESERTIFICAÇÃO NO SEMIÁRIDO BRASILEIRO

VICTOR RAFAEL FERNANDES ALVES

1 Introdução

Em que pesem os grandes desafios enfrentados na questão ambiental, resta patente que importantes avanços foram realizados na incorporação da sustentabilidade como elemento necessariamente sopesado nas discussões sobre o desenvolvimento humano. É fato que subsistem grandes desafios, mas um longo caminho de conquistas já foi trilhado.

Contudo, a abordagem do meio ambiente frequentemente evoca a imagem de uma paisagem idílica, permeada de vastas florestas tropicais e uma rica e colorida fauna. Nesse sentido, atuar na proteção e trazer ao centro do debate alguns cenários menos "instagramáveis" não se torna tarefa fácil; de modo exemplificativo, é muito mais palatável uma campanha de proteção à fauna focada em um tucano ou mico-leão-dourado do que estampar camisetas com um timbu[1] ou um calango.[2]

Com efeito, falar da Caatinga hoje envolve passar a reconhecer que se trata de um tipo de floresta e afirmar a existência de um rico bioma é algo que ainda necessita ser construído no imaginário coletivo. A peculiar flora da Caatinga, com sua paisagem aparentemente estéril pela sua adaptabilidade ao clima árido, tem sido bastante atingida pela atuação humana e pelo agravamento das mudanças climáticas, gerando situações que culminam com processos de desertificação.

Reconhecendo os impactos que o clima seco e árido acarreta para a dinâmica antrópica, as políticas públicas costumam desenhar mecanismos de combate ao "flagelo da seca" – conceito distinto, ainda que interligado, ao processo de desertificação. Nesse cenário, tais atuações estatais e seu eventual aporte de recursos ensejam a necessária atenção dos Tribunais de Contas.

---

1 *Didelphis albiventris*, também conhecidos como gambá ou cassaco.

2 É uma expressão comum para diversos tipos de lagartos de pequeno porte.

É nesse contexto que o presente artigo busca analisar a seguinte problemática: como a atuação das Cortes de Contas tem enfrentado o tema do combate à desertificação no Semiárido nacional? Diante disso, o presente trabalho realiza um levantamento de algumas auditorias realizadas pelas Cortes de Contas que abordam especificamente a questão da desertificação.

Para tanto, em primeiro lugar, será apresentado um contexto geral explorando as noções de meio ambiente, sustentabilidade e desertificação, particularmente buscando construir conceitos básicos e alinhavar distinções de outros fenômenos como a seca. A partir dessas bases, serão evidenciadas as bases normativas das competências dos Tribunais de Contas e suas novas balizas, tangenciando as questões ambientais. Em seguida, calcados nessa construção teórica, serão apresentados alguns trabalhos das Cortes de Contas que se debruçaram em específico sobre o combate à desertificação, destacando seu escopo e principais achados.

Este trabalho, de caráter descritivo e exploratório, utilizará o método dedutivo, a ser fundamentado principalmente mediante pesquisa bibliográfica e documental, especialmente normas e manuais.

Objetiva-se, por fim, aprofundar o debate – acadêmico e profissional – acerca das questões de desenvolvimento sustentável para além da sua iconografia clássica, volvendo o olhar para um bioma importante e único do território nacional, que necessita de urgente atenção face aos difíceis cenários climáticos que se avizinham.

2 Meio ambiente, desertificação e sustentabilidade

O conceito de meio ambiente é notadamente algo plúrimo, polissêmico e talvez até fugidio; sendo um "tema transversal, sua aproximação pode se dar por várias facetas, já que, em suma, representa o todo, a pluralidade dos mais variados prismas de análise".[3]

Em um conceito científico amplo, Ávila Coimbra aponta que o ambiente seria composto de todos os elementos físico-químico e biológicos, além das conexões alimentares e de fluxos energéticos, bem como a paisagem, construções, monumentos (históricos, artísticos e naturais); resultando o ambiente dessa interação complexa ser humano-ecossistema terrestre.[4] Paulo de Bessa Antunes salienta que meio ambiente é a "Natureza mais atividade antrópica [...] compreende o humano como parte de um conjunto de relações econômicas, sociais e políticas que se constroem a partir da apropriação dos bens naturais". Destaque-se a inviabilidade de dissociar o elemento antrópico do conceito de meio ambiente, ainda que se divirja quanto à amplitude da perspectiva conceitual.

Volvendo-se à seara jurídica, Talden Farias e Alana Ramos destacam justamente que "O direito brasileiro comporta uma polissemia conceitual de meio ambiente que dificulta a unidade interpretativa e atinge o valor da segurança jurídica na tutela da apropriação dos recursos naturais".[5]

---

[3] ALVES, V. R. F. Diálogos transconstitucionais na construção de uma cidadania ambiental. *In*: CONGRESSO DA ABRASD – I ENCONTRO DE PESQUISA DO MOINHO JURÍDICO, IV, 2013. Recife. *Anais*... Recife: [s.n.], 2013.

[4] COIMBRA, Ávila. *O outro lado do meio ambiente*. Campinas: Millenium, 2002.

[5] ARAUJO, A. R.; FARIAS, T. Conceito de meio ambiente no direito brasileiro: possibilidades normativas e parâmetros hermenêuticos de interpretação. *Revista de Direito Brasileira*, v. 32, p. 288-303, 2022.

De toda sorte, o ordenamento hoje reconhece o bem ambiental como patrimônio da coletividade, sendo, o meio ambiente ecologicamente equilibrado, conforme dicção da Constituição Federal, um direito, mas também um dever a sua defesa e preservação, incumbência que recai tanto sobre o Poder Público quanto à coletividade. Essa consagração normativa da proteção ao meio ambiente trilhou um longo caminho histórico e veio se consolidar só há cerca de meio século.

Um dos grandes marcos nessa caminhada foi realizado em 1972, com a Conferência das Nações Unidas sobre o Meio Ambiente Humano, que ocorreu em Estocolmo, com o sugestivo lema "Uma Terra Só".

Interessante destacar que, anteriormente, o governo sueco sugeriu a conferência para debater "temáticas como chuva ácida e poluição de rios internacionais, pois que ações localizadas realizadas pelos governos nacionais já não obtinham êxito no enfrentamento dos impactos ambientais".[6] Esse caráter transfronteiriço das profundas questões relativas ao meio ambiente acarreta a necessidade de pensar soluções conjuntas.

É a partir desses debates que se consagra a definição do conceito clássico cunhado pela Comissão Mundial sobre Meio Ambiente e Desenvolvimento (CMMAD)[7] de um desenvolvimento sustentável, como aquele que atende às necessidades do presente sem comprometer a possibilidade das gerações futuras de atenderem às suas próprias necessidades.[8]

Aos poucos as questões ambientais vão emergindo nos ordenamentos jurídicos; a notória degradação e os graves desastres ambientais andam em paralelo a um crescimento da percepção coletiva da necessidade de proteção dos bens ambientais. Essa crescente concepção da necessidade de proteger que vai engendrando a emergência de um novo valor a ser protegido, transcendendo o mero resguardo do recurso natural e exsurgindo como um efetivo direito ao meio ambiente ecologicamente equilibrado.

Esse cenário vai construindo o que a doutrina nomina como ecologização do direito; Edis Milaré bem pontua que "a velha árvore da ciência jurídica recebeu novos enxertos. E assim se produziu um ramo novo e diferente, destinado a embasar novo tipo de relacionamento [...] de toda a sociedade com o mundo natural".[9]

Trilhadas essas noções gerais sobre o meio ambiente e sua proteção, é interessante destacar que a temática da desertificação também apresentou tratamento institucional a partir de uma ótica transnacional. Na mencionada Conferência de Estocolmo já se apontou a necessidade de um evento pontual para aprofundar os debates acerca da desertificação, tendo sido convocada a Conferência das Nações Unidas sobre Desertificação, realizada em 1977 no Quênia.

---

6 ALVES, V. R. F. *Royalties petrolíferos*: regulação e sustentabilidade. Rio de Janeiro: Lumen Juris, 2017. p. 61.

7 "A referida CMMAD foi criada em 1983 e encerrada em 1987, tendo publicado um importante estudo denominado Nosso futuro comum (Our common Future), no qual constam iniciativas relevantes como o referido conceito de desenvolvimento sustentável, a inserção da variável ambiental no processo decisório e a idealização de uma agenda ambiental para o Planeta, que lançou a semente da famosa Agenda 21" (ALVES, V. R. F. *Royalties petrolíferos*: regulação e sustentabilidade. Rio de Janeiro: Lumen Juris, 2017. p. 63).

8 Interessante registrar que o Capítulo 12 da Agenda 21 trata justamente do: "Manejo de ecossistemas frágeis: a luta contra a desertificação e a seca".

9 MILARÉ, Édis. *Direito do ambiente*: doutrina, jurisprudência, glossário. 5. ed. São Paulo: Revista dos Tribunais, 2007. p. 755.

Como as áreas com clima árido são reputadas como suscetíveis à desertificação, torna-se importante categorizar o que seriam tais regiões. Assim, nessa conferência, restou consagrada a metodologia desenvolvida por Thornthwaite em 1941, publicada no Mapa Mundial de Distribuição das Regiões Áridas. Por essa definição, dois elementos baseiam o grau de aridez: a quantidade de água pluvial e a perda máxima de água por transpiração e evaporação; a partir dessas duas bases, as regiões são caracterizadas em hiperáridas; áridas, semiáridas, subúmidas secas e subúmidas e úmidas.

Destaca-se de plano que não há consenso na comunidade científica acerca do conceito de desertificação, em face da variabilidade de critérios, refletindo "diretamente na sua compreensão por parte do mundo científico, que tem (re)produzido exatamente essa variabilidade e, o não consenso em relação ao conceito".[10] Para tanto, visando iluminar melhor esse campo, enfoca-se primeiramente outros conceitos próximos, a fim de que, melhor gizados, possam ajudar nas balizas definidoras de seus campos semânticos avizinhados.

Inicialmente, atente-se que a própria noção de seca e de deserto não conta com consenso; aponta-se que a noção de seca teria certa arbitrariedade, sendo indicada tão somente por uma prolongada falta de chuvas, carecendo-se de consenso na definição do que seria um período de seca: "situando-se a polêmica em torno de três referenciais principais: quantidade de chuva, na relação entre esta e a temperatura, no balanço hídrico do solo"; já o deserto "remete à idéia de tipo de clima e supõe um sistema natural adaptado, com características e limites espaciais definidos".[11]

A noção de desertificação, como o próprio vocábulo evoca, envolve a percepção de um processo, de certa dinâmica; o termo foi usado primeiramente em 1949, por Aubreville para definir áreas que estavam em vias de se degradar justamente em virtude de mau uso dos recursos naturais.

Em uma definição bastante objetiva, Suzana Montenegro conceitua desertificação como "um processo que pode ser desencadeado de forma natural por intempéries do clima e de forma antrópica, devido ao manejo inadequado do solo".

Já Conti define o processo de desertificação como "um conjunto de fenômenos que conduz determinadas áreas a se transformarem em desertos ou a eles se assemelharem"; destaca ainda que o fenômeno pode ser resultado de mudanças no clima engendradas por causas naturais ou pela atuação antrópica em ecossistemas frágeis, notadamente nas "periferias dos desertos (ou áreas transicionais) as de maior risco de degradação generalizada em virtude de seu precário equilíbrio ambiental".

Um trabalho seminal sobre o tema no Brasil é a "Problemática da desertificação e da savanização no Brasil intertropical", nele Aziz Nacib Ab'Saber define "processos parciais de desertificação todos aqueles fatos pontuais ou areolares suficientemente radicais para criar degradações irreversíveis da paisagem e dos tecidos ecológicos naturais",[12] e prossegue analisando a dinâmica nacional de modo contundente e preciso, nos termos a seguir:

---

[10] VERDUM, R. Tratados internacionais e implicações locais: a desertificação. *GEOgraphia*, v. 6, n. 11, 7 dez. 2009.

[11] CONTI, J. B. O conceito de desertificação. *Climep – Climatologia e Estudos da Paisagem*, v. 3, n. 2, 2009. Disponível em: https://www.periodicos.rc.biblioteca.unesp.br/index.php/climatologia/article/view/2091.

[12] AB'SABER, Aziz Nacib. Problemática da desertificação e da savanização no Brasil intertropical. *Geomorfologia*, n. 53, p. 1-19, 1977. Disponível em: https://biblio.fflch.usp.br/AbSaber_AN_1351576_ProblematicaDaDesertificacaoEDaSavanizacao.pdf. Acesso em: 31 jan. 2025.

> Nesse sentido, o território brasileiro, em seu conjunto, exibe um dos mais impressionantes quadros de modificações ecológicas sutis – às vezes irreversíveis – incidindo sobre quase todos os seus grandes domínios paisagísticos [...] três séculos de atividades agrárias rústicas, centradas no pastoreio extensivo, e, algumas décadas de ações deliberadas de intervenção antrópica, com acentuado crescimento demográfico paralelo, terminaram por acrescentar feições de degradação pontuais, de fácil reconhecimento nas paisagens sertanejas, sob a forma de ulceração dos tecidos ecológicos regionais. Ainda uma vez, sem que tenham ocorrido mudanças climáticas recentes [rememore-se que o trabalho data de 1977], processaram-se efetivos quadros locais ou sub-regionais de desertificação antrópica. [...]
>
> A rigor, entre nós, as áreas e as faixas de transição entre as regiões úmidas e as regiões secas do Nordeste sofreram mais processos de degradação ambiental e "savanizaçao" em sentido abrangente do que a própria área nuclear das resistentes caatingas – ecologicamente, resistentes caatingas. [...]
>
> No entanto, de há muito [rememore-se novamente, que o trabalho data de 1977], já se vem notando, devido a exploração econômica mal orientada, perigosíssimos quadros de degradação de paisagem e solos, incluindo modificações na ecofisiologia dos espaços naturais e sutis modificações hidrológicas areolares. Para não falar nos sérios casos de lesionamento locais e sub-regionais das paisagens morfológicas e da epiderme das terras.[13]

Interessante destacar que o trabalho de Ab'Saber, lavrado há quase meio século, destaca de modo evidente problemas que persistem nos dias atuais. Inclusive, o artigo descreve os processos de degradação (desertificação e savanização) em vários biomas; com efeito, na visão do clássico autor, o processo de desertificação não se adstringe à caatinga nem às áreas do semiárido, ainda que possa ser potencializado pelo déficit hídrico característico das regiões mais áridas.

Essa problemática enseja justamente a divergência do conceito de desertificação,[14] vinculando às regiões de clima semiárido em contraponto a situações de grave deterioração ambiental e degradação dos solos, com uma arenização emulando condições desérticas; nessa ótica, a segunda situação não estaria enquadrada no conceito de desertificação.[15]

---

13 AB'SABER, Aziz Nacib. Problemática da desertificação e da savanização no Brasil intertropical. *Geomorfologia*, n. 53, p. 1-19, 1977. Disponível em: https://biblio.fflch.usp.br/AbSaber_AN_1351576_ProblematicaDaDesertificacaoEDaSavanizacao.pdf. Acesso em: 31 jan. 2025.

14 "Quanto às metodologias empregadas nos estudos de desertificação para o Nordeste, observam-se, como em todo o mundo, muitas divergências. A dificuldade de compreensão e de uma melhor abordagem do problema parece estar relacionada à inadequação existente entre as escalas de trabalho e as metodologias propostas. Aos trabalhos realizados para grandes áreas, em âmbito regional, a análise climatológica (por exemplo, tendências, ciclicidade, variabilidade, índices de aridez) e técnicas ligadas ao uso de sensoriamento remoto, com o medidas de reflectividade, índice de vegetação, umidade do solo, entre outras, parecem ser as que oferecem resultados mais próximos à realidade e com patíveis com a escala proposta. Já os trabalhos desenvolvidos em escala local, poderiam ser orientados para a realização de estudos microclimáticos, de degradação de solos, dinâmica de vegetação, produção de biomassa, uso da terra, estrutura fundiária, densidade de população, produtividade agropecuária, etc. Esses são apenas alguns exemplos, o importante é que, reconhecida a especificidade de cada área atingida, sejam produzidos diagnósticos mais precisos" (SALES, Marta Celina Linhares. Evolução dos estudos de desertificação no nordeste brasileiro. *GEOUSP – Espaço e Tempo*, São Paulo, v. 6, n. 1, p. 115-126, 2002. DOI: 10.11606/issn.2179-0892.geousp.2002.123650. Disponível em: https://revistas.usp.br/geousp/article/view/123650. Acesso em: 22 jan. 2025).

15 "Para o Brasil, as áreas enquadradas no conceito de desertificação aceito pelas Nações Unidas são aquelas abrangidas pelo trópico semi-árido. Freqüentemente, têm sido identificados processos de degradação ambiental em outras partes do País, como é o caso do já conhecido fenômeno de Alegrete, RS, dos fortes processos erosivos que ocorrem no Paraná, São Paulo, Rondônia e no Jalapão, Tocantins. São áreas que reconhecidamente apresentam um quadro grave de deterioração ambiental. No entanto, essas áreas não estão enquadradas no

Em que pese algum debate científico, a legislação sobre o tema buscou definir as balizas; assim, a Política Nacional de Combate à Desertificação e Mitigação dos Efeitos da Seca, instituída pela Lei Ordinária Federal nº 13.153/2015, conceitua expressamente a desertificação vinculando-a à caracterização das regiões áridas, semiáridas e subúmidas secas, expandindo os seus causadores como "resultantes de vários fatores e vetores, incluindo as variações climáticas e as atividades humanas" (art. 2º, I).[16]

A legislação prossegue arrolando os fatores de desertificação "como condições naturais originais que tornam os ambientes mais frágeis susceptíveis a diversos processos de degradação" (art. 2º, II); os vetores de desertificação como "forças que atuam sobre o ambiente e a sociedade, incluindo interferências humanas diretas e desastres naturais cuja ocorrência seja agravada pela ação antrópica" (art. 2º, III); e os processos de desertificação "conjuntos sequenciais, complexos, variados e particularizados de fatores e vetores causais concorrentes, que levam à degradação ambiental e socioambiental" (art. 2º, IV). Como se denota, os fatores se vinculam a condições naturais do local, enquanto os vetores englobam também o elemento humano.

Diante desse problema de ordem global, vislumbra-se, entre os Objetivos do Desenvolvimento Sustentável, o de nº 15, de "Proteger, recuperar e promover o uso sustentável dos ecossistemas terrestres, gerir de forma sustentável as florestas, combater a desertificação, deter e reverter a degradação da terra e deter a perda de biodiversidade", no qual se menciona expressamente o combate ao processo de desertificação, discriminando no item 15.3 a meta de "Até 2030, combater a desertificação, restaurar a terra e o solo degradado, incluindo terrenos afetados pela desertificação, secas e inundações, e lutar para alcançar um mundo neutro em termos de degradação do solo". Esse item conta como indicador o seguinte: "15.3.1 – Proporção do território com solos degradados"; contudo, esse índice encontra-se ainda na categoria "Índice em Análise/construção", ou seja, ainda não há uma estruturação metodológica efetiva para mensuração deste objetivo.[17]

As áreas em grave processo de desertificação – comumente atreladas a condições climáticas adversas, redundando em ainda mais barreiras econômicas ao desenvolvimento – necessitam de uma atenção pública diferenciada. Inclusive, essa noção de incentivar e fomentar o desenvolvimento nesses contextos alinha-se justamente a uma diretriz de articulação dos Objetivos do Desenvolvimento Sustentável, que buscam justamente a construção de uma responsabilidade compartilhada pelo meio ambiente global, sem deixar ninguém para trás (*leave no one behind*).[18]

---

escopo de aplicação da Convenção das Nações Unidas de Combate à Desertificação e do capítulo 12 da Agenda 21" (BRASIL. *Resolução Conama nº 238, de 22 de dezembro de 1997*).

16 Outro conceito importante é o de zonas afetadas por desertificação, baseado diretamente na escala de Thornthwaite, nos seguintes termos: "todas as áreas afetadas ou vulneráveis à desertificação situadas em zonas áridas, semiáridas e subúmidas secas, nas quais a razão entre a precipitação anual e evapotranspiração potencial anual está compreendida entre 0,05 (cinco centésimos) e 0,65 (sessenta e cinco centésimos), considerada uma série histórica de 30 (trinta) anos".

17 Disponível em: https://odsbrasil.gov.br/objetivo/objetivo?n=15.

18 "Indeed, it is a recognition that expecting progress to trickle-down the socioeconomic scale is naïve, and that explicit and pro-active attempts are needed to ensure populations at risk of being left behind are included from the start. For instance, people in northern Ghana are left behind in terms of access to health and education, not because of active discrimination but because they lack schools and health centres close to where they live – the result of the central government's failure to allocate resources in line with need" (SAMMAN, Emma; STUART, Elizabeth. Defining "leaving no one behind". *ODI Report*, London, 2017).

Direcionado a esse objetivo, denota-se que o governo federal incluiu no Plano Plurianual 2024-2027, como uma de suas prioridades, o "Combate ao desmatamento e enfrentamento da emergência climática". Ainda sobre esse objetivo, trabalho elaborado pelo Instituto de Pesquisas Econômicas Aplicadas (Ipea) destaca que "mais do que um problema apenas ambiental, a desertificação origina ou agrava problemas sociais e econômicos nas regiões afetadas, atingindo sobretudo as populações mais pobres".[19]

Com efeito, tracejados alguns lineamentos acerca de meio ambiente e sustentabilidade, bem como sobre o fenômeno da desertificação, resta evidente o cenário de complexidade, a reclamar atuação da coletividade e do Poder Público no seu enfrentamento; face à adoção de diversas políticas públicas que tangenciam o tema, passa-se agora a uma análise da atuação das Cortes de Contas modernamente, para posteriormente ingressar em trabalhos específicos sobre a temática da desertificação no semiárido.

3 Atuação dos Tribunais de Contas e novas perspectivas ambientais

Em seu clássico trabalho discorrendo acerca do regime constitucional dos Tribunais de Contas, Carlos Ayres Britto bem demarca que as competências das Cortes de Contas – inclusive pela própria simetria imanente ao sistema de controle externo –"são as que desfilam pela comprida passarela do art. 71 da mesma Carta Magna".[20] Entre tantas, enfocar-se-á no ditame do §4º, o qual discrimina a possibilidade de realização – inclusive por iniciativa própria – de "auditorias de natureza contábil, financeira, orçamentária, operacional e patrimonial".

Ainda que possa afigurar-se patente e inconteste, importa pontuar ser plenamente possível a realização de auditorias em órgãos ambientais, adentrando a intimidade das políticas públicas por eles conduzidas; de modo geral, inclusive, os primeiros trabalhos fiscalizatórios que tangenciam a questão ambiental evocam essa perspectiva de análise da instituição. Mais recentemente, com o direcionamento para uma atuação notadamente mais temática – a partir da eleição seletiva de temas relevantes para a coletividade – é que se verifica um olhar mais minudente para questões ambientais mais transcendentes de sustentabilidade.

Com efeito, sendo um patrimônio "o meio ambiente passa a integrar o universo de bens nacionais cuja utilização, guarda, administração e conservação estão sujeitas ao controle externo".[21] Visões mais ultrapassadas não mencionam o meio ambiente como patrimônio público, porém, é evidente que essa compreensão tem evoluído ao longo do tempo. Como pontuam Andrade e Correa:

---

[19] INSTITUTO DE PESQUISA ECONÔMICA APLICADA. *Agenda 2030*: objetivos de desenvolvimento sustentável: avaliação do progresso das principais metas globais para o Brasil: ODS 15: proteger, recuperar e promover o uso sustentável dos ecossistemas terrestres, gerir de forma sustentável as florestas, combater a desertificação, deter e reverter a degradação da terra e deter a perda de biodiversidade. Brasília: Ipea, 2024. 181 p. (Cadernos ODS, 15). DOI: http://dx.doi.org/10.38116/ri2024ODS15.

[20] BRITTO, Carlos Ayres. O regime constitucional dos Tribunais de Contas. *Fórum Administrativo – Direito Público – FA*, Belo Horizonte, ano 5, n. 47, jan. 2005.

[21] LIMA Luiz Henrique Moraes de. *O Tribunal de Contas da União e o controle externo da gestão ambiental*. Rio de Janeiro: UFRJ/COPPE, 2009. p. 104.

> A noção de patrimônio público, assim como a de meio ambiente, varia de acordo com o estágio de desenvolvimento em que se encontra a sociedade, com a ideologia dominante e, por fim, com o resultado dessas duas variáveis que se traduz nos anseios sociais por uma melhor qualidade de vida. Quando se fala em patrimônio público, muitos ainda têm a visão ultrapassada de que tal conceito apenas engloba os bens e valores públicos em sentido estrito, não fazendo menção ao meio ambiente. Acontece que o meio ambiente deve integrar, para todos os fins, o conceito de patrimônio público, ensejando, da mesma forma, uma fiscalização tão ou mais rigorosa e aprofundada do que a fiscalização tradicionalmente efetuada com relação aos demais bens e valores públicos. Tal preocupação surge da natureza do patrimônio ambiental. [...] É neste contexto que se inserem os Tribunais de Contas, como titulares da competência para verificar a aplicação dos recursos públicos, não somente no que se refere ao aspecto contábil-legalista, mas da eficiência, eficácia e efetividade com que esses recursos são aplicados, se estão sendo revertidos para a melhoria da qualidade de vida dos cidadãos e se o meio ambiente está sendo preservado ou transformado de forma racional. Para tanto, é imprescindível que as auditorias realizadas por esses tribunais deixem de ter seu foco centralizado tão-somente na estrita conformidade legal e passem a avaliar, com maior profundidade, a aplicação dos recursos públicos através das auditorias que, através de indicadores idôneos, verifiquem e orientem a melhor utilização racional dos recursos públicos.[22]

Reconhecendo a relevância de atuação na seara ambiental, o Tribunal de Contas da União editou a Portaria nº 383/1998, que aprova uma "Estratégia de Atuação para o Controle de Gestão Ambiental, resultante da implementação do Projeto de Desenvolvimento da Fiscalização Ambiental – PDFA".[23] Outro marco relevante foi o Manual de Auditoria Ambiental do TCU. Com o advento da Portaria nº 214/2001, foi aprovado o referido Manual com o objetivo justamente de apontar diretrizes para a consecução de auditorias ambientais.

Consoante Fernando Cleber de Araújo Gomes,[24] há duas modalidades de auditoria ambiental; uma de conformidade, mais restrita e tendo como atributo a verificação de um critério em confronto à situação fática; e outra operacional, com abrangência maior, visando apreciar se a atuação do ente se mostra eficiente para prevenir e reparar eventuais impactos ambientais. É nesse contexto que se encerram as auditorias selecionadas acerca do combate à desertificação, que serão apreciadas a seguir.

4 Combate à desertificação no Semiárido a partir do controle externo

Dada a multiplicidade de auditorias que podem envolver ou tangenciar questões atinentes à desertificação, foi necessário realizar um recorte qualitativo sobre o tema.

Nesse ponto, importante especificar que foram realizadas pesquisas exploratórias, tanto junto ao Tribunal de Contas da União, como em diversas Cortes estaduais, sendo

---

22 ANDRADE, Pierre Rocha; CORRÊA, Heitor Delgado. Avaliação da gestão ambiental como indicador de desempenho do mandato do agente político. *Revista do Tribunal de Contas do Município do Rio de Janeiro*, Rio de Janeiro, p. 34-44, 1º ago. 2004.

23 O normativo expressamente destaca a carência de atuação no tema e a importância de uma atuação integrada: "Considerando a necessidade de que seja suprida, no âmbito deste Tribunal, a carência de um adequado controle da gestão ambiental; [...] Considerando a importância de se assegurar que todas as Unidades Técnicas do TCU que participam do controle da gestão ambiental operem de forma organizada e planejada".

24 GOMES, Fernando Cleber de Araújo. *O Tribunal de Contas e a defesa do patrimônio ambiental*. Belo Horizonte: Fórum, 2008.

possível localizar alguns acórdãos que mencionam a expressão *desertificação*; não obstante, algumas referências são apenas comentários laterais ou referências genéricas, eventuais *obiter ditcta*, sem que sejam o assunto principal da decisão.

Demais disso, outros trabalhos técnicos que tocam o tema desertificação, por vezes, não se restringem às regiões do Semiárido, versando mais sobre o manejo e recuperação de áreas degradadas que podem caminhar para um processo de desertificação ou savanização (ou ainda arenização), em face muito mais da intervenção antrópica, não se vinculando à questão necessariamente do Semiárido.

Diante desses recortes possíveis, optou-se por, nessa primeira aproximação temática, dissecar dois trabalhos mais gerais e integrativos sobre o assunto, quais sejam: a Auditoria de Políticas Públicas para Convivência com o Semiárido em 2018, elaborada pelo Tribunal de Contas da União, e a Auditoria Operacional Regional Coordenada em Políticas Públicas de Combate à Desertificação do Semiárido, de 2022.

Sobre o primeiro trabalho, verifica-se que foi realizado um levantamento de escopo amplo[25] com objetivo de compreender:

> a articulação entre programas do Governo Federal para o alcance dos objetivos das políticas públicas voltadas para convivência com o Semiárido; o papel das organizações públicas e privadas envolvidas; os principais desafios e dificuldades existentes; e apontar áreas de risco que requeiram ações específicas voltadas para o aprimoramento do desempenho da administração pública na região, estabelecendo, assim, elementos para subsidiar futuros trabalhos.[26]

Basicamente, a partir de dados do orçamento federal de 2018, buscou-se identificar "quais políticas públicas mais contribuem para mitigar os problemas enfrentados no Semiárido e quais unidades e ações orçamentárias estão vinculadas a essas políticas".[27] A partir desse enfoque, o levantamento identificou 18 políticas, 36 unidades orçamentárias e 157 ações orçamentárias, além de 104 riscos que podem comprometer a execução de tais políticas, partindo desde políticas emergenciais (como ações de carro-pipa), até medidas mais duradouras (referentes à irrigação, por exemplo).

O acórdão conta com um tópico específico para a Política Nacional de Combate à Desertificação, com um subitem denominado "Atrasos na efetiva implementação da Política Nacional de Combate à Desertificação e Mitigação dos Efeitos da Seca poderá levar à inexecução de ações efetivas para prevenir e combater o processo de desertificação no Semiárido". É nesse contexto que destaca o acórdão:

---

[25] "O levantamento de escopo amplo tem por objetivo conhecer a organização e o funcionamento das áreas que poderão ser fiscalizadas, bem como identificar objetos e instrumentos de fiscalização. O levantamento de escopo amplo explora as possibilidades de fiscalizações mediante análise do geral para o particular e em perspectiva plurianual. Tendo em vista sua amplitude, ele pode identificar oportunidades de realizar tanto auditorias operacionais quanto de conformidade. [...] O levantamento é oportunidade para se adquirir conhecimento sistêmico sobre setores de atividade governamental. Procura-se entender a articulação entre programas de governo para alcançar os objetivos de determinada política pública, o papel das organizações públicas e privadas envolvidas, os principais desafios e dificuldades existentes" (BRASIL. Tribunal de Contas da União. *Manual de auditoria operacional*. 4. ed. Brasília: TCU, Secretaria-Geral de Controle Externo (Segecex), 2020. p. 18).

[26] BRASIL. Tribunal de Contas da União. *Acórdão 1846/2019*. Rel. Min. Augusto Nardes. Data da Sessão 07.08.2019.

[27] BRASIL. Tribunal de Contas da União. *Relatório de Fiscalizações em Políticas e Programas de Governo Políticas Públicas para Convivência com o Semiárido*. Disponível em: https://sites.tcu.gov.br/relatorio-de-politicas/2019/area_16.htm. Acesso em: 10 jan. 2025.

> 54. Segundo o Grupo de Trabalho de delimitação do Semiárido 2017 (peça 7, p. 305), cerca de 349 municípios incluídos no Semiárido que são mais afetados pelo processo de desertificação. Esses municípios ocupam uma área de 378.836 km2, o que corresponde a 34% da região do Semiárido e a 31% do Nordeste. Nesta área mais sujeita a desertificação vivem cerca de 7.713.328 (população estimada para 2018 IBGE) o que equivale a aproximadamente 12 % da população do Nordeste ou 28% da população do Semiárido. Não sem razão, pois, a instituição da Política Nacional de Combate à Desertificação e Mitigação aos Efeitos da Seca.
>
> 55. Acontece que, em consulta às ações orçamentárias no cadastro de ações do Siop para o exercício de 2018, aparece apenas uma ação que traz esta lei como fundamentação – ação 20W2 – Redução da Vulnerabilidade aos Efeitos da Desertificação, da Seca e das Mudanças Climáticas –, com dotação em 3/10/2018 de R$495.041,00. A diminuta quantidade de ações ligada à política de desertificação, bem como o baixo volume de recursos a ela alocado são fortes indicativos de que a política de combate à desertificação, apesar de ter sido estabelecida em 2015, ainda está em estágio inicial de implantação (peça 52).
>
> 56. Assim, devido ao atraso na efetiva implementação da Política Nacional de Combate à Desertificação e Mitigação dos Efeitos da Seca, poderá ocorrer a falta de execução de ações efetivas para prevenir e combater a desertificação e recuperar as áreas em processo de degradação da terra em todo o território nacional e/ou prevenir, adaptar e mitigar os efeitos da seca em todo o território nacional, o que poderá levar ao agravamento da região do Semiárido, uma vez que nesta região estão os maiores índices de aridez e, portanto, os maiores processos de desertificação, impactando na qualidade de vida das pessoas que moram naquela região e, inclusive no aumento do processo migratório.[28]

Interessante que as referidas constatações já têm quase uma década. Diante disso, até para contribuir com a atualização temática, foi realizada uma busca das informações no Painel do Orçamento Federal, particularmente na ação codificada como 20W2, a qual envolve justamente o enfrentamento dos processos de desertificação – ainda que tenha variado um pouco sua denominação ao longo do tempo.

Os gráficos a seguir evidenciam o caráter um tanto errático do fomento à referida ação, dificultando até mesmo traçar uma linha de tendência.

Gráfico 1 – Evolução orçamentária de 2016 a 2025 da Ação 20W2 – Projeto de lei, dotação inicial e dotação atual

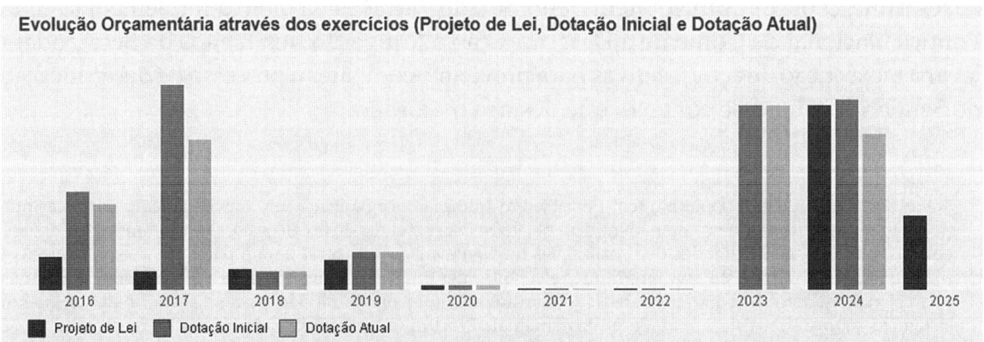

Fonte: Painel do Orçamento Federal.

[28] BRASIL. Tribunal de Contas da União. *Acórdão 1846/2019*. Rel. Min. Augusto Nardes. Data da Sessão 07.08.2019.

Gráfico 2 – Evolução orçamentária de 2016 a 2025 da Ação 20W2 – Empenhado, liquidado e pago

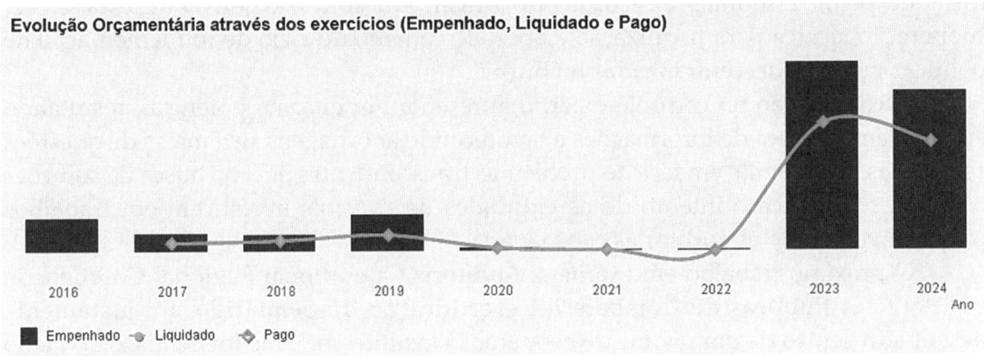

Fonte: Painel do Orçamento Federal.

Não obstante, é possível vincar que, comparativamente, em que pese um hiato profundo de investimentos no período de 2020 a 2022, denota-se que o montante da dotação inicial cresceu mais de dez vezes se comparados os valores lavrados em 2018 (quase meio milhão de reais) e os valores em 2024 (cerca de 5,2 milhões de reais).[29]

Tais políticas necessitam de acompanhamento e de recursos destinados de modo constante, face à complexidade do fenômeno enfrentado. De fato, a atuação da esfera federal, ao diagnosticar de modo genérico o tema, corrobora os esforços de enfrentamento da desertificação, uma vez que discrimina especificamente os riscos setoriais e propõe trabalhos futuros para seu equacionamento.[30] Contudo, ações locais, coordenadas e integradas com a dinâmica nacional, são extremamente relevantes nesse campo, vez que há uma evidente interligação em políticas públicas de diferentes esferas de governo nessa seara.

É nesse contexto que o intercâmbio de informações e a realização de parcerias institucionais na atuação do controle externo são cruciais. Ademais, para lidar com questões transfronteiriças, nada mais lógico do que unir esforços entre instituições que, naturalmente, atuam delimitadas por esferas de competências adstritas a determinados espaços geográficos.

---

29 Não obstante, a dotação atual de 2024 é de R$4,2 milhões, com um valor empenhado da mesma ordem; porém, só R$2,8 milhões foram liquidados e quase o mesmo montante de R$ 2,8 milhões foi efetivamente pago.

30 "Dentre os riscos identificados estão: inclusão indevida de municípios no Semiárido; atraso na institucionalização do combate à desertificação; baixos índices de governança e gestão e alto nível de exposição a fraude e corrupção dos órgãos e das entidades envolvidos; entraves na alocação de recursos do Fundo Constitucional de Financiamento do Nordeste (FNE); sobreposição e duplicação de ações; falta de regionalização do gasto; ausência de indicadores de eficiência, efetividade e equidade; controle de ações em planilhas internas (sem sistema), entre outros. Em virtude dos riscos inventariados, foram sugeridas propostas de futuros trabalhos, como: auditoria de governança nas políticas públicas para convivência com o Semiárido; criação do painel de informações Semiárido; customização de relatórios de gestão e outras ações para acompanhamento sistêmico e permanente das políticas que podem contribuir para a convivência com o Semiárido" (BRASIL. Tribunal de Contas da União. *Relatório de Fiscalizações em Políticas e Programas de Governo Políticas Públicas para Convivência com o Semiárido*. Disponível em: https://sites.tcu.gov.br/relatorio-de-politicas/2019/area_16.htm. Acesso em: 10 jan. 2025).

Essa atuação em rede tem sua evidenciação por meio da Rede Integrar de Políticas Públicas Descentralizadas (doravante Rede Integrar), que "é uma rede colaborativa, formada pelos Tribunais de Contas do Brasil, [...] com o objetivo de estabelecer cooperação técnica para fiscalização e aperfeiçoamento do ciclo de implementação de políticas públicas descentralizadas no Brasil".[31]

A cooperação no controle externo apresenta um enorme potencial, resultando em uma ampla troca de informações e favorecendo abordagens sistêmicas de questões complexas. Justamente em face de problemas transcendentes que, na busca de soluções comuns, se justifica o intento de as entidades de controle investirem em trabalhos cooperativos, como as auditorias coordenadas.[32]

O próximo trabalho em exame, a Auditoria Operacional Regional Coordenada em Políticas Públicas de Combate à Desertificação do Semiárido, foi justamente desenhado dentro de um regime de cooperação institucional. Ele foi incluído no Plano de Trabalho de 2022 da Rede Integrar e teve seu planejamento e execução realizados de modo conjunto pelos Tribunais de Contas do Ceará, Rio Grande do Norte, Pernambuco, Sergipe e Paraíba, tendo cada uma das Cortes de Contas elaborado relatórios técnicos independentes, culminando em processos próprios em cada Corte.

O sumário executivo do trabalho conjunto específico à auditoria precipuamente enfocou a Lei nº 13.153/2015 (Política Nacional de Combate à Desertificação e Mitigação dos Efeitos da Seca – PNCD), analisando as políticas estaduais e transversais concernentes ao bioma Caatinga e ao Semiárido, "com os seguintes componentes da governança de políticas públicas: Atribuição de responsabilidades; Capacidade dos entes federativos; Mecanismos de coordenação; Monitoramento e avaliação de desempenho".[33]

O sumário destaca ainda a forma como foi construída a matriz de planejamento, salientando sua elaboração pelas equipes técnicas dos Tribunais de Contas e contando com validação de especialistas e jurisdicionados por meio de painéis de referência. As questões definidas como escopo foram as seguintes:

> Questão 1 Em que medida a Política Nacional de Combate à Desertificação e Mitigação dos Efeitos da Seca (Lei no 13.153/2015) foi implementada no estado, por meio da respectiva política estadual e/ou de programa de ação estadual referente à desertificação?
>
> Questão 2 O monitoramento e a avaliação da Política Estadual de Combate à Desertificação e Mitigação dos Efeitos da Seca encontram-se institucionalizados com base em metas, objetivos e indicadores, dispondo-se e divulgando-se os resultados e os impactos da intervenção governamental conforme as boas práticas de governança contidas no Referencial para Avaliação de Governança em Multinível em Políticas Públicas Descentralizadas?

---

31 INSTITUTO RUI BARBOSA. *Rede Integrar*. Disponível em: https://redeintegrar.irbcontas.org.br/. Acesso em: 10 jan. 2025.

32 As auditorias coordenadas são uma combinação das auditorias conjuntas e paralelas. Normalmente, possuem um núcleo comum de questões de auditoria a serem analisadas, ainda que outras sejam incluídas de acordo com o interesse de cada instituição participante. As fiscalizações são conduzidas simultaneamente, produzem relatórios independentes e costumam apresentar um relatório consolidado em adição aos relatórios individuais elaborados por cada instituição (BRASIL. Tribunal de Contas da União. *Orientações sobre auditorias coordenadas*. Brasília: TCU, Secretaria de Controle Externo da Educação (SecexEducação), 2019. p. 10).

33 BRASIL. Tribunal de Contas da União. *Auditoria operacional regional coordenada em políticas públicas de combate à desertificação do semiárido*. Brasília: TCU, Unidade de Auditoria Especializada em Métodos e Inovação de Petróleo para o Controle, 2023. p. 11.

> Questão 3 Como têm sido viabilizadas, no território municipal, as ações relacionadas à temática da desertificação mediante a elaboração do Programa Estadual de Combate à Desertificação – PAE ou da respectiva política estadual?
>
> Questão 4 As ações estaduais relativas às Unidades de Conservação, a partir de 2020, contemplam o bioma Caatinga, considerando a Lei no 9.985/2000 (Sistema Nacional de Unidades de Conservação da Natureza) e as Políticas Nacional e Estadual de Combate à Desertificação e Mitigação dos efeitos da seca?
>
> Questão 5 Quais são as ações realizadas pelo estado, a partir de 2019, que enfocam o combate à desertificação e a mitigação dos efeitos da seca, considerando o artigo 5º da Lei no 13.153/2015, em especial, com relação à pequena produção familiar e comunitária e ao uso de tecnologias sociais hídricas (cisternas, barragens superficiais e subterrâneas, dessalinizadores, poços artesianos etc.)?[34]

Em termos de achados de auditoria, o sumário executivo, sobre a primeira questão acerca da implementação de políticas, apresenta a constatação de ausência de implementação das políticas estaduais face aos instrumentos previstos nas próprias normatizações dos entes federados, bem como a ausência de execução do respectivo Programa de Ação Estadual (PAE).

Acerca do monitoramento descrito na segunda questão, verificou-se que não foram "institucionalizado[s] o monitoramento e a avaliação da Política Estadual de Combate à Desertificação, bem como inexistir qualquer prática de monitoramento em razão, principalmente, de sua não implementação".[35]

Sobre a terceira questão, considerando o recorte analisado, ficou claro que o tema não se apresenta como uma pauta específica das municipalidades, com uma série de constatações acerca da baixa atuação integrada sobre o tema.[36]

Sobre as unidades de conservação no bioma Caatinga, verificaram-se graves problemas na criação e implantação das unidades, "a exemplo de ausência de escrituração, no caso de unidades de proteção integral (PI), e de conselho gestor e plano de manejo, tanto no caso de PI como no de uso sustentável";[37] apontou-se ainda a insuficiência na disponibilização de recursos para manutenção – à exceção do Estado do

[34] BRASIL. Tribunal de Contas da União. *Auditoria operacional regional coordenada em políticas públicas de combate à desertificação do semiárido*. Brasília: TCU, Unidade de Auditoria Especializada em Métodos e Inovação de Petróleo para o Controle, 2023. p. 12/13.

[35] BRASIL. Tribunal de Contas da União. *Auditoria operacional regional coordenada em políticas públicas de combate à desertificação do semiárido*. Brasília: TCU, Unidade de Auditoria Especializada em Métodos e Inovação de Petróleo para o Controle, 2023. p. 32.

[36] "A grande maioria dos municípios não apresentam instrumento normativo específico que trate de desertificação; Poucos municípios mencionaram a participação de seus gestores e das comunidades locais em evento ou capacitação relacionados ao tema da desertificação; Existem parcerias pontuais com a academia para projetos de pesquisa de criação de área de proteção, reflorestamento, sistema agroflorestal e outros itens ligados ao tema da desertificação As iniciativas de recuperação de áreas degradadas são incipientes, limitando-se, na maioria dos casos, à manutenção de viveiros e à distribuição de mudas frequentemente em parcerias com ONG; Existem, em grande parte dos municípios, atividades econômicas que possam causar dano ambiental, como extração de recursos minerais e de madeira, agricultura e pecuária, indústria cerâmica, além de instalação de grandes empreendimentos de energia renovável (eólica e solar)" (BRASIL. Tribunal de Contas da União. *Auditoria operacional regional coordenada em políticas públicas de combate à desertificação do semiárido*. Brasília: TCU, Unidade de Auditoria Especializada em Métodos e Inovação de Petróleo para o Controle, 2023. p. 35).

[37] BRASIL. Tribunal de Contas da União. *Auditoria operacional regional coordenada em políticas públicas de combate à desertificação do semiárido*. Brasília: TCU, Unidade de Auditoria Especializada em Métodos e Inovação de Petróleo para o Controle, 2023. p. 40.

Ceará quanto a este último item; concluiu-se também que a área de abrangência das unidades de conservação é insuficiente.

Corroborando esta última conclusão, trabalho elaborado pelo Instituto de Pesquisas Econômicas Aplicadas (Ipea),[38] discriminando indicadores sobre o tema, denota que, apesar de quase 71,9% de áreas-chave da biodiversidade do bioma estarem em unidades de conservação, apenas 9,32% do bioma total da Caatinga está incluído em alguma unidade de conservação.

Por derradeiro, vincou-se a "fragilidade das ações que enfocam o combate à desertificação por meio da pequena produção familiar e comunitária e do uso de tecnologias sociais hídricas",[39] tendo sido destacados ainda os riscos ambientais e potenciais da instalação de empreendimentos de grande porte na seara das energias renováveis.

Para cada um desses itens detectados foi proposta uma ampla gama de recomendações para seu saneamento. Ademais, é interessante pontuar que cada relatório de auditoria elaborado no âmbito das Cortes de Contas estaduais alinhou-se às referidas questões de auditoria, porém, redundaram em processos próprios com desfechos e caminhos diversos em cada um dos Tribunais.

Pontue-se que os relatórios de auditoria locais são documentos muito ricos em experiências concretas e que mereceriam uma apreciação pormenorizada, inviável em face do escopo mais amplo do presente artigo. Não obstante, resta destacar que todos os relatórios de auditoria apresentam um amplo panorama do tema, com profunda análise integrada e propostas de recomendação muito relevantes para enfrentamento do tema e diretamente endereçadas às realidades de cada estado.[40]

5 Conclusão

Um dos principais produtos do trabalho auditorial é, justamente, gerar informação de qualidade para a tomada de decisão do poder público. Nesse campo, pode-se asseverar que a atuação dos Tribunais de Contas no que toca ao tema do combate à desertificação foi deveras exitosa, gerando material de suporte, com diagnósticos aprofundados e observações para toda a coletividade.

---

[38] "A Caatinga, onde 71,9% das KBAs [Key Biodiversity Areas, isto é, Áreas-Chave de Biodiversidade] encontram-se cobertas por UCs, tem apenas 9,32% de sua extensão protegida por UCs [Unidades de Conservação], o que é um valor baixo. Isso ocorre porque poucas áreas da Caatinga integram o Banco de Dados Global das KBA e essas foram indicadas em locais onde havia UCs. No entanto, a Caatinga apresenta rica biodiversidade, muitas espécies endêmicas e é o único bioma terrestre 100% contido no território brasileiro. Além disso, a maior parte do bioma se encontra em áreas semiáridas, com risco de tornarem-se áridas e desertificadas em decorrência da redução de chuvas ocasionada pela mudança do clima, o que certamente aumentará o risco de perda da biodiversidade local. Dessa forma, os 71,9% de KBAs em UCs poderiam indicar que a biodiversidade do bioma se encontra suficientemente protegida, o que não parece ser o caso, levando-se em conta outros indicadores" (INSTITUTO DE PESQUISA ECONÔMICA APLICADA. *Agenda 2030*: objetivos de desenvolvimento sustentável: avaliação do progresso das principais metas globais para o Brasil: ODS 15: proteger, recuperar e promover o uso sustentável dos ecossistemas terrestres, gerir de forma sustentável as florestas, combater a desertificação, deter e reverter a degradação da terra e deter a perda de biodiversidade. Brasília: Ipea, 2024. 181 p. (Cadernos ODS, 15). DOI: http://dx.doi.org/10.38116/ri2024ODS15).

[39] BRASIL. Tribunal de Contas da União. *Auditoria operacional regional coordenada em políticas públicas de combate à desertificação do semiárido*. Brasília: TCU, Unidade de Auditoria Especializada em Métodos e Inovação de Petróleo para o Controle, 2023. p. 43.

[40] Aos que se interessarem na análise pormenorizada dos relatórios, seguem os números dos processos de referência: TCE/CE (Proc. nº 17848/2022-8); TCE/PB (Proc. nº 20369/17); TCE/PE (Proc. nº 22100653-9); TCE/RN (Proc. nº 2072/2022); TCE/SE (Proc. nº 006138/2022).

Como se vislumbrou, a Auditoria de Políticas Públicas para Convivência com o Semiárido em 2018, elaborada pelo Tribunal de Contas da União, apresentou uma visão panorâmica detalhada acerca de uma grande diversidade de políticas que se entrelaçam sobre o tema. Em seguida, a Auditoria Operacional Regional Coordenada em Políticas Públicas de Combate à Desertificação do Semiárido, de 2022, permitiu um mergulho mais pontual, direcionado a uma regionalização, propiciando um olhar local – a partir da ótica de cada Corte de Contas estadual –, sem prejuízo da visão integrada – decorrente da estrutura coordenada que se desenhou para a Auditoria Operacional Regional.

Reitere-se, inclusive, a importância de apreciação dos relatórios pontuais, os quais enfrentam de modo propositivo os cenários de combate à desertificação nos estados. Do que se extrai de comum das auditorias realizadas pelas Cortes de Contas sobre o tema da desertificação no semiárido, resta patente que a política pública de combate à desertificação precisa – necessariamente – ser transversal, sendo construída de modo entrelaçado com outras atuações estatais de modo integrado e a partir de uma atuação em todas as esferas governamentais, além, é claro, do diálogo com atores da sociedade civil e a própria população local.

De fato, retomando ao início, uma análise integrada das questões de sustentabilidade ambiental é condição *sine qua non* para seu equacionamento, uma vez que biomas transcendem as fictícias fronteiras e as demarcações de competências criadas pela humanidade. Desse modo, políticas públicas direcionadas a estes temas não podem se adstringir ao agir local e se configurar em mera alocação de recursos, é crucial o pensamento da complexidade global integrando a atuação local em conjunto com a avaliação constante do agir estatal por meio do investimento público.

Referências

AB'SABER, Aziz Nacib. Problemática da desertificação e da savanização no Brasil intertropical. *Geomorfologia*, n. 53, p. 1-19, 1977. Disponível em: https://biblio.fflch.usp.br/AbSaber_AN_1351576_ProblematicaDaDesertificacaoEDaSavanizacao.pdf. Acesso em: 31 jan. 2025.

ALVES, V. R. F. *Aplicação dos royalties de petróleo e a garantia constitucional do desenvolvimento sustentável*. Dissertação (Mestrado em Constituição e Garantias de Direitos) – Universidade Federal do Rio Grande do Norte, Natal, 2012.

ALVES, V. R. F. Diálogos transconstitucionais na construção de uma cidadania ambiental. *In*: CONGRESSO DA ABRASD – I ENCONTRO DE PESQUISA DO MOINHO JURÍDICO, IV, 2013. Recife. *Anais*... Recife: [s.n.], 2013.

ALVES, V. R. F. *Royalties petrolíferos*: regulação e sustentabilidade. Rio de Janeiro: Lumen Juris, 2017.

ANDRADE, Pierre Rocha; CORRÊA, Heitor Delgado. Avaliação da gestão ambiental como indicador de desempenho do mandato do agente político. *Revista do Tribunal de Contas do Município do Rio de Janeiro*, Rio de Janeiro, p. 34-44, 1º ago. 2004.

ARAUJO, A. R.; FARIAS, T. Conceito de meio ambiente no direito brasileiro: possibilidades normativas e parâmetros hermenêuticos de interpretação. *Revista de Direito Brasileira*, v. 32, p. 288-303, 2022.

BRASIL. *Resolução Conama nº 238, de 22 de dezembro de 1997*.

BRASIL. Tribunal de Contas da União. *Acórdão 1846/2019*. Rel. Min. Augusto Nardes. Data da Sessão 07.08.2019.

BRASIL. Tribunal de Contas da União. *Auditoria operacional regional coordenada em políticas públicas de combate à desertificação do semiárido*. Brasília: TCU, Unidade de Auditoria Especializada em Métodos e Inovação de Petróleo para o Controle, 2023.

BRASIL. Tribunal de Contas da União. *Orientações sobre auditorias coordenadas*. Brasília: TCU, Secretaria de Controle Externo da Educação (SecexEducação), 2019.

BRASIL. Tribunal de Contas da União. *Relatório de Fiscalizações em Políticas e Programas de Governo Políticas Públicas para Convivência com o Semiárido*. Disponível em: https://sites.tcu.gov.br/relatorio-de-politicas/2019/area_16.htm. Acesso em: 10 jan. 2025.

BRITTO, Carlos Ayres. O regime constitucional dos Tribunais de Contas. *Fórum Administrativo – Direito Público – FA*, Belo Horizonte, ano 5, n. 47, jan. 2005.

COIMBRA, Ávila. *O outro lado do meio ambiente*. Campinas: Millenium, 2002.

CONTI, J. B. O conceito de desertificação. *Climep – Climatologia e Estudos da Paisagem*, v. 3, n. 2, 2009. Disponível em: https://www.periodicos.rc.biblioteca.unesp.br/index.php/climatologia/article/view/2091.

GOMES, Fernando Cleber de Araújo. *O Tribunal de Contas e a defesa do patrimônio ambiental*. Belo Horizonte: Fórum, 2008.

INSTITUTO DE PESQUISA ECONÔMICA APLICADA. *Agenda 2030*: objetivos de desenvolvimento sustentável: avaliação do progresso das principais metas globais para o Brasil: ODS 15: proteger, recuperar e promover o uso sustentável dos ecossistemas terrestres, gerir de forma sustentável as florestas, combater a desertificação, deter e reverter a degradação da terra e deter a perda de biodiversidade. Brasília: Ipea, 2024. 181 p. (Cadernos ODS, 15). DOI: http://dx.doi.org/10.38116/ri2024ODS15.

INSTITUTO RUI BARBOSA. *Rede Integrar*. Disponível em: https://redeintegrar.irbcontas.org.br/. Acesso em: 10 jan. 2025.

LIMA Luiz Henrique Moraes de. *O Tribunal de Contas da União e o controle externo da gestão ambiental*. Rio de Janeiro: UFRJ/COPPE, 2009.

MILARÉ, Édis. *Direito do ambiente*: doutrina, jurisprudência, glossário. 5. ed. São Paulo: Revista dos Tribunais, 2007.

MOREIRA, T. O; ALVES, V. R. F. Dever de prestar contas e cenários anticorrupção: uma análise de sua interface a partir de casos contenciosos da Corte Interamericana de Direitos Humanos. *Revista General de Derecho Administrativo*, n. 66, maio 2024.

SALES, Marta Celina Linhares. Evolução dos estudos de desertificação no nordeste brasileiro. *GEOUSP – Espaço e Tempo*, São Paulo, v. 6, n. 1, p. 115-126, 2002. DOI: 10.11606/issn.2179-0892.geousp.2002.123650. Disponível em: https://revistas.usp.br/geousp/article/view/123650. Acesso em: 22 jan. 2025.

SAMMAN, Emma; STUART, Elizabeth. Defining "leaving no one behind". *ODI Report*, London, 2017.

VERDUM, R. Tratados internacionais e implicações locais: a desertificação. *GEOgraphia*, v. 6, n. 11, 7 dez. 2009.

Informação bibliográfica deste texto, conforme a NBR 6023:2018 da Associação Brasileira de Normas Técnicas (ABNT):

ALVES, Victor Rafael Fernandes. Controle externo e o combate à desertificação no Semiárido brasileiro. *In*: LIMA, Edilberto Carlos Pontes (coord.). *Os Tribunais de Contas e a sustentabilidade*: governança e controle no enfrentamento das mudanças climáticas. Belo Horizonte: Fórum, 2025. p. 399-414. ISBN 978-65-5518-670-3. (Coleção Fórum IRB, v. 6). t. 2.

CONTRATAÇÕES PÚBLICAS SUSTENTÁVEIS: UMA PROPOSTA SOBRE OS REQUISITOS LEGAIS PARA A ACEITABILIDADE DE PROPOSTAS NA COMPROVAÇÃO DA SUSTENTABILIDADE DE BENS E SERVIÇOS PÚBLICOS

WANDA DA PENHA SALES

LUMA CAVALEIRO DE MACEDO SCAFF

1 Introdução

O conceito de desenvolvimento sustentável vem sendo construído ao longo das últimas décadas, impulsionado por instrumentos internacionais e pelo avanço das discussões acerca da preservação ambiental e da equidade socioeconômica. Desde a Conferência das Nações Unidas sobre o Ambiente Humano, realizada em 1972, até a Agenda 2030 e seus Objetivos de Desenvolvimento Sustentável (ODS), observa-se uma evolução significativa no entendimento da interdependência entre crescimento econômico, justiça social e proteção ambiental. No Brasil, esse conceito está presente na Constituição Federal de 1988, especialmente nos arts. 170 e 225, que estabelecem a necessidade de compatibilizar a atividade econômica com a sustentabilidade.

A partir desse contexto, as contratações públicas sustentáveis emergem como um mecanismo essencial para a implementação do desenvolvimento sustentável, uma vez que possibilitam a adoção de critérios ambientais, sociais e econômicos nos processos de licitação e contratação de bens e serviços pelo setor público. Com a promulgação da Lei nº 14.133/2021, esse conceito ganha ainda mais relevância, consolidando-se como um instrumento estratégico para a gestão pública eficiente e ambientalmente responsável. O presente estudo busca analisar a obrigatoriedade das contratações públicas sustentáveis, seus fundamentos legais e os desafios para sua efetiva implementação.

O desenvolvimento nacional sustentável representa um dos desafios mais relevantes para a gestão pública contemporânea. O Poder Público, ao exercer seu papel de regulador e grande demandante de bens e serviços, possui a capacidade de influenciar significativamente o mercado, estimulando a adoção de práticas sustentáveis por meio das contratações públicas. Dessa forma, as compras governamentais se tornam um instrumento estratégico para a promoção de políticas que integram as dimensões ambiental, social e econômica da sustentabilidade.

Ao redor do mundo, diferentes países têm avançado na implementação de critérios sustentáveis nas contratações, adotando medidas que incentivam a transparência, a inovação tecnológica e o fortalecimento das cadeias produtivas locais. No Brasil, a legislação administrativista estabelece diretrizes para a inclusão de critérios socioambientais nos processos de compras governamentais, destacando o compromisso do Estado com a sustentabilidade.

A relevância desse tema se amplia diante da necessidade de assegurar um modelo de desenvolvimento que minimize impactos ambientais, promova a inclusão social e estimule a economia local. No entanto, sua implementação enfrenta desafios, como a capacitação dos gestores públicos, a regulamentação detalhada dos critérios de sustentabilidade e a ampliação dos mecanismos de monitoramento e controle.

Nesse contexto, a aceitabilidade das propostas em processos licitatórios é um fator essencial para garantir a transparência, a isonomia e a eficiência das contratações públicas. A legislação estabelece critérios objetivos para a seleção das propostas, contemplando requisitos de preço, qualidade e prazos. Além disso, a legislação mais recente prevê a adoção de critérios de sustentabilidade e acessibilidade, reforçando o compromisso da Administração Pública com a inclusão social e a proteção ambiental.

No contexto das licitações sustentáveis, a avaliação das propostas deve considerar não apenas a economicidade, mas também a conformidade com normas técnicas e socioambientais. Adicionalmente, mecanismos como a margem de preferência e a reserva de cotas promovem maior competitividade para microempresas e empresas de pequeno porte, estimulando o desenvolvimento econômico. Diante desse cenário, este estudo busca analisar de que forma os requisitos de sustentabilidade podem ser formatados como critérios de aceitabilidade das propostas nas licitações públicas sustentáveis.

2 Fundamentação do conceito de sustentabilidade no Brasil e sua aplicação às contratações de produtos e serviços pela Administração Pública

O delineado do termo *desenvolvimento sustentável* começou a ser traçado a partir da década de 1970 por instrumentos internacionais. Inicialmente denominado de ecodesenvolvimento, foi na Conferência das Nações Unidas sobre o Ambiente Humano, realizada em 1972, em Estocolmo (Suécia), que se deu o primeiro passo para o estabelecimento de metas ambientais na agenda das Nações Unidas, portanto, a Declaração da Conferência da ONU sobre o Meio Ambiente (Estocolmo, 1972) é considerada um marco na comunidade internacional por associar pela primeira vez o desenvolvimento socioeconômico.

Após 11 anos, a ONU estabeleceu a Comissão Mundial das Nações Unidas sobre Meio Ambiente e Desenvolvimento, grande passo na investigação acerca das consequências das ações humanas sobre o planeta, a qual obteve como resultado principal a formulação do relatório intitulado "Nosso Futuro Comum", no ano de 1987.

Este documento solenizou mundialmente a preocupação das Nações Unidas com a concretização do desenvolvimento sustentável pelas nações, uma vez observados cada vez mais presentes os impactos de padrões de crescimento avassaladores, bem como dispôs de forma concreta o que seria conceitualmente o desenvolvimento sustentável, fixando ser

> o desenvolvimento que atende as necessidades do presente sem comprometer a habilidade das futuras gerações em atender suas próprias necessidades, deve se tornar um princípio orientador central das Nações Unidas, dos governos e instituições privadas, organizações e empresas. (CMMAD, 1991, p. 46) (Tradução livre)

Os apontamentos trazidos pelo relatório supramencionado embasaram as discussões posteriores à sua veiculação, culminando com a realização da Conferência das Nações Unidas sobre o Meio Ambiente e Desenvolvimento, conhecida mundialmente como ECO-92, ocorrida no Rio de Janeiro no ano de 1992. Destaca-se, como maior avanço desse encontro, a elaboração de estratégias a serem implantadas no plano internacional como forma de implementação do desenvolvimento sustentável às nações participantes por meio da Agenda 21.

Já no ano de 2002, realizou-se, em Johanesburgo (África do Sul), a Cúpula Mundial sobre Desenvolvimento Sustentável, a qual operou como encontro para transformar em ações concretas as metas listadas pela Agenda 21.

É possível observar, após este breve histórico internacional acerca do conceito de desenvolvimento sustentável, que esta formulação vem sendo construída ao longo das últimas 5 décadas, permitindo o aprimoramento das noções sobre sua necessidade e aplicabilidade.

Há de se destacar a visão defendida por Romeiro (2012, p. 1) acerca do conceito de desenvolvimento sustentável, por apresentar uma perspectiva econômico-ecológica ao tema, definindo que "Para ser sustentável, o desenvolvimento deve ser economicamente sustentado (ou eficiente), socialmente desejável (ou includente) e ecologicamente prudente (ou equilibrado)".

Essa definição demonstra a preocupação atual com a junção dos aspectos econômico, ecológico e social, tal como fora norteada pela ONU na oportunidade da edição da Agenda 2030, documento que concretiza a parceria global no alcance dos Objetivos de Desenvolvimento Sustentável (ODS) entre chefes de Estado e de Governo dos Estados-Membros da ONU, o qual declara o empenho "em alcançar o desenvolvimento sustentável nas suas três dimensões – econômica, social e ambiental – de forma equilibrada e integrada".

Importa frisar que, apesar de primitivamente a noção de desenvolvimento sustentável estar correlacionada aos âmbitos econômico e ambiental, a evolução do conceito denota que o prisma social (observável no cerne dos ODS) emerge de forma substancial, o que demostra de forma determinante que a finalidade precípua da junção entre os dois primeiros aspectos sempre foi e cada vez mais é a evolução social equilibrada.

O art. 170 da Constituição Federal de 1988 (CF/88) estabelece que a ordem econômica brasileira se fundamenta na valorização do trabalho humano e na livre iniciativa, com o objetivo de assegurar uma existência digna para todos os cidadãos. Entre os princípios previstos nesse artigo, destacam-se: a soberania nacional (inc. I), a propriedade privada (inc. II), a função social da propriedade (inc. III), a livre concorrência (inc. IV), a defesa do consumidor (inc. V), a proteção do meio ambiente (inc. VI), a redução das desigualdades regionais e sociais (inc. VII), a busca do pleno emprego (inc. VIII) e o tratamento diferenciado às empresas de pequeno porte (inc. IX).

Já no art. 225, a CF/88 atribui ao Poder Público e à coletividade o dever de proteger e preservar o meio ambiente ecologicamente equilibrado, essencial para a qualidade de vida, nos seguintes termos: "Todos têm direito ao meio ambiente ecologicamente equilibrado, bem de uso comum do povo e essencial à sadia qualidade de vida, impondo-se ao Poder Público e à coletividade o dever de defendê-lo e preservá-lo para as presentes e futuras gerações". Dentre as disposições do artigo supramencionado, o inc. IV exige a elaboração de estudos prévios de impacto ambiental como mecanismo de avaliação da viabilidade econômica e ambiental das atividades, aplicando o conceito de sustentabilidade.

O princípio do desenvolvimento sustentável requer a implementação de instrumentos preventivos que orientem as atividades econômicas, visando compatibilizá-las com a preservação ambiental e a promoção do bem-estar social. Esse princípio assegura a disponibilidade de recursos indispensáveis ao desenvolvimento, garantindo um meio ambiente saudável, renovável, economicamente viável e socialmente justo para as gerações atuais e futuras.

Esse contexto encontra respaldo nos dispositivos constitucionais citados, pois deriva do princípio fundamental do direito à vida, conferindo-lhe caráter indisponível. Contudo, a proteção ambiental pela legislação brasileira é relativamente recente, o que reflete a juventude das normas específicas voltadas para essa temática.

O art. 37, inc. XXI, da CF/88 estabelece o fundamento jurídico para a obrigatoriedade das licitações públicas em todas as esferas de governo no Brasil.

> Art. 37. A administração pública direta e indireta de qualquer dos Poderes da União, dos Estados, do Distrito Federal e dos Municípios obedecerá aos princípios de legalidade, impessoalidade, moralidade, publicidade e eficiência e, também, ao seguinte: [...]
>
> XXI - ressalvados os casos especificados na legislação, as obras, serviços, compras e alienações serão contratados mediante processo de licitação pública que assegure igualdade de condições a todos os concorrentes, com cláusulas que estabeleçam obrigações de pagamento, mantidas as condições efetivas da proposta, nos termos da lei, o qual somente permitirá as exigências de qualificação técnica e econômica indispensáveis à garantia do cumprimento das obrigações.

Esse artigo foi regulamentado pela Lei nº 8.666/1993, que estabeleceu normas gerais sobre licitações e contratos administrativos pertinentes a obras, serviços, inclusive de publicidade, compras, alienações e locações no âmbito dos poderes da União, dos estados, do Distrito Federal e dos municípios. Em 1º.4.2021, foi publicada a Lei nº 14.133, que substituiu a Lei nº 8.666/1993, a Lei nº 10.520/2002, a Lei nº 12.462/2011 e a Lei nº 12.462/2011, com período de transição para a aplicação definitiva até 29.12.2023. Entretanto, deve-se compreender a importância das legislações substituídas, uma vez que ainda há contratações públicas em execução sob sua égide.

Pode-se entender a licitação como procedimento administrativo formal em que a Administração Pública convoca, por meio de condições estabelecidas em ato próprio, empresas interessadas na apresentação de propostas para o oferecimento de bens e serviços, com o objetivo de garantir a observância do princípio constitucional da isonomia e a selecionar a proposta mais vantajosa para a Administração, de maneira a assegurar oportunidade igual a todos os interessados e a possibilitar o comparecimento ao certame do maior número possível de concorrentes (JUSTEN FILHO, 2023).

O processo licitatório visa permitir que a Administração Pública celebre contratos com fornecedores que atendam aos requisitos necessários para satisfazer determinadas demandas, considerando aspectos como a capacidade técnica e econômico-financeira do licitante, a qualidade dos produtos ou serviços ofertados e o valor do objeto contratado. Trata-se de um procedimento formal e obrigatório, aplicável a todas as compras realizadas pelo setor público. Cabe aos gestores, autoridades e servidores responsáveis seguir rigorosamente essas normas, sob pena de incorrerem em atos ilícitos sujeitos a sanções administrativas e penais.

Nesse contexto, nos arts. 3º da Lei nº 8.666/1993 e 5º da Lei nº 14.133/2021, verifica-se que as compras públicas sustentáveis configuram procedimentos administrativos formais que promovem o desenvolvimento nacional sustentável. Essa promoção ocorre por meio da incorporação de critérios sociais, ambientais e econômicos nas aquisições de bens, contratações de serviços e execuções de obras. Em essência, consiste na utilização do poder de compra do Estado como ferramenta para gerar benefícios econômicos, sociais e ambientais ao país.

O governo, reconhecendo a importância das compras públicas como instrumento de indução ao desenvolvimento sustentável, tem implementado diversas ações voltadas ao fortalecimento das contratações públicas sustentáveis. Tradicionalmente, essas iniciativas eram conduzidas pelo Ministério do Planejamento, mas passaram a ser responsabilidade do Ministério da Economia. O objetivo principal é desenvolver modelos de contratação que integrem múltiplas variáveis de sustentabilidade, promovendo uma mudança cultural dentro das instituições públicas, de forma a torná-las referência para a sociedade.

A prática de contratações sustentáveis no setor público possui caráter estratégico, pois, quando executada adequadamente, impulsiona a sustentabilidade nas atividades governamentais. Além disso, dissemina uma cultura essencial ao desenvolvimento nacional, em conformidade com os princípios previstos tanto no art. 3º da Lei nº 8.666/1993 quanto no art. 5º da Lei nº 14.133/2021.

Especialmente se considerado que o poder de compras (aquisição + contratação) da Administração Pública brasileira movimenta percentuais de 10% a 15% do Produto Interno Bruto (PIB) nacional, atingindo cifras aproximadas de R$500 bi ao ano, é imprescindível utilizar essa potência de interferência no mercado como fator de desenvolvimento econômico e sustentável, sendo uma forma sagaz de promoção do aumento na arrecadação local, geração de renda à sociedade, aumento de empregabilidade, entre outros inúmeros benefícios (SEBRAE, 2017, p. 4).

Segue-se o estudo, portanto, alinhado aos ensinamentos de Villac (2021), fincando que o fundamento da sustentabilidade nas contratações públicas está no próprio art. 225, *caput*, da Constituição Federal e "que a nova Lei de Licitações está vindo a consagrar a maturidade do tema no cenário jurídico nacional, não havendo dúvidas de que toda e qualquer licitação brasileira há de ser sustentável, devendo ser motivada administrativamente a sua não realização".

Os impactos do poder de compra do setor público vão além das dimensões econômico-financeiras, influenciando também as escolhas de políticas públicas, questões ambientais e temáticas sociais. Dada essa abrangência, torna-se essencial repensar formas mais eficazes de utilizar esse poder de maneira estratégica.

Portanto, é indispensável que os compradores públicos sejam capazes de identificar adequadamente as necessidades da instituição, compreendam a legislação aplicável e conheçam as especificidades dos bens e serviços a serem adquiridos. Essa visão deve extrapolar o benefício imediato, considerando também os ganhos em médio e longo prazo, destacando que a exigência legal de realizar compras sustentáveis não implica, necessariamente, maiores gastos de recursos públicos. O processo deve levar em conta aspectos como o ciclo produtivo, os efeitos sobre o meio ambiente, os custos ao longo do ciclo de vida dos produtos ou serviços, a redução de impactos ambientais, bem como o incentivo ao desenvolvimento e à inovação no âmbito nacional.

3 Análise dos requisitos legais de sustentabilidade

Ao abordar o tema do desenvolvimento nacional sustentável, é fundamental ampliar a análise para além do aspecto ambiental das contratações públicas, integrando os impactos sociais e econômicos gerados por essas práticas. O setor público possui uma capacidade singular de influenciar o mercado, tanto pelo volume expressivo de seus gastos quanto pela prerrogativa de regulamentar as relações comerciais e estabelecer padrões para o setor privado.

O Poder Público pode atuar como indutor de mudanças significativas ao direcionar os agentes econômicos para a adoção de práticas produtivas e comerciais que respeitem os princípios da sustentabilidade. Essas práticas envolvem não apenas a preservação ambiental, mas também a promoção da equidade social e o fortalecimento econômico, compondo as três dimensões essenciais da sustentabilidade.

No Brasil, as compras públicas representam aproximadamente 10% a 15% do PIB, como já mencionado, consolidando-se como uma ferramenta estratégica para a promoção do desenvolvimento sustentável. Essa participação substancial reforça o papel do governo como agente orientador e regulador das atividades econômicas, capaz de criar um ambiente propício à implementação de políticas públicas sustentáveis.

Em diversos países, como Canadá, Estados Unidos, Japão e os membros da União Europeia, iniciativas voltadas às compras públicas sustentáveis começaram com programas que incentivavam boas práticas ambientais. Tais programas incluíam ações como a disponibilização de informações detalhadas sobre produtos e serviços sustentáveis, a criação de marcos legais que priorizassem esses bens e serviços em processos licitatórios, e a capacitação de servidores públicos para compreenderem e aplicarem critérios de sustentabilidade.

Com o avanço dessas iniciativas, o mercado gradualmente ajustou-se às novas exigências, permitindo que instituições públicas assumissem um papel de liderança na construção de uma economia mais sustentável. Isso incluiu o fortalecimento de cadeias produtivas locais, a valorização de produtos com menor impacto ambiental e a promoção da inovação tecnológica voltada para soluções sustentáveis.

O exemplo de países que avançaram nessa agenda demonstra que as compras públicas sustentáveis não apenas fortalecem a economia, mas também promovem a inclusão social, ao incentivar a participação de pequenos produtores e empresas locais nos processos licitatórios.

Além disso, ao priorizar critérios sustentáveis, o governo contribui diretamente para a mitigação dos impactos ambientais, a melhoria da qualidade de vida da população e o estímulo a padrões de consumo mais conscientes.

No caso brasileiro, a implementação efetiva de compras públicas sustentáveis ainda enfrenta desafios, como a necessidade de maior capacitação dos agentes públicos, o fortalecimento de mecanismos de fiscalização e a ampliação da transparência nos processos de contratação. No entanto, os avanços observados em outras nações oferecem lições valiosas que podem ser adaptadas à realidade nacional, transformando as compras públicas em uma ferramenta poderosa para o alcance dos objetivos do desenvolvimento sustentável.

Assim, de acordo com o art. 3º da Lei nº 8.666/1993,

> A licitação destina-se a garantir a observância do princípio constitucional da isonomia, a seleção da proposta mais vantajosa para a administração e *a promoção do desenvolvimento nacional sustentável* e será processada e julgada em estrita conformidade com os princípios básicos da legalidade, da impessoalidade, da moralidade, da igualdade, da publicidade, da probidade administrativa, da vinculação ao instrumento convocatório, do julgamento objetivo e dos que lhes são correlatos. (Grifos nossos)

O art. 5º da Lei nº 14.133/2021 dispõe:

> Art. 5º Na aplicação desta Lei, serão observados os princípios da legalidade, da impessoalidade, da moralidade, da publicidade, da eficiência, do interesse público, da probidade administrativa, da igualdade, do planejamento, da transparência, da eficácia, da segregação de funções, da motivação, da vinculação ao edital, do julgamento objetivo, da segurança jurídica, da razoabilidade, da competitividade, da proporcionalidade, da celeridade, da economicidade e do *desenvolvimento nacional sustentável*, assim como as disposições do Decreto-Lei nº 4.657, de 4 de setembro de 1942 (Lei de Introdução às Normas do Direito Brasileiro). (Grifos nossos)

A Lei nº 8.666/1993 é regulamentada pelo Decreto nº 7.746/2012, alterado pelo Decreto nº 9.178/2017, Decreto nº 9.178/2017 e pela IN nº 10/2012 do Ministério do Planejamento. Esses normativos dispõem sobre a necessidade de se exigirem nas licitações requisitos de sustentabilidade em bens e serviços. O Decreto nº 7.746/2012 dispõe o seguinte:

> Art. 2º Na aquisição de bens e na contratação de serviços e obras, a administração pública federal direta, autárquica e fundacional e as empresas estatais dependentes adotarão critérios e práticas sustentáveis nos instrumentos convocatórios, observado o disposto neste Decreto
>
> Parágrafo Único. A adequação da especificação do objeto da contratação e das obrigações da contratada aos critérios e às práticas de sustentabilidade será justificada nos autos, resguardado o caráter competitivo do certame.

> Art. 3º Os critérios e as práticas de sustentabilidade de que trata o art. 2º serão publicados como especificação técnica do objeto, obrigação da contratada ou requisito previsto em lei especial, de acordo com o disposto no inciso IV do caput do art. 30 da Lei nº 8.666, de 1993.

No art. 4º, são relacionados alguns critérios e práticas sustentáveis:

> Art. 4º Para os fins do disposto no art. 2º são considerados critérios e práticas sustentáveis, entre outras: (Redação dada pelo Decreto nº 9.178, de 2017)
>
> I - baixo impacto sobre recursos naturais como flora, fauna, ar, solo e água; (Redação do Decreto nº 9.178, de 2017);
>
> II - preferência para materiais, tecnologias e matérias-primas de origem local;
>
> III - maior eficiência na utilização de recursos naturais como água e energia;
>
> IV - maior geração de empregos, preferencialmente com mão de obra local;
>
> V - maior vida útil e menor custo de manutenção do bem e da obra;
>
> VI - uso de inovações que reduzam a pressão sobre recursos naturais; (Redação do Decreto nº 9.178, de 2017);
>
> VII - origem sustentável dos recursos naturais utilizados nos bens, nos serviços e nas obras; e (Redação do Decreto nº 9.178, de 2017)
>
> VIII - utilização de produtos florestais madeireiros e não madeireiros originários de manejo florestal sustentável ou de reflorestamento.

Os arts. 5º a 8º apresentam alguns exemplos de requisitos de sustentabilidade sempre de forma opcional, deixando ao alvedrio do administrador decidir, caso a caso, se a exigência de determinado requisito é adequada ou não. Os termos do decreto são os seguintes:

> Art. 5º A administração pública federal direta, autárquica e fundacional e as empresas estatais dependentes *poderão exigir* no instrumento convocatório para a aquisição de bens que estes sejam constituídos por material reciclado, atóxico ou biodegradável, entre outros critérios de sustentabilidade.
>
> Art. 6º As especificações e demais exigências do projeto básico ou executivo para contratação de obras e serviços de engenharia devem ser elaboradas, nos termos do art. 12 da Lei nº 8.666, de 1993, de modo a proporcionar a economia da manutenção e operacionalização da edificação e a redução do consumo de energia e água, por meio de tecnologias, práticas e materiais que reduzam o impacto ambiental.
>
> Art. 7º O instrumento convocatório *poderá* prever que o contratado adote práticas de sustentabilidade na execução dos serviços contratados e critérios de sustentabilidade no fornecimento dos bens.
>
> Art. 8º A comprovação das exigências contidas no instrumento convocatório poderá ser feita mediante certificação emitida por instituição pública oficial ou instituição credenciada, ou por qualquer outro meio definido no instrumento convocatório.
>
> §1º Em caso de inexistência da certificação referida no caput, o instrumento convocatório estabelecerá que, após a seleção da proposta e antes da adjudicação do objeto, o contratante poderá realizar diligências para verificar a adequação do bem ou serviço às exigências do instrumento convocatório.
>
> §2º Caso o bem ou serviço seja considerado inadequado em relação às exigências do instrumento convocatório, o contratante deverá apresentar razões técnicas, assegurado o direito de manifestação do licitante vencedor. (Grifos nossos)

A discricionariedade atribuída ao gestor público, entretanto, é limitada, uma vez que, havendo produtos e serviços sustentáveis disponíveis no mercado, torna-se imprescindível a justificativa para a escolha de itens que não atendam a tais critérios. Apesar de a legislação utilizar termos que indicam possibilidade, o art. 6º da Lei nº 14.133/2021 determina a obrigatoriedade da adoção de práticas e materiais que reduzam os impactos ambientais.

Além disso, o Decreto nº 7.746/2012, que regulamenta a Lei nº 8.666/1993 no que tange às compras sustentáveis, reflete um avanço significativo no tema. Desde sua publicação, diversas boas práticas têm sido incorporadas pela Administração Pública. A promulgação da Lei nº 14.133/2021 reforça essa trajetória, ao consagrar o desenvolvimento nacional sustentável como um princípio fundamental em seu art. 5º e apresentar, em todo o seu texto, mais de 20 dispositivos que tutelam o meio ambiente e promovem práticas sustentáveis.

Embora a plena regulamentação dessa nova legislação ainda esteja em andamento, órgãos licitantes devem observar o disposto no art. 3º da Lei nº 8.666/1993, no Decreto nº 7.746/2012 e em entendimentos do Tribunal de Contas da União (TCU), como o expresso no Acórdão nº 1.056/2017. Nesses termos, é essencial que as especificações técnicas dos objetos licitados incluam critérios de sustentabilidade aplicáveis ao caso concreto.

A Instrução Normativa (IN) nº 01/2010, publicada pelo Ministério do Planejamento, detalha critérios de sustentabilidade aplicáveis a obras, bens e serviços, especificando como devem ser operacionalizados. A Administração Pública pode, ainda, incluir no edital outros critérios, desde que devidamente fundamentados, mesmo que não estejam listados na IN ou no decreto.

No caso de obras públicas, recomenda-se que as edificações sejam projetadas com foco na economia de manutenção e operação, na redução do consumo de energia e água, e na utilização de materiais e tecnologias que minimizem os impactos ambientais. Exemplos incluem sistemas de climatização eficientes, elevadores inteligentes, automação da iluminação, aproveitamento de água da chuva e outras soluções inovadoras.

Para aquisições de bens, o Estado pode exigir critérios de sustentabilidade como: composição parcial ou total por materiais reciclados, atóxicos e biodegradáveis; conformidade com as normas ABNT NBR 15448-1 e 15448-2; atendimento aos requisitos ambientais para certificação do Inmetro; uso de embalagens recicláveis com volume mínimo; e ausência de substâncias perigosas em concentrações superiores ao permitido, como mercúrio, chumbo e cádmio.

Nas contratações de serviços, as exigências da IN nº 01/2010 incluem práticas como o uso de produtos de limpeza que atendam às especificações da Anvisa, medidas para evitar desperdício de água tratada, conforme o Decreto nº 48.138/2003, e cumprimento das diretrizes estabelecidas pela Resolução Conama nº 20 e pela IN/Mare nº 06/95.

Os normativos administrativistas oferecem uma ampla gama de orientações, abrangendo desde especificações técnicas de bens até diretrizes para processos produtivos, conforme acima detalhado. O legislador estabelece uma moldura para definir o que pode ser considerado sustentável, de modo a orientar o contratante e assegurar a conformidade das aquisições públicas. Entretanto, a definição específica do que é sustentável nem sempre está claramente prevista na legislação, cabendo ao administrador público, caso a caso, identificar as possibilidades de aplicação e qualificação dos critérios sustentáveis.

Por outro lado, reflete-se sobre a dificuldade excessiva em exigir do gestor obrigações que não estão plenamente delineados na legislação, tendo este que combinar a interpretação com a doutrina e a jurisprudência, tornando-se um elevado ônus.

Para além da fundamentação apresentada no item anterior sobre as características da sustentabilidade, defende-se que esta deve ser entendida a partir das importantes contribuições doutrinárias, especialmente do conceito de Juarez Freitas (2012), ao incluir a dimensão ética apontando que deve-se considerar como um princípio e um valor supremo do Estado constitucional, estando sempre ao serviço da capacidade biológica e institucional de promover o reequilíbrio dinâmico e propício ao bem-estar sustentável. Assim, o meio para obter e gozar desse Estado constitucional ocorrerá por meio da correta aplicação de decisões sustentáveis mediante o princípio constitucional de precaução e prevenção, não somente na seara ambiental, mas também em outras áreas de relevância social, jurídica, política, econômica e ética.

4 Requisitos que devem constar no termo de referência e no edital para contratações públicas e a certificação como elemento de comprovação da sustentabilidade de bens e serviços

Os requisitos de sustentabilidade de natureza econômica e social envolvem aspectos essenciais para a qualidade de vida das pessoas, com a inclusão de pessoas com deficiência no mercado de trabalho, a facilitação do acesso das pequenas empresas ao mercado, o apoio a empresas locais e a promoção da produção nacional.

Quando um edital exige a comprovação da origem de um produto ou a descrição detalhada de seu processo produtivo, de alguma forma, avalia os possíveis impactos desse produto sobre a qualidade de vida das pessoas no ambiente de produção, as condições de trabalho dos profissionais envolvidos e os potenciais benefícios ou prejuízos em longo prazo para a comunidade local, especialmente em relação à degradação ambiental e social.

Outro ponto importante a ser considerado é o desenvolvimento regional e o apoio a empresas localizadas nas regiões em que os bens e serviços serão utilizados. Essa abordagem visa fixar as pessoas em suas regiões de origem, promovendo o desenvolvimento nas áreas mais carentes e combatendo os impactos negativos da migração para grandes centros urbanos.

Nesse sentido, a Lei Complementar nº 123/2006, que concede benefícios às microempresas (ME) e empresas de pequeno porte (EPP), contribui também para o desenvolvimento das empresas locais. No entanto, ela não impede a competição com empresas localizadas em centros mais desenvolvidos, o que sugere a necessidade de aprimoramento dessas políticas, com a permissão da regionalização de algumas aquisições, sem que isso condene as empresas locais a um ciclo de subdesenvolvimento por acomodação.

O instituto da margem de preferência, que visa privilegiar a produção nacional, não tem sido amplamente adotado, principalmente devido às dificuldades de sua implementação. Isso ocorre porque ele pode resultar na compra de bens e serviços a preços elevados, o que se torna ainda mais problemático em um contexto de restrições orçamentárias.

O desenvolvimento das relações de trabalho é um aspecto crucial para o fortalecimento do mercado. O aumento da renda média dos trabalhadores e a melhoria de sua qualidade de vida têm o potencial de fortalecer a economia local e nacional. Esse processo pode gerar um ciclo positivo de aumento do consumo, elevação da renda e redução das taxas de desemprego.

Exemplos de requisitos sociais e econômicos incluem a observância das normas regulamentadoras de segurança e medicina do trabalho (Portaria nº 3.214/1978), a aplicação da Lei Complementar nº 147/2014 (que alterou a Lei Complementar nº 123/2006, favorecendo empresas locais e ME/EPP), a aplicação do Decreto nº 8.538/2015 (que oferece tratamento favorecido à ME/EPP), a declaração de não exploração de trabalho infantil ou condições análogas à escravidão, a destinação de vagas para reabilitados e portadores de deficiência (Lei nº 8.213/1991), entre outras.

Em relação aos requisitos ambientais, eles se referem às características que os bens e serviços devem possuir para evitar impactos negativos ao meio ambiente. Produtos biodegradáveis, materiais recicláveis e a utilização de recursos renováveis devem ser priorizados. Além disso, a gestão adequada de resíduos é essencial para a sustentabilidade, com políticas de reaproveitamento e descarte adequado, que podem, inclusive, gerar oportunidades de renda para a população.

A especificação de bens sustentáveis pode ser orientada por normas como a ABNT NBR 15448-1 e 15448-2, que abordam requisitos de produtos compostos por materiais reciclados, atóxicos e biodegradáveis. Além disso, a utilização de embalagens recicláveis, a avaliação do ciclo de vida dos produtos e a prática de logística reversa também devem ser consideradas.

Esses requisitos de sustentabilidade – econômicos, sociais e ambientais – devem ser contemplados no termo de referência e no edital, conforme as diretrizes estabelecidas pela Portaria Seges/ME nº 8.678/2021, que torna obrigatória a implementação de um Plano Diretor de Logística Sustentável (PLS) para os órgãos da Administração Pública Federal direta, autárquica e fundacional.

No que se refere à certificação ambiental, ela é uma ferramenta importante para assegurar que determinados produtos ou processos produtivos atendem a critérios ambientais. Certificações emitidas por entidades reconhecidas, como Inmetro, ISO, IBD, Ecocert, entre outras, garantem que os bens atendem a critérios de sustentabilidade. No entanto, a exigência de certificação não pode ser usada como critério de habilitação em uma licitação, mas sim como um documento adicional a ser apresentado na fase de propostas ou avaliação de amostras.

O Tribunal de Contas da União (TCU) tem se manifestado no sentido de que a exigência de documentos de habilitação não pode incluir aqueles que não estão expressamente previstos nas Leis nº 8.666/1993 e nº 14.133/2021, conforme observa-se das decisões abaixo transcritas. Dessa forma, os documentos de certificação ambiental devem ser exigidos somente na fase de apresentação das propostas ou avaliação das amostras e não durante a habilitação.

É legítimo que as contratações da Administração Pública se adequem a novos parâmetros de sustentabilidade ambiental, ainda que com possíveis reflexos na economicidade da contratação. Deve constar expressamente dos processos de licitação motivação fundamentada que justifique a definição das exigências de caráter ambiental, as quais devem incidir sobre o objeto a ser contratado e não como critério de habilitação da empresa licitante. (Acórdão nº 1.375/2015-Plenário. Rel. Bruno Dantas)

Diante da legislação ambiental, em especial a que disciplina o correto manejo florestal, e considerando que a comprovação da procedência legal da madeira é condição necessária para sua comercialização, a exigência de atestado de certificação ambiental quanto à madeira utilizada não compromete, em princípio, a competitividade das licitações públicas. (Acórdão nº 2.995/2013-Plenário. Rel. Valmir Campelo)

A exigência de comprovação de responsabilidade ambiental exclusivamente por Certificado EPA caracteriza restrição à competitividade. (Acórdão nº 231/2013-Segunda Câmara. Rel. José Jorge)

A crescente industrialização e o desenvolvimento urbano têm gerado novas demandas para a gestão ambiental, principalmente em relação ao aumento da produção de resíduos. O lixo gerado nas cidades é, cada vez mais, composto por materiais de difícil degradação, tornando-se um dos principais obstáculos à promoção do desenvolvimento sustentável. Entretanto, por meio de processos de reciclagem, o impacto ambiental e social desses resíduos pode ser significativamente reduzido (SANTOS, 2012).

Nesse contexto, a logística reversa tem se tornado uma estratégia fundamental para empresas e organizações, pois representa um diferencial competitivo. Este processo não apenas proporciona responsabilidade socioambiental, mas também contribui para a redução de custos com insumos de produção, gerando retorno financeiro e aumentando a competitividade em relação aos concorrentes (TELES; OLIVEIRAS; MENDONÇA; CRUZ, 2016).

A logística reversa pode ser compreendida como o planejamento, a implantação e o controle eficientes dos fluxos de matérias-primas, produtos em estoque, produtos acabados e informações correlatas, desde o ponto de consumo até o ponto de reprocessamento, com o objetivo de recuperar o valor ou garantir a disposição final adequada dos produtos (SHIBAO; MOORI; SANTOS, 2010).

Na legislação, a logística reversa é regulamentada pela Lei nº 12.305/2010, e estabelecida pelo Decreto nº 9.177/2017, que torna obrigatória a utilização deste procedimento, conforme os termos a seguir:

> Art. 2º Os fabricantes, os importadores, os distribuidores e os comerciantes de produtos, seus resíduos e suas embalagens aos quais se refere o caput do art. 33 da Lei nº 12.305, de 2 de agosto de 2010, e de outros produtos, seus resíduos ou suas embalagens objeto de logística reversa na forma do §1º do referido artigo, não signatários de acordo setorial ou termo de compromisso firmado com a União, são obrigados a estruturar e implementar sistemas de logística reversa, consideradas as mesmas obrigações imputáveis aos signatários e aos aderentes de acordo setorial firmado com a União.

Apesar de sua previsão legal, a logística reversa deve ser formalmente incorporada nos editais de contratação como uma obrigação a ser cumprida pelos contratados.

O Tribunal de Contas da União (TCU), por meio do Acórdão nº 2.512/2016 – Plenário, impôs uma série de restrições à aplicação dessa sistemática na Administração Pública, conforme evidenciado no julgamento do caso.

> 9.3. Recomendar à Casa Civil da Presidência da República que, em conjunto com o Ministério do Meio Ambiente, com o Ministério da Agricultura, Pecuária e Abastecimento e com outros órgãos e entidades eventualmente envolvidos na temática, adote as providências necessárias para solucionar os achados identificados no presente levantamento, indicados como riscos à implementação da Política Nacional de Resíduos Sólidos, atentando especialmente para:
>
> 9.3.1 ausência de participação dos Estados, do Distrito Federal, dos Municípios, da iniciativa privada e da sociedade civil nos comitês previstos pela PNRS, a exemplo do Comitê Interministerial da Política Nacional de Resíduos Sólidos (CI) e do Comitê Orientador para a Implantação dos Sistemas de Logística Reversa (CORE); [...].

O Decreto nº 10.936/2022, publicado recentemente, institui o Programa Nacional de Logística Reversa, o qual será coordenado pelo Ministério do Meio Ambiente (MMA). Este decreto estabelece diversas medidas que devem ser adotadas pelos produtores, visando à implementação da logística reversa no país. No entanto, devido à sua recente publicação, algumas das disposições previstas no decreto ainda dependem de atos complementares por parte do MMA para sua plena operacionalização.

Portanto, os requisitos que devem constar no termo de referência e no edital para contratações públicas são de cunho social, econômico e ambiental, conforme acima elencado, alinhados ao objeto a ser licitado, de modo que os gestores os consagrem cada vez mais em paridade de importância, visto que o conceito de sustentabilidade se apoia justamente na junção desses fatores.

Nessa lógica, a certificação é um elemento importante de comprovação da sustentabilidade de bens e serviços, que pode auxiliar os gestores, porém a exigência de certificação não pode ser usada como critério de habilitação em uma licitação. Pelo entendimento do TCU, só podem ser exigidos documentos que estejam expressamente previstos nas Leis nº 8.666/1993 e nº 14.133/2021, sendo a certificação documento adicional a ser apresentado na fase de propostas ou avaliação de amostras.

5 Uma proposta de utilização de requisitos de sustentabilidade também como critérios de aceitabilidade das propostas em contratações públicas

Os critérios de aceitabilidade da proposta são requisitos obrigatórios nos editais de licitação e, por conseguinte, no termo de referência ou projeto básico, conforme a Lei nº 8.666/1993:

> Art. 40. O edital conterá no preâmbulo o número de ordem em série anual, o nome da repartição interessada e de seu setor, a modalidade, o regime de execução e o tipo da licitação, a menção de que será regida por esta Lei, o local, dia e hora para recebimento da documentação e proposta, bem como para início da abertura dos envelopes, e indicará, obrigatoriamente, o seguinte: [...]

> X - o critério de aceitabilidade dos preços unitário e global, conforme o caso, permitida a fixação de preços máximos e vedados a fixação de preços mínimos, critérios estatísticos ou faixas de variação em relação a preços de referência, ressalvado o disposto nos parágrafos 1º e 2º do art. 48; (Redação dada pela Lei nº 9.648, de 1998).

O Decreto nº 10.024/2019, ao apresentar definições em seu art. 3º, alínea "a" do inc. XI, estabelece que o termo de referência deve conter: a definição do objeto contratual, incluindo as especificações técnicas detalhadas; o valor estimado do objeto da licitação, demonstrado em planilhas compatíveis com os preços de mercado; e os critérios de aceitação do objeto.

O termo de referência, portanto, é um documento fundamental para o processo licitatório, devendo indicar com clareza os requisitos de aceitabilidade das propostas. Esses requisitos incluem, especialmente, o valor máximo que a Administração está disposta a pagar, o prazo para execução dos serviços ou entrega dos bens, e as qualidades intrínsecas do objeto, conforme as especificações técnicas. Propostas que não atendam a esses critérios, seja por extrapolarem os limites financeiros ou por não cumprirem as especificações estabelecidas, devem ser desclassificadas. Além disso, propostas com preços excessivamente baixos podem ser consideradas inexequíveis, levando à sua exclusão do certame.

No contexto das licitações sustentáveis, a análise das propostas vai além do preço e das especificações gerais. Os licitantes devem demonstrar que os bens ou serviços ofertados atendem aos requisitos de sustentabilidade previstos no edital. O descumprimento dessas exigências acarreta a desclassificação da proposta, reforçando a prioridade dada aos critérios socioambientais no processo licitatório.

Ademais, a Lei Complementar nº 123/2006, alterada pela Lei Complementar nº 147/2014, introduziu benefícios para microempresas (ME) e empresas de pequeno porte (EPP) com o objetivo de estimular o desenvolvimento econômico por meio de incentivos fiscais e da facilitação no acesso a mercados.

No âmbito das licitações, a regularidade fiscal e trabalhista dessas empresas é exigida somente para a assinatura do contrato. Contudo, essa documentação deve ser apresentada já no momento de participação na licitação, mesmo que possua alguma irregularidade. Nesse caso, a ME ou EPP declarada vencedora do certame terá até cinco dias úteis para regularizar sua documentação de habilitação.

Outro benefício concedido às ME/EPP refere-se ao critério de desempate durante as sessões públicas de licitação. Esse mecanismo não implica igualdade exata de valores entre as propostas, mas consiste no chamado "empate ficto", conforme os arts. 44 e 45 da Lei Complementar nº 123/2006. Esse dispositivo busca garantir maior competitividade às pequenas empresas, promovendo condições mais favoráveis para sua participação em processos licitatórios.

> Art. 44. Nas licitações será assegurada, como critério de desempate, preferência de contratação para as microempresas e empresas de pequeno porte.
>
> §1º Entende-se por empate aquelas situações em que as propostas apresentadas pelas microempresas e empresas de pequeno porte sejam iguais ou até 10% (dez por cento) superiores à proposta mais bem classificada.
>
> §2º Na modalidade de pregão, o intervalo percentual estabelecido no §1º deste artigo será de até 5% (cinco por cento) superior ao melhor preço.

Em situações de empate ficto, a microempresa (ME) ou empresa de pequeno porte (EPP) tem a prerrogativa de cobrir o lance da primeira colocada, desde que esta não seja igualmente classificada como ME ou EPP. O prazo para exercer essa opção é estabelecido pelo sistema eletrônico de licitação ou definido pelo pregoeiro durante o certame.

Além desse benefício, a Lei Complementar nº 123/2006 introduziu dispositivos como as licitações exclusivas e a reserva de cotas. As licitações exclusivas destinam-se a processos cujo valor total seja de até R$80.000,00, permitindo a participação exclusiva de ME e EPP. Por sua vez, a reserva de cotas prevê a destinação de um percentual do valor licitado, em procedimentos de maior escala, exclusivamente para essas empresas, conforme disposto nos arts. 47 a 49 da referida lei. A Lei nº 14.133/2021, em seu art. 60, também aborda os benefícios concedidos a ME e EPP, ampliando as disposições sobre critérios de desempate.

Outro benefício relevante é a margem de preferência, introduzida pela Lei nº 12.349/2010, que alterou o art. 3º da Lei nº 8.666/1993. Esse dispositivo permite que propostas de preços de produtos e serviços manufaturados no Brasil, com valores até 25% superiores aos de produtos importados, sejam declaradas vencedoras. Nesse caso, o licitante nacional não precisa cobrir o preço ofertado pelo concorrente estrangeiro, pois o poder público prioriza a contratação de produtos nacionais, mesmo que isso implique custos adicionais. O objetivo principal dessa medida é estimular o desenvolvimento econômico nacional e fortalecer a indústria local.

A concessão da margem de preferência, no entanto, é uma faculdade da Administração Pública, conforme estabelece o §5º do art. 3º da Lei nº 8.666/1993. A aplicação desse benefício ainda enfrenta desafios práticos, como a limitada assimilação por parte do mercado e da própria Administração, além da ausência de regulamentações detalhadas que estabeleçam critérios claros para a definição do percentual da margem de preferência.

Com a entrada em vigor da Lei nº 14.133/2021, o tema da margem de preferência foi incorporado no art. 26, trazendo novas perspectivas para a regulamentação e aplicação desse benefício no contexto das contratações públicas.

> Art. 26. No processo de licitação, poderá ser estabelecida margem de preferência para:
>
> I - bens manufaturados e serviços nacionais que atendam a normas técnicas brasileiras;
>
> II - bens reciclados, recicláveis ou biodegradáveis, conforme regulamento.
>
> §1º A margem de preferência de que trata o caput deste artigo:
>
> I - será definida em decisão fundamentada do Poder Executivo federal, no caso do inciso I do caput deste artigo;
>
> II - poderá ser de até 10% (dez por cento) sobre o preço dos bens e serviços que não se enquadrem no disposto nos incisos I ou II do caput deste artigo;
>
> III - poderá ser estendida a bens manufaturados e serviços originários de Estados Partes do Mercado Comum do Sul (Mercosul), desde que haja reciprocidade com o País prevista em acordo internacional aprovado pelo Congresso Nacional e ratificado pelo Presidente da República.
>
> §2º Para os bens manufaturados nacionais e serviços nacionais resultantes de desenvolvimento e inovação tecnológica no País, definidos conforme regulamento do Poder Executivo federal, a margem de preferência a que se refere o caput deste artigo poderá ser de até 20% (vinte por cento).
>
> §3º (VETADO).

> §4º (VETADO).
>
> §5º A margem de preferência não se aplica aos bens manufaturados nacionais e aos serviços nacionais se a capacidade de produção desses bens ou de prestação desses serviços no País for inferior:
>
> I - à quantidade a ser adquirida ou contratada; ou
>
> II- aos quantitativos fixados em razão do parcelamento do objeto, quando for o caso.

Assim como em outros aspectos das contratações públicas, a aplicação da margem de preferência requer regulamentação que esclareça seus critérios e procedimentos, permitindo ao gestor público utilizá-la de maneira segura e eficiente.

Além disso, destaca-se a acessibilidade como um elemento essencial para a promoção da inclusão social, contribuindo diretamente para a sustentabilidade nas contratações públicas. A Lei nº 8.213/1991, que regula os planos de benefícios da previdência social, aborda essa temática em seu art. 93, estabelecendo diretrizes relacionadas à inclusão de pessoas com deficiência e reabilitados no mercado de trabalho.

> Art. 93. A empresa com 100 (cem) ou mais empregados está obrigada a preencher de 2% (dois por cento) a 5% (cinco por cento) dos seus cargos com beneficiários reabilitados ou pessoas portadoras de deficiência, habilitadas, na seguinte proporção:
>
> I - até 200 empregados..........2%;
>
> II - de 201 a 500..........3%;
>
> III - de 501 a 1.000..........4%;
>
> IV - de 1.001 em diante. ....5%.
>
> V - (VETADO). (Incluído pela Lei nº 13.146, de 2015)
>
> §1º A dispensa de pessoa com deficiência ou de beneficiário reabilitado da Previdência Social ao final de contrato por prazo determinado de mais de 90 (noventa) dias e a dispensa imotivada em contrato por prazo indeterminado somente poderão ocorrer após a contratação de outro trabalhador com deficiência ou beneficiário reabilitado da Previdência Social. (Redação dada pela Lei nº 13.146, de 2015)
>
> §2º Ao Ministério do Trabalho e Emprego incumbe estabelecer a sistemática de fiscalização, bem como gerar dados e estatísticas sobre o total de empregados e as vagas preenchidas por pessoas com deficiência e por beneficiários reabilitados da Previdência Social, fornecendo-os, quando solicitados, aos sindicatos, às entidades representativas dos empregados ou aos cidadãos interessados. (Redação dada pela Lei nº 13.146, de 2015)
>
> §3º Para a reserva de cargos será considerada somente a contratação direta de pessoa com deficiência, excluído o aprendiz com deficiência de que trata a Consolidação das Leis do Trabalho (CLT), aprovada pelo Decreto-Lei nº 5.452, de 1º de maio de 1943. (Incluído pela Lei nº 13.146, de 2015)

De acordo com as diretrizes constantes no Anexo VII da Instrução Normativa MPOG nº 5/2017, os atos convocatórios de licitação devem exigir que o licitante apresente, entre outros documentos, uma

> declaração informando se os serviços são produzidos ou prestados por empresas que comprovem o cumprimento da reserva de cargos prevista em lei para pessoas com deficiência ou reabilitados da Previdência Social e que atendam às regras de acessibilidade previstas na legislação, conforme disposto no art. 93 da Lei nº 8.213, de 24 de julho de 1991.

Dessa forma, todos os editais de licitação devem conter cláusulas que prevejam a obrigatoriedade de apresentação dessa declaração. O sistema Comprasnet disponibiliza um mecanismo que permite ao licitante declarar o cumprimento do disposto no art. 93 da Lei nº 8.213/1991. Adicionalmente, o órgão licitante pode requerer a apresentação da declaração formal, cuja emissão é competência do Ministério do Trabalho.

É fundamental não confundir o caráter desse documento. Trata-se de uma declaração, e não cabe ao órgão licitante fiscalizar diretamente o cumprimento dessa norma pelo contratado. Nos casos de contratos de terceirização de serviços, por exemplo, não é permitido exigir que a empresa contratada mantenha o percentual de pessoas com deficiência previsto na Lei nº 8.213/1991 apenas no contrato específico, pois tal percentual é calculado sobre o total de empregados da empresa, e não sobre contratos individualizados. Essa exigência representa uma medida relevante de caráter social, que visa à inclusão de pessoas com deficiência no mercado de trabalho.

A Lei nº 8.666/1993 não tratava de forma específica da questão da acessibilidade. Por outro lado, a Lei nº 14.133/2021 aborda o tema no art. 45, inc. VI, determinando que licitações de obras e serviços de engenharia devem observar, especialmente, as normas relativas à acessibilidade para pessoas com deficiência ou mobilidade reduzida. Além disso, os anteprojetos de obras e edificações públicas devem incluir parâmetros de adequação ao interesse público, economia na utilização, facilidade na execução, impacto ambiental e acessibilidade (art. 6º, inc. XXIV, alínea "e").

Mesmo que não haja previsão legal específica, é fundamental que a Administração adote práticas que garantam a acessibilidade em suas aquisições. Isso abrange desde a construção de edifícios até a aquisição de mobiliários, equipamentos ou quaisquer bens, considerando sempre as necessidades de pessoas com deficiência ou mobilidade reduzida. Tais práticas não devem comprometer o caráter competitivo do certame nem a isonomia de tratamento entre fornecedores.

Atualmente, muitos órgãos públicos contam com núcleos de acessibilidade em sua estrutura organizacional. É essencial que esses núcleos sejam consultados para a formulação de regras e especificações de bens e serviços que atendam às necessidades de pessoas com deficiência ou mobilidade reduzida.

Assim, é de grande importância a incorporação de requisitos de sustentabilidade nos editais de licitação como critérios de aceitabilidade das propostas. Além disso, deve-se considerar a inclusão de benefícios aos participantes do processo licitatório que atendam a tais requisitos, bem como a inserção de normas de acessibilidade previstas em lei; esses, portanto, são os requisitos de sustentabilidade que podem ser utilizados como critério de aceitabilidade das propostas e que os tribunais superiores e a doutrina apontam como dever de toda licitação sustentável.

6 Conclusão

Diante do exposto, verifica-se que o desenvolvimento sustentável deixou de ser um conceito teórico para se tornar um princípio estruturante das políticas públicas e das estratégias governamentais. As contratações públicas sustentáveis, alicerçadas no art. 225 da Constituição Federal e reforçadas pela legislação administrativista, demonstram a capacidade do Estado de influenciar positivamente o mercado, incentivando a adoção de práticas econômica, social e ambientalmente responsáveis.

No entanto, apesar dos avanços normativos, desafios ainda persistem, como a necessidade de capacitação dos gestores públicos, a elaboração de mecanismos de fiscalização eficientes e a promoção de uma mudança cultural que priorize a sustentabilidade nas decisões de compras governamentais. Dessa forma, garantir a efetiva implementação das contratações públicas sustentáveis é fundamental para assegurar um desenvolvimento equilibrado, capaz de atender às necessidades das gerações atuais sem comprometer o bem-estar das futuras. Assim, o poder de compra do Estado torna-se uma ferramenta estratégica para promover um modelo econômico mais inclusivo e ambientalmente viável.

A incorporação de critérios sustentáveis nas contratações públicas representa uma estratégia fundamental para promover o desenvolvimento nacional sustentável. A experiência tem demonstrado que a implementação dessas práticas não apenas estimula a inovação e a competitividade, mas também fortalece a responsabilidade socioambiental e a eficiência na gestão dos recursos públicos.

No Brasil, a legislação avançou ao reconhecer a sustentabilidade como um princípio essencial para as compras governamentais. No entanto, desafios persistem, como a necessidade de maior capacitação dos agentes públicos, a criação de mecanismos eficazes de fiscalização e a harmonização entre as exigências sustentáveis e a realidade do mercado fornecedor.

A evolução das compras sustentáveis no país dependerá da capacidade do governo em estabelecer diretrizes claras, fomentar parcerias com o setor privado e garantir a efetiva aplicação dos critérios sustentáveis nas licitações. Dessa forma, o Brasil poderá consolidar-se como referência na utilização do poder de compra do Estado como ferramenta para o desenvolvimento sustentável, contribuindo para a construção de uma economia mais inclusiva e ambientalmente equilibrada.

Nesse sentido, os critérios de aceitabilidade das propostas são elementos fundamentais para assegurar que as contratações públicas atendam aos princípios da economicidade, eficiência e isonomia. A legislação vigente reforça a necessidade de estabelecer parâmetros objetivos para a seleção das propostas, garantindo que os contratos sejam celebrados em conformidade com as necessidades da Administração e os interesses da sociedade.

Além disso, a inclusão de critérios de sustentabilidade e acessibilidade nas licitações contribui para a promoção de um desenvolvimento mais justo e responsável. O estímulo à participação de microempresas e empresas de pequeno porte fortalece a competitividade e impulsiona a economia nacional. Assim, a correta aplicação dos critérios de aceitabilidade das propostas não apenas aprimora os processos licitatórios, mas também assegura contratações mais eficientes, sustentáveis e inclusivas.

Referências

BRASIL. Constituição (1988). *Constituição da República Federativa do Brasil*: texto constitucional promulgado em 5 de outubro de 1988, com as alterações adotadas pelas Emendas Constitucionais nºs 1/1992 a 132/2023. Brasília, DF: Senado Federal, [1988]. Disponível em: https://www.planalto.gov.br/ccivil_03/constituicao/constituicao.htm. Acesso em: 20 jan. 2025.

BRASIL. Decreto nº 10.024, de 20 de setembro de 2019. Regulamenta a licitação na modalidade pregão, na forma eletrônica, e dispõe sobre o uso da dispensa eletrônica, no âmbito da administração pública federal.

Diário Oficial da União, Brasília, DF, seção 1, 23 set. 2019. Disponível em: https://www.planalto.gov.br/ccivil_03/_ato2019-2022/2019/decreto/D10024.htm. Acesso em: 20 jan. 2025.

BRASIL. Decreto nº 7.746, de 5 de junho de 2012. Regulamenta o artigo 3º da Lei nº 8.666, de 21 de junho de 1993, estabelecendo critérios, práticas e diretrizes para a promoção do desenvolvimento nacional sustentável nas contratações realizadas pela Administração Pública federal. *Diário Oficial da União*, Brasília, DF, seção 1, 6 jun. 2012. Disponível em: https://www.planalto.gov.br/ccivil_03/_ato2011-2014/2012/decreto/d7746.htm. Acesso em: 20 jan. 2025.

BRASIL. Lei Complementar nº 123, de 14 de dezembro de 2006. Institui o Estatuto Nacional da Microempresa e da Empresa de Pequeno Porte; altera dispositivos das Leis nºs 8.212 e 8.213, ambas de 24 de julho de 1991, da Consolidação das Leis do Trabalho – CLT, aprovada pelo Decreto-Lei nº 5.452, de 1º de maio de 1943, e das Leis nºs 10.189, de 14 de fevereiro de 2001, e 11.101, de 9 de fevereiro de 2005; e revoga as Leis nºs 9.317, de 5 de dezembro de 1996, e 9.841, de 5 de outubro de 1999. *Diário Oficial da União*, Brasília, DF, seção 1, 15 dez. 2006. Disponível em: https://www.planalto.gov.br/ccivil_03/leis/lcp/lcp123.htm. Acesso em: 20 jan. 2025.

BRASIL. Lei nº 12.305, de 2 de agosto de 2010. Institui a Política Nacional de Resíduos Sólidos, altera a Lei nº 9.605, de 12 de fevereiro de 1998, e dá outras providências. *Diário Oficial da União*, Brasília, DF, seção 1, 3 ago. 2010. Disponível em: https://www.planalto.gov.br/ccivil_03/_ato2007-2010/2010/lei/l12305.htm. Acesso em: 20 jan. 2025.

BRASIL. Lei nº 12.305, de 2 de agosto de 2010. Institui a Política Nacional de Resíduos Sólidos; altera a Lei nº 9.605, de 12 de fevereiro de 1998; e dá outras providências. *Diário Oficial da União*, Brasília, DF, seção 1, 3 ago. 2010. Disponível em: https://www.planalto.gov.br/ccivil_03/_ato2007-2010/2010/lei/l12305.htm. Acesso em: 20 jan. 2025.

BRASIL. Lei nº 14.133, de 1º de abril de 2021. Estabelece normas gerais de licitação e contratação para as Administrações Públicas direta, autárquica e fundacional da União, dos Estados, do Distrito Federal e dos Municípios. *Diário Oficial da União*, Brasília, DF, seção 1, 1º abr. 2021. Disponível em: https://www.planalto.gov.br/ccivil_03/_ato2019-2022/2021/lei/L14133.htm. Acesso em: 20 jan. 2025.

BRASIL. Lei nº 8.213, de 24 de julho de 1991. Dispõe sobre os Planos de Benefícios da Previdência Social e dá outras providências. *Diário Oficial da União*, Brasília, DF, seção 1, 25 jul. 1991. Disponível em: https://www.planalto.gov.br/ccivil_03/leis/l8213cons.htm. Acesso em: 20 jan. 2025.

BRASIL. Lei nº 8.666, de 21 de junho de 1993. Regulamenta o artigo 37, inciso XXI, da Constituição Federal, institui normas para licitações e contratos da Administração Pública e dá outras providências. *Diário Oficial da União*, Brasília, DF, seção 1, 22 jun. 1993. Disponível em: https://www.planalto.gov.br/ccivil_03/leis/L8666cons.htm. Acesso em: 20 jan. 2025.

BRASIL. Ministério do Planejamento, Desenvolvimento e Gestão. Instrução Normativa nº 5, de 25 de maio de 2017. Dispõe sobre as regras e diretrizes para a contratação de serviços, terceirizados ou não, no âmbito da Administração Pública federal direta, autárquica e fundacional. *Diário Oficial da União*, Brasília, DF, seção 1, 26 maio 2017. Disponível em: https://www.gov.br/compras/pt-br/images/conteudo/ArquivosCGNOR/IN-n-05-de-26-de-maio-de-2017---Hiperlink.pdf. Acesso em: 20 jan. 2025.

BRASIL. Ministério do Planejamento, Orçamento e Gestão. Instrução Normativa nº 01, de 19 de janeiro de 2010. Dispõe sobre critérios de sustentabilidade ambiental na aquisição de bens, contratação de serviços ou obras pela Administração Pública federal. *Diário Oficial da União*, Brasília, DF, seção 1, 20 jan. 2010. Disponível em: https://www.gov.br/compras/pt-br/acesso-a-informacao/legislacao/instrucoes-normativas/instrucao-normativa-n-1-de-19-de-janeiro-de-2010. Acesso em: 20 jan. 2025.

BRASIL. Tribunal de Contas da União. *Acórdão nº 1375/2015*. Plenário. Relator: Ministro Bruno Dantas. Processo nº 025.651/2013-7. Ata nº 20/2015 – Plenário. Brasília, DF, Data da Sessão: 03/06/2015. Disponível em: https://pesquisa.apps.tcu.gov.br/documento/acordao-completo/*/NUMACORDAO%253A1375%2520ANOACORDAO%253A2015%2520/DTRELEVANCIA%2520desc%252C%2520NUMACORDAOINT%2520desc/0. Acesso em: 20 jan. 2025.

BRASIL. Tribunal de Contas da União. *Acórdão nº 231/2013*. Segunda Câmara. Relator: Ministro José Jorge. Processo nº 005.551/2012-9. Ata nº 1/2013 – Segunda Câmara. Brasília, DF, Data da Sessão: 29/01/2013. Disponível em: https://pesquisa.apps.tcu.gov.br/documento/acordao-completo/*/NUMACORDAO%253A231%2520ANOACORDAO%253A2013%2520/DTRELEVANCIA%2520desc%252C%2520NUMACORDAOINT%2520desc/2. Acesso em: 20 jan. 2025.

BRASIL. Tribunal de Contas da União. *Acórdão nº 2512/2016*. Plenário. Relator: Ministro André de Carvalho. Processo nº 023.678/2015-1. Ata nº 37/2016 – Plenário. Brasília, DF, Data da Sessão: 28/09/2016. Disponível em: https://pesquisa.apps.tcu.gov.br/documento/acordao-completo/*/NUMACORDAO%253A2512%2520ANOACORDAO%253A2016%2520/DTRELEVANCIA%2520desc%252C%2520NUMACORDAOINT%2520desc/0. Acesso em: 20 jan. 2025.

BRASIL. Tribunal de Contas da União. *Acórdão nº 2995/2013*. Plenário. Relator: Ministro Valmir Campelo. Processo nº 019.848/2013-7. Ata nº 43/2013 – Plenário. Brasília, DF, Data da Sessão: 06/11/2013. Disponível em: https://pesquisa.apps.tcu.gov.br/documento/acordao-completo/*/NUMACORDAO%253A2995%2520ANOACORDAO%253A2013%2520/DTRELEVANCIA%2520desc%252C%2520NUMACORDAOINT%2520desc/0. Acesso em: 20 jan. 2025.

COMISSÃO MUNDIAL SOBRE MEIO AMBIENTE E DESENVOLVIMENTO (CMMAD). *Nosso futuro comum*. 2. ed. Rio de Janeiro: Fundação Getúlio Vargas, 1991. Disponível em: https://www.un.org/. Acesso em: 20 jan. 2025.

FREITAS, Juarez. *Sustentabilidade*: direito ao futuro. 2. ed. Belo Horizonte: Fórum, 2012.

JUSTEN FILHO, Marçal. *Curso de direito administrativo*. São Paulo: Saraiva, 2023.

NAÇÕES UNIDAS. *Agenda 21*: Conferência das Nações Unidas sobre Meio Ambiente e Desenvolvimento, Rio de Janeiro, 1992. Brasília: Ministério do Meio Ambiente, 1996. Disponível em: https://sustainabledevelopment.un.org/content/documents/Agenda21.pdf. Acesso em: 20 jan. 2025.

NAÇÕES UNIDAS. *Declaração da Conferência das Nações Unidas sobre o Meio Ambiente Humano (Declaração de Estocolmo)*. Estocolmo, 1972. Disponível em: https://www.un.org/. Acesso em: 20 jan. 2025.

NAÇÕES UNIDAS. *Transformando nosso mundo*: a Agenda 2030 para o desenvolvimento sustentável. Nova York: Nações Unidas, 2015. Disponível em: https://sustainabledevelopment.un.org/post2015/transformingourworld. Acesso em: 20 jan. 2025.

ROMEIRO, Ademar Ribeiro. Desenvolvimento sustentável: uma perspectiva econômico-ecológica. *Estudos Avançados*, v. 26, n. 74, p. 65-92, 2012.

SANTOS, Jaqueline Guimarães. A logística reversa como ferramenta para a sustentabilidade: um estudo sobre a importância das cooperativas de reciclagem na gestão dos resíduos sólidos urbanos. *Revista Reuna*, v. 17, n. 2, p. 81-96, 2012. Disponível em: https://reuna.emnuvens.com.br/reuna/article/view/422. Acesso em: 20 jan. 2025.

SERVIÇO BRASILEIRO DE APOIO ÀS MICRO E PEQUENAS EMPRESAS (SEBRAE). *Compras públicas*: um bom negócio para a sua empresa. Brasília: Sebrae, 2017. Disponível em: https://www.gov.br/compras/pt-br/fornecedor/midia/compras-pblicas.pdf. Acesso em: 20 jan. 2025.

SHIBAO, Fábio Ytoshi; MOORI, Roberto Giro; SANTOS, M. R. dos. A logística reversa e a sustentabilidade empresarial. *Seminários em Administração*, v. 13, p. 1-17, 2010. Disponível em: https://joseluispriosti.wordpress.com/wp-content/uploads/2018/09/a-logistica-reversa-e-a-sustentabilidade-empresarial.pdf. Acesso em: 20 jan. 2025.

TELES, Diego de Sousa; OLIVEIRA, Glaucio de; MENDONÇA, Herbert Garcia de; CRUZ, Paulo Henrique Leandro. Logística reversa e sustentabilidade. *Revista Inovação, Projetos e Tecnologias*, v. 4, n. 1, p. 129-136, 2016. Disponível em: https://dialnet.unirioja.es/servlet/articulo?codigo=5608171. Acesso em: 20 jan. 2025.

VILLAC, Teresa. Contratações públicas sustentáveis: obrigatórias? *Observatório da Nova Lei de Licitação*, 2021. Disponível em: https://www.novaleilicitacao.com.br/2021/08/27/contratacoes-publicas-sustentaveis-obrigatorias-2/. Acesso em: 20 jan. 2025.

Informação bibliográfica deste texto, conforme a NBR 6023:2018 da Associação Brasileira de Normas Técnicas (ABNT):

SALES, Wanda da Penha; SCAFF, Luma Cavaleiro de Macedo. Contratações públicas sustentáveis: uma proposta sobre os requisitos legais para a aceitabilidade de propostas na comprovação da sustentabilidade de bens e serviços públicos. *In*: LIMA, Edilberto Carlos Pontes (coord.). *Os Tribunais de Contas e a sustentabilidade*: governança e controle no enfrentamento das mudanças climáticas. Belo Horizonte: Fórum, 2025. p. 415-434. ISBN 978-65-5518-670-3. (Coleção Fórum IRB, v. 6). t. 2.

SOBRE OS AUTORES

Alessandro Brito de Sousa
Auditor de Controle Externo do TCE/PA. Graduado em Economia, com Mestrado em Estatística pela Universidade Federal de Pará, MBA Executivo em Gestão Empresarial pela FGV (Fundação Getúlio Vargas). Trabalhou na Superintendência do Desenvolvimento da Amazônia (Sudam) no período de 30.10.2014 a 11.4.2022. Profissionalmente atuou no mercado privado no ramo de gerência de vendas e gerência de compras, e atualmente é servidor público, atuando na área de planejamento e gestão estratégica com foco em governança, gestão de risco e sustentabilidade.

Alexandre Figueiredo
Especialista em Direito Regulatório. É auditor federal no TCU desde 2006, onde fez carreira na área de infraestrutura, especialmente no setor de energia. Possui ampla experiência no controle externo e ocupou diversos cargos de chefia e/ou assessoramento. Atualmente exerce o cargo de Secretário de Controle Externo de Energia e Comunicações. Graduado em Relações Internacionais pela Universidade de Brasília, pós-graduado em Direito Regulatório pela mesma universidade e pós-graduado em Comércio Exterior pela Universidade Católica de Brasília. Especialista em controle da Regulação no Setor de Petróleo e Gás Natural pelo Instituto Serzedello Corrêa. Possui diversas certificações, dentre elas Certificação profissional de Auditoria Interna no setor público em todas as esferas (federal, estadual e municipal) – CGAP – *Certified Government Auditing Professional.*

Amanda Nicole Aguiar de Oliveira
Advogada. Mestra em Direito Ambiental pelo Programa de Pós-Graduação em Direito Ambiental da Universidade do Estado do Amazonas. Cinco especializações *lato sensu*, com ênfase em Direito e Docência do Ensino Superior. MBAs em Gestão de Políticas Públicas Municipais e Finanças e Políticas Fiscais.

André Cutrim Carvalho
Economista e Engenheiro da Computação. Especialista em Gestão Ambiental pela UFPA. Mestre em História Social da Amazônia pela UFPA, e em Economia pela UNESP. Doutor em Desenvolvimento Econômico e Pós-Doutor em Economia pelo Instituto de Economia da Unicamp. Professor-Pesquisador da Faculdade de Ciências Econômicas (Facecon) e do Programa de Pós-Graduação em Gestão de Recursos Naturais e Desenvolvimento Local na Amazônia/Núcleo de Meio Ambiente (PPGEDAM/Numa) da Universidade Federal do Pará (UFPA).

Carina Baia Rodrigues
Mestra em Educação pela Universidade Federal do Amapá (Unifap). Possui Especialização em Direito Civil pela Anhanguera, Gestão e Docência do Ensino Superior pela Faculdade de Teologia e Ciências Humanas (Fatech) e Auditoria e Perícia Ambiental pela Faculdade de Macapá (Fama). É graduada em Direito pela Unifap e em Gestão Ambiental pela Fama. Atualmente, exerce o cargo de Auditora de Controle Externo no Tribunal de Contas do Estado do Amapá (TCE/AP) e atua como advogada. Integra os Grupos de Trabalho de Meio Ambiente e Educação do TCE/AP, desenvolvendo atividades voltadas à fiscalização e análise de políticas públicas nessas áreas.

Carlos Eduardo Lustosa da Costa
Foi Diretor do Departamento de Auditoria Ambiental do Tribunal de Contas da União (TCU) entre 2016 e 2024. Atualmente exerce a função de Supervisor Técnico do *ClimateScanner*, uma iniciativa global que envolve 141 países e busca avaliar a atuação dos governos nacionais em relação à mudança do clima. Exerce também a função de Coordenador da Comissão Técnica de Meio Ambiente da América Latina e Caribe. Professor da Universidade de São Paulo (USP) no curso de MBA sobre Auditoria e Inovação no Setor Público. *Scholar* no German Institute of Development and Sustainability. Instrutor e conteudista da Escola Superior de Controle (ISC/TCU), tendo sido agraciado com o Prêmio Professor Destaque 2017. Premiado três vezes pela realização de trabalhos internacionais de destaque na temática de áreas protegidas, Objetivos de Desenvolvimento Sustentável (ODS) e mudança do clima. Autor de artigos em publicações internacionais, como o Relatório das Nações Unidas sobre o Setor Público. Mestre e Doutorando em Administração Pública pela Universidade de Brasília (UnB). Possui Especialização em Auditoria e Controle Governamental pela Escola Superior do Tribunal de Contas da União. Palestrante na área de inovação no setor público, licitações sustentáveis, áreas protegidas, resíduos sólidos e ODS. Parecerista *ad hoc* de artigo científico para a *Revista TCU*.

Eduardo Dumont Araújo
Bacharel em Direito pela Faculdade de Direito de São Bernardo do Campo (FDSBC). Pós-Graduado *lato sensu* em Direito pela Fundação Getulio Vargas (FGV-SP). Assessor de gabinete do Conselheiro Ricardo Torres no Tribunal de Contas do Município de São Paulo (TCM/SP).

Elisa Dias Lucas
Advogada. Assessora de gabinete de Conselheiro do TCE/BA.

Estevão Horvath
Livre-Docente em Direito Financeiro e Tributário pela USP. Professor de Direito Tributário (PUC-SP) e de Direito Financeiro (USP).

Guilherme Pereira Souto
Auditor Federal de Controle Externo no Tribunal de Contas da União (TCU) desde 2015, atua na Secretaria de Controle Externo de Energia e Comunicações (SecexEnergia), onde exerce funções de assessoramento e coordena iniciativas de cooperação internacional em sustentabilidade no setor energético. Possui sólida experiência na condução de auditorias operacionais e de conformidade, com ênfase na análise do mercado de gás natural e do portfólio de investimentos da Petrobras. Também lidera ações de capacitação em regulação de energia, fomentando boas práticas e inovações na administração pública. É Mestre em Engenharia Elétrica (2011) e Bacharel em Engenharia de Controle e Automação (2009) pela Universidade de Brasília (UnB). Conta ainda com formação complementar em Regulação Aplicada às Políticas Públicas pela FGV, Regulação e Tributação no Setor de Óleo e Gás pela PUC-Rio e Especialização em Fontes Alternativas de Energia. É certificado em Mediação na Administração Pública pelo Instituto de Certificação e Formação de Mediadores Lusófonos.

Helena Emerick Abaurre
Auditora de Controle Externo do TCE/GO. Pós-Graduada em Direito Administrativo pela Pontifícia Universidade Católica de Minas Gerais. Advogada registrada junto à OAB/ES. Bacharel em Direito pela Universidade Federal do Espírito Santo. Tem experiência na área do Direito, com ênfase na pesquisa acadêmica e no estudo para concursos públicos. Autora de livros e artigos publicados no Brasil e internacionalmente.

Hilda da Fonseca Duarte Caetano
Encarregada pelo Tratamento de Dados Pessoais e Assessora de Planejamento no Tribunal de Contas do Estado do Pará (TCE/PA). Graduada em Relações Internacionais pela Universidade da Amazônia e em Ciências Contábeis pela Faculdade UNIBF, possui MBA em Comércio Exterior e Negócios Internacionais pela FGV. É Especialista em Controladoria Pública, Contabilidade, Auditoria e Perícia pela Unimais, além de Direito Público e Privado pelo Centro Universitário UniAmérica. Com experiência no setor público, atuou nas esferas do Legislativo e Executivo. Atualmente, trabalha na área de planejamento e gestão estratégica do TCE/PA, com foco em governança, gestão de riscos, proteção de dados pessoais e sustentabilidade.

Hillana Martina Lopes Mousinho Neiva Dourado
Possui Graduação em bacharelado em Direito pela Universidade Federal do Piauí (2008). Mestranda em Direito pela Universidade Federal do Piauí – UFPI. Atualmente é sócia-advogada do escritório Araújo e Lopes Sociedade de Advogados e Vice-Presidente da Comissão de Relacionamento com o Tribunal de Contas da OAB/PI. Atua nas diversas áreas do direito público, em especial administrativo, constitucional e eleitoral. Assessora jurídica de mais de trinta municípios piauienses entre órgãos da Administração direta e indireta. Especialista em Prestação de Contas e Advocacia no Tribunal de Contas.

Igor Pereira Oliveira
Pesquisador sobre o Controle Externo exercido pelos Tribunais de Contas. Mestre pela Escola Politécnica da Universidade de São Paulo (USP). Auditor no Tribunal de Contas da União (TCU).

Ílder Miranda Costa
Doutor em Direito pela Universidade Federal de Minas Gerais (UFMG).

Inaldo da Paixão Santos Araújo
Mestre em Contabilidade. Contador benemérito do Estado da Bahia, 2013. Membro da Academia Baiana de Ciências Contábeis. Conselheiro do TCE/BA desde 25.5.2012, tendo sido Presidente nos biênios 2014-2015 e 2016-2017. Foi Auditor do TCE/BA por 25 anos. Vice-Presidente de Auditoria do Instituto Rui Barbosa (IRB). Professor de graduação e pós-graduação, autor de livros de auditoria e de contabilidade pública. Foi membro da Comissão de Estudo do Conselho Federal de Contabilidade (CFC) sobre as Normas Brasileiras de Contabilidade aplicadas ao Setor Público e sobre Auditoria Governamental. Professor da Universidade do Estado da Bahia (UNEB). Coordenador do projeto de elaboração das Normas de Auditoria Aplicáveis ao Setor Público.

Iracema de Lourdes Teixeira Vieira
Doutoranda e Mestre em Direitos Humanos pela Universidade Federal do Pará (UFPA). Especialista em Direito Tributário pela Universidade Estácio de Sá. Graduada em Direito e em Ciências Contábeis pela Universidade da Amazônia (Unama). Auditora de Controle Externo no Tribunal de Contas dos Municípios do Estado do Pará, com atuação na Coordenação de Fiscalização Especializada em Meio Ambiente.

Iranildo Ferreira Pereira
Bacharel em Ciências Contábeis pela Universidade Federal do Pará (UFPA). Especialista em Auditoria e Inovação no Setor Público pela Universidade de São Paulo (USP). Auditor de Controle Externo no Tribunal de Contas dos Municípios do Estado do Pará, com atuação na Coordenação de Fiscalização Especializada em Meio Ambiente.

Janaína Gomes Garcia de Moraes
Auditora de Controle Externo do TCE/ES. Mestre em Direito Processual pela UFES. Mestre pelo Research Master in Law pela Universidade de Tilburg. Pós-Graduada em Direito Constitucional pelo Complexo Educacional Damásio de Jesus.

Jéssica Ferreira Pereira
Engenheira Ambiental pela Universidade do Estado do Pará. Auditora de Controle Externo no Tribunal de Contas dos Municípios do Estado do Pará, com atuação na Coordenação de Fiscalização Especializada em Meio Ambiente.

Jonatas Carvalho
Auditor Federal no TCU desde 2012, fez carreira na área de infraestrutura, em especial no setor de energia elétrica. Possui ampla experiência em controle externo, com destaque para a coordenação de diversas auditorias operacionais (ou de desempenho), e para trabalhos no desenvolvimento e aprimoramento de práticas e metodologias de fiscalização. Graduado em Engenharia Química pela Universidade Federal de Minas Gerais.

José Paulo Guedes Brito
Bacharel em Direito pela Universidade Federal do Amapá (Unifap). Especialista em Direito Processual Civil pela Faculdade Damásio. Mestre em Desenvolvimento Regional pela Unifap. Técnico de Controle Externo. Coordenador das Contas Estaduais no Tribunal de Contas do Estado do Amapá.

Juliana Bulgarelli Mendes
Auditora de Controle Externo do TCE/PA. Graduada em Economia com Mestrado em Agronegócio e Desenvolvimento Regional pela Universidade Federal de Mato Grosso. Especialista em Auditoria e Controladoria do Setor Público e em Gestão Pública e responsabilidade fiscal pela mesma universidade. Tem experiência na área com ênfase em Economia do Setor Público e Finanças Públicas. Profissionalmente atuou no mercado privado no ramo financeiro e atualmente é servidora pública, atuando na área de planejamento e gestão estratégica com foco em governança, gestão de risco e sustentabilidade.

Juliano Santos da Silva
Auditor de Controle Externo do Tribunal de Contas dos Municípios do Estado da Bahia – TCM/BA, lotado na 4ª Inspetoria de Controle Externo Itabuna-BA. Administrador e matemático. Especialista em MBA em Auditoria e Inovação no Setor Público (USP); Gestão, Controladoria e Auditoria de Contas Públicas Municipais (UNIBahia). Especialista em Gestão de Micro e Pequenas Empresas (UFLA). Instrutor do quadro permanente da Escola de Conta EC-TCM/BA nas áreas de: licitações, auditorias, contabilidade pública, compras públicas sustentáveis, instruções dos sistemas do TCM. Orientador de trabalhos de conclusão de curso de graduação e pós-graduação e artigos científicos.

Karine Tomaz Veiga
Doutoranda em Direito Financeiro (USP). Auditora de Controle Externo do Tribunal de Contas do Estado do Rio de Janeiro (TCE/RJ) em assessoramento na área de tutela coletiva e financiamento de direitos do Ministério Público do Estado do Rio de Janeiro (MP/RJ).

Katrina Narguis
Especialista em Gestão Pública, com relevante experiência em cooperação internacional e governança global. Atuou na Cooperação Alemã para o Desenvolvimento Sustentável (GIZ) entre 2017 e 2023, como analista de negócios e coordenadora de comunicação dos impactos de projetos regionais voltados ao fortalecimento do controle externo na governança ambiental e no combate à corrupção. Atualmente, exerce a função de analista de cooperação internacional no Tribunal de Contas da União (TCU), atuando em projetos estratégicos na Secretaria de Controle Externo de Energia e Comunicações.

Letícia dos Santos Couto Landin
Bacharel em Direito pelo Centro Universitário do Pará. Auditora de Controle Externo no Tribunal de Contas dos Municípios do Estado do Pará.

Lilian Rose Bitar T. Bendahan
Assessora na área de Planejamento e Governança no Tribunal de Contas do Estado do Pará (TCE/PA). Entre 2015 e 2024, ocupou a função de Secretária de Planejamento e Gestão Estratégica no mesmo órgão, coordenando a elaboração de planos estratégicos, a governança institucional e a gestão de riscos. Também liderou iniciativas relacionadas à sustentabilidade, monitoramento e adequação à Lei Geral de Proteção de Dados (LGPD), além de assessorar a Comissão ao Exame de Contas do Governo do Estado. Possui formação em Economia, com especialização em Gestão Pública e Gestão Ambiental, além de experiência em gestão de equipes, planejamento estratégico e governança institucional.

Lourdes Isabelle Andrade Tavares
Advogada com atuação em Direito Público. Graduada em Direito pela Universidade Federal da Paraíba.

Lucas Cardoso Santos
Bacharel e Mestre em Direito Financeiro pela Universidade de São Paulo (USP). Assessor de gabinete do Conselheiro Ricardo Torres no Tribunal de Contas do Município de São Paulo (TCM/SP).

Lucas Levino Alves Vieira
Engenheiro Florestal pela Universidade do Estado do Pará. Auditor de Controle Externo no Tribunal de Contas dos Municípios do Estado do Pará.

Lúcia Patrício de Souza Araújo
Auditora de Controle Externo do Tribunal de Contas do Estado da Paraíba. Assessora Técnica da Procuradoria-Geral do Ministério Público de Contas da Paraíba. Mestre em Economia do Setor Público pela Universidade Federal da Paraíba. Possui MBA em Perícia, Auditoria e Gestão Ambiental pelas Faculdades Oswaldo Cruz.

Luciana Pereira e Ferreira Centeno
Tribunal de Contas dos Municípios do Estado do Pará. Programa de Pós-Graduação em Gestão de Conhecimentos para o Desenvolvimento Socioambiental da Universidade da Amazônia – PPGC/Unama.

Luciano Andrade Farias
Subprocurador-Geral do Ministério Público de Contas da Paraíba. Chefe da Força-Tarefa das Mudanças Climáticas do MPC/PB. Mestrando em Gestão Pública pela Universidade Federal da Paraíba. Ex-Advogado da União.

Ludmilla Valente Viana Silva
Mestra em Cultura e Sociedade (PGCult/UFMA). Especialista em Meio Ambiente (PUC-Rio) e em Gestão Ambiental (AVM/Candido Mendes). Graduada em Direito (UNDB).

Luís Carlos Serra Amorim Filho
Mestre pelo Programa de Pós-Graduação em Cultura e Sociedade (PGCult) pela Universidade Federal do Maranhão (UFMA) (2025). Bolsista Capes/PDPG. Cursando especialização em Informática na Educação pelo Instituto Federal do Maranhão (IFMA) (2024-atual). Graduado em Ciências Humanas – Filosofia pela Universidade Federal do Maranhão (UFMA) (2021).

Luma Cavaleiro de Macedo Scaff
Doutora em Direito Financeiro pela Universidade de São Paulo. Mestre em Direitos Humanos pela Universidade de São Paulo. Graduada em Direito pela Universidade Federal do Pará (2005). Advogada. Professora no curso de Graduação em Direito. Professora na Pós-Graduação

em Direito da Universidade Federal do Pará. Professora no Mestrado Profissional em Direito e Desenvolvimento da Universidade Federal do Pará. Ex-Pesquisadora bolsista da Fundação Ford. Membro da Rede de Pesquisa Junction Amazonian Biodiversity Units Research Network Program (Jambu-RNP). Coordenadora do projeto de pesquisa Financiando Direitos (@financiandodireitosgp). Tem experiência na área jurídica com ênfase em direito financeiro, direito tributário e direitos humanos. Atua também com direito empresarial e direitos humanos, alinhando o terceiro setor com responsabilidade social.

Luzilea Brito de Oliveira
Professora Adjunta da Universidade Federal do Sul da Bahia (UFSB), no Centro de Formação em Políticas Públicas e Tecnologias Sociais, *Campus* Jorge Amado (CJA). Administradora e contadora. Doutora em Desenvolvimento e Meio Ambiente. Mestra em Tecnologias aplicáveis à Bioenergia. Especialista em Contabilidade e Finanças Públicas Municipais, Controladoria e em Docência no Ensino Superior. Docente de graduação e pós-graduação. *Professional coach* pela SLAC. Integrante do RG Clima e Projetos – Grupo de Pesquisa em Mudanças Climáticas, Direito e Sociedade. Experiência na área de alta performance, alto desempenho, metodologias ágeis, metodologias ativas, docência, gestão acadêmica, liderança, custos, gestão ambiental, gestão da qualidade, gestão de projetos, administração empresarial sustentável, empreendedorismo e inovação. Pesquisadora de temas como: inovação, empreendedorismo, avaliação de ciclo de vida (ACV), mudanças climáticas, economia circular, gestão de projetos, gestão da qualidade, dentre outros. Orientadora de trabalhos de conclusão de cursos de graduação e pós-graduação e artigos científicos. Mentora de planos de negócios de impacto socioambiental. Avaliadora *ad hoc* do Inep/MEC.

Manoel Antônio dos Santos Neto
Subprocurador-Geral do Ministério Público de Contas da Paraíba. Chefe da Força-Tarefa de Educação do MPC/PB. Mestrando em Gestão Pública pela Universidade Federal da Paraíba. Mestrando em Direito pela Unipe. Pós-Graduado em Direito do Estado.

Marcela Arruda
Secretária Municipal de Gestão de São Paulo desde 2022. Advogada. Presidente do Fórum Nacional das Secretarias de Administração das Capitais (exercício 2025). Mestre em Gestão e Políticas Públicas pela FGV EAESP. Especialista em Direito Administrativo pela PUC-SP. Acumula ainda especializações em Direito Eleitoral, pela Escola Judiciária Eleitoral Paulista, e em Direito Constitucional, pela Escola Superior de Advocacia da OAB-SP. Autora de diversos artigos publicados e do livro *Controle de Contas 2.0 – O TAG como aliado das políticas públicas* (2022). Integrou o conselho deliberativo da ONG Transparência Brasil, o conselho diretor do Centro de Estudos da Sociedade de Advogados (Cesa) e os conselhos fiscais da Associação Paulista Viva e da Associação Santo Agostinho.

Marcílio Toscano Franca Filho
Professor de Direito Público da Universidade Federal da Paraíba (UFPB). Procurador-Geral do Ministério Público de Contas do Estado da Paraíba, onde chefia a Força-Tarefa do Patrimônio Cultural. Professor visitante nas universidades de Turim, Pisa e Ghent, e Calouste Gulbenkian *Post-Doctoral Fellow* no Instituto Universitário Europeu (EUI). É membro da Associazione Italo-Brasiliana dei Professori di Diritto Amministrativo e Costituzionale (AIBDAC). Pesquisador convidado do Centro de Estudos Europeus e Alemães (UFRGS e da PUCRS) e do Centro de Excelência Jean Monnet (UFMG).

Marckjones Santana Gomes
Mestrando do Programa de Pós-Graduação *Stricto Sensu* em Direito (PPGDir) da Faculdade de Direito da Universidade Federal do Amazonas – Ufam. Especialista em Direito Público pela Universidade do Estado do Amazonas – UEA. MBA em Relações Institucionais, Governamentais e

Compliance pela Unialfa/Fadisp e pela Escola de Contas Públicas do Tribunal de Contas do Estado do Amazonas – ECP/TCE/AM. Graduado em Direito pela Universidade do Estado do Amazonas – UEA. Professor de Graduação da Faculdade Santa Teresa – FST. Advogado.

Marco Antonio Augusto Chagas
Graduado em Geologia pela Universidade Federal do Pará. Mestre em Política e Gestão Ambiental pelo Centro de Desenvolvimento Sustentável, Universidade de Brasília. Doutor em Ciências (Desenvolvimento Socioambiental) pelo Núcleo de Altos Estudos Amazônicos, Universidade Federal do Pará. Especialista em Gestão de Áreas Protegidas pela University of Montana, EUA. Especialista em Epistemologias do Sul pelo Conselho Latino-Americano de Ciências Sociais. Estágio pós-doutoral no Centro de Estudos Sociais da Universidade de Coimbra, Portugal (incompleto devido à pandemia de Covid-19) na área de Política Ambiental na Amazônia e as Epistemologias do Sul. Estágio pós-doutoral na Universidade Regional de Blumenau (em andamento) na área de Ecologia Política e Mudanças Climáticas. É professor da Universidade Federal do Amapá.

Marcos dos Santos Côrtes
Mestre em Gestão de Recursos Naturais e Desenvolvimento Local na Amazônia pela Universidade Federal do Pará (UFPA). Possui MBA em Auditoria e Inovação no Setor Público pela Universidade Federal de São Paulo (USP) e Especialização em Perícia, Auditoria e Gestão Ambiental pela Faculdade Oswaldo Cruz de São Paulo. Graduado em Engenharia Florestal pela Universidade Federal Rural do Rio de Janeiro (UFRRJ). Atualmente exerce o cargo de Auditor de Controle Externo no Tribunal de Contas do Estado do Amapá (TCE/AP), onde também atua como Coordenador de Meio Ambiente e Comissão de Controle da Qualidade do Marco de Medição de Desempenho dos Tribunais de Contas (MMDTC/TCE/AP) e compõe a Comissão de Garantia da Qualidade do MMDTC.

Maria Cecilia Borges
Mestre em Direito Administrativo pela Universidade Federal de Minas Gerais (UFMG). Procuradora do Ministério Público junto ao Tribunal de Contas do Estado de Minas Gerais. Professora da Escola de Contas e Capacitação Professor Pedro Aleixo – TCE/MG. Membro do Comitê de Meio Ambiente e Sustentabilidade do Instituto Rui Barbosa (IRB). Membro do Comitê de Sustentabilidade da Associação Nacional do Ministério Público de Contas (AMPCON).

Maurício Oliveira de Souza
Mestre em Processos Construtivos e Saneamento Urbano pelo Instituto de Tecnologia da Universidade Federal do Pará (UFPA). Possui MBA em Auditoria e Inovação no Setor Público pela Universidade Federal de São Paulo (USP) e Especialização em Manejo de Recursos Naturais pelo Núcleo de Altos Estudos Amazônicos da UFPA. É Graduado em Engenharia Sanitária pela UFPA. Atualmente exerce o cargo de Auditor e Secretário de Controle Externo do Tribunal de Contas do Estado do Amapá (TCE/AP) e integra o Grupo de Trabalho de Meio Ambiente do mesmo tribunal. Atuou como docente universitário na temática ambiental entre os anos de 2004 e 2019.

Mayk Oris Guerreiro
Engenheiro Civil pela Universidade do Estado do Amazonas. Especialista em Auditoria e Perícias em Obras Civis pela FaSerra Instituição de Ensino Superior. Auditor de Controle Externo no Tribunal de Contas dos Municípios do Estado do Pará, com atuação na Coordenação de Fiscalização Especializada em Meio Ambiente.

Monique Helen Cravo Soares Farias
Auditora de Controle Externo – Especialidade Administração no Tribunal de Contas do Estado do Pará (TCE/PA). Doutora em Gestão de Recursos Naturais e Desenvolvimento Local na Amazônia, vinculada ao Programa de Pós-Graduação em Gestão de Recursos Naturais e Desenvolvimento

Local na Amazônia (PPGEDAM), desenvolvido pelo Núcleo de Meio Ambiente (Numa/ UFPA). Mestre em Ciências Ambientais pela Universidade do Estado do Pará (Uepa). Possui Bacharelado em Administração pela Universidade Federal do Pará (UFPA) e Especialização em Agriculturas Amazônicas e Desenvolvimento Agroambiental pelo Núcleo de Ciências Agrárias e Desenvolvimento Rural (NCADR/ UFPA).

Nelcy Renata Silva de Souza
Advogada. Mestra em Direito Ambiental pelo Programa de Pós-Graduação em Direito Ambiental da Universidade do Estado do Amazonas. Especialista em Direito da Seguridade Social – Previdenciário e Prática Previdenciária e em Direitos Fundamentais. Professora substituta da Universidade Federal do Amazonas.

Rafaella Christina Gomes
Graduanda em Direito pelo UNIPTAN. Mestre em Administração pela PUC Minas. Administradora pela UFSJ. Especialista em Licitações e Contratos pela PUCPR. MBA em Gestão Estratégica de Pessoas pela UFSJ. Especialista em Gestão Estratégica em Departamento Pessoal pela PUC Minas. Técnica em Segurança do Trabalho pelo Instituto Federal de Educação, Ciência e Tecnologia do Sudeste de Minas. Certificada pela APMG Internacional em PPPs e Concessões (CP3P-F). Certificada em Licitações e Contratos Administrativos pela Enap. Gerente Administrativa da Companhia de Desenvolvimento de Minas Gerais (Codemge). Redatora voluntária do Instituto Brasileiro de Educação em Gestão Pública (IBEGESP). Presidente do Conselho Fiscal da Associação Desportiva de Inclusão e Acessibilidade – Equipe ALA.

Raiane Souza Taveira
Bacharel em Ciências Contábeis pela Universidade do Estado da Paraíba (UEPB). Mestranda em Administração Pública pela Universidade Federal de Alagoas (UFAL).

Renato Alexandrino Monteiro dos Santos
Bacharel em Ciências Contábeis pela Universidade Estadual de Alagoas (Uneal). Mestrando em Administração Pública pela Universidade Federal de Alagoas (Ufal).

Ricardo Ezequiel Torres
Conselheiro do Tribunal de Contas do Município de São Paulo (TCM/SP). Mestre e Doutor em Direito Financeiro pela Universidade de São Paulo (USP). Professor na Fundação Santo André (FSA).

Rodrigo Flávio Freire Farias Chamoun
Conselheiro do TCER/ES. Mestre em Administração Pública pelo Instituto Brasileiro de Direito Público – IDP.

Ruan Patrick Teixeira da Costa
Mestre em Direito Ambiental pelo Programa de Pós-Graduação em Direito Ambiental da Universidade do Estado do Amazonas. Analista Jurídico da Defensoria Pública do Estado do Amazonas. Professor de cursos de graduação. Bacharel em Direito pela Universidade Federal do Pará (UFPA).

Sebastião Domingos Gunza
Jurista angolano. Juiz Presidente do Tribunal de Contas desde junho de 2023, após atuar como Ministro-Inspector Geral da Administração do Estado (2017-2023). Especializado em Finanças Públicas, Direito Financeiro, Direito Penal e Processo Penal, acumula vasta experiência em cargos de liderança no Ministério do Interior, incluindo direção de departamentos de investigação criminal e combate à corrupção. Licenciado em Direito pela Universidade Agostinho Neto, possui

pós-graduação em *Compliance* e Branqueamento de Capitais, mestrado em andamento em Direito e Segurança, além de formação doutoral na Universidad de Buenos Aires. Autor de publicações acadêmicas e conferencista reconhecido, recebeu distinções como a Medalha de Mérito do Tribunal de Contas (Brasil) e menções honrosas por sua atuação na administração pública angolana.

Sheyla Barreto Braga de Queiroz
Procuradora do Ministério Público de Contas do Estado da Paraíba. Mestre em Ciências Jurídicas pela Universidade Federal da Paraíba. Professora da Escola de Contas do TCE/PB.

Sílvia Miralha de Araújo Ribeiro
Tribunal de Contas dos Municípios do Estado do Pará.

Vicente Anchieta Junior
Bacharel em Ciências Econômicas (UFMA). Mestre em Desenvolvimento Econômico (UFPR). Auditor de Controle Externo – Especialidade Economia no Tribunal de Contas do Estado do Pará (TCE/PA).

Victor Rafael Fernandes Alves
Auditor de Controle Externo do Tribunal de Contas do Estado do Rio Grande do Norte. Mestre em Direito Constitucional pela Universidade Federal do Rio Grande do Norte. Doutor em Ciências Jurídicas pela Universidade Federal da Paraíba. Pós-Doutor em Direito pela Universidade Federal do Rio Grande do Norte.

Wanda da Penha Sales
Mestranda no Programa de Pós-Graduação em Direito e Desenvolvimento da Amazônia da Universidade Federal do Pará. Especialista em Direito Civil pela Pontifícia Universidade Católica de Minas Gerais. Graduada em Direito pela Universidade Federal do Pará. Advogada. Participante do projeto de pesquisa Financiando Direitos – CNPq (@financiandodireitosgp).

FSC
www.fsc.org
MISTO
Papel | Apoiando uma gestão florestal responsável
FSC® C092828

2023
CARBON NEUTRAL
SAVE cerrado